공존과 지속

서울대 23인 석학의
한국의 미래 프로젝트

공존과 지속

기술과 함께하는 인간의 미래

이정동·권혁주
김기현·장대익 외

민음사

차례

1부 유전자 편집의 시대

2부 에너지시스템의 전환

3부 인공지능과 인간의 공존

4부 교육미디어의 변화

들이가며
기술과 인간의 공존과
지속 가능성을 찾아서

기술 혁신의 양면성

새로운 기술 발전의 소식이 들려올 때마다 사람들은 기대와 걱정을 함께 한다. 유전자를 자르고 편집하는 신기한 기술 덕에 질병으로부터 해방되는 것은 좋지만, 모두가 한결같이 건강한 몸으로 오래 사는 세상이 정말 행복할까라는 엉뚱한 질문이 떠오른다. 인공지능도 마찬가지다. 놀라운 계산 역량으로 설마 이런 것도 가능할까 싶은 일도 무리 없이 해내지만, 그러다 내게 남은 유일한 일자리마저 또 그렇게 무리 없이 대체해 버리는 것은 아닐까, 걱정이 산더미이다. 분산형 에너지시스템이 약속하는 세계는 충분히 아름다우나, 수십 년 뿌리 깊게 자리 잡은 가치사슬이 완전히 해체되고 재구성되는 천지개벽할 일이 도대체 가능하기나 할지 의구심이 슬며시 드는 것은 어쩔 수 없다. 인터넷으로 누구나 무엇이든 배울 수 있지만, 빵 굽는 법이라면 몰라도 어떻게 살아야 하는지에 대한 지혜까지 배울 수 있을지 의구심이 든다. 조회수 높은 지식만이 살아남는 건 아닌지도 걱정이다.

기대와 걱정이 실증적인 고민이라면, 당위적인 문제에 대한 고민도 있다. 즉 화려한 기술 발전의 이면에 혹시 인간다움을 위해 포기하는 일이 생기는 것은 아닌지 경계하는 목소리도 여전히 높다. 기술 혁신을 둘러싼 이와 같은 긍정과 부정의 시각, 실증과 당위의 관점은 어느 하나가 다른 측면보다 옳거나 우월하지 않다. 모두 기술 혁신의 양면성을 온전히 보여 주는 정당한 조각들이다.

경계에서 발견하는 스테인드글라스의 아름다움

첨단의 기술이 일상적으로 활용될 뿐 아니라 전 세계적으로 신기술의 테스트베드라고 불릴 정도로 신기술 도입과 실험에 적극적인 한국 사회에서는 기술 혁신과 관련된 논쟁과 사회적 논란이 끊이지 않는다. 이런 와중에 학계는 도대체 무슨 역할을 할 수 있을까? 기술 발전을 위한 첨단의 실험을 할 수도 있을 테고, 논쟁의 좌와 우에서 선명한 진영 논리를 제공할 수도 있을 것이다.

그런데 문득 기술 혁신이 우리 사회와 만나는 접점에서 다양한 논쟁점이 생겨날 가능성을 보여 주는 것 자체도 큰 기여가 아닐까 하는 생각이 들었다. 뭔가 결론을 내기 위한 토의가 아니라 생각과 관점의 차이가 드러나는 경계선을 묘사해 내는 토의가 필요하다는 문제의식이었다. 빛이 비치면 영롱하게 그 실체를 드러내는 스테인드글라스의 이미지 같은 것이랄까. 스테인드글라스는 각각의 유리 조각이 저마다의 색깔로 선명하지만, 그 조각들이 뚜렷한 경계를 기준으로 한데 모일 때 조화로운 전체 이미지를 만들어 낸다.

유전기술·인공지능 에너지·교육의 네 가지 핵심 분야

2015년 초, 이런 문제의식을 바탕으로 서울대의 20여 명 교수진이 색다른 토론의 장을 만들었다. 네 가지 기술 혁신 사례에 대해 서로 다른 분야의 전공자들이 조금씩 다른 입장을 가지고 스테인드글라스를 만들어 보기로 했다. 우리가 선택한 것은 유전자 편집 기술, 인공지능, 분산형 에너지시스템, 새로운 교육 기술이다. 이 네 분야는 경제적 가치가 크거나 기술 발전의 속도가 빨라서라기보다, 인간 존재에 대해 근본적인 물음을 던지고, 사회 인프라 전반의 거대한 변화를 수반하며, 대학의 존립 근거에 대한 질문을 던지기 때문에 다루게 되었다. 즉 기술 변화가 인간의 삶과 사회의 구조에 대해 근본적인 질문을 던지는 전형적인 사례들로서만 의미가 있다.

기술 혁신의 분야별로 전문가를 초대하되 두 명 이상의 이공계 기술 전문가를 포함하고, 인문 사회계 전공자를 포함하여 가능한 한 다양한 시각이 조화되도록 했다. 먼저, 기술 발전 상황을 공유하는 워크숍을 오랜 시간 가지면서 논점을 정리했다. 각자의 생각을 정리한 원고를 제출했고, 그것들을 바탕으로 수차례 다시 생각을 교환하는 토의 시간을 가졌다. 마지막으로, 그간 서로의 생각에 침투한 이야기를 바탕으로 종합 토의를 하면서 정리하는 시간을 가졌다.

스테인드글라스를 만들어 보자는 희미한 희망을 가지고 토의를 시작해서 마지막 토의까지 거의 2년의 시간이 흘렀다. 초고를 다 모으고, 녹취된 토의 결과를 정리하고 데이터를 보완한 뒤 전체를 관통하는 시야를 확보하기 위해 골몰했다. 결국 시작한 때로부터 만 4년이 넘어서야 이렇게 손에 잡을 수 있는 책을 얻게 되었다.

집합 지성의 작은 결실 '공진화'를 향하여

특정한 결론을 도출하는 것이 목적은 아니었지만, 토의 과정에서 다음의 세 가지 정도가 기술 분야에 상관없이 계속 언급되는 것을 관찰할 수 있었다.

첫째, 인간과 기술은 서로 영향을 주고받으면서 진화한다. 그동안 인간이 한 걸음씩 지식을 쌓아 가면서 다음 단계의 기술을 만들어 가는 과정, 즉 인간이 기술의 발전 과정에 영향을 미치는 경로는 비교적 잘 알려진 반면, 새로운 기술이 인간의 인식 지평과 사회 구조에 미치는 영향에 대한 논의는 상대적으로 부족한 편이었다. 그러나 새로운 기술이 인간과 사회에 큰 영향을 준다는 것은 명백하다. 최근에 바둑 기사들이 인공지능 바둑의 논리를 공부하기 시작하면서 바둑의 정석이 변화하고 있다는 이야기가 들리는 것이 한 예이다. 또한 유전자 조작을 통해 미래의 어느 날 신체적으로 완벽하게 엔지니어링 된 인간들의 사회에서는 생로병사라는 인간의 근본 조건에 대한 재해석이 필요해질 것이다. 이처럼 기술이 인간에 미치는 영향을 심각하게 따져 묻다 보면 기존의 논의와 다른 인문학과 사회학적 통찰이 요구되고, 그렇게 변화된 인식의 경계에서 새로운 기술 혁신의 아이디어가 싹틀 수도 있다. 인간과 기술의 공진 메커니즘에 대한 이해는 기술 결정론과 기술 공포증 사이에서 균형추의 역할을 할 것이다.

둘째, 사회 제도의 변화가 기술 변화의 속도를 따라잡지 못하는 제도 지체의 현상이 흔히 나타난다. 문화와 관습 같은 무형적 제도는 물론이고 법률이나 규정과 같은 유형적 제도에서도 제도 지체 현상을 볼 수 있다. 인공지능이 자동차를 스스로 운전할 수 있을까는 이미 낡은 문제가 되었지만, 그런 인공지능이 사고를 냈을 때 누구에게 책임을 묻는 게 옳은 것인가와 관련된 새로운 제도의 수립은 여전히 요원하다. 이는 기술이 사회에서 쓰일 때 여러 분야와 복잡하게 얽히면서, 제도의 거미줄을 헤치고 그 안에서 제 나름대로 자리를 잡기가 쉽지 않다는 것을 뜻한다. 따라서 기술 발전의 속도는 과학 기술적 지식이 얼마나 늘어나느냐만큼이나 사회 제도가 기술 혁신을 얼마나 빠르게 소화하고 유무형의 제도로 뒷받침하느냐에 달려 있다는 것을 알게 된다.

셋째, 그럼에도 불구하고, 기술 혁신을 논할 때 기술 자체만큼이나 인간의 존재 양식에 대한 고민을 깊이 해야 한다. 기술에 지식 찾기를 맡기고, 계산을 대신 시키고, 기술로 신체 장기도 갈아 끼울 수 있을지 모르지만, 결국 인간이 왜 살아가야 하는지, 사회가 형성되기 위한 최소한의 규범이 무엇인지에 대한 근본적인 성찰만큼은 기술에 대신 맡길 수 없다. 인간의 존재 이유를 찾아가는 긴 역사적 여로에서 기술은 동반자로서 때로는 지팡이로, 때로는 눈 내리는 날의 설피로 보완적 역할을 다할 것이다.

책의 구성과 읽는 방법에 대하여

이 책의 목적은 하나의 주장을 논증해 나가는 것이 아니다. 읽다 보면 눈 위에 찍힌 어지러운 발자국들처럼 이리저리 주제가 옮겨 다니는 것을 볼 수 있다. 애초에 토론의 장을 열면서 기대한 모습이었다. 그 발자국들의 어디에서인가는 경계선이 보이고, 또 다른 곳에서는 너무 많이 디뎌 딱딱해진 진부함도 보일 것이다. 각 기술 분야와 관련하여 답을 찾고자 하는 조급함을 내려놓고, 우리가 가진 인식 지평의 높낮이를 더듬어 본다는 편안한 생각으로 지적인 산보에 동참할 수 있기를 기대한다.

유전 기술, 인공지능, 에너지시스템, 교육의 분야별로 먼저 참여한 전문가들의 종합 토의를 각 부의 앞자리에 두어 큰 틀을 볼 수 있게 했다. 그리고 각 전문가의 주장을 좀 더 명확히 하기 위해 의견을 원고로 정리했다. 글은 오해의 여지없이 명확하다는 장점이 있지만, 말은 풍부하고 예상 못 하게 서로 얽히는 맛이 있으니, 이 둘의 좋은 점을 한 곳에 모으고자 한 전략이다. 이렇게 네 분야를 모두 살펴보고 나서, 짧지만 전체 분야를 가로지르는 토의를 실었다. 각론들의 주안점을 한눈에 파악하는 데 도움이 될 것이다.

2015년 초에 시작된 일이 만 4년을 넘겼다. 이 프로젝트를 처음 시작하도록 장을 펼쳐 주신 서울대학교의 이준식 교수님과 이우일 교수님, 카이스트의 이광형 교수님께 감사의 말씀을 드린다. 원고를 내놓고, 토론을 하는 데 많은 시간을 쓰고, 또 정리하는 데 걸린 지루한 시간까지 감내해 주신 참여 교수님들께도 뭐라 감사의 말씀을 전해야 할지 모를 일이다. 앞으로 이와 다른 깊이와 다른 형식으로 또 다른 토론의 장이 많이 열리기를 기대한다.

2019년 4월
토론자를 대표하여
이정동

1부
유전자 편집의
시대

장대익(좌장)

/ 자유전공학부

김진수

/ 화학부·기초과학연구원 유전체교정연구단

김홍기

/ 치의학전문대학원

이두갑

/ 서양사학과·협동과정 과학사 및 과학철학

김현섭

/ 철학과

이정동(옵서버)

/ 산업공학과·협동과정 기술경영경제정책전공

대담
유전공학과 생명의 미래

유전자 편집 시대가 도래하다

좌장 장대익(자유전공학부) 오늘 이 자리에서는 한국 사회의 공존과 지속이라는 관점에서 유전 기술과 생명의 미래에 대해 이야기를 나누고자 합니다. 인간에게 이로운 방향으로 유전자를 조작하는 유전공학은 우리 삶의 질을 획기적으로 개선해 줄 신기술로 각광받는 한편, 생명의 영역에 인간이 개입한다는 점에서 여러 논란을 낳기도 하는데요. 유전자 조작 식품에서 인간 복제까지 우리가 가장 가까이 느끼는 분야인 만큼 기대와 두려움을 동시에 불러일으킵니다. 아무래도 김진수 교수님께서 최근 유전 기술 분야에 관한 이슈를 잘 아실 것 같은데요. 근간에 주목받는 뉴스가 있는지 궁금합니다.

김진수(화학부·기초과학연구원 유전체교정연구단) 최근 유전 기술에서 가장 주목을 받고 있는 분야는 유전자 교정(Genome Editing) 기술을 이용하는 치료제 개발입니다. 유전자 교정이란 유전자의 일부를 잘라 내거나 가져다 붙여서 특정한 유전 형질의 발현을 막거나 원래는 없던 형질이 발현하도록 하는 기술을 말합니다. 이 유전자 교정에 사용되는 핵심 도구가 유전자가위인데, 유전자를 자르는 데 쓰여 그런 이름이 붙었지만 사실은 DNA 염기 서열을 인식해 자르는 효소의 일종입니다.

중국이 2016년 10월 세계 최초로 그런 유전자가위인 크리스퍼(CRISPR) 기술을 이용해서 폐암 환자 몇 명에게 임상 시험을 시작했습니다. 미국 펜실베이니아 대학(University of Pennsylvania)의 저명한 의과대학 교수 칼 준(Carl H. June)은 이를 두고 "스푸트니크 2.0을 촉발시킬 것"이라고 언급했는데요. 1957년 10월 4일 소련이 세계 최초로 스푸트니크라는 인공위성을 발사하면서 미국 정부와 학계가 큰 충격을 받았는데, 이번에는 중국이 먼저 유전자가위 기술로 암 환자에게 임상 시험을 하니까 유전자가위 기술 분야에서 가장 앞선다고 생각했던 미국의 입장에서는 또 큰 충격이었던 것입니다. 중국에서 이미 몇 명을 치료했다는 이야기도 들리지만 현재로서는 안전성을 평가하기 위한 단계라서 치료 효과에 큰 기대를 가지고 있지는 않습니다.

이 기술에 대해 조금 설명을 드리자면 폐암 말기 환자, 즉 기존 약으로는 치료 불가능한 사람들을 대상으로 우선 임상 허가가 났습니다. 환자들의 혈액에서 T세포(T-Cell)를 분리하고 그 T세포에서 PD-1이라는 유전자 하나를 크리스퍼를 이용해서 없애 버립니다. PD-1을 제거한 T세포를 환자에게 다시 넣으면 그 T세포가 암세포를 죽이는 기능을 합니다. 보통은 암세포가 T세포의 작용을 방해하는데 그 이유는 암세포 표면에 발현되는 PD-L1이 T세포의 PD-1과 결합해 T 세포의 살상 능력을 제어하기 때문입니다. 따라서 T 세포에서 PD-1을 제거하면 더 이상 암세포의 방해를 받지 않으니까 환자의 T세포가 암세포를 죽일 수 있을 것이라고 기대하는 겁니다.

2015년 유럽에서 유사한 2세대 유전자가위 기술로 백혈병에 걸린

어린이 10여 명을 치료한 바가 있습니다. 따라서 이미 백혈병은 유전자가위로 치유할 수 있다는 믿음을 주었습니다. 그런데 폐암 같은 고형암에 대해 중국에서 새로운 시도를 한 것입니다. 중국이 한발 먼저 내딛었지만 앞으로 전 세계적으로 T세포를 이용해서 암을 치료하려는 시도가 점점 활발해질 것 같습니다. 유전자가위 기술로 치료할 병으로 암을 택한 것은 그것이 가장 치명적인 질환이기 때문입니다. 다른 치료제가 없을 때 시도해 볼 수 있는 것이고, 앞으로 안전성이 입증되면 그 밖의 질환이나 심지어 미용 관련 분야에서도 유전자가위 기술이 적용될 수 있을 것입니다.

유전자가위 기술이 만병통치약은 아니다

김홍기(치의학전문대학원) 우리가 치료 목적으로 유전자가위 기술을 활용하는 일에 대해서는 누구든지 다 찬성할 것입니다. 그런데 치료 메커니즘을 놓고 봤을 때 이 세상에 만능인 기술은 없다고 생각합니다. 어떤 부분은 새로운 치료 기술과 전통적인 화학적 처방의 조합을 통해 치료할 수도 있고, 또 다른 부분은 물리적인 수술을 통해 치료할 수도 있을 것입니다. 각각 가능한 부분과 더 효율적인 부분을 구분해야 할 것 같습니다. 자칫 잘못해서 새로운 치료 기술을 과대 포장하게 되면 문제입니다.

예를 들자면 치료약이 과대평가를 받는 경우가 흔합니다. 만성 질환은 현 상태를 유지하기 위해 약을 처방하는 경우가 많은데요. 사실은 환자 몸에서 절로 면역이 생기는 자가 면역이 약 처방보다 더 효과적일 수 있습니다. 어떤 메커니즘이든 특별히 더 잘 듣는 곳과 안 듣는 곳이 있을 텐데 유전자 치료에서는 어떤 부분이 그러한지 궁금합니다. 유전 질환은 당연히 유전자 편집 기술로 치료하는 것이 바람직할 것입니다. 하지만 그 외 질환에서 전통적인 임상적 방법, 즉 일반 약이나 수술 방법보다 유전자 편집 기술을 사용했을 때 더 좋은 부분들이 무엇인지 정리해 주시면 좋겠습니다.

　　김진수　전통적인 치료 방식으로는 소분자 약물과 항체가 있습니다. 사실 타깃을 따져 보면 소분자와 항체 대부분 단백질 저해제입니다. 단백질은 원래 유전자로부터 만들어지기 때문에 질병의 원인이 되는 유전자를 적절한 수준에서 제거하면 원천적인 치료가 될 수 있습니다. 이론적으로 보면 소분자 약제, 항체 약제, 유전자가위 모두 결국 질병의 원인이 되는 단백질, 유전자를 억제한다는 점에서 개념적으로 일관성이 있습니다. 예전에는 유전자를 건드릴 수 있는 방법이 없었는데 이제는 새로운 수단이 생겼습니다. PD-1을 제거해서 암을 치료하는 방법 중에 유전자가위 말고 항체로 PD-1을 억제하는 항체 신약도 있습니다. 그러다가 아예 유전자 자체를 제거하면 효과가 더 좋고 부작용도 적지 않을까 하는 가설에서 유전자가위 기술을 도입하게 된 것입니다.

　　물론 유전자 기술은 기존에 치료하지 못했던 질병도 치료할 수 있습니다. 예컨대 혈우병 같은 유전 질환은 혈액 응고 인자가 부족하거나 없어서 혈액 응고가 안 되는 질병입니다. 이를 치료할 수 있는 소분자 약제는 없습니다. 혈액 응고 인자 단백질이 약제로 사용되는데 환자는 주사로 평생 며칠에 한 번씩 주사를 맞아야 합니다. 그 비용도 연간 수억원에 달합니다. 이런 현실에서 유전자 교정 치료를 하면 한 번 시술로 완치하거나 적어도 몇 년 동안 증상을 없앨 수 있습니다. 그러면 환자의 삶의 질이 엄청나게 올라갈 수 있습니다. 유전자를 수술할 수 있다는 것 자체가 치료에서 새로운 단계가 되는 것입니다. 지금까지 하지 못했던 것을 이제 할 수 있게 되면서 관심을 많이 받는데, 이것이 만병통치약이 될 수는 없습니다. 어떤 부작용이 있을지는 앞으로 연구해야 할 것입니다.

장대익　유선사를 발생 단계에서 잘라 주는 것인가요?

김진수　아닙니다. 앞서 언급한 임상 연구들은 모두 성인이 되고 나서 하는 것입니다. 발생 단계에서 하는 것은 인공 수정된 배아에서 하는 것인데 배아 연구는 나라별 규제 수준이 다릅니다. 우리나라와 독일에서는 인간 배아의 유전자를 조작하는 것은 법으로 엄격히 금지되어 있습니다. 중국과 미국은 정부에서 규제를 하지 않고 있습니다. 그냥 각 기관이나 대학에서 IRB(Institutional Review Board, 기관 연구 윤리 심사 위원회)를 통과하면 연구할 수 있습니다. 또 일본, 영국이나 스웨덴은 정부가 승인해야 가능합니다.

장대익　약간 기술적인 질문이긴 한데요. 체세포를 편집하는데 그게 어떻게 영구적일 수가 있는 건가요? 체세포는 죽지 않나요?

김진수　체세포, 즉 생식세포를 제외한 모든 세포의 수명은 각각 다릅니다. 신경세포나 근육세포는 더 이상 세포 분열하지 않고 생명체와 수명을 함께 합니다.

장대익　세포의 주기가 그렇게 긴가요?

김진수　G0(지제로) 상태에서는 더 이상 분열하지 않고 그 생명체가 있는 한 반영구적으로 존재합니다. 그런 세포들은 한번 교정하면 계속해서 유지됩니다. 사실 질병은 일생 동안 쭉 아프기보다는 일순간 아픈 경우가 대부분입니다. 이 경우에는 평생에 걸쳐 치료하는 것보다 통증이 있을 때 일시적으로 교정하는 것이 더 바람직할 수 있습니다. 하지만 평생 가지고 살아야 하는 선천적인 유전 질환은 다릅니다. 그래서 이 분야에 유전자가위 기술이 먼저 적용될 확률이 큽니다.

김홍기　체세포 수준에서 유전자가위 기술을 적용하는 것은 윤리적 이슈가 거의 없으니 꽤 활발하게 연구되고 있는 것 같은데요. 얼마나 진행이 되고 있나요? 아까 말씀하신 정확한 타기팅이나 케이스 찾기가 어려워서 아직 경제성이 확보되지 못했나요?

김진수 일부 학자들은 먼저 등장한 유전자가위인 ZFN(Zinc Finger Nuclease)나 탈렌(TALEN)이 크리스퍼 기술보다 더 정교하고 우월하다고 주장합니다. 크리스퍼 연구 학자들은 그런 주장에 동의하지 않는데 거기에는 또 그럴 만한 근거가 있습니다. 크리스퍼 기술에 관심이 많이 모이는 것은 누구나 쓸 수 있을 만큼 쉽기 때문입니다. 징크 핑거나 탈렌 기술은 사용할 수 있는 사람들이 극히 제한적이었거든요. 제 생각에 이러한 접근성 때문에 크리스퍼 기술이 떠오르게 된 것이지 기술적으로 더 우월해서는 아닌 것 같습니다. 지금 임상에서는 1세대 유전자가위 기술로 개발한 에이즈 치료제가 100여 명을 대상으로 시험을 마쳤습니다. 2세대 유전자가위는 2015년에 영국에서 임상에 들어갔고 3세대 크리스퍼 기술은 2016년 중국에서 임상을 시작했습니다. 사실 임상이 더 많이 진행되어 검증된 기술은 아직 1세대 기술입니다.

장대익 크리스퍼 기술이 쉬운 것도 그렇지만 정확성에서도 더 뛰어나지는 않나요? 1세대 기술은 먼저 시작된 것이니까 임상도 더 먼저 진행되고 있을 뿐이고요.

김진수 크리스퍼 기술이 굉장히 쉬워져서 더 많은 사람들이 사용할 수 있게 되면서 관심이 촉발되었는데요. 저는 예전 기술이 더 위험하고 새로운 기술이 더 안전해진 것은 아니라고 생각합니다.

유전자 편집은 인간의 존엄성을 해치는가?

이정동(산업공학과) 옵서버로서 질문을 하나 드리고 싶습니다. 김진수 교수님이 말씀하신 스푸트니크 2.0이라는 표현이 아주 흥미로운데요. 안전성을 확보해 나가는 것은 기술적으로 해결해야 할 문제이겠지요. 해외 학회에 참석하시면서 여러 나라 연구 환경을 많이 접하실 텐데,

중국, 미국, 유럽, 일본 등 가나라의 유전자 기술 연구 집단이 정부나 사회와 관계가 어떠한지 궁금합니다. 각국에서 유전자 연구에 대한 사회적 인식이 긍정적인지 부정적인지, 피드백이 저마다 다를 것 같습니다.

김진수 한국에는 생명윤리법(「생명 윤리 및 안전에 관한 법률」과 그 시행령 및 시행 규칙)의 일부 조항들 때문에 아무래도 연구자들이 좀 더 위축될 수밖에 없습니다. 예를 들자면 우리나라에서는 체내 치료를 법률로 규제하고 있는데, 해외에서는 유전자가위를 체내에 직접 전달하는 치료법을 따로 규제하지 않고 있습니다. 한국에서는 사실상 생명윤리법 때문에 배아 연구가 불가능하지만 중국, 미국, 스웨덴, 영국에서는 이미 연구가 진행 중이고 일본에서도 최근에는 연구 승인을 받았습니다. 한국에서는 배아를 일종의 생명체, 인격체라고 보고, 배아의 유전자를 건드리는 것은 생명체인 배아 파괴를 전제로 하는 것이므로 비윤리적이라고 주장하고 있습니다. 학자로서 이러한 주장에는 동의하기 어렵습니다.

김홍기 유네스코(UNESCO)의 '생명 윤리와 인권 보편 선언'이 2005년에 발표된 바 있습니다. 이 선언문은 유전자 연구에 관한 국제 윤리 강령을 제정한 것인데, 1997년 유네스코 총회에서 채택된 '인간 유전체와 인권에 관한 보편 선언'과 2003년 채택된 '인간 유전 데이터에 관한 국제 선언' 등이 바탕이 되었습니다. 선언문 제16조가 '미래 세대의 보호' 조항인데 "미래 세대의 유전자 구성에 대한 영향 등 미래 세대에 대한 생명과학의 영향에 대하여 적절히 고려하여야 한다."라는 규정이 있습니다. 이미 국제적 합의가 되어 있는 것이지요. 하지만 이 조항을 중국, 스웨덴, 영국, 최근에는 미국까지 지키지 않고 있는 것입니다.

김진수 저는 그렇게 생각하지 않습니다. 오히려 인간의 존엄성을 위해 유전자 연구를 하고 있거든요.

김홍기 물론 이 의견에 반대하는 사람도 많이 있습니다. 유네스코 조항을 포괄적으로 해석하여 인간 존엄성을 훼손하는 연구가 아니면 가

22

능하다고 판단하기 때문입니다.

김진수 제가 얼마 전에 참석한 토론회에서 배아 연구에 반대하는 사람들을 만났는데, 인간 배아를 대상으로 한 연구가 비인간적이라는 극단적인 견해를 가지고 있었습니다. 하지만 여기에는 논리적인 모순이 있는 사례가 있습니다. 바로 우리나라에서도 연간 9만 건이나 시행되는 인공 수정입니다. 인공 수정은 정자와 난자를 체외에서 수정시킨 다음에 배아의 상태를 봐서 착상하기 적합한 것을 골라 산모 체내에 착상시키고 출산에 이르게 하는 것입니다. 이렇게 아기가 나오기 때문에 시험관 아기라고도 하지요. 그런데 대부분의 배아가 착상에 쓰이지 않고 얼려서 보관하게 되어 있습니다. 몇 년간 보관하다가 일정 기간이 지나면 알코올을 부어서 죽이는데 그 개수가 국내에서만 1년에 수십만 개 배아에 달합니다. 시험관 아기는 배아 파괴를 전제로 하다 보니 어쩔 수 없이 벌어지는 일입니다. 그렇다면 인간의 배아가 인간, 하나의 인격체라고 보는 입장에서는 시험관 아기 자체가 대규모 살인을 수반하는 것이라고 볼 수 있는 것 아닙니까?

장대익 배아를 인간으로 본다면 말 그대로 집단 학살이라고 생각될 법한데요. 배아 연구를 반대하는 분들의 견해는 어떤가요?

김진수 종교적인 이유로 시험관 아기도 반대하는 사람들이 있습니다. 하지만 이런 주장은 우리 주변에만 시험관 아기 시술을 통해 매년 수천 명씩 태어나고 있고, 이미 수십만 명이 태어났는데 이 사람들의 존재를 부정하는 것과 같습니다.

김홍기 물론 그런 주장도 가능하지만 먼저 생명이 무엇인가, 인간이 무엇인가에 대해 정리할 필요가 있는 것 같습니다. 아까 말씀드린 유네스코의 보편 선언에서는 생식 계열 세포에 인간이 개입하는 것을 반대하는데요. 인간이 어느 정도까지 개입을 하느냐가 문제입니다. 유전자 질환을 치료할 때 체세포 변형만 시키면 그다음 세대에서 다시 같은 유전 질환을 가진 아이가 태어나게 됩니다. 하지만 시험관에서 배양한 생식세포를 수술로 바꾸면 그런 문제가 생기지 않습니다. 생식세포를 고치는 것은 질환 치료의 용도로는 괜찮지만, 이른바 디자이너 베이비를 만들어 낼 때처럼 어떤 인간이 더 우월하고 열등한가 같은 가치 개입이 들어갈 수 있으므로 윤리적 문제를 가지고 있습니다. 인간의 존엄성에 관한 문제, 인간이 생명 창조에 얼마나 개입할 수 있는가에 대한 가치 판단 문제가 쉽지 않습니다.

새로운 기술, 새로운 윤리적 쟁점

이두갑(서양사학과·협동과정 과학사 및 과학철학) 1970년대에 처음 유전공학이 탄생하면서 나타났던 쟁점과 요즘 유전자가위 기술의 쟁점에는 다른 점이 있습니다. 지금 전 세계에서는 개척 단계에 있는 유전자가위 기술 실험실이 경쟁적으로 운영되고 있는데요. 실험실이 속한 각 나라의 역사나 문화가 굉장히 달라서 생명에 대한 태도와, 윤리적·종교적 문제와 관련된 사회 전체의 공감대가 상당히 다른 상황입니다. 이렇게 실험실마다 환경이 제각각이라 유전공학이 의학적, 산업적으로 미칠 영향이 너무 달라 문제가 복잡합니다. 생명과학 기술 경쟁은 이미 전 세계에서 동일한 수준으로 일어나고 있고 큰 기대를 가지고 연구 중이지만 나라마다 윤리적, 법적인 체제가 다르기 때문에 갈등이 생기고 있는 것입니다.

이를 해결하기 위해 2015년 중국, 한국, 일본, 유럽, 미국 등 전 세계 학자들이 워싱턴에 모여 미국 아카데미 정상 회담(National Academies Summit)을 개최했습니다. 정상 회담에서는 인간의 생식 계열 유전자 편집과 관련된 과학적, 윤리적, 법적 문제들을 고려하여 임신을 목적으로 하는 배아의 유전자 편집은 금지하고 연구실에서 기초 연구를 위해 인간 배아를 변형하는 것만 용인하자는 결론을 내렸습니다. 과학자들이 이렇게 국제적인 컨센서스를 만들기 위해 노력하고 있고 각 나라에서 설득하는 과정에 있습니다. 이를 통해 차후 유전자 연구가 성공했을 때 발생할 여러 가지 문제점들에 미리 대비할 수 있습니다.

사실 생명공학 산업은 경제적으로 규모가 큰 산업입니다. 1970년대에 유전자 재조합 기술을 가지고 설립한 미국의 제넨텍(Genentech)이라는 회사가 있습니다. 미국 캘리포니아 대학 샌프란시스코 캠퍼스의 조그만 실험실에서 시작한 이 기업은 2009년 다국적 제약회사에 합병될 당시 시가 총액이 1000억 달러로, 당시 삼성전자 시가 총액인 610억 달러를 능가하는 규모의 기업으로 성장했습니다. 최근의 생명공학 정책 연구 센터 발표를 보면, 전체 바이오 시장 가운데 세포 치료제와 유전자 치료제 등 바이오 의약품 시장을 중심으로 하는 글로벌 레드 바이오 시장만 해도 2017년 약 310조 원에서 연평균 9.2퍼센트 성장해 2023년에는 약 526조 원 규모로 확대될 것으로 전망하고 있습니다. 우리나라를 비롯한 각 국가는 나라 고유의 가치를 지키기 위해 윤리적, 종교적, 철학적 신념을 가지고 있습니다. 하지만 경제적, 의학적 이득을 얻기 위해 어느 정도 이러한 신념이 손상될 위험을 감수해야 하는 부분이 있습니다. 신념과 이득 사이에 균형을 맞추는 것이 필요한데 법으로 규제할 수도 있고 자율에 맡길 수도 있습니다. 법으로 규제한다면 과학은 하루하루 변하는데 그때마다 법에 조항을 추가하는 것이 쉽지 않습니다. 그렇다고 자율 규제에만 맡길 수도 없는 노릇입니다. 따라서 이 두 가지의 장단점을 논의해야 할 필요가 있습니다. 유전공학 기술이 처음 나온 1970년대에는 법과 규제를 만드는 일이 미국만의 일이었지만 이제 한국도 예외가 아닙니다. 우리나라 실정에 맞는 관점을 바탕으로 컨센서스를 모으고 그에 맞는 법을 제정해야 하는데 현실적으로 쉽진 않습니다.

장래에 새로 나온 규제가 있는지 궁금한데요. 그동안 줄기세포 연구와 그 연구로 인한 여러 가지 이슈들로 생겨난 규정들이 이미 있습니다. 줄기세포 연구로 국가주의에 가까울 정도로 전 세계가 경쟁했는데 그다음의 돌파구로 유전자가위 기술이 등장했습니다. 여기에 따른 새로운 이야기가 있을까요?

김진수   중국 정부는 최근 유전자가위 분야에 정부 연구비를 대거 책정하고 집중적으로 지원하고 있습니다. 이런 와중에 2016년 5월 중국에서 한춘위라는 30대 초반의 젊은 교수가 새로운 유전자가위인 엔지아고(NgAgo)를 개발했다고 논문을 발표했습니다. 몇 달 만에 논문이 10만 건 넘게 다운로드되었는데 생명과학 역사상 가장 많이 다운받은 논문에 꼽힐 것 같습니다. 그래서 중국 정부가 350억을 투자하고 유전자 엔지니어링 센터도 세워 주고 했습니다. 그 대학이 연구 중심 대학도 아니었거든요. 그런데 재현이 안 된다는 문제가 속속 생겨났습니다. 블로그, 인터넷, 트위터에 이 사실이 계속 올라오고 중국 과학자들도 열몇 명이 모여 재현이 되지 않으니 조사가 필요하다는 선언을 했습니다. 그런데 상당히 다행스러운 것이, 국가주의에 휩싸이지 않았다는 것입니다. 중국 내에서 거의 자정하는 분위기가 생겼고 중국 학자들도 엔지아고가 재현되지 않는다는 논문을 발표하고 있습니다. 유럽, 미국, 한국에서도 재현해 봤는데 실험에 실패했다는 논문을 발표했습니다. 결국 학계에서는 이게 재현이 안 된다는 컨센서스가 모아졌습니다. 어떻게 보면 국제적으로 경쟁이 심하다는 이야기입니다. 관심이 그만큼 많다는 것이거든요.

이두갑   유전자 기술은 자기 나라에서 개발에 성공한다고 해서 이득을 얻는 것이 아니라 국제 시장에서 성공해야 이득을 얻을 수 있습니다. 그렇기 때문에 잘못된 연구를 국가주의로 덮어 둘 수는 없습니다. 전 세계에서 통해야 하거든요. 예컨대 황우석 사태 때와 같이 국제적으로 통용되는 생명윤리나 연구윤리를 준수하지 않는 방식으로 실험을 하면 다른 나라에서 그런 기술이나 신약을 보이콧하는 움직임이 있지 않나요?

김현섭(철학과) 저도 유전자 기술의 윤리적 문제에 대해 국제 공조가 어떻게 이루어지고 있는가는 흥미로운 문제라 생각합니다. 김홍기 교수님이 말씀하신 유네스코 선언 등 국제적 합의문을 보면 '인간 존엄'을 위배하면 안 된다거나, 미래 세대에 줄 영향을 '적절히 고려'해야 한다와 같은 추상적인 표현이 들어가 있는데요. 김진수 교수님이 말씀하신 대로 연구자 입장에서는 인간의 존엄성을 위해 유전자 기술을 연구한다고 볼 수 있고, 반대하는 사람들은 유전자 기술이 인간 존엄성에 어긋난다고 주장할 여지도 있습니다. '인간 존엄'과 마찬가지로 '적절한 고려' 역시 다양한 해석이 가능한 불확정적 개념이고, 그 다의성이나 모호함 때문에 구체적 내용에 대한 국가 간의 실질적 합의가 없는 상황에서도 선언이 채택될 수 있었을 겁니다. 유전자 편집의 규제에 대해 보다 구체적이고 실질적인 내용의 국제적 합의가 있었는지 궁금합니다.

김홍기 2015년 12월에 20개국이 모여 국제 인간 유전자 편집 정상 회담을 개최하고 《사이언스(Science)》에 선언문을 발표했습니다. 모라토리엄을 선언했는데, 그 내용은 다음과 같습니다. 첫째, 인간 유전자 편집은 정확성과 안전성을 근거로 해야 하며 기술에 대해서는 보류하자. 둘째, 다음 세대에 미칠 영향에 대해 우리가 완전하게 모른다. 셋째, 각 유전자의 가치에 따른 사회 불평등과 차별성이 있을 가능성이 있다. 넷째, 인류 진화에 미칠 영향이 있다. 최근 논란이 많은 유전자 드라이브 기술이 네 번째 항목에 해당됩니다. 유전자 드라이브는 조작된 특정 유전자를 다음 세대까지 넘겨주는 유전자 편집 기술입니다. 말라리아를 퇴치한다고 말라리아를 전파하지 않는 유전자를 가진 모기를 만들면, 모기의 종 자체가 완전히 바뀌어 버립니다. 동물, 식물 다 합쳐서 전체 종의 진화에까지 영향을 끼칠 수 있습니다.

우리나라에는 생명윤리법이 제정되어 있어서 체세포 유전자 편집 기술도 윤리적 이슈가 되지만 사실 유전자 드라이브 같은 기술이 문제이지 체세포 수준의 기술은 큰 문제가 없다고 생각합니다. 어떻게 보면 무지 때문에 생기는 것인데 앞으로 바꾸어 나가면 될 것이라 생각합니다. 실제로 좀 더 심각한 이슈들이 있는데 체세포 유전자 편집 기술 같은 가벼운 이슈로 유전자 편집 기술 전체의 발목을 잡고 있습니다. 심각한 이슈에 대해서는 연구자들이 선제적으로 윤리적 논리를 만들어 대비하고, 기술적으로 풀어야 할 규제는 푸는 두 가지 전략을 펼쳐야 할 것입니다.

　　김진수　모라토리엄에 대해 잠깐 부연 설명을 드리면, 유전자를 교정하는 배아 연구에 대해서는 허용하고 심지어 장려하고 있습니다. 다만 유전자 교정된 배아를 산모에게 착상시켜 아이를 출생시키는 것은 금지하자고 의견을 모았습니다. 연구는 허용하자는 것입니다.

　　장대익　줄기세포도 마찬가지이죠. 모라토리엄을 보면 줄기세포 배아 연구는 가능한데 실제로 그렇게 태어난 클론 성체는 절대 허용할 수 없다고 되어 있습니다.

　　김흥기　기술 그 자체는 가치 중립적이라고 할 수 있겠지만 그 가치를 어디에 어떻게 응용을 하느냐가 문제가 되지 않을까요?

　　김진수　저는 기술 자체와 응용은 다른 문제라고 생각합니다. 두 가지를 동일 선상에서 본다면 논의를 할 수가 없습니다. 모라토리엄 첫 번째 항목인 정확성과 안전성을 알아보기 위해서도 사실 연구를 먼저 해야 합니다.

　　김흥기　그렇습니다. 그렇기에 어떤 연구와 관련된 윤리적 이슈가 생겼을 때 우리 학자들도 상세한 근거를 가지고 반박해야 하는데, 지금은 그냥 외부에서 출판되어 나오는 정보들을 받아들이기만 하고 있는 것 같습니다. 윤리 문제에 대해 학자들끼리 모여서 심도 깊게 논의할 수 있는 기회가 필요한 것 같은데 말이지요.

정비 시급한 법과 규제

이정동 기술은 끊임없이 진보하는데, 인류가 기술 진보 자체를 막을 수 있다는 생각은 현실적으로 실현되기에 아주 어려운 일입니다. 기술은 스스로 자기 경로를 만들어 가면서 앞으로 나아가는 속성이 내재되어 있습니다. 에너지 효율이 높아지고, 속도와 고도도 높아집니다. 수명이 길어지고 질병이 없어지고 고통이 줄어드는 것이 워낙 자연스러운 경로라서 그 경로로 가는 것을 멈춘 적은 없습니다. 그런데 기술의 반대편에 그걸 제어하는 제도적인 맥락이 있습니다. 국가마다 제도적 장벽의 높이가 다릅니다. 제가 보기에 이것은 최소량 지배의 법칙이 아닌가 싶습니다. 윤리 규정이 낮은 나라와 높은 나라가 있으면 기술 연구는 규정이 낮은 나라에서 활발하게 이루어질 것이 당연합니다. 실제로 한국에서 줄기세포 치료를 막으니 일본에 가서 치료를 하고 있지 않습니까? 전 인류가 같이 풀고 있는 문제이기 때문에 한 곳에서 막는다고 막아지는 문제가 아닙니다. 그래서 생명 윤리와 같은 문제에 관해서는 다른 어떤 분야보다도 국제 공조가 중요하지 않을까요?

김홍기 외국의 사례를 보면 윤리적인 이슈를 계속 거론하는 나라가 훨씬 더 기술을 빨리 발전시킨 부분도 있습니다. 규제를 무조건 푸는 것이 아니라 윤리적 이슈에 대해 이해도가 높고 더 민감하기 때문에 이를 고민하고 해결하는 연구를 더 장려하는 것입니다. 금방 말씀하신 것처럼 한국에서는 연구 자체가 막혀 있으니 외국에서 그 분야의 연구 결과가 나왔을 때 대응이 불가능한 상황이 되지 않을까 우려도 됩니다.

김진수 한국에서는 윤리적인 기준이 너무 높아서 배아 연구를 못하는 면이 안타깝습니다. 해외 여러 나라에서는 배아 연구를 하고 있습니다. 그러면 10년 후에 기술 수준이 어느 나라가 높을까요? 배아 연구가 막힌 것은 무지 때문이 아니고, 비윤리적 난자 채취로 논란을 빚었던 항우석 시대의 트라우마기 있기 때문이리고 생각합니다.

김홍기 충분한 논의를 했어야 하는데 그러지 못한 채로 선언적으로만 좋다 나쁘다 가치를 판단해 버린 것은 아쉬운 부분입니다. 끊임없이 토론을 했다면 자연스럽게 해결될 수 있는 부분이 적지 않았을 것입니다. 미국이나 일본에서도 윤리적 이슈를 무시하고 마구잡이로 연구를 진행하고 있는 것은 아닙니다.

김진수 같은 서구권인 독일과 영국을 비교해 보세요. 같은 유럽권인데 영국은 정부가 배아 연구를 승인해서 이미 하고 있고, 독일은 인간배아에 유전자가위를 도입하면 징역형을 받습니다. 나치즘에서 나온 우생학의 역사 때문이겠지요.

김홍기 역사적 배경을 보면 이해가 가네요.

김현섭 국제적 차원과 국가적 차원을 나눠서 생각해 보면 좋을 것 같습니다. 국가마다 세율에 차이가 있다면 기업은 세율이 제일 낮은 곳에서 사업을 하려 할 것입니다. 이정동 교수님의 말씀대로 연구자들도 마찬가지로 규제에 국가 간 차이가 있으면 규제가 느슨한 나라에서 연구하려 할 것입니다. 조세 피난처와 유사한 생명윤리 피난처라는 오명을 얻지 않으려면, 여러 국가들이 모여 만든 국제적 기준이나 지침에 발맞추지 않기는 어렵습니다. 따라서 국제적인 기준이 만들어지는 경우 우리나라의 입장을 밝히고 조율에 적극적으로 참여해야 할 것입니다.

국가적으로는 각 국마다 과거의 특수한 경험에 따라 법이 제정된 경우가 적지 않을 것입니다. 김진수 교수님의 말씀대로 독일이 나치 우생학의 역사로 인해 엄격한 생명윤리법을 갖게 된 것과 유사하게, 한국의 현행 생명윤리법이 황우석 사태를 겪으며 만들어졌다면 그러한 사례에 해당할 것입니다. 그렇다면 이제는 그 사건을 객관적으로 돌아볼 수 있게 되었으므로, 여론의 주목을 받은 하나의 사례를 염두에 두고 지나치게 포괄적인 조항들을 둔 것은 아닌지 검토해 볼 필요가 있을 것입니다. 특히 새로 나온 기술들의 특성에 비춰 수정, 보완할 부분을 살펴보는 것이 중요할 텐데, 개별 기술의 성격을 파악하고 이를 반영한 적절한 규준을 마련할 전문성을 갖춘 기관의 역할이 중요할 것입니다.

　　이두갑　저도 정말 동의하는 부분입니다. 황우석 사태가 일어났을 때에도 그렇지만 신기술로 인해서 나타나는 문제들에 대한 윤리적, 법적 규제를 다학제적으로 다룰 인력이 한국에 너무 부족하고 어떻게 대응해야 되는지도 잘 모르는 경우가 많습니다. 황우석 사태는 처음 겪는 일이다 보니 실험이나 생명 윤리 문제가 일어났을 때 제대로 대처하지 못했습니다. 다른 예로 삼성과 애플이 특허 소송을 하면서 지적 재산권이 얼마나 중요한 문제인지에 대해 사람들의 인식이 높아지기 시작한 면도 있습니다. 최근 들어서야 산업계에서 특허 관련 인력 풀을 만들기 시작했을 정도입니다. 한국도 이제 발전을 기대할 때 기술 혁신만 가지고는 부족한 시대가 왔습니다. 많은 기술들이 시장에 나가서 제품이 되어야 하는데, 제품을 만들어 홍보하기 위해서는 지적 재산권을 비롯한 여러 규제와 윤리적인 문제들을 모두 국제 표준에 맞추어야 합니다. 한국에는 이런 윤리적인 문제를 심도 있게 다룰 수 있는 전문가가 많지 않기 때문에 법을 만들 때에도 굉장히 일반적인 기준만 만들어 두었습니다. 법과 규제를 바꿀 필요가 있는데 그 일을 해 줄 인력 자원에 대한 육성과 지원이 필요합니다.

　　김진수　기술 발전이 정치와도 관련이 있습니다. 정치적으로 성숙한 나라에서는 타협을 통해 문제를 개선할 수 있는데 우리처럼 이념으로 맞서 있으면 타협이 잘 안 됩니다. 사회의 성숙도와 관련이 있는 것입니다. 지금 우리나라는 합리적인 토론과 설득을 통해 법을 바꾸기가 굉장히 어려운 구조입니다.

　　이두갑　시장 조사에서 잘 드러나지 않지만 유전자 조작 이슈는 계속 있어 왔습니다. 특히 미국에서 유전자 조작 연구가 아무리 성공했어

두 유전자 조작 식품(Genetically Modified Organism, GMO)을 안 사 먹는 나라들은 안 사 먹습니다. 이런 걸 보면 제대로 된 규제나 설득을 통한 사회적 합의 등이 있으면 이슈가 커지는 것을 막을 수 있습니다. 유전자 조작 식품 시장은 1990년대 말에 유전자 조작 식품이 개발되어 상품화되고 나서도 크게 성장하지 않았는데, 이런 차이가 나타난 것이 제약 산업과 식품 산업의 차이인지 다른 문제가 관련 있는 것인지 궁금하긴 합니다. 어쨌든 이처럼 설득 과정이 필요한 분야들이 있습니다.

장대익 무기 산업 같은 경우 유엔(UN)에서 만든 핵 확산 금지 조약(Nuclear Nonproliferation Treaty, NPT)이 있습니다. 국제적 안보 문제와 직결되기도 하고, 무기 산업으로 돈을 벌 수 있는 집단은 테러리스트밖에 없기에 국제적인 합의가 비교적 쉬웠습니다. 하지만 생명과학 산업은 수익을 낼 수 있다고 생각하는 집단도 많고, 실제로 수익이 많이 남습니다. 그래서 배아 연구에서도 구체적인 국제 조약을 체결하기는 쉽지 않을 것 같습니다.

유전자 편집 기술의 다양한 스펙트럼 고려해야

김진수 어느 나라도 배아 자체를 인격체로 보지 않고 인간에 준하는 권리를 부여하지 않습니다. 일반적으로 체외에서 인간 배아가 형성된 후 14일까지는 인간이 아닌 세포 덩어리로 간주합니다. 착상 후에 태아가 커 가면서 어디서부디 생명체로 보느냐는 문화, 종교, 국가별로 다를 수 있습니다. 중요한 것은 딱 선을 그어서 여기서부터 생명이고 여기서부터 생명이 아니라고 할 수 없다는 것입니다. 생명은 연속선상에서 형성됩니다. 배아도 생명이라면 배아는 세포 하나인데 그럼 세포부터 인간일까요? 아니면 더 가서 신경세포가 나오면 그때부터 인간일까요?

이는 철학적인 논쟁입니다.

장대익 배아를 14일까지는 인간으로 보지 않는 것에는 의학적으로 합당한 이유가 있습니다. 14일이 지나면 더 이상 배아가 두 개로 분열할 수 없다는 사실로 가치 판단을 한 것입니다. 배아가 두 개 이상으로 분열할 수 있으면 한 사람이라는 동일성을 인정하기가 어렵기 때문이라는 주장입니다. 하지만 인간은 체세포로도 복제 가능하고, 14일이 되기 전 배아도 문제가 생기면 결국 뒤에까지 영향을 줍니다. 그래서 저는 14일이라는 기준이 결국 주관적인 판단이지 않나 생각합니다.

김홍기 배아 연구는 인간이 생명에 개입해서 어떤 기능을 바꾸는 연구인데요. 사실 질병을 퇴치하기 위해 약을 먹는 것도 생명에 대한 개입이라고 볼 수 있습니다. 배아 연구에서는 개입의 정도와 질적인 문제를 봤을 때 어느 정도까지 개입할 수 있느냐가 주된 이슈입니다. 유전 질환 환자를 치료하는 범위까지는 생명 윤리적으로 문제가 없다는 데 거의 동의하지만, 유전자를 다른 형태로 디자인한다든가 하는 부분은 이견이 많습니다.

김진수 유전자를 디자인한다는 것이 얼마나 신중한 접근을 요하는지를 말씀드리기 위해 극단적인 상상을 해 보자면, 어떤 유전자를 변이시키면 평생 하루에 네 시간만 자도 된다고 가정해 봅시다. 부모 입장에서 아이가 평생 하루 네 시간만 자도 된다고 하면 잠을 덜 자는 시간을 효율적으로 이용하여 학업 성적을 올리거나 하는 효과를 기대할 수 있습니다. 그러면 인공 수정 시험관 아기를 만들 때 부모가 "우리 아이는 잠을 덜 자는 아이로 만들어 주세요."라고 이야기할 수 있습니다. 이처럼 시험관 아기를 만드는 클리닉에서 하나의 옵션이 되어 버릴 수 있습니다. 네 시간만 자는 아이, 또는 HIV(인간 면역 결핍 바이러스)에 감염되지 않는 아이 등은 지금도 사실 만들 수 있습니다. 2018년 11월 중국 남방 과학 기술 대학의 허젠쿠이 교수가 유전자가위로 인공 수정 배아의 유선사를 세서해 HIV에 내성이 있는 '맞춤형 아기'를 출산시키는 데 성공했다고 발표한 것이 그 보기입니다.

장대익 그런 경우는 유전자 치료 기술과 관련된 기술 향상에 해당되는 것 아닐까요? 저는 14일 이후의 배아 연구는 안 된다는 획일적 기준에는 재고의 여지가 있다고 생각합니다. 유전병이라고 확신하는 질병들은 유전자 치료를 하는 것이 인간 존엄성을 살릴 수 있는 방법입니다. 유전자 치료 기술 안에도 굉장히 다양한 스펙트럼이 존재하기 때문에 진지하게 고민해 봐야 합니다.

김진수 저도 동의하는 부분이 있습니다. 인간 배아 기술에 반대하는 그룹에서는 대안을 이야기하기도 하는데요. 그 대안도 생각해 볼 점들이 적지 않습니다. 한 가지 예를 말씀드리자면 특정 유전 질환을 가진 엄마가 아이를 낳으면 2분의 1의 확률로 유전 질환을 물려주게 됩니다. 우리나라에도 이런 환자가 수만 명이 있습니다. 엄마 입장에서는 질환이 있는 자신의 유전자를 아이에게 물려주니 평생 죄책감에 시달릴 것입니다. 그런데 인공 수정을 한 다음에 세포가 4개에서 8개로 분열될 때 세포 하나를 떼서 분석하면 엄마로부터 돌연변이 유전자를 물려받았는지 안 받았는지 알 수 있다고 합니다. 이것이 배아 연구의 대안인 착상 전 유전자 검사(Preimplantation Genetic Diagnosis, PGD)인데, 배아 연구에 반대하는 사람들은 이런 방법이 있는데 왜 불확실하고 안전성도 확보되지 않은 유전자가위 기술로 인간 배아에 손을 대느냐고 합니다. 그런데 이 논리에는 모순이 있습니다. 배아를 검사해서 변이가 있는 것으로 판명되면 그 배아는 파기하는 것이 착상 전 유전자 검사의 전제이기 때문입니다. 따라서 유전자에 변이가 있을 때 처음부터 수술하여 교정하는 것이 배아를 파기하는 것보다는 훨씬 더 생명 윤리에 부합하는 것일 수 있습니다.

장대익 유전자가 실제로 신체 내에서 어떻게 기능하고 상호 작용을 하는지에 대해 우리가 완벽한 지혜를 가지고 있다면 유전자 편집 치료에 대해 반대할 이유가 전혀 없습니다. 문제는 우리가 여전히 염기 서열들이 어떤 역할을 하는지 알아 가고 있는 상황이라는 것입니다. 이런 질병과 관련되어 있다고 해서 실제로 실험해 봤더니 다른 것과도 관련되어 있을 수 있고, 혹은 다인자 발현(polygeny)식으로 굉장히 복잡한 인과 관계를 가지고 있을 수 있습니다. 인간이 유전자에 대해 균형 잡힌 지식을 가지게 될 때까지는 어떠한 논리도 안전성 문제가 제기될 수 있습니다.

김홍기 어떻게 보면 세포 수준의 치료제인 모든 몰레큘러(molecular) 개발에는 이런 윤리적 이슈가 있습니다. 우리가 단백질의 기능에 대해 다 알고 상호 작용에 대한 정보가 다 있다고 하더라도 현재 수준에서 마이크로 레벨의 기술이기 때문에 전체 목표 수준에서 어느 정도인지 알 수는 없습니다. 장대익 교수님이 말씀하신 것처럼 유전자 연구가 단계적으로 이루어진다면 앞으로 10년 혹은 20년 후나 되어야 어떤 부작용이 있는지 알 수 있고 안전성 검사도 가능하겠지요.

김진수 그렇습니다. 배아 연구도 임상 시험에서 단계별로 규제할 수 있을 것 같습니다. 처음에 한 명을 대상으로 하고 그 효과와 안전성을 봐서 몇 명씩 늘려 가는 것입니다. 나중에는 질환을 정해 놓고 특정 유전자에 특정 목적으로 하는 것을 허용하는 식으로도 가능하고요. 어쨌든 점진적으로 실험하고, 개선해 가는 방식으로 규제 제도가 바뀌어야 기술이 진보합니다.

김홍기 생명 윤리 말고 생태계 관점에서의 윤리적 이슈도 크다고 생각합니다. 이 점에 대해서도 이야기를 해 보는 것이 좋을 것 같습니다.

김현섭 조금이라도 위험이 있는 신기술은 일단 금지해야 한다는 원칙은 지나치게 위험 회피적인 입장이라 일관적으로 적용되기 어렵습니다. 금지하는 것 역시 해악을 야기할 위험이 있을 것이기 때문입니다.

새로운 기술 개발로 인해 발생하는 손해만 민감하게 인식하고, 이로 인한 이득 즉 기술 개발의 저해로 인해 발생하는 손해는 충분히 고려하지 않는 것은 비합리적인 현상 유지 편향(status quo bias)일 가능성이 높습니다. 물론 배아나 생식세포에 대한 유전자 편집은 상대방의 동의를 받을 수 없고 다른 여러 사람들에게 영향을 미칠 가능성도 있기 때문에 신중하게 접근해야 할 것입니다. 하지만 이 경우에도 그 기술의 위험을 줄이고 편익을 증가시키며 위험-편익 비율에 대한 정보를 얻기 위한 연구마저 전면 금지하는 것이 합리적인지는 의문입니다.

　　김홍기 유전자 조작 식품의 가장 큰 위험이 바로 그것입니다. 생물 다양성에 역행하다 보니 전체 생태계를 파괴하기 때문입니다. 그런데 인간 질병을 치료한다는 것은 생태계 파괴에 관한 이슈가 아니니까 괜찮지만, 보편적으로 보면 생태계를 교란한다는 문제가 있을 수 있습니다. 유전 질환을 치료할 때 유전자가위를 이용한 유전자 교정을 할 것인가 말 것인가 선택하는 것도 가치 문제에 해당됩니다. 기술을 어떻게 바라보느냐에 따라 모든 것이 달라집니다.

지원과 규제에 관한 다학제적 논의의 중요성

　　장대익 아까 일본은 일본 고유의 유전자가위를 만들겠다고 하고, 중국도 이미 하고 있다고 하셨는데요. 굉장히 흥미로운데 그런 것이 가능한가요?

　　김홍기 이론적으로는 굉장히 다양한 유전자가위를 만들 수 있습니다.

　　김진수 그게 다 세균에서 나온 것입니다. 우리는 세균에 대해 알고 있는 것보다 모르는 것이 훨씬 많기 때문에 앞으로 더 나올 수도 있습니다.

장대익 그래서 그 수사학이 재미있다는 이야기입니다. 정부로부터 경제적 지원을 받거나 펀딩을 모을 때 유전자가위가 국가의 신성장 동력이므로 우리나라가 원천 기술을 가진 성능 좋은 가위 개발에 나서야 한다는 주장을 하는데요. 물론 주장 자체가 잘못된 것은 아니지만 이런 식의 주장이 각국에서 통상적으로 쓰이고 있다는 점에 주목할 필요가 있습니다. 정치적으로 잘 통할 논리입니다.

김홍기 미국에서는 오바마 대통령이 2015년 정밀 의료(precision medicine)를 국가 차원에서 적극 지원하겠다는 담론을 꺼내 들었습니다. 정밀 의료는 개인의 생활 습관, 환경, 유전 요인에 근거하여 가장 효과적인 예방과 치료를 하는 의학입니다. 오바마 정부는 진보 성향을 가지고 있기 때문에 생명 윤리를 경제적인 논리로 규제하는 보수 진영과 다른 움직임을 보였습니다. 정밀 의료가 급성장하는 시장이라는 점을 감안하면, 다른 의료 정책은 몰라도 정밀 의료에 대해서만큼은 트럼프 대통령도 같은 기조를 유지한다고 보아야 합니다.

이두갑 앞서 기존의 생명공학 기술과 유전자가위가 다른 점에 대한 이야기를 하면서 유전자 조작 식품이나 그것으로 만든 여러 제품에 대한 규제는 좀 달라야 한다는 언급이 있었습니다. 예전에는 음식물에 외부 유전자가 인공적으로 유입되는 것에 대한 거부감이 굉장히 컸습니다. 하지만 과학기술이 조금씩 변천해 가면서 유전자가위의 경우 외부 유전자를 섞어서 실험하는 것이 아니라 기존의 유전자에 있는 것을 교정·편집하는 것일 뿐이기 때문에 규제하지 않을 것이라는 의견이 있습니다.

이정동 지금 기술 진보를 바라보는 두 가지 다른 시선을 겹쳐서 같이 논의하면서 토론이 풍부해지는 것 같습니다. 순수 과학이라고 결코 순수하게 과학의 길만 걸을 수는 없습니다. 정치적 제도 등 사회 기반 환경과 맞물려 서로 영향을 주고받으면서 만들어지는 것입니다. 김진수 교수님께 질문을 드리고 싶은데요. 순수 과학 연구지 기운데 순수 과학은 그 자체로 독립된 존재로 있을 수 있으므로 제도나 규제 같은 여러 가지 부분이 과학의 논의에 끼어들지 않아야 한다고 생각하시는 분들이 많으신지요? 아니면 반대로 이 맥락 속에서 공진화(共進化)할 수밖에 없으니 오히려 적극적으로 정치적 논의에 참여해서 설득하고 설득당하는 과정을 겪어 보자는 분들이 많으신지 궁금합니다.

김진수   대부분 후자에 동의할 것 같습니다. 논의 과정에 참여하려면 시간이 많이 소요되니까 관여를 하지 않는 것이지 후자가 중요하다는 것에는 거의 동의할 것입니다. 교수님들이 논문을 써서 실적을 내야 하는데 그런 회의에 일일이 참여하려면 시간을 많이 뺏기거든요. 선진국도 마찬가지입니다. 사회 참여를 적극 활용하는 사람들은 논의에 적극적으로 참여할 것이고, 학자로서 성공하겠다는 사람들은 시간 낭비라고 생각하겠지요. 목표가 다른 것 같습니다. 학자로서 성공하겠다는 연구자는 다른 것은 보지 않고 자기 논문만 쓰는 것이 제일 좋을 것입니다.

김현섭   모든 과학자들이 관련 사회 제도에 대해 논의할 수는 없더라도, 해당 과학 기술을 충분히 이해하면서 사회와 소통할 인력이 양성되어 분업이 이루어지면 좋을 것 같습니다. 과학 기술 사회학자나 생명 의료 윤리학자도 참여할 수 있겠고요.

장대익   맞습니다. 황우석 사태를 겪었으면서도 정말 내실 있는 인력이 그렇게 양성되지 않았습니다. 참 안타까운 일입니다.

김진수   많은 이슈가 연구의 일선에 있지 않으면 모르는 것이라 힘든 것 같습니다.

장대익   그래서 저는 이번 대담이 좋은 모델이 될 수 있다고 생각합니다. 사실 저희도 각자 분야에서 바쁜 사람들이지만 좋은 기회에 이런 모임을 가지고 있는데요. 인문 사회 분야와 과학 분야 모두 젊은 학자들이 이런 다학제적 논의에 관심을 더 가졌으면 좋겠습니다.

신기술을 지원하는 정부의 자세

김흥기 정부에서 연구 보조금을 받으려면 연구를 마케팅적으로 잘 광고해야 합니다. 물론 그게 지나칠 경우에는 지원이 끊기기도 합니다. 우리나라에서 줄기세포 연구 열풍이 불 때에도 마찬가지였는데, 특정 분야가 붐이 일어날 때 시류에 편승하다가 문제가 터지면 정부에서 지원금을 삭감해 버리곤 합니다. 예를 들자면 1956년 미국 다트머스 대학교에서 기라성 같은 교수들이 모여 인공지능이라는 학문을 시작했습니다. 제가 빅 데이터 기법을 이용하여 1920년대부터 신문을 조사해 본 적이 있는데 1920~1930년대에 이미 《뉴욕 타임스》기사에 싱킹 머신 (Thinking Machine) 한 대가 100명의 전문가를 이겼다는 내용이 나옵니다. 얼핏 보면 요즘 뉴스와 다를 바 없어 보입니다. 그렇게 인공지능 학문이 승승장구하다가 1990년대에 들어와 미국에서 인공지능에 대한 지원이 끊겨 버렸어요.

한국도 인공지능이라는 이야기만 나오면 연구 지원금을 주지 않았습니다. 그러다가 2016년 구글(Google)에서 개발한 알파고(AlphaGo)가 등장하자 인공지능이 다시 큰 주목을 받았습니다. 이런 사례를 보면 외부 요인에 의해 오르락내리락 영향을 받는 빅 데이터, 인공지능, 유전자가위 기술을 학문적으로만 단순하게 끌고 가는 것이 맞는지 다시 생각해 볼 필요가 있습니다. 아까 제가 윤리적 이슈에 학자들이 선제적으로 대응할 필요가 있다고 말씀드렸습니다. 이것이 의미가 있는 것은 기술만 보는 게 아니라 윤리적 이슈나 마케팅 측면을 함께 고려해서 전략을 세우는 것이 세계적인 흐름이기 때문입니다. 한국에서는 기술의 오르내림이 심하지만, 기술 선진국들에서는 정부 지원이 싹 사라지더라도 기술 개발이 확 식지 않고 계속해서 살아남았거든요.

장대익 선제적이라는 표현을 쓰셔서 궁금해지는데요. 혹시 우리

민이 가진 문화적, 경험적 자산 덕에 이것만큼은 우리가 선제적으로 이야기할 수 있다고 할 만한 부분이 있을까요? 예를 들자면 우리가 글로벌 무대에서 앞장서서 내세울 수 있는 것 말이지요. 아시아의 시각에서 기술 발전 로드맵을 제시하거나 이슈를 제시할 수도 있을 것이라 생각합니다. 기술적으로는 우리가 선제적으로 나서고 있는데 역사적인 특수성을 바탕으로 문화적으로도 선제적 입장이 되었으면 하는 바람이 있습니다. 2015년 6월에 세계 과학 기자 대회가 서울에서 열렸는데요. 이곳에 황우석 사태를 터뜨렸던《네이처》의 데이비드 시라노스키(David Cyranoski) 기자가 참석하여 유전자 편집에 대해 이야기하는 것이 굉장히 흥미로웠던 기억이 있습니다. 최근에 유전자 편집 기술과 관련된 오류 논란을 이미 경험한 우리가 더 잘 알고 있는 부분이 분명히 있을 것입니다.

김진수 중국의 엔지아고 문제가 중국 사회에서 국가주의로 번지지 않은 것은 한춘위 교수가 메이저 대학 출신이 아닌 변방의 어느 대학 출신이다 보니 학계에서도 인정을 하지 않고 주류 과학자들이 반대를 하면서 많은 사람들이 처음부터 의심을 많이 했기 때문이라는 설도 있습니다. 하지만 우리나라의 황우석 사태는 서울대에서 시작된 것이지요.

김홍기 아무래도 안전성 확보를 위해 굉장히 힘든 장애물을 통과해야 한다는 점에서 기업 입장에서는 조작의 유혹을 받을 수 있습니다. 1차로 10년 동안 실험한 뒤에 또 몇 년을 더 실험해야 안전성을 검증받는 현재 체계 때문에 아무래도 유혹이 심할 것입니다.

김현섭 다른 나라들도 산업 육성을 위해 신기술 개발을 지원하는지, 아니면 과학 기술 개발 자체에 가치를 두는지 궁금합니다.

이정동 미국처럼 이른바 강대국이라고 불리는 나라들은 어떤 산업을 콕 집어서 키운다고 키워지는 것이 아니라는 점을 알기 때문에 산업 육성 문제는 시장의 논리에 맡기고 산업 정책은 기반 조성에 치중하는 경향이 강합니다. 그런데 우리는 개발 도상국으로서 추격 국가였으므로 특정 산업을 집중 지원하면 성장시킬 수 있다는 인식을 가지고 있었고 또 기어이 성공을 시켜 왔습니다. 그 성공 경험 덕분에 특정 산업을 육성 하는 전략에 대한 향수가 남아 있습니다. 1980년대 중반 이동 통신 규격 인 CDMA 산업이 그랬고, 반도체 DRAM이 그랬습니다. 고도 성장기 에 정부가 선정해서 집중 육성하면 성공률이 굉장히 높았는데, 어떤 경 우에는 일본보다도 높았습니다. 일본은 1990년대 통상산업성(通商産業 省, 현 경제산업성)이 소프트웨어 기업 육성을 시도했다가 크게 실패한 경 험이 있습니다. 그러나 이제 정부가 뜰 산업을 선정하고 집중 육성하는 시스템은 더 이상 통하지 않을 것입니다.

김현섭 미국 오바마 행정부가 2013년에 브레인 이니셔티브(Brain Research through Advancing Innovative Neurotechnologies(BRAIN) Initiative) 를 선언하고 뇌과학을 지원하고 있다고 들었는데 이는 관련 산업을 위 한 정책적 지원이 아닌가요?

이정동 미국에서는 어떤 산업 정책을 초기에 지원할 때 이니셔티 브라고 하는 경우가 많은데 이는 법률(act)이 아닙니다. 비전을 제시하고 공감대를 만드는 데 초점을 둔 것입니다.

'치료'는 괜찮지만 '향상'은 안 된다?

김진수 크리스퍼에 대해서 진화론적으로 재미있게 해석할 수 있습 니다. 획득 형질은 원래 자손으로 유전이 안 되는데 크리스퍼는 획득 형 질이지만 유전이 됩니다. 미생물은 바이러스에 대한 면역 작용을 가지 고 있는데 미생물이 바이러스 조각을 자기 DNA에 삽입하면서 대대손 손 물려줍니다. 획득 형질에 의한 유전은 아주 드문, 어쩌면 유일한 사례입니다. 우리 몸에도 후천적 면역 시스템이 있지만 면역 제세를 남낭하는 B세포와 T세포를 후대에 물려주는 것은 아닙니다. 그런데 박테리아에 있는 크리스퍼는 다음 세대로 물려주는 것입니다. 세포가 분열되어도 그 정보가 그대로 있으니까요.

장대익 질병과 관련된 유전자를 제거해 준다는 것이 마치 영화 「가타카(*Gattaca*)」에 등장하는 세상이 실제로 올 것 같다는 생각이 들게 하는데요. 우리가 유전자와 유전자가 만들어 낸 산물 간의 관계를 정확히 알아낸다면 아무리 막더라도 유전병을 치료하는 데 유전자 편집 기술이 사용될 것입니다.

김흥기 특정 기능을 개선하는 유전자 편집 기술이 있을 경우, 현대 생물학은 우생학적 배경을 가지고 있기 때문에 가치 문제가 연결되면서 인류 문명을 파괴할 만한 영향을 끼칠 수 있어 우려스럽습니다.

장대익 집단적 사고를 하면 생태계에서 유전적 다양성이 매우 중요하니까 머리 좋은 사람만 있으면 안 된다고 이야기할 수는 있겠지만, 개인 차원에서 보면 개인의 권리입니다. 예를 들자면 내가 대머리가 안 될 권리가 있는 거 아니겠어요? 대머리를 없앨 수 있는 유전자를 발견했고 없앨 수 있다면, 또 대머리에 대한 사회적 인식이 좋지 않고 나도 대머리가 되기를 원치 않는다면 유전자 조작을 할 권리가 있는 것입니다. 이를 두고 사회 전체의 다양성이 필요하니까 개인에게 하지 말라고 막을 수는 없습니다. 여기서 갈등이 생기는 것입니다.

김흥기 철학적으로 접근하면 근대 사회에서 인간 존엄의 문제, 평등 문제의 반작용으로 일어난 것이 우생학입니다. 고대 그리스 시대에 플라톤의 『국가론』을 보면 국가를 지속시킬 수 있는 것이 정의인데, 인권의 개념은 정의에 포함되지 않습니다. 그러다가 근대 사회에 들어서면서 인권과 인간 존엄의 문제가 정의의 개념에 포함되었습니다. 현대 사회에서는 정의가 조금 더 넓은 개념으로, 우리 사회를 지속 가능하게 개발시키는가에 대한 관점으로 다시 돌아갔습니다. 사회 전체의 유지라는 관점에서 기술을 바라봐야 한다는 생각과 더불어 새로운 이슈들이 등장하고 있습니다. 따라서 이런 흐름에 맞추기 위해서 윤리적 이슈에 대해 철학적 아이디어를 선제적으로 가져가야 하는 것입니다.

장대익 이 문제를 성형 문제와 연결 지어 생각해 보겠습니다. 성형 수술은 불법이 아닙니다. 누구나 예뻐지고자 하는 욕망이 있으며 의료 기술의 힘을 빌려서 성형 수술을 받는 것은 불법이 아닙니다. 실제로 성형을 했을 때 사회적으로 대접이 달라지는 것처럼 느낄 수도 있고 본인이 좋아서 하는 경우가 많습니다. 유전자 편집도 성형 수술과 거의 동일한 문제라는 생각이 듭니다. 개인의 성형은 사회에는 좋은 점이 없지만 개인에게는 유리한 점이 있습니다. 다른 외형을 갖고자 하는 개인의 권리를 막을 수는 없지요.

김현섭 개인들이 각자 자신에게 이익이 되도록 행동하는데 결과적으로 그 개인들에게 손해가 발생하는 집단행동(collective action)이 될 우려도 있습니다. 간단한 모형으로 잘 알려진 죄수의 딜레마처럼요. 예를 들어 모두가 다른 사람보다 키가 커서 얻을 혜택을 위해 유전자 편집을 통해 키를 늘린다면, 결국 아무도 이득은 보지 못한 채 유전자를 편집하고 커진 신체를 유지하기 위한 비용만 드는 위치재(positional goods)의 문제가 발생할 수 있습니다.

장대익 그럼 김현섭 교수님은 위치재의 경우에는 법으로 금지할 근거가 있다고 생각하시나요?

김현섭 어떤 유전자 편집이 집단행동에 해당한다면 공공 정책이 필요할 여지가 있습니다. 물론 법으로 금지하는 것이 최선의 정책인지는 더 생각해 보아야겠죠. 또한 어떤 특질이 단지 위치재이기만 한 경우는 드물 것입니다. 예를 들어 위치재로 종종 논의되는 교육은 학벌을 위한 소모적 경쟁에 관해서는 위치재적 성격이 있습니다. 하지만 학생의 능력이 계발되면 그 자체로 본인에게도 좋고 보나 생산직인 일에 중시할 수 있어 다른 사람들에게도 이익을 주게 될 것입니다. 유전자 편집을 통해 향상되는 형질의 위치재적인 측면과 진정으로 유익한 점들을 구별하고, 전자를 줄이는 방안을 모색해야겠습니다.

김진수 우리나라 생명윤리법에 보면 인간 배아 중에서 체외 수정을 하고 남은 잔여 배아를 보건복지부 장관이 정한 질병 연구에 사용할 수 있다는 부분이 있습니다. 선천성 면역 결핍증 등 희귀병과 난치병이 이에 해당됩니다. 2016년 11월 생명 윤리 및 안전에 관한 법률 시행령이 개정되면서 잔여 배아 연구 대상 질병이 확대되었는데 앞으로는 착상도 선별적으로 가능하게 될 수도 있습니다. 현 정부에서도 유전자 치료 연구 범위 확대를 위한 생명윤리법 개정을 준비 중인 것으로 알고 있는데 지켜볼 일입니다.

유전자 기술을 질병 치료뿐 아니라 신체 기능을 향상시키는 데 사용할 수도 있습니다. 아까 말한 잠을 네 시간만 자도 버틸 수 있게 하는 기술이 거기에 해당될 것 같습니다. 근육 성장을 억제하는 특성 유전자를 제거하면 근육을 크게 발달시킬 수도 있습니다. 물론 기술적으로 가능하다는 것일 따름입니다.

김홍기 이런 시대가 오면 상대적인 박탈감이 굉장히 커질 것 같은데요. 그렇지 않아도 생물학은 우생학을 기반으로 많이 발전하고 있습니다. 유전자 편집 기술을 나쁜 것을 보완해 주는 수단으로 사용한다면 긍정적인 시선으로 볼 수 있는데, 가진 것을 더 가지게 하는 적극적인 편집으로 사용하는 것은 문제가 있을 수 있다고 생각합니다. 기술은 중립적인 역할을 해야 합니다.

장대익 저는 왜 안 좋은가에 대해서 좀 더 논의를 해 봐야 된다고 생각합니다. 인류 역사를 보면 인간은 다들 부여받은 것, 주어진 것을 계속해서 좋은 방향으로 바꾸며 살아왔습니다. 인간의 수명은 100년 전까지만 해도 평균 30세였는데 의료 기술의 발전으로 60세, 70세까지 올라 갔습니다. 하지만 수명을 늘리는 데 임의적으로 개입했으므로 바람직하지 않다고 할 수는 없습니다. 어떤 문제를 고치고 싶은데 다른 사람한테 피해를 주지도 않고 큰 문제가 없다면 굳이 그것이 자연스럽지 않다고 막을 이유는 없습니다.

김현섭 치료는 인체의 정상적 기능을 회복시키는 것이라 그 가치가 비교적 명확하지만, 향상의 경우 능력을 높이는 것이 정말 개선인지 따져 볼 필요가 있습니다. 운동선수의 근육량과 힘을 강화하는 것은 얼핏 좋아 보이지만, 유전자 편집에 의할 경우 스포츠의 목적을 달성하는 데 도움이 되지 않을 수 있습니다. 도핑 금지를 보더라도, 자연적으로 타고난 자질을 연습을 통해 단련한 능력을 발휘하는 것이 스포츠 정신에 맞는다고 할 수 있기 때문입니다. 무엇을 위한 향상인지 생각해 보는 것은 우리 삶의 목적과 의의를 점검하는 계기도 됩니다.

김홍기 질병에 걸렸을 때 지금은 적극적인 치료를 거의 하는 추세이지요. 사람들은 대부분 병원에서 수명을 1년이라도 더 늘리려고 치료를 받습니다. 그런데 개인이 아닌 사회 전체의 관점에서 수명을 연장하는 문제를 다시 생각해 볼 수도 있을 것 같습니다. 질병을 제거하여 인간 수명을 늘리는 것이 정말 좋은 것인지에 대해 병원에서 진료를 하고 계신 교수님들과 이야기를 나눈 적이 있는데요. 과연 수명을 늘려서 '무엇이' 좋은 것인지 다시 한 번 생각해 봐야 한다는 것이었습니다. 병을 고친다, 즉 향상한다는 것은 부정적인 것을 없애거나 좋은 것을 더 좋게 한다거나 하는 것인데 결국 비슷한 개념일 수도 있습니다. 그런데 사회 전반적인 관점과 우리 인류 종의 관점에서 진짜 그것이 바람직할까요? 진화론자 입장에서 볼 때 인류의 관점에서 좋다고 하는 것이 궁극적으로 정말 좋은 것인지 깊이 생각해 봐야 할 문제인 것 같습니다.

장대익 윤리적인 판단이 필요한 문제입니다. 왜냐하면 '고통은 나쁜 것이고 그래서 고통은 제거해 주는 것이 옳다.'라는 전제 위에서 받아들이기 때문입니다. 이 전제를 받아들이지 않는다면 질병을 굳이 치료할 필요는 없습니다.

김현섭 고통의 감소라는 목적을 거부하기는 어렵겠지만, 지금보다 수명이 훨씬 길어지거나 죽지 않을 수 있게 되는 것이 바람직한지는 많이 숙고해 보아야 할 문제입니다. 미래 세대와 환경도 고려해야 할 것이고요.

유전자 기술이 인류 진화와 생태계에 미칠 영향

장대익 지금 치료와 향상은 분명 차이점이 있고 의미가 있다는 말씀을 해 주신 것 같습니다. 유전자 편집 기술을 적용했을 때, 의미가 있는 경우도 있지만 위험하고 논의가 필요한 경우도 있다는 것이지요. 인류 진화와 생태계 전체에 미칠 영향도 이야기해 보면 좋을 것 같습니다. 모기 박멸과 관련된 최근 이슈가 있었는데 생물학적으로 어떻게 생태계에 영향을 끼치는 것인가요?

김진수 영국의 옥시텍(Oxitec)이라는 회사에서 유전자 변형 모기로 모기를 박멸하는 필드 테스트를 몇 군데서 했습니다. 아프리카와 미국 플로리다의 섬에서 허가를 받아 시행했는데 불임이 되는 모기를 방출해서 모기 개체 수를 줄이겠다는 실험이었습니다. 멸종까지 목표로 하는 것은 아니고 매년 풀어 줘야 하는 방식이었습니다. 그런데 새로 나온 크리스퍼-카스 시스템을 이용하면 모든 모기에 불임 모기를 퍼뜨릴 수 있게 되면서 멸종까지 가능하게 되었습니다. 비가역적인 컨트롤을 하겠다는 것이라 많은 사람들이 우려하고 있습니다. 차라리 옥시텍처럼 매년 모기를 방출할 경우 문제가 생기면 모기를 방출하지 않으면 되거든요. 하지만 유전자 드라이브 같은 방식은 한번 방출하면 기하급수적으로 늘어나서 해당 종 자체의 개체 수에 영향을 줍니다.

김홍기 멘델의 법칙이 깨져 버리는 거죠.

김진수 치명적인 바이러스를 퍼뜨리는 모기를 풀어서 생물 무기로도 쓸 수 있습니다.

장대익 자기 집에서 조금만 조작해도 만들 수 있을 정도로 쉽다고 해서 차고 생물학(Garage Biology)라는 용어가 생겨났습니다. 분자 생물학 지식이 조금만 있어도 무기를 만들 수 있다는 우려가 많은데 현실성이 있는 이야기입니다.

김진수 이론적으로는 가능한데 저는 특별히 우려되지는 않습니다. 아마추어들이 자기 나름의 취미 또는 이해를 위해서 유전자 조작 곤충 등을 만들기는 하겠지만 굳이 테러에 활용하려고 할까 싶고요. 대부분 유전자 조작 동물들은 자연 상태에서는 경쟁력이 없어서 개체가 죽어 버릴 것입니다. 아주 드물게 어떤 자연환경 경쟁에서 이겨서 퍼져 나가게 되면 어떻게 할까라는 우려가 있는데 공상 과학 영화 같은 말입니다. 우리나라에서는 LMO(Living Modified Organisms, 유전자 변형 생물체)법을 통해 외부 유전자를 도입해 동물, 식물을 만들면 이를 신고해야 하고 방출하지 못하도록 제재하고 있습니다. 유전자가위로 만든 동식물도 기존 LMO법에 준해서 규제를 하고 있습니다. 집 안에서 만들 수는 있겠지만 자연계에 방출하는 것은 LMO법에 위배됩니다. 유전자 변형 생물을 만들려면 정부의 허가를 통과해야 하는데 아주 제한적입니다. 일반인들이 쉽게 할 수 없습니다.

장대익 차고 생물학 때문에 기술을 제재해야 한다는 논리를 펴는 사람들이 하는 이야기가 있습니다. 이게 조금만 있으면 다 보편화해서 많은 사람들이 약간의 지식만으로도 연구할 수 있게 될 텐데, 아무리 규제를 한다고 해도 어디에서 만들어서 퍼뜨린 것인지 알 수 없고, 따라서 굉장히 큰 문제라는 식입니다.

김현섭 과학 기술의 공개, 전파를 규제하자는 것은 일반적으로 정당하다 보기 어렵지만, 생물학적 무기를 만드는 데 악용될 여지가 있는 경우에는 예외적으로 제한할 수 있다는 주장도 제기될 수 있겠습니다.

김진수 나방이나 모기의 유전자를 크리스퍼-카스9 방법으로 변형할 때에는 수만 개 유전자가 대상이 될 수 있습니다. 생태 환경에 풀어놓는 순간 돌연변이로 태어난 생물 대부분은 경쟁에서 자연 도태될 것입니다.

장대익 말씀하신 대로 진화적으로 보면 변이(mutation)라는 것이 생태계에서는 도태되기 쉽습니다. 생물의 어떤 기능이 환경에 대한 적응성과는 관련이 없음을 의미하는데요. 예를 들어 딱정벌레의 피그먼트 유전자를 조절하면 딱정벌레를 하얗게 만들 수 있습니다. 중학생 수준에서도 쉽게 만들 수 있습니다. 하지만 그것을 자연에 풀어 주면 눈에 확 띄니까 바로 잡아먹힐 것입니다.

이두갑 잘 논의해 주셨듯이, 생명공학 기술의 발전으로 인해 인간이 거대한 규모의 진화적, 생태학적 변화를 야기시킬지에 대한 우려가 있습니다. 이와 유사하게 생명공학의 발전을 화생전이나 테러에 이용하여 국가 안보나 시민의 안전을 위협할 경우들에 대한 논의의 장 또한 생명 안전성(biosecurity)이라는 이름으로 활발히 논의되고 있습니다. 일부 위험한 바이러스나 유전공학적 실험을 강력히 규제해야 한다는 사람들도 있고, 어차피 규제가 불가능하기 때문에 기술적 발전을 막기보다는 오히려 공개하여 그 위험에 대처할 방안을 찾는 것이 더 효과적이라는 입장도 있습니다. 이렇게 극과 극의 입장 차이를 보이지만 저는 이에 대응할 수 있는 기술이 나오기를 기대하는 게 맞는다고 생각합니다. 안전하게 사용될 수 있을 때까지 기술 개발을 규제하자는 것은 너무 어려운 일입니다. 오픈 소스(open source) 소프트웨어를 만들면 해킹에 더 안전할 수 있는데 이와 비슷한 논리라고 생각하시면 됩니다.

새로운 기술에 맞는 새로운 프로토콜을 마련해야

장대익 황우석 사태가 있었던 10여 년 전보다 지금이 훨씬 더 기술이 발전했는데요. 이제는 정말로 기술의 미래에 대해 논의를 해야 하는 상황인데 제 생각에는 학계도 그렇고 사회 전반적으로 새로운 유전학 기술 연구를 어디까지 허용해야 하는가에 대한 관심이 없어지고 있는 상황인 것 같습니다.

김현섭 사실 유전자 편집 기술이 기존의 유전자 변형 기술과 이론적으로 다른 문제를 제기할 가능성은 높지 않지만, 저에도 기존의 법과 제도를 재검토할 기회는 될 것입니다. 황우석 사태뿐만 아니라 그동안 생명윤리법을 시행해 오면서 축적된 여러 경험을 개선의 자료로 활용해도 좋겠고요.

장대익 중국에서 엔지아고 문제가 일어났을 때 중국을 비롯하여 전 세계 연구소가 동시에 반응하는 것을 보면 세계적으로도 황우석 사태의 학습 효과가 있다고 저는 생각합니다.

김진수 황우석 케이스는 조금 다른 경우인데 검증하기가 매우 어려웠습니다. 검증하려면 인간의 난자가 필요했거든요. 그런데 엔지아고 실험은 누구나 할 수 있습니다. 일종의 오픈 소스 개념으로 다 공개되어 있기 때문입니다.

김홍기 중국의 한춘위 교수가 반박을 하지는 않았나요?

김진수 계속해서 다른 사람들은 기술이 없으니 성공하지 못한다고 주장하고 있습니다. 세포 상태가 중요하다고 했다가 처음에 제공한 정보가 틀렸다고 하면서 계속 말도 바뀌고 있고요. 인터넷 블로그에 성공했나는 수상이 올라오기노 하는데, 추적해 보면 그 교수 연구실과 관련 되어 있다고 합니다.

김홍기 그런데 황우석 사태도 그렇고 생명 윤리라기보다는 연구 윤리의 문제가 아닐까요. 연구 윤리 관점에서 접근하면서 생명 윤리도 포괄적으로 다뤄야 한다고 생각합니다.

김진수 황우석 교수는 사실 두 가지가 다 문제였습니다. 연구 결과를 조작해서 연구 윤리를 위반했고, 부당한 방법으로 난자를 취득하면서 생명 윤리도 위반했습니다.

김홍기 당시에는 우리나라에서 생명 윤리나 연구 윤리가 구체적으로 정해지지 않았던 상태였지요. 황우석 사태 이후에 유전자 기술을 엄격히 규제하는 방향으로 간 것은, 실제로 생명 윤리에 대한 깊이 있는 논의에서 비롯한 것이라기보다는 황우석 교수 개인이 저질렀던 잘못을 비난하는 차원이었던 것 같습니다.

김진수 난자를 취급하는 규정은 원래도 있었는데 위반한 것이었지요. 그래서 「PD수첩」에서 이슈로 삼은 것입니다.

김홍기 그런데 황우석 교수가 연구 윤리를 지키지 않았다는 쪽으로 마무리되어 버리면서 생명과 관련된 윤리적 이슈에 대해서는 우리가 깊이 생각하지 않았던 것 같습니다.

장대익 그때에도 윤리 문제가 엄청나게 논의되었습니다. 윤리학자나 종교계에서 배아 실험에 대한 굉장히 많은 논의가 있었는데 국가주의와 산업 이슈로 완전히 묻혀 버렸지요. 사실 윤리적 문제 때문에 이슈가 시작된 것인데 말이에요.

김홍기 어찌 되었든 기술이 이런 이슈를 끄집어내는 데 공헌을 한 것 같습니다. 다시 한 번 생각해 보는 계기가 되었지요.

장대익 이제는 이런 논의를 정말 해야 되는 시점이라고 생각합니다. 10년 전만 해도 공상 과학 이야기라고만 생각하고 설마 되겠어 했던 것들이 지금 이루어지고 있잖아요.

김흥기 저는 생태학적인 관점에서 이슈를 정교하게 만들어야 되겠다는 생각이 듭니다. 요즘 지구법 같은 것도 새로 만들고 있거든요. 인간 중심, 개인 중심이 아니라 지구 관점에서 법을 제도화하자는 움직임입니다. 남미의 에콰도르 같은 경우 헌법에도 지구법을 명시해 놓았습니다. 영국에서는 이미 지구와 개인의 관점에서 완전히 코페르니쿠스적인 생각의 전환을 하고 있습니다. 인간 중심 법이 아니고 지구 중심 법으로 보면서 환경을 중심으로 하는 것입니다. SDG(Sustainable Development Goal), 즉 지속 가능한 발전 목표를 법적인 부분으로 많이 끌어들이고 있습니다. 법학계에 계신 분들이 많은 관심을 가지고 있다고 알고 있습니다.

김진수 새로운 기술에 대해 관심을 가지는 사람들이 다양한 분야에 있습니다. 그래서 법학, 생명윤리학을 연구하시는 인문 사회계 연구자들을 비롯하여 생물학, 의학을 연구하시는 분들이 한데 모여 최신 연구 성과도 공유하고 논의하는 자리가 필요하다는 생각에 한국 유전자 교정 학회 설립을 추진해 2016년 12월 14일 창립총회를 열었고, 매년 생명과학자와 인문 사회학자들의 연구 성과를 발표하는 시간도 가지고 있습니다.

장대익 저와 이두갑 교수님은 창립총회에 참여해 인문 사회 쪽에서 발제했습니다. 한국 유전자 교정 학회라고 하면 과학만 다룰 것 같은데 창립총회의 맨 처음 세션에서 윤리적, 법적, 사회적 의미에 초점을 맞췄습니다. 매우 흥미로운 일이고 많은 관심을 가져 주시면 좋을 것 같습니다. 과학자들의 많은 참여가 중요합니다. 황우석 사태를 돌아봐도 너무 개인적으로 연구실에서 연구만 하다 보니까 부작용이 있었던 것이거든요.

김현섭 생명윤리법 47조 3항이 배아, 난자, 정자 및 태아에 대한 유전자 치료를 금기하는 내용인데 2015년 말에 개정되었습니다. 그 과정에서 어떤 논의가 있었는지 궁금한데요.

김진수 3항의 내용은 원래 있었던 부분인데 번호만 바뀐 것으로 알고 있습니다. 실질적으로 신설된 내용은 아닙니다. 사실 생식세포나 태아에 대한 유전자 치료를 금지해서 발생하는 문제점이 많습니다. 이제는 혈액만 있으면 DNA 검사를 할 수 있는데 임신부의 혈액에 태아의 DNA가 있기 때문에 태아에게 유전적인 결함이 있는지 쉽게 검사할 수 있습니다. 문제가 발생했다는 것을 알게 된 부모가 아이를 그냥 낳을까요? 해외에 태아 유전자 치료가 가능한 곳이 있다면 해외에서 치료를 받고 올 수 있습니다. 이런 사례까지 법으로 금지하는 것은 인간 존엄성에 위배된다고 생각합니다.

장대익 치료법의 안전성이 확보되었다는 전제하에서는 충분히 말이 되는 것 같습니다.

김진수 저는 반대로 치료의 안전성이나 효과가 입증되지 않았으므로 오히려 더 연구할 수 있도록 만들어 줘야 한다고 생각합니다. 법으로 유전자 치료를 배아나 태아에 대해 할 수 없도록 만든 것은 생명 윤리를 주장하시는 분들이 오히려 문제 제기를 해야 하지 않나 생각하는데요. 배아와 태아를 인간과 동등하다고 주장하고 있으니 배아와 태아의 권리도 같은 논리로 주장해야 하는 것 아닐까요?

저는 배아와 태아는 다르다고 보는 입장인데, 태아는 태어나기 위해 존재하는 것이고 배아는 그렇지 않습니다. 태아에게 유전자 결함이 있다면 두 가지 선택이 가능합니다. 치료 없이 그대로 낳아서 평생 유전병에 시달리게 하든지 임신 단계에서 개입하여 유전자 치료를 시도하든지. 지금은 치료가 얼마나 성공할지는 모르는 단계라 동물 실험부터 시작한 뒤에 임상 시험이 가능합니다. 사람들이 유전자 치료에서 제일 우려하는 것은 목표로 하는 곳 이외의 다른 곳을 건드리는 표적 이탈 효과

(off-target effect)입니다. 목표로 하는 곳만 건드리도록 기술을 잘 제어할 수 있어야 합니다. 지금은 가이드 DNA나 Cas9를 잘 엔지니어링하면 차세대 염기 서열 분석(Next Generation Sequencing, NGS)의 딥 시퀀싱(deep sequencing)에서도 오프타깃을 찾을 수 없는 수준까지 이르렀습니다.

요즈음 임신부들은 임신 기간 동안 유전자 검사를 대부분 받고 있습니다. 그런데 다운 증후군 같은 유전병이 있다고 진단받아도 치료 체계가 없습니다. 따라서 저는 지금 생명윤리법에서 태아와 배아에 대한 유전자 치료를 금지하는 조항은 유전 질환을 가지고 태어난 사람 입장에서 보면 정말 부당하다고 느낄 수 있다고 생각합니다.

김홍기 다운 증후군도 그렇지만 우리가 보통 장애라고 부르는 것을 부모 입장이나 장애를 가진 사람의 입장에서는 장애가 아니라고 이야기할 수도 있습니다. 장애가 무엇인가라는 것도 사실 굉장히 심도 깊게 다뤄야 할 이슈입니다. 장애가 있다는 이유로 낙태를 허용한다면 장애를 가지고 태어난 사람들에 대한 사회적 편견이 굉장히 심해질 것입니다. 이런 점에서 낙태의 좋고 나쁨에 대한 판단이 명확하게 되지 않는 부분이 있을 수 있습니다.

2016년 미국 대통령 선거 후보 토론회에서 보니 힐러리 클린턴 후보는 낙태에 대해서 정부가 옳다 그르다 개입할 수 있는 문제가 아니라고 보더라고요. 개인마다 상황이 다르고 복잡하기 때문입니다. 낙태에 대해서는 진보와 보수로 나누어서 둘 중 하나의 가치 판단이 가능한데 대머리 치료같이 인체 기능을 개선하는 유전자 치료는 문제가 또 다릅니다. 복지와 경쟁의 문제인데요. 복지 차원에서 보면 평등하게 기회를 준 것이지요. 이처럼 정치적인 진영에 따라 기술에 대한 정부의 입장은 다릅니다.

우리 삶을 향상하는 유전공학을 위하여

장대익　사실 우리는 불공평하게 태어납니다. 이를 어떻게든지 좁혀 보려고 기회의 균등 같은 제도를 가지고 있지요. 그런데 유전자 편집 기술이 발전해서 비용과 상관없이 보편화하고 누구나 좋은 유전자를 가질 수 있게 된다면 어떻게 될까요? 아마 다들 뛰어난 머리와 신체를 가지고, 태어날 때부터 평등할 것입니다. 그런 조건에서 경쟁을 시작하면 그것이야말로 자기들이 성취해서 이룬 것으로 평가받을 수 있는 평등 사회가 되지 않을까요?

김현섭　장대익 교수님의 말씀대로 누구나 비용 걱정 없이 동등하게 뛰어난 유전자를 갖고 태어날 수 있다면 좋겠지만, 자유로운 시장에서 개인의 선택에 맡겨 두면 그런 평등이 실현될지는 의문입니다. 새로운 유전자 기술을 개발하는 데에는 적지 않은 비용이 들 테고 이를 회수하여 지속적으로 연구를 수행하려면 적어도 초기에는 상당한 가격을 책정하고 이를 지불할 수 있는 사람들에게 판매할 수 있도록 해야 할 것으로 보이기 때문입니다. 그렇다고 빈부 격차가 유전적 격차로 이어지는 것을 막기 위해 정부가 유전자 치료·향상 연구를 주도하면, 무엇이 열등하여 제거되어야 할 장애이고 어떤 형질이 바람직한지 공적으로 결정하여 천명하게 되어 사회 갈등과 낙인 효과의 우려가 큽니다. 대부분의 시민들이 정부가 제공하는 특정 형질을 갖게 되면 사회적 압력이 작용하여 실질적으로 이를 강제하는 것에 가까워질 수도 있고요. 정부의 지나친 개입 없이 유전적 불평등의 심화를 방지하는 것은 쉽지 않은 과제로 보입니다.

장대익　저는 우리가 기술을 통해 유전자를 향상하려는 것이 경쟁을 부추기고 불평등으로 나아가는 것이 아니라는 점을 강조하고 싶습니다. 유전자 향상을 다른 방식으로 활용할 수가 있다는 것이지요.

김진수 치명적 유전질환의 하나인 뒤시엔느 근위축증(Duchenne muscular dystrophy) 환자는 20세가 되기 전 대부분 사망합니다. 뒤시엔느 근위축증은 한국에서도 매년 수십 명의 환자가 태어나는, 빈도가 높은 유전 질환입니다. 이 유전자를 가진 여성이 아이를 낳으면 2분의 1 확률로 뒤시엔느 근위축증 아이를 낳게 됩니다. 어머니 유전자가 정상이어도 돌연변이로 아이가 근위축증 환자가 될 수 있습니다. 이 정도로 치명적인 병은 기본적으로 유전자 치료를 할 수 있도록 하고 국가가 의료 보험으로 보장해 주어야 한다고 생각합니다. 예를 들자면 생명윤리법을 개정하거나 대통령령으로 근위축증에 대해 배아 또는 태아 유전자 치료를 허용한다고 규정할 수 있습니다. 이런 식으로 현재 치료법이 없는 치명적인 질환부터 시작하여 질환별로 추가하면 됩니다.

김홍기 치명적인 질환이 아니더라도 기술이 정말 간편해져서 보편화되면 약 먹듯이 시술할 수 있을 것입니다. 백신 주사를 맞거나 안경을 끼거나 라식 수술을 받는 것처럼 간단한 치료 중의 하나가 될지도 모릅니다. 그런데 질환에 아예 걸리지 않게끔 하는 것이 생태학적으로 진짜 건강한 것인가에 대한 답은 아직 모르겠습니다.

장대익 저는 생명윤리법을 개정하는 프로세스가 궁금한데요. 기술이라는 것은 느닷없이, 수시로 나오는데 법을 개정하는 프로세스가 기술 발전에 맞게 되어 있는지 점검해 봐야 할 것 같습니다. 기술의 발전 속도가 매년 두 배씩 빨라지고 있다는 이야기도 나오는데 법 개정도 이 속도에 맞출 수 있는지, 새로운 이슈에 법이 어떻게 대응하고 있는지 궁금합니다.

김현섭 사실 기술이 발전할 때마다 이에 맞춰 법률을 개정하는 것은 어렵기 때문에, 변화하는 상황에 유연히 대처하기 위해 보다 신속히 개정할 수 있는 법규 명령이나 행정 규칙에 위임하는 것이 일반적입니다. 생명윤리법도 그 시행을 위해 대통령령, 보건복지부령 및 여러 고시들이 만들어져 있고, 국가생명윤리심의위원회 및 기관생명윤리위원회를 두고 있습니다. 법령에 세부 내용까지 실으려 하기 보다는 교육·연구기관과 위원회에 권한을 주고 지원하는 것이 좋은 방법입니다. 담당 사례들을 자율적으로 처리하며 노하우를 축적해야 전문성이 길러질 수 있을 것이기 때문입니다.

유전자가위 기술의
진화사적 의미[1]

장대익 / 자유전공학부

"유전공학의 발전을 통해 우리는
우리 자신의 진화 과정을 설계하기 시작할 것이다."
— 아이작 아시모프, 『시작과 끝』

지구의 생명체를 연구하기 위해 외계에서 온 학자가 있다면 그에게는
어떤 지구 생명체가 가장 인상 깊을까? 덩치로 지구를 접수했던 공룡,
또는 압도적으로 다양한 개미, 아니면 38억 년 전부터 지금까지 단 한
번도 양적으로 일등을 내준 적 없는 세균이 그 후보에 오를지도 모른다.
하지만 밤에 지구를 돌아본 외계인이라면 문명의 불을 밝힌 유일한 생
물 종을 그냥 지나칠 수가 없을 것이다. 적어도 지난 1만 년 동안 지구의
정복자는 단연코 호모 사피엔스였다.
    20만 년 전쯤 아프리카에서 탄생한 호모 사피엔스는 유럽과 아시
아, 아메리카와 호주 대륙에 이르기까지 전 세계로 급속하게 퍼져 나가
가장 번성한 육상 척추동물이 되었다. 1만 년 전쯤 호모 사피엔스가 육
상 척추동물 중 차지했던 생물량 비율은 고작 0.1퍼센트에 불과했지만,
현재는 98퍼센트에 육박할 정도다.(Dennett, 2017) 이런 급속한 확산에는
두 번의 변곡점이 있었다. 농업 혁명과 산업 혁명이다. 이 두 혁명은 인
류의 생존을 위한 물질적 토대를 가져다주었다는 측면에서 유사하다.

20세기 과학 혁명과 사피엔스의 번영

하지만 우리 인류를 생존에서 번영으로 이끈 힘은 20세기의 과학 혁명이라 할 수 있다. 로마 제국의 시민들은 대개 몇 살까지 생존했을까? 그들의 평균 수명은 대략 스물두 살이었다고 알려져 있다. 그런데 로마 시대 이후 2000년이 지난 19세기 말에도 전 세계 인구의 평균 수명은 고작 서른 살 정도에 불과했다. 그랬던 것이 20세기 들어 엄청나게 증가했는데, 2013년에 세계보건기구(WHO)가 발표한 수치에 따르면 세계인의 평균 수명은 대략 일흔 살(남성 예순여덟 살, 여성 일흔두 살)이며, 한국인의 평균 수명은 여든한 살(남성 일흔일곱 살, 여성 여든여덟 살)이었다. 이런 급격한 증가는 20세기 들어 획기적으로 발전한 화학, 생물학, 의학 덕분이라 할 수 있다. 특히 유아 사망률을 급격하게 낮춘 백신의 발명은 종 번영의 일등 공신이다.

인구에는 어떤 변화가 있었는가? 세계 인구는 점진적으로 증가해 오다 19세기 산업 혁명기를 거치면서 급격히 증가했는데, 1650년에 5억 명에 지나지 않던 것이 1900년에는 15억 명으로 급격히 증가했다. 그러다 불과 한 세기 만에 4.5배로 급증했고, 2019년 현재는 대략 77억 1457만 명으로 폭발적으로 증가했다. 인구학자들은 폭발적 인구 증가의 원인을 온화한 기후와 식량 증가, 교통 발달과 의료 발전, 정치 제도 등으로 설명하곤 한다. 하지만 이 모든 원인의 배후에 과학기술의 발전이 자리하고 있다는 데 이의를 제기할 사람은 거의 없다.

만일 우리와 가장 가까운 사촌 종인 침팬지처럼 우리도 과학기술 같은 것을 발전시키지 않았다면 인류는 어찌 되었을까? 물리학이 없었다면 세상에는 펜이나 종이뿐 아니라 현재 우리 삶의 인프라에 해당하는 전기와 컴퓨터, 전화나 인터넷도 없었을 것이다. 생물학과 화학이 없었다면 우리를 질병으로부터 보호해 주는 의약품이나 의학도 없었을 것이며, 따라서 우리의 평균 수명과 인구수는 지금보다 현저히 줄었을 것이다. 한마디로 과학이 없는 인류의 번영은 상상하기 어렵다. 우리는 과학적 탐구를 통해 자연에 대한 새로운 이해를 얻었고, 그것을 응용하여 우리 삶의 조건을 업그레이드해 왔다. 과학은 인간을 매우 독특한 종으로 진화시킨 가장 직접적인 동력이었다. 지구를 방문한 외계 학자는 호모 사피엔스의 트레이드마크는 과학이며, 지난 세기는 인류가 자신의 생물학적 한계를 극복하기 위해 엄청난 도전을 감행한 기간이었다고 결론 내릴 것이다.

사피엔스의 자기 인식 혁명

그런데 이러한 과학기술의 발전은 사피엔스의 삶의 물적 토대뿐 아니라 인류 자신에 대한 생각에도 큰 변화를 가져다주었다. 예컨대 인간 마음의 작동 원리와 행동 패턴을 이해하기 위한 진화학자들의 노력은 진화심리학 분야를 만들었고, 의사 결정의 신경 메커니즘을 탐구해 온 뇌과학자들은 인간의 도덕 판단이 어떻게 일어나는지를 알기 시작했으며, 영장류 학자들은 인간의 사회성이 다른 동물들에 비해 얼마나 독특한지를 좀 더 깊이 이해하게 되었다. 심지어 최근에는 인간 고유의 종교성마저 자연 현상으로 이해하려는 진화 인지 종교학자들의 연구도 활발히 진행 중이다.

한편 생식 및 유전 기술의 발전은 인간 탄생에 대한 통념을 재고하게 만들고, 유전공학은 풍요냐 안전이냐를 놓고 유전자 변형 콩이 놓인 식탁 앞에서 우리를 당혹스럽게 하며, '동성애 유전자'가 발견되었다는 소식은 인간의 본질에 관한 오래된 논쟁('양육이냐 본성이냐')을 다시 불러들인다. 인간에 대한 이러한 과학적 사실들을 업데이트하지 못한 채 '인간이란 어떤 존재인가?'라는 질문에 답하려는 이들의 자기 인식은 그래서 공허할 수밖에 없다.(장대익, 2017) 하지만 사피엔스에 대한 과학적 이해는 150년 전쯤부터 본격적으로 시작되었다고 할 수 있다. 다윈의 『종의 기원』(1859년)을 필두로 전개된 세 가지 혁명인 진화 혁명(evolutionary revolution), 분자 혁명(molecular revolution), 인지 혁명(cognitive revolution)은 인간 자신에 대한 생각, 즉 인간 본성에 대한 관점을 극적으로 변화시킨 변곡점이었다. 여기서 진화 혁명은 다윈이 제시한 자연 선택 메커니즘으로 생명의 변화와 다양성을 설명하게 된 혁명적 변화를 뜻하며, 분자 혁명(또는 유전 혁명)은 DNA의 구조 발견(1953년) 이후에 눈부신 발전을 거듭한 분자생물학의 혁명적 변화를 지칭한다. 그리고 인지 혁명은 본래 심리학 분야에서 행동주의(behaviorism)에 반대하며 마음을 정보 처리 장치로 보기 시작한 인지주의(cognitivism)를 뜻하지만(1960년대), 넓은 의미에서는 뇌과학의 급속한 발전이 인간 인지에 대한 이해의 지평을 획기적으로 넓히게 된 사건들을 포함한다.[2]

　　그렇다면 세 혁명은 인간에 대한 이해를 어떻게 변화시켰는가? 진화 혁명은 인간 본성의 궁극적(ultimate) 측면, 즉 '우리는 '왜' 이렇게(저렇게가 아니라) 행동하고 이렇게(저렇게가 아니라) 의사를 결정하는가'에 대한 설명을 촉진시켰고, 분자 혁명과 인지 혁명은 인간 본성의 근인적(proximate) 측면, 즉 그런 행동과 마음은 '어떻게' 작동하는지를 유전자 및 뇌 수준에서 이해하려는 시도들을 촉진시켰다. 그 결과 우리 자신에 대한 현재의 이해 수준은 150년 전과는 비교할 수 없을 정도로 향상되었다. 가히 '과학적 인간학'의 탄생이라 할 만큼의 의미 있는 진보다.(장대익, 2012)[3] 과학적 인간학에 따르면, 인간은 "뇌를 통해 정보 처리를 하는 진화된 기계"다.

새로운 도전, 유전자 편집 기술

이런 인간에게 새로운 도전이 펼쳐지고 있다. 크리스퍼-카스9 (CRISPR-Cas9)를 통한 유전자가위 기술은 생태계에서 인간의 지위를 '유전자 기계(gene machine)'에서 '유전자 편집자(genome editor)'로 변화시킬 가능성을 지닌 기술이다.[4] 사피엔스는 지난 20만 년 동안 자신의 생존과 번영을 위해 자연을 길들여 왔다. 특히 1만 년 전쯤부터 인위 선택(artificial selection)을 통해 동물을 길들이고 식물을 재배해 왔다. 하지만 이런 길들임에는 늘 한계선이 있었다. 육종이란 기본적으로 우리가 선호하는 유전적 조합이 수많은 시행착오와 선택적 교배를 통해 우연히 나오기만을 기다려야 하는 기술이기 때문이다. 하지만 유전자가위 기술은 인공적 효소 가위를 통해 특정 염기 서열을 자르고 붙일 수 있는 기술로서 대상 생물의 유전체 내에서 새로운 유전 조합을 만들어 낼 수 있는 신기술이라 할 수 있다. 자연의 유전자 편집 기술을 우리가 해독한 후 자연이 수많은 세월 동안 느릿느릿 해 왔던 일을 빠른 속도와 대용량으로 수행해 보는 응용 기술이다.

이 기술의 적용 범위는 매우 넓다. 헌팅턴 무도병과 같은 유전 질병을 인류에게서 몰아낼 수 있고, HIV에 감염되지 않는 아이들이 출생하게 할 수 있고, 인간에게 해만 주는 모기를 아예 박멸할 수도 있으며, 인간 신장을 지닌 돼지를 만들어 양산할 수도 있다. 물론 이런 가능성은 밝은 측면이긴 하지만 거기에는 몇 가지 중요한 쟁점들이 도사리고 있다. 예컨대 표적 이탈(off-target) 문제가 발생하여 기술이 부작용을 양산할 것이라는 안전성(safety) 쟁점, 생식 계열(germline) 편집이 허가되었을 때 발생하는 영구적 변형과 이 과정에서 지켜질 수 없는 사전 동의(informed consent)의 문제, 그리고 유전자가 변형된 생명체들이 생태계로 확산되어 생태계를 교란할 수도 있다는 환경적 쟁점 등이 그것이다. 이런 사회 윤리적 쟁점들 때문에 유전자가위 기술은 그 잠재적 이득에도 불구하고 논란의 중심이 되고 있다.(Ishii, 2015; Kohn et al., 2016; Krishan et al., 2016; Nuffield Council on Bioethics, 2016)

사실 더 첨예한 대립은 이 기술을 체세포 계열이든 생식 계열이든 질병 치료의 목적을 넘어서서 능력 강화(enhancement) 목적으로 사용할 수 있는가에 대한 견해 차이에서 발생한다. 한쪽 진영은 치료에만 이 기술을 사용해야 한다는 입장이지만 다른 쪽 진영은 강화를 위해서도 사용할 수 있어야 한다는 입장이다.(Nuffield Council on Bioethics, 2016) 나는 이 글의 나머지 부분에서 강화를 반대하는 이들의 논변 중 가장 중요한 한 가지 전제를 비판함으로써 강화를 찬성하는 입장에 무게를 실어 주려 한다.

최적성 직관 비판 1 — 나쁜 설계들

분자 혁명 이전의 인류는 자연계에서 벌어지는 유전자 편집 작업을 이해하지 못했고 그에 동참할 역량도 없었다. 하지만 이제는 자연이라는 편집장과 함께 유전체를 공동으로 편집할 수 있는 기술을 개발하고 있으며, 유전자가위 기술은 그중 하나라 할 수 있다. 아직은 편집장을 돕는 수준이지만, 미래는 꼭 그렇지 않다. 여기서 자격 요건의 문제가 발생한다. 사피엔스에게 공동 편집자의 자격이 있는가? 적지 않은 이들이 다음과 같이 답할 것이다. 우리는 감히 그럴 만한 자격이 없다고. 왜 자격이 없다는 것일까? 그들은 자연이 수십억 년의 세월 동안 진화시킨 정교함을 우리 지식으로 건드리는 것은 위험하기 때문이라고 답할 것이다. 장구한 세월의 자연 선택 과정을 거쳐 복잡하고 정교하게 설계된 형질들이니 그것들에 조작을 가하는 것은 섣부르고 후폭풍을 맞을 수도 있다는 생각이다. 다시 말해 '진화는 장구한 세월 동안 자연(인간 포함)을 최적 상태로 만들었으므로 함부로 조작해서는 안 된다.'라는 직관이다.(나는 이것을 '최적성 직관(optimality intuition)'이라 부르겠다.) 이 '최적성 직관'이 참이라면 유전자가위 기술 같은 첨단 과학기술을 활용해 인간 능력을 향상시키려는 노력은 바람직하지 않은 것이 된다.

과연 최적성 직관은 참일까? 그렇지 않다! 물론 자연계에는 경이로울 정도로 잘 적응된 형질들이 만연해 있다. 정말 신비에 가까운 기능들이다. 그 반면에 자연이 만든 형편없는 작품들도 적지 않다. 만일 만물이 신의 피조물이라면 이런 저질 작품들은 그의 실패작이라고밖에 할 수 없다. 하지만 자연 선택에 의한 진화는 이런 나쁜 설계들도 잘 설명한다. 아니, 진화론적 관점 없이는 이런 나쁜 설계들은 설명조차 되지 않는다. 나쁜 설계의 사례들은 아주 많지만, 그중 몇 가지만 소개해 보겠다.(Nesse & Williams, 1996; 장대익, 2015)

우선 인간의 눈에 대해 알아보자. 인간의 눈은 완벽한 설계의 상징이었다. 신학자 윌리엄 페일리(William Paley)도 시계와 눈의 정교한 설계를 비교하며 신의 존재를 증명하려 했을 정도였다. 물론 인간의 눈은 다른 동물의 시각 장치들과 마찬가지로 자연 선택의 기막힌 산물이며 놀라운 기능을 하고 있다. 하지만 완벽함과는 거리가 멀다. 가령 인간의 눈은 기이하게도 시신경이 망막(스크린)의 앞쪽에 나오도록 설계되어 있다. 어떤 공학도도 눈을 만들어 보라 했을 때 그런 식으로 설계하지는 않을 것이다. 시신경 다발이 망막을 뚫고 뒤쪽으로 연결되는 지점에서 맹점이 생길 수밖에 없고, 망막에 붙은 시신경이 후루룩 흘러내려 실명의 원인이 될 수도 있기 때문이다. 이러한 점들을 염두에 둔다면, 시신경이 망막 뒤에 위치한 오징어의 눈이 인간의 눈보다 훨씬 더 잘 설계되었다고 볼 수 있다.

그렇다면 왜 자연은 이런 어처구니없는 설계를 자행했을까? 한마

대로 첫 단추가 잘못 끼워졌기 때문이다. 척추동물의 시가 장치는 광 민감성 피부층이 접히면서 진화했는데, 이 과정에서 스크린 위에 시신경이 지나갈 수밖에 없는 구조가 생긴 것이다. 그러다 보니 그 이후의 모든 척추동물들은 영문도 모른 채 잘못된 설계를 유산으로 물려받았다.

진화가 만들어 낸 나쁜 설계는 남성의 요도와 전립샘 구조에도 고스란히 반영되어 있다. 어찌 된 영문인지 남성의 요도는 정액의 일부를 생산하는 전립샘 중앙을 통과하도록 설계되어 있다. 그러다 보니 전립샘 비대증을 앓는 남성들은 요도가 눌리는 바람에 소변 보기가 상당히 고통스럽다. 이 질병은 주로 나이 든 남성들에게 발병하는데, 과거에는 남성의 평균 수명이 아주 짧았기 때문에 이 질병을 앓기도 전에 대부분 죽었다. 하지만 이제는 사정이 완전히 달라졌다. 이 비대증은 나이 든 남성의 대표 질병이 되었다. 만일 지적인 설계자라면 그 누구도 이런 식으로 설계하진 않았을 것이다. 붓기 쉬운 꽉 찬 공간의 한복판에 잘 접히는 관을 묻는다는 것은 바보 같은 설계자가 아니면 할 수 없는 짓일 테니까. 하지만 진화는 그런 바보 같은 짓도 한다. 아니 할 수밖에 없었다. 왜냐하면 포유류의 전립샘이 요도의 벽에 있는 조직으로부터 진화했기 때문이다. 포유류 수컷들은 꼼짝없이 그런 엉터리 설계를 유산으로 물려받았다.

진화가 최적은 고사하고 최악을 만들어 낼 수도 있음을 말해 주는 사례들도 있다. 뭔가를 삼키다 기도가 막혀 본 적 있는가? 그 경우에 재빨리 스스로 토해 내거나 응급 처치(하임리히 법)를 받아 강제로 뱉어 내지 않으면 끔찍한 일이 벌어진다. 실제로 매년 적지 않은 수의 어린아이들이 이런 사고로 목숨을 잃는다. 이는 기도와 식도가 어딘가에서 만나도록 설계되었기 때문에 발생하는데, 생존을 위협하는 설계니 최악의 설계라 할 수 있을 것이다. 그런데 이 또한 우리 선조가 물려준 유산 때문이다. 아가미로 호흡하는 어류에게는 이런 문제가 없다. 하지만 어류에서 양서류로 전이할 때 문제가 생겼다. 물 밖에서 숨을 쉬게끔 기도의 자리가 이동하는 과정에서 식도와 교차가 일어났던 것이다.

그런데 이런 사례들은 오히려 진화가 실제로 일어났음을 알리는 매우 좋은 증거들이다. 흔히들 진화는 최적의 상황을 만들어 낸다고 생각하지만, 그것은 가용 자원이 넘쳐 날 때에나 해당된다. 자연은 주변에 있는 자원들을 활용함으로써 진화할 수밖에 없다. 돼지에게 날개가 있다면 완벽하겠다는 상상은 할 수 있지만 지금까지 돼지가 물려받은 발생적 유산으로는 어림도 없다. 유전학자 자크 모노가 "진화는 땜장이다.(Evolution is a tinkerer.)"라고 한 것은 바로 그 때문이다.

한편 자연계에 존재하는 이런 나쁜 설계들은 자연이 지적인 설계자에 의해 창조되었다는 주장을 반박하는 증거로도 활용될 수 있다. 지적인 설계자가 존재한다면 이렇게 형편없는 설계를 했을 리 없기 때문이다. 나쁜 설계 말고도 지적 설계자의 존재를 의심케 만드는 또 다른 사례가 있다. 그것은 멸절이다. 자연계에는 생존보다 멸절이 절대적으로 더 자주 일어난다. 생태학자들에 따르면 지구상에 존재했던 생명체들 중에서 99퍼센트 이상이 사라지고 다른 종들로 대체되었다. 지적 설계자가 정말로 자연계를 이런 식으로 창조했다면, 그는 일단 무능한 애송이 설계자일 수 있다. 하지만 지적 설계자는 전지전능할 터이니 이것은 모순이다. 기껏해야 그는 엽기적 설계자일 가능성이 크다. 100개를 만들고는 아흔아홉 개는 내다 버리는 설계자일 테니까. 게다가 멸절한 종을 대체하는 종들은 기실 이전 종들과도 크게 다를 바 없는 비슷비슷한 종들이다. 참으로 이해하기 힘든 창조 행위다. 물론 창조론을 비판하려는 것이 이 글의 목표는 아니다. 다만 중요한 사실은 인간의 유전자 편집 작업을 반대하는 이들 중 신이 창조한 자연계의 조화와 완벽성을 근거로 삼아 인간의 개입을 금기시하는 사람들이 적지 않다는 점이다. 자연은 최적이지 않으며 완벽한 것은 더욱 아니다.

최적성 직관 비판 2 ─ 진화된 심리 기제의 환경 부적응성

인간이 최적으로 진화하지 못했음을 드러내는 또 다른 증거들도 있다. 인간의 진화된 본성을 연구하는 진화심리학자들에 따르면 인류의 신체와 마음(mind)은 수렵기와 채집기에 잘 적응되어 있지만, 그것들의 진화 속도는 지난 1만 년 동안 벌어진 문명의 발전 속도에 비해 턱없이 뒤처져 있다. 그들은 인간의 마음을 진화된 심리 기제들, 그 기제들을 활성화하는 맥락, 그리고 그 기제들에 의해 생성된 행동을 분석함으로써 연구한다. 진화심리학에 따르면 진화된 심리 기제는 다음의 속성들을 가졌다.(Buss, 2014)

첫째, 인간의 심리 기제는 진화의 오랜 역사 동안 인간을 계속해서 괴롭혀 온 생존과 번식의 특정 문제들(이를 '적응 문제'라 한다.)에 대한 해결책으로서 진화해 왔다. 이 해결책은 마치 특정한 자물통에 꼭 맞게 설계된 열쇠와도 같다.(Barkow, Tooby & Cosmides, 1992) 열쇠 모양이 그 자물통의 내부 특성에 잘 맞도록 설계되어야 하듯, 심리 기제의 특성도 생존이나 번식의 적응 문제들을 해결하게끔 잘 설계되었다. 적응 문제를 해결하지 못했다는 것은 곧 다음 세대에 자신의 유전자를 전달하지 못했음을 의미한다.

둘째, 진화된 심리 기제는 아주 좁은 영역의 정보에서만 작동하도록 설계되었다. 가령 인간의 눈에 대해 생각해 보자. 언뜻 생각하면 우리가 눈을 통해 모든 것을 볼 수 있는 듯하지만 이는 착각이다. 실제로 우리의 눈은 전자기파의 광내한 스펙트럼 중 아주 좁은 영역만을 감지할 뿐이다. 가령 엑스선처럼 가시광선이 아닌 영역의 빛은 우리 눈으로 감지할 수 없다. 심지어 가시광선 영역에서도 우리의 눈은 좁은 영역의 정보만을 처리할 수 있도록 설계되었다. 인간의 눈은 반사광의 차이를 집어내는 특수한 테두리 감지 장치를 가지며, 움직임을 집어내는 운동 감지 장치를 가지고 있다. 결국 눈은 모든 것을 다 볼 수 있는 만능 시각 장치가 아닌 셈이다.

이와 유사하게 뱀을 두려워하게끔 만드는 성향은 긴 물체가 미끄러지듯 움직이는 상황에서 작동하도록 설계되어 있다. 음식과 자연 환경, 그리고 이성 짝을 잘 선택하게끔 진화한 선호는 무수한 정보들 중에서 매우 한정된 영역의 정보에서만 작동하도록 설계되었다. 각각의 기제들을 활성화시키는 제한된 신호(cue)는 '진화적 적응 환경(Environment of Evolutionary Adaptedness, 이하 EEA)' 동안 반복적으로 입력되었던 신호이거나 현대 환경 속에서 입력되는 그와 유사한 신호다.

셋째, 진화된 심리 기제의 입력은 어떤 개체가 직면하고 있는 특수한 적응 문제가 무엇인지를 그 개체에게 알려 준다. 예컨대 '미끄러지듯 움직이는 뱀'이라는 입력은 뱀을 보고 있는 사람에게 특정한 생존 문제(물리적으로 상처를 입고 심지어 죽을 수도 있는)에 직면하고 있음을 말해 준다. 하지만 이런 선택이 꼭 의식적으로 일어날 필요는 없다.

넷째, 진화된 심리 기제의 입력은 의사 결정 과정을 통해 출력으로 전환된다. 가령 뱀을 본 사람은 그 순간 그 뱀을 공격하거나 도망치거나 혹은 그대로 멈출 수도 있다. 이는 한 가지 입력에 대해 여러 결정 규칙들을 매개로 다양한 출력이 나올 수 있음을 보여 주는 사례다. 하지만 여기서 주의할 것은 진화된 심리 기제의 출력이 특수한 적응 문제들에 대한 해결책으로 제시된 것이라 해서 그것이 항상 최적이거나 성공적인 해결책임을 함축하지는 않는다는 사실이다. 게다가 EEA에서 성공적인 해결책을 가져다준 기제라 해서 현재에도 그러리라는 법은 없다. 예컨대 지방질이 열량의 희귀한 원천이었던 아득한 과거에는 지방질을 강하게 선호하는 기제가 매우 적응적이었을 것이다. 그렇다면 돈만 있으면 무엇이든 마음대로 먹을 수 있는 현대 사회에서는 어떤가? 오늘날 지방질은 더 이상 희귀하지 않다. 그 때문에 지방질을 강하게 선호하는 기제는 현대 사회로 넘어오면서 오히려 비만을 부추기는 주요 신체 기제로 전락했을 가능성이 크다.(Nesse & Williams, 1996)

EEA와 현재 환경 간의 이런 불일치로 인해 생기는 부적응적(또는 병리적) 형질들은 더 많다. 예컨대 주의력 결핍 및 과잉 행동 장애(이하 ADHD) 같은 경우, 주변에 대해 끊임없이 신경을 쓰는 산만한 행동(ADHD 유사 행위)이 EEA에서는 더 적합하지만 주변에 그러한 방해 요소들이 많이 사라진 현재 환경에서는 불리하다. 심지어 EEA에서 최적이었다 하더라도 현재 환경에서 문제를 일으키는 사례들은 많다. 요약하면 사피엔스의 여러 심리 기제들은 EEA에 적합하게끔 진화한 심리기제들이기 때문에 그 기제들이 현재에도 적응적인지 아닌지는 사례마다 따로따로 결정되어야 할 경험적 문제다. 이로써 진화가 인류를 최적이나 완벽으로 이끌었다는 주장은 거짓임이 드러났다. 따라서 최적성직관, 즉 자연은 최적 상태로 진화했기에 개입해서는 안 된다는 직관은사실에 부합하지 않는다고 할 수 있다.

한편 현재 우리가 중시하는 가치들은 자연의 '관심'과 동일하지 않다. 가령 가족계획을 위한 각종 피임법이나 행복 증진을 위한 각종 기법등은 우리의 관심과 자연의 관심이 다를 수 있음을 보여 준다. 자연은 우리가 애를 낳지 않게끔, 그리고 행복하게끔 진화시키지는 않았기 때문이다.(서은국, 2014; 장대익 2017) 우리의 가치가 자연의 관심에 동조해야한다는 것은 일종의 자연주의 오류(naturalistic fallacy)다.

이상에서 우리는 인류의 현재 역량이 결코 최적이지는 않다는 사실을 인지했다. 그렇기 때문에 질병 치료와 능력 강화를 통해 인간 조건을 최적 상태로 만들려는 유전자 편집 기술의 야심 찬 계획을 그 자체로나쁘다고 할 수 없다.

불완전을 무릅쓰고 가야 할 길

인간의 자연적 역량은 최적도 아니고 최적일 필요도 없다. 최적성 직관은 틀렸다. 하지만 인간에 대한 불완전한 지식은 유전자가위 기술의 사용을 주저하게 만든다. 유전자들의 복잡한 네트워크와 후성 유전 요인들의 복잡한 작용이 다 밝혀지지 않은 상태에서 섣불리 행해지는 치료나 강화는 "선무당이 사람 잡는 꼴"이 될 수도 있다. 하지만 맹장에 대한 완벽한 지식(가령 맹장이 수행하고 있을지도 모를 어떤 기능에 대한 지식까지)이 없더라도 염증에 걸린 맹장은 떼어 내지 않으면 안 되듯, ADHD 아이들에게 약간의 부작용을 감수하고서라도 리탈린(Ritalin) 같은 약을 복용하게 하듯 우리는 이미 개입하고 있다. 그렇다면 이런 개입이 치료의 목적을 넘어 강화를 위해서도 바람직한가? 이 질문에 대해서도 우리는 이미 그런 것을 하고 있다고 말해야 한다. 예뻐지고 멋있어지려는 인간의 강화 욕망을 실현해 주고 있는 성형 기술은 현재에도 전혀 불법이 아니다. 우리 인류가 성형에 관한 모든 지식을 다 알고 있기 때문에 그것이 합법이라고 주장할 사람은 아무도 없을 것이다.

앞에서 언급한 진화 혁명, 분자 혁명, 인지 혁명은 현재 진행형이다. 그래서 우리 자신에 대한 지식도 불완전할 수밖에 없다. 하지만 우리의 이런 불완전함을 이유로 질병 치료와 능력 강화에 큰 잠재력을 지닌 기술의 사용을 막아서는 안 된다고 생각한다.[5] 반가운 것은 인간을 이해하고 활용하는 우리 지식의 수준이 엄청난 속도로 증가하고 있다는 점이다. 게다가 자연은 위대하지만 최적이나 완벽과는 거리가 있다. 자연의 이런 불완전함이 오히려 인간의 완벽 욕구를 자극하고 있다. 그 누구도 완벽하지 않다. 자연마저도!

크리스퍼 유전자가위 기술과
생명과학 혁명

김진수 / 화학부·기초과학연구원 유전체교정연구단

유전자가위(Programmable Nuclease)는 DNA를 인식해서 자르는 인공 효소로서 인간 및 동식물의 유전자를 잘라 고치는 데 사용된다. 세포 내의 DNA는 환경적인 요인에 의해 빈번하게 끊어진다. 다행히 모든 세포는 끊어진 DNA를 다시 이어 복구할 수 있는 능력을 가지고 있다. 이 과정을 오랫동안 연구한 결과 과학자들은 인위적으로 유전자 DNA를 끊고 이를 세포 내 복구 기작이 수선하는 과정에서 변이를 만들거나 수정할 수 있게 되었다. 그런 의미에서 유전자가위 기술은 자연적으로 일어나는 현상을 인위적으로 활용하는 기술이라 할 수 있다.

유전자가위 기술은 최근 학계의 큰 관심을 모으고 있다. 2015년 말 학술지《사이언스》는 유전자 교정 기술을 '올해의 혁신적 과학 성과'로 선정했고,《네이처》는 최근 '유전자 교정 시대의 개막'을 선언하기도 했다. 또한《MIT 기술 리뷰(*MIT Technology Review*)》는 매년 초 세상을 바꿀 10대 기술을 선정해 발표하는데, 그중 2015년에 선정한 생명과학 관련 두 개의 기술[6]이 모두 유전자 교정(genome editing)에 관한 것이다.

유전자 교정이 가능한 새 시대의 개막

전 세계 70억 인구 중에서 똑같이 생긴 사람은 없다. 사람뿐 아니라 식물과 동물도 모두 개체별로 차이가 있다. 그리고 그 대부분은 유전자의 차이로 설명될 수 있다. 유전자의 차이에 따라 질병에 걸리는 정도도 다르다. 어떤 이는 건강한 유전자를 가지고 있어 질병에 잘 안 걸리는 반면, 어떤 사람은 유전자의 차이로 인해 질병에 잘 걸린다. 질병에 대한 민감도를 넘어 질병 자체가 직접적으로 유전자와 연관된 경우라 할 수 있는 것이 유전 질환이다. 현재까지 알려진 유전병은 1만여 종 정도인데, 유전병은 결코 드문 경우가 아니다. 전체 신생아의 1퍼센트 정도가 유전 질환을 안고 태어나며, 소아과 진료의 40퍼센트가 유전 질환과 연관되었다는 조사 결과도 발표된 바 있다.

유전병은 완치가 불가능하며 돌연변이 유전자를 다음 세대에 물려주게 된다. 또 부모는 정상적인 유전자를 가지고 있지만 아이가 유전자 결함을 가지고 태어나는 경우도 있다. 유전자 결함의 경우에 3분의 2 정도 되는 사례들이 부모로부터 유전적으로 물려받았으며, 3분의 1은 생식세포의 변이에 의해 유전자 결함이 새롭게 생겨난 경우다.

유전병들 중 최초로 병을 유발하는 유전자가 밝혀진 것이 낫 모양 적혈구증이다. 낫 모양 적혈구증은 32억 쌍 염기 배열에서 단 하나, 즉 아데닌이 티민으로 바뀌었기 때문에 발생한다. 이로 인해 헤모글로빈에서 글루타메이트(glutamate) 하나가 바뀌어 단백질이 엉기게 되고, 또 헤모글로빈이 망가져 이로 인해 산소 공급이 원활하지 못하면서 빈혈 증세가 생기는 등의 고통을 당하는 것이다.[7] 이 질병은 흑인 500명당 한 명 정도의 빈도로 발생하며, 이 유전병을 가진 환자의 평균 수명은 40대 중반 정도밖에 되지 않았다고 한다.

낫 모양 적혈구증의 예처럼 32억 개의 염기 중에서 특정 염기 하나가 바뀌면 질병에 이른 수 있다. 최근에는 이러한 단일 염기 변이 외에도 구조 변이라는 것이 있다고 밝혀졌다. 구조 변이는 염기 서열에서 염기 하나가 바뀌는 것이 아니라, 수백만 개까지 한꺼번에 바뀌거나 빠지는 것이다. 이러한 변이들은 체세포에서 일어날 수도 있고 생식세포에서 발생할 수도 있다. 만일 이 변이가 체세포에서 발생하면 다음 세대로 유전되지 않지만, 생식세포에서 발생하면 계속해서 유전된다. 이러한 유전자 변이가 일어나는 원인에는 DNA 복제 효소 오작동[8]부터 화합물, 방사능, 자외선 등 여러 가지가 있지만 대부분 '저절로' 발생한다. 특히 활성 산소는 대사 과정에서 필연적으로 발생하게 되는 부산물인데, 이 활성 산소가 DNA를 때리면 DNA가 끊어지는 이중 나선 절단(double-strand break)이 발생하는데 이것이 유전자 변이를 일으키는 원인이 된다. 활성 산소로 인해 우리 몸의 모든 세포에서 매일, 매 순간 이러한 현상이 발생하는 것이다.[9] 어떤 원인에 의해 DNA가 끊어지면 그 끊어진 부위는 어떻게든 다시 이어지게 된다. 이러한 수선 기작(repair mechanisms)이 모든 동식물에 다 있지만, 그 수선 기작이 100퍼센트 완벽하지 않기 때문에 변이가 발생하는 것이다. 만일 DNA를 의도적으로 끊어 주면 그 끊긴 위치에 변이를 일으킬 수 있다. 자연적으로 일어나는 현상을 역이용하여 인위적으로 변이를 유발하는 것이다.

　유전자 치료의 기본적인 착상은, 만일 유전자에 결함 혹은 돌연변이가 있다면 치료 효과가 기대되는 유전자를 합성해 전달체에 실어 환자 체내에 투여한다는 것이다. 예컨대 특정 유전자 문제로 발생하는 혈우병의 경우, 온전한 유전자를 합성하여 바이러스나 플라스미드 DNA와 같은 전달체를 사용해 환자에게 마치 약처럼 투여한다. 문제는 치료용 유전자와 전달체 DNA가 환자의 유전자에 무작위로 삽입될 수도 있다는 것이다. 만일 전달체가 삽입되는 위치가 암을 유발하는 유전자에 근접하면 암 유발 유전자가 각성되어 암이 발생할 가능성도 있다. 실제로 프랑스에서 세 명의 아동이 이러한 방식의 치료를 받았는데 암이 발생해 이 치료법의 사용을 중지한 사례가 있다. 오랜 연구 결과 이러한 문제점을 극복하여 결국 다시 유전자 치료제가 주목받고 있지만, 합성한 유전자를 전달체에 실어 전달하고 그것이 유입되는 과정에서 발암 유전자를 각성시킬 가능성은 언제나 있다. 또 다른 문제는 혈액 응고 인자인 8번 인자처럼 매우 큰 유전자들은 전달체에 수용되기 어렵다는 것이다.

이러한 유전자 치료의 한계를 극복하기 위해 연구된 것이 유전자 교정 기술이다. 유전자가 망가졌을 때, 망가진 유전자를 대체할 유전자를 합성해 그것을 전달체에 실어 전달하는 것이 아니라 망가진 부위를 직접 고치는 것, 말하자면 그 부위를 수술하는 것이다. 이러한 치료법은 유전병 치료뿐 아니라 암이나 감염성 질환에도 쓰일 수 있다. 또한 사람뿐 아니라 식물이나 가축, 어류, 곤충 등 모든 생명체에 사용될 수 있다. 그런 의미에서 유전자 교정이 가능한 새로운 시대가 열렸다는 평가를 받고 있는 것이다.

3세대 유전자가위, 크리스퍼-카스9

지난 20여 년간 유전자를 자를 때 사용하는 도구로 ZFN(Zinc Finger Nuclease), 탈렌(Transcription Activator-Like Effector Nuclease, TALEN), 크리스퍼-카스9(CRISPR-Cas9, Cas-derived RNA-Guided Endonuclease(RGEN))가 순차적으로 개발되었다. 이 중 현재 만들기 쉽고 가격이 싸서 크리스퍼-카스9가 압도적으로 많이 쓰이고 있다.[10] 이들 유전자가위는 세포에 도입되어 방사능이나 활성 산소처럼 유전자를 무작위로 자르는 것이 아니라 DNA 염기 서열을 인식[11]해 특정 위치를 물리적으로 자른다. 세포 내에는 수선 기작이 있어 잘라진 부위는 어떻게든 수선이 되는데, 그 과정에서 인히는 변이를 민들이 낼 수 있다. NHEJ(Non-Homologous End Joining) 기작을 사용하면 유전자를 망가뜨릴 수도 있고, HDR(Homology Directed Repair)의 경로를 통하면 주형이 되는 DNA 정보를 그대로 도입할 수도 있다.[12]

크리스퍼는 미생물의 유전자 염기 서열을 분석하는 과정에서 특정 서열이 반복된다는 것을 관찰한 일본 과학자가 최초로 발견했다. 이후 스페인의 프란시스코 모히카가 우연히 미생물의 DNA에서 독특하게 반복되는 염기 서열 구조를 발견했고, 이 박테리아의 반복 염기 서열이 박테리아를 공격하는 바이러스의 염기 서열과 일치한다는 것을 알아냈다.[13] 박테리아가 왜 바이러스의 염기 서열을 가지고 있는지를 의아하게 여긴 과학자들은 이것이 박테리아의 면역 시스템일지 모른다는 가설을 세운다.

그 후 요구르트 균을 연구하는 한 연구소에서 배양 과정 중 바이러스에 의해 죽는 균과 죽지 않는 균의 차이를 연구하다, 죽지 않는 균 안에서 일종의 클러스터를 발견했다. 또한 그 안에서 바이러스의 DNA 시퀀스와 동일한 시퀀스들을 발견했으며, 그것이 박테리아의 일종의 면역 시스템에 해당한다는 것을 밝혀냈다. 즉 크리스퍼라 불리는 반복된 서열을 포함하는 DNA가 RNA로 전환되어 쪼개지고,[14] 이것이 박테리아 자체의 단백질인 카스(Cas)와 복합체를 이루고 있다가 같은 바이러스가 침투하면 그 RNA가 타깃이 되는 바이러스 DNA와 염기쌍 결합을 하여(base paring) 카스를 타깃 DNA로 인도한다. 그 결과 카스 단백질이 바이러스 DNA를 쪼개 바이러스가 증식하지 못하게 되고 이를 통해 박테리아가 바이러스로부터 보호되는 것이다. 즉 크리스퍼는 박테리아의 후천적 면역 기제(adaptive immune system)인 셈이다. 세균의 DNA상에 침입자 바이러스들의 DNA를 조각내 차곡차곡 저장해 놓아 두었다가 같은 바이러스가 다시 침입할 경우 이를 제거하는 것이다.

크리스퍼-카스는 기존 유전자가위 ZFN, 탈렌에 비해 큰 장점이 있다. ZFN와 탈렌은 단백질이 타깃 DNA를 인식해서 자르기 때문에 매번 단백질을 새롭게 만들어야 하는 반면 크리스퍼는 카스 단백질은 동일하게 사용하고 RNA를 교체하기만 하면 되기 때문에 만들기가 훨씬 쉽다. 바로 그런 면에 주목하여 2012년 필자의 연구팀을 비롯한 연구자들이 인간 세포에 크리스퍼를 카스9와 함께 도입하는 실험을 적용한 것이다. 그러나 과연 미생물에서 유래한 크리스퍼-카스9가 인간의 DNA를 절단할 수 있는지 여부는 불분명했다. 인간의 DNA는 세균의 DNA와는 달리 히스톤 단백질에 둘러싸여 있고 엄청난 밀도로 말려 있는 크로마틴이라는 구조를 이루고 있어 그 구조를 풀어 헤치고 실제로 타깃 DNA를 절단할 수 있을지 실험 전에는 누구도 자신할 수 없었다.[15] 놀랍게도 인간 배양 세포에 크리스퍼-카스9를 도입한 결과 실제로 표적 유전자에 변이가 일어난 것이 확인되었고 그 결과는 2013년 1월 학술지에 최초로 발표되었다.[16]

유전자가위 기술과 유전자 치료

유전자가위 기술은 유전자 치료에 사용될 수 있다. 예를 들자면 CCR5라는 유전자는 에이즈 바이러스(HIV)의 수용체로 알려져 있는데, 백인들 중 이 유전자가 자연적으로 망가져서 없는 사람들이 1000만 명 정도, 1퍼센트 정도의 비율로 존재한다. 이들은 이 유전자가 없지만 건강에 아무 문제가 없으며, 수용체가 없기 때문에 에이즈에 걸리지 않는다. 즉 이 경우 온전한 유전자를 가지고 있는 것이 특정한 바이러스에 취약하도록 만들며, 오히려 유전자가 망가져 있는 것이 특정 바이러스에 의한 질병 감염을 방지하는 셈이다.

실제로 미국인 티머시 브라운(Timothy Brown)은 1990년대에 에이즈 바이러스에 감염되었고 뒤이어 백혈병에 걸렸는데, 백혈병 치료를 위해 골수 이식을 받는 과정에서 우연히 CCR5 유전자가 망가진 사람의 골수를 이식받게 되어 그 결과 수술 후 백혈병뿐 아니라 에이즈도 치료되었다. 하지만 이러한 방법을 다른 에이즈 환자에게 적용하는 데에는 한계가 있다. 일단 골수 이식을 하려면 유전형이 일치해야 하고, 설사 유전형이 일치하는 사람을 찾았다 할지라도 그 사람의 CCR5가 망가져 있을 확률 또한 낮기 때문이다. 즉 유전형이 일치하면서 CCR5 유전자도 망가져 있는 적절한 골수 기증자를 찾게 될 확률은 수천만 분의 1이다.

그 대안으로 제시되는 것이 에이즈 환자의 혈액으로부터 T-Cell을 취해 1세대 유전자가위인 ZFN을 도입해 CCR5 유전자를 망가뜨린 후 환자에게 투입하는 것이다. 지금까지 미국에서 임상 시험을 하면서 100여 명을 이 방식으로 치료했고 그 초기 결과가 2015년《뉴 잉글랜드 저널 오브 메디신(New England Journal of Medicine)》에 발표되었는데, 어떤 환자는 더 이상 약을 복용할 필요가 없을 정도로 효과를 본 것으로 보고되었다. 만일 이 치료법이 미국 FDA에 의해 공식 승인되면 인류 역사상 최초로 인간의 유전자를 수술해서 질병을 치료하는 사례가 된다. 그리고 현재는 1세대 유전자가위인 ZFN을 사용하기 때문에 유전자 변이의 효율이 25퍼센트 정도로 높지 않지만, 3세대 크리스퍼-카스9로 할 경우 이보다 효율이 월등히 높을 것으로 예상된다.

유전자가위가 유전병 치료에 사용될 수 있는 또 다른 예로 혈우병을 들 수 있다. 중증 혈우병의 절반 정도가 유전자가 뒤집어져서(DNA inversion) 발생하는 것으로 알려져 있다. 이 경우 유전자 염기 서열 하나가 문제인 것이 아니라 상당히 긴, 혈액 응고와 관련된 유전자 일부가 역으로 배열된 것이다. 이 변이는 부모의 생식세포에서 DNA가 우연히 잘린 것이 잘못 고쳐져서 발생한 것인데, 이것을 유전자가위를 이용해 원상 복구할 수 있다. 즉 환자 유래 분화만능 줄기세포(Induced Pluripotent Stem cell, IPS)를 만든 후, 유전자가위를 도입해 뒤집어진 부위를 원상 복구한 후 세포를 분화시켜서 환자에게 투여할 수 있다. 현재 생쥐 실험을 통해 그 가능성을 입증했다. 이러한 방식은 혈우병에만 적용할 수 있는 것이 아니라 어떠한 세포로든 분화할 수 있는 ISP를 사용해 다른 여러 유전병에도 보편적으로 적용할 수 있는 가능성이 있다.

여기서 우리는 유전자 수술(genome surgery)이라는 개념을 생각해 볼 수 있다. 유전자 수술은 크게 두 가지 방식으로 이루어진다. 우선 문제가 되는 세포를 취한 다음 그 세포를 교정해 다시 체내로 주입하는 체외 유전자 수술과, 유전자가위를 환자에게 직접 투여해 체내의 유전자를 교정시키는 체내 치료가 있다. 현재 체내 치료의 경우 우리나라에서는 생명윤리법에 따라 상당히 제한적으로만 허용되고 있다.

유전자 교정 동식물과 GMO

유전자가위 기술은 인간의 유전병 치료뿐 아니라 다른 동물이나 식물의 유전자 교정에도 적용될 수 있다. 성공적인 유전자 교정의 사례는 현재 100여 종이 넘을 정도로 많다. 그중 한 예로, 자연적으로 근육이 발달한 동물들이 가진 유전자 변이를 돼지에 도입한 것을 들 수 있다. 육종학자들이 품종으로 개발한 벨지언 블루(Belgian Blue)라는 소는 근육 양이 많지만 근육 조직의 굵기가 가늘어 육질이 부드럽기로 유명하다. 또한 근육이 특히 발달한 경주견들 중 특정 유전자에 변이가 있는 것들이 발견된다. 마이오스타틴(myostatin)은 근육이 비대하게 성장하는 것을 억제하는 인자인데, 마이오스타틴을 결여한 동물은 이처럼 근육이 비정상적으로 발달하는 것으로 알려져 있다.

유전자가위를 돼지에 적용해 대퇴부가 크게 발달하고 근육량이 많아진 돼지도 만들 수 있다.[17] 이렇게 만든 돼지는 지방의 양이 상대적으로 적고 단백질 성분이 많다. 전 세계에서 1년에 소비되는 돼지 15억 마리 중 8억 마리가 중국에서 소비되는데, 중국인들은 비계를 좋아하지 않아 돼지고기의 약 3분의 1가량을 폐기하거나 사료용으로 쓴다고 한다. 유전자가위 기술로 만든 슈퍼 근육돼지는 중국 시장에서 큰 호응을 받을 가능성이 있다. 또한 이 기술은 농축산물인 소, 닭, 밀, 벼, 옥수수 등에 보편적으로 활용될 수 있고 그 시장 규모는 엄청나다.

여기서 이슈가 되는 것은 유전자가위 기술을 적용해 나온 새로운 품종들이 GMO라 할 수 있느냐 여부다. 유전자가위 기술을 적용해 특정 유전자를 비활성화하는 것은 외부 유전자를 투입하지 않았다는 측면에서 자연적인 변이와 차이가 없다. 앞서 언급된 벨지언 블루를 GMO로 규제하지 않듯이 마이오스타틴을 결여한 돼지를 GMO라 보고 규제할 이유가 없는 것이다. 마이오스타틴이 결여된 근육 양 많은 돼지는 수백만, 수천만 마리의 자연 상태 돼지들 중에 존재할 수 있으나 이를 찾아 교배해서 품종화하는 것은 쉬운 일이 아니고 또 수십 년 이상 걸릴 수도 있다. 그 반면에 유전자가위 기술을 적용하면 빠른 시간 안에 품종화할 수 있다.

유전자가위 기술은 식물에도 널리 적용되고 있다. 특히 서울대 연구 팀은 최초로 DNA를 사용하지 않고 유전자 변이를 유도하는 새로운 방법을 개발했다.[18] 식물 세포에 셀룰라아제(cellulase)를 처리해서 세포벽이 없는 프로토플라스트(protoplast) 상태로 만들고 카스9 단백질과 가이드 RNA만을 사용해서 돌연변이를 일으킬 수 있다. 이를 배양해 세포 덩어리인 캘러스를 만들고 다시 6개월가량 배양해 상추를 만들어 냈다. 이 같은 과정은 비단 상추뿐 아니라 감자, 배추, 토마토, 담배, 벼 등에도 적용되었고, 그 목록은 점점 늘어나리라 예상된다. 이 방법은 단백질과

RNA만을 사용하고 DNA를 사용하지 않으므로 GMO로 규제하는 것이 불합리하다. 일례로 2016년 미국 펜실베이니아 대학의 한 교수가 버섯이 단기간에 갈색으로 변하는 것을 방지하기 위해 버섯의 유전자 하나를 삭제한 품종을 개발해 미 농림부에 GMO 여부를 판단해 줄 것을 요구했고, 미 농림부는 이를 GMO로 규제하지 않겠다고 결론 내린 바 있다.[19]

바나나의 경우 곰팡이 때문에 1950년대에 그로스 미셸(Gros Michel)이라는 품종이 절멸한 적이 있다. 현재 우리가 먹고 있는 캐번디시(Cavendish)라는 품종도 유전적 다양성이 없어 역시 곰팡이에 취약하여 10~20년 사이에 멸종될 것으로 예상된다. 이에 대해서도 곰팡이 감염에 치명적인 바나나의 수용체 유전자를 제거하거나 망가뜨려 곰팡이를 견디는 바나나 형질을 만들어 내는 방향으로 유전자가위 기술을 적용할 수 있다.

GMO에 대한 정의는 카르타헤나 의정서(Cartagena Protocol)에 근간을 두고 있다. 간단히 말하면 외부 유전자가 식물 유전자에 도입되었느냐의 문제다. 예컨대 미생물에서 발견된 제초제에 저항성이 있는 유전자를 대두에 옮겨 심은 것이 전형적인 GMO다. 크리스퍼를 활용한 유전자가위는 외부 유전자를 도입해 GMO를 만드는 데에도 활용될 수 있지만 외부 유전자의 도입 없이 내부 유전자의 변이를 유도할 수도 있다. 외부 DNA를 도입하지 않는다면 GMO로 규제할 근거가 희박하다. 미국은 생산물(product) 기준이기 때문에 유전자를 넣었다가 다시 제거하여 최종 생산물에 외부 유전자가 남지 않으면 GMO가 아닌 것으로 간주한다. 이와 달리 유럽 기준에 따르면 식물 세포가 외부 DNA와 한 번이라도 접촉했다면 무조건 GMO로 간주한다. 즉 미국이 최종 생산물을 기준으로 하는 것과 달리 유럽은 과정(process)을 기준으로 하는 셈이다. 필자의 견해로는 RNA와 단백질을 바탕으로 한 유전자가위 기술을 사용될 경우 식물 세포가 외부 DNA와 접촉하지 않기 때문에 미국 기준으로나 유럽 기준으로나 모두 GMO로 간주하는 것이 타당하지 않다는 것이다.

　농사를 지을 때 쓰는 종자들은 우리가 흔히 알고 있는 '육종' 과정을 거쳐서 인위적으로 만들어 낸다. 그리고 그 과정에서 방사능 노출을 사용해 DNA 사슬을 끊어 내고 그것이 다시 이어지는 과정에서 생기는 변이들을 이용한다. 유전자가위는 원하는 유전자만을 선택해서 잘라 낼 수 있는 반면, 방사능은 수백 곳을 무작위로 끊어 내므로 훨씬 더 위험하다고 볼 수도 있다. 그러나 전 세계 어디에서도 방사능 조사를 이용해 만든 고전적 '육종' 산물을 GMO로 규제하지 않는다. 외부 유전자가 도입되지 않았기 때문이다. 우리는 그 오랜 기간 별다른 거부감 없이 육종의 결과물을 매일매일 섭취해 오고 있다. 방사능 조사로 만든 신품종을 GMO로 규제하지 않는다면 이보다 훨씬 정교하게 유전자가위를 이용해 만든 품종도 GMO로 규제하지 않는 것이 합리적이다.

　지금 재배되고 있는 벼나 옥수수 등은 자연계의 그것과는 다르며 계속 형질이 바뀌고 있다. 예컨대 지금 우리가 먹는 수박과 20여 년 전에 먹었던 수박을 비교하면 현재 우리가 먹는 수박의 당도가 훨씬 높은데, 모두 유전자를 변화시키는 고전적 육종 기술로 바꾼 것들이다. 다만 외부 유전자를 따로 넣지 않았다는 것을 근거로 GMO 규제 대상에서 면제되었을 뿐이다.

　외부 유전자가 들어가는 것에 대한 정서적 거부감은 충분히 있을 수 있고 이해할 수도 있다. 그런데 우리가 개발한 유전자가위 기술을 이용해 내부 유전자에 변이를 일으켜 앞서 언급한 과일이나 버섯 등의 갈변(browning) 증상을 둔화시키거나 곰팡이에 대한 바나나의 저항성을 향상시킬 수 있다. 즉 외부 유전자를 도입하지 않고[20] 현재 많은 육종 품종에서 시행하는 것과 다를 바 없는 내부 유전자 변이를 통해 새로운 품종을 만들 수 있다.

결과물을 중심으로 GMO를 규제하는 북미(미국, 캐나다) 기준과 과정에 중심을 둔 유럽식 기준을 비교하면 북미식이 합리적이라 볼수 있다. DNA 구조가 특정한 형태로 바뀐 최종 결과가 중요한 것이지, DNA 구조를 변화시키는 데 방사능을 사용하느냐 여타의 방법을 사용하느냐는 사실상 의미가 없기 때문이다. 우리나라는 유럽식 기준으로 GMO를 규제하고 있다. 그러나 규제가 심한 유럽에서도 스페인의 경우에는 외부 유전자를 도입한 품종들을 재배하는데 우리나라에서는 그러한 품종들은 단 한 평도 상업용으로 재배하지 못하고 있다.

유전자가위 기술에 대해서도 외부 DNA가 도입되지 않은 농작물에 대해서는 미국, 캐나다, 스웨덴, 아르헨티나, 이스라엘, 일본 등이 GMO로 규제하지 않겠다고 결론을 내린 상태다. 우리나라 정부는 유전자가위 기술을 적용한 결과물들에 대한 GMO 여부 판단과 관련한 기준을 제시하지 않고 있는 상황이다.

유전자가위 기술의 미래

유전자가위 기술의 적용 범위를 둘러싼 논란과 관련해서는 우선이 기술을 식물과 동물에 적용하느냐 인간에게 적용하느냐에 따라, 또인간에게 적용 시 체세포에 적용하느냐 배아에 적용하느냐[21]에 따라 다른 기준을 적용해야 한다. 또한 이 기술을 생식세포에 적용한다고 했을때 임상과 연구를 구분해야 한다.

현재 세계적으로 인간 배아에 대한 연구는 14일 이전 배아에 국한하도록 되어 있다. 우리나라에서는 14일 이전 배아에 대한 연구도 포괄적으로 금지하는 상황이다. 최소한 연구를 해야 기술적인 문제 등을 극복할 수 있다는 점을 고려하면 인간 배아 연구 자체를 금지하는 것은 재고해 봐야 할 문제다. 미래에 해외에서 이 기술이 보편화되었을 때, 우리나라 젊은 부부들이 외국에서 시험관 아기, 인공 수정 시술(In-Vitro Fertilization, IVF)을 받으면서 유전자가 교정된 배아를 착상받을 수도 있는 상황이다. IVF 클리닉에서도 얼마든지 할 수 있을 만큼 유전자가위 적용이 쉬워졌기 때문이다. 현재의 유전자가위 기술 수준으로도 충분히 가능한 일들 중 하나가 에이즈 감염의 위험에 노출된 미래의 태아들을 위해 유전자 교정을 통해 이들이 에이즈에 걸리지 않도록 하는 것이다.

이른바 수직 감염이라 불리는, 산모로부터 아이로 HIV(인체 면역 결핍 바이러스)가 감염되는 사례가 다수 발생하고 있다. 이러한 사례들은 출산 과정에서 태아가 산모의 혈액과 접촉함으로써, 그리고 수유 과정을 통해서도 발생하는 것으로 알려져 있는데 이 때문에 많은 산모가 아이에게 에이즈를 감염시켰다는 죄책감에 평생 시달려야 한다. 이러한 처지에 있는 부모들은 자신들의 아이가 에이즈 감염 없이 태어나 살아갈 수 있기를 바랄 것이다. 앞서 언급했듯 유전자가위 기술로 HIV의 수용체인 것으로 알려져 있는 CCR5 유전자의 기능을 망가뜨림으로써 태아의 HIV 감염을 방지할 수 있다.[22] 실제로 2018년 11월 중국 과학자 허젠쿠이 박사가 크리스퍼 유전자가위를 이용해 CCR5 유전자가 제거된 쌍둥이를 출산시키는 데 성공했다고 발표해서 큰 논란이 되었다. 당국의 허가를 받지 않고 비밀리에 추진한 것에 대해 전 세계가 경악했고 중국 정부가 이에 대한 조사를 진행하고 있다.

만일 배아 단계에서 유전자를 교정해 특정 질병에 걸리지 않는 건강한 아이가 출생한다면, 그것은 최초의 시험관 아이의 탄생 못지않은 기념비적인 사건이 될 수 있다. 그러나 사회적 합의 없이 법과 규정을 무시하고 비밀리에 이를 추진하는 것은 큰 문제가 될 수 있다.

배아나 태아에 대한 유전자 치료는 아마도 미래의 개척지가 될 것이다. 특히 태아에 대한 유전자 치료는 배아에 대한 것보다 윤리적인 문제도 덜하다. 현재는 아직 실험용 쥐를 대상으로 하는 실험 단계이지만, 이미 유전병에 걸린 태아를 유전자가위를 이용해 치료해서 건강하게 태어날 수 있도록 해 준다면 배아 단계에서의 치료에 비해 윤리적인 부담도 덜게 될 것이다.

유전자가위를 둘러싼 또 다른 논란으로 환경에 대한 영향을 들 수 있다. 예컨대 특정 유전자를 종 전체로 확산시키는 '유전자 드라이브(gene drive)'를 통해 말라리아 바이러스를 전파시키는 모기를 멸종시킬 수도 있을 텐데, 모기가 멸종되었을 때 생태계에 어떤 변화가 초래될지는 아무도 자신 있게 예측할 수 없다.

유전자가위 기술은 인류의 미래에 지대한 영향을 미칠 수 있는 신기술이다. 따라서 각국 정부가 이 기술에 대한 직간접 지원책을 마련하고 있다. 아직 이 기술의 한계와 파급력에 대해 정확한 예측이 불가하기 때문에, 정부가 방향을 제시하고 그 방향으로 연구를 유도하기보다 과도한 규제는 지양하고 연구비를 더 투자하여 다양한 방향으로 연구가 이루어질 수 있도록 지원하고 기다려 주는 것이 바람직하다.

유전공학의 역사와
생명의 미래[23]

이두갑 / 서양사학과 · 협동과정 과학사 및 과학철학

과학기술의 혁신은 항상 사회에 새로운 기회와 도전을 가져다준다. 그 기술이 특히 유전자 편집처럼 생명 현상의 근본을 관장하는 유전자에 관한 것일 때, 이 기술이 지니는 의학적, 경제적 기회에 대한 희망 섞인 전망과 기대는 매우 클 것이다. 유전자의 특정 염기 서열을 정확하게 제거할 수 있는 유전자 편집 기술의 급속한 발전은 생명과학과 의학계, 산업계에서 이의 의학적, 농업적 활용 가능성에 대한 밝은 전망을 가져오고 있다. 유전병을 불러일으키는 특정 유전자를 제거해, 일례로 혈우병과 같은 유전병을 치료할 가능성이 열리고 있으며, 특정 병원균에 치명적인 바나나와 같은 식물들의 유전자를 교정해 멸종 위기에 처한 농작물들을 구할 수 있다며 전 세계에서 관련 연구들이 활발히 신행되고 있다. 특히 나스닥에 상장된 미국의 한 생명공학 회사 상가모(Sangamo)는 에이즈 감염을 제어하는 CCR5라는 특정 유전자를 제거하는 에이즈 치료법을 개발해 이미 임상 실험 단계에 있다.

　이에 2015년 저명한 과학 저널《사이언스》는 이 기술을 '올해의 혁신'으로 선정했고, 기술 혁신 저널《MIT 기술 리뷰》는 유전자 교정 관련 기술을 세상을 바꿀 미래의 10대 기술의 하나로 선정했다. 의학적, 농업적 응용 가능성에 대한 기대도 매우 커 이미 각국 정부와 벤처 투자 업계에서는 이 분야에 대한 대규모 지원과 투자를 진행하고 있다. 최근 한 시장 분석 기관은 2019년까지 유전자 교정 시장이 16억 달러에 달할 것이라 예측하고 있다. 국내에서도 기초 과학 연구원(Institute of Basic Science, IBS)에서 유전체 교정 연구단이 설립되어 세계적 수준에서 이 기술의 발전을 선도하고 있으며, 관련 생명공학 회사들도 설립되어 기술의 상업화를 주도하고 있다.(Kim & Kim, 2014)

유전자 편집 기술이 생명을 관장하는 핵심 정보들을 지니고 있는 유전자에 대한 정밀한 개입을 수행하고 있다는 점에서 여러 사회적, 윤리적 논란이 나타나고 있으며, 이 신기술의 규제에 관한 법적, 정책적 논의가 활발히 진행되고 있다. 우선 이 기술을 인간에게 직접 적용할 경우 나타날 사회적, 윤리적 문제들에 대한 논쟁들이 제기되고 있다. 특히 2014년 일본의 생명 윤리학자 이시이 데쓰야는 전 세계적 차원에서 유전자 편집 기술이 인간의 수정란이나 배아에 적용되는 것을 규제할 수 있는 제도가 미비하다고 지적했으며, 이듬해 중국의 한 연구진이 처음으로 유전자 교정 기술을 배아에 적용하는 실험을 실시해 큰 논란을 불러일으켰다. 비록 이 실험은 그다지 성공적이지 못했지만, 유전병 치료를 위해 인간의 수정란이나 배아에 이 기술을 발전시켜 적용할 경우 그 변화가 대대손손 유전되기 때문에, 유전자 교정 기술의 다른 어떤 응용보다 이에 대한 사회적, 윤리적 우려가 제기되었다.

2015년 1월에는 전 세계의 저명한 생명과학자와 의학 연구자들은 유전자 편집, 특히 크리스퍼 기술의 책임 있는 사용을 위한 열린 토론이 필요한 시기라 선언했다. 유전자 편집 기술 분야에서 혁신이 급속히 일어나며 의학적, 농업적 응용 가능성이 커지고 그에 대한 투자가 활발하게 일어나고 있지만, 그에 비해 이 기술이 어떻게 사회적으로 유용하고 윤리적인 방식으로 활용될지에 대한 논의는 미비하다는 것이다.(Carroll & Charo, 2015) 일례로 유전자 교정이 치료를 목적으로 사용되는 것을 넘어, 개인의 지능이나 외모와 같은 신체적 특성 등 특정 형질의 강화를 위해 사용될 경우 이것이 과연 윤리적, 사회적 측면에서 바람직한가? 유전자 교정처럼 생명에 대한 개입을 통해 우리 삶의 질을 향상할 수 있는 큰 가능성을 지닌 신기술이 어떻게 한 사회의 다양한 계층의 사람들에게 유용하게 사용되며, 그 사회의 지속적 발전의 기반을 마련해 줄 수 있을까?

이 글은 1970~1980년대 유전공학의 첫 등장과 특히 미국에서의 생명공학 성공 및 한계들에 대한 성찰을 기반으로 우리 사회가 유전자 편집이라는 혁신적 과학 기술과 관련하여 어떠한 미래를 전망할 수 있을지 논의할 것이다. 1970년대 유전자 재조합 기술의 발달은 생명 현상을 관장하는 유전자라는 핵심적인 생물 정보에 대한 조작을 가능하게 하며 의학과 농업 부문에 커다란 혁신을 가져왔다. 당시 경제 불황에 빠진 미국 경제는 생명공학이라는 첨단 고부가 가치 산업을 등장시키며 경제 성장을 견인해 나가리라는 기대를 가졌다. 하지만 곧 이 기술이 생명에 대한 직접적인 조작을 가능하게 함으로써 공중 보건과 환경에 위험을 초래할 수 있다는 우려가 제기되었으며, 그와 동시에 이 기술의 응용에 수반하는 사회적, 윤리적 문제들에 대한 비판도 나타났다.

이에 미국 사회가 어떻게 유전자 재조합이라는 기술 혁신을 통해 새로운 공존과 지속적 발전의 기반을 마련하려 시도했는지를 살펴볼 필요가 있다. 이러한 유전공학의 첫 성공과 한계에 대한 분석은 미래 한국 사회에서 유전자 편집이라는 기술 혁신의 의학적, 경제적 이득과 그로 인한 윤리적 문제 그리고 환경적 위험 사이의 최적의 균형점을 찾기 위한 토론의 기반을 마련해 줄 것이다. 또한 미래 한국 사회에서 유전자 편집이라는 기술 혁신의 이득을 어떻게 다양한 계층의 사람들에게 전파하고 그것이 수반하는 위험을 최소화해 우리의 삶의 질을 고양시키며, 이러한 기술 혁신을 통해 공존과 지속적 발전의 새로운 기반을 어떻게 마련할 것인지 전망해 보자.

1970~1980년대 유전공학의 역사 — 성공, 한계, 교훈들

20세기 유전공학의 등장은 무엇보다 1970년대 미국 캘리포니아의 스탠퍼드 대학에서 개발된 유전자 재조합 기술(recombinant DNA technology)에 그 기반을 두고 있다. 1972년 당시 암 연구를 진행하던 스탠퍼드 대학의 생화학자 폴 버그(Paul Berg)는 특정 유전자가 어떻게 암을 유발할 수 있는지 연구하기 위해 그 유전자를 박테리아의 유전자에 재조합하는 데 첫 성공을 거두었다. 이 기초 생의학 분야의 실험은 곧 생명의 정보를 지니고 있는 유전자를 인간의 의지대로 조작할 수 있다는 혁신적 유전공학 기술의 기반이 되었다. 다음 해인 1973년 같은 대학의 스탠리 코언(Stanley Cohen)이라는 분자생물학자는 캘리포니아 대학 샌프란시스코 분교의 생화학자인 허버트 보이어(Herbert Boyer)와 함께 재조합된 유전자를 박테리아에 삽입하여 이를 복제하고, 이 유전자의 형질을 발현시키는 데 성공했다.

유전자 재조합은 1970년대 중반을 거치며 광범한 의학적, 산업적, 농업적 유용성을 지닌 기술로 간주되면서 유전공학 시대의 기반을 마련했다. 무엇보다 의학적, 산업적, 농업적으로 유용한 산물을 생산할 수 있는 유전자를 박테리아의 플라스미드(plasmid)에 재조합시켜 이를 복제(cloning)하며 발현시킨다면, 미생물인 박테리아가 유용한 산물을 무한정 제조해 주는 생물 공장(bacterial factory) 역할을 할 수 있다. 일례로 당뇨병 환자에게 유용한 인슐린 생성 유선사를 새조합해시 빅데리이에 삽입해 이를 복제하면 기존에 돼지의 췌장에서 추출한 고가의 인슐린보다 훨씬 저렴하게 인슐린을 얻을 수 있다. 많은 과학자들은 유전자 재조합 기술을 이용해 생물체에서 생산되는 모든 산업용 효소나 의학 및 제약 물질, 농업 산물 등을 값싼 비용으로 대량 생산할 수 있다고 주장하고, 이 기술을 새로운 유전공학의 시대를 여는 기술이라며 환영했다.

곧 유전자 재조합 기술의 상업적인 효용을 인식한 스탠퍼드와 캘리포니아 대학은 이 기술과 관련한 특허 출원을 과학자들에게 제안했다. 당시 생물학자로서 기초 생물학 기술에 특허를 출원한 경우는 매우 드물었으며, 특히 당시 의사들이 의학과 관련한 여러 치료 기술에 대해 특허를 출원하는 것은 대부분의 경우 가능하지도 않았다. 무엇보다 환자들의 건강과 생명에 직결된 임상 치료법의 사적 소유가 이 치료의 폭넓은 사용을 저해할 수 있다고 믿었기 때문이었다. 그 반면에 코언과 보이어는 이 기술이 산업적, 의학적 발전에 곧 이용될 것이며, 특허 출원을 통해 사적 소유권을 얻는다면 이 기술의 개발과 응용에 관심 있는 투자자들이나 기업들의 자본을 유치하여 결국은 기술의 사회적 효용을 최대화할 수 있는 최선의 방법이라는, 당시 스탠퍼드 대학 특허 담당관의 견해에 동의했다. 1974년 두 과학자는 유전자 재조합 기술에 대한 특허를 신청했다. 하지만 당시 폴 버그를 비롯한 몇몇 생물학자는 코언과 보이어가 정부의 기금으로 지원된 연구이자 광범하게 사용될 수 있는 기초 기술(generic or platform technology)에 대한 사적 소유권을 주장해 폭넓은 생물학적 연구와 의학적 사용과 개발을 막는다며 이 기술의 특허를 둘러싼 큰 논쟁을 일으키기도 했다.(Yi, 2015)

대학에서 기초 생의학 연구를 수행하다 나타난 신기술의 상업화 시도에 대한 비판 이외에도, 첫 유전공학 실험의 성공 이후 일부 과학자들과 대중은 생명의 근본을 이루는 유전자에 대한 인간의 개입에 대해 큰 우려를 표명하기 시작했다. 우선 폴 버그가 암 유발 유전자를 미생물 유전자에 재조합한 실험에 성공한 직후, 몇몇 과학자는 이 재조합 유전자 실험이 공중 보건에 큰 위험을 가져올 수 있다는 이유로 반대했다. 이 재조합 유전자가 실험실에서 유출되어 인체에 들어가면 암을 유발할 수 있다는 것이다. 이와 함께 유전공학 실험에 대한 보다 강도 높은 사회적·윤리적 논의 또한 나타났다. 그 당시 실현 가능성은 크지 않았지만, 이 기술을 사용해 우월한 유전자를 도입해 인간 종을 개량할 수 있다는 우려는 사회적으로 큰 논란을 불러일으켰다. 또한 유전공학 실험의 위험성이나 그 사회적 오용에 대한 반대를 넘어, 보다 근본적인 차원에서 유전공학 실험에 대한 반대가 제기되기도 했다. 인간을 포함한 생명의 근본을 이루는 유전자에 대한 조작 자체가 그 생명체의 존엄성과 신성함을 해치는 것이라는 비판이 강력하게 제기되었던 것이다.

1970년대 중반에 과학자들은 유전공학의 위험성에 대한 우려와 사회적, 윤리적 비판을 매우 진지하게 받아들였다. 유전공학이라는 신기술로 인한 이득을 실현하기 위해서는 위험에 대한 규제와 법체계의 정비, 그리고 사회의 폭넓은 이해와 동의가 필요하다는 점을 인식했기 때문이다. 폴 버그는 곧 생명과학계와 의학계의 저명한 학자들과 유전공학 연구자들을 중심으로 유전자 재조합 기술의 위험성에 관한 토론회를 조직했다. 바로 1975년에 열린 아실로마 회의(Asilomar Conference)인데, 이곳에 모인 과학자들은 무엇보다 신기술에 대한 과학적 이해를 기반으로 이 기술의 전망과 위험성을 논의해야 한다고 강조했다. 이들은 우선 유전자 재조합 기술의 위험성을 실험의 종류와 방식에 따라 분류하고, 그 위험성을 판단하는 정부 위원회를 설치하고, 그에 따라 실험실을 재설계하여 위험성이 상대적으로 큰 실험들을 금지하는 데 자발적으로 합의했다. 미국 국립 보건원(National Institutes of Health)은 과학자들의 이러한 합의를 기반으로 유전공학 실험에 대한 가이드라인을 마련하고, 정부의 지원을 받은 연구의 경우 실험 전에 허가를 받도록 법과 규제를 정비했다. 과학자들이 보여 준 진지한 논의와 자발적 합의는 이후 유전공학 실험을 둘러싼 위험성에 관한 사회적, 윤리적 논의가 합리적으로 진행될 수 있는 기반이 되었으며, 이후 사회에서 유전공학의 이익과 위험의 균형점을 찾는 데 모범이 되었다.(Wright, 1994)

유전자 재조합 기술의 의학적, 산업적 전망에 대한 희망과 이 기술의 위험성에 대한 우려가 병존하는 와중에 시티 은행 그룹 출신의 한 젊은 벤처 투자가인 로버트 스완슨(Robert Swanson)은 캘리포니아 대학의 보이어를 찾아가 유전공학 기반의 새로운 회사를 차리자고 제안했다. 당시 미국은 생산성 저하와 고유가, 인플레이션으로 인한 심각한 경제 불황에 처해 있었고, 이를 극복하기 위해 기술 혁신에 기반한 고부가 가치 신산업에 큰 기대를 걸고 있었다. 스완슨은 유전공학이라는 신기술에 바탕을 둔 새로운 회사를 설립하고 벤처 캐피털을 유치해서 여러 신약을 개발할 수 있으리라는 원대한 비전을 품고 보이어를 찾아갔다. 1976년 봄 보이어와 스완슨은 각자 낸 자금을 기반으로 제넨텍(Genentech)이라는 회사를 설립했다. 이 회사는 사적 자본을 통해 유전자 재조합 기술을 상업화할 목적으로 설립된 첫 번째 생명공학 회사로, 불과 2년 만인 1978년에 유전자 재조합 기술을 사용하여 인슐린과 인간 성장 호르몬과 같은 유용한 의학·제약·생물학적 물질들을 대량 생산할 수 있음을 입증했다. 곧 제넨텍은 저명한 벤처 투자 회사인 클라이너 앤드 퍼킨스(Kleiner & Perkins)라는 회사로부터 큰 자금을 지원받았다. 1980년 제넨텍의 주식이 미국 월가에 상장되면서 당시로서는 가장 큰 상승 폭을 기록하며 보이어를 주식 상장 당시 주가 총액 7000만 달러의 자산가로 만들어 주었다.(Hughes, 2011)

첨단 과학과 상업의 결합 및 그 성공은 또한 생물학과 의학 실험에서 나타날 수 있는 여러 윤리적 이슈들에 대해 보다 치밀한 고찰을 요구하고 있다. 일례로 제넨텍은 1970년대 말 유전자 재조합 실험을 둘러싼 생물 실험 안전 논란에 휩싸였으며, 비판자들은 제넨텍의 연구진들이 대중의 안전을 고려하기보다 사적 이익을 지나치게 추구하여 유전공학 실험 관련 규제를 간과했다고 지적했다. 이에 대해 보이어는 그러한 문제점은 불확실한 과학 실험을 행하는 과정에서 좀 더 빠른 속도로 유전자 재조합 기술이 의학에 응용될 수 있도록 제넨텍의 연구진들이 노력하는 과정에서 나타난 '의도하지 않았던' 문제들이라고 변호했다. 그는 오히려 이러한 노력을 통해 환자들과 대중이 보다 신속하게 유전공학의 산물이 주는 이득을 볼 수 있었다고 주장하면서, 제넨텍 연구진이 여러 불확실성을 무릅쓰고 연구에 매진해 불과 몇 년 만에 인간 인슐린의 대량 복제에 성공했다는 점을 그 사례로 들었다. 그리고 위험을 감수하는 기업가적 모험 정신이 신기술의 이익을 대중에게 가장 효율적으로 가져다줄 수 있다는 점을 역설했다.

　　제넨텍의 성공, 특히 기술 혁신을 통한 첨단 산업의 성장 기저에는 창의적 기업가 정신 이외에도 이를 뒷받침해 주었던 법적, 제도적 변화가 있었다. 특히 지적 재산권 영역에서 일어난 변화는 생명공학 산업의 도래에 매우 중요한 역할을 했다. 미국의 많은 생의학 연구들은 연방 정부, 특히 국립 보건원의 지원 아래 진행되었으며, 공적 자금으로 지원된 기초 생의학 연구의 성과들은 공적으로 공개되고 그 특허는 국가에 귀속되었다. 그러나 1960년대 말부터 의학적, 생물학적 지식의 공적 소유로 인해 생의학 연구 성과들이 기업들의 투자와 연결될 길이 막히면서 의학적, 제약적 혁신이 일어나지 못하고 있다는 비판이 제기되었다. 기업들이 정부가 지원한 생의학 연구 성과들과 특허를 기반으로 신약을 개발해도, 특허의 공적 소유 때문에 이 제품이 특허 제도를 통해 보호받지 못하기 때문이다. 여러 제약 회사들은 경쟁 과열로 인한 이익률 하락을 우려해 공적 지식에 기반한 신약 개발에 투자하지 않았다. 이에 일부

법학자들과 경제학자들은 지식의 공적 소유가 세금을 납부함으로써 연방 정부의 연구 기금을 제공하고 있는 시민들에게 오히려 신약이나 새로운 치료법과 같은 적절한 보상을 가져다주지 못하고 있다고 비판했다. 이에 미국 정부는 1980년 바이-돌 법(Bayh-Dole Act)을 제정했다. 즉 연방 정부가 지적 소유권을 연구자나 대학, 혹은 여러 연구 단체들에 이전함으로써 이들에게 신약 개발과 의료 기술의 발전에 참여할 경제적 유인을 제공했던 것이다.(Yi, 2015)

　　1980년은 생명공학의 탄생을 알리는 해였다. 바이-돌 법이 제정되었을 뿐 아니라 유전자 재조합 기술에 대한 특허가 허가되면서 이에 대한 지적 소유권이 대학과 과학자들에게 사유화되었다. 그와 동시에 제넨텍이 월가에 상장되어 첨단 기술 혁신을 통한 경제적 성공을 거둠으로써 생명공학은 불황에 처한 미국 경제에 돌파구를 마련해 줄 새로운 산업으로 등장했다. 다른 한편 생명공학의 시대가 들어서면서 보이어와 같은 혁신적인 기업가형 과학자들은 자본의 효율적인 도입과 기술의 신속한 응용과 발전을 추구하며 혁신적인 생명공학 회사들을 발전시켰다. 그들은 각종 암과 에이즈와 같은 질병에 대한 첨단 치료제들을 개발했다. 과학자이자 사업자인 캐리 멀리스(Kary Mullis)와 같은 몇몇 노벨상 수상자들 역시 기업가형 과학자들로 활동하고 있으며, 이들은 생명공학 회사들이 수준 높은 과학과 자본의 효율적인 이용, 그리고 이윤을 우선시하는 사적 이익의 추구를 통해 의학 발전의 속도를 가속화하는 데 큰 기여를 했다고 주장한다. 제넨텍은 과학과 자본, 사적 이익과 공적 이익의 추구를 도모하는 생명공학 사업의 모델이 되면서 생명공학 산업의 성장에 큰 기여를 해 왔을 뿐 아니라 20세기 후반 첨단 산업 발전을 통한 경제 성장과 혁신의 전형을 보여 주었다.

유전자 편집 기술과 한국 사회 ── 상생을 위한 제언

1970~1980년대 유전공학의 첫 성공은 신기술이 가져다줄 이익과 위험 사이의 균형을 찾고 이를 통해 사회 구성원들의 삶의 질을 향상시키며, 이에 수반되는 위험을 최소화하려는 시도라 할 수 있다. 무엇보다 유전공학을 통해 인간의 질병을 치료할 수 있는 여러 혁신적 신약과 유전자 조작 산물들이 등장하면서 의학과 농업 분야에서 혁신들이 지속적으로 나타났다. 이러한 유전공학의 산업적 성공은 생명공학이라는 새로운 고부가 가치·첨단 산업을 발달시키며 불황에 처한 미국 자본주의의 생산성을 높이고 경제 성장의 견인차 역할을 했다.

하지만 유전공학 비판가들에게 이러한 신기술의 성공은 다소 일면적인 것이었다. 일부 학자들은 무엇보다 정부의 재원으로 발전한 생의학 기술이 사적으로 소유되면서 유전공학으로 인한 의학적, 경제적 이득이 일부 창업 과학자와 사업가에게 집중되었음을 비판했다.(Yi, 2015) 또한 과학과 상업의 결합으로 나타난 이윤 추구에 대한 압력으로 인해 여러 과학자와 기업가들이 신기술의 윤리적, 환경적 위험을 간과하고 있다는 우려 또한 여전하다. 이는 특히 초기 유전공학 혁신을 주도한 생명공학 회사들이 기술에 내재한 위험을 제대로 인식하지 못하며 유전공학 관련 생의학 실험의 규제나 각종 유전자 조작 식품의 환경 영향에 대한 평가가 미비한 초기 단계에서 더욱 두드러졌다.(김훈기, 2013)

21세기 들어 유전자 편집은 생명 현상을 관장하는 유전자라는 핵심적인 생물 정보에 대한 조작을 가능하게 해 주는 신기술이라는 점에서 의학과 농업 부문에 커다란 혁신을 가져다주었으며, 우리 삶의 질을 향상시킬 수 있는 가능성을 제공했다. 나아가 이 기술 혁신은 생명공학이라는 첨단 고부가 가치 산업으로 한국 사회의 경제 성장을 견인해 나갈 새로운 가능성을 열고 있다. 우리 사회가 유전자 편집이라는 기술 혁신을 통해 공존과 지속적 발전의 새로운 기반을 마련하기 위해서는 이 기술 혁신의 성과가 어떻게 사회적으로 수용되고 그 이득이 다양한 계층의 사람들에게 전파될 수 있는지, 그리고 이 기술 혁신이 수반하는 위험을 최소화해 우리 삶의 질을 어떻게 고양시킬지에 대해 논할 공론장을 마련해야 할 것이다. 아래의 제안들은 미래 한국 사회에서 유전자 편집이라는 기술 혁신의 의학적, 경제적 이득과 이로 인한 윤리적 문제와 환경적 위험 사이에서 최적의 균형점을 찾을 기반을 마련하기 위해 몇몇 방향들을 지적한 것에 불과하다.

과학 기술 혁신과 한국 사회의 공존을 위한 공론장

유전자 편집을 통해 여러 의학적 혁신과 신약 개발, 그리고 상용 동식물들의 개발과 상품화가 활발히 진행될 것으로 예상된다. 이미 상가모와 같은 생명공학 회사는 에이즈 치료제를 개발해 임상 실험을 진행하고 있으며, 하버드 대학의 연구진들은 돼지가 지닌 유전자 중 일부를 제거해 인체 이식 시 부작용을 최소화할 수 있는 기술을 개발했다. 국내 연구진들은 이미 근육 성장을 막는 유전자를 제거해 슈퍼 돼지를 만드는 실험에 성공했다고 한다. 하지만 유전자 편집 기술의 급속한 발전은 생명의 근본을 이루는 유전자에 대한 조작이라는 측면에서 생명의 신성함에 대한 도전이라는 비판과 더불어, 그러한 조작으로 인해 아직 우리가 인식하지 못하는 공중 보건과 환경에 대한 위험, 나아가 진화적 불확실성이 초래될 수 있다는 우려 또한 제기된다.

이러한 신기술에 대한 대중의 반응을 어떻게 이해하고, 과학 기술계와 산업계, 대중이 서로 논의를 시작할 수 있을까? 무엇보다 중요한 것은 처음 유전공학이 등장했던 1970년대에서 볼 수 있듯, 신기술이 가져다줄 이익에 대한 냉정한 평가와 그에 수반되는 위험에 대한 공적 논의의 장을 마련하는 것이다. 그래야만 신기술의 이득이 사회 전반에 최적의 형태로 전파될 수 있다. 이런 측면에서 미국이 유전공학, GMO, 생명공학과 제약, 의학 혁신 분야에서 가장 선도적인 위치에 선 이유를 단지 신기술에 대한 열광과 이에 대한 막대한 투자, 나아가 신기술에 대한 규제 완화에서만 찾는 것은 무리다. 오히려 미국은 유전공학의 실험에 대한 규제와 의학적 활용에 관한 생명 윤리 제도의 정비, 그리고 유전공학 산물의 상업화를 위한 법과 제도의 재정비 등을 시행하면서 생명공학 분야의 기술 혁신과 의학적, 경제적 활용을 선도해 나가고 있다.

물론 유럽과 일본의 경우 유전공학 분야의 신기술 도입에 보다 신중한 태도를 보이고 있으며 문화적, 종교적, 정치적 이유로 유전공학 기술에 더 소극적인 국가들도 있다. 특히 환경주의(environmentalism)가 발달한 독일에서는 생명에 대한 문화적인 태도, 유전자 조작 생물의 도입이 환경에 미칠 우려 때문에 유전공학의 위험에 적극적으로 대처하고 있다. 생명공학 관련 신기술에 대한 이러한 태도가 반드시 혁신을 저해하는 것도 아니며, 오히려 자산이 되는 경우도 있다. 2006년 iPSC 줄기세포 연구로 노벨상을 수상한 교토대의 야마나카 신야 교수의 경우가 그렇다. 그는 인간 배아를 실험에 사용하는 것과 관련된 윤리적인 문제로 고민하다가 그것을 사용하지 않고도 줄기세포를 생성해 의학 연구를 할 수 있는 새로운 기술을 이끌어 냈다. 이는 독특한 문화적 태도 혹은 규제가 혁신적 과학 기술을 낳은 사례다.

따라서 각 사회 구성원이 신기술을 대하는 다양한 태도와 문화적, 종교적 가치를 인정하면서, 유전자 편집 기술의 발전과 그 이득이 다양한 집단의 공존을 위해 사용될 수 있도록 논의할 필요가 있다. 유전자 편집 기술에 대한 우려를 단순히 과학에 무지한 대중과의 의사소통 문제, 규제 완화라는 경제적 논리, 그리고 반과학이라는 정치적 관점에서 이해한다면 이 문제는 해결될 수 없다. 그러므로 이 기술의 이득과 위험을 균형 있게 고려하고 논의하는 공론장을 마련해야 할 것이다. 2016년 말

한국의 과학자와 인문 사회학자가 함께 참여해 창립한 유전자 교정 학회는 이러한 시도의 첫걸음이라고 할 수 있다.

유전자 편집에 대한 다학제적 접근

한국 사회는 이제 생명공학이라는 신기술에 대해 어떤 입장을 취해야 할지 보다 진지한 논의를 할 때를 맞았다. 이미 국내 과학 기술과 의학 연구진들은 유전자 편집 기술을 선도해 나가고 있으며, 이 기술이 첨단 고부가 가치 산업의 발전 기반을 다져 경제적 재도약의 발판을 마련할 것으로 기대하는 정책 입안자들이 다수 있다. 그 반면에 대중은 황우석 사태를 겪으며 생명공학이 가져다줄 이익에 대한 과대한 기대와 그로 인한 윤리적·도덕적 문제들을 직접 목도했기에, 유전공학 신기술에 대한 우려를 지니고 있다. 이에 우리 사회는 유전자 편집 기술의 이익과 위험에 대한 균형 잡힌 논의를 통해 이 기술이 가져올 의학적·경제적 이득을 정확히 인식하고, 이를 기반으로 유전자 편집에 관한 규제와 법제도를 정비하고, 이 기술의 사용에 대한 사회적·윤리적 우려를 극복하려고 노력할 필요가 있다.

이러한 논의의 장을 열기 위해 유전자 편집을 둘러싼 과학 기술계, 산업계, 대중 사이의 상이한 전망과 기대, 우려를 매개하며 공론장을 마련해 줄 다학제적, 과학 기술학적 접근이 필요하다.(Jasanoff, 2016) 이는 무엇보다 신기술의 특징에 대한 정확한 이해를 추구하고, 대중이 이 기술에 대해 지니는 문화적 태도와 이익과 위험에 대한 이해의 기원을 이해하며, 신기술의 의학적, 경제적 이익과 위험 사이의 균형을 추구할 수 있는 규제와 법을 마련할 수 있는 전문성을 지닌 과학 기술학적인 논의의 장을 여는 것을 의미한다. 일례로 우리 사회의 생명 문화, 종교적 태도가 역사적으로 어떻게 형성되어 왔는지, 그리고 생명의 존엄성, 즉 생명의 조작과 변화에 대해 우리 사회의 여러 집단이 어떠한 입장을 지니고 있는지를 성찰할 필요가 있다. 이 논의가 과학 기술에 대한 이해, 사회 문화적 성찰, 그리고 규제와 법 실제적 접근을 바탕으로 다학제적으로 이루진다면 유전자 편집과 같은 기술의 이익과 위험 사이의 균형점을 추구하는 데 중요한 기반이 될 것이다. 그리고 이러한 논의의 장이 열릴 때 기술 혁신은 서로 다른 입장을 지닌 사회 집단들이 공존할 수 있는 방식으로 사회적 파급력을 갖게 될 것이다.

세계화 시대의 과학 기술과 법·규제

최근 들어 전 세계적으로 유전자 편집 기술과 관련한 연구들이 매우 활발해지고 있으며, 연구자들 간의 경쟁도 매우 치열하다. 또한 과학 연구뿐 아니라 이 기술과 관련된 여러 다국적 제약 회사와 생명공학 회사들 사이의 경쟁도 치열한 상황이다. 흥미로운 점은 과학 기술과 혁신의 세계화 시대에 유전자 편집 기술을 포함한 유전공학에 대한 각국의 규제와 법의 차이가 기술 혁신과 응용에도 영향을 미친다는 것이다. 특히 유전자 편집 기술이 급속히 발전하고 있는 상황에서 각국의 규제와 법 등을 넘어서는 실험이나 혁신들이 나타날 수 있다. 일례로 기술 혁신 경쟁에서 낙오를 우려한 특정 국가가 관련 규제를 완화할 수 있지만, 느슨해진 규제가 다른 나라에서 허용되지 않는다면 그러한 혁신을 바탕으로 한 신약과 식품들을 수출할 시장은 급격히 축소될 것이다.

이러한 상황에서 신기술에 관련된 법적 제도, 규제와 관련된 인력 등에 대한 투자는 단순히 비용이 아니라 국제화된 시대의 또 다른 자산이라 할 수 있다. 무엇보다 유전자 수정과 같은 선도적인 분야의 경우 과학 기술과 혁신, 산업과 시장이 통합되어 있어 국제적 규제와 법 등이 각국의 법과 규제에 영향을 미치며 함께 형성되는 경우가 많다. 2016년 미국에서 개최된 유전자 편집 기술에 대한 과학 기술적 전망과 법, 규제, 윤리에 대한 국제적 토론은 이러한 점을 잘 보여 준다. 또한 유전자 편집 기술 혁신의 의학적, 경제적 이득을 극대화하기 위해서는 그와 관련된 지적 재산권 제도를 정비해야 한다. 일례로 한국 자본 시장의 경우 지적 재산권에 대한 가치 평가 방식이 제대로 정립되어 있지 않아 유망한 기술을 지닌 기업조차 필요한 벤처 자본을 유치하기 어렵고 주식 시장에 상장하기 힘든 상황이라 국제 경쟁에서 낙오될 우려가 있다. 따라서 이러한 세계화 시대에 기술 혁신의 성과를 거두고 국제 시장에서 신기술을 인정받기 위해서는 과학 기술과 법, 규제에 관한 전문가를 양성해야 할 것이다.

기술 혁신을 삶의 질 향상으로

유전자 편집 기술은 식물과 동물, 심지어 인간의 유전체를 분석하고 교정할 수 있는 과학 기술의 진보를 잘 보여 준다. 유전공학 기술의 일부로서 유전자 편집 기술은 의학과 농업 부문에 커다란 혁신을 가져올 수 있으며, 나아가 우리 삶의 질을 크게 향상시킬 수 있는 가능성을 보여 준다. 더욱이 이 기술은 생명공학이라는 첨단 고부가 가치 산업으로서 한국 사회의 경제 성장을 견인할 혁신의 가능성을 열어 주고 있다. 미래 유전자 편집 기술이 한국 사회에서 활용되고, 생명에 대한 사회 구성원들 간의 서로 다른 태도가 인정되며, 그 이익이 공유되는 가운데 공존과 지속적 발전을 이루기 위해서는 무엇이 필요할까? 이 글은 유전자 재조합 기술의 초기 발전과 논란, 성공과 한계를 논의하며 역사적 성찰을 시도했다. 이를 위해 유전공학이 탄생해 생명공학이라는 첨단 산업을 이끌어 내 경제적 불황을 타개했던 미국의 사례를 논의했다. 유전공학의 초기 신기술을 둘러싼 토론과 성찰에서 한 사회의 성숙도는 매우 중요한 역할을 한다. 무엇보다 유전자 재조합 기술의 위험성과 불확실성에 대한 우려를 인식한 과학자들이 자발적인 연구 중단을 선언하면서 사회의 신뢰를 얻기 위해 노력했으며, 이를 기반으로 사회 구성원들의 합리적인 토론이 진행되며 이 신기술의 이익을 극대화하고 위험을 최소화할 적절한 규제 및 법안 마련을 위한 노력들이 지속적으로 이루어졌다. 이제 우리 사회도 어떠한 방식으로, 어떠한 질문을 가지고 유전자 편집이라는 기술 혁신을 통해 공존과 지속적 발전의 새로운 기반을 마련할 수 있을지를 다학제적인 차원에서 논의할 필요가 있다. 놀랍도록 빠르게 발전하고 있는 유전자 편집 기술의 발전이 어떻게 사회적으로 수용되고 그 이득이 다양한 계층의 사람들에게 전파될 수 있는지, 그리고 신기술이 수반하는 위험을 최소화해 우리 삶의 질을 어떻게 고양시킬지에 대해 더 심도 깊은 토론이 이루어지기를 기대한다.

우리는 무엇을
선택할 것인가

김홍기 / 치의학전문대학원

최근 몇 년간 유전자 편집과 관련한 기술적 발전으로 인해 생명과학계에 큰 지각 변동이 있었고, 그 변화를 감지한 사람들에 의한 관련 뉴스도 심심찮게 볼 수 있었다. 특히 DNA 염기 서열 분석 기술과 함께 정밀 의료(precision medicine)를 실현하는 데 가장 중요한 기술의 축인 유전공학 분야에서 선도적인 역할을 하는 것이 유전자 편집 기술이다. 하지만 이 과학적 진보가 단지 특정 질병들을 치료하는 데 도움이 될 거라며 박수치고 끝날 일은 아니다. 지금까지 많은 과학적 발견이 그래 왔듯 수많은 일회성 뉴스거리 중 하나로 소모되어서는 안 된다. 뒤에서 자세히 들여다보겠지만 우리는 최근의 이 유전자 편집 기술을 더 이상 우리의 삶과 멀리 떨어진 얘기가 아니라 사회적, 문화적으로도 엄청난 영향을 미칠 중대한 이슈로 받아들여야만 한다.

유전공학 기술의 발전과 혁신적 신기술의 등장

우선 유전공학이 가진 위상에 대해 고찰해 보는 것이 논의의 출발점으로서 중요하다. 사전적으로 유전이란 부모가 가지고 있는 특정 형질이 자손에게 전달되는 현상을 일컫는다. 그러면 유전을 가능하게 만드는 요인은 무엇인가? 생명, 즉 끊임없이 자기 조직적 네트워크를 만들어 내며 나라는 존재를 살아가게 만드는 힘이다. 그러나 무질서도가 점차 증가해야 하는 이 우주적 질서에 저항하지만 개개의 생명은 영원할 수 없다. 계속 살고 싶어 하는 생명의 속성은 개체 수준이 아닌 개체군, 종의 수준으로 확장되어 유전이라는 현상으로 드러난다. 나는 내 자손, 또 그 자손을 통해 내 생명을 이어지게 하는 것이다.

철학적 사유를 넘어 이 신기한 생명의 작동 방식을 경험적 방법론으로 탐구하는 학문이 생물학이다. 생물학자들은 처음에는 한 개체, 혹은 한 종을 대상으로 연구했지만 이후 생명 현상을 이루는 작동의 원리가 존재한다는 사실을 깨달았다. 또한 모든 생명체는 하나의 공통 조상으로부터 갈라져 나온 자손들이라는 설명을 받아들였다. 20세기 중반에 이르러서는 이러한 시스템이 작동할 수 있는 기반에 대한 화학적 사실들을 알게 되었다. 이처럼 유전 '정보'라는 개념, 그것이 들어 있는 DNA라는 물질의 단순성과 합리성에 대해 우리가 인지하게 된 것은 그리 오래되지 않았다. 이제 우리는 생명을 화학적 물질에 기반한 정보의 흐름을 사용하는 하나의 시스템으로 바라볼 수 있게 되었다. 이 생물학적 시스템은 자기 조직화라는 기전을 통해 스스로를 계속 구축한다. 필요한 물질을 합성해 내고 필요 없는 것은 분해하며, 손상이 생기면 보수도 자동으로 할 수 있는 복잡하지만 효율적인 시스템이다. 환원적으로 모든 것을 설명하는 과학의 입장이 생명 또한 그렇게 설명하게 만들었다.

1960년대에 세균이 박테리오파지로부터 자신을 지키기 위해 사용하는 제한 효소(restriction enzyme)가 발견되었다. DNA의 특정한 지리를 인지하여 그 부분을 선택적으로 잘라 내는 역할을 하는 단백질이었다. 과학자들은 이 효소를 이용하면 특정 자리를 잘라 낸 두 DNA 가닥을 합칠 수도 있겠다는 아이디어를 떠올린다. 1972년 폴 버그는 이 제한 효소를 이용해 최초의 재조합 DNA를 만들어 냈다. 우리는 우리가 원하는 대로, 유전 정보를 담고 있는 DNA를 조작해서 새로운 DNA를 넣거나 빼는 것이 가능해졌다. 그리고 여기서부터 유전 '공학'의 시대가 열렸다. 그 DNA를 가진 생물은 여전히 스스로를 유지하는 시스템으로도 잘 작동하므로, 우리는 특정 생물을 우리가 원하는 기능을 수행하는 시스템으로 튜닝 및 설계 하게 된 것이다. 특정 자연 현상을 설명하는 탐구적 영역에만 머물러 있던 생물학이 그 지식을 활용해 목적 지향적으로 어떤 결과물을 만들어 내려는 공학의 영역으로 넘어온 것이다.

있는 그대로를 이해하려는 학문이 이해를 토대로 그것을 변형하여 이용하려는 움직임으로 전환한다는 것은 생각처럼 단순하지 않다. 여기에는 다양한 가치가 부여되며, 특히 상업적 유용성이 개입되면서 경제적 판단이 중요 요소로 작동하게 된다. 이러한 흐름은 비단 생물학에만 적용되는 것이 아니다. 자본의 흐름이 유입되며 전반적으로 과학의 발달은 더 가속화되었다. 그러나 생명과학은 결코 과학이나 공학적 영역에만 머물러 있을 수는 없었다. 인간을 비롯해 지구의 생명은 과학적 영역에서만 다뤄지지 않는다. 생명은 역사, 사회, 문화 모든 면에서 다른 가치들과 관련을 맺고 있다. 여기서 자연스러운 문제가 발생한다. 과학·의학·공학적 가치와 다른 가치들, 특히 윤리적인 가치가 충돌을 일으키게 된 것이다. 생명과학 및 공학의 가능성과 그것이 가져다줄 가치에 중심을 두는 사람들과 그곳으로 향하기 위해 넘어야만 하는 다른 가치를 수호하는 사람들 사이의 의견 대립은 점차 심화되고 있다. 꾸준히 제기되어 온 문제이지만 오늘날 생명 윤리는 비단 그것이 도덕적으로 옳다는 이유만으로 지켜야 한다고 주장할 수 없게 되었다. 우리는 따져 봐야 할 것이 너무 많아진 세상에 살고 있다. 이에 대해서는 뒤에서 이야기하도록 하고, 유전공학의 기술적 발전을 더 따라가 보자.

제한 효소를 이용한 재조합 기술을 이용하면 우리는 특정 DNA 조각을 원하는 DNA 서열 내로 집어넣을 수 있지만, 여전히 제약은 있었다. 제한 효소가 인식하는 DNA 서열은 여섯 개에서 여덟 개 정도다. 대장균과 같은 세균의 DNA는 인간에 비해 작으므로 큰 문제가 아니었지만 다루려고 하는 DNA의 길이가 길수록 그 정확도는 떨어진다. 특정한 짧은 서열은 전체 서열 중 확률적으로 많이 존재할 수 있으므로 제한 효소는 이론적으로 그 모든 서열에 접근하여 자를 수가 있다.

유전공학에서 가장 핵심적인 목표는 내가 조절하고 싶은 DNA 서열의 정확한 위치를 찾고, 그곳에 '만' 내가 원하는 조절을 가하는 것이다. 그 부분을 잘라 버려 고장 내든지, 아니면 새로운 서열을 삽입하든지 간에 말이다. 따라서 엉뚱한 곳을 타깃으로 할 가능성이 농후한, 정확성이 부족한 제한 효소는 인간의 DNA를 마음대로 주무를 수 있는 유전공학의 '꿈'을 실현시키기에는 다소 어려움이 있었다. 물론 우리는 제한 효소를 이용한 재조합 기술을 사용해 비교적 덜 복잡한 생명체인 세균이 직접 의료용 인슐린을 합성하게 만들었다. 더 이상 돼지 장기로부터 짜낼 필요가 없고 비용도 저렴해서 많은 환자들에게 혜택을 줄 수 있었다.

제한 효소와 같은 '유전자가위' 기술의 정확도를 올리기 위해 지난 몇십 년간 많은 노력이 있었다. 우리가 자유롭게 유전자 조작을 하고 싶어도 사실 기술적 한계로 그걸 실현할 수가 없었던 것이다. ZFN은 약 열 개의 서열을 인식할 수 있고, 탈렌은 약 열다섯 개의 서열을 인식할 수 있는 효소다. 이들을 통해 우리는 보다 정확한 유전자 조작을 할 수 있게 되었다. 그러나 여전히 많은 비용과 시간이 드는 이 방법들은 효율적이지 못했다. 그러던 차에 2012년에 이르러 원래 세균이 갖고 있는 면역 시스템이라 할 수 있는 크리스퍼(CRISPR) 시스템이 새로운 유전자 편집 기술로 떠올랐고, 이 기술은 그때까지 사용되던 유전자가위의 성능을 압도적으로 초월해 버렸다.

크리스퍼 시스템은 원래 박테리아의 DNA에서 쓸모없어 보이는 반복적인 서열의 발견으로부터 출발한다. CRISPR는 Clustered Regularly Interspaced Short Panlindromic Repeats의 약자로, 일정 간격으로 규칙적으로 모여 있는 작은 회문 서열을 의미한다. 회문 서열은 앞으로 읽으나 뒤로 읽으나 똑같은 문자열을 말한다. 그러나 쓸모없어 보이는 이 서열이 각종 세균과 고세균에서 발견되었고, 이렇게 많은 생물체에서 공통적으로 발견된다는 점에 관심이 집중되었다.

그러던 중 덴마크의 한 요구르트 회사 연구자들이 이 서열이 세균의 면역 시스템이 아니냐고 제안했다. 바이러스가 세균을 파괴해 버리면 회사에 큰 손실이 생기므로 이 회사 연구원들은 세균과 바이러스의 싸움을 지속적으로 연구해 왔는데, 유산균이 바이러스에 감염되면 이들이 면역성을 획득한다는 발견을 한 것이다. 이들은 크리스퍼라는 서열은 세균이 특정 바이러스의 DNA를 잘라 자신의 DNA 안에 저장해 놓은 흔적이라고 주장했다. 이 흔적을 토대로 세균 내의 특정 단백질은 이 흔적 DNA와 똑같은 바이러스의 DNA가 침입할 경우, 가지고 있던 흔적과 대조하여 같은 것이면 즉각 잘라서 파괴해 버리는 메커니즘을 갖고 있다는 것이다. 세균이 가진, 외부 DNA에 대한 방어 시스템은 우리 인간과 같은 진핵생물의 적응성 면역 시스템과 비슷한 부분이 있다.

크리스퍼 시스템이 밝혀진 후, 연구자들은 흔적을 비교하여 서열을 잘라 버리는 이 단백질을 활용해 '만약 흔적 DNA를 내가 자르고 싶어 하는 DNA의 서열로 대체해 버리면 어떨까.'라는 아이디어를 실현한다. 이론적으로, 이 단백질에 내가 없애고 싶은 DNA 서열(사실은 RNA 복사본)을 제공하면 이 단백질은 그 서열을 들고 다니다가 같은 서열을 만나면 잘라 버릴 수 있다. 실제로 이 기술이 구현되었고, 앞서 말한 ZFN, 탈렌에 비해 유전자 조작을 하기 위해 필요로 하는 재료도 적기 때문에 빠르고 쉽고 저렴해졌으며, 인식하는 서열도 스무 개로 늘어나 훨씬 정확해졌다. 앞선 기술들에 비해 압도적으로 효율적인 기술이 등장한 것이다. 사실상 유전자 조작에 대한 기술적 제약으로 인해 이 분야의 발전이 더뎠는데, 이제는 고삐 풀린 말처럼 뛰쳐나갈 수 있는 환경이 제공된 것이다.

실제로 이 기술이 등장한 후 전 세계 생명과학 연구실에서는 1~2년 사이에 거의 모두 이 기술을 활용하여 유전자를 조작하는 것이 기본이 되어 버렸다. 유전자를 다루는 연구자들이 논문을 제출하면, 심사자들이 크리스퍼 기술을 써서 KO(녹아웃, 유전자를 고장 낸 경우를 뜻한다.) 만들어 봤느냐는 코멘트를 반드시 할 정도라고 한다. 현재 거의 모든 생물종에 이 기술을 적용해 조작이 이루어지고 있고, 심지어 정확도 때문에 다소 꺼려지던 인간 세포에 대한 유전자 조작도 다시 활성화되고 있다.

최근에는 크리스퍼 시스템의 비슷한 계열인 Cpf1 단백질을 사용한 기술이 3.5세대 유전자가위 기술로 주목받으면서 그 효율성이 기존 크리스퍼 시스템보다 높다고 인정받는 추세다. 세상에는 워낙 많은 세균들이 존재하기에 그들이 가진 수많은 단백질 중에서 지금보다 더 사용하기 좋은 것들이 나올 가능성도 무궁하다.

유전자 편집 기술이 열어 갈 미래 사회

지금까지 기술적 관점에서 바라봤다면 이제는 크리스퍼 시스템의 등장으로 인해 실제 이뤄지고 있는 연구들을 살펴보자. 인터넷에서 유전자 편집 기술을 검색하면 많은 기사들이 쏟아진다. 앞서 말했듯 최근에 크리스퍼 기술은 생명과학을 순수하게 연구하는 연구실에서 효율적으로 유전자를 고장 내 연구를 위한 도구를 만들어 내는 것 외에도 아주 다양한 목적으로 사용되고 있다. 특히 기존 유전자 조작 생물을 만들기 위해 사용했던 기술을 대체하여 다음과 같은 생물들을 새로이 만들어 내고 있다. 털 색깔을 다양하게 만든 카푸치노 양, 근육을 늘린 슈퍼돼지, 뿔 없는 소 등이다. 앞으로도 이런 축산물 외에 다양한 농작물이나 어류, 곤충 등에도 적용될 것이다. 또한 기존의 유전자 조작 생물과 다르게 외래 유전자를 사용하지 않으면서도 원하는 변이를 만들어 냄으로써 기존 유전자 조작 생물 규정의 적용 대상에서 벗어날 수 있다는 점도 한 몫할 것이다.

무엇보다 크리스퍼 기술이 기대를 받는 분야는 질병 치료라 할 수 있다. 사실 유전공학 발달의 한 축은 유용한 생물 생산이고, 나머지 한 축은 뿌리 깊은 질병 치료의 역사다. 유전공학뿐 아니라 생명과학의 발달에는 현재 진행형인, 수많은 실험에 사용된 동물들의 죽음이 전제되어 있었다. 모든 생물체에 적용될 보편적인 생명 윤리도 질병으로 고통받는 인간을 구하겠다는 명제 아래에서는 그 발목을 잡을 수 없었다. 이처럼 질병 치료에 거는 인류의 기대는 굉장히 크다. 많은 유전병들이 한두 개 유전자 서열의 이상인 만큼 정확한 유전자 조작은 이들을 완치시킬 수 있는 궁극적인 방법이었다. 하지만 기존의 유전자가위를 통한 유전자 조작은 외래의 DNA가 일부 들어오면서 의도치 않게 부작용을 낳을 가능성이 굉장히 컸기에, 현재까지도 제대로 성공한 사례는 드물었다. 그러나 훨씬 정확도를 높인 크리스퍼 기술을 이용해 유전병을 치료하려는 시도가 앞으로 이어질 것이다. 또한 크리스퍼 기술은 인류가 단일 주제로 가장 많은 연구를 해 온 에이즈와 암을 치료하는 방법 중 하나로도 급부상 중이다. HIV로부터의 감염을 막기 위해 특정 유전자에 돌연변이를 생성하게 하거나, 암세포를 공격할 수 있도록 면역 세포의 유전자를 조작하는 방법이 이미 임상 실험에 돌입해 있다.

하지만 여기서 멈추는 것이 아니라 과학자들은 생식세포의 유전자를 변형시키는 데까지 눈독을 들인다. 사실 약한 의미에서 유전자 편집은 이미 이뤄지고 있다. 임신 중 유전자 검사로 태아가 치명적인 질병을 갖고 있거나 기형으로 태어날 가능성이 있다고 판명되는 경우 임신 중절을 할 수도 있기 때문이다. 또 유전병 등 특수한 질병을 가진 경우 시험관 아기를 착상시킬 때 특정 유전자가 있는지 여부를 체크하기도 한다. 이는 약한 의미의 디자이너 베이비라고 할 수 있다. 중국이나 영국, 스웨덴에서는 '실제로 DNA 서열을 변경시킬 수 있는' 크리스퍼 기술을 인간 배아 변형에 적용하는 것을 승인했다. 하지만 이는 유네스코의 인간 유전체 및 인권에 관한 보편 선언 24조에 명기된 "인간 존엄에 반하는 생식 계열 세포에 대한 개입"으로, 생명 윤리와 인권에 관한 보편 선언 16조의 "미래 세대의 유전자 구성에 대한 영향 등 미래 세대에 대한 생명과학의 영향에 대하여 적절히 고려해야 한다."라는 국제적 합의를 위반하는 것이다.

가능성이 현실이 된 현재, 크리스퍼 기술로 유전체를 드라마틱하게 변형시킬 수 있는 또 다른 예가 유전자 드라이브다. 유전자 드라이브는 특정 유전 형질을 자손 세대에 빠르게 퍼지도록 하여 생물 종 전체의 유전자 구성을 바꾼다는 구상을 가능하게 한다. 내가 남겨지길 원하는 유전자 내부에 크리스퍼 유전자가위를 숨겨 놓으면 그 유전자는 대립유전자를 잘라 버리고 결국 내가 원하는 유전자만 100퍼센트 자손에게 전달한다. 부모가 자손에게 유전 형질을 절반씩 물려준다는 멘델의 유전 법칙을 넘어서 버리는 것이다. 감염성 질환을 옮기는 모기들에 이 기술을 적용하면 단 1~2년 사이에 말라리아는 세상에서 깨끗하게 사라질 것이다. 하지만 그런 기술은 질병 퇴치의 강력한 수단이 되는 반면, 돌이킬 수 없는 생태계의 변형을 가져올 수도 있다. 사용하기 쉽고 그 효과도 엄청난데 흔적은 거의 남기지 않아 통제하기도 어렵다. 이러한 파급력을 고려할 때, 기존 사회에서 인식되던 수준을 넘어선 이해와 공감대와 규제에 대한 논의가 시급하다.

이렇게 달려만 가는 크리스퍼 기술에 대한 우려의 목소리도 높아지고 있다. 2015년 《사이언스》에 이 기술에 대한 우려를 표하는 과학자들의 글이 게재되었다. 이 기술의 영향력이 제대로 평가될 때까지 인간의 생식세포에 이 기술을 적용하는 데에는 모라토리엄을 선포하자는 것이 주요 주장이었다. 이 주장을 비웃기라도 하듯 각국은 인간 배아에 대한 연구 승인을 내놓기 시작했다. 논란이 심화되자 2015년 말에 이르러서야 미국 워싱턴에서 20여 개국이 참여한 가운데 '국제 인간 유전자 편집 정상 회담'이 개최되었다. 여기서 참가자들은 유전자 편집 기술을 인간 체세포까지 적용하는 것은 찬성했으나 생식세포 유전자 편집 연구는 보류해야 한다는 결론을 내렸다. 부정확성과 안정성 문제, 다음 세대에 미칠 영향과 유전자의 가치에 따른 사회 불평등과 차별 가능성, 인류 진화에 미칠 영향 등 많은 위험 요소를 안고 있다는 것이 근거로 제시되었다. 사실상 안정성과 효능이 입증되는 것이 시간문제라고 보면, 사회적 동의가 이뤄질 때까지 재논의를 미뤄 둔 것으로 보인다.

그러나 유전공학, 생명공학에 대한 전 세계 각국의 경쟁적 지원을 고려하면 사회적 합의까지 기다려 줄 시간도 얼마 없는 것처럼 느껴진다. 오바마 정부 시기에 미국에서 배아 줄기세포 연구에 대한 제재를 완화하며 생명공학 분야에 대한 국가 경쟁력을 향상시키기 위해 무던히 애쓰던 것을 생각해 보라. 생명과학이나 유전공학도 결국 자본주의 사회에서는 자본과 경쟁의 추동을 받아 움직이게 된다. 현재는 크리스퍼 기술과 관련한 특허 싸움도 한창이다. 이러한 와중에 유전자 편집 기술의 최전선에 선 이들은 이 기술에 대한 불안감을 낮추려는 시도도 꾸준히 하고 있다. 그중 하나가 유전자 조작이 주는 부정적 느낌을 완화시키기 위해 다른 표현을 선택하는 것이다. 그래서 유전자 변형, 유전자 교정, 유전자 편집 등 다양한 표현이 등장하고 있다.

인류의 미래를 좌우할 선택의 갈림길에서

결국 모든 논의의 귀결은 유전자가위를 사용해 생식세포에 적용하는 유전자 편집 기술이 옳은가 그른가, 또는 그것을 사용할 것인가 금지할 것인가의 문제로 보인다. 현재 질병에 신음하고 있거나 앞으로 신음하게 될 사람들이 있고, 인류는 그들에게 보편적으로 평안한 삶을 살 수 있게 해 줄 기술을 손에 쥐었다. 안전성에 문제가 없다면 왜 이 기술을 사용하지 못하겠는가. 문제는 우리의 자손에게 끼칠 영속적인 영향이다. 모두가 이 기술을 통해 유전 질병으로 신음하지 않는 세상이 온다면, 그렇다면 왜 지능을 더 높이면 안 될까, 왜 근육을 더 발달시키는 조작은 안 될까라는 물음이 반드시 나올 것이다. 자연 세계에 있던 생명을 철저히 인공물로 변환하는 이 초유의 사태는 둘째로 치고, 편집된 유전자에 기반한 우월과 차별은 공상 과학 영화의 내용만이 아니게 될 것이다. 공동체에 어떠한 위험이 닥칠지 모르는 상황에서 우리는 이 기술이 인류의 미래에 미칠 영향력을 고민해야 한다. 크게는 유전자 환원주의로 인간을 모두 설명할 수 있다는 믿음에 동조할 것인지, 유전자 조작으로 모든 문제를 해결할 수 있다고 받아들일지를 물어야 하며, 작게는 유전자의 정상과 비정상이 무엇인지에 대해, 인류에게 정말 도움이 되는 길을 찾기 위해 무엇이든 바닥부터 논의를 검토할 필요가 있다. 어쩌면 이 모든 것의 뿌리인 근대 이후 우리의 세계관을 의심해 볼 필요가 있는지도 모른다. 우리는 인간을 복제할 충분한 기술이 있지만 아직 인간을 복제하지 않았다. 불가능하기 때문이 아니라 우리가 그러지 않기로 선택했기 때문이다. 우리는 크리스퍼 기술에 대해서도 너무 늦기 진에 같은 선택을 해야 할지 모른다.

유전자 편집 기술의 윤리적 문제와
생명윤리법[24]

김현섭 / 철학과

인공 핵산 분해 효소(nucleases)로 특정 DNA 염기 서열에 이중 나선 절단(double-strand breaks)을 일으키고 이를 복구하는 세포의 기작을 이용하여 원하는 방향으로 유전자 서열의 변이를 일으키는 것을 보통 유전자 편집 기술이라 부른다. 특정 DNA 염기서열을 인식하는 데 단백질을 사용하는 징크 핑거 핵산 분해 효소(Zinc Finger Nuclease, ZFN)나 전자 활성자-유사 효과기 핵산 분해 요소(Transcription Activator-Like Effector Nuclease, TALEN)보다 가이드 RNA를 사용하는 크리스퍼-카스9(CRISPR-Cas9) 시스템은 많은 DNA 분자를 표적으로 삼는 효소를 상대적으로 저렴하게 제작할 수 있는 것으로 알려져 있다.[25] 크리스퍼 시스템에 대한 활발한 연구로 생체 유전자 편집이 용이해지고, 특히 2015년 4월 중국 중산 대학에서 크리스퍼-카스9를 사용하여 정상적으로 발생할 수 없는 인간 삼핵 접합자를 대상으로 유전병인 β-지중해성 빈혈에 관여하는 β-글로빈 유전자(HBB)를 수선했다고 발표하면서[26], 유전자 편집 기술이 야기할 수 있는 윤리적 문제에 대한 관심이 커지고 있다.[27] 이 글에서는 유전자 편집 기술이 제기하는 윤리적 문제들과 현새 관련 연구·치료를 규율하고 있는 한국의 '생명윤리 및 안전에 관한 법률'(이하 '생명윤리법'으로 약칭)의 내용을 살펴보고 그 타당성에 대해 비판적으로 검토해 보려 한다.

체세포에 대한 치료 목적 유전자 편집

유전자 편집 기술의 발전이 유전자 치료에 대한 규제의 정당성을 재검토하는 계기가 되는 이유 중 하나는, 현행 생명윤리법이 유전자 편집 기술에 의한 치료를 바이러스를 매개로 유전 물질을 삽입하여 치료하는 것과 다르게 취급하고 있다는 것이다. 생명윤리법은 유전자 치료에 관한 연구를 제한적으로 허용하고 있는데, 2015. 12. 29. 개정(법률 제13651호)을 통해, 유전되지 않는 체세포(somatic) 유전자 치료를 첫째, 인체 내에서 유전적 변이를 일으키는 행위와, 둘째, 유전 물질 또는 유전 물질이 도입된 세포를 인체로 전달하는 행위로 구분하여, 전자에 대해서는 개정 전 조항을 적용하고, 후자에 대해서는 연구의 허용 기준을 완화했다. 그 결과 현행 생명윤리법상 질병의 예방 또는 치료를 목적으로 하는 체세포 유전자 치료의 허용 범위는 다음과 같이 구분된다.(47조 1항, 2항)

(a) 인체 내에서 유전적 변이를 일으키는 유전자 치료에 관한 연구는 1. 유전 질환, 암, 후천성 면역 결핍증, 그 밖에 생명을 위협하거나 심각한 장애를 불러일으키는 질병의 치료를 위한 것(이하 '중병 요건'이라 약칭)인 동시에 2. 현재 이용 가능한 치료법이 없거나 유전자 치료의 효과가 다른 치료법과 비교하여 현저히 우수할 것으로 예

측되는 치료를 위한 것(이하 '우월성 요건'이라 약칭)인 때 허용되고,

　　(b) 유전 물질 또는 유전 물질이 도입된 세포를 인체로 전달하는 유전자 치료에 관한 연구는 위 (a)의 중병 요건과 우월성 요건 중 어느 하나만 만족하면 허용된다.

　(b)에서 "유전 물질이 도입된 세포를 인체로 전달하는 유전자 치료"는 체세포를 채취하여 치료 유전 물질을 도입하고 배양·증식시킨 다음 이를 다시 환자의 몸속에 넣는 '생체 외(ex vivo) 방식'(=유전자 변형 세포치료)을 의미하고, '유전 물질을 인체로 전달하는 유전자 치료'는 치료 유전자를 포함하고 있는 바이러스 등의 전달체를 체내에 직접 투여하는 '생체 내(in vivo) 방식'을 의미한다. 그런데 인공 해산 분해 효소를 체세포 내에 투입하여 특정 DNA의 염기서열을 바꾸는 유전자 편집 기술은 인체 내에서 유전적 변이를 일으키므로 (a)에 해당하여 보다 엄격한 조건 하에 허용될 것이다. 생명윤리법의 개정 이유를 보면 "안전성이 확보된 유전 물질을 전달하거나 유전 물질이 도입된 세포를 체내로 단순 전달하는 행위에 대해서는 유전자 치료 연구 범위 허용 기준을 개정해 연구의 폭을 확대"하려는 취지이므로, 크리스퍼-카스9의 경우 완화된 허용 기준이 아니라 개정 전과 같이 1항을 적용하려는 의도로 봄이 상당하기 때문이다.[28] 현행 생명윤리법을 위와 같이 해석하는 것이 옳다면, 다음과 같은 의문이 제기될 수 있다.

　첫째, 유전 물질을 인체로 전달하는 유전자 치료는 유전 물질이 도입된 세포를 인체로 전달하는 유전자 치료와 마찬가지로 중병 요건 또는 우월성요건이 만족되면 허용하는 반면, 체세포 유전자 편집 기술에는 중병 요건과 함께 우월성 요건까지 요구하여 유전 물질을 인체로 전달하는 생체 내 방식보다도 엄격하게 규제할 이유가 있는가?[29] 그렇다면 그 이유는 무엇인가?

둘째, 체세포 유전자 편집 기술을 다른 유전자 치료법과 구별하여 보다 엄격히 규제할 필요가 있다 하더라도, 중병 요건과 우월성 요건을 동시에 충족하지 않는 한 일률적으로 그에 관한 연구도 허용하지 않는 것이 바람직한가? 생명을 위협하거나 심각한 장애를 야기하지는 않지만, 오랜 기간 생활에 큰 불편을 주어 삶의 질을 상당히 낮추는 질병(예를 들자면 퇴행성 관절염)의 치료를 위한 유전자 편집 기술에 관한 연구를 전면 금지하는 것이 합리적인가? 이는 다른 치료법보다 효과, 안전성, 비용 등의 측면에서 훨씬 우월할 유전자 치료법의 개발을 저해하여 결과적으로 많은 사람들을 불필요하게 질병의 고통과 해악에 시달리게 할 가능성이 있지 않은가?

물론 현재 연구의 초기 단계에 있는 유전자 편집 기술의 위험을 과소평가해서는 안 될 것이다. 표적 DNA뿐 아니라 그와 유사한 염기서열을 가진 부위에 작용하여 의도하지 않은 유전자 변이를 일으켜 암 등을 유발하는 부작용이 발생할 수 있고(표적 이탈 효과) 이중가닥 파손이 항상 의도한 대로 유전자 서열의 변이를 야기하는 것은 아니며,[30] 일부 세포만 유전자 편집되어 한 개체의 모든 세포가 유전적으로 동일하지 않은 상태(모자이크 현상(Mosaicism))도 발생할 수 있다. 하지만 이러한 위험과 위험 정도에 대한 불확실성에도 불구하고, 유전자 편집 기술이 가져올지 모르는 잠재적 혜택을 고려할 때, 개별 기술의 특성을 고려하지 않고 일률적으로 유전자 편집 기술을 치료 유전 물질 또는 유전자 변형 세포를 인체에 투입하는 방식보다 엄격하게 규제하는 것이 합리적인지는 의문이다. 당해 기술의 안전성 및 효율성을 과학적 증거에 비춰 심사하고, 그에 기초하여 위험과 잠재적 혜택을 분석하며, 그 위험-편익 비율을 중심적으로 고려하여 연구의 허용 여부를 결정한다는 원리는 다른 유전자 치료 기술과 마찬가지로 유전자 편집 기술에도 적용되기 때문이다. 일반적으로 유전자 편집 기술에 기초한 치료가 여타 유전자 치료와 달리 특이한 안전성 및 효율성 문제를 일으킬 가능성은 적은 것으로 보인다.[31] 따라서 체세포에 대한 치료 목적 유전자 편집을 다른 체세포 유전자 치료와 함께 통합적으로 규율하되, 그 허용 기준에 대해 현재와 같이 유전자 치료를 소수의 범주로 나누고 한두 개의 요건을 일률적으로 적용하는 것이 아니라, 다양한 치료법의 특성을 적절히 반영하여 보다 세분화된 기준을 마련하는 것이 바람직할 것이다.[32]

그런 취지에서 독립적이고 전문성을 갖춘 기관이 당해 유전자 편집 기술이 새롭게 제기하는, 즉 기존의 다른 치료 기술과 다른 고유의 윤리적 문제가 있는지 검토하고 그 유전자 편집 기술의 전망과 연구 과정의 위험도 개략적으로 추정하여, 엄격한 감독하에 개별적으로 임상 전(preclinical) 단계의 연구를 일단 허가함으로써, 그 기술의 성공 확률과 가져올 수 있는 이익 및 임상 시험과 치료의 위험 등을 보다 구체적으로 예측할 수 있도록 한 다음, 이러한 기전 및 개념 증명(proof of mechanism and concept)의 내용에 기초한 위험-이익 분석(risk-benefit analysis)을 통해 1상 임상 시험 단계의 허용 여부를 결정하는 방식의 다단계에 걸친 점진적 허용을 고려할 만하다. 해당 기관은 여러 유전자 치료에 관한 연구의 허용 여부를 심사하면서 경험을 축적하여 이를 기초로 판정 기준을 보다 정교하게 다듬어갈 수 있을 것이고, 현행법의 중병 요건, 우월성 요건은 기술의 의학적 가치, 안전성, 효율성 등을 평가하는 기준의 일부로 포함될 수 있을 것이다.

유전 가능한 치료 목적 유전자 편집

현행 생명윤리법에 의하면 배아, 난자, 정자 및 태아에 대한 유전자 치료는 금지된다.(47조 3항) 즉 정자나 난자와 같은 생식세포나 배아 또는 태아를 대상으로 하는 경우, 질병의 예방·치료를 목적으로 하는 유전자 편집은 유전 물질이나 유전 물질이 도입된 세포를 삽입하는 방식의 유전자 치료와 마찬가지로 전면 금지된다. 반면 배아에 대한 연구는 보존 기간이 지난 잔여 배아를 원시선(primitive streak)이 나타나기 전까지 난임 치료법 및 피임기술의 개발이나 대통령령이 정하는 희귀·난치병 등의 치료를 위한 목적으로 이용하는 것이 엄격한 감독하에 허용되므로(29, 30, 32조), 결국 보조 생식술의 발전이나 생명윤리법 시행령 12조에 열거된 20여 개의 질병의 치료를 위한 연구 목적으로만 배아에 대한 유전자 편집·치료가 제한적으로 허용되는 것으로 해석된다.[33]

한국을 비롯한 여러 나라에서 인간 배아에 대한 유전자 편집이나 치료를 엄격하게 규제하거나 금지하고 있음에도 불구하고, 많은 생명과학자들은 배아의 유전자 편집·치료에 큰 관심을 가진다. 발생의 초기 단계에 있는 배아의 유전자를 성공적으로 편집·치료하면 분화하는 모든 기관의 세포에 영향을 줄 수 있어 전신에서 나타나는 유전 질환 치료에 효과적이기 때문이다. 그런데 이러한 효율성은 동시에 위험을 배가하는 원인이기도 하다. 배아를 대상으로 하는 유전자 편집·치료는 그 영향이 배아가 발생하여 생겨난 개체뿐 아니라 그 생식세포를 통해 후손에까지 미칠 수 있기 때문이다. 즉 배아나 정자·난자와 같은 생식세포에 대한 유전자 편집·치료가 성공하면, 직접 편집·치료를 받은 개체에 유전병이 전파되는 것까지 막을 수 있어 유전병 관련 유전자를 보유한 사람이 건강한 생물학적 자녀를 갖도록 도울 뿐 아니라, 그 후손들도 유전병에 걸리지 않도록 할 수 있다. 반면 실패하는 경우 그 해악이 직접 유전자 편집·치료를 받은 생식세포나 배아가 발생하여 태어난 개체뿐 아니라, 미래 여러 세대의 많은 후손들에게 미칠 위험이 있다. 잘못 편집·치료된 유전자를 보유한 사람이 일단 태어나면, 그의 생식권(reproductive rights) 때문에 그 유전자가 전파되는 범위를 제한하기 어려울 수 있기 때문이다. 또한 부작용이 여러 세대가 지나서야 발현될 가능성도 배제할 수 없다. 특정 유전자의 한 변이에 의해 발생하는 질병(monogenic diseases)은 그리 많지 않고, 오히려 여러 유전자가 환경과 복잡하게 상호 작용하여 질병이 발생하는 경우가 많은데, 현재 그 인과관계에 대한 지식이 불완전하여 유전체의 어느 부분을 어떻게 편집해야 특정한 질환이나 형질이 발생할 가능성이 낮아지는지 불명확한 경우가 많기 때문이다.[34]

배아나 생식세포에 대한 유전자 편집·치료는 그것이 발생하여 생겨날 개체의 동의 없이 행해지므로, 환자에게 발생할 수 있는 위험을 고지하고 이에 대한 동의를 받아 진행되는 체세포 대상 유전자 편집·치료에 비해, 해악을 끼칠 위험의 크기가 같더라도 이를 더 심각하게 고려할 수밖에 없다. 또한 건강한 자녀를 얻기 위한 유전자 편집·치료가 기대에 미치지 못한 경우 부모가 자녀를 있는 그대로 받아들이고 무조건적으로 사랑하는 데 어려움을 겪어 가족 관계를 악화시킬 수 있다.[35] 나아가 앞에서 본 바와 같이 유전자 편집·치료의 직접 상대방뿐 아니라 다른 여러 사람들에게 영향을 미칠 가능성이 있기 때문에, 부모가 자신과 자녀의 복리를 충분히 고려하여 유전자 편집·치료의 위험을 감수할 의향이 있다 하더라도 단순히 개인적 판단에 따라 허용할 성격의 사안이 아니다.

이러한 점들을 감안하면, 앞에서 본 바와 같이 현재 연구의 초기 단계라 상당한 위험과 불확실성을 동반하는 유전자 편집 기술을 이용하는 치료를 성인으로 발생할 배아나 생식세포에 시행하는 것은 일단 금지하는 것이 정당하다고 볼 수 있겠다. 하지만 배아나 생식세포에 대해 유전자 편집 기술을 이용하는 치료를 금지하더라도, 이와 같이 금지한 치료 방법들이 얼마나 위험하고 어떤 이익을 줄 수 있는지 보다 정확히 알기 위해, 착상시키거나 출산하지 않는 것을 전제한 연구마저 전면 금지하는 것이 합리적인지는 다음과 같은 이유에서 의문이다.

　(1) 배아나 생식세포의 유전자 편집이 그 대상이 발생하여 생겨날 개체에게 해악을 끼칠 위험은 그 편집 기술을 실제 활용하는 데 신중할 이유이기는 하지만, 이를 전면 금지할 이유가 되지는 않는다. 우리의 자녀와 후손에게 영향을 주는 행위는 그 성격상 상대방의 동의를 받지 않고 이루어질 수밖에 없다. 동의를 받을 수 없는 경우 줄 수 있는 혜택의 크기와 확률을 불문하고 어떤 해악의 위험에도 처하게 해서는 안 된다는 입장은 지나친 요구로 받아들이기 어렵다. 이처럼 극단적으로 위험 회피적(risk-averse)인 원칙에 의하면, 유전자 검사나 치료 없이 전통적인 방식으로 출산하는 것도 자녀에게 상당한 질병·장애의 위험을 수반하므로 금지되어야 할 것이기 때문이다.[36] 유전 질환의 위험이 아니더라도, 인간의 삶은 좋은 일과 죽음·상실·좌절과 같은 나쁜 일의 혼합이므로, 출산은 늘 자식에게 어느 정도의 해악을 끼친다. 모든 출산이 도덕적으로 그르다는 비상식적인 입장을 취하지 않는다면, 유전자 편집 기술이 발전하여 그 위험이 크게 감소하고 기대 이익이 상당히 증대하여 이를 사용하는 것이 개인적으로나 사회적으로 합리적인 선택이 될 가능성을 인정해야 한다. 따라서 자녀에 대한 해악의 위험은, 유전자 편집 기술의 위험을 줄이고 편익을 증가시키며 그 위험-편익 비율에 대한 정보를 얻기 위한 연구에 반대할 이유로 보기 어렵다. 많은 후손들의 유전병을 예방하여 그들을 불필요한 고통과 해악으로부터 구제하고, 유전병의 우려로 인해 자녀 갖기를 포기하는 보인자들에게 실질적인 생식의 자유(procreative liberty)를 보장하는 등 유전자 편집 기술로 얻을 수 있는 잠재적 혜택은 무시하고, 그 기술의 개발·적용 과정에서 발생할 수 있는 해악의 위험만을 강조하는 것은 비합리적인 현상 유지 편향(status quo bias)일 가능성이 크다.

　(2) 인간 배아의 유전자를 편집하는 것에 반대하는 이유로 종종 제시되는 논거 중 하나는, 체외수정을 통해 생성된 다수의 배아 중 착상

전 유전자 진단(Preimplantation Genetic Diagnosis)을 통해 건강한 배아를 선택하여 착상하는 기술이 이미 발달해 있으므로 굳이 유전자 편집 기술을 사용할 필요가 없다는 것이다.[37] 그러나 단일 유전자에 의한 질병에 있어, 한 부모가 우성 질병에 대해 동형 접합이거나 부모가 모두 열성 질병에 대해 동형 접합이라 생성되는 모든 배아가 그 질병에 걸리게 되는 경우가 드물지만 존재한다. 또한 여러 유전자에 의한 질병(polygenic diseases)에 관해, 유전자 편집 기술이 착상 전 유전자 진단보다 우월한, 즉 더 안전하고 효율적으로 환자들에게 혜택을 주며 배아의 생성·폐기 등에 관련한 윤리적 문제가 상대적으로 적은 수준으로 발전할 가능성을 선험적으로 배제할 수 없다.[38] 나아가 배아에 대한 유전자 편집 기술을 시험하면서 축적된 발생 관련 생물학적 지식이 추후 다른 질병의 예방·치료에 도움이 되거나 미리 예측하기 어려운 방식의 다양한 편익을 제공할 가능성도 있다.[39] 따라서 착상 전 유전자 진단으로도 유전 질환을 예방할 수 있다는 것이, 유전자 편집 기술을 발전시켜 위험-편익 비율을 높이고 개별 유전자 편집 기술이 대응하는 착상 전 유전자 진단보다 낮거나 나아질지 합리적으로 판단하기 위해 필요한 연구까지 원칙적으로 금지할 이유가 되지는 않을 것이다.

이상의 논의에서 배아나 생식세포에 대한 유전자 편집 기술을 개발하고 그 기대 이익과 해악의 위험을 파악하기 위해, 착상시키거나 출산하지 않음을 전제로 한 연구를 시행하는 것까지 원천적으로 금지할 이론적 이유를 찾기 어려움을 알 수 있었다. 하지만 이는 배아나 생식세포에 대한 유전자 편집 기술의 연구를 즉시 전면 허용해야 한다는 뜻은 아니다. 우선 가능하면 상대적으로 위험이 적은 유사한 체세포나 여러 세대에 걸친 동물 대상 연구를 통해 해당 유전자 편집 기술의 안전성, 효율성 등을 예비적으로 검증한 다음 배아에 대한 연구를 시작하는 것이 바람직할 것이다.[40]

　또한 유전자 편집 기술의 개발·활용 과정에서 사용·폐기될 배아에 대한 윤리적 우려가 있다. 배아의 도덕적 지위에 대한 논의는 이 글의 범위를 넘는다. 단 임신이 아닌 연구를 목적으로 배아를 생성하는 것을 금지하고 체외 수정으로 생성된 배아 중 임신의 목적으로 이용하고 남은 잔여 배아에 한해 엄격한 감독하에 연구를 허용하는 현행 생명윤리법(23조 1항, 2조 4호)이 유지된다고 하더라도,[41] 잔여 배아에 대한 유전자 편집 기술 연구를 현행 생명윤리법 시행령에 정해진 희귀·난치병의 치료를 위한 것으로 제한하는 것이 정당한지는 재고의 여지가 있다. 시행령의 제정 이유를 보면 잔여 배아 연구의 대상이 되는 질병의 범위는 줄기세포 연구를 기준으로 한 것으로 추측된다.[42] 따라서 유전자 편집 등 최근 기술 개발 현황에 맞도록 국가생명윤리심의위원회의 심의를 거쳐 그 허용 범위를 조정하는 것도 검토할 만하다. 이는 생명윤리법이나 시행령을 개정하지 않고 행정 규칙으로도 할 수 있는 일이다.(법 7조 1항 5호, 29조 1항 3호, 시행령 12조 2호)[43]

　한편 생명윤리법 47조 3항은 정자와 난자에 대해 '질병의 예방 또는 치료를 목적으로' 하는 "유전자 치료"의 시행을 금지하고 있어(2조 16호), 연구 목적으로 그 유전자를 변형시키는 것이 허용되는지 그렇다면 그 범위는 어디까지인지 다툼의 여지가 있다. 따라서 정자와 난자를 사용하는 유전자 편집·치료에 관한 연구에 대해서도, 배아를 대상으로 하는 연구의 규제에 상응하여, 인위적으로 유전자를 변형한 생식세포의 수정을 규제하고 착상·출산을 금지하는 등 적절한 정책이 정비되어야 할 것이다. 그리고 체세포를 대상으로 하는 유전자 편집에 대한 점진적, 다단계 접근법과 유사하게, 잔여 배아나 생식세포에 대한 임상 전 연구 결과를 통해 유전 가능한(heritable) 유전자 편집 기술의 기전 및 개념을 증명하고 그 내용을 기초로 구체적인 위험-이익 분석을 실시한 후, 임상 시험의 허용 여부와 그 범위를 합리적으로 검토하는 과정을 거쳐야 할 것

이다.[44]

사실 즉시 시행해야 할 것은 유전 가능한 유전자 편집·치료의 허용 여부에 대한 공적 토론이다. 특정한 질병이나 장애를 야기할 가능성이 큰 유전자를 편집하여 이를 갖지 않은 사람이 태어나게 하는 것은, 착상 전 유전자 진단을 통한 선별과 마찬가지로, 그 형질을 가진 사람들은 태어나지 않는 것이 낫다거나 그 삶의 가치가 낮다는 판단을 함축하는 것으로 받아들여져, 관련 환우나 장애인들에게 모욕감을 주고 그들에 대한 사회적 태도를 악화시킬 우려가 있다.[45] 당해 기술이 정부나 공공기관의 지원을 받아 개발되는 경우, 이러한 판단을 공적으로 인정하는 것으로 여겨질 수 있어 더 큰 갈등의 소지가 될 수 있다. 인간 배아·생식세포에 대한 유전자 편집·치료 기술의 발전 현황과 사회적 의미에 대해 투명하고 합리적인 논의를 활성화하여, 위와 같은 사회적 갈등을 적절히 예방·조정하고 유전자 기술에 대한 비합리적으로 높은 기대나 근거 없는 우려도 불식하는 것이 바람직하겠다.

향상을 위한 유전자 편집의 문제

유전자 편집 기술은 원칙적으로 질병의 예방과 치료뿐 아니라 향상(enhancement), 즉 보통 사람보다 우월한 능력을 갖기 위한 목적으로도 사용될 수 있다.[46] 유전 물질을 삽입하는 방식의 기술과 마찬가지로, 체세포에 대한 유전자 편집이나 유전 가능한 유전자 편집이 치료가 아니라 향상을 목적으로 사용되는 경우, 얻을 수 있는 새로운 이익에 대한 기대보다는 발생할 수 있는 해악에 대한 우려가 일반적으로 더 큰 것으로 보인다. 유전자 조작을 통한 향상이 일반적으로 야기할 수 있는 문제들이 여럿 논의된 바 있는데, 다음과 같은 문제는 유전자 편집의 경우에도 발생할 수 있을 것이다.

첫째, 목표 형질이 다른 사람들이 그것을 갖지 못하기 때문에 가치 있는, 즉 모두가 그 형질을 가지면 가치가 상쇄되는 위치재(positional good)인 경우 모든 사람이 자신의 "향상"을 추구해도 아무도 이익을 얻지 못하는 상황이 발생할 수 있다. 예를 들어 사회의 모든 구성원이 유전자 편집을 통해 신장을 늘린다면, 누구도 다른 사람보다 키가 커서 얻을 혜택은 누리지 못하면서 유전자를 편집하고 커진 신체를 유지하기 위해 드는 비용만 사회적으로 낭비될 것이다.[47]

둘째, 유전공학을 통한 향상이 모든 것을 마음대로 지배·통제하려는 욕구를 강화하고, 의도하지 않고 주어진 것(the unbidden)을 겸허히 수용하며 자신의 능력과 삶에 감사하는 태도를 잃게 할 가능성이 있다.[48]

셋째, 올림픽이나 프로 스포츠처럼 공정한 경쟁이 특별히 중요한 상황에서는 훈련에 의하지 않고 우세한 위치에 오르는 것을 막기 위해 유전자 도핑(gene doping)을 금지할 필요도 있을 것이다.

넷째, 생식세포의 유전자를 편집하여 신체적·정신적 능력을 향상시키는 기술이 개발되고 개인이 시장에서 이를 자유롭게 구매·사용할 수 있으면 불평등의 문제가 심각해질 수도 있다. 한 세대의 빈부 격차가 선택된 유전자를 통해 다음 세대에 능력 차로 전이되면 기회 균등의 이상에 반하고, 나아가 향상 기술로 우월한 능력을 갖춘 집단과 재래식으로 태어나 열등한 집단으로 계층이 나뉘고 구조적으로 고착되면 차별과 사회 갈등의 원인이 될 수 있다. 반면 사회 불평등을 줄이기 위해 국가가 취약 계층의 유전적 향상을 지원하면, 적지 않은 국민들이 가진 형질이 열등하다고 공적으로 인정하거나 특정 형질을 가져야 한다고 압력을 가하는 것으로 여길 수 있고, 자칫 과거의 우생학(eugenics)과 유사한 폐해로 이어질 가능성도 있다.

물론 이러한 문제들이 발생할 가능성이 얼마나 큰지, 그 심각성은 얼마나 큰지, 이들이 유전적 향상을 치료와 구별하여 전면 금지하거나 엄격하게 규제할 결정적 이유가 되는지, 그렇지 않으면 향상 기술을 바람직하게 개발·사용하기 위해 어떤 노력과 정책이 필요할지 등에 관해 많은 논의가 있어야 할 것이다.[49] 그런데 사실 위와 같은 문제들은 유전자 조작 기술이 고도로 발전하여 안전하고 효율적으로 인간의 능력을 향상시킬 수 있게 되었을 때 본격적으로 제기될 것들이다. 실제 현재 유전자 편집·조작 기술의 수준에 비춰 시급히 대응해야 할 과제는 그 안전성을 감독하여 인체에 위해를 끼치는 것을 방지하고 국민의 건강을 보호하는 것(생명윤리법 1조)일 터이다. 유전자 편집 기술은, 치료와 마찬가지로 향상을 목적으로 하는 경우에도, 특히 그 초기 개발 단계에서 상당한 위험과 불확실성을 수반할 것이기 때문이다. 그러나 현행 생명윤리법이 유전자 편집 기술의 안전성과 효율성을 점검하여 신기술에 대해 충분한 정보를 갖기 어려운 피시술자의 건강과 이익을 보호하는 역할을 충분히 하고 있는지에 대해서는 의문이다. 생명윤리법은 6장에서 유전자 치료 및 검사를 규제하고 있는데, "유전자 치료"는 '질병의 예방 또는 치료를 목적으로' 하는 행위(2조 16호)이고, "유전자 검사"도 '개인의 식별 또는 질병의 예방·진단·치료 등을 위하여 하는 검사'로 정의된다(2조 15호). 따라서 '질병과 무관하게 이미 식별된 개인의 형질을 향상시키기 위해' 유전자를 검사하거나 유전자가위 등 기술을 이용하여 유전체에 인위적으로 변이를 일으키는 행위는 생명윤리법 6장의 규제 대상이 아니다. 예를 들어, 평균인 이상으로 근육량을 늘리고 지능을 높이며 수명을 연장하려는 목적으로 체세포나 생식세포의 유전자를 편집·조작하는 행위에는 47조가 적용되지 않을 것으로 보인다. 벌칙 조항인 생명윤리법 67조 1항 5호는 죄형 법정주의의 원칙상 '질병의 예방 또는 치료를 목적으로' 하는 "유전자 치료"를 넘어 향상에까지 유추하여 적용될 수 없기 때문이다.[50]

치료 목적으로 유전자를 인위적으로 변형하는 것보다 향상을 목적으로 하는 것을 더 엄격히 규제할 이유가 있는지에 대해서는 논의의 여지가 있지만, 안전성과 유효성, 개인 정보 보호 등을 위해 치료를 위한 유전자 편집·조작에 필요한 규제를 향상을 위한 유전자 편집·조작에 적용하지 않을 이유는 생각하기 어렵다. 유전공학이 발달하면서 질병의 예방·치료로 목적이 한정되지 않는 기술들이 개발되었거나 개발될 것으로 예상되므로, 유전자 '치료'에 대한 법적 규제와 감독에 상응하는 내용으로 유전자 '향상'에 대한 법규가 적절히 마련되어야 할 것이다. 특히 크리스퍼 유전자가위는 유전공학 전문가가 아닌 보통 사람들도 적은 비용으로 간편하게 제작·사용할 수 있다고 알려져, 발생할 수 있는 다양한 비의료적 사용에 대한 사회적·정책적 대응책 마련이 절실하다.[51]

국가생명윤리심의위원회의 역할

지금까지 유전자 편집 기술의 발전을 계기로 유전자 치료 및 향상의 윤리적 문제들과 관련된 생명윤리법의 타당성을 검토해 보았다. 체세포 대상 치료 목적 유전자 편집에 대하여는 다른 유전자 치료법과 통합적으로 규율하되, 당해 기술의 장단점을 반영하여 각 개발 단계마다 위험과 이익을 분석한 내용을 기초로 연구의 진행 여부를 재검토하는 개별적, 다단계 규제 방식을 제안했다. 배아 대상 유전자 편집에 관하여는 생명윤리법 29조 1항 3호를 활용하여 잔여 배아 연구의 허용 범위를 조정하고, 생식세포에 대한 유전자 편집·치료에 관한 연구를 적절히 규제하며, 체세포와 동물 대상 연구에 이어 착상·출산의 금지를 전제로 잔여 배아나 생식세포에 대한 임상 전 연구를 시행한 다음, 그 결과를 기초로 임상 시험으로의 진행 여부를 검토할 것을 제안했다. 또한 질병의 예방·치료를 넘어 향상을 목적으로 하는 유전자 편집·조작에 대한 법제 정비가 필요함도 지적했다.

우리 생명윤리법은 이러한 규제 개선을 주도할 수 있는 독립적 기관으로 국가생명윤리심의위원회를 두고 있다.(7-9조) 국가생명윤리심의위원회 특히 유전자전문위원회는 독립 행정기관의 장점인 중립성·공정성 등을 살리면서도, 전문성을 발휘하여 각 유전자 편집·조작 기술의 장단점과 위험·이익을 구체적으로 분석하고 그 정보를 기초로 개별 기술의 특성과 개발 단계에 맞게 유연하고 시의적절한 방식으로 관련 연구를 감독·규제해야 할 것이다. 이를 위해서는 국가생명윤리정책연구원 등을 통해 전문 실무 인력을 충분히 지원받는 동시에, 식품의약품안전처와 기관생명윤리위원회 등 유관 기관들과 원활히 협력해야 할 것으로 보인다. 국가생명윤리심의위원회의 유선자전문위원회가 적극적인 활동으로 유전공학 기술의 윤리적 개발, 관련 기술의 적절한 민주적 통제를 위해 필요한 정보의 수집과 공유, 생명·연구 윤리에 대한 우리나라의 국제적 위상 제고 등에 기여할 것을 기대한다.

2부
에너지시스템의
전환

이정동(좌장)

/ 산업공학과·협동과정 기술경영경제정책전공

이창희

/ 전 전기정보공학부·현 삼성디스플레이 부사장

문승일

/ 전기정보공학부

홍종호

/ 환경대학원

이재열

/ 사회학과

이원우

/ 법학전문대학원

대담
지속 가능한
신에너지시스템으로의 전환

세계 에너지 산업의 다변화

좌장 이정동(산업공학과·협동과정 기술경영경제정책전공) 이 자리에서는 새로운 에너지시스템, 특히 신재생을 중심으로 한 분산형 에너지시스템에 대해 이야기하려고 합니다. 단 논의에서 어떤 특정한 에너지시스템이 더 좋은가 나쁜가의 문제를 논의하려는 것은 아닙니다. 하나의 기술 시스템에서 다른 기술 시스템으로 전환하려고 한다면 어떤 사회적 문제들이 있을 수 있는지를 논의하는 대표적인 사례로 에너지시스템을 선택했습니다. 본격적인 토론에 들어가기 전에 기술 분야에 계신 분들께서 먼저 말씀을 시작해 주시면 어떨까 싶습니다. 최근에 에너지 기술 분야에서 전개된 상황이 어떤지 동향을 공유하면 좋겠습니다. 컨퍼런스 같은 곳에서 접한 요즘 뉴스나 이슈가 어떤 것이 있나요?

이창희(전 전기정보공학부·현 삼성디스플레이 부사장) 저는 태양 전지 분야에 특히 관심이 있습니다. 최근에 태양 전지 가격이 빠르게 내려

가면서 미국에서는 민간 보급을 활발하게 하고 있습니다. 도널드 트럼프 대통령이 당선되면서 과학 기술계가 전반적으로 패닉 상태에 빠졌는데, 기본적으로 에너지 기술 면에서도 후퇴하는 모습입니다. 연구 개발(R&D)의 중요성에 대한 인식이 약해서 지원도 축소되리라는 예상입니다. 에너지 기술은 다른 기술에 비하면 비용이 많이 드는 게 사실이라 정부의 지원이 계속 필요합니다. 지금까지 미국은 에너지 기술 개발에서 주도적인 나라 중 하나였는데 아무래도 조금 위축될 것 같습니다.

문승일(전기정보공학부) 이창희 교수님께서 걱정하시는 것 같은 변화도 있지만 어떤 의미에서는 미국 중심으로 전개되던 에너지 기술이나 정책이 다변화하는 과정이라고 볼 수도 있습니다. 트럼프 대통령이 선거 기간에 내세운 공약을 그대로 실천하기는 어렵겠지만 정책 자문에 옛날 에너지에 관심 있는 사람들을 뽑았다고 해서 걱정이 많습니다. 그 반면에 중국 정부에서는 오히려 그런 트럼프의 정책을 반사적으로 활용하기 위해 약속했던 기술 지원을 다 지키려고 하고 있습니다. 미국에서의 위기가 중국에서 또 다른 세력이 에너지 기술 분야에 대거 진출하는 기회가 되리라 생각합니다. 그렇기 때문에 앞으로 우리가 중국에 대해 관심을 갖고 봐야 합니다. 미국은 이미 체계를 잘 갖추고 있어서 무언가를 바꾸기 어려운 상황인데, 중국은 지금 경제의 개발 단계에서 에너지 기술 개발 방향을 잡았습니다. 이 점이 큰 동력을 만들어 낼 것입니다.

많은 나라들이 앞서 나가고 있는데 우리나라는 당위성 때문에 망설이다가 신재생에너지 체제로의 전환이 늦어지고 있는 것 아닌지 걱정입니다. 2016년 봄 기준으로 포르투갈에서는 신재생에너지로 전기를 다 충당하고도 3일 정도 분량이 남았고, 독일에서도 보급률이 95퍼센트에 육박한다고 합니다. 새로운 에너지 개발 문제는 단순히 꼭 해야 되기 때문에 하는 단계를 넘어섰습니다. 전기차 같은 새로운 기술은 이미 등장해서 보급되는 단계입니다. 한국에도 전기차를 판매하는 회사의 지사가 곧 설립된다고 합니다. 이제 우리노 선기차 인프라 보급을 너 미싱 미룰 수 없는 상황이 되었습니다.

변화라는 것이 처음이 어렵지 어느 정도 단계를 지나면 급격히 일어납니다. 지금은 딱 그 중간 정도까지 오지 않았나 생각합니다. 파리 기후 변화 협약도 발효되었고, 그에 따라 5년에 한 번씩 국가별로 시행되었던 것을 점검하고 목표를 설정해야 합니다.

이정동 지금 상황이 중국에 유리하다고 보시나요?

문승일 네, 잘 아시다시피 중국은 워낙 덩치가 크지 않습니까? 중국이 지금 1년에 건설하는 전력 설비만 하더라도 1억 킬로와트가 넘습니다. 참고로 우리나라는 총 전력 설비가 1억 킬로와트를 갓 넘은 수준입니다. 이런 추세가 한동안 지속될 것 같은데, 중국 정부가 추진하는 주요 정책 키워드가 녹색 정책입니다. 중국 정부는 지금 겪고 있는 환경 문제에도 영향을 받았겠지만 기존 기술에서 미국과 일본, 유럽을 따라잡는 것이 의미가 있는가에 대해 의문을 가졌습니다. 기존 분야에서는 계속 격차를 좁힐 뿐이지 추월할 수는 없다고 판단해서 새로운 기술을 선택한 겁니다. 미국이 주춤하는 상황을 중국은 오히려 기회라고 생각하는 것 같습니다.

이창희 에너지 문제에서는 전체적인 선택이 중요합니다. 트럼프 대통령이 집권하면서 미국이라는 큰 나라가 환경 에너지 정책에 변화를 가져오면 다른 세계적인 질서에 큰 영향을 미치기 때문에 많은 걱정을 했는데, 2017년 6월에 트럼프가 파리 기후 협약 탈퇴를 공식 선언함으로써 그런 우려가 현실이 되었습니다. 기후 협약은 지금까지 지구촌적인 합의가 상당히 있었고, 국제법적으로 여러 협약을 통해 오랜 기간 단계적으로 진전해 오면서 가입하는 나라도 늘어나고 자발적인 선언도 계속 이루어졌던 터라 미국의 탈퇴 선언은 충격적이었지만, 그래도 큰 틀이 바뀌지는 않으리라고 봅니다. 옛날에는 기술 발전 때문에 신재생에너지가 당위성을 얻었지만, 이제는 경제성도 꽤 확보했으며 실제로 신재생에너지와 관련된 경제적인 이해관계가 형성되고 있습니다. 신재생에너지가 많은 투자를 받고 발전할 수 있었던 계기는 지구촌 전체에서 환경에 대한 인식이 상당 부분 변화한 것이라고 생각합니다. 30년 후 미래를 생각해 보면 어느 정도 오르내림은 있겠지만 결국은 지금까지 발전한 방향의 연장선으로 기술 수준 그래프가 올라갈 것입니다.

세계적 메가트렌드의 하나의 '재생에너지' 생산

이정동 환경계획학 분야에서는 어떤 평가가 있을까요?

홍종호(환경대학원) 전 세계가 기후 변화에 대해 적극적으로 대응하는 방향으로 가리라 예상되지만 국가별로 정책에 반영하는 정도는 상당히 다를 수 있습니다. 그리고 다른 분야와 달라서, 이산화탄소 감축 정책을 제일 먼저 도입하는 선도 국가가 반드시 유리하다고 할 수 없습니다. 최소한 단기적으로는 말이죠. 기후 변화와 같은 환경 문제는 전 세계적인 현상이라 한 국가가 비용을 들여 이산화탄소를 줄인다고 해도 그 혜택은 모든 나라가 공유하는 특성이 있기 때문입니다. 2015년 파리 기후 변화 협약 이후 새로운 기후 체제에 대한 기대감이 높아졌고 심지어는 화석 연료의 종말이라는 이야기까지 나오고 있습니다. 하지만 장애물 없이 자연스럽게 진행될 수 있을지는 우리나라만 보더라도 꼭 낙관할 수 없습니다.

제가 최근에 재미있는 보고서를 하나 봤습니다. 세계 자연 보호 기금(World Wide Fund for Nature, WWF)에서 세계적으로 유명한 에너지 컨설팅 회사인 에코피스(EcoPeace)에 의뢰해서 만든 보고서였는데, 2050년에는 100퍼센트 재생에너지로 모든 에너지 사용을 대체할 수 있다는 희망 섞인 전망을 내놓고 있습니다. 덴마크니 독일은 벌써 재생에너지로의 전환을 선언했는데요. 여기 공학 분야 교수님도 두 분 계시지만, 현재의 기술 발전 추세라면 2035년 이후에 재생에너지의 경제성이 발현될 수 있고 2050년이면 완전 대체 가능하다는 주장들이 많이 나오고 있습니다. 물론 이게 가능하려면 정부의 정책이나 경제 주체들의 적극적인 수용 같은 여러 가지 요소가 반영되어야 하고 특히 금융 투자 같은 것들이 필요합니다. 현재의 방향성, 기술 발전 속도, 재생에너지에 대한 국가와 기업 간의 경쟁을 봤을 때 충분히 가능한 시나리오라고 여겨집니다. 정책 방향이나 상황을 볼 때 한국에서는 아직 재생에너지로 대세가 바뀌는 것을 낙관할 수는 없지만 전 세계적인 메가트렌드는 그렇습니다.

　　이재열(사회학과) 기존의 사회학적인 연구에서는 권위적이고 중앙 집중적이면서 위계적인 발전이 국가 모델의 장점이라고 보아 왔습니다. 이미 성공했던 사례들을 살펴보아도 국가 주도의 개발이었습니다. 전 세계가 자유 무역을 외치지만 사실은 환율이나 관세 같은 장벽이 있기에 닫힌 시스템이고, 이에 분명 장점이 있습니다. 하지만 지금 트렌드는 모든 것이 네트워크화되면서 권위적인 위계가 수평적으로 바뀌고 있습니다. 네트워크는 노력은 분산시키면서 개방적이고 투명하기 때문에 사람과 아이디어들을 더 빠르게 연결합니다. 이를 이용하여 정치적으로는 과거 권위적인 시스템이 수평적인 시스템으로 변화하고, 기업 구조도 문화적인 감성이 더해지는 트렌드를 볼 수 있습니다. 에너지도 결국 이러한 트렌드 속에서 열린 시스템으로 변화와 분산화를 이룰 것입니다. 다만 우리나라의 경우에는 오랜 기간 정부 주도의 에너지시스템을 유지해 왔기 때문에 상당한 관성이 있다고 할 수 있습니다. 마치 귤을 가져와도 탱자가 되는 것 같은 굴절들이 계속 만들어지기 때문입니다.

　　우려스러운 점은, 세계적으로는 열린 시스템으로 가는 경향인데 한국은 여전히 정책을 집행하는 방식이 과거의 닫힌 시스템을 따라가고 있다는 것입니다. 세계적으로 성공하고 있는 공유 경제 체계도 우리나라에서는 종종 실패하고 사업을 철수하곤 합니다. 승차 공유 서비스인 최근의 우버(Uber)가 대표적인 사례입니다. 열린 시스템의 혁신을 중국에서는 적극적으로 받아들이는데 이곳에서는 굉장히 강고한 기득권 때문에 튕겨 나가고 있습니다. 그래서 에너지시스템의 변화 과정에서 새롭게 분산형 산업이 등장해 우리나라에 도입될 때 많은 걸림돌이 있을 것으로 예상됩니다.

지금까지 우리나라는 대박 아니면 쪽박으로 집중하는 전략을 잘 구사했습니다. 상당히 계층 구조를 갖추고 있기에 일부 대기업의 지배 구조, 정부의 시장 규제가 존재하는데, 대기업이나 정부는 일단 목표를 정하고 연구 개발에 투자한 뒤 대박을 치면 따라가고 쪽박을 차면 버리는 식으로 기술 개발을 해 왔습니다. 이렇게 특정 기술에 집중 투자를 해서 돌파할 수 있는 가능성도 분명 있지만, 이 방법이 통하지 않는 상황이 오면 문제가 됩니다. 시대의 패러다임이 점점 개별 전문가보다 집합 지성이 효율적으로 작동하는 쪽으로 변화하고 있는데 우리는 그 흐름에서 뒤처지지 않을까 우려됩니다.

에너지 정책 전환의 걸림돌

홍종호 저도 그 부분이 염려스럽습니다. 우리나라는 20여 년 전에 처음으로 휴대폰이 상륙한 이래로 전 세계적으로 가장 보급 속도가 빠른 나라 중 하나입니다. 이를 보면 한국 사람들이 기본적으로 기술에 대한 열린 마음, 수용성을 갖추고 있는데 유독 에너지 분야만은 여전히 정부 주도의 에너지 정책이 대세입니다. 한국 정부는 주 발전원으로 원자력과 석탄화력과 같은 중앙집중형 발전방식을 고수해 왔습니다. 이는 5

치, 6치, 7치 전력수급기본계획에 잘 드러나 있습니다. 안타깝게도 태양
광이나 풍력 발전은 가축 건강에 좋지 않은 영향을 끼친다거나 소음이
심하다는 이유 등으로 지역 주민들의 수용성이 높지 않고 갈등이 꽤 있
습니다.

　　1990년을 기준으로 보면 당시에는 우리나라 전체 전력 소비가 많
지 않았고 수력 발전의 비중이 컸던 덕에 놀랍게도 독일보다 재생에너
지 전력 생산 비중이 높았습니다. 지금 독일은 재생에너지 발전 비중
이 35퍼센트에 달하고 있는데, 우리나라는 아직 3.5퍼센트에 불과합니
다. 1990년을 기점으로 재생에너지 비중이 감소했는데 이는 정부가 중
앙 집중형으로 비재생에너지 전력 공급을 급속도로 증가시킨 탓입니다.
이재열 교수님 말씀처럼 일방적이고 권위적인 닫힌 시스템을 여실히 보
여 주는 예입니다. 최근의 여러 가지 사회적 현상들을 보면 국민들의 의
식이 깨어 있는 것을 보여 주는데 에너지 분야는 다른 것 같습니다. 워낙
싼 전기 요금에 익숙해서, 재생에너지 비율을 높인다고 했을 때 전력 가
격이 올라갈 것이라는 두려움이 한국 사회를 너무 강하게 지배해서 그
러는 걸까요? 어쨌든 제가 보기에는 아직까지도 국민 의식이 전환점까
지 못 간 것 같고 당분간 쉽지 않으리라는 생각이 듭니다. 세계 재생에너
지 기술의 발전 속도와 보급은 굉장히 빠르기 때문에 이런 점이 고민스
럽습니다.

　　이원우(법학전문대학원)　세계적인 트렌드가 신재생에너지 생산이
고 국제 질서가 그렇게 가고 있으니 한국도 그렇게 갈 것으로 예상됩니
다. 하지만 우리나라의 상황이 걱정스러운 것은 사실입니다. 세계 전반
적으로 재생에너지 비중을 늘리는 방향으로 가지 않는다면 우리도 크게
상관이 없지만, 전 세계가 그리로 가는데 우리만 과거의 고정된 시스템
에 남아 있다면 그것은 큰 문제입니다. 그 괴리는 우리 사회 경제적 발전
을 저해하는 걸림돌이 될 것이고, 단순히 에너지 문제를 넘어서 경제 정

책이나 산업 구조적인 측면에서도 매우 중요하게 작용할 것입니다.

우리나라에서 에너지 정책을 전환하는 데 크게 두 가지 장애물이 있습니다. 첫 번째는 전통적인 에너지 구조에서 형성된 이해관계망이 매우 강하게 작동하고 있다는 것입니다. 한국은 과거에 에너지 소비형 제조 산업을 중심으로 경제 성장에 성공했습니다. 따라서 에너지 정책을 전환하기 위해서는 산업 구조 자체의 변화가 필요할 것이고 산업계의 반발이 있을 수밖에 없습니다. 두 번째는 에너지에 대한 국민들의 인식입니다. 보통 전기 요금을 '전기세'라고 부르는데, 전기를 사용할 때 국민은 세금처럼 전기 사용료를 내고 국가는 당연히 싼 가격으로 공급해야 한다는 인식이 자리 잡고 있습니다.

우리가 정보 기술(IT) 분야에서는 상당히 많이 발전해서 많은 비용을 지불하면서도 기꺼이 자발적으로 새로운 변화를 수용하고 있습니다. 정보 기술은 여러 가지 상징적인 의미를 가지는데, 각 개인이 소유하는 것이라는 개인주의적인 경제 경향이 반영되어서라고 생각합니다. 하지만 에너지는 「물가 안정에 관한 법률」에 의해 국가에서 물가 정책으로 전기세를 관리하고 있습니다. 공공요금의 개념을 에너지 요금에까지 너무 광범위하게 정의한 것입니다. 그만큼 공익적인 요소가 크다는 의미이지만, 법률에 의해 기획재정부가 통제하기 때문에 담당 주무 부처에서 요금을 올려 주고 싶어도 기획재정부에서 물가 정책상 반대하면 올릴 수가 없습니다. 이렇게 현재 에너지 가격은 산업 정책만으로 결정할 수 없고 전체 물가에 미치는 영향을 고려하여 정치적인 판단에 따라 결정되고 있습니다. 그러다 보니 사회주의나 공산주의 국가에서나 볼수 있는 현상이 일어납니다.

저는 독일 통일 직후에 독일에서 유학을 했습니다. 처음 6개월을 서독 지역에서 보내고 동독의 드레스덴으로 학교를 옮기게 되었습니다. 서독에서는 겨울에 불을 어두침침하게 켜 놓고 추워서 덜덜 떨면서 살

않지만 동독에 가 보니 사람들이 창문을 열어 놓고 반팔을 입고 살고 있었습니다. 전기 난방 요금이 아주 쌌기 때문입니다. 한국의 아파트도 한겨울에 굉장히 따뜻한 편인데, 저렴한 에너지 요금을 유지하는 구체제가 남아 있는 것입니다. 에너지가 공공재이므로 저렴해야 한다는 국민의 인식이 바뀌지 않으면 새로운 시스템을 도입하기가 힘들 것입니다.

문승일　물가를 말씀하시니까 생각나는 것이 있습니다. 버스 요금도 한국이 아주 저렴합니다. 그래도 30년 전 저희가 학교 다닐 때 버스 요금과 지금의 버스 요금을 비교하면 열서너 배쯤 올랐습니다. 그런데 전기 요금은 두 배도 채 오르지 않았습니다. 지금까지 에너지 정책은 산업을 지원하는 것으로만 여겨 왔고 에너지를 독립적으로 생각해서 정책을 펴기 시작한 지는 얼마 되지 않았습니다. 정부가 에너지 가격을 오랫동안 저렴하게 유지할 때 이런 가정을 했을 것입니다. 에너지를 많이 쓰는 산업을 육성해서 우선 경제를 발전시키고, 그 후에 에너지 공급은 원하는 대로 얼마든지 늘릴 수 있다는 가정입니다. 얼마 전까지는 실현 가능한 이야기였지만 이제 여러 가지 한계가 온 것 같습니다.

사회·환경적인 한계도 있지만 국토가 워낙 좁고 밀집된 데다가 완전 고립되어 있기 때문에 세계 어디에도 없는 어려움을 겪고 있습니다. 다른 나라에서는 보지 못할 일들을 우리가 풀어 나가야 하는 상황인데, 대형 발전소를 건설하는 것도 현실적으로 쉽진 않습니다. 발전소를 지으면 그에 따르는 송전선 설치 문제도 큰 고민이고요. 또 지금 우리 경제에서 에너지를 많이 소모하는 산업이 주춤하고 있습니다. 전통적인 주력 산업의 기술 발전에 따라 에너지 수요도 많이 감소할 것입니다. 지금까지 에너지 사용이 증가하는 상황에만 대비해 왔는데 감소하는 상황도 생길 수 있는 것입니다.

에너지 가격에 대한 국민의 인식 변화도 중요하지만, 결국 정치권에서 정책을 결정하는 사람들은 유권자의 지지를 많이 받을 수 있는 방향으로 정책을 펼 것입니다. 지금까지 발전소를 늘리는 공급 위주의 정책이 지지를 받았다면 이제는 방향이 바뀌었다고 생각합니다. 우리 정부가 가지고 있는 전력 수급 계획이 30년을 내다본 계획인데 그것이 그대로 실현되리라 믿는 사람들이 그렇게 많지 않습니다. 우리가 가지고 있는 에너지시스템이 공학적으로나 이론적으로, 또 사회적으로 한계에 다다라 있어서 지금이 변화의 전환점이라고 보고 있습니다.

이창희 최근 국민들이 에너지 문제에 대해서 굉장히 많이 학습하고 인식이 높아졌다고 생각합니다. 그동안 인식하지 못하고 있다가 미세 먼지라든지 누진세 전기 요금이 이슈로 등장했습니다. 우리나라에서는 어떤 하나가 이슈가 되면 전 국민이 빠르게 학습을 하고, 그런 지식에 대한 공유가 세계 어느 나라보다도 신속하게 이루어집니다. 각 지방 자치 단체에서 태양광을 보급하는 것에 대해서도 예전에는 소수의 환경 운동가 정도만 참여했는데, 이제 일반 국민들도 집에 태양광을 설치하면 얼마나 이익인지에 대해 진지하게 계산하는 수준으로 바뀌었습니다. 국민들의 인식이 향상되었으니 정부도 국민 수준에 정책을 맞출 것이라고 생각합니다. 저는 세계적인 경향에 발맞춰 국내 산업도 달라지리라 상당히 낙관적으로 보고 있습니다.

홍종호 2015년 전기 요금 단일제가 과연 합리적인가에 대한 충청남도 주관의 국회 토론회가 있었습니다. 토론회에서 전력 요금이 사회적 비용과 원가를 반영해서 책정되어야 된다는 이야기가 나왔습니다. 충청남도가 이 토론회를 주관한 것은 우리나라 전체 화력 발전소의 50퍼센트가 충청남도에 집중되어 있기 때문입니다.

하지만 충청남도에서 생산되는 전력은 일부만 현지에서 소비될 뿐 대부분이 수도권에서 소비됩니다. 워낙 모든 의사 결정이 중앙 정부에서 톱다운(top-down) 방식으로 이루어지다 보니까 이렇게 되었습니다만, 지방 자치 제도가 시행되면서 서서히 변화가 있는 것 같습니다. 부사광역시와 울산광역시에는 원자력 반전소, 충청남도의 인천광역시에는 화력 발전소가 밀집해 있습니다. 전기를 생산하는 과정에서 사고 위험이나 미세 먼지 발생 등 많은 사회적 비용이 발생하는데, 해당 지역의 주민이 감내해야 하는 상황입니다. 송전탑 건설로 갈등을 빚은 밀양 사태에서 보았듯이, 송전선은 설치된 지역 주민이 생산한 전력을 모두 소비하는 것이 아니고 거쳐 가는 지역에 피해를 주기 때문에 불만의 목소리가 나올 수밖에 없습니다. 이런 목소리가 중앙 정부의 에너지 정책에 어떻게 효과적으로 반영될 수 있을 것인지가 문제인데, 아직까지는 속도가 너무 늦고 과거 지향적인 모습이 많이 나타나고 있습니다. 앞으로 전 세계 재생에너지 증가 흐름에 맞춰 재생에너지에 관심을 더욱 기울이고, 어떤 전력 공급 방식이 과연 비용 대비 효율적인지 사회적 비용을 감안하여 진지하게 고민해야 할 것입니다.

성장 중독증에서 치유될 수 있을까?

이정동 논의를 하다 보니 자연스럽게 하나의 시스템에서 다른 시스템으로 어떻게 전환할 수 있는지에 관심이 모아지는 것 같습니다. 어떤 시스템이 더 좋은지 여부를 차치하고, 시스템 전환이라는 일반적인 문제를 놓고 볼 때 사회적이거나 심리적인 요인들, 그리고 제도적인 요인들과 기술적인 요인들을 두루 살피고, 또 그로 인한 문제들을 어떻게 풀어 나가야 할 것인지에 대해 전반적인 논의가 필요할 것 같습니다.

이재열 우리 사회가 가지고 있는 물질주의적인 성향에 먼저 주목할 필요가 있습니다. 일종의 성장 중독증인데, 베이비 붐 세대들은 경제 성장기의 혜택을 받아 소득과 소비가 계속 늘어나는 경험을 해 왔습니다. 확정적인 성장에 익숙한 세대인 것입니다. 그런데 유럽에서는 성장이 가져오는 사회적 한계를 1970~1980년대에 이미 경험했습니다. 경제 성장이 정체되면서 실업률이 높아지고 복지 정책에 위기가 찾아왔고, 정부에서 어떤 확정적인 정책을 세우기가 힘들어졌습니다. 그러면서 막무가내 성장은 있을 수 없다는 것을 깨닫고 새롭게 등장하는 저성장 또는 퇴보의 시대에 어떻게 적응해야 하는가를 고민하기 시작합니다.

과거에는 부국강병을 목표로 질서 있게 움직이는 성장 지향적이고 진취적인 모델을 목표로 했지만 언제까지나 성장할 수는 없었습니다. 자원이라는 것은 한정되어 있으니 뭔가 가지고 있는 걸 좀 나눠야하고, 소수자의 이야기도 들어야 하고, 환경도 보호해야 한다는 식으로 가치의 전환이 이루어진 것입니다. 유럽에서 이런 가치 전환의 뿌리는 1960년대에 시작하지만 본격적으로는 1970년대에 변화가 시작되었습니다. 탈물질적인 가치들이 확산되면서 독일에서는 상당한 지지 기반이 마련되어 녹색당이 집권도 하고 연정에 참여도 할 수 있었습니다. 하지만 우리나라는 어떨까요?

일단 우리는 세대 간의 차이가 크고 탈물질적인 가치가 굉장히 취약합니다. 또 우리 사회에서는 민주화 운동에 참여했던 사람들이 목표가 사라진 다음 탈물질주의 같은 환경 운동을 선택했습니다. 이런 한국적인 정황 탓에 환경 운동이 이념적으로 급진화되는 경향이 있었고, 국민들의 실생활하고는 상당한 괴리감이 생겼습니다. 그러다 보니 여전히 물질 지향적인 성향을 버리지 못하고 환경 분쟁을 금전적인 방식으로 풀어 나가려는 성향을 보입니다. 예를 들자면 방폐장 설치 문제도 굉장히 실용적이고 물질적인 혜택인 지역 지원금 같은 것으로 해결하고 있습니다. 이렇듯 우리가 현재 처한 문화적, 이념적 상황에서는 친환경 정책을 펼치는 데 아직 한계가 있습니다.

또 세대별 성향을 살펴보면 젊은 세대는 굉장히 포스트모던한 탈물질주의 성향이고, 나이 든 세대는 중국이나 러시아 수준의 물질주의 성향이 강한 모습으로 세대 간 차이가 아주 심합니다. 이렇게 집단 간 갈등과 세대 간 갈등이 고조될 요소가 많이 있습니다. 촛불 집회를 보면 예민한 감각을 가진 젊은 세대가 주도적으로 정치를 바꾸고 사회적인 이슈에 대해 목소리를 높였습니다. 얼마 전까지는 젊은 세대가 기존의 제도권 정치에 대해 굉장히 무관심했는데 지난번 총선부터 변화하고 있습니다. 성장 중독증에서 벗어난 새로운 세대가 얼마나 강력한 세력으로 등장할지 눈여겨볼 일입니다.

문승일 신재생에너지를 비롯한 새로운 에너지를 도입하는 데에서 처음에는 이재열 교수님 말씀처럼 가치관의 논리로 시작했습니다. 하지만 제가 공학적으로 느끼는 현실은 그 단계에서 많이 벗어나고 있으며, 경제 논리로 금방 접근해 가리라는 것입니다. 환경 문제를 돈으로 해결하려는 것이 문제가 있다는 시각도 있지만, 사실 그 자체가 내재한 사회적인 가치를 비용으로 지불하는 것이라 생각합니다. 사회적인 비용까지 고려하면 기존의 에너지원에 의존하는 것이 새로운 에너지를 도입하는 것과 비교하여 결코 저렴하지 않을 수 있습니다. 그런 근거 중 하나가 우리나라 전기 요금이 일본의 거의 3분의 1 수준이라는 것입니다.

산업용 전기의 평균 가격은 경제 협력 개발 기구(OECD) 국가 중 최저에 가깝고, 1인당 전력 소비량도 GDP가 우리보다 두 배나 높은 나라들과 비교해도 더 많습니다. 우리가 1만 킬로와트 정도 사용할 때 일본은 7000킬로와트, 영국은 6000킬로와트밖에 안 쓰고 있습니다. 상식적으로 생각할 때 우리가 무슨 재주가 있어서 그렇게 전기를 저렴하게 쓸 수 있는가를 생각해 본다면 우리 전기 요금에 반영되어 있지 않은 비용이 있다는 것을 알 수 있습니다. 지금까지는 경제 성장 논리로 묻어 왔지만 앞으로 계속 유지하기는 힘들 것입니다. 한 가지 다행인 것은 앞으로 신기술이 돌파구를 마련해 줄 수 있다는 사실입니다. 한국의 전기 요금이 너무 저렴해서 신재생에너지 가격이 상대적으로 비싸게 느껴지지만, 전기 요금이 OECD 평균 요금 정도 된다면 상당히 많은 신재생에너지 대안들이 경제성을 확보할 수 있을 것으로 봅니다.

지금 등장하는 기술 중에서 제가 가장 주목하는 것은 전기차입니다. 전기차는 이동 수단이기도 하지만 에너지 관점에서는 에너지를 싣고 다니는 아주 중요한 장치입니다. 현재 출시되고 있는 전기차는 보조금을 제외하면 기존 차보다 두 배쯤 비싼데요. 사실 전기공학적으로는 더 비싸야 할 이유가 전혀 없는데 아무래도 수요가 없기 때문에 가격이 높아진 것 같습니다. 수요가 없는 이유 중에 구조가 애매하다는 점이 있는데, 전기차가 기존의 가솔린 자동차를 단순히 개조해서 만들기 때문입니다. 하지만 전기차가 원판인 자동차는 모양도 완전히 다르고 구조가 아주 심플해질 것입니다. 내부 공간이 현대자동차의 그랜저 정도 크기의 자동차를 전기차로 만든다면 가솔린 자동차보다 외부 크기를 훨씬 작게 만들 수 있고 가격도 3분의 1 정도로 낮출 수 있을 것이라 생각합니다.

전환점이 눈앞에 왔고 이제 곧 판도가 변할 것입니다. 유럽에서는 어느 도시에나 전기차가 다니고 있고, 중국에서도 시청 같은 관공서 주변에서 많은 전기차를 볼 수 있습니다. 신재생에너지도 다른 나라에서는 많이 일반화되어 있는데 우리나라는 가끔 풍력 발전기 정도만 찾아볼 수 있습니다. 국내에서 체감하는 것으로 판단하기는 쉽지 않고, 중국을 비롯한 여러 나라는 한국보다 훨씬 앞서가고 있지 않나 생각합니다.

'톱다운'이 아닌 '공존' 전략으로

이정동 중국 이야기를 하셨는데요, 중국이 신재생 기술과 산업을 빠르게 발전시키는 것은 지구 환경을 생각한 결과가 아니라 글로벌 시장

을 장악할 수 있는 성장 신업을 묘성해야겠다는 의지에서 신재생 산업을
선택하고 지원한 결과입니다. 성장 산업을 키우다 보니 환경 친화적으로
보이는 산업이 육성되었다고 해석할 수 있는 것입니다. 이런 말씀을 드
리는 것은 국가마다 처한 기술적, 경제적 환경이 다르므로 채택할 전략
또한 달라야 하기 때문입니다. 막무가내식의 이념적 주장이 아니라 전환
을 위한 현실적 단계들을 잘 설계해 나가는 것이 중요하지 않을까 싶습
니다. 더구나 한국의 경우 이미 지적된 것처럼 에너지 고립 시스템을 가
지고 있기도 하고, 4차 산업 혁명을 맞아 전력 수요가 증가할 가능성도
없지 않기 때문에 선진국의 신재생 전략을 벤치마킹할 때 신중해야 하지
않을까 싶습니다.

　　이재열　중국의 경우는 기술 추격이 아니라 기술 비약이었습니다.
전화기에 비유하자면 유선 전화를 다 깔기 전에 무선 전화로 모두 깔아
버린 거죠. 그러니 무선 전화에 집중적으로 투자할 수 있었던 겁니다. 그
런 다음 중국에 유리한 기술 표준을 만들어 자국 시장을 보호하는 전략
을 펼쳤습니다.

　　우리나라도 정보 통신 분야에서 그런 사례가 있습니다. 1982년 한
국 전기 통신 공사(현 KT)를 출범시킨 오명 전(前) 과학기술부 장관은
기존에 유선 전화망 설치 사업을 하던 수준에서 한 걸음 나아가 정보화
에 대한 큰 그림을 그렸습니다. 대학생들에게 무선 통신 시대를 대비하
여 교육을 시키고 장학금도 주면서 많은 지원을 했습니다. 삼성전자도
1980년대에 반도체가 뭔지도 모르는 회사에서 반도체에 집중 투자를
해 비약적으로 발전했고, LG전자가 태양광 패널, SK가 정유 사업과 통
신 사업에 뛰어든 것도 같은 방식이었습니다. 한국의 전력 산업이 독특
한 거버넌스 체계를 갖추고 있는데, 전 세계에서 유일한 공기업 집단이
고 어찌 보면 재벌과 유사한 구조라고 할 수 있습니다. 이 구조를 잘 활
용한 그룹은 1997년 외환 위기 때 살아났는데, 어설프게 업종 전문화를

한 그룹은 모두 부도가 났습니다. 연구 개발에 대한 집중 투자가 가능할 때에는 괜찮은데 그렇지 않을 때에는 문제가 생길 것입니다. 앞으로는 어떤 산업을 활성화하는 데에서 게임의 규칙 자체가 바뀔 수 있습니다. 예전에는 빅 브라더(big brother)가 이끄는 시스템이었다면 앞으로는 빅 브라더가 보이지 않는 시스템으로 변화한다는 예측이 나오고 있습니다. 그대신 여기저기 흩어져 있지만 네트워크로 연결된 개인들이 소용돌이를 만들고, 이것이 모든 것들을 다 휩쓸고 가 버리는 강력한 힘을 가진다는 것입니다. 그러면 가장 타격을 받는 것은 대기업입니다. 이런 흐름이 우리나라에도 온다면 우리 경제가 아주 취약해질 것입니다.

홍종호 실제로 재생에너지 발전 비중이나 전기자동차 보급을 보면 외국이 확연히 앞서 나가고 있습니다. 그런 성공 요인이 어디에 있을지 분석이 필요합니다. 아마도 국가마다 다를 텐데, 중국처럼 아주 극단적인 톱다운 방식일 수도 있고, 시장의 원리에 맡겨서 아래부터 변화가 추동되는 방식일 수도 있습니다.

이재열 교수님께서 젊은 세대는 탈물질주의로 가고 있다는 이야기를 해 주셨는데 사실 저도 그렇게 되기를 바라고 있습니다. 그런데 사회 현상들을 보면 그렇지만은 않다는 생각도 듭니다. 예를 들어 아까 공유 경제를 말씀하셨는데요. 우리나라에도 공유 경제를 표방해서 쏘카나 그린카 같은 차량 공유(카 셰어링(car sharing)) 사업이 생겨났습니다. 제 환경대학원 제자 중 하나가 쏘카의 파급 효과를 주제로 학위 논문을 작성했습니다.

쏘카 측에서는 이 사업은 전형적인 공유 경제이고 널리 보급되면 차량에서의 이산화탄소 발생이 감소할 것이므로 수송 부문에서 아주 효과적인 기후 변화 대응 정책임을 표방하고 있습니다. 사람들이 자동차를 소유할 필요가 없어지므로 자동차 수도 줄어들 것이라고 강조하고 있고, 이러한 논리로 서울시를 비롯한 여러 곳에서 펀드 지원도 받았습니다. 하지만 실제로 분석해 보니까 이른바 차량 공유 서비스를 이용하는 사람들이 자동차 구매를 포기 또는 연기하거나 이미 소유하고 있는 차를 안 쓴다거나 하는 대체 효과가 거의 없었습니다. 자동차 소유와는 별개로 주말이나 급할 때 빌려 쓰는 정도여서, 사실상 확보한 자료에 근거해 볼 때 오히려 자동차 소비량이 두 배가량 증가하는 결과가 나왔습니다.

최근 쏘카는 경영 전략을 바꾼 것으로 보입니다. 마케팅 전략을 바꿔서 탄소 감축과 같은 사회적 가치에 대해 언급하지 않고 "주말에는 이 차를 써 보세요."라는 식으로 바꾸었습니다. 이 서비스를 이용하는 주 고객은 20대가 가장 많고 그다음이 30대입니다. 차를 소유하지 않는 나이대일 수도 있지만 타 보고 싶은 차를 타 볼 수 있다는 다양성 면에서 매력을 느끼는 것 같습니다. 차량 구성을 보면 소형차나 전기차보다 수입차나 대형차가 많습니다. 좋게 말하면 다양성을 갖춘 것이지만, 결국 지극히 소비 지향적인 라인업입니다. 우리 사회에서는 자동차와 관련한 과시적 소비 현상 때문에 자동차 수요에서 다른 나라와 다른 특수성이 있습니다. 결론적으로 차량 공유 사업이 본래 지향하던 공익적 가치인 이산화탄소 저감이나 기후 변화 대응 면에서는 성공하지 못한 것입니다.

한국의 경제 환경상 중국과 같은 톱다운 시스템을 적용하기는 불가능하다고 생각합니다. 그럼에도 불구하고 새로운 에너지 전환 시스템이 우리 국민에게 자연스럽게 수용되기 위해서는 정부의 역할이 필요합니다. 정부가 지금까지 택했던 중앙 집중형 발전 방식은 특정 지역이 손해를 감수해야 하고 다른 지역이 혜택을 누리게 되므로 '공존'의 가치를 훼손합니다. 따라서 이런 방식의 에너지시스템은 더 이상 추구하지 않겠다는, 국민 에너지 컨센서스를 모으려는 노력이 필요합니다. 급진적으로 정책을 바꿀 수는 없겠지만 사회적 비용을 고려하여 합리적인 전력 요금 시스템을 도입하는 것부터 시작해야 할 것입니다. 각종 에너지원 간의 상대 가격이 너무 왜곡되어 있습니다. 전기 가격은 계속 낮은 상태인데 저소득층이 주로 쓰는 등유 가격은 계속 올라가는 식입니다. 정부는 형평성과 공존의 차원에서 이러한 불합리하고 불공평한 상황을 개선하여 변화를 이끌어 내야 할 것입니다.

신기술 관련 법과 정책, 사회적 비용 최소화 고려해야

이원우 기술이 획기적으로 발전하면 단번에 다 해결될 수 있지만 기술 발전을 위해서는 투자가 필수적입니다. 기술에 대한 투자가 이루어지기 위한 몇 가지 요소가 있지만, 우선 초기에 정부가 투자를 촉진하고 지원하려면 정책이 뒷받침되어야 합니다. 닭이 먼저냐 달걀이 먼저냐인데, 정책의 지원을 받으려면 국민의 지지를 받아야 하고 그러려면 국민들의 인식이 수용할 수 있어야 합니다. 즉 국민들이 수용할 수 있는 합의에 이르도록 하는 것이 매우 중요합니다. 그동안 우리나라는 역사 속에서 효율성 위주의 경제 성장주의 가치관이 깊이 각인되어 있고 그것이 법과 제도로 다 반영되었습니다. 그래서 다시 법 안에서 효율성 위주의 인식이 강화될 수밖에 없고, 그 결과 계속 악순환이 되고 있습니다. 물론 어떤 계기로 인식이 갑자기 바뀌거나 법과 제도가 바뀔 수도 있지만 의식적인 노력이 필요합니다.

이재열 교수님께서 보여 주신 자료 중에서 한국의 물질주의적인 경제주의 가치관이 전 세계 어느 나라보다도 독보적으로 높다는 것을 보여 주는 표를 보았습니다. 우리나라가 공공 정책을 결정하거나 법 제도를 논의할 때 정말 이 점이 여실히 드러납니다. 경제 정책을 세울 때 아무래도 로비력을 갖춘 산업계에서 연구비가 많이 지원될 터이고, 그러다 보니 이이디이니 논리도 그쪽에서 많이 개발될 것입니다. 우리는 어떤 것이 효율적일 때 그것을 합리적이라고 판단하는 경향이 있습니다. 효율성 우선주의에 의해 경제 논리가 합리성을 가지게 되는 것입니다.

　　법학 분야에서도 중요한 이슈 중 하나로 헌법 119조 경제 조항이 있습니다. 1항은 "개인과 기업의 자유와 참여를 존중함을 원칙으로 한다."이고, 2항은 "국가는 균형 있는 국민 경제의 성장 및 안정과 적정한 소득의 분배를 유지하고, 시장의 지배와 경제력의 남용을 방지하며, 경제 주체 간의 조화를 통한 경제의 민주화를 위하여 경제에 관한 규제와 조정을 할 수 있다."입니다. 그런데 우리나라의 통설은 1항이 원칙이고 2항은 예외로 규정한다고 해석합니다. 이런 논리에 따라 많은 사람들이 어떤 제도의 위헌 여부를 따질 때 2항인 규제는 예외이므로 특별히 정당한 사유가 없다면 그 규제는 위헌이라고 주장합니다. 다른 공익적 가치들에 비해 효율성과 시장의 자유가 더 우위에 있다고 보는 것입니다. 하지만 이러한 견해는 우리 헌법 질서에 부합하지 않습니다. 우리 헌법상 기본권과 가치는 우열 관계에 있지 않고 모두 대등합니다. 서로 충돌하는 기본권이나 가치는 상호 형량되고 조정되어야 하는 것이지, 어느 하나가 다른 것을 배제하는 관계는 아닙니다. 그러므로 1항과 2항의 관계는 더 이상 원칙과 예외의 관계가 아니고 헌법상 경제 질서를 구성하는 두 개의 축이 됩니다. 이 조항은 사실 독일에서 많은 영향을 받았는데 사회적 시장경제 논리의 바탕이 됩니다.

　　이재열　질서 자유주의라고도 하지요.

　　이원우　네, 그렇습니다. 그런데 저는 경제적 효율성과 사회적 환경이 충돌한다고 보지 않습니다. 충돌한다고 보는 순간 어떤 가치가 더 높은가라는 관점에서 접근할 수밖에 없는데, 이 둘의 관계는 2항은 1항이 존재하기 위한 전제 조건 내지는 보장 요건입니다. 시장이 잘 돌아가려면 시장 내의 갈등을 줄일 수 있는 형평성이 보장되어야 할 것이고, 또 반대로 시장의 메커니즘이 잘 돌아가야 경제가 성장해서 그것을 기반으로 사회적인 형평성이 이루어질 수 있습니다. 2015년 11월 대형 유통 마트 규제가 사회적으로 많은 문제가 되었습니다. 유통 마트에 대한 규제가 위헌이라며 규제 처분을 취소하라는 소송이 있었는데, 고등 법원에서는 원고인 대형 마트가 승소했지만 대법원에서는 패소했습니다. 대법원에서 그렇게 결론 내린 데에는 헌법 119조 1항과 2항의 관계에 대한 새로운 인식이 영향을 미쳤습니다. 1항과 2항 중 어느 것이 우월적인 지위를 가진다고 할 수 없고, 규제도 시장의 자유와 함께 우리 경제를 이루고 있는 두 축 중 하나이기 때문에 대형 유통 마트 규제의 정당성을 인정한 것입니다. 119조 1항이 원칙이고 2항이 예외라는 주장은 더 이상 할 수 없게 되었으므로 이런 해석의 변화가 제도의 변화를 가져올 것입니다. 이렇듯 제도를 변화시키려면 경제적인 것만이 아니라 법령 해석 같은 다른 요소들도 고려해야 합니다.

홍종호 정부와 정치권의 변화가 감지되고 있습니다. 지금까지는 어떤 발전원이 가장 값싼지를 따지는 등 좁은 의미의 경제성만 반영했는데, 앞으로는 발전소 평가를 할 때 환경성이나 사회 갈등 비용 등을 감안해서 한다는 것입니다. 저는 사실 환경 문제와 관련된 사회적 비용도 경제성이라는 말에 다 포함해야 한다고 생각합니다. 경제성이라는 개념 안에 원가, 건설 비용도 있지만 유지 관리비, 원자력 발전소의 경우에는 핵폐기물 처리 비용과 폐로 비용도 그렇고, 석탄 화력의 경우에는 미세 먼지와 대기 오염 발생 비용도 포함해야 할 것입니다.

문승일 최근 전기 사업법을 개정하면서 발전소 가동 시 경제성은 물론 환경과 안전까지 함께 고려하는 안이 반영되었습니다. 앞으로는 발전소 건설 비용을 산출할 때 엔지니어가 보는 발전소 건설 비용만이 아니라 국민이 수용할 수 있는 사회적인 비용과 정치적인 비용이 포함될 것입니다. 밀양 송전탑이 그 예입니다. 고리에 원자력 발전소를 두 개

더 지으면서 송전선을 깔아야 하는데 밀양 주민들의 반대로 공사 기간이 7~8년가량 늘어났습니다. 발전소를 다 지어놓고 그동안 운전을 못한 것입니다. 주민들의 고통을 돈으로 환산할 수는 없겠지만 이것이 선례가 되어 버렸습니다. 앞으로 어디든 송전탑을 짓는다면 상당한 사회적 비용을 지불해야 될 것입니다. 이제 사회적 비용이 정당하게 산정되었는지와, 원자력 발전소나 화력 발전소 같은 환경 문제가 제대로 검토되었는지를 고려할 수밖에 없는 상황이 되었습니다.

법 이야기를 하나만 더 해 보겠습니다. 전기 사업법 같은 기술을 관리하는 법은 기술을 지원해야 합니다. 특히 인류가 전기를 사용하게 된 게 100년밖에 되지 않았으니 법도 나온 지 100년이 되지 않았습니다. 법보다 전기가 먼저 만들어졌는데 묘하게 100년쯤 지나고 나니 기술이 법을 따라가야 하는 상황이 되어 버린 것입니다. 예전에는 기술이 주도해서 법을 바꾸었습니다. 대표적인 사례로 우리나라의 전기 사업법을 보면 전기를 만들고, 보내고, 쓰고, 팔고 하는 사업에 칸막이를 쳐 놓았습니다. 발전 사업자는 송전 사업을 못 하게 하고, 소비자는 전기를 팔기 어렵게 되어 있습니다. 하지만 새로 등장하는 에너지 신기술은 지금 있는 법체계 프레임에 들어갈 수조차 없습니다. 예를 들자면 전기차 배터리에 전기를 충전할 때 전기를 쓰는 것처럼 보입니다. 하지만 그 자동차가 서울에서 충전해서 부산으로 이동한다면 '송전'의 개념에 들어갑니다. 또 부산에 가서 전기를 일으켜 팔면 '발전'과 '판매'의 개념입니다. 이럴 때 전기자동차라는 장비 자체를 송전 설비로 보느냐, 발전 설비로 보느냐, 판매 설비로 보느냐를 놓고 법원에서 굉장히 논란이 되고 있습니다.

최근 ESS(Energy Storage System, 에너지 저장 시스템)라는 장치가 처음 나와 국내에 적용되면서 법을 두 번이나 개정했습니다. ESS를 발전 설비로 인정하는 전기 사업부 부분을 개정했는데, 나중에 보니 한국전력에서 송전 설비로도 써야 하니까 송전 설비로도 인정하도록 법을 바꾸었습니다. 이런 식으로 한다면 기술이 하나 나올 때마다 매번 법을 개정해야 하므로 누더기가 될 것입니다. 따라서 지금 에너지 관련 법체계가 정당한가에 대해서도 판단해야 할 것 같습니다. 고차원적인 토론을 하는 것도 중요하지만, 현실적인 법 제도만 잘 갖추어도 새로운 에너지 기술 도입을 앞당길 수 있을 것입니다. 반대로 우리가 아무리 노력해도 법 제도가 과거에 머물러 있고 변하지 않는다면 기술 도입의 걸림돌이 될 것입니다. 우리는 벌써 그런 일을 겪고 있는 것 같습니다.

에너지 산업의 성장을 가로막는 신뢰의 격차

이재열 사회적 갈등과 법체계에 관해서 우리나라가 갈등 비용이 유난히 큽니다. 갈등 비용이 큰 것은 특별히 갈등의 소지가 많아서라기보다는 갈등을 해소하는 장치나 제도가 취약해서라고 생각하는데, 이는 제도에 대한 불신과 관련이 있습니다. 신뢰에는 크게 두 가지 형태가 있습니다. 하나는 사람에 대한 신뢰이고 다른 하나는 공적인 규칙이 얼마나 투명하고 공정하게 집행되느냐에 대한 신뢰입니다. 예를 들자면 전자는 인맥을 챙기는 일종의 관계 자산의 형태이고, 후자는 어떤 상품을 고를 때 제조사에 대한 믿음 같은 것입니다. 자기 자신의 인맥을 동원하는 관계 자산은 굉장히 풍부한데 나와 무관한 사람이나 시스템에 대한 관심이 떨어져서 둘 사이에 차이가 날 때 이를 신뢰의 격차라고 합니다. 한국은 전 세계에서 신뢰의 격차가 제일 큰 나라 중 하나로, 공공성의 영역과 사적인 이해관계가 충돌하는 장이 되어 버리는 일이 다반사입니다.

서울대 사회발전연구소에서 20년 동안 진행한 신뢰도 평가를 보면 정당과 입법부가 늘 꼴찌입니다. 규칙과 제도를 만드는 입법부, 집행하는 행정부, 위반자를 처벌하는 사법부에 대한 신뢰가 바닥입니다. 운동 경기로 치면 심판을 못 믿는 구조를 가지고 있는 것입니다. 나라마다 정치인을 신뢰하지 못하는 경향이 있기는 하지만 한국이 전 세계에서도 꼴찌 수준입니다. 이 때문에 기술의 변화가 제도를 바꾸고, 제도의 변화가 사람들의 사고방식을 바꾸는 피드백 채널을 방해하고 반대로 기술이 제약을 받게 됩니다. 싸이월드 같은 인터넷 커뮤니티가 한때 큰 성공을 거두었지만 페이스북에 완전히 패했지요. 그중 한 이유는 '일촌'이라는 개념이 상징하는 것처럼 폐쇄적인 네트워크로 가야만 한다는 닫힌 사고 방식이었습니다. 열린 네트워크로 가는 것을 두려워하다가 완전히 개방적인 페이스북에 당했습니다.

이정동 아까 기술적인 돌파구를 말씀하셨는데요. 에너지 신기술이라는 측면에서 어떤 형태의 돌파구를 기대할 수 있을까요?

이창희 사실 획기적인 돌파구로 불릴 만한 큰 도약이 있기는 힘듭니다. 혁신적인 기술은 사회에 적합하게 응용할 방법을 찾기가 되려 어렵습니다. 역사에서도 산업 발전 과정을 보면 어떤 때에 가장 혁신적이고 최고인 기술이 시장에서 성공한 사례가 많지 않습니다. 오히려 수준은 조금 떨어지지만 수요에 맞추어 적절하게 타협한 기술이 더 널리 도입되었습니다. 유명한 예로 비디오에서 소니의 베타 방식과 VHS 방식 중에서 VHS 방식이 기술 표준을 점령했고, 애플의 매킨토시와 IBM의 PC 클론 중에서도 클론이 더욱 대중적으로 보급되었습니다. 혁신적인 기술이 반드시 시장에서 보편적인 것은 아니며, 가격도 적절히 맞아야 하고 누구나 쉽게 접근 가능해야 합니다. 아주 혁신적인 기술은 당연히 개발비를 충당해야 하므로 특허로 보호되고 폐쇄적으로 고가 전략을 추구합니다. 그러다 보니까 혁신적인 기술이 반드시 성공을 보장하는 것이 아닙니다.

에너지 기술 분야 산업은 다른 산업과 다르게 자유 시장이 아니라는 독특한 점이 있습니다. 법 조항이 성장을 가로막는 대표적인 산업이 에너지 산업인데 관련 법은 국가마다 다릅니다. 우리나라에서는 법이나 정치적 리더십에 대한 기대치가 많이 낮은 것이 사실입니다. 단시간에 산업 발전을 이루어 낸 성공 경험과 방정식이 지금까지는 어느 정도 잘 작동해 왔지만 한계에 온 것이 명백하고, 기업들도 이미 그 사실을 알기에 바꾸려는 노력을 하고 있습니다.

삼성전자만 보더라도 자발적으로 일부 구조 조정을 하고 있고, 앞으로 전기차의 전기 장치 부품에서 입지를 확보하기 위해 하만 카돈(Harman Kardon)이라는 대형 자동차 오디오 기업을 인수한 보도가 나오기도 합니다. 이처럼 우리 산업계도 많이 노력하고 있고 실제로 실적도 올렸습니다. 에너지 산업 분야를 본다면 전기자동차나 태양광 발전같이 민간이 경쟁하는 분야에서는 세계적인 경쟁력을 갖추었고, 인프라도 어느 정도 구축되었다고 생각합니다. 전기자동차로 예를 들면 바퀴 달린 세탁기랑 비슷하다고 보시면 됩니다. 기본적으로 좋은 모터가 필요하고, 그다음은 내부의 전기 장치 제품입니다.

다행히 우리의 전자 산업 기술은 세계적인 수준으로 가격 경쟁력도 갖추고 있습니다. 반도체, 메모리 반도체, 스마트폰같이 표준 규격으로 대량 생산하는 전자 제품으로 이만큼의 경제 성장을 이루어 냈습니다. 스마트폰 같이 전 세계에서 10억 대 이상 팔리는 제품의 공정 관리, 공급망 관리, 유통 채널 관리까지 가능하며 이 분야에서는 우리 기업들이 세계 최고 수준입니다. 우리 민간 기업도 태양광 패널같이 규격화된 제품을 대량으로 찍어 내는 에너지 산업에서 충분히 경쟁력이 있다고 봅니다. 시장 사이즈가 작으면서 다양한 디자인 요소가 들어가고 다품종 소량 규모인 제품 생산에는 많이 취약하지만, 다행히 에너지 산업에는 대량 생산이 필요합니다.

새로운 에너지 산업의 보급 문제는 정부가 전향적인 노력을 하면 국민들의 수용성이 상당히 높아질 것이라고 봅니다. 우리나라는 어느 나라보나 국민의 학력이 높고 신기술에 대한 호기심과 이해도도 상당히 높습니다. 그러다 보니 많은 사람들이 태양광 에너지도 냉정하게 분석해서 경제성이 떨어지는 걸 알기에 아직 도입이 늦어지고 있는 것입니다. 정부가 전기 요금을 왜곡하지 않고 제대로 된 자유 시장을 연다면, 얼리어댑터도 많고 합리적인 소비를 하는 국민들이 많은 만큼 우리나라에서 새로운 에너지 보급이 빨라질 것입니다.

　　홍종호　에너지 시장의 크기를 확대하거나 민간에서 경쟁력을 확보하기 위해서는 정부가 정책적으로 많은 노력을 기울여 제도를 수립해야 합니다. 재생에너지와 같은 에너지 산업은 IT 산업과는 달리 경제적으로 파생 수요(derived demand)적인 경향이 있기 때문입니다. 최근 미국 통계를 보면 벤처 투자를 가장 적게 받은 분야가 에너지 산업이고, 가장 많이 받은 것이 IT 분야로 조사되었습니다. 에너지 분야는 송배전과 같이 기본적인 시스템을 갖추어야 하고 투자 규모가 상당히 크므로 벤처 투자자 입장에서는 위험 요소가 많기 때문입니다. 그러므로 시장에서의 경쟁과 정부가 각종 정책 지원과 투자를 통해 재생에너지 시장을 인위적으로 확대하는 전략을 병행해야 할 것입니다.

새로운 기술을 위해 인프라를 바꾸어야 한다

　　문승일　전기 에너지는 법 제도라는 프레임의 영향을 크게 받기 때문에 그 프레임을 잘 짜야 한다는 의견을 아까 드렸습니다. 다음으로 짚고 싶은 점은, 새로운 기술이 처음 도입될 때에는 그 기술만 가지고 갈 수 있는 게 아니고 인프라의 변화가 필요하다는 것입니다. 자동차를 보급하기 위해서 자동차 기술만 논의하고 고속 도로를 깔지 않으면 아무리 좋은 자동차도 의미가 없습니다. 인프라를 구축하는 것은 전통적으로 국가가 해 왔던 역할인데, 우리 정부가 큰돈을 들여 에너지 인프라를 만들기는 쉽지 않은 상황입니다. 공기업의 예산을 활용해서 새로운 에너지 프레임을 구상하고 필요한 기술과 인프라에 경제적 지원을 해야 할 것입니다.

신재생에너지에서 태양광 인프라만 잘 갖추어도 상당한 진전이 있을 것으로 보입니다. 항상 문제가 되는 것이 입지인데, 지금은 건물 지붕이나 밭에다 태양광 패널을 설치하고 있습니다. 정부나 지자체가 한강변이나 저수지, 댐 같은 공유지도 민원 문제를 생각한다면 고려해 볼 수 있는 대안입니다. 가령 신재생에너지로서 태양광 에너지 10기가를 하겠다고 목표를 세우면, 그에 맞는 인프라는 정부가 구축하고 다른 한쪽에서는 민간이 투자할 수 있는 쌍두마차 구조로 가는 것이 바람직합니다. 우리 기술 수준이 많이 성숙했기 때문에 단기간에도 가능하지 않을까 생각합니다.

우리는 남북 분단이라는 지정학적인 이유로 다른 나라와 고립되어 있어서 에너지를 융통하는 데 한계가 있습니다. 중국이나 일본과 에너지 교류가 가능했다면 송전탑이나 발전소 건설로 머리 아플 일도 없었을 것입니다. 에너지를 융통하는 기술은 이미 충분히 갖추었고 원자력 발전기 5개 정도 분량을 확보하면 안정적인 수급이 가능합니다. 남북 통일에 대비하기 위해서 북한의 열악한 전기 수급 문제를 해결해야 할 텐데, 지금 우리의 방식으로 송전탑과 발전소를 지어서 전기를 공급하면 수십 년이 걸리고 어마어마한 자본이 들 것입니다. 중국이 유선 전화를 건너뛰고 무선 전화를 도입했듯이 북한도 중국과 일본, 러시아 등과 새로운 에너지를 교류하는 방식이 더 바람직하다고 봅니다. 그렇게 된다면 북한에서는 지역별로 전력 공급 거점을 만들고 거점과 거점을 연결한 후 중국, 러시아 등과 연결하여 송전을 해야 할 것입니다.

공기업의 이익금을 신재생에너지 개발이나 전기자동차 대량 보급에 쓰면 주가 세수 확보도 필요 없고 국민들도 호응할 것입니다. 다만 지금 환경에서는 한전이 인프라 구축에 이익금을 투입하기 쉽지 않습니다. 자본을 가지고도 기회를 놓치는 일이 생기지 않도록 향후 4~5년을 계획한다면 좋은 밑거름이 되리라 생각합니다.

법은 미래를 담는 그릇이 되어야 한다

이정동 우리 사회에 제도 불신이 팽배한데요. 제도가 바람직한 비전이나 공유적 가치를 충분히 담지 못해서입니다. 법 제도 자체가 그렇게 형성되어 있고, 법을 실행하는 단계에서도 제대로 집행되지 않고 있습니다. 양쪽이 모두 신뢰를 잃고 있는 것 아닌가 싶은데 어떻게 생각하십니까?

이원우 옳은 지적이고 공감합니다. 법률가의 한 사람으로 법조계 내부적으로도 계속 그런 문제로 많은 법률가들이 고민하고 있다는 점을 말씀드리고 싶습니다. 제가 학생들에게 비유적으로 하는 말이 있는데요. '법은 미래를 담는 그릇'이라는 말입니다. 우리가 앞으로 어떤 일을 하는 데 기준을 세우는 것이기 때문입니다. 법을 만드는 목적은 지난 일의 잘잘못을 가리는데 있는 것이 아니라 미래를 규율하기 위한 그릇을 만드는 것입니다. 그런데 인간의 인식 능력에는 한계가 있기 때문에 그릇을 만들 재료, 즉 판단 기준은 과거에서 가져옵니다. 과거에 이 분야에 있었던 여러 가지 문제들을 분석해서 이런 문제는 이런 식으로 해결해야 한다는 식으로 법을 만듭니다. 물론 우리가 예측할 수 있는 부분은 예측해서 규정하지만, 장래에 일어날 일을 법에 다 담을 수는 없습니다. 그래서 법을 집행하고 법을 만들 때 법이 얼마든지 잘못되었을 수 있다는 인식론적인 겸손함이 필요합니다.

수학이 바뀌고, 신학과 철학이 바뀌고, 경제학과 정치학이 다 바뀐 뒤 맨 마지막에 바뀌는 것이 법입니다. 그래서 어떤 문제가 제기되었을 때 얼마나 유연하고 신속하게 잘 수용할 수 있는 법 시스템이 있는가가 매우 중요합니다. 하지만 우리의 법률은 매우 경직적으로 만들어졌고, 개정과 집행 시스템 또한 매우 경직적입니다. 법이라는 것은 그릇, 즉 형식이기 때문에 형식 없이 법이 있을 수 없습니다. 예를 들자면 전기 사업법에서 전기 사업을 규제하려면 일단 전기 사업이 무엇이고 그 안에는 어떤 것이 있는지 규율 대상을 정의해야 합니다. 그런데 이 대상을 같은 기준을 적용하여 규율할 수는 없습니다. 그래서 다섯 개의 그룹을 만들어서 기준을 달리했는데 이 중 세 개가 융합된 현상들이 발생할 수도 있습니다. 그러면 과연 지금의 법을 어떻게 수정할 것이냐 하는 문제들이 제기되는데, 우리나라에서는 법조계, 법학계, 행정부 모두 극단적인 형식주의적인 입장을 가진 분들이 압도적으로 많습니다. 이를 형식적 법치주의라고 하는데, 제2차 세계 대전을 기준으로 다 전환을 합니다.

이정동 2차 세계 대전이 중요한 전기가 되었군요.

이원우 네, 법학 교과서에도 "제2차 세계 대전 이후에는 형식적 법치주의가 아니라 실질적 법치주의가 지배한다."라고 씌어 있지만, 우리 법조계는 계속 형식주의를 강화하는 방향으로 가고 있습니다. 형식적 법치주의는 법에 세부적인 것을 일일이 명확하게 다 기재해야 한다는 기조를 가지고 있습니다. 실질적 법치주의를 따르는 독일, 미국 등 선진국의 법을 보면 법조문을 만들 때 가능한 한 구체적이고 상세하게 규정합니다. 열거할 수 있는 것들은 모두 열거합니다. 동시에 이러한 개별적인 규율을 포괄하는 일반 규정을 두고 있습니다. 어떤 사안을 법적으로 판단해야 하는데 구체적으로 규정해 놓은 조항이 없을 때에는 법의 목적이나 포괄적인 일반 조항을 검토해서 판단합니다. 형식적 법칙주의에서는 사정이 그와 다릅니다. 행정부에서도 규제하지 않거나 예외로 인정해 주는 절차들이 있는데 법에서는 계속 예외를 없애고 있습니다. 점점 세밀하게 규율하도록 바뀌고 있어서 집행의 영역에서 융통성이 없어지고 있습니다.

이 문제를 해결할 수 있는 것은 입법의 영역입니다. 하지만 아시다시피 우리 입법부가 그런 기능을 하기는 매우 어렵습니다. 그래서 행정입법이라는 제도를 이용해야 하지만 과거에 통치권자들이 법 집행을 남용한 역사가 있어서 집행권자에 대한 신뢰가 없습니다. 집행권자에 대한 불신으로 행정 입법을 하기 굉장히 힘들게 되어 있는데, 사실 위임 입법을 우리나라처럼 엄격하게 통제하는 나라는 없습니다. 특히 형식주의적인 통제는 미국에서는 1900년도 초 이후에는 한 적이 없고 독일은 1970년대 이후 헌법 재판소에서 위임에 대한 근거 부족을 이유로 위임 입법 위헌 판결을 내린 적이 없습니다. 입법 후에 입법이 잘 되었는지 실질적인 심사를 해서 헌법 질서에 맞는지 검토하면 되는 것입니다. 그러나 우리나라는 행정입법은 잘 만들었는데 상위법이 없어서 위헌이라고 무효화해 버리는 실정입니다. 그러고는 그 내용을 그대로 상위법 조문에 넣어 버리는데 그러면 무효였던 행정입법이 다시 유효하게 됩니다. 내용상 문제 없는 행정입법이 형식적으로 상위법에 근거가 없다는 이유만으로 무효가 되었다가 형식적 요건만 충족시켜 다시 합법으로 유효하게 된다면 불필요하게 중간에 무법 상태가 발생할 뿐입니다. 형식주의적인 폐해가 이렇게 많은데 앞으로는 입법 취지에 맞춰서 유연성 있게 법을 집행할 수 있도록 사회적인 합의가 필요하고, 신뢰를 회복하기 위해 여러 방법을 강구해야 할 것입니다.

이정동 그럼 지금 에너지 문제같이 전환기에 있는 이슈는 법 제도의 관점에서는 어떻게 해결해야 할까요?

이원우 지금 융합이 가장 빈번한 분야가 정보 통신 기술(Information

Communication Technology, ICT)입니다. ICT 특별법 같은 것을 만들어서 신속 절차나 임시 허가제를 실시하고 있고, 산업 촉진법에는 적합성 인증 제도가 있어서 기존의 법에 맞지 않는 것을 일정 기간 잠정적으로 허가해 준 뒤에 세부적으로 기준을 만들어 가는 실험 조항이 있습니다. 이런 조항은 기존의 법에 반하기 때문에 ICT 영역에만 있고 아주 보수적으로 운영되고 있습니다. 특별법에서는 허용하지만, 공무원들은 주무법에는 금지되어 있어서 감사원 지적을 받을 수 있다는 이유로 꺼립니다. 실제로 감사원의 지적에 따라 바꾼 처분이 위법하다는 판결도 많습니다. 감사원이 과잉 감사를 했다고 볼 수 있지요.

이정동 태양광과 관련한 신기술 동향은 어떤가요?

이창희 태양광 전지 재료의 거의 90퍼센트 이상이 실리콘이고 특수 용도로 화물 반도체가 있습니다. 그다음으로 최근에 활발하게 연구되고 있는 신재료로 페로브스카이트가 있습니다. 페로브스카이트에 대해 기대하는 사람도 있지만, 신기술은 이런 식으로 과대한 기대를 모으다가 열기가 식었다가 하곤 합니다. 산업계에 있는 사람들은 그래서 조금 냉정해진 상태입니다. 페로브스카이트라는 재료 자체가 원래 신뢰성이 낮은 재료입니다. 소금 결정체가 물과 만나면 그냥 녹아 버리듯이 수분에 취약해서, 물론 기술적으로 어느 정도 신뢰성을 높일 수 있게 되었지만, 실리콘을 썼을 때 25년 정도 사용할 수 있다면 페로브스카이트는 아직 그 정도까지 사용할 수 없습니다. 야외에서 사용하려면 봉지를 잘하여 수분이 침투하지 않도록 해야 합니다. 지금 조그만 사이즈는 태양광 에너지의 전기 전환 효율이 23~24퍼센트 정도까지 올라갔고, 면적을 늘릴 경우 효율이 떨어질 것을 감안하면 에너지 효율이 18~20퍼센트 정도까지는 될 것으로 보입니다. 효율적인 측면은 실리콘을 많이 따라잡았는데 내구성에서는 아직 비할 바가 안 됩니다.

실리콘은 품질 보증 기간이 25년으로 일정 수준 보증된 용량 이하로 떨어지면 제조사에서 무상 교체를 해 주고 있습니다. 페로브스카이트에 대한 연구가 활발하긴 하지만 실리콘과 비교하면 대규모 실용성은 떨어진다고 봅니다. 그 대신 특수 용도로 틈새시장에서는 충분히 활용될 수 있습니다. 그리고 페로브스카이트도 현재 연구가 활발히 이루어지고 있으니 수명 또한 빠르게 늘어날 것으로 기대합니다.

'오픈 시스템'으로 가는 에너지 체제

이재열 저는 기술이 사회를 어떻게 바꿀 것인가에 대해 조금 더 이야기하고 싶습니다. 앞으로는 기술 융합의 시대입니다. 지금보다 컴퓨터의 계산 능력과 저장 용량이 비약적으로 늘어날 것이고 상대적으로 비용은 떨어질 것입니다. 에너지만 볼 것이 아니라 에너지와 결합할 수 있는 다른 부분을 생각해 봐야 할 때입니다. 에너지를 생산하는 방식은 훨씬 더 분산될 수 있고, 그것이 네트워크를 통해 사물 인터넷(the Internet of Things, IoT)으로 연결되어 스마트 그리드(Smart Grid)의 극단적인 형태로까지 갈 수도 있습니다. 예를 들자면 가까운 미래에 전기자동차에 인공지능이 결합되어 자율 주행차들이 보편화될 것입니다. 좀 더 먼 미래를 내다보면 토니 세바(Tony Seba), 스티븐 추(Steven Chu), 제러미 리프킨(Jeremy Rifkin) 같은 미래학자들이 공통적으로 말하는 오픈 시스템으로 바뀔 것입니다. 복잡 적응 시스템(Complex adaptive system)으로 사회 자체가 변화한다는 것입니다. 지금과 같이 꽉 닫힌 위계 구조로부터 가장 극단적인 형태의 오픈 시스템으로 갈 수 있게 하는 첫 번째 요소는 단순성입니다. 단순하게 예측 가능하고 예측한 대로 행동해도 별 문제가 없는 사회의 형태여야 권력이 분권화되고 사람들의 행동 양식도 자연스럽게 오픈 시스템의 형태로 갈 수 있다고 생각합니다. 예측 가능한 개인들의 단순한 선택들이 집단적으로 모여서 새로운 거버넌스, 경제 활동, 에너지시스템도 만들어지는 형태로 가야 하므로 이에 대한 감수성을 높이는 것이 중요할 것입니다. 오픈 시스템으로 가기 위해 필요한 두 번째 요소는 자율성입니다. 정부가 전략적으로 인프라를 깔거나 플랫폼을 만드는 정책을 만들고 나서 새로운 에너지시스템이 자리 잡기 위해서는 무엇보다도 젊은 세대들의 자율성이 필요합니다.

홍종호 계획성을 부정적으로 말하면 획일성인데요. 지금 시점에 우리나라에서 에너지시스템을 대대적으로 전환하려면 정부가 의사 결정을 하는 데 있어 지금까지 해 왔던 관행을 버려야 한다고 생각합니다.

시민성에 의한 아래에서 위로든, 탁월한 정치 지도자의 능력에 의한 위에서 아래로든 어떤 형태로든 기존의 의사 결정 관행을 바꾸지 못하면 변화는 기대하기 어렵습니다. 에너지 분야는 의사 결정에 따라 예산이 크게 움직이고, 오랜 기간 동안 영향을 미치기 때문에 이해관계자의 지대 추구 행위가 일어날 가능성이 큽니다. 현재의 시스템을 바꾸려면 혁신적인 변화가 있어야 합니다. 신재생 기술만 하더라도 기술은 급속도로 발전하고 있지만 시장이 창출되지 않는 상황이거든요. 다른 나라들도 가만히 있는 것이 아니기 때문에 이런 기술을 수출하는 것도 쉽지 않습니다. 결국 국내 시장이 형성되지 않으면 시장 자체가 위축될 수밖에 없고, 기술 혁신의 가능성도 줄어듭니다.

에너지 정책은 분권화와 견제에 기반한다

이정동 사회의 의사 결정 구조가 바뀐다는 것, 특히 아래로부터 바뀐다는 것은 쉬운 일이 아닐 것입니다. 특히 요즘처럼 지역 이기주의라고 할까요, 님비 현상이 난무하는 상황에서는 공감대를 만들기가 더 어려울 것 같습니다.

　　홍종호　1990년대 이후에는 환경 시민운동이 계속되고 있고 최근 밀양 송전탑 문제로 시민들의 시위가 있었습니다. 사실 저에게 아는 교수 한 분이 찾아온 적이 있습니다. 경기도에 사는 분인데 강원도에 발전소가 들어서면서 수도권으로 전력이 공급되는데 송전탑이 본인이 사는 지역에 들어온다는 말을 듣고 걱정이 되어 찾아온 것이었습니다. 그전에는 에너지 문제에 관심이 없었는데 자신의 문제가 되니 관심이 생기는 것입니다. 말씀을 들어 보니 지역민들로부터 정부에 의견을 전달해야 하지 않느냐는 의견을 많이 들었던 것 같습니다. 혐오 시설이 우리 지역에 오는 것을 원치 않는다는 성향이 잘 드러나는데, 다른 지역에서도 결국은 똑같이 반발할 것입니다. 앞으로 이런 문제를 해결하려면 집중형 대형 발전소 건설은 지속 가능하지 않고 너무 많은 사회적 갈등을 유발한다는 점을 시민들이 자각하고 문제의식을 공유하는 사람들을 결집할 수 있는 시민 사회의 움직임이 필요할 것입니다. 결국은 아래에서부터 정치권을 움직이는 것이지요. 시민들의 움직임이야말로 기존의 강고한 의사 결정 틀에 균열을 일으키는 힘이 될 수 있는데, 아직은 힘이 약합니다. 학계가 이런 면에서 주도적인 역할을 했으면 하는 바람이 있는데 아직은 초기 논의 단계인 것 같습니다. 좀 느리고 약한 것 같아 답답합니다.

　　이재열　굉장히 좋은 말씀입니다. 저는 모든 것이 집중형에서 벗어나 네트워크화한 형태로 변해 가는 것이 가장 이상적이라고 생각합니다. 에너지 문제를 보면 송전도 중앙 집중적인 화력이나 원전에서 그리드 형태인 태양광으로 가는 게 바람직하고, 정치 분야에서는 국가의 거버넌스가 위계적인 권위주의에서 풀뿌리 민주주의로 가면서 분권화와 분산화가 동시에 이루어져야 합니다. 또 경제 분야에서 보면 관치 경제에서 공유 경제로 가는 것이 맞습니다. 이렇듯 기술만 가지고 되는 것이 아니라, 기술이 촉발하는 변화는 기존의 정치·경제·사회적인 제도들과 어떻게 조율해서 바꾸어 나가느냐와 관련이 깊습니다. 특히 앞으로 에너지 정책 변화에서 정치권력이 발목을 잡을 수도 있기 때문에 분권화하지 않으면 끊임없는 충돌이 있을 것입니다.

헌법을 바꾸자는 이야기를 많이 하지만 그보다 중요한 것이 에너지 정책, 산업 정책을 변화시키기 위해 줄 수 있는 적정한 자극의 최소 단위가 무엇인가를 찾는 것입니다. 제러미 리프킨의 저서에 보면 에너지 총량 불변의 법칙이 있습니다. 예를 들자면 석탄이나 석유를 에너지로 전환해서 전기를 만들고 송전을 하고 최후에 소비자에게까지 가는데 전기를 옮기는 과정에서 약 80퍼센트가 중간에 낭비됩니다. 처음 에너지원에서부터 계산해 보면 굉장히 비효율적입니다. 이 효율을 40퍼센트 정도까지 올릴 수 있도록 낭비만 줄여도 어마어마한 이익이 될 것입니다. 가장 쉽게 이 문제를 해결하는 방법은 전기를 생산한 곳에서 소비하는 것입니다. 그것이 분권화, 분산화가 동시에 이루어지면서 합리성의 논리, 기술 발전의 트렌드와도 맞는데, 개헌을 한다면 심각하게 논의해야 할 문제입니다.

첫 번째가 분권화와 분산화라면 두 번째는 견제와 균형입니다. 의사 결정 과정 곳곳에 견제와 균형이 안 되는 권력들이 많습니다. 선의에 기반해서 도덕적으로 행동할 것이라는 막연한 기대 때문에 우리가 놓치고 있는 사각지대가 많아서 여러 문제를 낳고 있습니다. 지금 한국의 정치, 정책, 학계 등의 의사 결정 구조는 역사적 과정을 통해 만들어 낸 시스템입니다. 하지만 불신을 전제로 다시 검증해 볼 필요가 있습니다. 철저하게 견제할 수 있는 시스템을 곳곳에 두고 보완하는 것이 산업 정책이나 에너지 정책을 포함한 모든 정책에서 필요합니다.

미래 에너지 환경에 연착륙할 방안

이정동 시민의 의식과 정책 의사 결정 구조의 진화에 대해서 조금 더 설명해 주시면 좋겠습니다.

홍종호 5년에 한 번씩 세계 가치관 조사(World Value Survey)를 하는데 제가 전에 통계를 내면서 인상 깊게 본 부분이 있습니다. 한국은 기후 변화의 심각성에 대해 어떻게 생각하는가에 관한 항목이었는데요. 기후 변화의 심각성에 동의하는 비율이 전 세계 1위 수준이었습니다. 응답자의 90퍼센트 이상이 기후 변화가 심각하다고 답변해서 독일보다 높은 수치였습니다. 그런데 기후 변화에 대응하기 위해 정부가 세금을 더 걷는다든지 제품 가격이 올라갔을 때 지불할 용의가 있는가를 물었더니 상당히 낮은 수준으로 떨어졌습니다. 우리나라에서 이런 괴리가 유달리 심합니다. 그 이유에 대해서 여러 가지 해석이 가능한데, 정부가 에너지 문제에 대해 혁신적인 정책 방향을 제시하고 국민을 설득하는 효과적인 방법을 제대로 못 찾고 있다고 생각합니다.

제가 생각하기에 다수 국민을 설득할 수 있는 키워드는 에너지 안보입니다. 더불어 에너지 신산업 육성과 일자리 창출입니다. 우리나라가 1차 에너지 수입 비중이 95퍼센트에 달해 전 세계에서 가장 높은 나라 중 하나입니다. 국제 기구에서는 유가가 장기적으로 계속 오를 것이라는 예측을 내놓습니다. 에너지 수입액이 우리나라 전체 수입 총액의 20퍼센트가 넘는 비중을 차지하기 때문에 국가 경제 리스크 중 에너지 리스크를 결코 무시할 수 없습니다. 이처럼 에너지 수급에 취약한 국가라는 점을 국민에게 인식시키고, 우리나라가 지속적인 경제 성장을 위해서는 에너지 자주성을 높여야 한다는 점을 강조해야 합니다. 이 점을 국민에게 설득할 수 있다면 에너지 효율성을 높이고 에너지 절약을 위해 에너지 가격이 어느 정도 인상되는 것을 받아들이는 분위기가 조성될 수 있습니다. 이것이 재생에너지 중심의 분산형 에너지 체제에 대한 공감대를 형성하는 밑거름이 될 수 있습니다. 물론 정부도 이러한 정책을 실현하기 위해 적극적인 지원을 약속해야 할 것입니다.

제가 보기에 기후 변화 해결과 같은 근본적인 접근을 통해 국민을 설득하는 데는 수용성 차원에서 여러가지 어려움이 있을 것으로 여겨집니다. 기후 변화의 심각성을 대전제로 하되, 좀 더 실용적인 관점에서 에너지 안보나 산업 경쟁력 강화, 일자리 창출 등을 매개로 국민을 설득하고 정책을 추진하는 것이 보다 효과적일 것이라는 생각을 합니다.

이재열 전통적으로 지금까지 해 온 녹색 성장 개념으로 보면 신재생에너지도 상당한 기술 개발과 산업화가 필요한데, 화석과 원자력에너지에만 의존하면 새로운 산업의 고용 창출을 잃어버리는 것입니다. 그렇기 때문에 미래를 대비해서 한창 활발하게 개발되고 있는 에너지 기술을 우리가 따라잡고 앞서가야 할 필요가 있고 이게 바로 미래 경제성장 모델이라는 논리로 설득해야 합니다.

이원우 실제 산업 정책을 세우는 데 정말 중요한 포인트라고 생각합니다. 미래를 대비해서 지금 움직이지 않으면 세계적으로 산업 구조가 변하는데 우리가 뒤처질 수 있습니다. 미래에 대한 투자를 해야 합니다. 경쟁력이 없는 분야는 구조 조정을 통해 퇴출되어야 하고, 언제까지나 국민의 부담으로 억지로 살려 둘 수는 없는 것입니다. 산업 구조를 미래 에너지 환경에 맞는 방향으로 재편하려면 지금부터 전환해야 나중에 큰 비용 없이 연착륙할 수 있을 것입니다.

홍종호 좋은 지적입니다. 그래서 전통적으로 화이트칼라, 블루칼라가 있었다면 이제는 그린칼라 일자리가 중요하다는 이야기를 합니다. 이게 성장 동력이 될 수 있거든요.

제도화된 신뢰를 높여 사회 유동성을 기우지

이재열 사회학적 관점에서 보면 우리가 우리를 잘 모르는 부분
이 많은 것 같습니다. 그중 하나가 유교적인 전통을 많이 가지고 있다
고 착각한다는 점인데요. 유교적인 행동 특성은 상당히 집단주의적이
고 인격 윤리가 잘 발달한 것입니다. 향약, 두레처럼 소외된 사람이 없
게 사람들을 잘 챙기고 어려울 때 서로 돕는 공동체를 지향하는 문화입
니다. 그러나 실제로 세계 가치관 조사 말고도 국제 사회 조사 프로그램
(International Social Survey Programme, ISSP)이라는 설문 조사가 있는데,
이 통계를 보면 사회적으로 고립되어 있는 사람 수가 OECD 국가 중에
한국이 1위로 가장 많습니다. 몸이 아프거나 고민이 많거나 돈을 빌려
야 될 때 도와주는 사람이 가장 적다는 결과였습니다. 개인주의가 강한
미국이나 영국에 비해 한국에서 사회적 고립의 정도가 훨씬 심합니다.
또 세계 가치관 조사 통계를 보면 경쟁과 효율을 중시하는 경향이 상당
히 큽니다. 다른 나라는 경쟁과 효율성을 강조하면서도 유대나 공감의
사회적인 가치도 팽팽하게 줄다리기하며 균형을 맞춥니다. 미국이 무한
경쟁을 하는 사회 같지만 자원봉사도 굉장히 균형을 맞추고 있고, 유럽
에서는 사회 연대형 조직이 발달되어 있어서 잘 대처합니다. 하지만 한
국은 그런 게 없고 경쟁만 있습니다. 다른 가치는 보지 않는 거죠. 한국
이 전 세계에서 이런 가치 인식이 가장 따로따로 분리되어 있는 사회이
다 보니까 설문 조사만으로는 잘 파악되지 않습니다.

이원우 제가 2000년대 초에 독일에서 하는 제3섹터 프로젝트를 한
적이 있습니다. 그 연구에서 나온 자료로 우리나라와 서구를 비교해서
글을 쓴 적도 있습니다. 서구는 역사적으로 옛날부터 개인주의 사회였
기 때문에 사회가 존립하기 위해 시민운동이나 교회를 통해 부족한 부
분을 보완하는 시스템이 있었습니다. 이것이 오늘날 제3섹터를 형성하

고 있습니다. 그러나 우리는 유교에서 말하는 가족 체계로 대부분의 문제를 해결했기 때문에 교회나 시민 사회와 같은 제3섹터의 존재가 미미했습니다. 그러다가 1970년대 들어오면서 갑자기 가족의 개념이 무너지면서 이를 흡수해 주는 사회적 시스템이 없어져 버렸습니다. 그래서 우리나라에서 NGO 같은 제3섹터가 상당히 취약합니다. 10년 전인 2000년대 초반 데이터이지만 그때는 그랬습니다.

홍종호 주거 형태도 좀 영향을 미치지 않을까요? 서울대학교 환경대학원 전상인 교수님이 집필한 『아파트에 미치다』란 책이 있는데, 아파트가 우리 국민으로 하여금 열심히 살고자 하는 의욕을 추동했다는 내용이 있습니다. 제가 어렸을 때만 해도 저희 집 대문은 늘 열려 있었고 어려운 사람들이 밥 달라고 찾아오기도 했는데요. 최근에 아파트로 이사 오면서 인테리어 공사도 하고 해서 미안한 마음에 아내가 떡을 돌리려고 했는데 이웃을 만나는 것 자체가 어렵고 만나더라도 어색해하면서 잘 받으려고 하지 않았다고 말하더군요. 이렇게 이웃끼리 대화와 만남이 단절되어 버렸습니다.

이재열 주말마다 경조사 챙기느라고 다들 바쁘시지 않습니까. 공동체의 개념이 굉장히 전근대적인 개념 속에 갇혀 있다고 생각합니다. 설, 추석에 모두 다 귀향을 하는 문화가 남은 곳은 전 세계적으로 중국과 베트남 정도일 것 같은데, 이런 문화의 뿌리는 옛날 동족 마을입니다.

1920~1930년대에 경성 제국 대학 인류학 교수가 전국의 마을을 돌면서 사진도 찍고 유래도 살피는 전수 조사를 해서 방대한 보고서를 만들었습니다. 그 보고서를 보면 전국 팔도에 만 몇 개의 동족 마을이 있었다고 합니다. 같은 성을 가진 사람들이 모여 살고 마을끼리 신부를 교환합니다. 지연, 혈연, 학연이 다 합쳐져 있는데, 그럴 수밖에 없는 것이 옆집 아저씨가 당숙이고 같은 학교를 다니고 합니다. 우리 사회관계에서 굉장히 동질적인 형태의 공동체가 형성되어 있었고 이게 모든 생활

의 터전이 되며 1950~1960년대까지도 그런 네트워크가 중심이었습니다. 그래서 생겨난 것이 보학(譜學) 교육입니다. 자기 가문의 역사는 당연히 알고 있어야 한다는 의식이 깔려 있어서 다른 마을 출신을 만날 때 비밀번호 같은 연결 고리가 되었습니다.

홍종호   그게 특정 공동체 내의 신뢰는 돈독할 수 있지만 사회 전체적인 신뢰가 반드시 높아진다고 보기는 힘들지 않나요?

이재열   맞습니다. 굉장히 세분화된 신뢰입니다. 이게 남아서 연고주의가 된 것입니다. 연고를 계속 확인하고 고향에 살지 않아도 찾아가서 초등학교 동창회도 가 보고 하지요. 아버지의 연고까지 따라가서 확인을 합니다.

홍종호   그게 사회적인 연대 의식과 연결되지는 않는 거죠?

이정동   네, 어떤 인간관계를 맺을 때 개인적인 신뢰를 떠나서 타인을 신뢰하는 것을 저는 제도화된 신뢰라고 표현합니다. 우리 사회는 특별한 혈연과 지연으로 엮이지 않으면 신뢰할 수 없다고 생각하는 개인적인 신뢰 수준은 굉장히 높고, 제도화된 신뢰 수준은 아주 낮습니다. 이런 관찰은 에너지 문제를 바라보는 데에도 중요한 시사점을 줍니다. 에너지 문제의 특수성은 어떤 결정을 내릴 때 사회의 모든 요소를 함께 고려해야 한다는 점입니다. 양자택일을 할 수 있는 것이 아니라 같이 안고 가야 하는 문제입니다. 이런 선택과 변화가 작은 집성촌에서 벌어지면 수습이 가능하지만, 더 큰 범위에서 일이 벌어질 때에는 혼란이 굉장히 커집니다. 이에 대비하려면 사회 구성원들 간의 제도화된 신뢰 수준을 높여서 사회 유동성을 키워야 합니다.

홍종호   지방 자치 제도가 그런 면에서 긍정적으로 기여했다고 생각합니다. 가끔 강의 요청을 받고 신선하다고 느낄 때가 있는데요. 구 단위에서도 연락이 옵니다. 노원구에는 환경을 생각하는 주부 모임 같은 것이 있더라고요. 구의 지원으로 40~50명 정도의 주부들에게 지역 환경 문제, 에너지 문제를 어떻게 해결해야 하는가에 관해 10주 과정으로 강의 프로그램을 개설한 것을 볼 수 있었습니다. 이분들이 수업에 어린 아이를 안고 오기도 하고 굉장히 열심히 참여했습니다. 지방 자치제도 이전에는 이런 기회를 가지기 힘들었을 텐데 지자체장들이 주민 수요를 반영하여 에너지와 환경 문제에 대한 리더십을 발휘하고 있는 것입니다. 바로 이런 모습이 세상을 바꾸는 첫 출발이라고 할 수 있습니다. 우리나라가 지속 가능한 에너지 미래를 위한 분산형, 분권형의 거대한 흐름에 동참하기를 바라는 마음이 간절합니다.

에너지시스템
혁신의 길

이정동 / 산업공학과·협동과정 기술경영경제정책전공

전력 시스템은 아침에 눈을 뜰 때부터 잠이 들 때까지 우리 생활 곳곳에서 한순간도 쉼 없이 함께한다. 또한 공기나 물처럼 그것 없이는 우리 삶이 영위되지 않는다는 점에서 단지 함께 있는 것이 아니라 인간 생존에 필수적이다. 특히 산업 사회를 넘어 정보화 사회가 진전되면서, 또 각종 전자 기기들이 소형화되고 이동 가능해지면서, 이를 뒷받침하는 전력 시스템 또한 인간과 물리적으로 더 가까워지고 있다.

전력 시스템은 고정되어 있지 않고 시대의 변화에 따라 끊임없이 형태를 바꾼다. 그 과정은 기술 시스템과 사회 구조가 서로 영향을 주고받으면서 변하는 공진 관계로 묘사할 수 있다. 그런 의미에서 전력 시스템의 미래를 고민하는 것은 인간 사회의 미래를 전망하는 것과 무관하지 않다.

이 글에서는 에너지시스템, 그중에서도 전력 시스템의 현재 패러다임이 다음 세대의 것으로 변화하는 과정에 특별히 초점을 맞추어 살펴보려 한다. 이와 관련해 다음 네 가지 구체적인 질문에 대해 고찰한다.

첫째, 패러다임의 변화라는 관점에서 전력 시스템이 지닌 특징은 무엇일까?

둘째, 전력 시스템 패러다임의 변화는 어떤 과정으로 이루어질까?

셋째, 패러다임 전환 과정에서 정부의 역할이 반드시 필요한가?

넷째, 만약 정부의 공적 개입이 필요하다면 어떤 영역에, 어떤 방법으로 개입해야 하는가?

이 글의 논의는 다음과 같이 요약할 수 있다. 우선 전력 시스템이라는 패러다임은 현재의 한국 산업 지형에 특화되도록 잘 짜인 견고한 체제를 형성하고 있어서 쉽게 변화하기 어렵다. 기술의 발전 혹은 바람직한 사회적 가치에 비추어 변화하고 도달하고 싶은 패러다임의 형태가 있다 하더라도 이 변화 자체는 저절로 일어나지 않는다. 무엇보다 고착화된 모든 이해관계자들 간의 견고한 그물망이 형성되어 있기 때문이다. 따라서 공적 개입은 선택의 문제가 아니라 필수적이다. 다만 어떤 방식으로 어떤 영역에서 개입하는지가 문제일 뿐이다. 특히 혁신의 원천이 다원화된 오늘날의 혁신 패러다임에서는 아래로부터 올라오는 다양한 혁신 아이디어들이 사장되지 않고 발현되어 패러다임 변화를 추동하는 틈새 산업(niche business)이 되도록 스마트한 정책 개입이 필요하다.

참고로 이 글에서는 전력 시스템의 패러다임 전환을 이야기하지만, 여기서 논의하는 모든 사항은 기술 시스템의 전환 전체로 일반화해 생각할 수 있다.

여러 가지 가능한 미래

전력 생산에 필요한 1차 에너지의 원천, 변환, 수송 및 배분, 시장 거래 등을 모두 묶어 전력 시스템이라 한다. 전력 시스템은 국가별로 그 모습이 사뭇 다른데, 그 나라의 경제·사회·여시쩍 특징을 충실히 만냉한 결과다. 갈라파고스 제도에서 같은 종에 속하는데도 부리 모양이 극단적으로 다른 새들이 발견되는 것과 같다. 그런 면에서 전력 시스템은 국가의 특징이라는 환경과 상호 영향을 주고받으면서 굴절 적응하는 생물 종과 같다. 어찌 보면 전력 시스템이 굴절 적응의 전형적인 예다.

이런 공진의 관계를 생각해 보면, 전력 시스템은 특별히 경로 의존성을 많이 띤다는 것을 알 수 있다. 석유나 가스가 많이 나는 곳과 전량 수입해야 하는 곳이 다를 수밖에 없고, 지방 자치가 고도로 발달한 곳과 역사적으로 중앙 집권 체제를 오래 유지해 온 곳의 전력 시스템이 다를 수밖에 없다. 단적으로 북유럽의 경우 노르딕 풀(Nordic Pool)이라는 전력 연계·융통 시스템을 가지고 있는데, 이는 오랜 세월 동안 독립적으로 발달해 온 지역 전력 시장을 연계하는 과정에서 이루어진 것으로 다른 나라에는 큰 시사점이 없을 수 있는 독특한 시스템이다.

공진 관계, 공시적 맥락성, 통시적 역사성, 그리고 동적 경로 의존성 등을 고루 고려하면, 에너지시스템이 앞으로 어떻게 변해 갈지에 대해 하나의 답이 있을 수 없다는 점을 금방 알 수 있다. 각국이 처한 환경과 의지에 따라 수많은 대안 에너지시스템이 발현될 것이다. 이는 무엇을 의미할까? 결국 우리가 당면한 맥락을 충실히 고려하여 우리 에너지시스템의 미래를 우리가 형성해 나가야 한다는 것이다. 달리 말하면, 한국의 에너지시스템의 미래가 '어떻게 될 것인지'에 대해 수동적으로 다른 나라 사례를 벤치마킹하거나 컨설팅 보고서의 제언을 받아들이기보다, 우리의 비전에 맞추어 그 미래상을 그려 나가는 적극적인 자세가 필요하다는 뜻이다.

전력 시스템의 미래에는 핵심 요소 기술의 빠른 진보, 전력 시스템의 양보다 질에 대한 관심 증대, 혁신 원천의 다양화, 빅 데이터 등 분산형 정보 통신 기반의 발달 등이 큰 영향을 미칠 것이다.

핵심 요소 기술의 진보는 태양광 소재 기술의 발달에 따른 단가 하락에서 대표적으로 살펴볼 수 있다. 일부 지역에서는 정부 보조금 없이도 기존 화석 연료 기반의 전기와 단가가 같아지는 그리드 패리티(grid parity) 수준에 이를 정도로 빠르게 발전하고 있다. 태양광 소재뿐 아니라 발전, 송전, 배전의 단계별로, 그리고 전기, 기계, 소재, 시스템 통합, 운영 등 다양한 기술 영역에서 기술 발전의 속도는 매일 체크해야 가까스로 따라잡을 수 있을 정도다. 이런 요소 기술의 급속한 진보는 대안적 전력 시스템의 실현 가능성을 높여 줄 것이다.

전력 시스템의 질에 대한 관심이 증대하는 것도 중요한 변화 요인이다. 전력의 양이 절대적으로 부족했던 과거와 달리 정밀 전자 기기에 둘러싸여 지내는 오늘날에는 안전성이나 보안성 등 전력 시스템의 질에 대한 관심이 크게 높아지고 있다. 친환경 이미지도 중요한 질적 요소의 하나다. 전력 시스템의 질에 좀 더 많은 비용을 지불할 의사가 있다면, 시스템의 질을 전반적으로 끌어올릴 수 있는 대안적 시스템의 실현 가능성 역시 커질 것이다.

혁신 원천이 다양해지는 것도 중요한 추세다. 전력 회사의 중앙 연구소가 아니라 대학과 연구소의 여러 실험실에서 혁신이 일어나고 있다. 더 중요하게는 전통적 의미에서 전력 산업에 종사하지 않던 사람들까지 다양한 방법으로 혁신에 기여하고 가치 사슬에 참여할 기회가 많아지고 있다. 예를 들자면 전력 시스템을 전공하지 않은 청년 창업가가 에너지와 통신을 통합한 새로운 공급 및 요금 체계를 만들어 비즈니스 모델을 제시할 수도 있다. 이처럼 다양한 혁신의 원천이 등장할 때에는 이를 장려하고 적극적으로 산업 내로 받아들이려는 노력이 경주되어야 한다. 혁신의 아이디어와 기업가적 시도는 일단 많은 것이 적은 것보다 당연히 바람직하기 때문이다.

빅 데이터, 커넥티드(connected) 기술, 클라우드(cloud) 컴퓨팅, 인공시능 등 최근 4차 산업 혁명을 이끌 기술로 소개되는 획기적인 정보 통신 기술도 전력 시스템의 변화를 추동하는 주요 요인 중 하나다. 과거 와 같은 대량 생산, 대량 소비의 방식이 아니라 한 사람 한 사람의 실시 간 수요 변화를 정밀하게 충족할 수 있다면, 생산 면에서 비효율이 줄어 드는 것은 물론이고 소비 면에서 만족감이 크게 높아질 것으로 기대된 다. 이런 기술들을 잘 수용할 수 있는 대안적 에너지시스템이 확산될 것 은 자명하다.

이런 기술 혁신의 큰 추세들을 감안한다면, 지금과 같은 중앙 집중 형 생산·분배 시스템은 앞으로 분권화된 에너지체제(특히 전력 시스템) 로 바뀔 것이라 예측할 수 있다. 물론 집중형에서 분산형으로의 변화 가 운데 여러 가지 미시적 변화가 있을 수 있고, 현재 한국의 사회적·경제 적 맥락과 미래의 변화 방향에 대한 비전에 따라 선택지는 아주 넓게 펼 쳐질 것이다. 어디를 선택하더라도 갈 수는 있다. 단지 그 변화 과정이 쉽지 않을 뿐이다.

전력 시스템의 특징과 그것이 패러다임 변화에 주는 시사점

에너지시스템의 미래를 논의하기에 앞서 전력 시스템의 구체적 인 특징을 통해 얻을 수 있는 시사점을 생각해 보자. 무엇보다 전력 시 스템은 관련되지 않은 곳이 없다고 할 정도로 거의 모든 산업 기술 영역 과 밀접한 관련이 있다. 석유, 석탄, 가스 등 전통적인 에너지 개발뿐 아 니라 터빈, 송전선, 시스템 운용과 관련된 정보 통신 기술 등 거의 전 산 업 영역이 조금씩 얽혀 전력 시스템을 구성하고 있다. 심지어 마케팅 이나 요금 정산과 같은 서비스 영역과도 관련이 있다. 이처럼 거의 모 든 산업에 영향을 미치는 기술을 일컬어 범용 기반 기술(General Purpose

Technology, GPT)이라 하는데, 전력 시스템은 현대 산업을 규정하는 대표적인 범용 기반 기술 중 하나다.

이는 전력 시스템의 변화가 모든 산업의 변화를 야기하는 큰 사건이 됨을 의미한다. 반대로, 관련된 모든 산업이 변화에 어느 정도 호의적이며 준비가 되어 있는지에 따라 전력 시스템의 변화 속도가 결정될 것임을 의미하기도 한다.

전력 시스템의 두 번째 특징은 제도적 틀이 강하게 작용한다는 점이다. 과수원을 만들고 사과를 생산해서 판매하고 식탁에서 소비하는 일련의 과정에 식품 안전과 관련한 최소한의 규제 외에 공적 제도의 개입은 거의 필요 없다. 그러나 전력 시스템은 원료 수입부터 발전 방식의 선택, 시장 구조, 시장 운영 규칙 등 거의 모든 과정에 공적 제도가 필수적이다. 이는 전기 에너지가 인간 생존의 필수재이고, 한 사람의 의사 결정이 다른 사람에게도 영향을 미치는 외부성이 크기 때문이다. 전력 시장이 있지만 이 역시 자발적으로 형성되는 것이 아니라 정부 제도에 의해 그 경계와 행동 규칙이 설정된 인위적 시장이라 보는 것이 옳다.

전력 시스템의 변화는 궁극적으로 제도의 변화를 통해서만 실현될 수 있다. 따라서 제도 변화의 아이디어가 제안되고 소통되고 채택되며 집행되는 절차의 형태와 수준에 따라 시스템 변화가 촉진되기도 하고 저해되기도 한다.

세 번째 특징은 고착 효과(lock-in effect)가 크다는 것이다. 전력 시스템은 공급자의 입장에서 대규모의 자본이 소요되고, 설비의 수명이 길어 교체에 오랜 시간이 걸린다는 특징이 있다. 소비자의 경우에도 가전제품을 구매하는 등 소비를 위한 투자에 상당한 규모의 초기 투자가 필요하고, 역시 제품의 수명이 길어 쉽게 바꾸기 어렵다. 또한 여러 사람이 함께 사용하면 편익이 커지는 네트워크 효과까지 있다. 한마디로 전력 시스템은 현재의 특정 시스템에 머무르려는 고착 효과가 크다.

　　이는 계산자가 보기에 기술적으로 더 훌륭한 내안이 있나 하너라도 그 변환 과정이 생각보다 빠르지 않을 수 있음을 의미한다. 공급자나 소비자가 비합리적이라서가 아니라, 매몰 비용이 크고 설비의 잔존 수명이 많이 남은 상태에서는 현재 시스템에 고착해 있는 것이 오히려 합리적인 선택일 수 있다. 그러므로 보다 혁신적인 대안이 무사히 자리 잡기 위해서는 기존 시스템의 고착 효과를 뛰어넘을 정도로 강력한 편익을 제공해야 한다.

　　마지막으로 전력 시스템은 이해관계자가 복잡하게 얽혀 있다는 특징이 있다. 전력 시스템에는 거의 모든 산업 분야가 관련되어 있기 때문에 전 산업 분야에 걸쳐 다양한 이해관계자가 서로 이해를 주고받으며 그물망처럼 얽혀 있다. 이 이해관계자 망은 시간이 갈수록 더 공고해지는 경향이 있고, 망의 크기가 클수록 한쪽의 변화가 다른 쪽으로 파급되는 데 더 많은 시간과 비용이 소요된다. 이해관계자 망은 쉽게 말해 영업권으로 얽혀 있는데, 모종의 변화를 초래하려면 현재의 이해관계자 망에서 가장 큰 이득을 보는 사람이 스스로 변화를 시작하거나, 이해관계에서 자유로운 중립적 중재자가 강력한 조정력을 발휘해야 한다. 달리 말해 현재의 이해관계자 망에서 큰 힘을 미치지 못하는 주변부 플레이어는 변화를 이끌어 나가지 못한다.

　　범용 기반 기술로서의 특성, 강력한 제도적 틀의 영향과 고착 효과, 그리고 영업권의 형태로 얽힌 복잡한 이해관계자 망을 고려한다면 전력 시스템의 패러다임 전환이 특별히 어려울 것임을 쉽게 짐작할 수 있다. 보이지 않는 손이 지배하는 시장에 맡겨 두면 이 시스템 전환이 저절로 이루어질까? 다음 절에서 살펴보자.

시스템 전환의 과정

패러다임 전환의 과정은 토머스 쿤(Thomas Khun)이 과학 혁명의 변화 구조를 설명하면서 일목요연하게 정리한 바 있다. 요약하자면 하나의 패러다임이 강력하게 자리 잡고 있을 때에는 문제의 인식, 해법의 대안 식별, 해법의 효과에 대한 비교 판단 기준 등이 그 특정한 패러다임을 지지하는 방향으로 강력하게 구조화되어 있다. 중앙 집중형 전기 시스템 패러다임에서는 분산형 시스템을 가능하게 하는 기술적 대안의 필요성 자체가 떠오르지 않는다는 점을 상기하면 쉽게 이해할 수 있다.

그러나 기술적 변화든 수요 행태의 변화든 기존 패러다임으로 수용하기 쉽지 않은 대안들이 하나둘씩 등장하고, 이것이 쌓여 새로운 패러다임이 아니고서는 수용할 수 없는 상태가 되면 대안들을 심각하게 검토하기 시작한다. 이른바 변화가 시작되는 것이다. 어느 순간 임계점을 넘으면 새로운 대안적 시스템으로 급속한 변화가 시작되고, 원래 시스템으로 돌아갈 수 없는 비가역적 변화가 완료된다. 전력 시스템 역시 분산형 시스템이 일정 정도 이상 채택되고 나면 중앙 집중형 시스템이 급속하게 와해될 것임을 예상할 수 있다.

이 패러다임 전환의 과정에서 중요한 두 가지 개념은 틈새(niche)와 임계점(critical point)이다. 틈새는 대안적 아이디어가 시스템의 구석진 곳에서 살아남아 그 효과성을 시범적으로 보여 주는 부분적 시스템 변화의 사례라 할 수 있다. 틈새가 형성되어야 테스트가 이루어지고, 이것이 모범 사례로 받아들여질 경우 후속 확산의 계기가 될 수 있다. 임계점은 틈새가 일정 정도 이상의 수와 규모가 되어야 전면적인 변화가 이루어진다는 것을 강조하는 개념이다. 즉 패러다임의 변화는 연속적으로 이루어지는 것이 아니라, 임계점 이전과 이후가 확연히 다른 단절적 방식으로 이루어짐을 의미한다. 특히 전기 시스템처럼 여러 이해관계자가 네트워크를 형성하고 있을 경우 기존 네트워크를 해제할 정도의 임계 규모가 되어야 변화가 일어난다.

전기 시스템과 같은 네트워크 산업에서 패러다임 전환은 시장에 맡겨 두면 거의 모든 경우 자동적으로 일어나지 않는다. 가장 큰 원인은 고착 효과 때문이다. 즉 기존 시스템상의 모든 주체는 이미 가치 사슬로 얽혀 있기 때문에 새로운 시스템으로 자발적으로 옮겨 가야 할 유인이 전혀 없다. 만약 변화에 관한 의사 결정을 시장에 맡겨 둔다면, 혁신적 아이디어가 전혀 받아들여지지 않아 기존 시스템이 유지되고 비효율이 누적되는 혁신 경화 상태로 빠져들기 십상이다. 그렇지 않으면 외부 환경 변화에 따른 우연적 요소로 인해 원하지 않는 상태로 전이될 가능성도 없지 않다. 많은 개발 도상국에서 1990년대 규제 완화 이후 정책 공백 기간에 다국적 기업, 민간 기업, 공기업뿐 아니라 수많은 부분적 시스템이 각각 도입되어 시스템 전체가 혼란에 빠진 사례가 대표적이다.

전기 시스템에 새로운 혁신적 변화가 필요하다면, 원하는 방향으로 시스템 전환이 이루어지도록 방향 설정과 속도 조절에 공적인 개입이 반드시 필요하다. 이때 개입은 혁신의 방향을 결정하는 것이므로 일반 정책이라기보다 혁신 정책이라고 하는 쪽이 보다 정확한 표현이다.

전기 시스템의 전환과 혁신 정책의 역할

전기 시스템의 전환, 예를 들어 중앙 집중형에서 분산형 시스템으로 전환하려면 혁신 정책의 관점에서 개입해야 한다. 그 이유는 다음 네 가지로 정리할 수 있다.

첫째, 불확실성이 크다. 새로운 시스템이 어떤 효과를 발휘할지는 기술적 대안 측면에서나 시장 수요 측면에서 모두 예측하기 어렵다. 대안의 효과뿐 아니라 어떤 문제가 생길 수 있는지, 생각지 못한 다른 대안이 있을지 불확실한 상태, 즉 모르는 것이 무엇인지 모르는 상태인 경우가 대부분이다. 이런 상황에서는 누구든 시행착오를 겪을 수밖에 없다. 특히 먼저 시도한 사람이 실패할 가능성이 크고 후발자는 선발자가 범한 시행착오를 보면서 실패 가능성을 줄일 수 있기 때문에 아무도 먼저 나서려 하지 않는 상황이 발생한다. 요약하면 불확실성이 크고 게다가 시행착오의 경험이 공공재적 성격을 띠고 있어 모두가 움직이지 않는 상황이 되기 십상이다. 이때 혁신 정책은 선도적 시도를 지원함으로써 불확실성을 감소시키는 중요한 역할을 할 수 있다.

둘째, 새로운 시스템을 뒷받침하는 역량이 충분하지 않다. 특히 그런 역량을 체화한 핵심 인력이 충분히 배출되지 않을 가능성이 있다. 그런데 핵심 인재는 종종 직장을 옮기기도 하고, 여러 이유로 한동안 그 역량을 쓰지 못하면 확보한 역량도 감소하기 마련이다. 따라서 개인이나 개별 기업이 역량을 가진 인재를 배양할 인센티브가 크지 않다. 오히려 기존 시스템을 지지하는 역량을 익히는 것이 더 유리할지 모른다. 이때 혁신 정책은 역량 개발을 적극적으로 뒷받침해 시스템 전환을 촉진할 수 있다.

셋째, 임계 규모 이상의 자본 동원이 쉽지 않다. 하나의 기술이 아니라 시스템 차원의 전환을 하려면 대규모의 자본 투입이 일시에 이루어져야 한다. 그러나 항상 희소한 자본이 전기 시스템 전환을 위해 대기하고 있지 않고, 더구나 새로운 시스템 환경에서 이윤이 충분히 생길지 불확실한 환경에서는 임계 규모 이상의 자본을 동원하기가 결코 쉽지 않다. 이때 혁신 정책은 여러 가지 방법으로 개입하여 자본의 수익성에 영향을 미칠 수 있고, 자본 동원의 방향과 속도를 조절할 수 있다.

넷째, 시장 참여자들의 행동을 일치시키기가 쉽지 않다. 전기 시스템처럼 이해관계망에 얽힌 다양한 시장 참여자들이 존재하는 상황에서는 시스템 진환을 위해 모든 사람이 동시에 움직여야 한다. 예를 들자면 분산형 전원 시스템을 지탱하는 각종 기자재와 제품을 생산하는 제조 기업들의 의사 결정이 있어야 하고, 제도 변화를 위한 정부와 의회의 노력이 뒷받침되어야 하고, 소비자의 기기 채택 행태 역시 동시에 변해야 한다. 여기서 '동시에'가 특히 중요하지만, 이해관계가 서로 다른 상황에서 이 시기를 맞춘다는 것은 자동적으로 일어나기 힘든 사건이다. 이때 정책은 비전을 보여 줌으로써 서로 행동을 맞추어 나갈 수 있는 메트로놈과 같은 역할을 할 수 있다.

결론적으로 전기 시스템의 전환은 저절로 일어나지 않는다. 혁신적 변화를 진작하기 위한 정책적 개입과 지원은 선택이 아니라 필수다. 다만 그 방법이 문제다.

정책의 개입은 비전 정립, 틈새 창출, 시장 선도, 역량 개발 그리고 점진적 전이 계획 수립의 다섯 가지 영역에서 이루어질 수 있다.

첫째, 정책은 비전을 정립하고 공유하는 역할을 해야 한다. 새롭게 전이하려는 시스템이 어떤 가치가 있는지, 특히 사회가 지향해야 할 본원적 지향과 어떻게 부합하는지에 대한 그림을 마련해야 한다. 이 비전을 만들어 가는 과정 자체가 여러 시장 참여자들의 아이디어와 개별적 비전을 상향식으로 모으는 소통의 절차가 되어야 함은 물론이다. 특히 분산형 전기 시스템으로의 전환은 혁신의 원천 자체를 전기 회사가 아니라 소비자를 포함하는 모든 시장 참여자로 다양화하는 데 큰 의의가 있다. 따라서 비전을 같이 만들고 모두의 꿈으로 공유하는 작업이야말로 공적으로 해야 할 정책의 가장 큰 임무다.

둘째, 틈새 창출의 기반을 제공해야 한다. 틈새는 다양한 아이디어가 시도되는 시험장 역할을 하며, 하나하나의 규모는 작지만 모든 큰 시스템 전환의 첫출발이라 할 수 있다. 전기 시스템을 전환하기 위해서는 우선 새로운 기술적 대안, 소비자와의 거래 방식 등이 작은 파일럿 크기로 다양하게 실험될 수 있는 환경을 제공해야 한다. 이를 위해서는 혁신 정책 관점에서 표준과 인증 역량을 적극 지원해야 한다. 또한 그와 동시에 다양한 아이디어들이 자기 검열 없이 시도될 수 있도록 규제를 풀어주는 것이 무엇보다 중요하다.

셋째, 혁신 정책의 중요한 수단인 공공 구매를 활용하여 초기 시장을 창출해야 한다. 전기 시스템의 전환처럼 불확실성이 크고 변화의 규모가 큰 경우, 선도 시장에서 시행착오와 규모의 경제 효과를 살리는 것이 중요하다. 공공 구매는 그런 면에서 정책적으로 의지를 발휘하면 즉시 시행이 가능하고, 사회적 합의를 통해 보다 도전적인 기술과 서비스를 시험할 수 있기 때문에 효과가 크다. 현재 분산형 전기 시스템으로 전환을 선도하고 있는 유럽과 미국에서 대부분 공공 구매의 형식으로 정책적 지원이 이루어지고 있음을 눈여겨볼 필요가 있다.

넷째, 역량 개발이야말로 혁신 정책이 가장 크게 기여할 수 있는 분야다. 역량 개발은 개인이나 기업 입장에서는 투자 대비 효과를 자신이 모두 거두기 어려운 외부 효과가 있어, 행위자들의 자율성에 맡기면 항상 사회적으로 바람직한 수준보다 낮은 수준으로 투자가 이루어질 수밖에 없다. 즉 역량 개발은 전통적으로 혁신 지원 정책에서 정당성과 정책 우선순위가 가장 높은 영역이다. 기초 기술이나 원천 기술의 개발을 지원하는 일도 중요하지만, 특히 기술 개발의 결과물 자체가 아니라 그 과정에서 어떻게 인력을 잘 양성할 것인지 면밀하게 고민하고 정책안을 수립해야 한다.

마지막으로, 점진적이고 섬세한 이행 계획이 필요하다. 앞서 전력 시스템의 특성에서도 논의한 바와 같이 국가마다 처한 상황과 현재에 이르게 된 역사가 다르므로, 비록 가야 할 방향은 동일하더라도 거기에 이르는 과정은 모두 다를 수밖에 없다. 따라서 교조적이고 급진적으로 이상적인 변화를 추구하는 것은 오히려 전이의 속도를 느리게 하는 잘못된 전략일 수 있다. 현재의 시스템을 최대한 보완적으로 활용하는 전략을 수립함으로써 사회적 낭비와 불필요한 마찰을 최소화하는 것이 중요하다. 그와 동시에 혁신적 실험의 진화 속도를 높여 가는 병행 전략이 필요하다. 이처럼 섬세하게 설계된 점진적 이행 계획을 마련하는 것이야말로 정책적으로 중요한 과제라 할 수 있다. 특히 4차 산업 혁명을 맞이하여 비동기화된 전력 수요가 상당히 증가할 가능성이 크기 때문에 진영 논리에 입각한 당위적 주장보다 현실에 입각한 실용적인 이행 전략 수립이 필요한 시점이다.

새로운 에너지시스템이 만드는 세상

　전력 시스템과 같이 규모가 크고 이해관계자가 다양한 에너지시스템의 전환은 그 과정이 결코 쉽지 않다. 시장의 자율적 의사 결정에 맡기면 시스템 전환이 이루어지리라 거의 기대할 수 없으므로 반드시 공공의 의지를 담은 정책적 개입이 있어야 한다. 다시 말해 정책적 개입과 지원은 선택의 문제가 아니라 필수이고, 다만 그 영역과 방법이 문제일 따름이다.

　정책적 개입은 여러 가지 영역에서 이루어질 수 있지만, 가장 중요한 것은 복잡한 이해관계자의 네트워크를 뚫고 모든 관련자의 동시적 변화를 이끌어 낼 수 있는 비전의 제시와 공유다. 또한 섬세하게 설계된 점진적 이행 계획이다. 지금이야말로 새로운 에너지시스템이 가져다줄 세상에 대한 그림을 다 같이 조금씩 그리고, 그것을 모아 큰 그림을 꿈꾸어야 할 때다.

새로운 시대를 이끌 태양광 에너지

이창희 / 전 전기정보공학부·현 삼성디스플레이 부사장

산업 혁명과 함께 인간의 에너지 소비는 빠르게 증가해 왔다. 석탄, 석유, 가스 등의 화석 연료와 원자력이 급증한 에너지 소비를 감당하는 주축이 되었다. 미래에는 신재생에너지로 가야 하겠지만 아직은 이것들이 에너지원의 대부분을 형성하고 있다. 산업화 이후 인구 증가율에 비해 경제 성장률이 현저히 높았다. 그리고 경제가 성장함에 따라 자원 소비도 비약적으로 증가했다. 특히 이산화탄소를 비롯한 온실가스 배출이 기하급수적으로 증가하여 이를 줄이는 것이 현재 세계적인 이슈로 떠올랐다.

산업화 이후 지구의 평균 기온은 1도가량 상승했고, 세계 각국은 2015년 파리 기후 변화 협약을 통해 평균 기온이 섭씨 2도 이상 상승하지 않도록 화석 연료 사용량과 온실가스 배출량을 줄이기로 합의했다. 한국도 기후 변화의 영향을 많이 받는 지역에 속한다. 그러나 국내 정책은 국제 협약에서 제시하는 수준을 만족시키지 못하는 수준으로, 세계적인 이산화탄소 배출 감소 노력에 보다 적극적인 참여가 요구된다. 지구 기온 상승을 2도 이하로 막고 이산화탄소 배출을 억제하기 위해서는 과감한 에너지 절감 정책으로 에너지 수요를 줄이는 한편, 에너지 효율성을 높이고 청정에너지 비중을 획기적으로 높이려는 노력이 필요하다. 또한 우리나라는 에너지 공급에 필요한 자원을 대부분 해외에서 수입하며 북한 때문에 아시아 대륙과 단절되어 있어 섬이나 다름없는 지정학적 조건을 가지고 있으므로, 안보 측면에서도 에너지 자립도를 높이기 위해 신재생에너지 비중을 높여야 한다.

한국은 에너지를 많이 쓰는 국가에 속한다. 미국이나 일본 같은 나라는 제조업 비중이 많이 하락했기 때문에 에너지 수요가 급격히 늘지 않고 거의 안정화되는 추세다. 그 반면에 중국, 인도, 한국 등은 에너지 사용량이 많을 뿐 아니라 계속해서 증가하고 있다. 우리나라 전체 경제에서 제조업이 차지하는 비중은 30퍼센트 이상이며, 산업 구조도 에너지를 많이 소비하는 중화학 공업 중심으로 구성되어 있다. 중화학 공업 육성이 전후방 파급 효과와 고용 창출 등으로 우리나라 경제 발전에 크게 이바지한 것은 사실이지만 에너지 소비 면에서는 문제가 많아서 개선이 필요하다. 필자는 우리나라가 제조업을 포기해서는 안 된다는 입장이기 때문에, 에너지를 지금보다 효율적으로 사용하는 방향으로 제조업 부문의 기술 혁신이 필요하다고 생각한다. 정부는 산업 발전을 위해 에너지 가격을 낮게 유지하는 정책을 시행해 왔다. 이에 따른 부작용으로 에너지를 과다 소비하게 되고, 기업들은 에너지 효율성을 높이는 방향으로 혁신할 필요성을 크게 느끼지 않게 되었다. 따라서 정부는 에너지 정책 패러다임의 전환을 통해 산업계가 에너지 효율성을 높이는 기술 혁신에 적극적으로 투자하도록 유도해야 한다.

태양광 에너지의 경쟁력

한국은 8개의 재생에너지(태양열·태양광·바이오매스(biomass)·풍력·수력·지열·해양 에너지, 폐기물 에너지)와 3개의 신에너지(연료 전지, 석탄 액화 및 가스화, 수소 에너지)를 합해서 11개 분야를 신재생에너지로 지정하고 있다. 이 중 태양광 발전은 기술 발전에 따라 경제성이 높아지고, 다른 에너지원에 비해 설치가 쉽고 공간 활용도가 우수하다는 장점이 있다. 또한 발전 패러다임이 중앙 집중형 발전에서 분산형 발전으로 바뀌어 가면서 신재생에너지원 중 가장 각광받고 있다.

현재 전 세계 에너지 수요는 연 10테라와트(TW/Year) 정도인데, 지구에 도달하는 태양 에너지가 연 2만 3000테라와트 정도 되므로 그 2000분의 1만 사용해도 지구 전체의 수요를 충당할 수 있을 정도로 태양광 에너지는 무궁무진하다. 20년 전만 해도 태양광은 기술적으로 가격이 상당히 높았고 널리 보급되지 않은 에너지원이었다. 하지만 현재는 세계 신재생에너지 중 15퍼센트를 차지할 정도로 가장 빠르게 보급되고 있다. 현재까지 전 세계적으로 누적된 태양광 발전 용량은 약 250기가와트(GW) 수준이며, 연간 약 60기가와트 이상 증가해 그 규모는 앞으로도 계속 늘어날 것으로 예상된다. 우리나라는 총 발전량에서 신재생에너지가 차지하는 비율이 약 4.5퍼센트 수준으로 OECD 회원국 중 최하위에 속한다. 또한 신재생에너지 중에서도 폐기물 에너지와 바이오매스가 70퍼센트 수준이고, 태양광과 풍력의 비중은 약 14퍼센트 수준으로 선진국에 비해 아주 낮다.

태양광 발전에 쓰이는 태양 전지는 93퍼센트가 실리콘 기반이고 나머지 7퍼센트는 화합물 반도체 박막 등을 기반으로 하고 있다. 태양광 발전 시스템 전체 가격 중 셀 자체가 차지하는 비중은 그다지 크지 않다. 원료인 폴리실리콘이 전체 시스템 가격의 약 7.5퍼센트, 웨이퍼가 약

8퍼센트, 이를 가공한 셀이 12퍼센트, 작은 셀들을 모아 패널로 만든 모듈이 20퍼센트, 그리고 나머지 50퍼센트는 태양광 모듈을 설치하는 비용인 BOS(Balance of System)가 차지한다. 점점 폴리실리콘에서 모듈에이르는 가격의 비중이 줄어들고 BOS의 비중이 커지는 추세다. 전체 비용 면에서 보면 결과적으로 인건비가 제일 비싼 셈인데, 설치 등을 사람이 해야 하기 때문이다.

　반도체 분야의 무어의 법칙(Moore's law)과 비슷하게 태양광 분야에서는 스완슨 법칙(Swanson's law)이 있다. 이에 따르면 전 세계적으로 태양광 모듈 설치량이 두 배가 될 때마다 가격이 20퍼센트씩 떨어진다. 현재 태양광 발전의 가격은 10년마다 절반으로 떨어지고 있다. 즉 1년에 평균 10퍼센트씩 가격이 하락했다. 특히 최근 실리콘 태양 전지 가격이 매우 빠르게 떨어져 태양광 발전에 드는 비용은 와트(W)당 1.3달러 수준까지 도달했다. 관련 소재와 장비 가격의 하락과 더불어 태양 전지 생산량이 늘어날수록 규모의 경제가 실현되어 2020년에는 태양광 발전 단가가 석탄 화력 발전 단가보다 낮아질 것으로 전망된다.

　에너지 산업에는 직간접적으로 세금이 들어간다. 태양광 발전도 비용의 상당 부분을 정부가 재정 지원을 해 보급하고 있다. 다른 에너지원과 달리 태양광 발전은 설치된 이후에는 햇빛만 있으면 전기를 생산하므로 초기에 사업비의 80퍼센트 이상이 투입된다. 따라서 태양광 발전에서는 초기 사업 비용에 대한 자금 융통이 중요하며, 금융기관의 프로젝트 파이낸싱, 채권 발행 등 다양한 형태의 금융 지원에 정부의 지원 정책이 중요한 고려 요소가 된다. 각국의 정책 금융 기관들은 태양광 발전에 정책적 우선순위를 두고 금융 지원을 확대하고 있다. 이와 같이 기본적으로 정부에서 일정 수익을 보장하기 때문에 태양광 산업은 원칙적으로 수익을 올릴 수 있는 사업이다.

　중국에서 태양 전지 모듈을 대량 생산해 가격이 급락할 경우에도 모든 태양광 관련 회사들이 손해를 보는 것은 아니다. 통상 폴리실리콘과 웨이퍼 가격이 폭락하기 때문에 폴리실리콘, 웨이퍼 회사들이 손해를 보게 된다. 그다음 단계에 있는 셀 생산, 모듈 생산, BOS와 관련된 회사들은 적자가 아니다. 금융 위기 당시 우리나라 태양광 사업이 위기라 했던 것은 기본적으로 공급 체인에 속하는 기업들이 손해를 봤음을 의미한다.

이렇게 태양광 발전 사업 중 하나만 특화할 경우 위험이 너무 크기때문에 태양광 관련 업체들, 특히 우리나라 대기업들이 재료부터 BOS에 이르는 전 과정을 병행하려는 것이다. 전력 수요와 에너지 수요는 경제가 발전하고 인구가 존재하는 한 꾸준히 존재하기 때문에 태양광 발전 사업의 구조를 잘 세워 놓으면 회사와 산업 생태계 전체가 안정적으로 경영될 수 있다.

현재 국내 에너지 기업 중에서는 한화와 LG전자가 가장 체계적으로 사업을 수행하고 있다. 세부 분야를 보면 폴리실리콘 부문에서 가장크고 성공적인 기업은 OCI(전 동양제철화학)다. 우리나라는 원래 태양광산업의 하부 구조, 태양광 산업 자체가 없었다. 국내 기업이 기술이 거의없는 상태에서 출발했음에도, 선진 기업의 기술을 빠르게 따라잡으면서순도 높은 소재를 생산하는 데 성공한 것은 기적적인 일이었다.

한편 태양광 발전 가격은 최근 급속히 하락하고 있다. 태양 전지 가격은 2008년 와트당 4달러 수준에서 2016년에는 0.42달러 수준으로 거의 10분의 1로 감소했다. 전 세계 태양광 분야 연구자들은 오랜 기간 태양 전지 가격을 와트당 1달러 이하로 떨어뜨리는 것을 목표로 삼았는데,이제는 와트당 0.2달러를 목표로 하고 있다. 또한 가정용 태양광 발전 시스템의 가격도 독일의 경우 2006년에서 2013년까지 10년이 채 안 되는기간에 약 3분의 1 수준으로 하락했다. 2016년 기준 폴리실리콘 가격은킬로그램당 약 15달러, 다결정 실리콘 태양 전지 가격은 와트당 0.3달러,

태양광 모듈 가격은 와트당 0.7달러, 태양광 시스템 가격은 와트당 1.2달러이며, 2020년에 이르면 태양광 시스템 가격은 와트당 1달러 미만이 될 것으로 예상된다.

우리나라는 전기 요금이 워낙 싸기 때문에 태양광 발전 단가가 기존 발전보다 세 배에서 다섯 배 비싸지만, 독일과 미국 캘리포니아 등 일부 지역에서는 정부가 보조금을 주지 않아도 태양광 발전 설비를 설치해 전기를 생산하는 것이 더 경제적일 정도로 이미 그리드 패리티에 도달했다. 과거부터 현재까지 전 세계적으로 약 250기가와트 용량의 태양광 발전 시설이 설치되어 있는데, 이것이 연 60기가와트 이상으로 빠르게 늘어 2020년에는 누적 태양광 발전 용량이 400기가와트를 넘을 것으로 보인다. 또 세계 태양광 산업 투자액은 2015년 1565억 달러를 기록했으며, 파리 기후 변화 협약으로 향후 태양광 발전에 대한 투자가 더욱 늘어날 것으로 예상된다.

이렇듯 기술 발전에 따라 태양광 관련 소재 및 핵심 장비와 설비 가격이 하락하고 태양광 산업에 대한 투자가 증가하면서, 선진국의 경우 2014년 킬로와트당 석탄 발전 단가의 2.5배 정도이던 태양광 발전 단가가 2020년에는 석탄보다 낮아질 것으로 전망된다. 태양광 발전용 반도체와 재료들이 어느 정도 규모의 경제를 실현하게 되면 가격은 더욱 현저하게 하락하여, 웬만한 지역은 그리드 패리티에 도달할 것이다.

태양광 발전이 우리나라에서도 가능할까

우리나라는 위도가 높아 태양광 발전에 적합하지 않다는 주장도 많지만, 발전에 유리한 지역도 적지 않다. 에너지기술연구원에서 만든 태양 에너지 자원 지도에 의하면 남해안 일대는 태양광 발전에 상당히 유리하다. 우리나라 지명 중 양(陽) 자가 들어간 지역은 모두 태양광 발전소를 짓기 적합한 곳이라 봐도 된다. 최근 지붕에 태양광 패널이 설치된 건물이 많이 늘었고, 자투리땅에도 태양광 발전 시설이 많이 설치되었다. 2016년에 신재생에너지 공급 의무화 제도(RPS)[52]로 신규 설치된 태양광 발전기의 용량은 805메가와트(MW)로 석탄 화력발전소 1기 용량인 500메가와트를 넘어서고 있다. 한국 전력 거래소에 따르면 2016년에 시장 참여 태양광 발전기 용량은 1612메가와트로, 2012년의 466메가와트보다 3.5배 증가했다. 태양광 전력 거래 수익은 3628억 원으로 풍력 1385억 원, 수력 1865억 원보다 훨씬 크다.

태양광은 계절과 기상에 따라 전력 생산의 변화가 크기 때문에 안정적인 에너지원이 될 수 없다는 단점이 있다. 일반적으로 태양광은 여름에 전력을 많이 생산하고, 풍력은 겨울에 발전량이 많다. 우리나라 태양광 발전기의 2016년 평균 이용률은 12.79퍼센트이며, 최고치(5월 19.63퍼센트)와 최저치(12월 9.42퍼센트) 격차가 10퍼센트 수준이다. 풍력 발전기는 평균 이용률이 18.23퍼센트이지만 최고치(2월 34.93퍼센트)와 최저치(9월 10.01퍼센트) 격차가 20퍼센트 이상으로 크다.

태양광 발전은 정부가 정책을 잘 세워서 안정적으로 꾸준히 추진하면 관련 사업자들에게 수익이 생기고 계속 성장할 것이다. 그리고 미래에 그리드 패리티 이하로 발전 단가가 하락하면 전력 회사에서 전기를 구입하는 것보다 가정에서 자체적으로 태양광 발전을 하는 쪽이 경제적으로 이익이 될 것이다. 자가 소비 후 남는 전력을 판매해 수익을 올릴 수도 있다. 또한 태양광은 연관 산업 파급 효과와 고용 효과 측면에서도 유리하다. 폴리실리콘, 잉곳(ingot), 웨이퍼, 셀, 모듈, 설치 단계까지 다양한 기업들이 성장할 수 있다. 한국 에너지 공단의 자료에 의하면 메가와트당 고용은 전통적인 화력 발전이 0.3명에 불과한데 풍력 3.6명, 태양광 27.3명으로 태양광 산업의 고용 효과가 월등히 크다. 또한 대형 발전소에서 수요처까지 송전해야 하는 화력, 원자력 등과 달리 대상광 발전은 수요가 있는 곳에 분산 발전이 가능하여 사회적 수용성도 높다.

태양광 발전의 효율을 높이기 위한 기술 혁신

태양광 기술의 첫 번째 과제는 효율이다. 친환경 에너지인 태양광 발전이 널리 활용되기 위해서는 태양 전지의 효율을 높여 다른 에너지원 못지않은 가격 경쟁력을 확보하는 것이 관건이다. 태양 전지는 반도체 소자 중에서 가장 단순한 소자다. P-N 접합 다이오드로 밴드갭(bandgap) 이상의 빛을 받으면 전자와 정공(hole)이 생겨서 전극으로 빠져나오는 원리인데, 이 과정에서 손실(loss)이 많이 발생한다.

대표적인 손실 원인에는 여섯 가지가 있다. 첫째, 공기와 반도체의 굴절률 차이에 의해 태양광이 태양 전지 표면에서 반사됨으로써 발생하는 손실이 있다. 이 같은 표면 반사를 줄이기 위해 반도체 표면을 요철 모양으로 거칠게 하는 방법을 사용하거나 저반사 코팅을 한다. 둘째, 반도체 밴드갭 이하에서 빛이 흡수되지 않고 그대로 투과되어 발생하는 손실이 있다. 이것은 유한한 밴드갭이 있는 반도체 소자인 이상 피할 수 없지만, 밴드갭을 낮추어 최대한 태양광을 많이 흡수시킨다. 셋째, 전극 계면 전압 손실(contact voltage loss)은 반도체의 전도대 또는 가전자대의 에너지 준위와 전극의 일함수 차이 때문에 생긴다. 보통 한쪽 전극으로 은이나 알루미늄, 다른 쪽 투명 전극은 ITO(Iudium-Tin-Oxide) 같은 산화물들을 사용하는데, 이렇게 실용적으로 사용할 수 있는 전극이 제한되어 있어 반도체의 에너지 준위와 맞추기 어렵다. 이 손실 때문에 실리콘의 경우 밴드갭은 1.1볼트 정도이지만, 개방 전압(open-circuit voltage)은 약 0.5볼트에 불과하다. 따라서 실리콘 태양 전지는 빛을 받으면 0.5

볼트의 전압을 가지는 전류원이라 생각할 수 있다. 최근 차세대 박막 태양 전지로 많이 연구되고 있는 유기 태양 전지는 약 0.8~1.0볼트, 페로브스카이트(perovskite) 태양 전지는 약 1.0볼트의 개방 전압을 나타낸다. 넷째, P-N 접합에서 발생하는 접합 전압 손실(Junction Voltage Loss)이 있다. 마치 돌멩이가 높은 곳에서 낮은 곳으로 굴러떨어지듯 위치 에너지를 상실하는 것이다. 다섯째, 가장 큰 손실인 열 손실(thermalization loss)이 있다. 밴드갭보다 훨씬 큰 광자가 흡수되는 경우 생성되는 뜨거운 전자와 정공은 아주 짧은 시간(10^{-12}초 이하) 안에 열평형에 도달하여 반도체 에너지 밴드 끝(band edge)으로 내려오고, 여분의 에너지는 모두 열로 바뀌게 된다. 마지막으로 재결합 손실(recombination loss), 즉 전극으로 빠져나오기 전에 반대 전하와 내부에서 재결합하여 발생하는 손실이 있다.

태양 전지 내부에서 발생한 전자와 정공을 이러한 손실 없이 그대로 전극으로 뽑아 내는 것이 가장 이상적이지만, 반도체 소재의 고유 물성과 태양 전지의 소자 구조로 인해 손실을 줄이는 데에는 한계가 있다. 최적의 밴드갭을 가진 반도체 소재를 이용해서 태양 전지를 만들 때 이론적으로 얻을 수 있는 최대 효율을 쇼클리-퀘이서 한계(Shockley-Queisser limit)라 하는데, 31퍼센트 정도다. 현재 상용화된 태양 전지의 대부분을 차지하고 있는 실리콘 셀은 최대 효율이 25퍼센트 정도다. 밴드갭이 약 1.1전자볼트(eV)인 실리콘 소재를 사용해 얻을 수 있는 이론적인 최대치에 가까운 효율을 내는 것이다.[53] 밴드갭이 다른 두 종류의 화합물 반도체를 적층해서 태양광 흡수를 더 증가시키는 다중 접합 셀(multijunction cell)의 효율은 현재 46퍼센트가 최고 기록으로 되어 있다.[54] 다중 접합 셀은 이론적으로 70퍼센트에 이르는 높은 효율을 올릴 수 있지만 너무 비싸서 가격과 무관하게 태양광이 필요한 우주선 등에 사용된다. 이 밖에 대면적 박막으로 만들어 가격을 크게 낮출 수 있는 박막 태양 전지 기술이 다양하게 연구되고 있으나 아직 효율과 안정성이 실리콘 태양 전지보다 낮은 실정이다.

학계에서는 효율을 크게 높일 수 있는 제3세대 박막 태양 전지를 개발 중에 있다. 앞에서 언급한 태양 전지의 효율 감소 원인 중 가장 큰 것이 열 손실인데 전체 손실의 거의 50퍼센트에 이른다. 밴드갭보다 아주 높은 에너지 준위로 여기된 뜨거운 전자와 정공을 열 손실이 발생하기 전에 전극으로 빼내는 방법(hot carrier extraction)은 이론적으로 제안되었고, 반도체 양자점(quantum dot)을 사용한 태양 전지 등에서 실험적으로 확인되었으나, 아직 실용적인 수준으로 구현하기에는 어려움이 많다. 또한 밴드갭 이하의 빛이 투과되어 생기는 손실을 줄이기 위해 밴드갭이 다른 두 종류 이상의 셀을 적층하여 태양광을 최대한 흡수하는 탠덤 셀(tandem cell)도 개발되고 있다. 이와 같은 혁신적인 연구들을 통해 효율을 더욱 높인다면 태양 전지의 경제성은 더욱 커질 것이다.

지구에 도달하는 태양광 에너지는 1제곱센티미터(1 Sun)당 100밀리와트 정도다. 1평방미터 크기의 효율 100퍼센트 패널로 이를 전기 에너지로 전환한다면 1킬로와트를 얻게 된다. 현재 사용되는 태양 전지의 효율이 20퍼센트 정도이므로[55] 가정에서 3킬로와트 정도의 전기를 얻으려면 1평방미터 크기의 패널 15장이 필요하다.

거울 혹은 렌즈를 사용해 태양광을 수백 배 집광할 수 있는 집광형 태양광 발전(Concentrated Photovoltaic, CPV)을 이용하면 필요한 태양광 패널의 면적이 훨씬 줄어든다. 만약 태양광을 500배 집광하는 태양 전지라면, 500분의 1 크기로 동일한 양의 전력을 생산할 수 있다. 과거에는 집광형 태양광 발전에 사용되는 셀들이 고가였고, 집광으로 상승한 온도를 낮춰 줄 냉각 시스템을 설치하는 비용과 태양광을 잘 모을 수 있도록 태양의 궤적을 따라가면서 집광판의 각도를 조절하는 트래킹 시스템을 갖추는 비용까지 들여야 했다. 그런데 요즘은 고효율 셀의 가격 하락과 더불어 냉각 및 트래킹 기술의 발전으로 시스템 가격이 하락하여 집광형 태양광 발전소도 상당히 빠른 속도로 증가하는 추세다.

소재도 중요한 연구 주제다. 태양 전지는 빛을 흡수하여 전하를 생성하는 광 흡수층의 재료에 따라 크게 실리콘 태양 전지, 화합물 반도체(갈륨비소(GaAs) 등 3-5족 원소 화합물) 태양 전지, 비결정 실리콘(a-Si)·카드뮴텔루라이드(CdTe)·셀렌화구리인듐갈륨(Copper indium gallium (di)selenide, CIGS)·셀렌화구리인듐(Copper indium (di)selenide, CIS) 태양 전지, 염료 감응형 태양 전지(Dye-sensitized solar cell, DSSC), 그리고 차세대 태양 전지로 분류되는 유기 태양 전지, 페로브스카이트 태양 전지, 양자점 태양 전지 등으로 분류한다. 또는 효율과 제조 가격 측면에서 제1·제2·제3세대 태양 전지로도 분류한다. 제1세대 태양 전지는 단결정 또는 다결정 실리콘 또는 GaAs 태양 전지로, 전력 변환 효율은 아주 높지만 공정 비용이 많이 든다는 단점이 있다. 제2세대 태양 전지는 넓은 면적의 태양 전지를 낮은 공정 비용으로 제조할 수 있지만 전력 변환 효율이 낮은 박막 태양 전지(a-Si, CdTe, CIS, CIGS, 염료 감응형 태양 전지 등)다. 제3세대 태양 전지는 효율도 높고 제조 가격도 낮은 태양 전지를 말하는데, 유기 태양 전지, 페로브스카이트 태양 전지, 양자점 태양 전지 등 차세대 태양 전지 기술이 경쟁하고 있다.[56]

현재 시장의 주류는 실리콘 셀이지만, 태양광 발전이 아직 다른 에너지원에 비해 비싸기 때문에 가격을 획기적으로 낮출 수 있는 박막 태양 전지를 상용화하기 위해 노력하고 있다. 그동안에는 미국을 중심으로 CIGS에 많은 투자를 했다. CIGS는 실리콘 태양 전지보다 효율이 조금 떨어지지만, 과거에 실리콘이 매우 비쌌기 때문에 상대적으로 경제성이 있었다. 미국은 국립 신재생에너지 연구소(National Renewable Energy Laboratory, NREL)라는 국책 태양광 연구소에서 집중적으로 CIGS를 연구했다.[57] 녹색 성장을 주창한 이명박 정부 시기 미국과 태양

광 발전 협력 회의에서 공동 연구 분야를 협의할 때 미국 측에서 CIGS
만은 안 된다고 주장할 정도로 집중 연구한 분야였다. 오바마 대통령이
금융 위기 이후 경제를 부양하기 위해 청정에너지 기술 분야에 대대적
으로 투자했는데, 그중 CIGS 태양 전지를 생산하는 회사인 솔린드라
(Solyndra)가 부도가 났다.[58] 중국 태양광 업체들에 의해 실리콘 태양 전
지 가격이 예상보다 대폭 하락한 때문이었다. 이 외에도 CIGS를 생산
하던 나노솔라(Nanosolar), AQT, 헬리오볼트(HelioVolt) 등이 부도를 냈
고, 대만 반도체 업체인 TSMC도 CIGS 사업을 중단했다. 우리나라에
서도 연구를 중지할 정도로 사업성이 떨어지게 되었다.[59] 이에 따라 현
재 CIGS 업체는 일본의 솔라프런티어(Solar Frontier)만 남았다.

비결정 실리콘 태양 전지나 염료 감응형 태양 전지는 오랜 기간 연
구가 이루어졌으나 셀 최고 효율이 약 12~13퍼센트 수준에서 정체되
어 있다. 이와 같이 박막 태양 전지 분야는 현재 경쟁하는 기술들이 많지
만 아직 실리콘 태양 전지를 대체하거나 그와 경쟁할 정도로 발전하지
는 못했다. 디스플레이 분야와 비교해 보면, 1990년대에 CRT 텔레비전
을 대체하기 위해 LCD, PDP, OLED, FED 등 다양한 평판 디스플레
이 기술들이 경쟁했는데, 2000년대 중반에 LCD가 주도적인 디스플레
이 기술로 자리매김하면서 투자와 연구가 집중되어 지속적인 기술 혁신
이 일어나고 규모의 경제가 실현되었다. 그에 따라 LCD 텔레비전의 가
격도 크게 떨어져 널리 보급되었고 CRT는 시장에서 퇴출되었다. 이런
사례를 볼 때 박막 태양 전지 분야는 주도적 기술이 등장하기까지 적어
도 10여 년 이상의 치열한 기술 경쟁이 필요할 것으로 생각된다.

실리콘을 능가할 소재가 나올 것인가는 오래된 질문이다. 실리콘
은 상당 기간 태양 전지 시장, 특히 대규모 태양광 발전에 쓰이는 태양
전지 시장을 주도할 것이다. 다른 태양 전지들은 틈새시장을 차지할 것
으로 생각된다. 수명이 짧아도 되는 용도, 예를 들자면 건물 일체형 태

양광 모듈(Building-integrated photovoltaics, BIPV)이나 농촌의 비닐하우스, 군인용 텐트형 막사 등에는 박막형 태양 전지가 쓰일 것으로 보인다. 실리콘은 태양광 입사 각도가 적절하지 않으면 효율이 현저히 떨어지기 때문에 실리콘 태양 전지는 BIPV용으로 적합하지 않다.[60] 건물 외벽이나 유리창에 붙이는 용도로는 염료 감응형 태양 전지가 가장 활발하게 연구되고 있으며 모듈 효율은 10퍼센트 정도다. 이것은 빛을 잘 흡수할 수 있는 염료를 흡착한 이산화티타늄(TiO₂)을 한쪽 전극으로 사용하고, 반대편 전극은 백금을 사용하며, 두 전극 사이에 산화 환원용 전해질 용액이 들어 있는 샌드위치 구조를 하고 있다. 그런데 액체 전해질의 안정성이 낮고 액체 전해액의 누수나 용매 증발로 인한 낮은 내구성이 큰 문제점이다. 그리고 온도가 올라가 액체가 팽창하면 터질 수도 있어서 BIPV로 사용하기에는 안정성에 문제가 있다. 액체 전해질을 고체 전해질로 바꾸거나 젤 타입으로 만들어 누액이나 휘발의 문제점을 어느 정도 개선했지만 아직 효율이 낮다는 단점이 있다.[61]

이와는 달리 유기 태양 전지는 고체 박막이면서 가볍고, 유연하게 휠 수 있고, 투명하게 만들 수도, 다양한 색깔로 만들 수도 있다. 따라서 건물과 잘 어울리게 디자인할 수 있어 BIPV 용도로 가장 유망하다. 또한 태양광의 강도가 약하면 그만큼 전력이 덜 생산될 뿐 효율은 일정하게 유지된다. 즉 입사된 빛 세기 대비 효율이 일정한 것도 장점이다. 실리콘 셀에 비하면 아직 효율이 떨어지고 수명이 짧지만, 건물 외벽의 경우 10년에 한 번씩은 새로 페인트칠을 하니 10년 정도의 수명을 보장할 수 있다면 BIPV 용도로 적합하다고 볼 수 있다. 또한 유기 태양 전지는 플라스틱처럼 유연하게 휘어지므로 가볍고 휴대성이 높아 커튼, 텐트 등 아웃도어용 제품, 농촌 비닐하우스 등에 적용하기 좋다. 미국 국방부에서는 유기 태양 전지를 군용으로 개발하는 프로젝트를 지원하고 있다. 작전 중 많은 무기와 전자 장비를 휴대해야 하는 군인들의 배낭이나 천막 표면을 모두 태양 전지로 쓸 수 있다면 납축전지와 같은 무기운 전원 공급 장치보다 유용할 것이다.

최근에는 효율과 가격 측면에서 실리콘 태양 전지를 능가하는 제3세대 박막 태양 전지 연구가 활발하게 진행되고 있다. 양자점, 유기 소재, 유기-무기 하이브리드 등 새로운 소재들이 개발되고 있는데, 아직은 연구 개발 단계이지만 향후 혁신을 일으킬 것으로 기대된다. 예를 들자면 페로브스카이트는 셀 효율이 22퍼센트 수준에 도달해 전 세계적으로 관심을 모으고 있다. 특히 이 분야는 한국 화학 연구원이 세계 최고 기록을 보유하고 있고, 여러 한국 연구자들이 우수한 연구 성과를 내고 있다. 그런데 페로브스카이트는 이온성 화합물로 수분에 취약하기 때문에 수분이 침투하지 못하도록 봉지(封止, encapsulation)를 잘해야 한다는 문제가 있다. 현재 에폭시나 배리어 코팅이 된 플라스틱을 사용한 봉지 방법은 수명이 3년 정도밖에 되지 않는다.[62] 유리로 봉지하는 방법은 비용이 올라가고, 봉지를 잘하더라도 실리콘 태양 전지처럼 25년 이상 수명이 유지될 정도로 안정성이 있을지는 아직 확인되지 않았다. 또한 현재 효율이 높은 페로브스카이트 재료에는 납이 주성분으로 함유되어 있어 독성에 대한 우려가 있다. 납을 주석이나 비스무트 등으로 대체하는 연구가 진행되고 있으나 아직 효율이 상당히 낮은 수준이다. 이와 같이 해결해야 할 과제가 남아 있어 페로브스카이트 태양 전지가 실리콘 태양 전지를 대체하는 수준까지 갈 수 있을지 아직 회의적인 사람들이 많다.

실리콘 셀의 비싼 가격에 대한 대안으로 다양한 박막 태양 전지가 연구되었지만 아직까지 실리콘을 대체할 수 있는 경쟁자는 없는 셈이다.[63] 특히 실리콘 셀은 최근 가격이 와트당 0.3달러 수준으로 낮아져 가격 경쟁력도 크게 높아졌다. 그 결과 현재 시장에서 팔리는 태양 전지의 91퍼센트는 실리콘이고, 그중 62퍼센트는 다결정 실리콘(polycrystalline silicon)이다. 실리콘 태양 전지가 대세가 된 셈이다. 현재 상용화된 대부분의 실리콘 태양 전지는 피타입(P-type) 실리콘 기판을 사용하고 있다. 엔타입(N-type) 실리콘은 웨이퍼를 만드는 공정이 더 까다롭지만 효율이 더 좋아 엔타입 실리콘 기판을 이용하는 방향으로 시장이 재편되고 있다.

태양광 에너지 활성화를 위한 길

태양광 산업은 내수 시장이 작기 때문에 세계를 대상으로 사업을 진행해야 한다. 현재 우리나라는 태양광 전지 분야에서 세계를 선도하는 나라 중 하나다. 국내의 한 기업은 태양광과 관련된 거의 모든 분야에 걸쳐 사업을 하고 있고, 실리콘 전지의 경우 거의 수직 계열화가 되어 있다. 또 다른 기업도 전방의 모듈부터 발전소까지만 사업을 하는 것으로 보이지만 사실은 배터리와 폴리실리콘 사업도 하기 때문에 전체적으로 수직 계열화가 될 수 있다. 한때 현대중공업도 음성에 셀 공장을 세우고 수출도 많이 하는 등 적극적으로 태양광 사업을 펼쳤다.[64]

국내에서는 연관 산업인 반도체와 디스플레이 산업의 인프라가 잘 되어 있으므로 정부가 정책을 잘 펴면 태양광 사업을 크게 키울 수 있다. 태양광 발전이 당장은 비용이 많이 드는 것처럼 보이지만, 앞서 소개했듯이 일정 규모에 도달하면 그 뒤로는 급격하게 가격이 하락한다. 반도체나 디스플레이 가격이 지금 1년에 30퍼센트씩 떨어지는 것과 마찬가지로 태양광 실리콘 패널의 가격도 현재 매년 10퍼센트씩 하락하고 있고 앞으로는 더욱 가속도가 붙을 것이다. 정부가 미래 에너지에 대해 진지하게 고민하고 있다면, 전적으로 태양광에 의존하는 것은 무리겠지만 10퍼센트 정도 태양광 발전이 보급될 때 국가 전체의 경제에도 좋고 세계로 나아가는 우리나라 기업들의 내수 기반도 형성되므로 매우 의미

있는 투자가 될 것이다.

　해외로 눈을 돌려 보면 실리콘 밸리에서도 태양광이 다시금 붐을 이루고 있다. 그 예로 테슬라의 기가팩토리(Gigafactory)를 들 수 있다. 테슬라가 당초 2018년까지 전기차 30만 대 판매를 목표로 했다가 50만 대로 목표 판매 대수를 상향 조정하면서, 전기차에 들어가는 리튬 이온 배터리 생산량도 연간 55기가와트시(GWh)에서 105기가와트시로 늘릴 필요가 생겼다. 이를 위해 대규모의 공장 기가팩토리를 건립하는데, 이 공장을 태양광으로 가동하겠다는 것이 일론 머스크가 내놓은 계획이다. 이 외에도 테슬라는 최근 당초 지분을 보유하고 있던 솔라시티(SolarCity)를 인수했는데, 태양광 발전으로 가동되는 공장에서 생산된 배터리를 장착한 전기자동차를 가정에서도 태양광으로 충전하는 친환경적인 커뮤니티 비전의 일환이라고 소개하고 있다.

　우리나라 자동차 회사들은 내연 기관의 기본 콘셉트를 유지한 수소차에 주력하고 있는데, 현재 세계적인 트렌드는 이와는 달리 전기자동차로 가고 있다. 이러한 국제적인 추세에 대비하지 않는다면 국내 자동차 회사들도 현재의 위상을 지키지 못할 것이다.

　앞으로 우리 정부도 물론 기본 그리드에 대한 계획은 있어야 하겠지만, 여기에 태양광 발전과 점점 용량이 커지고 있는 에너지 저장 시스템(ESS)을 결합해 소규모 커뮤니티에서 전기를 자급하는 분산형 에너지 체계를 구축하는 방향으로 지속 가능한 산업 에너지 정책을 펼 필요가 있다. 그렇게 했을 때 국제적인 추세에 부합할 뿐 아니라 그로부터 파생되는 산업 영역이 어마어마하게 크다는 것을 실감할 것이다.

지속과 공존을 위한
한국 전력망

문승일 / 전기정보공학부

급속히 팽창·발전한 우리 전력망

우리나라에 전기가 처음 들어온 것은 1887년으로, 뉴욕에서 에디슨이 전기 사업을 시작한 지 8년째 되던 해였다. 경복궁 안 왕비가 거처하던 건청궁을 밝히기 위해 발전기를 들여와 궁내에 설치하고 운전을 했다. 그러다 보니 모두가 잠든 한밤중에도 궁궐 안에서 요란한 소음을 내며 발전기가 돌아가야 했고, 냉각수로 사용하던 향원정 연못의 수온이 상승해 그 안에 살던 물고기가 죽어서 떠오르는 일이 벌어지기도 했다. 그렇지 않아도 서양 문물에 반감을 가지고 있던 사람들에게 이것은 좋은 공격의 빌미를 제공했고, 얼마 못 가 경복궁 안에서 발전을 중단할 수밖에 없었다. 전기를 사용하는 것은 누구나 바라는 바이지만 소비자의 요구를 충족시키지 못하는 전력 사업은 지속되기 어렵다는 교훈을 전기를 처음 들여온 그 순간부터 실감하게 된 것이다.

해방 전에는 일제의 정책에 따라 한반도의 북쪽 지역에 대규모 공입 시설이 들어섰는데 발전 설비 역시 대부분 이 지역에 위치했다. 해방 후에는 38도 선을 경계로 남북이 갈라지고 양측 간 정치적인 갈등이 깊어지더니 급기야 1948년 5월 14일에 북측이 남쪽으로 내려보내는 전력을 일방적으로 차단하는 사태가 벌어졌다. 당시 남쪽에 남아 있던 발전 설비 용량은 20만 킬로와트(kW)가 채 안 되었는데, 이는 2000만 남한 국민들이 사용하기에는 턱없이 모자라는 양이었다. 바로 그때 만들어진 남한만의 고립된 전력망이 지금까지 내려오고 있다. 한국 전쟁을 겪고 난 후 1960년대 중반까지 20여 년 동안에도 우리 전력망은 큰 변화를 겪지 않았고, 발전 설비는 두 배 남짓 늘어나는 정도에 그쳤다. 그러다가 1970년대에 들어와 급속한 공업화와 경제 발전 정책이 추진되면서 세계 역사상 유례가 없는 속도로 전력망이 확충되었다.

2016년 한국의 총 발전 설비 용량은 1억 킬로와트를 넘어서게 되었다. 1948년 단전 때와 비교하면 500배 이상 늘어난 것이다. 송전망도 획기적으로 늘어났는데 이는 〈그림 1〉이 웅변적으로 보여 준다. 정전 시간, 전압 변동률, 주파수 변동률과 같은 전기의 품질 또한 세계 최고 수준을 자랑하는데, 특히 가구당 평균 정전 시간은 1년에 약 10분 정도, 발전된 전력이 소비자에게 전달되기 전 낭비되는 송배전 손실률은 3.7퍼센트 정도에 불과하다. 미국의 경우에는 소비자들이 한 해 평균 2시간 정도 정전을 겪고 있고 송배전 손실률은 5.8퍼센트에 달하며, 후쿠시마 원전 사고 이전의 일본과 비교해 보더라도 우리의 전기 품질이 훨씬 더 우수하다고 볼 수 있다. 여기에 전력 소비량의 56퍼센트를 차지하는 산업용 전력 요금은 OECD 국가들에 비해 상당히 저렴하여, 국민 1인당 전력 소비량이 일본, 독일, 영국, 프랑스 등 우리보다 소득 수준이 훨씬 높은 국가들보다도 커진 형편이 되었다.

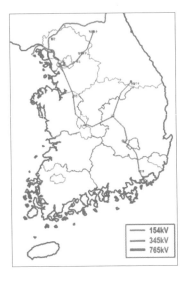 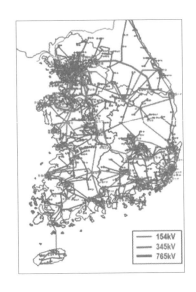

〈그림 1〉 한국 전력망의 발전(출처: 한국전력)

한국 전력망이 맞닥뜨린 한계와 도전

지난 50년 동안 한국 전력망이 기적과도 같이 팽창하면서 세계에서 가장 우수한 품질의 전력을 소비자들에게 공급하게 된 것은 자랑할 만한 일이다. 그러나 대규모 발전소와 송배전 설비가 좁은 지역에 과밀하게 구축된 탓에 원활한 설비 확장이 점점 더 어려워지게 되었다. 우리 전력망은 주변 국가와 단 하나의 연계 선로도 없이 철저하게 고립되어 전력 수급을 자급자족할 수밖에 없으므로 여유 있는 공급 예비력을 갖추어야 한다. 여기에다 수십 년에 걸쳐 시행해 온 저렴한 산업용 전력 요금 정책으로 인해 에너지를 다소비하는 산업 구조가 정착되면서 전력 수요가 매우 빠른 속도로 늘어났다.

전력 설비를 구축하려는 계획과 실제 설비의 건설에는 수년에 걸친 시간 차이가 있다. 설사 계획이 이루어지더라도 발전 및 송전 설비를 건설하기 위한 입지 선정이 간수록 어려워져서 계획대로 건설되지 못하는 경우도 많다. 이런 정책 구현의 불확실성으로 인해 장기적인 전력 수급 계획과 실제 건설되는 설비 사이 괴리가 커졌다. 급기야 2011년 9월 15일에는 전력 공급량이 수요를 감당하지 못하는 정도에 이르러 40여 년 만에 처음으로 제한 송전을 하는 사태가 벌어지기도 했다. 이는 고립된 지역에 구축된 중앙 집중형 전력망이 지닌 한계를 여실히 보여 준 사례다.

　동서 200킬로미터, 남북으로 400킬로미터 정도인 한정된 국토에 세계 어디에서도 유례를 찾아보기 어려울 만큼 전력 설비가 과밀하게 구축되어 있으면서 주변 어느 나라와도 연결되지 않은 고립된 우리 전력망은 여러 가지 한계에 직면해 있다. 일반적으로 전력망은 설비 간의 연결을 늘릴수록 전력을 더 안정적으로 공급할 수 있지만, 고장이 발생하면 흐르는 전류의 양이 더 커지게 된다. 우리 전력망 요소요소에는 전력망 사고가 발생했을 때 선로를 차단해 고장이 파급되는 것을 막는 고장 전류 차단기가 설치되어 있다. 그러나 전력 설비가 과밀하게 확충되면서 이미 많은 지역에서 이 차단기가 제어할 수 있는 용량 이상의 고장 전류가 흐르게 되었고, 만일 사고가 나더라도 이를 차단할 수 없는 상황에 이르렀다. 전력 설비가 과밀하게 집중되어 있는 서울과 경기 지역을 중심으로 고장 전류가 제어 용량을 초과하는 차단기의 개수가 해마다 늘어나는 실정이다.

　2003년 8월 15일 뉴욕시를 포함한 미국 동북부 지역과 캐나다 동부 지역에 전력 공급이 전면적으로 중단되는 대정전이 발생했다. 천문학적인 피해를 가져온 이 정전 사태는 오하이오주 클리블랜드시 북쪽 지역에서 웃자란 나무가 송전 선로와 접촉해 발생한 작은 사고에서 시작되었다. 이것이 수 시간에 걸쳐 동쪽으로 확산되어 마침내는 우리나라 전력망보다 더 큰 규모의 지역에 사흘 동안 대정전을 일으킨 것이다.

미국보다 훨씬 더 좁은 지역에 밀집되어 있는 우리 전력망도 대정전의 위험에서 자유롭지 못하다. 만일 통제되지 않은 전력망 사고가 발생한 다면 미국 동북부 정전보다 훨씬 빠른 속도로 전국으로 확산될 것이다. 이를 막기 위해 전력망 차단 장치를 설치하여 운영하고 있지만 효과적으로 대정전을 막아 낼 수 있을지 판단하기 어렵다. 만에 하나 전국적 규모의 대정전이 발생한다면 우리 전력망을 복구하는 데에는 미국의 경우보다 훨씬 더 긴 시간이 필요할 것이다.

　우리 전력망은 기술적인 한계뿐 아니라 환경적, 사회적 한계에도 직면하고 있다. 특히 후쿠시마 원전 사고 이후 원자력 발전에 대한 국민들의 경각심이 높아져 발전소 건설을 위한 장소를 찾아내기가 더욱 어려워졌다. 이미 정부가 허가하고 주민들의 동의를 얻은 지역조차 원전 건설을 반대하는 지역 주민들의 여론이 높아져 계획대로 원전이 건설될지 예측하기 어려운 실정이다. 최근 들어서는 미세 먼지가 건강에 미치는 위험에 대한 우려도 커지고 있는데, 자동차에서 나오는 매연과 더불어 석탄 화력 발전소에서 나오는 분진이 대기 중 미세 먼지의 상당한 원인을 차지하는 것으로 이야기되고 있다. 이에 따라 정부는 이미 건설이 계획된 것 이외에는 추가 석탄 화력 발전소 건설에 신중을 기하고 있다. 현재 운영 중인 석탄 화력 발전소들까지 발전을 중단해야 한다는 여론도 만만치 않다.

　원자력 발전소나 석탄 화력 발전소와 같은 대규모 발전소는 대부분 해안가에 위치해 있다. 여기서 만들어진 전력을 서울과 경기 지역 같은 수요 중심지로 송전하기 위해서는 수백 킬로미터에 걸친 초고압 송전 선로를 건설해야 하는데, 송전 선로가 지나가는 지역 주민들의 동의를 받아 내기가 더욱 어려워지고 있다. 설사 발전소가 건설된다 하더라도 송전 선로 건설이 지체되면 이를 적기에 운전하지 못하는 상황이 벌어질 수 있다. 이는 그간 경제성을 위주로 추진하던 송전 선로 건설 사업에 환경 비용과 주민 수용성을 반영한 사회적 비용을 추가로 고려해야 함을 시사한다.

전기는 다른 재화와 달리 저장이 어려워 생산과 소비가 동시에 일어난다. 그러다 보니 예상되는 최대 수요보다 더 많은 양의 발전 설비를 갖추어야 하지만, 전력 수요가 크지 않은 동안에는 많은 발전 설비가 가동을 멈추게 된다. 특히 우리처럼 고립된 지역에서 독립된 전력망을 이루는 경우에는 더 많은 예비 전력을 갖추어야 한다는 어려움이 있다. 각 발전기의 발전량은 경제 급전 원칙에 의해 결정된다. 즉 매 순간 소비자가 필요로 하는 전력을 충족하도록 발전 비용이 싼 발전기부터 순차적으로 전력을 생산한다. 이에 따라 발전 단가가 저렴한 원자력 발전기와 석탄 화력 발전기는 기저 부하를 맡아 하루 24시간 내내 상시 발전을 하게 된다. 그 반면에 가스 발전기처럼 발전 단가가 높은 발전기는 최대 부하가 발생하는 짧은 시간만 발전을 한다. 이에 따라 최근 들어 전력 수급이 안정되면서 가스 발전기의 운영률이 급격하게 떨어지는 추세를 보이고 있다.

기후 변화에 대응하려는 범세계적인 노력의 일환으로 2015년에 파리 기후 변화 협약이 체결되었다. 우리나라도 2030년까지 온실가스를 배출 전망치에 비례해 37퍼센트 줄이겠다고 약속했다. 이 중 25.7퍼센트는 국내에서 줄이고 11.3퍼센트는 해외에서 탄소 배출권(CER)을 구매할 계획이다. 우리의 감축 목표는 미래의 예상 발생량을 기준으로 한 반면, 대부분의 국가는 과거의 발생량을 기준으로 감축 목표를 세웠다. 유럽 연합은 1995년 발생량 대비 40퍼센트 감축이 목표이고, 중국도 2005년 발생량보다 60퍼센트를 감축한다는 목표를 설정했다. 이 협정에 참여한 각국은 5년마다 상향된 온실가스 저감 목표를 제시해야 하는데 우리나라도 예외가 아니다. 이를 달성하려면 대규모의 신재생에너지 도입과 전력망의 근본적인 혁신이 불가피하다. 에너지를 만들고 사용하는 방식에 대전환이 필요하며, 현재의 에너지 다소비 산업 구조를 변화시켜 에너지를 최소한으로 사용하면서도 고부가 가치를 창출하는 산업 구조를 정착시켜야 한다.

에너지 정책에도 변화가 필요하다

중앙의 통제를 받는 대단위 발전소와 전국 방방곡곡을 빈틈없이 채우고 있는 조밀한 송배전망으로 이루어진 우리의 전력망은 이제 한계에 이르렀다. 원활한 설비 확장이 어려울 뿐 아니라 소비자들의 의식 변화와 기후 변화에 대응해야 한다는 새로운 도전에 맞닥뜨렸다. 과거 수십 년 동안 늘어나는 전력 수요를 발전 설비 건설로 메우던 공급 위주의 정책 또한 변화된 환경에서 더 이상 효과적으로 적용할 수 없게 되었다. 전통적인 전력 설비와 전력망 운용 기술로는 우리 전력망이 직면한 문제를 풀어낼 수 없다. 에너지 정책의 근본적인 변화와 신기술의 과감한 도입만이 이 난제를 해결하는 방법이다.

먼저 공급 일변도의 경직된 에너지 정책을 수요 중심의 유연한 정책으로 바꾸어야 한다. 늘어나는 전력 수요를 발전 설비의 추가 건설로 대응하려는 정책으로는 효율적인 에너지 사용을 기대하기 어렵다. 또한 미래 수요를 산정하는 데 따르는 불확실성으로 인해 적정한 발전 설비 규모를 산정해 내기도 어렵다. 게다가 수요가 감소할 경우에는 발전 설비의 가동률이 줄어들 수밖에 없고, 계획과 실제 건설 사이에 시차가 있어 발전 예비력의 과잉과 부족 현상이 반복될 수밖에 없는 실정이다. 전력 수요의 증가 추세도 최근 들어 현저히 변하고 있는데, 이는 일시적인 경기 악화의 영향도 있지만 조선과 철강같이 에너지를 다소비하는 우리 산업이 국제 경쟁력을 잃어 가며 생기는 구조적 문제와 더 관련이 깊다.

일본처럼 경제 발전에 따른 산업 구조 변화를 먼저 겪은 선진 국가들의 선례를 보면 장기적으로는 우리의 전력 수요가 감소할 가능성도 있다. 따라서 공급 설비 확대 위주의 정책에서 수요를 관리하는 정책으로 전환이 필요하다. 이를 위해 전력 요금 체계를 개선하여 에너지 소비가 효율적으로 이루어지도록 하고, 정보 통신 기술을 활용하는 에너지 신기술을 보다 적극적으로 도입해 공급 설비의 확대를 최소화하면서도 안정적으로 전력을 공급해야 한다.

    또한 화석 연료를 사용하는 대규모 발전 설비를 기반으로 하는 중앙 집중적인 전력망을 신재생에너지와 같은 다양한 분산 전원을 중심으로 하는 지역 자급형 소규모 전력망으로 바꾸어 나가야 한다. 2015년 한국에서 신재생에너지가 차지하는 비중은 1차 에너지 대비 4.54퍼센트에 불과한데, 이는 유럽을 비롯한 선진국들에 훨씬 못 미치는 수준이다. 정부는 2035년까지 1차 에너지 중 11퍼센트를 신재생에너지로 충당하겠다는 계획을 세우고 있어, 앞으로 늘어나는 전력 수요의 상당 부분을 신재생에너지로 충당할 것이 예상된다. 전력 수요가 집중된 지역 인근에 태양광과 같은 대규모 신재생에너지를 도입하면 온실가스 배출을 줄이고 송전 선로의 건설을 최소화하면서 전력을 공급할 수 있다. 하지만 전력망을 안정적으로 운영하기 위해서는 극복해야 할 문제가 남아 있다. 태양광이나 풍력처럼 예측하기 어려운 자연 현상에 의존하는 신재생에너지는 전력 수요와 무관하게 발전량이 변동하기 때문에 에너지를 저장하는 설비를 갖추지 않고는 생산된 에너지를 효율적으로 활용하기 어렵다. 여기에 대규모 신재생에너지 발전 설비는 그 지역의 전압을 변동시키고 전력의 흐름을 변화시켜 전기의 품질을 떨어뜨리고 안정적인 전력 공급을 어렵게 만들 수 있다. 지금 우리 전력망은 대규모 신재생에너지를 고려하지 않고 설계되었다. 신재생에너지 보급 계획과 함께 이를 안정적으로 운영할 수 있도록 에너지 저장 장치와 같은 신기술을 적극 도입하는 체계적인 전력망 혁신 계획을 수립해야 한다.

우리 전력망은 기술, 사회적 문제뿐 아니라 제도적으로도 한계에 부딪혔다. 전기 사업법을 비롯한 현행 전기 에너지 관련 법규는 100년 전 기술을 기반으로 만들어졌다 해도 과언이 아니다. 현행법은 전력을 만들어 내는 발전 사업자, 이를 실어 나르는 역할을 하는 송배전 사업자, 그리고 전력을 사용하는 소비자를 명확하게 구분하고 서로의 영역을 침범하지 못하도록 규제하고 있다. 발전 사업자는 송배전 사업을 할 수 없고, 마찬가지로 송배전 사업자는 발전 사업을 할 수 없으며, 전력 소비자는 잉여 전력을 되팔기 어려운 구조다. 그러나 새로운 에너지 기술은 대부분 이러한 기준으로 분류하기 어렵다. 대표적인 경우가 에너지 저장 장치다. 에너지 저장 장치는 전력을 저장하는 동안에는 소비자 역할을 하지만 전력을 방전할 때에는 마치 발전기와 같은 역할을 한다. 또 이러한 충전과 방전 기능은 송전망에서 전력의 흐름을 바꿀 수도 있으므로 송전 설비의 역할을 한다고도 볼 수 있다. 현행 에너지법 체계의 골격을 유지하면서 부분적인 개정으로 다양한 신기술을 담아내기에는 한계가 있다. 발전, 송전, 배전 및 판매라는 사업 분류에 따른 칸막이식 규제 중심의 현행 법체계를 다양한 기술이 융합될 수 있는 새로운 법체계로 바꾸어야 한다.

미래 전력망 구축을 위한 에너지 신기술

우리 전력망이 당면한 과제는 과감한 신기술을 도입하여 풀어 나갈 수 있다. 현재의 전력망은 전통적인 기술을 기반으로 건설된 대규모 발전 송전 설비를 중앙에서 통제하는 방식이다. 이를 개선해 정보 통신 기술과 다양한 신기술을 적용한 유연하고 환경 친화적이며 지속 가능한 선력망으로 만들어야 한다.

첫 번째로 고려할 수 있는 신기술은 스마트 그리드(Smart Grid)이다. 지금 우리의 전력망은 발전, 송전, 배전 및 판매 기능이 서로 분리되어 있고 생산과 소비가 단방향으로 이루어지는 공급자 중심의 경직된 전력망이다. 여기에 정보 통신 기술을 접목해 전력 공급자와 소비자가 실시간으로 정보를 교환하고, 다양한 서비스를 도입하여 에너지 효율을 극대화하는 수요자 중심의 유연한 전력망을 '스마트 그리드'라 한다. 전력 소비자와 생산자 사이에 실시간으로 정보 교류가 가능해지면 변동하는 전기 요금이나 발전 예비율과 같은 유용한 정보를 서로 공유할 수 있어서 전력 소비 패턴이 변하게 된다. 소비자는 수요가 큰 최대 시간대에 전력 소비를 줄이거나, 에너지 저장 장치와 같은 대체 수단을 활용하여 발전 부담을 줄일 수 있다. 최대 전력 소비가 줄어든다면 발전소의 추가 건설을 최소화할 수 있고, 에너지 저장 장치를 활용하면 송전 선로의 부담도 줄일 수 있다. 스마트 그리드는 대규모 발전 설비와 송전망 중심으로 구성된 중앙 집중형 전력망을 신재생에너지와 같은 분산형 발전원과 전기차와 같은 신기술이 원활하게 도입될 수 있는 플랫폼 역할을 할 것이다.

이러한 스마트 그리드 기술을 개발하고 그 기능을 검증하기 위해 2009년 제주도 구좌읍 2000여 세대를 대상으로 한 스마트 그리드 실증 단지가 만들어졌다. 여기에서 전력망 운용 기술을 현대화하는 지능형 전력망 기술, 양방향 정보 교류를 활용하여 소비자의 반응을 이끌어 내는 지능형 소비자 기술, 전기자동차와 충·방전 기술을 검증하는 지능형 자동차 운송 기술, 풍력과 태양광 같은 신재생에너지를 활용한 분산 전원을 적용하는 지능형 신재생 기술 및 스마트 그리드를 활용한 다양한 부가 서비스를 개발하는 지능형 서비스 기술 등 5개 분야의 요소 기술이 개발되었고, 이를 통합하여 운용하는 기술 축적을 이루었다. 2011년에는 '지능형 전력망 촉진법'이 제정되어 현재 시행되고 있다. 제주 실증 단지에서 개발된 스마트 그리드 기술을 전국에 적용하는 스마트 그리드 확산 사업이 2016년부터 7개 거점 도시를 중심으로 시작되었으며, 2030년까지 전국 규모의 스마트 그리드 구축을 완성한다는 목표 아래 사업이 진행 중이다.

두 번째로 고려해야 할 신기술은 마이크로그리드(Microgrid)이다. 중앙 집중형 대규모 전력망과 달리 수용가에서 필요로 하는 전력을 신재생에너지와 같은 지역에 분산된 발전원이 공급하고, 에너지를 저장하는 설비와 자율 운영 시스템을 갖추어 독립적인 운전이 가능한 소규모 전력망을 마이크로그리드라 한다. 마이크로그리드는 소비 지역 가까이에서 만들어지는 전력을 활용할 수 있어 장거리 송전망의 건설을 최소화할 수 있고, 독립적으로 운영할 수 있어서 광역 정전도 막을 수 있다. 대규모 신재생에너지나 전기차 충·방전 설비를 안정적으로 운영하기 위해서는 마이크로그리드 기술이 꼭 필요하다. 마이크로그리드는 도서 지역이나 오지처럼 송전망으로 연결하기 어려운 지역에 전력을 공급하는 전력망 독립형과, 연계되어 있으면서 반독립적으로 운영되는 전력망 연계형으로 구분할 수 있다.

전력망 독립형 사례는 울릉도에서 볼 수 있다. 울릉도는 육지와 전력망이 연결되어 있지 않은 가장 큰 섬으로 지금까지 대부분의 전력을 디젤 발전기가 공급해 왔다. 여기에 신재생에너지와 에너지 저장 장치, 그리고 에너지 운영 시스템을 도입하여 에너지 자립 섬으로 만들려는 사업이 진행 중이다. 이러한 독립형 마이크로그리드 기술은 국내 도서 지역은 물론이고 저개발 국가나 고립된 지역에서 전력을 공급하는 수단으로 각광받고 있으며, 예상되는 시장 규모도 막대하다. 한편 대학 캠퍼스는 전력망과 연계되어 있으면서도 다수의 건물들이 하나의 기관에 의해 독립적으로 운영되어 마이크로그리드 기술을 도입하기에 적절한 여건을 갖추고 있다. 서울대학교는 학생과 교직원을 포함하여 5만 명 정도가 상주하면서 한 해에 약 160억 원의 전력 요금을 내고 있는, 서울시에서 가장 큰 전력 소비자다. 이곳에 사물 인터넷 기술을 활용한 에너지 운용 시스템을 도입하고, 에너지 저장 장치와 신재생에너지를 도입해 에너지를 효율적으로 소비하도록 하며, 외부 전력이 차단되었을 때에도 스스로 전력을 공급하는 능력을 갖추는 마이크로그리드 사업을 진행 중이다.

　세 번째는 에너지 저장 장치이다. 전기는 물과 많은 점에서 닮았다. 전기를 물에 비유한다면 전기를 만들어 내는 발전소는 상수원, 전기를 실어 나르는 송전선이나 배전선은 수도관이라 할 수 있다. 둘 사이에 큰 차이가 있다면 물은 저수지를 이용해 저장할 수 있지만 아직까지 전기는 저장해 사용할 수 있는 설비가 갖추어져 있지 않다는 것이다. 그러다 보니 발전량과 소비 전력이 매 순간 일치해야 해서 급격하게 수요가 변동하거나 예기치 않게 발전 설비가 고장 나면 정전이 불가피하다. 저수지에 물을 저장하듯 전기를 저장해 두었다가 필요할 때 꺼내 쓸 수 있는 설비를 에너지 저장 장치라 한다.

　배터리와 정보 통신 기술을 결합해 만든 이 설비를 활용해 전력 공급에 여유가 있는 시간에 충전을 하고 전력 수요가 최대인 시간에 저장된 에너지를 꺼내 사용할 수 있다면 정전 없이 안정적으로 전력을 공급할 수 있을 뿐 아니라 최대 수요를 담당하는 발전 설비의 건설을 최소화할 수 있다. 우리에게 공급되는 전기는 1초에 60번 극성이 바뀌는 교류 전기다. 발전기가 만들어 내는 전력과 소비자가 사용하는 전력이 정확하게 같을 때에는 주파수가 일정하게 유지되지만 전력 소비량이 더 많을 때에는 주파수가 떨어지고, 반대로 발전량이 더 많을 때에는 주파수가 올라간다. 이러한 발전력과 수요 전력 사이의 불일치에서 발생하는 주파수 변동을 막기 위해 많은 발전기들이 만들 수 있는 전력의 최대치보다 약 5퍼센트 적게 발전하면서 주파수 변동에 대비한다. 이 주파수 조정 기능을 에너지 저장 장치가 대신할 수 있는데, 그렇게 된다면 발전소를 새로 짓지 않고도 발전력을 높일 수 있다. 에너지 저장 장치가 발전기 역할을 대신하는 셈이다.

에너지 저장 장치는 비상용 발전기로도 활용할 수 있다. 현재 전국에 산재한 비상용 발전기의 총 발전 가능량은 2000만 킬로와트가 넘는데, 이는 원자력 발전기 20대가 내는 전력과 맞먹는 막대한 양이다. 그러나 대부분의 비상용 발전기가 디젤 엔진을 이용하도록 되어 있어 매연과 소음 문제로 평상시에는 운전하기 어렵다. 기술적으로도 전력망에 연계되어 있지 않아 예비 전원으로 활용할 수 없는 실정이다. 이 비상용 발전기에 에너지 저장 장치를 결합하면 비상시뿐 아니라 평상시에도 활용할 수 있어 발전소를 더 짓지 않고도 충분한 예비력을 갖출 수 있다.

마지막으로 전기차와 V2G 기술을 생각해 볼 수 있다. 세계 각국에서 전기차 보급이 급속도로 늘어나고 있다. 2012년 18만 대에 머물렀던 수치가 2017년에는 310만 대로 늘어났다. 한국에도 2017년까지 2만 5000여 대의 전기차가 보급되었으며 더욱 빠른 속도로 늘어날 전망이다. 아직은 충·방전 시설이 부족하고 대량 생산 체계가 갖추어지지 않아 같은 규격의 내연 기관 자동차보다 값이 비싸지만, 대량 보급이 이루어진다면 가격이 저렴해질 것으로 예상된다. 전기차는 배기가스가 없어 친환경적이고 부품 수가 내연 기관 자동차에 비해 훨씬 적어 구조가 단순하다. 여기에 배터리나 전력 변환 장치와 같은 핵심 부품의 가격이 급격히 내려가는 추세라 앞으로 보급 속도가 더욱 가속화될 전망이다.

전기차는 사람을 실어 나르는 역할뿐 아니라 에너지를 저장하여 싣고 나르는 에너지 운송 수단 역할도 할 수 있다. 전기차 한 대에는 약 20킬로와트 정도의 배터리가 들어 있는데, 만약 100만 대의 전기차가 보급된나던 원사딕 발전기 10대가 2시간 동안 민들이 내는 에너지를 '신고 달리는 셈이 된다. 이런 이유로 전기차 대량 보급의 핵심 관건은 전력을 공급하는 충·방전 설비를 어떻게 갖추느냐에 있다. 만일 전기차가 일방적으로 충전만 한다면 전력망에 큰 부담을 주지만, 충전된 에너지를 필요한 시기에 방전할 수 있다면 이는 발전소나 송전 선로의 역할을 대신하므로 전력망 운영에 큰 도움이 될 것이다. 또한 전력 공급에 여유가 있는 시간에는 충전을 하고, 최대 수요가 발생하는 시간에는 방전하도록 하여 기존 발전 설비를 보다 효율적으로 운영할 수 있다. 이러한 전기차 충·방전 기술을 V2G(Vehicle to Grid) 기술이라 한다.

대학 캠퍼스 구내에 전기차를 도입해 V2G의 효과를 검증하는 시범 사업이 수행되었는데 여기에서 흥미로운 결과가 도출되었다. 전력 부하가 적고 전기 요금이 저렴한 야간에 충전을 하고, 최대 부하가 발생하고 전기 요금이 비싼 오후 시간에 방전을 하도록 했다. 그 결과 건물에서 사용되는 최대 전력을 줄여 에너지를 효율적으로 활용할 수 있었고, 충전 요금과 방전 요금의 차이에서 소비자 수익도 창출할 수 있었다. 여기에 발전소나 송전 선로를 대신하면서 발생하는 사회적 편익 중 일부를 전기차 사용자에게 되돌려 주는 제도가 마련된다면 전기차 보급도 활성화하면서 동시에 발전소나 송전 선로의 건설도 줄일 수 있을 것으로 기대된다.

우리 전력망의 미래 비전

우리 전력망은 전력 신기술을 담아 새로운 전력망으로 거듭나야 한다. 먼저, 이런 전력 신기술을 제한된 지역에 건설해 기술을 검증하면서 세계 시장에 홍보할 수 있는 공간이 필요하다. 또한 남북으로 나뉜 우리 전력망을 다시 잇는다는 역사적 사명감을 가지고 한반도를 넘어 중국, 러시아는 물론 세계로 연결되는 전력망을 만들어 가야 할 때다.

제주도의 실험은 이런 면에서 흥미로운 사례라 할 수 있다. 미래 사회를 위한 새로운 전력망은 전력 기술뿐 아니라 다양한 에너지 기술과 정보 통신 기술이 어우러져 만들어 내는 융합 기술이다. 현재 우리나라는 여기에 필요한 많은 요소 기술을 보유하고 있지만, 아직은 이를 융합하여 하나의 통합된 시스템으로 만들어 본 경험이 없다. 이러한 기술을 전 국토에 적용하기에 앞서 제한된 지역에 구현하여 기술 성숙도를 높이고, 아울러 국민들이 직접 체험할 수 있도록 해야 한다. 이러한 목적에 가장 적합한 지역이 제주도다.

제주도는 동서 약 100킬로미터, 남북 약 70킬로미터에 이르는 세계에 자랑할 만한 청정 지역이다. 제주도는 60만 명의 인구가 거주하고, 30만 대의 자동차가 운영되고 있으며, 한 해 1200만 명의 관광객이 찾는 섬이다. 제주에서 사용되는 전력은 약 70만 킬로와트인데, 그중 절반 이상이 육지와 연계된 해저 직류 송전 케이블로 전송되고 나머지는 도내에 설치된 내연 기관 발전기가 만들어 낸다. 풍력이나 태양광, 지열 등을 이용하는 신재생에너지 자원도 풍부하며, 전국에 보급된 전기차의 절반이 이곳에서 운영되고 있다. 2016년까지 5600대의 전기차가 보급되었고, 2017년에 7500대 보급이 완료되면 전국 최초로 1만 3000대를 넘어서게 되며, 6700기의 충전기가 설치될 예정이다. 게다가 특별 자치도라는 특수한 지위 덕에 다른 지역에 비해 제도 개선이 용이하여 전력 신기술을 적용하기에 더할 나위 없이 적합하다.

제주도에 에너지 신기술을 적용함으로써 미래에 우리 사회가 구현하려는 전력망을 먼저 구축하고, 신재생에너지로 제주에서 필요한 에너지를 자급하고 남는 에너지는 육지로 보내는 시스템을 갖춰야 한다. 도내에서 운영되는 내연 기관 자동차를 가능한 한 빠른 시간 내에 전기차료 바꾸어 제주를 매연 없는 청정 섬으로 가꾸고, 여기에서 온 방문객들이 이를 직접 경험할 수 있기를 바란다. 현재 제주도 내 곳곳에 송전탑이 건설되어 있는데, 지하 케이블을 활용한 직류 송배전 기술을 도입해 송전탑 없는 아름다운 섬을 만들어야 한다. 이렇게 제주에서 전력 신기술을 더욱 높은 수준으로 완성시키고 국민의 참여와 체험을 통해 미래 에너지시스템에 대한 공감대를 넓혀야 한다.

통일에 관한 고려도 빼놓을 수 없다. 북한의 전력 사정은 매우 열악하다. 인공위성이 찍은 야간의 북한 지역 사진을 보면 평양과 같은 대도시 지역을 제외한 대부분의 지역이 깜깜해 남한이나 중국 지역과 크게 대비된다. 지난 20여 년 동안 북한의 에너지 소비량은 오히려 줄어들고 있는데, 석탄과 수력을 위주로 구성된 1차 에너지의 공급 규모가 1990년 2400만 TOE(Ton of Equivalent)에서 2014년에는 1100만 TOE로 줄었고, 에너지 부족 현상으로 인해 공장 가동률은 30퍼센트 내외인 것으로 추정된다. 2014년을 기준으로 북한의 총 발전 설비 용량은 725만 킬로와트로 추정되는데 이는 우리의 7퍼센트 수준이며, 연간 총 발전량은 5171억 킬로와트로 우리의 4.3퍼센트에 불과하다. 이러한 북한 지역에 대규모 발전 설비와 송전망을 새로 구축해 전력을 공급하려면 막대한 비용이 들어갈 뿐 아니라 장기간의 건설 시간이 필요하다. 북한의 실정에 맞는 새로운 에너지 기술을 적용하여 전력망을 만들어 가는 것이 비용이나 시간을 줄이는 합리적인 방안이 될 터이다.

먼저, 남측에서 직접 북측으로 교류 송전망을 연결해 전력을 보내기는 사실상 불가능하다. 현재 북한 전력망의 표준 주파수는 60헤르츠로 우리와 같지만, 실제 운용되는 주파수는 이에 훨씬 못 미쳐 마치 이빨 모양이 다른 톱니바퀴를 물리려는 것과 같은 형편이다. 우리 측에서 보내는 전력량을 조절하면서 북측에서 발생하는 전력 문제가 우리 쪽으로 파급되는 것을 막아 주는 장치가 필요한데, 직류 송전(High Voltage Direct

Current, HVDC) 기술이 그러한 역할을 할 수 있다. 대규모 발전 설비와 송전망 건설에 앞서, 지역별로 에너지 공급이 가능한 마이크로그리드 기술을 적용해 전기는 물론이고 가스와 물을 함께 공급하는 시설을 갖추어 나가고, 활용 가능한 신재생에너지를 최대한 도입한 새로운 전력망을 만들어 가야 한다. 남북한만 서로 연결된 고립된 전력망은 바람직하지 않다. 북한 지역의 송전망은 중국이나 러시아와 같은 인접 국가들과 연계되도록 만들어야 한다.

보다 큰 그림으로는 아시아 슈퍼그리드라는 개념이 있다. 전력망은 보다 넓은 지역으로 연결될수록 더 효율적이고 안정되게 운영할 수 있다. 일부 지역에서 설비 고장이 발생해 전력 공급이 어렵더라도 다른 지역에서 필요한 전력을 융통할 수 있어서 공급 신뢰도가 높아지고, 각 지역마다 경쟁력 있는 에너지원을 사용해 전력을 생산할 수 있어 경제적인 전력 공급이 가능해진다. 여기에 지역별로 최대 부하 시간이 다를 경우 지역 간 전력 거래를 통해 공급을 조정할 수 있어 발전설비의 추가 건설을 최대한 억제할 수 있다.

이미 북미 지역은 미국과 캐나다, 멕시코가 연계된 거대한 슈퍼그리드(Supergrid)가 형성되었다. 이곳에서는 지역 간 평균 네 배에 달하는 전력 가격 차이를 이용해 수익을 창출하고 있으며, 전력 설비 건설에 따른 막대한 비용과 시간, 환경 파괴를 최소화하며 안정적으로 전력을 공급하고 있다. 유럽 역시 많은 국가 간 전력망이 연결되어 거대한 네트워크를 형성하고 있는데, 여기에 태양광이나 해상 풍력과 같은 대규모 신재생에너지 자원을 효과적으로 공동 활용하기 위해 슈퍼그리드 사업이 시도되고 있으며, 이를 아프리카 북부 지역까지 포함하는 전력망으로 확장하려 한다.

우리나라가 위치한 동북아시아 지역은 인구와 경제력이 밀집되었으면서도 전력망이 연결되지 않은 지구상 유일한 지역이다. 그간 정치적인 이유로 이 지역 국가들 간에 전력망이 연계되지 못했지만, 슈퍼그리드가 만들어진다면 연계된 모든 국가가 에너지 수급에서 큰 편익을 얻을 수 있다. 러시아는 극동 지역에 분포한 풍부한 에너지 자원을 활용해 낮은 비용으로 전력을 생산할 수 있고, 중국은 동서 간 수급 불균형 문제를 해결하면서 몽고 지역에서 대규모 신재생에너지를 개발하기 수월해질 것이다. 일본은 후쿠시마 원전 사고 이후 전력 수급과 전기 요금 인상 문제를, 한국은 에너지 자원 부족과 더불어 전원 입지 확보에 어려움을 겪고 있는데 슈퍼그리드가 이러한 문제를 해결하는 데 큰 도움이 될 것이다. 특히 아시아 슈퍼그리드가 실현되면 그리드의 중심에 위치할 것으로 예상되는 한국은 거대 전력망을 연결하는 허브 역할을 하게 될 것이다. 이러한 슈퍼그리드를 만드는 데 가장 큰 변수는 북한이다. 남북 간 관계 개선의 정도를 고려한 다양한 시나리오를 구상해야 하며, 중국과 일본과는 가능한 한 이른 시기에 전력망이 연결되는 것이 바람직하다.

한계를 넘어 세계로

화석 연료를 사용하는 거대한 발전 설비와 중앙 통제식 초고압 송전망을 기반으로 공급 위주로 팽창해 온 우리 전력망은 이제 한계에 봉착했다. 세계적으로도 유례없이 고립되고 밀집된 우리 전력망에서 설비를 확충하기에는 기술적인 어려움이 많다. 밖으로는 기후 변화에 대처하는 범지구적인 노력에 동참해야 하고 안으로는 국민들의 환경과 건강에 대한 우려가 높아지는 상황에서 현재의 전력망은 지속과 공존이 어렵다. 이러한 전력망에 친환경적이며 지속 가능한 대규모 신재생에너지를 도입하여 에너지 자급률을 높이는 한편, 정보 통신 기술, 스마트 그리

드, 에너지 저장 장치와 같은 전력 신기술을 적극 도입하여 소비자 중심
의 유연한 전력망으로 나아가야 한다.

우리 전력망은 한반도에 갇혀 있을 게 아니라 통일에 대비해 북한
지역에 전력을 공급할 기술을 마련하면서 분단된 남북을 잇는 역사적
역할을 준비해야 한다. 여기서 한 걸음 더 나아가 중국, 러시아, 일본과
연계하여 세계로 뻗어 가는 전력망을 만들어야 하며, 그 중심에 한국이
서도록 노력을 경주해야 한다.

에너지 전환을 위한
정부의 책무

홍종호 / 환경대학원

약 10년 전 일본에서 개최된 국제 학회에서의 일이다. 모든 참석자가 참여하는 전체 회의에서 한 일본 원로 경제학자의 주제 발표가 있었다. 전체 회의 발표는 학자로서는 매우 영예스러운 일이다. 그는 익숙하지 않은 영어로 말했다. "2050년이 되면 화석 연료로 움직이는 자동차는 지구상에 존재하지 않을 것입니다." 새로운 세상을 향한 선언과도 같은 이 말은 나에게 적지 않은 충격을 주었다.

　　평소에 환경과 에너지, 그리고 지속 가능한 발전 문제에 관심을 가졌음에도 나 자신 우리의 미래상에 대해 이렇게 혁명적인 생각을 해 본 적은 거의 없었던 것 같다. 50년 혹은 100년 후의 세상을 말하는 것은 경제학자가 아닌 미래학자의 영역이라고 생각했기 때문일 것이다. 어쩌면 이론과 데이터가 결합된 엄밀한 분석에 기초하지 않으면 학술적으로 높은 평가를 받지 못하는 경제학계 분위기 때문인지도 모른다. 그런데 국제적으로 이름이 알려진 노학자가 '석유 없는 자동차 시장'을 말하다니. 기후 변화 문제를 연구하면서도 담대한 상상력을 발휘하는 데에는 나 스스로 많이 인색했다는 생각이 들었다.

　모든 경제학자가 미래 예측을 주저했던 것은 아니다. 영국의 스탠리 제번스(Stanley Jevons)는 한계 효용 이론을 주창하여 신고전학파 경제학의 문을 연 학자로 유명하다. 마흔일곱 살에 타계한 그가 젊은 시절 자원 고갈 문제를 주제로 당대의 이목을 집중시킨 저서를 출판한 사실을 아는 사람은 드물다. 서른 살인 1865년에 출간한 『석탄 문제(The Coal Question)』에서 제번스는 산업 혁명의 근간이 된 석탄이 고갈해 50년 안에 영국 경제의 발목을 잡을 것이라고 경고했다. 폭발적으로 증가하는 석탄 수요와 50년 정도의 채굴량밖에 남지 않은 석탄 공급 사이에 괴리가 생길 것이라는 주장이었다.

　그러나 그의 예측과 달리 오늘날 석탄은 여전히 세계적으로 매장량이 가장 풍부한 화석 연료의 하나다. 유명 경제학자였던 제번스도 자원의 희소성에 대해서는 과도한 비관론에 빠져 있었던 셈이다. 석탄 매장량을 턱없이 과소 추정하고, 당시 막 채굴과 기술 개발이 본격화되던 석유와 천연가스 등 새로운 에너지원을 간과한 데서 생긴 오류였다. 심지어 20세기 최고의 경제학자로 평가받는 케인스에 따르면, 제번스는 종이의 원료가 되는 펄프의 고갈 가능성을 고민하다 못해 엄청난 양의 종이를 모으기 시작했다고 한다. 컴퓨터가 없던 당시, 종이 없이는 자신의 생각을 남길 수 없는 시대에 살았던 학자로서는 어쩌면 당연한 궁여지책이었는지 모른다. 제번스 사후 50년, 그의 자손들은 여전히 할아버지가 모아 둔 종이를 다 사용하지 못했다는 웃지 못할 일화가 전해진다.

　그 반면에 미래에 대한 극단적 낙관주의자로 미국 랜드(RAND) 연구소에 근무했던 허먼 칸(Herman Kahn)을 빠뜨릴 수 없다. 핵 전략가이자 1세대 미래학자인 그는 1967년에 출간한 『서기 2000년(The Year 2000)』이라는 저서에서 향후 33년간 기술 혁신이 확실시되는 100가지 분야를 나열했다. 이 중에는 가정용 비디오 기기의 보급이나 기업의 컴퓨터 할용· 일상회 등 실제로 실현된 기술도 있다. 그러나 후대의 진문가들은 칸이 제시한 100가지 신기술 중 80개 정도는 실현되지 않았거나 실현 여부가 여전히 모호한 것들이라고 결론 내렸다. 예를 들자면 핵폭탄을 이용한 토지 굴착과 자원 채굴, 인공 달을 이용한 도시 전체 야간 조명, 해저 도시, 기후와 환경을 제어하는 기술 등이 그렇다. 만약 신기술에 대한 그의 예언이 실현되었다면 우리는 기후 변화 문제를 그리 걱정하지 않았을지 모른다.

칸은 또 1976년에 발표한 『다가올 200년(*The Next 200 Years*)』에서 2176년이 되면 전 세계 총인구는 150억 명 선에서 안정적으로 유지되고, 1인당 소득은 당시의 지구 평균 소득 1300달러에서 200년 후 2만 달러 수준으로 증가할 것이라 주장했다. 최빈국과 개도국 국민들도 기술 진보로 경제 성장의 과실을 누리게 되어 전 세계가 풍요 속에 살게 될 거라는 장밋빛 세상을 전망한 것이다. 그는 1970년대에 소위 '성장의 한계(limits to growth)' 학파가 주장했던 자원 고갈로 인한 암울한 지구의 미래상과는 완전히 상반된 세상을 꿈꾸었다.

지속 가능한 에너지 미래

대한민국의 에너지 미래는 어떤 모습일까? 수요 측면에서 연간 전력 소비 증가율이 10퍼센트에 달했던 지난 10여 년의 모습이 이어질 것인가? 아니면 경제 성장률에 비해 에너지 소비 증가율이 점차 낮아지는 '탈동조화(de-coupling)' 경로가 정착될 것인가? 유럽 여러 나라들에 비해 1인당 에너지 소비가 월등히 많은 가장 큰 이유인 에너지 집약적 산업 구조는 존속될 것인가? 공급 측면에서 지난 40년간 우리나라 전력 구성의 근간을 이룬 원자력과 석탄 화력 중심의 집중형 발전 방식이 앞으로도 계속될 것인가? 아니면 최근의 국제 흐름을 따라 재생 가능 에너지 비중이 커지는 전력 공급 시스템으로 전환될 것인가?

이러한 질문에 대한 해답은 우리나라의 장기 에너지 수급 경로를 넘어 한국 경제, 나아가 대한민국의 지속 가능성을 가늠하는 중요한 잣대가 될 수 있다. 에너지 문제는 국가 경제에서부터 국민 건강에 이르기까지 우리 삶에 큰 영향을 끼치고 있다. 에너지의 95퍼센트를 수입에 의존하는 독특한 경제 구조를 갖고 있는 우리나라는 어느 분야보다 에너지 위험에 많이 노출되어 있기 때문이다. 최근 종종 발생하는 지진은 원전 밀집도 세계 1위인 상황과 맞물려 국민 불안감을 키우고 있다. 석탄 화력 발전소 등 화석 연료 연소에서 발생하는 미세 먼지 또한 심각한 사회 문제로 부상하고 있다. 에너지를 생산하고 소비하는 방식에 일대 전환이 필요한 이유다.

에너지의 미래는 5년 임기의 특정 정권이 결정할 수 있는 문제가 아니다. 에너지 전문가들이 머리를 맞대고 토론한다 해서 쉽게 답이 나오지 않을뿐더러 그들이 결정할 수 있는 문제 수준을 한참 넘어선다. 이 문제는 정부의 에너지·산업·교통·국토·환경·조세 정책은 물론이고 개별 경제 주체의 행동 양식과 미래에 대한 인식, 나아가 역사적 전통과 사회적·문화적 성향 등 우리나라의 총체적 의사 결정 구조와 맞물려 있다.

대한민국이 지향해야 할 지속 가능한 에너지 전략은 무엇을 기준으로 삼아야 할까? 나는 이를 (1) 에너지 안보, (2) 깨끗하고 안전한 에너지, (3) 신산업 육성 및 일자리 창출, (4) 온실가스 감축의 네 가지로 제시한다. 각각에 대해 살펴보자.

첫째, 에너지 안보의 중요성이다. 에너지 안보 개념은 과거에는 에너지 자립도, 수입 다변화, 공급 안정성과 같은 공급 측면에 국한되었다. 그러나 최근에는 복잡해진 에너지 시장의 형태와 이로부터 파생되는 다양한 외부 요인들을 함께 고려해야 한다는 주장이 제기되는 추세다. 에

너지 안보 개념은 에너지 공급 측면뿐 아니라 경제성, 기술 효율성, 사회
적·환경적 수용 가능성 등 다차원적 관점으로 접근할 필요가 있다. 따라
서 우리나라의 에너지 안보 수준을 높이기 위해서는 다양한 에너지 공
급원을 확보하고 단일 에너지원에 대한 의존도를 낮추려는 노력이 필요
하다. 해외 수입 의존도가 높은 화석 연료 공급 비중을 줄이고 재생 가능
에너지처럼 국내에서 생산 가능한 에너지원의 비중을 높이는 정책이 요
구된다.

둘째, 깨끗하고 안전한 에너지원이 필요하다. 2016년 발표된
OECD 보고서에 따르면 2010년 1년간 대기 오염으로 인한 우리나라
조기 사망자 수는 약 1만 7000명에 달했다. 대기 오염 수준에 특별한 변
화가 없을 경우 2060년에는 조기 사망자 수가 세 배 증가하여 약 5만
4000명에 달할 것으로 전망했다. 이는 OECD 국가 중 최고 수준일 뿐
아니라 건강에 직접적인 영향을 주는 대기 오염 피해가 감소하기는커녕
계속 증가할 것이라 예측했기에 충격적이다. 또한 대기 오염으로 인한
조기 사망자 수, 노동 감소일 수, 장애 보정 손실 연수(DALY) 등을 포함
한 전체 경제 손실은 2060년 GDP의 0.63퍼센트에 이르러 OECD 국가
중 가장 높을 것이라 경고했다.

미세 먼지는 매우 심각한 사회 이슈로 부상했다. 그동안 황사 발생
은 주로 봄철에 국한되었던 반면, 미세 먼지는 계절에 관계없이 높은 발
생 빈도를 보여 더 심각하다. 국내 요인과 중국 등 해외 요인이 복합적
으로 영향을 미치고 있으나, 해외 요인은 당장 우리가 제어하기 힘든 상
황이다. 하지만 국내 발생원은 석탄 화력 발전소 축소, 노후 경유차 규제
와 같은 자체 노력을 통해 개선이 가능하다. 향후 에너지 정책은 미세 먼
지의 주요 배출원인 석탄과 경유의 소비 감소를 유도함으로써 건강 개
선과 노동 생산성 및 학업 성과 향상 등 다양한 효과를 유도할 필요가 있
다. 미세 먼지 감소는 조기 사망자 및 보건 비용 감소 등 국민 건강 개선

이라는 직접적인 편익 외에도 노동 및 농업 생산성 향상과 같은 간접적인 편익을 가져온다.

2016년 경주 지진 발생 이후 원자력 발전소의 안전성에 대한 우려가 커지고 있다. 특히 지진 발생 지점과 멀지 않은 경북 울진과 부산 기장 일대 주민들의 우려가 크다. 앞으로 설계 수명이 만료된 노후 원전의 가동을 점차 중단하는 방안을 강구할 필요가 있다. 원전의 전력 공급 단가를 계산할 때 건설 비용과 운전 비용 등 직접 비용뿐 아니라 주민 보상 비용, 토지 수용 비용, 보험 비용, 금융 비용, 원전 해체 비용, 폐로 비용, 폐기물 저장소 확보 비용 등 원전의 전 주기에 걸쳐 발생하는 각종 비용을 객관적으로 반영하여, 원전의 정확한 경제성을 면밀히 검토하는 것이 중요하다.

셋째, 신산업 육성 및 일자리 창출 가능성이다. 한국의 잠재 성장률은 2000년대 이후로 지속적으로 낮아지는 추세이며, 2014년 이후 3퍼센트 초반에 머무르고 있다. 일각에서는 2020년대 이후 1퍼센트대로 하락할 수 있다는 우려를 표하기도 한다. 이에 따라 에너지 다소비형 제조업 중심의 산업 구조에서 벗어나 새로운 먹을거리를 찾을 필요성이 부각되고 있다. 에너지 전환을 위한 정책 및 투자로 에너지 부문 산업 구조를 변화시킨다면, 에너지 신산업을 활성화하고 새로운 부가 가치를 만들어 내며 고용 창출을 실현할 수 있다.

탈탄소화 에너지 전환을 선언하고 2050년까지의 에너지 수급 로드맵을 만든 독일 사례가 주는 시사점이 크다. 독일 정부는 에너지 전환을 추진하는 목적의 우선순위로 (1) 산업 혁신 및 고용 창출 기회 제공, (2) 에너지의 안정적 공급, (3) 온실가스 감축, (4) 경제적으로 감당할 만한 부담(affordability), (5) 윤리적 책임을 들었다. 재생에너지 중심의 에너지 전환 이유를 산업 구조 고도화와 일자리 만들기라는 경제적이고 실용적인 차원에서 찾았음을 알 수 있다.

재생에너지 분야는 최근 신성장 동력으로 부상하고 있다. 2016년 기준 전 세계적으로 재생에너지 관련 일자리 980만 개가 창출되었으며, 이 중 태양광과 바이오 에너지 분야에서 일자리가 가장 많이 생긴 것으로 나타났다. 우리나라는 2016년 기준 재생에너지 분야 중 태양광 제조·보급에서 가장 많은 8700개의 일자리가 창출된 것으로 집계되며, 여타 재생에너지 관련 일자리 수는 6630개에 달하는 것으로 추정된다.

넷째, 온실가스 감축이 중요하다. 2015년 12월 파리 기후 변화 협약 체결 후 한국은 새로운 도전에 직면해 있다. 정부와 기업, 학계, 시민 단체는 신(新)기후 체제에서 온실가스 감축 이행을 위한 노력을 게을리해서는 안 되며, 이를 통해 저탄소 경제를 구현할 필요가 있다. 산업계는 에너지 효율 강화 및 재생에너지 확대를 신사업 발굴과 공정 효율화라는 새로운 경제적 기회의 계기로 삼을 수 있다. 정부는 소비자, 기업 등 경제 주체의 인식을 제고하고 행태 변화를 유도해 친환경 에너지 전환 사업, 온실가스 저감 기술 활성화에 기여하도록 해야 한다. 온실가스 감축을 통한 재생에너지 사회로의 이행은 국제 사회에서 대한민국의 위상에 부합하는 책임을 감당하는 것임은 물론, 이 땅의 미래 세대에게 지속 가능한 사회를 물려준다는 차원에서 의미가 크다.

깨끗하고 안전한 에너지로의 전환

"탈원전, 탈석탄, 재생 가능 에너지 확대."

19대 대선에서 주요 후보 대부분이 공통적으로 제시한 에너지 공약이다. 각론에서는 차이가 있었으나, 큰 그림은 일치했다. 정치 지도자로서의 소신과 더불어 이제는 안전하고 깨끗한 에너지를 쓰고 싶다는 민심이 반영됐을 것이다. 그중 한 명이 대통령에 당선됐고, 공약 이행을 위해 노후 원전 폐쇄와 건설 초기 단계인 원전의 건설 계속 여부 재검토 및 신규 건설 중단을 결정했다. 그리고 '원전 전쟁'이 시작됐다. 탈원전을 비판하고 반대하는 전문가, 언론, 정당, 산업계의 조직화된 목소리가 하늘을 찌른다. 탈원전 정책의 향배가 새 정부가 추진하는 정책 성패의 핵심 사안으로 비친다. 이 문제를 어떻게 접근하고 이해하는 것이 좋을까?

첫째, 정부는 승부욕을 버려야 한다. 원전 건설 중단을 관철하면 성공이요, 반대 세력에 밀려 건설을 계속하면 패배라는 생각에서 탈피해야 한다. 이미 공사가 재개된 신고리 5·6호기 외에도 신한울 3·4호기 등 추가 원전 건설 논란이 있다. 이 정부에서 원전 건설이 중단된다 해도 언제 상황이 뒤바뀔지 모른다. 오히려 정부는 '국민 에너지 컨센서스(consensus)' 구축에 매진해야 한다.

우리나라가 원전 밀집도 압도적 1위 국가이자 국토가 지진으로부터 자유롭지 않다는 사실은 명백하다. 원자력 발전 원가가 외국에 비해 턱없이 낮은 이유에 대한 합리적 설명이 없다는 의구심이 여전하고, 원전 독점 공급 기업인 한국수력원자력 주식회사의 책임 경영에 대한 국민의 신뢰도 높지 않다. 세계 발전 시장에서 원전에 대한 투자 비중은 계속 낮아지고 있으며, 주요 원전 건설 기업들의 경영 실적은 악화되고 있다. 정부는 탈원전 정책의 논거를 국민에게 투명하게 공개하고 전문가들로 하여금 치열하게 논쟁하게 해야 한다. 이 과정에서 서서히, 그러나 누구도 쉽게 뒤집지 못하는 에너지 백년대계에 대한 국민 공감대가 형성될 것이다. 맥락이 다르긴 하지만 "내 임기 내에 4대강 사업을 끝내겠다."라며 나라를 뒤흔든 이명박 전 대통령의 실정을 타산지석으로 삼아야 한다.

둘째, 정부는 조급증을 버려야 한다. "인간은 본질적으로 근시안적인가?" 미래에 대한 할인 정도를 수치화한 사회적 할인율(social discount rate) 결정과 관련해 경제학자들이 종종 던지는 질문이다. 사회적 할인율이 중요한 것은 특정 정책에 따른 편익과 비용을 지금 얼마의 가치로 평가할 것인지를 판단할 근거가 되기 때문이다. 현재 건설 중인 원전의 설계 수명은 60년이다. 웬만한 성인은 세상에 존재하지 않을 미래에 발생할 원전 해체 비용을 오늘 얼마로 계산할 것인지가 원전의 경제성 분석에 중요한 요소가 된다. 할인율을 높게 잡으면 미래에 생길 비용은 현 시점에서 미미하게 평가된다. 그 반면에 태양광 발전과 같은 재생 가능 에너지는 초기 투자 비용은 상대적으로 높지만, 빠른 기술 발전 속도나 환경 친화성을 고려하면 앞으로 발생할 비용은 지속적으로 낮아질 것이다.

　사람들은 당장 발생하는 비용에는 민감한 반면, 먼 훗날의 비용은 크게 신경 쓰지 않는 경향이 있다. "원전은 가장 싼 발전원"이라는 원자력 학계의 주장은 사고 위험 비용과 금융 비용은 과소평가하면서 미래 비용은 높게 할인해서 낮추려는 발상에 근거한다. 탈원전의 요체는 미래 세대에 귀속될 비용을 간과해서는 안 된다는 현 세대의 책임 의식에 있다. 독일의 탈원전 전략 선택은 삶의 가치를 금전에 두지 않는 다수 구성원의 성향에 기인한 바 크다. 지난 50년간 물적 성장을 절대 가치로 여긴 한국에서 탈원전 정책에 대한 반발과 저항은 어쩌면 당연한 일이다. 긴 관점에서 에너지 대전환에 대한 큰 그림과 잘 준비된 추진 전략이 중요하다. 최종 판단은 국민의 몫이다.

　셋째, 에너지 공급과 수요를 균형 있게 살펴야 한다. 원전을 둘러싼 논쟁은 원전 공급의 타당성과 그 대안의 현실성 여부에만 초점을 맞추고 있다. 스탠퍼드 대학의 마크 제이콥슨(Mark Z. Jacobson) 교수는 최근 보고서에서 2050년까지 한국의 에너지원을 모두 재생 가능 에너지로 공급하는 시나리오를 제시했다. 전제 조건은 특별한 대책을 마련하지 않는 '현상 유지(BAU)' 상황에 비해 2050년 에너지 수요량을 41퍼센트 감축하는 것이다. 적극적 수요 관리가 반드시 필요하다. 우리나라의 1인당 전력 소비량이 OECD 유럽 국가 평균에 비해 높다는 것은 널리 알려진 사실이다. 가장 큰 이유는 산업 부문 소비량이 월등히 많다는 데 있다. 앞으로도 과거처럼 낮은 전력 요금을 산업 경쟁력의 원천으로 삼는다면 우리 경제의 미래는 어둡다. 전력 생산에 따른 외부 비용을 일관되게 요금에 반영하면, 이는 에너지 효율성을 높이고 공급 부하를 줄이는 긍정적인 신호로 작용할 것이다.

국가 에너지 컨센서스와 정부의 역할

2017년 8월 싱가포르에서 동아시아 환경 자원 경제학회(EAAERE)가 개최한 국제 학술 회의가 열렸다. 에너지 및 경제 발전 분야 석좌 교수인 하버드 대학교 로버트 스타빈스(Robert N. Stavins) 교수가 기조 강연을 했다. 그의 첫마디는 "정책 위험이 지구적 환경 위험을 훨씬 능가한다."라는 것이었다. 정부가 어떤 정책을 추구하느냐에 따라 기후 변화와 같은 환경 문제가 개선될 수도 악화될 수도 있다는 의미였다. 참석자들은 이구동성으로 사회 구성원의 의사 결정과 행동 방식을 바꿀 수 있는 잘 고안된 정부 정책의 중요성을 강조했다.

문재인 정부가 출범한 이래 국가적으로 에너지 논쟁이 한창이다. 에너지 문제가 이처럼 우리 사회의 관심을 집중시킨 이슈로 등장한 적은 없지 않았나 싶다. 소모적이고 진영 논리로 일관된 논쟁만 아니라면 대한민국의 건강한 미래를 위해서는 결과적으로 잘됐다는 생각이다. 국민 다수가 수긍할 수 있는 국가 에너지 컨센서스를 만들 좋은 기회이기 때문이다.

에너지 수급은 가히 한국 경제의 아킬레스건이라 할 만하다. 1962년 경제 개발 5개년 계획 이래 반세기 경제 발전사에서 우리나라는 딱 두 번 마이너스 성장을 했다. 그중 한 번이 1980년으로, 2차 오일 쇼크

이 산물이다. 현재 한국이 에너지 수입 의존도는 95퍼센트 수준으로 OECD 국가 중 최고다. GDP 대비 에너지 수입액은 약 7.5퍼센트로, 우리만큼 자원 빈국인 일본보다 두 배나 높다. 2016년에 발생한 지진은 국토 대비 원전 밀집도 세계 1위라는 사실과 맞물려 원전에 대한 국민 불안감을 키우고 있다. 석탄 발전소와 경유차 등 화석 연료 연소로 인한 미세 먼지 또한 심각한 사회 문제가 되었다.

에너지를 넉넉히 사용하기에는 우리나라가 처한 사회적, 경제적, 지리적 조건이 우호적이지 않다는 말이다. 그런데 우리나라는 인구가 아주 적거나 자원이 넘치는 나라를 제외하면 어느 선진국보다 1인당 에너지 소비량이 많다. 만들어 내는 부가 가치에 비해 많은 에너지를 투입하고 있다. 에너지 다소비 경제 활동이 아주 오래 지속돼 왔다. 차분히 생각해 보자. 전 세계적인 에너지 혁명과 전환의 시대에 익숙한 과거 모습 그대로 살아갈 것인가? 아니면 지속 가능한 에너지 미래를 여는 보다 책임 있고 성숙한 나라로 거듭날 것인가?

정부가 나서야 한다. 정부는 개혁 의제를 제시하는 데에서 그치지 않고 이를 실현하기 위한 구체적인 정책 수단을 제시하고 국민을 설득해야 한다. 인기를 잃을까 봐 전전긍긍하는 모습으로 비쳐서는 안 된다. 모두를 만족시키는 정책은 없다는 것이 경제학 교과서 1장의 가르침이다. 탈원전, 탈탄소, 미세 먼지 저감 대책은 제대로 된 조세 정책이 뒷받침되어야 함을 숨겨서는 안 된다. 전기 요금 인상을 우려하는 목소리 앞에서 과거 정부가 고수해 온 값싼 전력 공급 정책이 비정상적이었음을 솔직하게 말해야 한다. 원자력 및 석탄 화력 발전 연료에 대한 효율적이고 형평성 있는 과세를 통해 에너지를 적게 쓰는 경제 구조로 전환해 가야 한다고 국민에게 설명해야 한다.

미세 먼지 대책도 마찬가지다. 전문가라면 화물차와 SUV 등 경유차 운행이 대도시 미세 먼지의 주요 요인임을 부인하기 힘들다. 수송용 연료에서 발생하는 미세 먼지가 인체 건강에 더 큰 악영향을 끼친다는 연구 결과도 있다. OECD 보고서에서는 휘발유와 경유에 부과하는 세금 차이를 좁혀야 한다고 제안한다. 과거 정부의 '클린 디젤' 정책과, 환경 비용을 무시한 휘발유와 경유에 대한 상대 가격 책정으로 경유차 판매가 급증했다는 것은 주지의 사실이다.

경유차를 구입한 소비자에게는 잘못이 없다. 차량 구입비와 유지비를 종합적으로 고려해 자기 나름의 합리적 선택을 했을 따름이다. 왜곡된 정책과 가격 신호를 제공한 정부에 책임이 있다. 마냥 과거 정부의 정책 실패로 돌려서는 안 된다. 경유세 인상을 포함하는 최적의 정책 조합을 마련한 후 국민의 이해와 동의를 구해야 한다. 추가 세수는 오직 미세 먼지 저감과 국민 건강 증진에만 써야 한다. 노후 화물차에 대한 특단의 조치와 경유세 정책 효과를 반감시키는 유가 보조금의 폐지를 추진하되, 화물 운전자에 대해서는 소득 보전책을 강구하는 종합 대책을 준비해야 한다.

언론의 역할도 중요하다. 탈원전을 포함한 신에너지 정책에 대해 언론의 검증과 비판은 필요하다. 그러나 책임 있고 균형 있게 하면 좋겠다. 당장 원전 24기 모두를 폐쇄하거나 전기 요금이 폭등할 것이라는 식의 사실에 근거하지 않은 주장은 자제하는 것이 좋다. 4차 산업 혁명과 고령화 사회가 전기 소비를 촉발할 것인지, 재생 가능 에너지와 스마트·슈퍼그리드 기술 혁신으로 안정적이고 깨끗한 에너지 사용이 가능할 것인지 모두가 궁금해한다. 건설적인 토론과 논쟁이 있어야 한다. 지혜로운 국민이 최선의 판단을 할 것이다.

미래 에너지를 위한
법 제도 전환

이원우 / 법학전문대학원

세계 에너지 환경의 변화

지구 온난화로 인해 인류의 생존과 번영이 위협받고 있다는 점은 여러 측면에서 반론이 제기되고 있음에도 불구하고 미래 사회의 문제를 고민하고 대응하는 데 기본 전제로 받아들여지고 있다. 과학적 연구의 진위 여부를 단정적으로 판정하기는 어렵기 때문에 지구 온난화에 대한 반론이 틀리다고 단정할 수는 없지만, 적어도 온난화로 인한 기후 변화가 생태계에 가져올 위험을 방지하기 위해 국제적 공조가 필요하다는 점을 수용하는 입장이 대세다.

유엔 기후 변화 협약(UNFCC) 체제에서 이루어진 일련의 당사국 회의 결과를 보면, 나라마다 입장 차이가 있기는 하지만 큰 틀에서 기후 변화에 대한 기본 입장은 모두 일치해 왔다.[65] 그 결과 2015년 12월 파리에서 신기후 체제 합의문을 도출했다. 이에 따르면 2020년부터 모든 국가에 신기후 체제가 적용된다. 나라마다 편차는 있지만 OECD, 유럽 연합 국가는 물론 미국, 일본 등 세계 경제를 주도하는 선진국 대다수는 화석 에너지에서 탈피해 신재생에너지 중심으로 에너지 체제를 전환하기 위한 계획을 수립하고 있다. 원자력에 대해서는 국가별 입장 차이가 있으나 일본 도호쿠 대지진으로 인한 후쿠시마 원자력 발전소 폭발 이후 원자력의 위험성에 대한 우려가 증대되고 있다.

기후 변화 협약에 부정적 태도를 표명해 온 도널드 트럼프가 미국 대통령으로 당선되면서 이러한 흐름에 대한 반동이 미국에서 시작해 세계적으로 파급될 것이라는 우려도 존재하지만, 오랜 기간에 걸쳐 형성된 국제적인 환경 정책의 흐름을 무너뜨리기는 쉽지 않을 것이다. 그 이유는 다음과 같다. 첫째, 그동안 지구 온난화로 인한 기후 변화에 대한 합의가 전 지구적으로 확대 및 강화되어 왔고, 환경과 에너지 소비에 대한 책임 의식이 시민 사회로 확산되고 있다. 둘째, 환경과 에너지 문제에 대한 합의가 국제법적 차원까지 확립되었다. 셋째, 에너지 기술의 발전으로 신재생에너지 관련 기술의 경제성이 크게 향상되었을 뿐 아니라, 신재생에너지 관련 산업이 미래 에너지 시장에서 차지하는 산업적 중요성이 증대하고 있다.

요컨대 30년, 곧 약 한 세대 이후 세계 에너지 환경은 지금과 크게 달라질 것이다. 나라마다 처한 사정에 따라 차이가 있겠지만, 기본적으로 화석 에너지 비중은 크게 감소하고 신재생에너지가 큰 비중을 차지할 것이며, 기술 발전으로 에너지 소비의 효율도 대폭 개선되어 새로운 에너지 수요가 추가되더라도 전체 에너지 소비량은 감소할 것이다. 원자력 발전에 대해 다양한 의견이 있고 국가마다 다른 정책을 취하고 있지만, 다른 에너지원의 효율성이 개선될수록 원자력 의존도는 낮아질 수밖에 없고, 탈원자력에 대한 정책적 압력도 증가할 것이다. 전력 생산 방식도 대규모 발전 시설에 집중되는 정도가 완화되어 소비와 생산의 지역적 괴리가 축소되는 분산형 에너지 공급 체계가 확대될 것이다.

발걸음 더딘 우리의 에너지 정책

한국은 2013년 기준 에너지 수입 의존도가 95퍼센트에 이르고, 국가 전체 및 국민 1인당 이산화탄소 배출량, 1인당 에너지 소비량 등에서는 모두 세계 최상위 그룹에 있다. 한편 2016년 기준 에너지원별 발전량을 보면 신재생에너지(수력 불포함)의 비중은 4.2퍼센트에 불과한 반면, 원자력 발전의 비중은 30퍼센트에 이른다.[66] 요컨대 우리나라 에너지 현황을 살펴보면 한편으로는 에너지 소비가 과잉이고 비효율적이며, 다른 한편으로는 에너지 공급 구조에서 화석 에너지의 비중이 크고 원자력 의존도가 높다는 점이 문제다.

이러한 문제 상황을 극복하기 위해 우리나라도 2020년까지 온실가스 배출을 배출 전망치 대비 30퍼센트까지, 2030년에는 37퍼센트까지 감축할 것이라고 선언한 바 있다.[67] 이를 위해 '저탄소 녹색 성장 기본법'에 따른 2차 에너지 기본 계획 등을 통해 온실가스 배출의 감축을 도모하고 '신에너지 및 재생에너지 개발·이용·보급 촉진법'(이하 신재생에너지 법)을 통해 신재생에너지의 개발과 이용을 촉진하기 위한 정책을 수립하여 시행하고 있다.

그러나 세계적 차원에서 예견되는 에너지 환경의 변화는 물론이고 현재 선진국들의 에너지 정책 목표 설정 및 에너지 정책 수단의 변화에 비추어 볼 때에도 현재 우리나라 에너지 정책의 목표나 추진 상황은 매우 미흡한 것이 현실이다. 따라서 변화하는 에너지 환경의 미래상에 비추어 에너지 정책 목표를 재설정하고, 이러한 목표 달성을 위해 필요한 정책 수단을 법제화하여 효과적으로 집행할 필요가 있다.

우리나라는 특히 경제적, 사회적, 문화적 요인으로 인해 에너지 정책 전환에 여러 어려움을 안고 있다. 첫째, 우리나라는 경제 성장 과정에서 에너지 다소비형 제조업 중심의 성장 모델을 채택해 성공을 거두었다. 따라서 산업 구조적인 측면에서 볼 때, 에너지 정책의 전환을 시도하는 데에 그만큼 산업계의 저항이 거셀 수밖에 없다. 에너지 정책을 친환경적 효율적 수급을 기초로 한 정책으로 전환하기 위해서는 산업 구조 자체의 변화를 수반해야 하기 때문이다. 둘째, 에너지에 대한 우리나라 국민들의 인식도 에너지 정책 전환에 큰 장애 요소로 작용한다. 통상 전기 요금을 '전기세'라 부른다. 전기는 공공재로서 국가가 마땅히 공급해야 할 급부이며 저렴한 가격으로 공급되어야 한다는 인식이 강하게 자리 잡고 있다. 이러한 인식이 자리 잡게 된 것은 과거 수출 중심의 경제 개발 정책을 집행하면서 한편으로는 산업계의 국제 경쟁력을 뒷받침하기 위해 전기 요금을 낮게 책정했고, 동시에 공공요금 물가 정책의 일환으로 일반 국민에게도 원가에 비해 상대적으로 저렴한 요금의 전기를 공급하는 정책을 지속했기 때문이다. 셋째, 우리나라의 에너지 관련 법제도는 어느 산업 분야보다 엄격한 규제와 통제를 중심으로 형성되었으며, 새로운 과학 기술의 발전을 수용하기 어려운 경직된 규율 체계를 가지고 있다.

'안정적 공급'에서 '지속 가능성'으로

에너지 기술의 발전이 가져올 미래 에너지 환경을 염두에 둘 때 에너지 정책 목표의 수정은 불가결한 일이다.

종래 에너지 정책의 목표가 '저렴한 에너지의 안정적 공급'이고 이를 위해 효율적 에너지 생산을 또 다른 목표로 삼았다면, 기후 변화 시대의 에너지 정책은 '지속 가능성'을 주된 목표로 한다.[68] 이에 따라 전통적인 에너지 규율 체계, 즉 에너지 법체계도 종래에는 '안정적 공급의 확보'라는 공급 위주의 관점에 국한되었던 데 반해, 오늘날 에너지 법체계는 낭비적 사용 방지, 에너지 이용의 효율화, 외부 효과 관리 등 에너지 소비 측면으로 그 중점이 옮겨 가고 있다.

　지속 가능한 발전은 환경과 발전의 충돌을 조정하기 위해 등장해 오늘날 환경법에서는 일반적으로 받아들여지는 원칙이 되었다. 우리 사회에서도 최근 들어 지속 가능한 발전을 수용하려는 노력이 법 제도적으로 이루어지고 있다. 그러나 실제 정책에서 지속 가능한 발전이라는 목표가 실질적으로 미래 우리나라 에너지 구조를 전향적으로 선도하도록 구현되고 있는지는 의문이다.

　현재 에너지 기본 계획에 드러나는 에너지 정책은 온실가스 배출의 감축을 위해 노력은 하지만, 기본적으로 에너지의 안정적 공급을 1차적 목표로 하고 있다. 그래서 에너지 공급 비용에 관한 그동안의 인식에서 출발하여 화석 연료와 원자력 등 기존 에너지원에 많은 부분을 의존하고 있다. 이러한 인식은 여전히 경제적 효율성에 기반한 발전 중심적 사고에서 나오는 것이다. 그러나 에너지의 안정적 공급이 중요하다 해도 그것이 지속 가능하지 않다면, 그 안정성이란 일정한 기간 내에만 또한 일정한 위험을 감수하면서 달성될 수밖에 없을 것이다. 지속 가능성이 에너지 정책의 목표로 자리 잡기 위해서는 그것이 경제 발전 내지 경제적 효율성과 충돌하지 않으며, 미래 사회 구조에 부합하는 산업 구조로 전환하기 위해 필요하고 장기적으로 경제 발전에도 기여한다는 인식의 전환이 이루어져야 한다.

　지속 가능한 발전이란 경제 발전과 환경 보호라는, 일견 충돌하는 것처럼 보이는 두 목표를 조화시키기 위해 등장한 개념이다. 지속 가능성 개념이 모호하다는 비판도 있지만, 그동안 국제적 노력의 결과 지속 가능한 발전이란 경제적 발전, 사회적 발전, 환경 보호 등 세 가지 목표가 상호 의존적이고 시너지 효과를 발휘하는 관계에 있다는 인식이 대체로 받아들여지고 있다.[69] 이러한 인식 위에서 '지속 가능 발전 법'은 지속 가능성을 "현재 세대의 필요를 충족시키기 위하여 미래 세대가 사용할 경제·사회·환경 등의 자원을 낭비하거나 여건을 저하시키지 아니하고 서로 조화와 균형을 이루는 것"이라 정의한다.

　　그런데 우리나라에서 이루어지는 정책 논의를 들여다보면 여전히 경제적 효율성 관점이 사회적 형평이나 환경 보호에 비해 우선적으로 고려되어야 할 가치로 취급되는 경향이 강하다. 이러한 경향성의 기저에는 우리나라 헌법 질서에 대한 오해가 깔려 있다. 경제 조항이라 일컬어지는 우리 헌법 제119조[70] 제1항과 제2항의 관계에 대한 논의를 보면 이러한 사실을 실감할 수 있다. 현재 우리나라의 다수설에 따르면, 자유와 경쟁을 규정한 제1항은 원칙이고, 규제와 조정을 규정한 제2항은 이에 대한 예외라 한다. 그리고 많은 사람들이 이 다수설의 견해를 쉽게 원용한다. 이러한 헌법 해석으로부터 '공익을 위한 경제 규제는 예외'라는 주장이 펼쳐지고, 이는 다시 효율성이 공익보다 우선한다는 명제로 귀결된다. 이러한 입장에 따르면, 환경 보호나 사회적 형평성 확보를 위한 규제는 예외적으로만 허용되므로 특별한 정당화 사유에 대한 강한 입증 책임을 부담할 것이다.

　　그러나 제1항과 제2항을 분리하여 전자와 후자의 관계를 원칙-예외의 관계로 보는 것은 중대한 해석상 오류다. 여기서 상론할 수는 없지만, 우리 헌법상 경제 질서는 제1항에서 규정하는 "개인과 기업의 자유와 창의의 존중"과 제2항에서 규정하는 "국가의 규제와 조정"을 두 축으로 하여 이루어져 있다. 소득의 지나친 양극화, "시장의 지배와 경제력의 남용" 등은 시장 경쟁 질서를 파괴한다. 따라서 제2항은 제1항의 전제 조건 내지 보장 조건의 성격을 가진다.[71] 다행히 우리 대법원은 최근 대형 마트 규제 사건에서 헌법 제119조 제1항과 제2항의 관계를 원칙과 예외의 관계로 보는 다수설의 입장을 물리치고 제1항과 제2항 중 "어느 한쪽이 우월한 가치를 지닌다고 할 수는 없다."라고 판시했다.[72] 이러한 입장에 따른다면, 경제적 자유나 효율성은 환경 보호 또는 사회적 형평과 헌법 체계 내에서 대등한 지위를 가진다. 따라서 구체적인 경우에 따라 경제적 자유나 효율성은 여러 가지 공익의 하나로서 그 밖의 다른 공익(환경 보호, 형평, 부의 재분배, 경제 민주화 등)과 비교 형량되어야 한다.

에너지 기술 혁신과 법 제도의 역할

"당위는 가능을 전제로 하여야 한다."라는 법 원칙이 있다. 규범적 요구는 사회 경제적, 기술적 실현 가능성을 전제로 한다는 것이다. 따라서 에너지 관련 법 규범의 내용을 어떻게 규율할 것인지는 에너지 기술의 발전에 의해 한계가 설정된다. 즉 에너지 기술의 발전은 에너지 정책의 선택 가능성을 넓히고 이에 따라 에너지 법체계에도 변화를 야기한다.

미래 사회에서 에너지 기술, 특히 신재생에너지 기술은 경제 발전과 국가 경쟁력을 규정하는 매우 중요한 요소가 될 것이다. 따라서 신재생에너지 기술 정책은 환경 보호 차원만이 아니라 경제 정책, 산업 정책 관점에서 매우 중요한 비중을 차지할 것이다. 이와 같이 에너지 기술 발전이 경제 발전과 사회 발전을 선도해 나갈 것이라는 점에서, 에너지 기술의 발전 방향을 설정할 때 미래 에너지 환경의 변화상을 반드시 고려해야 한다.

기술이 에너지의 생산, 제공 및 소비 방식을 규정해 에너지 생태계를 결정하기도 하지만, 사회가 에너지의 생산 방식이나 소비 패턴 및 이를 위한 에너지 기술을 선택하기도 한다. 전자가 기술 결정론의 관점을 대변한다면, 후자는 사회 결정론의 입장을 말해 준다. 만일 전자의 입장이 옳다면, 어떤 에너지 생산 및 소비 방식이 앞으로 나올 기술에 적합한지가 관건이 될 것이다. 그러나 에너지의 생산 방식이나 소비 패턴이 기술의 발전에 제약되는 것은 사실이지만, 단순히 기술의 발전에 종속되는 것은 아니다. 에너지 생산 방식과 소비 패턴, 그리고 에너지 기술은 다양한 위험을 수반하고 이에 대한 규제가 불가피하게 발생하는데, 이러한 규제의 여부와 정도, 방식은 결국 정치적인 의사 결정 과정을 거쳐 형성된다.

그렇다면 누가, 어떠한 기준으로 의사 결정을 할 것인지가 중요하다. 에너지와 관계를 가진 정부, 사업자, 소비자, 정치가, 과학자 등 전문가 집단, 시민 단체 등이 모여서 정할지, 아니면 특정 관계자들이 결정할지에 따라 결과가 크게 차이 날 것이기 때문이다. 여기서 법 제도의 역할과 거버넌스(governance) 문제가 제기되는데, 거버넌스에 대해서는 뒤에서 상론한다.

에너지 기술의 혁신과 새로운 기술에 대한 규제는 때로는 긴장과 갈등의 관계로, 때로는 협력과 촉진의 관계로 나타난다. 새로운 기술이 시장에서 채택되고 확장되는 것을 기존 법 규제가 저지하기도 하고, 당장 시장에서 확산되기 어려운 기술이 법 제도적인 진흥과 촉진을 통해 발전하기도 한다. 법과 규제의 기능을 자동차에 비유하면 (1) 제어 장치(브레이크), (2) 조종 장치(핸들), (3) 동력 장치(엔진) 등의 기능을 수행한다. 전통적으로 법 내지 규제란 사회적 위험을 통제하기 위한 수단으로 이해되었다. 법이나 규제란 인간의 부정적 활동을 통제하여 소극적으로 위험을 방지하는 것이지, 바람직한 활동을 적극적으로 촉진하는 것이 아니라는 경향이 강했다. 그러나 현대 사회에서 법은 통제만이 아니라 사회의 발전 방향을 유도하는 조종 장치로서의 기능은 물론이고 동력 장치로서의 기능도 수행해야 한다. 이러한 관점에서 법과 규제는 에너지 기술 혁신에 수반되는 위험을 통제해야 할 뿐 아니라, 혁신의 방향을 제시하기도 하고 혁신을 유인하고 지원하기도 하는 조종 장치 내지 동력 장치로서 기능할 수 있어야 한다. 따라서 새로운 에너지 기술을 대할 때 법은 위험의 통제라는 관점뿐 아니라, 어떻게 하면 이러한 혁신을 유도하고 촉진시킬지에 대한 고민도 함께 수행해야 할 것이다.[73]

지속 가능한 에너지 기술의 채택 정도는 공공 및 민간의 기술 수준, 정부의 지원, 재생에너지의 경제성, 재생에너지 기술에 대한 사회적 수용성, 지속 가능한 에너지에 관한 공중의 인식 수준, 규제 체계 등 다양한 요소에 의존한다. 지속 가능한 에너지 기술의 채택을 증진시키기 위해서는 재생에너지 기술 및 에너지 효율성이 높은 기술에 대한 불필요한 규제가 없어지고 이러한 기술을 촉진할 수 있는 법체계 내지 규제 시스템이 뒷받침되어야 한다. 따라서 대체 에너지 기술을 적극적으로 수용하고 확산시키려면 법이 수행하는 규제, 촉진, 교육 등 세 가지 기능이 잘 발휘될 수 있도록 법체계를 정비해야 할 것이다.[74]

첫째, 규제의 관점에서 새로운 기술 개발에 대규모 투자가 이루어지기 위해서는 투자자의 법적 지위(법적 권리와 의무)가 명확하게 규율되어야 한다. 특히 에너지 관련 투자(신기술 개발, 자원 개발)는 대부분 고위험 투자에 해당하므로 법적 명확성에 대한 요구는 더욱 강하다. 둘째, 에너지 관련 기술에 대해 규제를 통해 최소한의 기준을 충족시키면서, 촉진책(경제적 유인)을 통해 가능한 최대한의 수준을 추구할 수 있다. 예컨대 세제 혜택과 같은 촉진적 조치를 도입하기 위해서도 법이 필요하다. 셋째, 법의 효과를 극대화하기 위해(경우에 따라서는 법의 효과적인 수행을 가능하게 하기 위해) 법 도입 이전 단계부터 교육이 필요하며, 이러한 교육적 효과를 가지는 법 제도를 갖출 필요가 있다. 예컨대 전기 제품에 에너지 소비량이나 에너지 효율 등급을 표시하도록 하는 것이 그에 해당한다. 교육은 에너지 문제에 대한 공중의 인식 수준을 향상시킴으로써 에너지 관련 정책의 수용성과 집행력을 제고한다.

지속 가능성을 향한 새로운 에너지 법

전통적인 에너지 규율 체계에서 법 원리는 에너지 공급의 안정성 확보였다. 이에 따라 전통적인 에너지 법 정책에서는 공정하고 저렴한 요금으로 안정적 공급, 발전 및 송전을 유지할 수 있는 충분한 수익 보장, 발전 및 송전 설비에 대한 합리적인 투자 수익 보장 등이 주요 골격을 형성하고 있었다. 석유와 난방 연료가 부족한 상황에서 정부는 요금 규제를 위해 개입했고, 발전 설비의 신설과 관련한 법제가 증가했다. 화석 연료에 의한 화력 발전소, 댐 등 수력 발전소, 풍력 발전소 등의 부지를 결정하는 과정에서 부지 선정, 발전 시설 건설·가동 등 각 단계별로 환경상의 영향을 둘러싼 갈등이 유발되었고, 이러한 갈등을 조정하기 위한 제도적 장치들이 필요했다.

그러나 오늘날 에너지 환경의 변화는 에너지 정책의 미래상을 설정하는 데 '에너지시스템의 지속 가능성'을 세계 공통의 가치관으로 받아들이고 있다. 이는 그다음 단계로 지속 가능한 에너지시스템을 집행하기 위해 사용할 수 있는 법적 수단의 범주를 어떻게 할 것인지의 문제를 제기한다.[75] 전통적인 에너지 정책이 주로 에너지 공급의 측면에 집중한 것과 달리, 지속 가능성을 지향하는 새로운 에너지 법의 초점은 에너지 수요 측면 관리(Demand-Side Management, DSM)에 주된 관심을 기울인다. 따라서 에너지 사용의 효율성 관리가 중요한 정책 과제로 떠오르고, 이를 촉진하기 위한 경제적 수단 등 규제 수단에 초점을 두게 된다.

이러한 변화는 2010년 제정된 '저탄소 녹색 성장 기본법'에도 에너지 정책의 기본 원칙으로 다음과 같이 반영되었다. (1) 화석 연료(석유·석탄 등) 사용의 단계적 축소와 에너지 자립도 획기적 향상, (2) 에너지 수요 관리 강화(에너지 가격의 합리화, 에너지의 절약, 에너지 이용 효율 제고)를 통한 에너지 저소비·자원 순환형 경제·사회 구조로 전환, (3) 신재생에너지의 개발·생산·이용 및 보급 확대를 통한 에너지 공급원 다변화(태양 에너지, 폐기물·바이오 에너지, 풍력, 지열, 조력, 연료 전지, 수소 에너지 등), (4) 에너지 산업 규제 합리화를 통한 시장 창출(시장 경쟁 요소의 도입 확대와 공정 거래 질서 확립, 국제 규범 및 외국의 법 제도 고려), (5) 에너지 복지 확대(저소득층에 대한 에너지 이용 혜택 확대 및 형평성 제고), (6) 에너지 안보 강화(국외 에너지 자원 확보, 에너지의 수입 다변화, 에너지 비축 등을 통한 에너지의 안정적 공급) 등이 그것이다.

먼저 공급 측면을 살펴볼 필요가 있다. 새로운 에너지 미래상에 입각한 에너지 법 원칙에 따라 종래의 공급(생산) 측면의 에너지 법 정책에도 커다란 전환이 요청되고 있다. 그 예로는 화력 발전 등 화석 에너지 사용의 단계적 감축(에너지 공급 체계의 탈화석화), 신재생에너지 확대, 집중형 발전 방식에서 분산형 발전 방식으로 전환 등을 들 수 있다. 화석 에너지 감축과 에너지 공급원의 다원화를 위한 전제는 신재생에너지의 확산이다. 이를 위해 신재생에너지 기술 발전을 위한 법 제도적 기반 구축이 긴요하다.

현재 우리나라의 신재생에너지 비중은 매우 미약하다. 2016년 기준 전체 발전량의 4.5퍼센트에 불과하고, 정부의 목표에 따르더라도 2029년 기준 11.7퍼센트에 불과하다. 이러한 상황을 극복하고 신재생에너지 산업의 발전을 촉진하기 위해서는 장기적인 선행 투자와 정부의 적극적인 지원이 필요하다. 법의 촉진 기능이 강력히 요구되는 영역이다. 신재생에너지 촉진 및 지원 방안으로 이른바 발전 차액 지원 제도(Feed-In Tariff, FIT, 고정 지원금 지급 방식)와 신재생에너지 의무 할당제(Renewable Energy Portfolio Standard, RPS; Renewable Obligation, RO)가 대안으로 제시된다. 우리나라는 종래 발전 차액 지원 제도를 도입해 시행했으나 예산 등을 이유로 최근 의무 할당제로 방향을 전환했다. 그러나 일본의 경험을 보면 의무 할당제 시행으로는 신재생에너지 확산이라는 정책 목표를 달성하는 데 한계가 있기 때문에, 다양한 방식의 재원 확충을 통해 발전 차액 지원 제도를 시행할 필요가 있다.[76] 적어도 신재생에너지 산업이 어느 정도 성장해 일정 수준에 이를 때까지는 고정 지원금 지급 방식에 의한 발전 차액 지원 제도가 강하게 요청된다. 그 후 장기적으로 재원 확보에 문제점이 있다면 독일의 예처럼 단계적으로 경쟁 입찰 방식에 의한 발전 차액 지원 제도를 도입하고 순차적으로 의무 할당제로 전환하는 방식을 고려할 수 있을 것이다. 독일의 경우는 발전 차액 지원금 증가로 재원 확보를 위해 전기 요금 부담이 가중되자, 경쟁 입찰 방식으로 전환했다. 그런데 일정 규모 이하의 소규모 발전 시설(대부분의 신규 시설이 이에 해당한다.)은 경쟁 입찰 대상에서 제외하는 경과 규정을 두어 종래와 같이 고정 지원금을 지원했다. 이를 통해 고정 지원금 액수를 시간의 경과에 따라 점차적으로 감축하도록 했다.[77]

특히 신재생에너지 확산이라는 정책 목표를 달성하기 위해서는 에너지 효율성을 증진시키는 기술 투자에 대해 정부의 적극적인 역할이 요청된다. 에너지 기술은 초기 투자 비용이 크고 비용 회수를 위한 기간이 길 뿐 아니라 위험도가 높다는 점에서 대기업 외에는 민간의 투자를 촉진하기 어려운 편이다. 따라서 세제 혜택, 보조금 지급 등 다양한 방식의 정책적 지원이 요구된다. 이를 통해 신재생에너지 기술의 개발과 도입에 민간의 참여를 촉진해야 한다. 특히 신재생에너지가 시장에서 성장해 나갈 수 있도록 수요 측면에서 적극적인 지원이 요구된다.

한편 화석 에너지의 환경 침해를 해결할 것으로 기대했던 신재생에너지의 경우에도 태양광 발전소, 풍력 및 조력 발전소 등의 건설과 송전 설비 건설 과정에서 생태계 파괴, 소음 피해 등 새로운 환경 침해 문제가 제기되었고, 주민과의 갈등 문제가 새로운 사회적 문제로 떠올랐다. 따라서 신재생에너지 자체도 지속 가능성이 담보되어야 한다는 점이 새롭게 인식되었다. 이를 위해서는 신재생에너지에 대한 환경 영향 평가와 전략적 환경 영향 평가가 요구된다.

　　수요 측면도 공급 측면 못지않게 고려해야 할 점이 많다. 새로운 에너지 법 정책의 특징은 특히 수요(소비) 측면에서 에너지 정책의 중요성이 부각된다는 것이다. 이에 따라 에너지의 효율적 소비(에너지 효율 증대), 에너지 소비 성향 통제, 특히 교육의 중요성이 강조되어야 한다. 무엇보다 에너지 소비 수요를 통제하기 위해서는 에너지 소비 조건의 변경이 수반되어야 한다. 이때 소비란 가정용 에너지 소비 외에 산업용 에너지 소비를 포함하며, 특히 후자는 장기적인 산업 구조 개편과 맞물려 더욱 중요한 의미를 가진다. 즉 저렴한 산업용 전기 요금은 전력 소비형 산업에 간접적 보조금을 지급하는 효과를 지녀서 실제 경쟁력이 부족한 산업을 지원하게 된다. 장기적으로 에너지 기술이 발전하면 이러한 고에너지 비용 산업은 존속할 수 없으므로 시장에서 구조 조정이 이루어지도록 하는 것이 올바른 방향이다. 요컨대 에너지 소비에 대한 비용이 적절하게 기업의 생산 비용 속에 반영되도록(내부화) 전기 요금 구조를 개선해 나가야 한다. 앞에서 강조한 것처럼, 우리나라 1인당 에너지 소비량은 세계 최고 수준이다. 새로운 에너지 법 정책의 기본 방향은 에너지 소비에서 에너지 효율성의 증대와 함께 불필요한 에너지 소비의 감축을 지향하므로, 전기 요금 구조의 개선은 반드시 채택되어야 하는 에너지 정책이다. 이러한 요금 정책은 정책 소비자인 국민들의 에너지 소비에 대한 인식 개선을 전제로 한다.

　　수요 측면에서 중요한 에너지 정책은 에너지 효율 증대를 위한 지원 정책이다. 에너지 고효율 설비 개발 및 보급 확산이나 ICT 기술을 활용한 스마트 그리드의 도입이 적극 추진되어야 하며, 이를 위해 특히 지능형 검침 인프라(Advanced Metering Infrastructure, AMI)의 구축이 요구된다. 한편 정부는 6대 에너지 신산업으로 전력 수요 관리, 에너지 관리 통합, 독립 마이크로그리드, 태양광 대여, 전기차 서비스 및 유료 충전,

온배수 열 활용 등을 선정했는데, 각각의 정책이 효과적이고 지속적으로 집행되어야 할 것이다.

미래 에너지 정책을 형성하는 데에는 운송 수단의 변화도 고려해야 한다. 운송 수단은 에너지 소비의 중요한 수단이기 때문이다. 이미 신성장 산업으로 주목받고 있는 전기자동차, 드론, 자율 주행 자동차 등 새로운 운송 수단은 화석 연료를 대체하고 신재생에너지로 에너지원이 전환되도록 하는 계기가 될 것이다. 이 새로운 운송 수단이 확산되기 위해서는 무엇보다 이에 적합한 인프라가 구축되어야 하며, 인프라 구축은 정부의 중요한 정책 목표 및 수단이 되어야 한다. 예컨대 전기자동차의 보급을 위한 충전소 설치는 이미 정책적 요구로 제기되고 있다. 자율 주행 자동차의 발전은 장기적으로 공유 경제를 매개로 하여 자동차 수의 감소로 이어질 수 있고, 주차장의 수, 위치, 규모 및 형태에도 변화를 야기할 것이다. 이는 종국적으로 건축이나 도시 설계에까지 변화를 요구하게 될 것이다.

에너지 구조 변화를 위한 협력의 길

지속 가능성이라는 개념의 모호성 내지 불확정성을 고려할 때, 향후 에너지 정책 담론의 조직과 절차 측면에 중요한 의미가 부여된다. 조직과 절차는 소통과 담론의 과정을 만들어 가고, 하위 시스템들을 서로 연결시키며, 이를 통해 실천적 지식과 실무적 경험들을 핵심적인 의사 결정 주체에게 제공한다.[78]

조직과 절차를 통해 지속 가능성의 목표를 구현하려면 모든 정치적 계층을 연결시켜야 한다. 민주적 정치 과정 내지 민주적 절차에 국민의 참여가 실질적으로 보장되어야 하기 때문이다. 그러므로 정부는 에

녀시 넙 성책을 수립·시행할 내 상기석 관섬에서 국민과 실실석으로 소통해야 한다. 또한 국민의 자발적 참여를 독려하고 정부와 민간 사이의 협력 시스템을 구축해야 한다.

특히 에너지 구조에 변화를 주기 위한 정책 결정에는 새로운 거버넌스의 구축이 긴요하다. 에너지 구조를 신재생에너지를 중심으로 재편하는 것은 우리나라 산업 구조의 개편과 직결되므로 기존의 에너지 및 산업 구조에서 형성된 이해관계자들로부터 강력한 저항이 일어날 수 있다. 따라서 에너지 정책에 관한 의사 결정에서 특정 산업이나 에너지 분야에서 기득권을 가지는 집단의 영향력을 차단해야 하는데, 이는 새로운 거버넌스의 구축을 통해서만 가능할 것이다. 정부 조직 차원에서도 중요한 에너지 정책을 결정하는 데에는 산업통상자원부, 환경부, 과학기술정보통신부, 국토교통부, 해양수산부 등 여러 부처의 업무가 관련되어 있고, 각 부처에 따라 입장이 다르기 때문에 이들의 권한이 적절히 종합되고 조정되어야 한다. 대통령 직속 컨트롤 타워의 필요성이 주장되는 이유다. 민간 전문가를 참여시키는 경우에도 기득권을 가진 특정 산업 분야나 에너지 분야에 장악되지 않도록 조직 구성에 다양한 배려가 수반되어야 할 것이다.

구체적인 에너지 정책을 결정하고 집행하는 데에 주민의 의사를 경청하고 반영할 수 있도록 환경 영향 평가 제도가 시행되고 있다. 그러나 환경 영향 평가 제도는 두 가지 점에서 보완이 필요하다.

첫째, 환경 영향 평가를 위반한 행위에 대해 적절한 제재가 이루어지지 않아 제도가 실효성을 발휘하기 어려운 경우가 있다. 둘째, 환경 영향 평가 단계에서 새로이 주장되는 주민의 의견을 반영하기가 현실적으로 쉽지 않다. 이에 따라 환경 영향 평가를 둘러싸고 주민과 분쟁이 야기되고 이 분쟁이 장기화되는 경우가 발생하고 있다.

첫 번째 문제, 즉 환경 영향 평가를 준수하지 않은 위반 행위와 관런해서 우리 대법원은 환경 영향 평가를 전혀 수행하지 않은 경우와 환경 영향 평가를 수행했으나 부실한 경우를 구분하고 있다. 전자의 경우, 즉 환경 영향 평가를 아예 수행하지 않은 경우에는 그러한 행위를 무효라 보고 있으나,[79] 환경 영향 평가를 수행하되 부실하게 시행한 경우에는 그러한 절차상 하자만을 이유로 취소할 수 없다고 판시하고 있다.[80] 또한 환경 영향 평가 대상 지역 주민의 의견 수렴을 실질화하기 위해서는 환경 영향 평가법의 실효성을 확보하는 것이 중요하다. 이를 위해 환경 영향 평가법상 공청회 제도를 의무화하고, 위반 행위에 대한 제재를 강화하는 방향으로 법률을 개정할 필요가 있다. 예컨대 현행 환경 영향 평가법은 주민 의견 수렴에 관한 제25조의 규정을 위반해도 이를 제재하는 규정을 두지 않고 있다.

두 번째 문제는 보다 근본적인 원인으로, 환경 영향 평가가 시행되는 단계가 이미 중요한 의사 결정이 이루어진 뒤라 관련 이익이 적절히 반영되기 어려운 경우이다. 특히 에너지 개발 분야에서 그렇다. 이 문제는 이른바 '전략 환경 영향 평가'를 통해 해결해야 한다. 환경 영향 평가는 사업의 실시 계획 내지 시행 계획 등의 인허가를 할 때 해당 사업이 환경에 미치는 영향을 사전에 평가하는 것이다. 그에 비해 전략 환경 영향 평가는 특정한 사업에 관한 의사 결정보다 상위 단계인 정책, 계획, 프로그램의 단계(이른바 3P 단계)에서부터 환경에 미치는 영향을 전략적으로 고려하자는 것이다. 환경 영향 평가법에 따르면 전략 환경 영향 평가란 "환경에 영향을 미치는 계획을 수립할 때에 환경 보전 계획과의 부합 여부 확인 및 대안의 설정·분석 등을 통하여 환경적 측면에서 해당 계획의 적정성 및 입지의 타당성 등을 검토하여 국토의 지속 가능한 발전을 도모하는 것"을 말한다. 이는 종래의 사전 환경성 검토 제도를 전환한 것이다. 초기 입지 단계와 계획 수립 단계에서 전략적 환경 영향 평가를 수행해 지역 주민의 절차적 참여권을 보장하고, 이를 통해 의사 결정 및 합의 형성에 정당성을 확보할 수 있게 되었다는 점에서 바람직한 변화로 평가된다. 다만 전략 환경 영향 평가의 제도적 취지에 비추어 전문가의견을 광범위하게 수렴하는 것이 중요한 의미를 가지기 때문에 공청회를 의무화할 필요가 있다.

한편 환경 정책이 실효성을 갖고 지속적으로 추진되기 위해서는 지역 주민의 참여와 협조가 절실히 요청된다. 환경에 영향을 주는 의사 결정에 해당 지역 주민의 참여가 보장되고, 그러한 정책을 통해 지역 주민이 이익을 공유할 수 있는 제도적 장치가 마련되어야 할 것이다. 이는 소통을 통한 사회적 갈등의 해소라는 점에서 에너지 정책 결정의 거버넌스를 구축하는 데에도 중요한 요소가 된다. 이러한 관점에서 지방 자치 단체에서도 환경 영향 평가 제도를 적극적으로 활용할 필요가 있다.

거대한 변화를 담아낼 유연한 규제

에너지 환경은 과학 기술의 발전과 더불어 급속히 변화하고 있으며, 이러한 변화 속도는 더욱 빨라질 것이다. 에너지 기술의 발전으로 에너지 소비 효율이 증가하고, 에너지원은 다원화될 것이며, 이를 통해 저소비·자원 순환형 경제·사회 구조가 자리 잡을 것이다. 신재생에너지는 환경 보호와 에너지 효율 차원을 넘어 그 자체가 고부가 가치를 지닌 중요한 산업의 하나로 발전할 수 있다. 나아가 새로운 에너지 환경에 부합하는 산업 정책이 그 나라의 경쟁력을 결정하는 핵심 요소가 될 것이다. 즉 에너지 정책은 단순히 환경 보호나 에너지 산업의 일환이 아니라 국가 경쟁력을 증진시키기 위한 인프라로서 의미를 가진다. 더욱이 화석 연료의 대부분을 수입에 의존하는 우리나라로서는 에너지 안보 차원에서도 신재생에너지의 중요성이 배가된다.

   그러므로 정부 차원에서 신재생에너지 기술의 개발과 확산을 위해 장기적 관점에서 적극적인 투자와 정책적 배려를 지속적으로 추진해야 할 것이다. 이 글에서는 새로운 에너지 법 정책을 담아내기 위한 제도적 개선 방향에 대해 검토했다. 그런데 우리나라 법체계는 매우 규제 중심적이고 과학 기술의 혁신을 수용하기에는 유연성이 부족한 것으로 평가된다.

   법은 본질상 기술 발전을 실시간으로 반영할 수는 없다. 이를 규제 지체(regulatory time lag)라 한다.[81] 규제 지체는 새로운 과학 기술에 대한 태도에 따라 서로 다른 방향으로 나타날 수 있다. 새로운 과학 기술에 개방적이고 이로 인한 위험을 사후적인 조치로 대응하려는 경우에는 새 기술을 적용한 행위가 자유롭게 허용되고, 미처 예상하지 못했던 위험이 발생하면 이를 방지하기 위한 규제를 나중에 만들게 된다. 이와는 달리 새로운 과학 기술로 나타날 수 있는 예측하기 어려운 위험에 대해 회피적인 태도를 취하는 경우에는, 기존의 검증된 기술만 법에서 규정하고 새로운 기술을 적용하기 위해서는 새롭게 법령을 개정하여 허가 기준을 만든 후 심사를 통해 허용하는 방식을 취하게 된다. 새로운 기술을 적용하거나 새로운 형태의 사업이 새로운 위험을 야기할 수 있으므로 위험을 규제하는 것은 정당하다. 그러나 새로운 기술이나 사업이 아직 위험을 야기하지 않은 상태에서 위험이 생길 수 있다는 막연한 추정에 근거한 규제는 과도하며, 자유와 창의에 기초한 발전을 저해할 수도 있다. 결국 두 가지 방식 가운데 어느 것이 타당한지는 새로운 과학 기술로 인한 위험이 얼마나 중대한지, 그 발생 가능성이 얼마나 높은지에 따라 달리 평가될 것이다. 우리나라 법제는 일정한 사업을 수행하기 위해 요구되는 요건을 기술적으로 정의해 사전에 규제하는 경우가 대부분이다. 따라서 새로운 기술이나 새로운 영업 방식이 등장하면 이것이 개정을 통해 법령에 반영될 때까지 금지되는 결과를 낳는다.

중대한 위험이 발생할 가능성이 큰 경우에는 사전에 법령에 따른 허가를 얻도록 할 필요가 있지만, 그렇지 않은 경우에는 좀 더 유연한 태도가 필요하다. 예컨대 새로운 기술을 적용하거나 새로운 사업 유형을 도입하는 경우에는 그 사업이 구체적인 위험을 야기하거나, 예견되는 위험이 중대하거나, 또는 어느 정도 규모로 성장해 위험의 파급 효과가 커질 때까지는 일정 기간 허용하는 방향으로 유연한 규제 체계를 도입할 필요가 있다.[82] 이러한 규제 체계의 개혁을 통해 새로운 기술을 수용하고, 과학 기술의 발전과 혁신을 유도하고 촉진할 수 있는 법 제도적 인프라를 구축해야 할 것이다.

닫힌 체계에서
열린 체계로

이재열 / 사회학과

에너지와 삶, 그리고 사회 시스템

에너지는 삶의 질을 구성하는 가장 중요한 요소다. 어느 나라가 부유한지를 설명할 때 에너지 사용량은 가장 중요한 변수다. 1인당 국부 창출의 양에서 보여 주는 나라별 변이의 93퍼센트는 그 나라가 얼마나 이른 시기부터 많은 에너지를 사용했느냐로 설명된다. 경제 성장의 가장 중요한 원천이 에너지인 것이다. 국민들의 생활 만족도, 즉 웰빙 수준도 에너지 소비에 의해 설명된다. 노벨 경제학상을 받은 아마르티아 센(Amartya Sen)이 제안한 이후, 삶의 질을 나타내는 대표적인 지표로 활용되는 것 중 하나는 인간 개발 지수(Human Development Index, HDI)다. 이것은 문자 해독률, 기대 수명, 교육 연수, 그리고 소득을 종합해 표준화된 점수로 합산하는데, 〈그림 1〉에서 보듯이 에너지 소비가 많아질수록 값이 늘어나는 경향을 보인다. 특히 1인당 에너지 소비가 2~4킬로와트인 구간에서 매우 빠른 속도로 HDI 값이 증가한다. 한국은 이 단계를

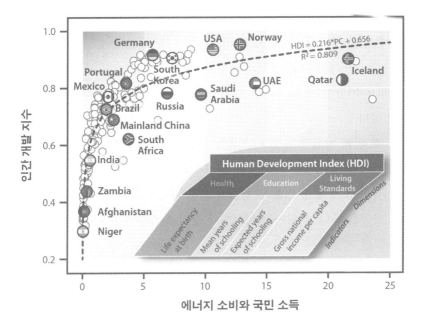

〈그림 1〉 에너지 소비와 국민 소득(가로축) 및 인간 개발 지수(HDI, 세로축) 간의 관계
(출처: http://www.ourenergypolicy.org)

넘어섰다. 에너지 소비 효과는 1인당 5킬로와트를 넘어서면 급격히 체감되어 과소비를 하더라도 삶의 질을 지속적으로 향상시키지는 않는데, 한국이 바로 그런 위치에 도달했다.

이처럼 에너지는 경제 성장과 국민의 행복을 결정하는 핵심적 요소다. 에너지 없이는 경제 성장이 불가능하고 삶의 질도 향상되지 않는다. 그런데 에너지의 미래는 기술이나 경제로만 설명되지 않는다. 그래서 미래에 에너지 산업을 어떻게 만들어 나가야 하는지도 사회 전체 맥락과 연관지어 이해할 필요가 있다.

한국 사회의 미래를 에너지시스템 관점에서 예견하기 위해서는 기술과 사회 시스템이 어떻게 상호 연동되는지, 어떤 면에서 서로 충돌하고 어떤 면에서 서로 조응하는지를 밝힐 필요가 있다. 한 사회의 시스템은 복잡한 성격과 유형으로 결정되지만 그것을 분석적으로 이해하기 위해서는 세 가지 다른 차원의 구분이 필요하다. 그리고 분석적으로는 각각의 측면들이 다소 독특한 실체 혹은 규칙성을 가지는 것으로 이해할 수 있다.[83]

첫 번째 차원은 규범 시스템이다. 이는 깊은 구조, 혹은 사회적 행위와 관계를 규정하는 규칙이나 문법을 의미한다. 종교적 세계관이나 가치관, 규범 체계 등은 모두 행위의 상황 적합성을 규정해 주는 사회적 문법 기능을 한다. 행위자는 이념이나 상징 시스템에서 획득된 '지식'을 가지고 있고, 그 행동을 수행할 수 있는 '능력'을 가져야 하며, 이를 수행하려는 충분한 '동기'가 주어져야만 행동한다. 지식의 제공처이자 행위의 방향을 지정해 주는 역할을 하는 것이 곧 규범 시스템이라 할 수 있다. 많은 경우 규범 시스템의 재생산은 행위자의 합리적 선택에만 의존하지 않는다. 알게 모르게 행위자들이 당연시하는 일상생활 속에 이미 규범의 영향력이 녹아들어 있는 것이다.

에너지를 둘러싼 여러 논의에서 주목할 점은 시민들이 어떤 가치관을 가지고 있느냐다. 환경 보호에 관심이 많고 소수자의 발언권에 주목하며 조화와 공존을 중시하는 탈물질주의적 가치관이 강한 나라일수록 탈핵에 대한 논의가 활발하며, 신재생에너지 개발도 활발하게 이루어진다. 그 반면에 부국강병과 경제 성장, 그리고 질서 있는 사회를 중시하는 이른바 '물질주의' 가치관이 강한 사회에서는 저렴하게 에너지를 제공하고 군사적인 목적으로 활용 가능하다는 이유로 원자력에 대한 선호가 강하게 나타나는 경향이 있다. 그래서 향후 에너지의 미래를 전망할 때에도 사회적으로 어떤 규범이나 가치관이 강하게 드러나는지 주목할 필요가 있다.

두 번째 차원은 관계 시스템 혹은 제도적 배열이다. 자본주의 다양성론자들의 주장에 따르면, 자본주의 경제의 이념형은 하나지만 현실로 존재하는 자본주의는 다양한 제도들이 어떻게 조정되느냐에 따라 매우 다양하게 나타난다.[84] 제도적 배열은 결정적인 시기에 핵심 행위자들이 자신의 이해관계를 극대화하기 위해 어떻게 질서를 만들어 냈느냐에 따라 그 경로가 결정된다. 예컨대 홀과 소스키스는 노사 관계, 직업 훈련과 교육, 기업 거버넌스, 기업 간 관계, 종업원과의 관계 등 다섯 영역에서 핵심 역량을 갖추어 나가는 과정에서 어떻게 다양한 행위자들이 상호 조정을 거쳐 관계 시스템을 제도화했는지 설명한다. 이 중 에너지 산업과 관련해서는 기업의 거버넌스가 어떻게 형성되었는지, 그리고 기업 간 관계는 어떠한지에 특히 주목할 필요가 있다. 즉 어떻게 자원을 조달하고 투자자나 은행을 설득하며, 내부에서 누구를 중심으로 경영진을 조직화하는지, 산업 연관의 사슬에서 전후방으로 엮인 기업들 간에 어떤 관계를 유지하는지, 어떤 표준을 만들어 공유할지, 기술 이전을 어떻게 할지, R&D에 대한 투자를 어떻게 협력적으로 만들어 나갈지 등은 모두 긴요한 조정을 요한다.[85]

에너지 산업은 전형적인 규제 산업이다. 초창기부터 정부가 적극적으로 개입했기 때문이다. 석탄 개발은 대한 석탄 공사가, 원유 수입과 정제는 대한 석유 공사가, 전력 생산은 한국 전력이 맡았다. 그 후 민영화가 이루어지고 사기업의 참여가 확대되었지만 여전히 에너지 관련 산업은 정부의 강력한 영향력 아래 놓여 있다. 특히 원자력 산업의 경우에는 경제적 요인 외에 정치적, 군사적 요인까지 고려되어 강력한 정부 통제가 이루어지고 있다. 이처럼 한국의 에너지 산업을 둘러싼 제도적 틀은 정부 주도가 두드러지는 독특한 시스템으로 발전해 왔다.

조정 양식의 차이는 역사적, 문화적 맥락과 발전 단계를 반영한다. 지금까지 홀과 소스키스가 확인한 제도적 틀은 자유 시장 경제(Liberal Market Economies, LME)와 조정 시장 경제(Coordinated Market Economies,

CME)가 대표적이다. 그런데 한국의 에너지 산업은 조정 시장 경제보다 훨씬 위계적이고 중앙 집중적이며 폐쇄적이다. 대체로 상이한 경제 체제를 만들어 내는 과정에서 중요한 요인으로 (1) 행위자들 간 정보 교환의 방식, (2) 행위에 대한 모니터링, (3) 협력적 행위로부터 일탈했을 때의 제재 방식 등을 꼽는다.[86] 독일처럼 조정 시장의 전통이 강한 나라에서는 매우 강력한 기업가 단체와 노동조합 조직이 조합주의적 합의와 조율의 바탕이 된다. 상호 연결되어 있는 광범한 기업 간 지분 공유, 그리고 주거래 은행을 통한 정보 공유 및 협력을 가능케 하는 법률 체계와 규제 시스템 등이 경제 전반에 걸쳐 숙의와 조정의 동인으로 작동한다. 협력적 행위로부터 일탈하는 경우에는 생산성 연합에 참여할 수 없기 때문에 기업들은 단기적 이윤 추구보다 장기적 투자 효과에 더 민감하게 반응하고, 노동자들도 단기적인 임금 극대화보다 고용 안정성에 더 무게를 둔다.

그 반면에 자유 시장 경제의 전통이 강한 미국은 여러 면에서 독일과 반대되는 특성을 보인다. 주식 시장을 통해 자본을 동원하므로 기업의 정보를 널리 공개하는 것이 매우 중요하며, 경영진은 장기적 투자보다 단기적 성과 극대화를 통해 주주 총회에서 인정받는 것에 더 큰 가치를 둔다. 이에 따라 교육과 훈련은 학교에서 주로 이루어지고, 노동자들은 잦은 이동을 통해 자신의 기술과 역량을 필요로 하는 직장으로 빈번히 옮길 인센티브를 강하게 갖게 된다. 따라서 기업들은 전문화하는 경향이 강해진다.

한국은 발전 국가(developmental state)의 유제가 강하게 남아 있어 자유 시장 경제와도 다르고 조정 시장 경제와도 다른 제도적 특징을 가지고 있다. 우선 새로운 기술의 도입부터 산업화에 이르는 전 과정이 정부의 정책과 연동된다. 기업의 거버넌스는 간접적으로, 때로는 직접적으로 정부의 영향 아래 있으며, 주요 에너지 관련 기업의 최고 경영자는 정부의 전직 관료들이 장악한다. 경제 체제의 진화는 제도적 상보성(institutional complementarities)이 존재하느냐에 따라 상이한 방향으로 진화가 이루어진다. 한국의 에너지 산업이 정부 영향하에 발전하다 보니 기업 공개는 제한되고, 가격은 강력한 정부의 영향력으로 결정되며, 산업 구조상 긴밀한 관계에 놓인 관련 기업은 기존 공기업의 틀 안에서 분화가 촉진되다 보니, 어느덧 거대한 공기업 집단의 생태계가 만들어졌다.

세 번째는 기술이나 생산 시설, 그리고 자연 조건 등으로 구성되는 기술 시스템이다. 기술의 변화는 새로운 기회 구조를 창출한다. 자연적 혹은 기술적 자원의 분포는 제도나 행위에 제약을 가한다는 점에서 물적 토대라 할 수 있다. 에너지를 둘러싼 행위자의 선택과 능력은 환경이 부여하는 제한된 자원 내에서만 효력을 발휘한다. 그런데 한국의 상황은 어떠한가. 에너지 자립도가 매우 저조하다. 그리고 남북 분단으로 인해 실질적으로는 에너지의 섬으로 존재한다. 조직 생태학 이론에서는 사회 조직의 성장과 소멸을 결정하는 담지 능력(carrying capacity)이 존재한다고 주장한다.(Hannan and Freeman, 1989) 한국 에너지 산업의 발전도 이러한 담지 능력의 제약을 받는다. 특히 휴전선을 사이에 둔 남북 간 단절은 단순히 남북 간 단절로 그치지 않고 한국이 글로벌 에너지 네트워크로부터 고립되어 있음을 보여 준다. 그래서 통일은 정치적 의미의 고립 탈피일 뿐 아니라 에너지 소비 면에서도 열린 시스템으로 가는 첩경이다.

세 차원으로 구성된 시스템의 변화는 구조화(structuration)와 떼어놓고 생각할 수 없다. 시스템은 한 단면의 시점에서 보면 얼개나 규칙으로 이해되지만, 동태적 과정으로 이해할 경우 시스템의 구조는 곧 변화의 방향을 결정하는 규칙인 동시에 행위자들이 동원하는 자원이라는 이중성을 보여 주기 때문이다.

세 차원의 시스템을 정태적으로 보면 구성 요소들 간 관계가 균형

규범 시스템　　　　　　　　　　　　에너지를 둘러싼 상징체계/이념

의미의 선택과 형성　➡ ⬆ ①　　　② ⬇ ⬅　상황에 대한
　　　　　　　　　　　　　　　　　　　　　　해석 틀의 제공

관계 시스템　　　　　　　　　　에너지 산업 관련 이해 당사자 간
　　　　　　　　　　　　　　　　　　연관 체계/제도

자원 및 기회 구조의 제약　➡ ⬆ ③　　　④ ⬇ ⬅ 자원의 통제와 활용

기술 시스템　　　　　　　　　　　에너지 산업의 기술적 토대

〈그림 2〉 시스템의 차원과 상호 연관

잡힌 상태에 있다는 인상을 준다. 그러나 시스템은 기능적으로 사전에
정해진 규칙에 따라 작동하는 기계적인 시스템이 아니라 내부에 다양한
갈등 요소와 모순을 담은 역동적인 시스템이다. 달리 말해 각 차원의 요
소들 간에 제약과 통제의 이중성을 토대로 하는 상호 연관성이 존재한
다. 이러한 관계는 〈그림 2〉와 같이 정리된다.[87]

　　　행위자들 간의 선택과 행위에 따른 연관 체계가 곧 관계 시스템(혹
은 제도)이라 한다면, 관계 시스템은 늘 규범 시스템, 즉 상징이나 이념에
의해 해석의 틀을 제공받는다는 점에서 제한되어 있다.(〈그림 2〉의 ②) 그
와 동시에 관계 시스템은 기술 시스템의 제약을 받으며 만들어진다.(③)
그러나 행위자들은 또한 끊임없이 자신의 선택을 통해 규범 구조를 선
택적으로 재생산하고(①), 자원 활용이나 통제를 통해 기술 시스템의 물
질적이고 기술적인 토대를 변형시킨다(④). 그러므로 관계 시스템은 규
범 시스템이나 기술 시스템과의 관계에서 통제하면서도 제약당하는 이
중성을 드러낸다.

전통적 위계와 네트워크

〈그림 2〉의 프레임을 활용해 한국 사회에서 미래 에너지 산업이 어떻게 진화할지 추론해 보자. 먼저 제도의 경로 의존성을 이해하기 위해서는 지금까지 굳어진 관계의 시스템, 즉 제도가 어떻게 현재의 에너지 산업을 형성해 왔는지를 살펴볼 필요가 있다. 특히 지난 고도 성장기를 거치면서 에너지를 둘러싼 상징이나 이념이 어떤 가치 지향을 가졌는지(〈그림 2〉의 ②), 그리고 이를 통해 에너지 산업을 둘러싼 다양한 제도적 경로 의존성이 형성된 후 어떻게 산업의 특수성을 형성하게 되었는지(④) 살펴볼 필요가 있다. 이상의 과정은 역사적으로 보면 시장의 부재나 실패가 존재하는 상황에서 새롭게 산업을 창출해 나가는 과정이었다. 그런데 조직 형태로 보면 그동안의 과정은 산업 사회를 대표하는 대규모 위계 형성이 핵심이었다.

카스텔스(Manuel Castells)의 표현을 빌리면, 전통적 위계는 고정적이고 확정적인 지역성에 기반을 둔 산업의 형성을 의미한다. 대도시를 중심으로 성장한 인구와 산업화한 도시를 중심으로 자원과 인력이 집중되는 체계다. 그래서 에너지도 대규모 파워 플랜트를 중심으로 생산되어 정주하는 공간에 공급하기 위해 거대한 송전탑으로 대표되는 위계적 공급 시스템을 갖추게 된다.[88]

지금까지 한국의 에너지 산업을 이끈 것은 강력한 정부에 의한 위로부터의 산업화와 그 제도적 유산이었다. 경제 성장을 이끌기 위해 값싼 에너지를 풍부하게 제공하는 일은 정부의 최대 과제였고, 그것을 이끈 이념은 부국강병이라는 후발 산업 국가의 물질주의적 가치였다. 그러나 에너지의 미래는 네트워크 사회로 대변되는 개방형 시스템으로 전환하기를 요구한다.[89] 네트워크형 사회는 닫힌 체계가 아니기 때문에 환경 요인이 중요해지며, 기계적 시스템보다는 유기체적 시스템이 더 중요해진다. 복잡하고 느슨하게 결합된(loosely coupled) 개방형 시스템에서는 구조보다 과정이 중요시되고 조직의 경계가 비정형적(amorphous)으로 변화할 가능성이 커진다.

이런 전통적 위계에서 기술의 선택과 제도화가 어떻게 이루어지는지를 살펴보자.

에너지 산업을 특징짓는 관계 시스템은 제도주의적 관점에서 보면 뿌리 깊은 관치 경제의 유산이다. 역사적으로 보면 에너지 산업에 관한 정부의 주도적인 역할은 후기 후발 산업화를 이룬 한국의 발전주의적 경로를 잘 보여 준다. 전반적으로 산업 경쟁력이 취약하던 시기에 정부는 자원을 집중하여 선진 기술을 적극 도입하거나 새로운 기술을 개발했다. 특히 IT와 에너지 분야는 전략적인 육성 대상이었다. 이러한 특징들로 인해 초기 산업화 과정에서 에너지 산업은 집중적인 금융 지원이나 정책적 고려의 대상이 되었으며, 일정한 경쟁력을 갖추었다고 판단될 때까지 민영화를 유보하는 전략을 택했다. 석탄은 일찍이 사양 산업화하여 그 중요성이 떨어졌지만, 석유는 발전 국가와 협력한 대기업 집단의 선단식 경영에 일정 부분 역할을 맡김으로써 안정성과 국제적 경쟁력을 확보하는 전략을 택했다.

전력 생산의 경우에는 정부에 의한 지배가 오랫동안 지속되었다. 민영화 대신 공기업에 역할을 맡겨 정부의 영향력을 지속적으로 유지한 것이다. 이러한 국가 지배는 다른 나라에서는 예를 찾기 힘든 유형으로, 전력 산업의 기업 지배 구조가 독특한 관치 경제의 핵심적 분야로 잔존하도록 했다. 공기업 집단에 의한 에너지 산업 지배는 한편으로 에너지 분야에 대한 정부 정책과 연계를 높임으로써 과감한 투자와 개발이 가능하다는 장점이 있으나, 에너지 산업에 대한 정부의 지배력을 장기화함으로써 산업 구조가 기형화되는 독특한 결빙 효과를 가져왔다.

이러한 기형성이 잘 드러나는 것이 전기 요금 제도다. 우리나라의 전기 요금은 산업용, 가정용, 일반용, 교육용, 농업용 등으로 구분되어 서로 다른 요금제를 적용하고 있다. 시장 원리 대신 정부, 즉 공급자인 한국 전력에 의해 일방적으로 요금이 결정되는 데다, 가정용에만 여섯 단계의 누진제를 적용하여 요금 차를 극대화했다. 그러나 가정용 전기 요금에 대한 차별화는 국내 전기 수요의 대부분이 산업용이라는 현실을 외면한 것이다. 더구나 산업용 전기에 낮은 요금을 적용하다 보니 에너지 산업을 효율화하는 데 방해가 되었다. 한계 상황에 놓인 기업들은 경쟁력을 갖추기보다 정부 보조금에 의존하며, 다른 에너지 대신 전기를 우선 사용하는 데 익숙해졌다. 그래서 다른 나라에서는 매우 비효율적인 것으로 여겨지는 전기로(electric furnace, 전기 에너지를 이용해 금속 등의 원료를 가열하는 시설)가 국내에서는 널리 쓰인다. 원가 이하로 책정된 산업용 전기 요금으로 인해 누적되는 적자는 국민의 세 부담으로 넘겨진다. 수익은 사유화하고 부담은 사회화되는 구조다.

　　정부 의존형 에너지 산업의 전형을 보여 주는 것은 원자력 산업이다. 원전 확대 정책의 논리적 기반은 원자력의 발전 단가가 다른 에너지원보다 싸다는 것이다. 한국의 원자력 발전 단가는 원전을 운영 중인 OECD 국가 중 가장 낮다. 국제 에너지 기구(IEA)에 따르면 한국의 원자력 발전 비용은 프랑스의 55퍼센트에 불과하다. 원자력 발전소 건설비도 다른 나라에 비해 매우 저렴해, 국내 신형 원전의 건설비는 미국의 3분의 1에 불과하다. 이는 원전이 지역적으로 밀집해 있고 규제 비용이 낮으며 플랜트 시공 경험이 축적되었기 때문이다. 여기서 정부 주도 산업이 가지는 장점이 잘 드러난다.

　　그러나 원자력으로 인해 사회가 부담해야 하고 미래 세대가 책임져야 하는 사회적 비용을 감안하면 원자력이 저렴한 에너지원이 아니라는 비판이 높아지고 있다. 원자력 발전의 경제성을 논의할 때 원전 사고의 위험성이나 폐기물 처리 비용, 사회적 갈등 등의 외부 비용을 고려해야 한다는 것이다. 2011년 일본 후쿠시마 원전 사고를 계기로 각국은 원전 안전 기준을 강화하는 경향이 있고, 사고에 대한 비용도 외부 비용으로 계산해 원전 정책에 반영하기 시작했다.

그렇다면 위계적 구조를 가진 산업 사회에서 네트워크 사회로 변화할 때 새로운 기술은 어떤 영향을 받게 될까. 정부 주도의 공기업 집단이 중심이 된 산업 구조나 대기업의 선단식 경영은 과감한 투자와 선택에 따라 새로운 사업에 집중 투자가 가능하다는 장점이 있었다. 1980년대 삼성의 반도체 진출, 2000년대 LG의 디스플레이 패널 진출, 1990년대 SK의 통신 산업 진출이나 2000년대 반도체 진출 등은 모두 흘러내리는 뗏목에서 옮겨 타는 전략으로 다각화된 산업 구성을 통해 성장을 도모했다는 점에서 그 나름의 장점을 지닌다. 코닥, 소니, IBM, 노키아 등의 전문화된 대기업들이 산업이 소멸하면서 기업도 쇠퇴한 사례와 비교하면 한국의 문어발식 사업 다각화가 가진 장점이 분명해 보인다. 1997년 외환 위기에서 이러한 경향이 분명히 확인된다. 문어발식 다각화를 진행한 재벌들은 생존한 반면, 업종 전문화에 충실했던 중견 그룹들은 대체로 부도나 화의를 피하지 못했다. 그러나 위계적 구조 대신 네트워크화가 진행되는 미래에도 이러한 경향이 지속될까. 앞으로의 기업 환경에서는 유연성을 갖추지 못하면, 동물원과 같은 생태계가 되어, 혁신의 에너지를 제약하는 구조로 갈 위험이 매우 커 보인다.

미래 네트워크 사회로 진입할 때 생겨날 기회와 제약 요인은 무엇일까?

〈그림 3〉에서 보듯 네트워크화는 중앙 집중적인 위계 사회를 근본에서 변화시킨다. 위계적인 에너지원의 정점이 원자력 발전이라면, 탈집중화한 에너지는 지역 열 병합 발전과 친화력이 있다. 그 반면에 분산된 개방 체계에서는 태양광 발전이 훨씬 친화력이 높다. 정치적으로는 중앙 집중형 사회에서 권위주의적 독재가 지배적이지만, 탈집중 사회에

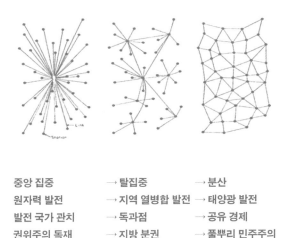

중앙 집중	→ 탈집중	→ 분산
원자력 발전	→ 지역 열병합 발전	→ 태양광 발전
발전 국가 관치	→ 독과점	→ 공유 경제
권위주의 독재	→ 지방 분권	→ 풀뿌리 민주주의

〈그림 3〉 네트워크화가 가져오는 변화의 양상

서는 지방 분권이, 그리고 분산된 사회에서는 풀뿌리 민주주의가 중요한 정치 시스템으로 자리 잡게 될 것이다. 같은 맥락에서 경제적 측면의 변화도 상동 구조를 보일 것이다. 중앙 집권적 체제에서는 발전 국가적 관치 경제가 중요했다면, 탈집중 단계에서는 대기업에 의한 독과점이 주도적 형태가 되고, 분산의 시기에는 공유 경제가 확산될 것이다.

이러한 변화를 추동하는 힘은 기술의 발전이다. 특히 컴퓨터의 계산 능력, 메모리의 집적 효율, 태양열의 발전 효율, 충전의 효율성, HDD/SSD의 저장 능력 등은 모두 지수 함수적으로 증가하는 경향이 있다. 컴퓨터의 계산 능력은 지난 수년간 급속히 발전해, 인간의 두뇌와 맞먹는 계산 능력을 구매하는 비용은 지속적으로 낮아지고 있다. 무어의 법칙이나 황의 법칙(Hwang's Law)은 메모리의 집적 속도가 매우 빠르게 높아진다는 것을 증명했다. 태양열 발전 비용과 충전의 효율도 지속적으로 높아지고 있다. 이러한 변화는 모두 전통적인 생산 수단인 기계나 인간 노동이 성장에 미치는 기여율을 미미하게 만들었다. 그 반면에 에너지와 원료를 전환하는 열역학의 효율성은 급속히 증가했다. 현재는 에너지의 87퍼센트가 전송 중에 낭비되고 있지만, 분산된 에너지 인프라는 효율성을 극대화할 것이다.

기술의 변화는 매우 빠른 속도로 사회 시스템을 바꾸어 나갈 것이다. 특히 사물 인터넷의 부상으로 기존 인터넷이나 스마트폰의 기능은 빠르게 대체될 전망이다. 사물 인터넷을 통해 모든 기기를 연결하고 정보를 저장할 수 있으며, 사물 인터넷이 빅데이터와 결합하면 마케팅과 고객 관리 영역에서 혁명적 변화가 이루어질 것이다. 사물 인터넷 시대에는 하드웨어보다 소프트웨어가 중요해진다. 검색 기술의 중요성이 두드러지고 냄새, 맛, 진동, 질감 같은 다양한 속성까지 검색이 가능해질 것이다.

사물 인터넷의 발전은 BoT(Battery of Things) 시대를 촉진시킬 것이다. 모든 사물이 연결되려면 모든 사물이 배터리로 움직여야 하기 때문이다. 휴대 전화나 전자 기기, 자동차뿐 아니라 가정용 전력 공급에도 에너지 저장 장치(Energy Storage System, ESS)가 중요해질 전망이다. ESS는 전력 변환 장치(PCS), 시스템 통합(SI), 에너지 관리 시스템(EMS), 건설, 전력의 공급·발전 등 다양한 분야의 기술이 합쳐진 대표적 융합 산업이다. 그리고 앞으로 관련 산업 규모는 갈수록 커질 것이다. 전 세계 ESS 시장은 지난해 24기가와트시(GWh)에서 2020년에는 52기가와트시로 연평균 17퍼센트씩 성장하고, 관련 시장도 2020년에는 지금보다 10배 커진 150억 달러에 달할 것으로 전망된다. 전기차를 생산하는 미국 테슬라는 2015년 4월 가정용 ESS '파워 월(Power Wall)'을 출시했다. 태양광 발전을 통해 생산한 전기나 전기 요금이 쌀 때 공급받은 전기를 저장해 두었다가 전기 요금이 비쌀 때 사용하도록 하는 기기인데, 2018년 세계 최대 배터리 공장인 기가팩토리(Gigafactory)가 완공되면 파워 월을 대량 생산해 가격을 대폭 떨어뜨리겠다는 계획을 밝혔다.

사물 인터넷과 에너지 저장 장치의 확산은 열린 시스템으로의 변화와 분산화를 상징하며, 이러한 변화는 전력 공급 대기업의 추락을 예고한다. 미래학자인 다빈치 연구소의 프레이(Thomas Frey) 소장은 대규모 전력 공급 기업들이 2020년경에 소멸할 것으로 예측했다. 그 대신 소규모 지역 기반의 민간 발전 기업들이 등장해 원거리 전력 송전이 필요 없는 저렴한 시스템을 개발할 것이며, 그렇게 되면 혐오 시설에 대한 거부감도 사라지고 새로운 산업 창출의 기반이 될 것이라 주장했다. 이처럼 분산적으로 생산된 전기를 교환하기 위해서는 새로운 전력 시장이 만들어져야 한다.[90]

열린 분산 시스템을 잘 보여 주는 대표적 사례가 자동차 산업의 변화다. 앞으로 석유를 연료로 하는 자동차 생산은 한계에 부딪히고, 전기 자동차로 대체될 가능성이 크다. 일론 머스크에 의해 상용화된 전기자동차는 구글이 개발한 무인 자동차와 연결되고 있다. 테슬라 외에도 제너럴 모터스(GM)와 다수의 중국 기업 등이 전기차 개발에 뛰어들고 있다. 무인 자동차가 보편화되면 자동차의 전체 수가 급속도로 줄어들고 효율은 높아질 것이다. 스스로 장애물을 인지하고 피해 가는 무인 자동차는 높아진 안전성으로 자동차 사고를 획기적으로 줄여 주므로 자동차의 크기가 작아질 것이고, 자동차를 사서 소유하기보다 빌려서 사용하는 트렌드가 생겨날 것이다.

이러한 변화는 기존의 교육에도 큰 영향을 미칠 전망이다. 이미 미국 아이비리그 대학들뿐 아니라 한국의 유수 대학들도 경쟁적으로 무료 온라인 교육을 제공하기 시작했다. 오픈 코스웨어(Open CourseWare, OCW)는 전통적인 교육 기관이나 대학이 소멸할 것임을 예고한다. 현재의 교육은 정해진 연령대에, 제한된 시간 안에 학습이 이루어지는 방식이나, 세상의 변화 속도는 상상을 초월한다. 앞으로는 훨씬 빨리 지식을 습득하는 것이 중요해질 것이다. 그러면 닫힌 시스템으로 운영되는 대학들은 살아남기 어렵고, 열린 시스템으로 온라인과 결합하여 빠르게 지식을 대체하는 기관들이 생존할 것이다.

분산형 에너지와 사물 인터넷은 4차 산업 혁명을 촉진시킬 것이다. 사물 인터넷은 모든 것을 초연결하는 디지털 생태계를 만들어 내고, 초소형 컴퓨터와 결합한 하드웨어는 점차 똑똑해지는 디지털 생명체로 변화할 것이다.[91] 이처럼 변화하는 미래를 고려하면 우리는 새로운 형태의 조직화 원리가 네트워크 거버넌스임을 확인하게 된다. 위계와 무질서를 양 극단에 놓는다면, 그 사이에는 연속성이 존재한다. 네트워크 관점은 거버넌스를 복잡 적응 시스템(complex adaptive system)이라고 본다. 위계 조직과 비교해 복잡 적응 시스템은 다음과 같은 몇 가지 중요한 특징을 가진다. (1) 하위 부분들의 상호 작용에서 순환 고리가 잘 발달되어 있다. (2) 공식적 조직과 비공식 조직 간에 빈번한 상호 작용이 존재한다. (3) 시스템 전체는 복잡하지만 각 개인들은 비교적 단순한 규칙하에 행동한다. (4) 그래서 각 행위자들은 독립적이고 자율적이어야 한다.[92]

네트워크 거버넌스나 네트워크로 연결된 작동의 방식은 사람과 아이디어들을 더 빠르게 연결시킨다. 네트워크를 통해 노력이 분산될 수 있으며, 네트워크는 개방적이고 투명하기 때문이다. 그래서 네트워크 구조는 전문성을 가진 개인들이 지식을 나누고 자발적으로 헌신하는 데 유리하다. 이러한 현상은 오픈 소스 프로그램 운동이나 위키피디아의 사례에서 찾을 수 있다. 이들 사례에서는 영속적인 구조를 유지하는 대신 효과적이고 기민한 동원이 선호된다. 네트워크는 다음과 같은 다양한 방식과 형태의 차원들의 결합으로 구현될 수 있다. 즉 (1) 임시적인지 항시적인지, (2) 자발적인지 계획된 것인지, (3) 노력을 많이 들일지 적게 들일지, (4) 집중 구조로 할 것인지 분산 구조로 할 것인지, (5) 구성원을 폐쇄적으로 할 것인지 개방적으로 할 것인지 등이다.

전통적 위계 조직	네트워크
통제와 계획	자율, 출현적 속성
개인 노력 강화	연결과 연계
프로그램 만들기	참여 촉진 위한 플랫폼
정보와 학습 독점	정보와 학습의 개방
집중적 의사 결정	공동 결정
개별 전문가	집합 지성
구체적 성과	사회적 영향력

〈표 1〉 전통적 위계와 네트워크의 비교

　　네트워크형 사고방식은 전통적인 위계형 사고방식과 많은 점에서 차이를 드러낸다. 전통적이고 위계적인 사고방식은 강력한 통제와 계획, 집중된 의사 결정, 개별 전문가의 통찰력, 구체적 결과에 대한 관심 등을 중시한다. 그 반면에 네트워크 사고방식은 통제의 소멸, 자발적 참여, 집단 지성 등을 중시한다. 네트워크의 효과성은 손에 잡히지 않는 신뢰나 정보의 흐름과 긴밀히 연관되어 있다.

　　향후 네트워크화는 진전되겠지만, 장애 요인이 없지 않을 것이다. 미약한 탈물질주의와 취약한 제도적 신뢰가 그것이다. 사회적 문법으로서의 네트워크는 비교철학이나 문화심리학 연구에서 잘 드러난다. 이론적으로 실체론은 관계론과 대비된다. 실체론은 잘 통합된 행위 주체이자 의사 결정자인 개인이나 집단, 혹은 조직 등이 상호 작용하는 것을 의미한다. 따라서 여기에는 집단과 행위자 간의 명백한 경계가 존재한다. 그 반면에 관계론적 접근은 그와 같은 본질주의적 실체가 없다고 가정한다. 정체성은 경계에 의해 형성되므로 경계 안과 밖의 차이가 분명해질수록 정체성이 더 분명해지며, 한 행위자가 발휘하는 능력을 결정하는 데 치명적인 기회나 제약도 개인의 속성보다는 복잡한 관계의 양상 속에 내포되어 있다고 본다. 정체성은 고정되고 물화된 범주라기보다 다차원적이고 유동적인 총체성이다.

역사적으로 보면 서구 문화와 실체론 간에, 그리고 아시아 문화와 관계론 간에 문화적 친화성이 존재했다. 서구의 개인주의는 독립적인 자아 개념에 뿌리를 두고 있다. 독립적 개인들이 사회를 구성하는 기본 단위가 되며, 사회 질서는 개인들 간의 계약을 토대로 한다. 민주주의와 시장 모두 개인들 간의 계약에 바탕을 둔 제도들이다. 그 반면에 아시아 사회에서는 호혜적이고 인격주의적인 관계가 기본적 요소다. 인격 윤리 에서는 사람들 사이의 신뢰를 강조하며 지배자의 덕성을 중시한다. 또 한 위계적 구조에서 한 개인의 지위는 내적 능력의 불평등성을 반영하 는 것으로 여겨진다.

서구에서 개인주의와 분석적 사고의 근원은 그리스와 로마 문명 까지 거슬러 간다. 기후가 온화한 지중해 지역의 특성으로 인해 자연을 통제하기 쉬웠고, 경제 활동은 개인적 노력에 의존할 수 있었다. 그 반면 에 동아시아의 문화는 대규모의 관개 시설을 활용해야 하고, 집단적인 협력 노동을 통해 농사를 지어야 하는 수도작 문화와 긴밀히 연결되어 있다. 장마철에 강수량의 대부분이 쏟아지는 아시아형 몬순 기후로 인 해 중앙 집권적 국가가 발전했다고 보는 비트포겔(Karl Wittfogel)의 아 시아적 전제주의론이나 마르크스의 아시아적 생산 양식론 모두 이러한 아시아적 특성을 염두에 둔 논의들이다.[93]

특별히 아시아의 관계론적 문화의 맥락에서 중국의 관시(关系)나 한국의 연고 등이 인격주의적 관계망의 특성을 보인다. 이들은 유유상 종형의 결속을 가능하게 하는 경향이 있으며, 정보화 시대에도 네트워 크 형성에 중요한 영향을 미치고 있다.

그동안 권위적이고 위계적인 산업 구조와 조응하는 한국의 에너지 산업을 이끌어 온 규범적 토대는 부국강병에 대한 강력한 이념직 지지였다. 대개 물질주의와 탈물질주의를 척도화하는 몇 가지 키워드가 있다. 장기적인 국가 목표로 '높은 경제 성장 유지'와 '방위력 증강', '물가 인플레 억제', '사회 질서 유지' 등을 강조하는 경우에는 물질주의자로, '직장과 사회에서의 발언권 증대'나 '환경 개선', '언론 자유 보장', '정부 정책 결정에서 발언권 증대' 등을 강조하면 탈물질주의자로 규정한다. 이러한 기준으로 보면 한국에는 물질주의자가 다수이며, 탈물질주의자는 5퍼센트 내외로 지난 30여 년간 큰 변화가 없다. 그리고 외환위기 이후 물질주의자가 크게 증가하여 40~60퍼센트 사이를 차지한다. 유럽과 영미의 탈물질주의자는 약 20퍼센트 내외인데 이러한 규범적 지향이 녹색당 출현의 기반이 됨을 고려할 때, 한국에서 당분간 성장 중심의 정책을 근본적으로 전환하기는 어려워 보인다.

사정이 이러하다 보니, 한국의 환경 운동과 같은 신사회 운동은 구사회 운동(민주화 운동)과 매우 중첩이 심한 경향을 보이며, 원자력 방폐장을 둘러싼 가치 갈등도 화폐적 보상으로 해결하려는 물질주의적 지향이 강하게 드러난다. 아울러 독특한 한국적 특징은 세대 간 이념 지향의 차이가 다른 어느 나라보다 크다는 점이다. 한국의 경우 젊은 세대의 탈물질주의적 지향은 유럽이나 미국, 혹은 일본의 젊은 세대와 비교해도 크게 뒤지지 않는다. 그 반면에 노년 세대의 물질주의 지향은 러시아나 중국, 혹은 아프리카 국가들과 유사한 수준을 드러낸다. 지금까지의 의식 조사 결과를 보면 물질주의일수록, 그리고 정부에 대한 신뢰가 높을수록 원자력 에너지 사용에 찬성하는 비율이 높았고, 탈물질주의이며 시민 단체에 대한 신뢰가 높은 집단일수록 원자력 에너지 사용에 반대하는 비율이 상대적으로 높게 나타났다. 이러한 세대 간 차이는 향후 에너지 산업의 분권화와 생태적 전환을 염두에 둘 때 희망적인 변화를 예견케 하는 동시에, 세대 간 갈등의 여지나 집단 간 갈등의 여지 역시 상당히 클 것도 예견하게 한다.

에너지의 미래를 둘러싼 선택은 특히 기존에 결빙된 이해 당사자들 간의 갈등을 초래한다. 그래서 에너지 전환은 경제적 이해관계뿐 아니라 가치관의 대립을 초래할 우려가 있다. 이러한 논란의 핵심에 위치하는 것은 원자력 발전이다. 원자력 딜레마는 근본적으로 에너지 자원 활용의 효율성과 잠재한 위험 사이에서 어떻게 균형 있는 대안을 마련할지에 관한 문제다. 원자력 문제의 핵심은 결국 위험을 어떻게 다룰 것이냐의 문제로 축약된다. 원자력은 사고 확률이 매우 낮지만 일단 사고가 나면 피해의 심각성이 매우 큰 반면, 그 원인을 개인에게 위임하기 어려운 대표적인 위험원이라는 특징을 가진다. 일본의 후쿠시마 원전 사고를 '구조적 재난'이라 명명한 마쓰모토 교수의 논의는 원전 위험이 사회 체계의 성격과 결합하여 현실화했다는 점을 강조한다. 즉 원자력 딜레마를 풀기 위해서는 기술론적 패러다임만으로는 불충분하고 사회 구성론적 패러다임이 절실하다는 것이다.[94]

원전을 둘러싼 갈등은 경제성이나 효율성이 중심이 아니라 상이한 문화 간의 충돌 양상을 띤다. 기업은 개인주의적 문화를, 정부는 위계적 문화를 강조하는 데 비해 환경주의자들은 평등주의적 태도를 강하게 가진다. 전문성에 대한 수용 정도나 개인주의냐 집합주의냐의 수준에서 서로 판이한 것이다. 따라서 구체적인 시공간과 예산의 제약을 고려하지 않은 상태에서 이루어진 논의는 문화적 충돌이나 세계관의 충돌로 귀결될 가능성이 크다. 위험을 둘러싼 소통과 담론이 사회적 합의에 도달하기 위해서는 합리적인 토론 절차에 대한 합의와 기관에 대한 신뢰가 충족되어야 한다.

그런데 한국 사회는 현재 총체적인 신뢰 적자를 경험하고 있다. 〈표 2〉에서 보듯 입법부나 정당, 행정부와 사법부 등에 대한 신뢰가 지속적으로 하락했으며, 민주화 이후 대안적 제도로 부각되었던 시민 단

⟨표 2⟩ 제도 신뢰의 추세: 1996~2014

복수 응답 (단위: %)

순위	2014년	2008년	2004년	2003년	2001년	1996년
1	의료 기관 (75.5)	과학 기술 전문가(38.6)	시민 단체 (39.9)	과학자 (56.7)	시민 단체 (41.7)	시민 단체(48.6)
2	복지 기관 (73.9)	방송(지상파 TV)(34.3)	대학(34.9)	시민 단체 (48.0)	대학(35.6)	대학(42.0)
3	교육 기관 (72.8)	군대(33.7)	사법부(법원) (34.3)	군대(30.3)	종교 단체 (35.4)	노동조합(31.9)
4	시민 사회 단체 (68.3)	대학교 (31.3)	대기업 (27.8)	종교 단체 (28.3)	군대 (28.2)	종교 단체(31.7)
5	대통령 (58.0)	시민 단체 (29.4)	종교 단체 (26.8)	대학(26.6)	노조(25.8)	언론 기관(28.8)
6	중소기업 (54.8)	신문(27.8)	언론 기관 (23.5)	노동조합 (22.3)	언론사 (19.9)	군대(26.8)
7	법원(45.8)	종교 단체 (23.4)	정부(행정부) (17.4)	언론(20.2)	대기업 (13.4)	사법부(15.5)
8	언론(43.6)	법원(20.2)	정당(국회) (5.5)	대기업 (13.3)	행정부 (12.1)	대기업(13.0)
9	대기업 (43.4)	노동조합 (19)		행정부(6.6)	사법부 (11.9)	정부(11.4)
10	경찰(42.6)	검찰(18.9)		사법부(1.9)	정당(5.8)	정당(5.3)
11	중앙 정부 (40.9)	경찰(18.2)				
12	지방 정부 (37.7)	지방 자치 단체(15.0)				
13	검찰(36.3)	대기업 (15.0)				
14	군대(34.8)	중앙 정부 (12.6)				
15	국회(16.8)	국회(6.4)				

(출처) 1996~2008년 조사는 서울대 사회발전연구소, 2014년 조사는 서울대 사회과학대학.

체나 대학, 노조 등에 대한 신뢰 역시 지속적으로 하락했다. 유일하게 남아 있는 신뢰 대상은 과학자와 전문가 집단이다.

한편 한국의 원자력 의존도는 국제적으로도 매우 높은 편이다. 조금 오래된 통계이기는 하지만 원전에 대한 찬성률도 다른 나라들에 비해 높은 편이다. 그 반면에 원전 건설이나 유지에 따른 위험 부담을 누가 질 것인지를 둘러싼 님비(NIMBY) 현상은 매우 극심한 편이다. 따라서 그동안 한국은 원전에 대한 일반적 수용성은 높았는데도 구체적 부담을 둘러싼 갈등은 매우 심각했다. 이는 한국 사회 전반의 갈등 관리 능력이 취약한 것과 맥을 같이한다.

외국의 사례들을 보면 원전이나 방사성 폐기물 처분장 건설을 둘러싼 갈등은 사회적 공론화를 통해 해결되었다. 원전을 유지하는 영국과 캐나다는 국민적 공론화를 거쳐 입법화하고 전담 기구를 만들었으며, 독일은 윤리 위원회의 토론을 거쳐 탈핵화 과정을 밟았다.[95] 그 반면에 한국에서는 원전 관련 논의가 팽팽한 평행선을 긋고 있다. 이는 한국의 원전 관련 갈등 관리가 사전적 갈등 예방이나 사회적 합의보다는 경제적 보상이나 사후적 분쟁 조정에 치우쳐 있기 때문이다. 또한 가치 대립의 성격이 강하고, 참여자 대표성이 약하며, 생산적인 논의 틀이나 절차의 구성이 취약하기 때문이다.

에너지시스템의 변화와 한국 사회의 미래

한국의 에너지시스템은 여전히 국가 의존적이며, 원자력 발전 비중도 상당히 높은 편이다. 한국 원자력 학회가 2008년 두 차례에 걸쳐 실시한 조사에 따르면, 원자력 발전 이용에 대한 찬성률은 70퍼센트가량으로, 상당히 높은 비율을 보였다. 그 반면에 원자력 사용에는 찬성하지만 자신의 거주 지역에 방폐장을 건설하는 것은 곤란하다는 '님비적' 태도가 매우 높게 나타나고 있다.

국제적으로 에너지 전환은 선진국에 의한 사다리 걷어차기가 될수 있다. 그래서 원전을 대체하는 에너지 전환은 실로 엄청난 기술 경쟁을 촉발할 수 있으며, 대체 에너지 개발을 위한 노력은 결국 국가 간, 기업 간 특허 경쟁으로 이어질 수 있다. 따라서 시장 친화적인 정책으로 구현되지 않으면 경제적, 사회적 지속 가능성이 떨어질 수밖에 없다. 공존과 지속을 위한 에너지시스템은 그런 점에서 사회적 갈등을 최소화하면서, 열린 시스템으로 전환하는 과정에서 장점을 극대화할 수 있는 사회적 합의를 필요로 한다. 4차 산업 혁명과 그린 빅뱅은 기술의 개발과 발전만으로 되지 않으며, 현재 우리가 구축해 온 기업 지배 구조, 시장 규제 방식, 조직 문화, 가치관, 교육 제도, 노동 시장 등과의 제도적 호환성을 극대화할 때 비로소 효과를 볼 수 있다. 그 주된 경로는 위계적인 닫힌 시스템이 네트워크화된 열린 시스템으로 성공적으로 진화하는 데 달려 있다. 에너지시스템이 화석 연료나 원자력을 원료로 하는 집중형 시스템에서 신재생에너지나 스마트 그리드 형태의 분산형 시스템으로 전환해야 하는 분기점에 놓여 있다. 그리고 그 변화는 네트워크 사회로 진입을 요청받는 정치적, 문화적, 사회적 전환과도 맥을 같이하고 있다.

그러나 우리의 사회적 합의나 갈등 관리 역량은 취약하기 그지없다. 제도에 대한 신뢰의 결핍, 국회와 행정부에 대한 깊은 불신은 새로운 게임의 룰을 만드는 데 장애 요인이 되어 왔다. 관치 경제의 깊은 영향력은 분산적인 에너지시스템으로의 전환을 가로막고, 기존 이해 관계자가 가진 기득권의 저항을 깨지 못하는 우를 범해 왔다. 다양한 혁신적 공유 경제를 위한 시도나 사회적 경제 활동에 대한 국가의 강한 규제 경향이 이를 보여 준다. 네트워크화와 위키화의 장점을 살리는 문제는 네트워크 사회에 걸맞은 거버넌스를 구축하는 문제와 떼어서 생각할 수 없다.

더구나 원자력을 둘러싸고 점점 늘어나는 갈등은 이제 경합하는 에너지의 미래에 대한 시나리오 플래닝이 필요한 단계에 왔음을 보여 준다. 그것은 찬반 입장 대립과 가치 논쟁을 벗어나, 사실과 논리에 바탕을 둔 합리적 토론을 거쳐 복수의 시나리오를 설정하고 열린 결론을 탐색하는 과정이 되어야 한다.[96] 구체적인 시나리오 플래닝의 절차와 방법은 신뢰받는 권위 있는 기관에 의해 중재되어야 한다. 작은 것이라도 약속한 것을 지키는 과정의 축적을 통해 우리는 보다 나은 미래로 나아갈 수 있을 것이다.

3부
인공지능과
인간의 공존

김기현(좌장)

/ 철학과

문병로

/ 컴퓨터공학부

이경민

/ 의학과·협동과정 인지과학전공

최인철

/ 심리학과

서이종

/ 사회학과

이석재

/ 철학과

이정동(옵서버)

/ 산업공학과·협동과정 기술경영경제정책전공

대담
인공지능과 인간은 함께 진화한다

인공지능과 인간의 연대기

좌장 김기현(철학과) 인공지능은 최근의 기술 발전 중에서도 주목받는 분야입니다. 특히 우리나라에서는 인공지능 바둑 프로그램 알파고가 세계 최정상급 기사 이세돌과 이른바 세기의 대결을 벌여 엄청난 화제가 된 후로 대중에게도 인공지능 개념이 널리 인식되었지요. 인공지능이 가져올 미래 사회의 모습에 대해 희망과 우려가 교차하지만, 파급력이 엄청나리라는 점에는 동의가 이루어지고 있습니다. 일자리 문제에서 인간의 정체성까지 다양한 영역에서 근본적인 변화가 생길 것으로 예상되고, 이를 어떻게 받아들일지가 피할 수 없는 문제가 되었습니다. 먼저 문병로 교수님과 이경민 교수님으로부터 인공지능(Artificial Intelligence, AI) 기술에 대한 소개를 듣고 논의를 나누겠습니다. 문병로 교수님, 인공지능 기술은 어떻게 발달해 왔습니까?

문병로(컴퓨터공학부) 인공지능이라는 개념이 생긴 것은 1956년으로 거슬러 올라갑니다. 다트머스 대학의 한 콘퍼런스에서 '모든 학습과 지능이 정확하게 묘사될 수 있어서 기계가 그것을 모방할 수 있도록 만드는 것이 가능하다.'라는 가설을 세우고 토론을 했습니다. 토론에서 이런 기계를 '인공지능'이라 이름 붙인 것이 시작입니다. 그 이후 전문가의 지식과 추론 규칙 등을 컴퓨터에 복제해 넣어 마치 전문가처럼 판단·추론하게 하는 전문가 시스템(expert system), 다층 구조의 인공 신경망을 통해 초보적 수준의 '스스로 학습'이 가능하게 한 오차 역전파법(backpropagation) 등 새로운 기술이 나올 때마다 전성기와 혹한기를 반복해 왔습니다. 최근에 인공지능 논의가 활발해진 계기는 물론 바둑입니다. 바둑 프로그램에서 인공지능의 발전 속도가 굉장히 놀라웠는데요. 2009년 모고(MoGo)라는 바둑 프로그램이 프로 기사를 상대로 아홉 점을 먼저 깔고 이긴 적이 있습니다. 그때 한 기자가 와서 언제쯤 컴퓨터 바둑이 프로 기사를 이길까 물었는데, 제가 자신만만하게 100년 내로는 죽어도 못 이긴다고 답변했던 기억이 납니다. 컴퓨터 공학 전공자로서 컴퓨터가 인간의 추상적 사고를 흉내 내는 수준에는 한계가 있다고 말했지요. 그런데 2016년 알파고가 이세돌과의 대결에서 승리함으로써 불과 7년 만에 그게 깨져 버린 것입니다.

　인공지능 기술의 발전 속도는 우리가 지금까지 경험해 보지 못한 정도로 엄청나게 빠릅니다. 이런 일이 일어난 배경에 세계 화상 인식 대회(ImageNet Large Scale Visual Recognition Challenge, ILSVRC)가 있었습니다. 세계 화상 인식 대회는 각 팀의 인공지능이 서로 다른 그룹의 이미지들을 학습한 다음, 새로운 이미지가 주어진 이미지 1000개 중에 어디에 속할 것인지 맞히는 대회입니다. 2012년 이전에는 통상적인 에러율이 26퍼센트가량 되었는데 2012년 캐나다 토론토 대학교의 제프리 힌턴(Geoffrey Hinton) 교수 팀이 딥 러닝(Deep Learning) 기술을 사용해서 갑자기 에러율 15.3퍼센트로 우승을 했습니다. 통상적인 기술 발전 속도로 따지면 20년치를 뛰어넘은 것이었습니다. 여기에 사람들이 자극을 받아서 딥 러닝에 불이 붙었고 불과 3년이 지난 2015년에는 에러율이 3.6퍼센트까지 떨어졌습니다. 3년 만에 50년치의 발전을 한 셈입니다. 딥 러닝이란 것은 기존에 잘 알려진 인공 신경망을 훨씬 더 깊게 만든 것인데, 과거에는 계산에 드는 부하와 몇 가지 기술적인 난관으로 인해 가능하지 않았습니다. 최근에 GPGPU(General-Purpose computing on Graphics Processing Units, 범용 그래픽 처리)가 싼 값에 병렬 계산을 가능하게 해 주었고 깊은 신경망이 초래하는 몇 가지 기술적인 문제도 해결되어 도약이 일어난 것입니다. 알파고도 이런 놀라운 발전 속도를 등에 업고 구글의 아이디어와 자금력, 성실성으로 이 자리까지 올라온 것입니다. 알파고로 인해 추상적인 사고는 인간의 전유물이라는 우월감에 상처를 입었습니다.

　바둑 말고도 인공지능이 할 수 있는 일은 많은데요. 이미지를 인식하여 자연 언어로 묘사하거나 그림을 그리고 음악을 만들 수도 있고, 퀴즈를 풀거나 금융 투자에 대한 조언을 해 줄 수도 있습니다. 또 간단한 날씨나 스포츠 기사를 작성하는 것이 가능하고 자율 주행 등 교통 분야나 의료 분야에서도 널리 이용되고 있습니다.

　김기현 문병로 교수님께서는 인공지능의 미래에 대해 전공자인 만큼 전반적으로 긍정적으로 보시겠지요?

　문병로 1차, 2차 산업 혁명이 증기 기관과 전기로 대표되는 에너지 혁명이었다면 3차, 4차 산업 혁명은 정보 혁명입니다. 4차 산업 혁명의 대표 키워드로 데이터, 연결과 함께 인공지능이 꼽히지요. 앞으로 정보 자체가 자본이 되는 시대가 옵니다. 지금도 돈, 금, 마일리지 등 화폐의 가치를 지닌 것뿐 아니라 기업이 가진 고객의 수, 기업의 유명도 등이 기업 인수·합병 등을 할 때 가격으로 산정되어 자본화하는 것을 볼 때 정보 자체가 자본이 되는 시대가 오리라는 것은 자연스러운 전망입니다.

4차 산업 혁명이 점차 진행될 미래를 예측해 보면 인공지능에 대해서 긍정적인 견해와 부정적인 견해가 엇갈리는데요. 저는 인공지능에 완벽함을 기대할 필요는 없다고 생각합니다. 자율 주행 자동차도 그렇고 로봇 의사도 그렇고 사람보다 훨씬 잘하는 정도만 되어도 유용하게 사용할 수 있고, 인간의 능력과 결합하여 사용하면 되기 때문입니다. 기계와 인간의 관계를 보면 디지털 기술의 발전 속도를 인간의 생물학적인 변화 속도가 따라가지 못하고 있습니다. 여기에 알파고가 인공지능에 대한 관심을 불러일으키면서 강한 인공지능(strong AI), 즉, 완전히 사람을 대체하는 인공지능에 대한 이야기가 나오고 있습니다. 인공지능과 인간의 큰 차이점 중 하나는 기호의 접지(symbol grounding)입니다. 다시 말해 기호와 의미를 연결하는 능력이 문제가 되는데, 사람은 자기가 다루는 기호의 의미를 알고 시작하는데 컴퓨터는 모르고 시작하거든요. 컴퓨터는 이 부족한 점을 계산력으로 보완해서 사람을 이겨 내고 있습니다. 그렇지만 컴퓨터가 사람의 존재 가치 자체를 훼손하는 시대가 오기까지는 시간이 걸릴 것이라고 생각합니다.

이정동(산업공학과) 문 교수님께서는 인공지능의 미래에 대해 상당히 중립적으로 보시는 것 같은데요. 인공지능 기술의 발전이 생각보다 빠르게 진행되고 있지 않나요?

문병로 알파고를 보면 예측이 빗나가도록 빠르긴 했어요. 그래도 개인적으로는 자꾸 보수적으로 예측하게 되기는 합니다.

이경민(의학과·협동과정 인지과학전공) 기술의 발전에 의해 임계점을 지나가는 속도가 한 번씩 빨라질 때가 있는데 인공지능도 지금 굉장히 빠른 속도로 발전하는 과학기술 중 하나라고 생각합니다. 예전에 증기 기관에서 내연 기관으로 발달할 때에도 동력이 확 올라갔지요. 우리가 당시에 그런 경험을 못 해서 와닿지 않지만, 긴 역사적인 관점에서 현재 진행 중인 인공지능의 급속한 발전이 어떤 의미를 가질지도 봐야 할 것입니다.

문병로 앞으로 이런 충격적인 일이 몇 번 반복해서 일어나야 역사에 남게 되겠지요?

이경민 계속 나오겠지요. 기술 발전에 따른 구조적인 실업도 인류 역사에서 계속 반복되었거든요. 예를 들자면 피라미드를 만들 때에는 수만 명의 사람이 필요했지만 지금은 크레인을 이용해서 짧은 시간에 다 만들 수 있습니다. 그러면 수만 명이 다 실업자가 되어 버립니다. 세계 경제 포럼(WEF)도 2016년 보고서에서 로봇 기술 발전으로 2020년까지 510만 개의 일자리가 사라질 것으로 전망한 바 있고, LG 경제 연구원에서도 2018년에 우리나라 노동 시장 일자리의 43퍼센트가 인공지능으로 대체될 것으로 내다보았지요.

문병로 옛날에는 가내 수공업으로 하던 방직업이 기술 발전으로 초토화된 사례가 있습니다. 그런데 방직 기계를 개발하면서 기계 산업이 생기고, 염색업이 발전하고 공장 노동자들과 디자인이라는 분야도 생겼어요. 옛날에는 상상할 수 없던 새로운 시장들이 잇따라 창출된 것입니다. 정보 산업 초기만 해도 자동화 때문에 일자리를 잃는다는 위기감이 많았는데 도리어 그 영향으로 사라진 것보다 많은 새로운 일자리가 생겼습니다. 어떤 획기적인 기술이 초기에는 항상 기술적인 실업을 발생시키지만 그것을 극복해 나가는 과정에서 과거보다 더 많은 새로운 가치를 창출하는 일이 반복되어 왔습니다.

최인철(심리학과) 인공지능이 인간을 위협한다고들 하지만, 단순한 기능을 대체하는 것을 제외하면 조금 과장된 주장이 아닌가 합니다. 공포가 지나친 면이 없지 않습니다.

인간 정신의 확장인가, 소외인가

서이종(사회학과) 철학적으로 보면 기계가 어떤 의미를 재구성할 때에는 지금까지 인간이 해 왔던 것과는 다른 새로운 의미를 규정하게 됩니다. 기계는 아웃풋(output)이 분명하면 사회에 바로 환원하도록 만들 수 있습니다. 하지만 수익률이 좋다는 이유로 주식 시장에서 로봇이 거래를 주도한다거가 사고율이 낮다는 이유로 자동차 자율 주행이 보편화된다면 어떻게 될까요? 일자리를 잃을 수 있다는 불안감과 더불어, 한편으로는 아웃풋 위주로 의미를 재구성하여 의미 주체로서의 인간을 소외시키면서 수동적으로 만들 수 있다는 위기감이 들 것입니다. 이렇게 어떤 아웃풋이 또 다른 상반된 가치 문제를 가져올 수 있는데, 아웃풋으로 의미 규정을 정당화하는 방법은 제가 보기에 제약이 있습니다.

문병로 사실 좋은 아웃풋을 내기 위해 노력하면서 과정 자체에는 크게 가치를 두지 않는 점이 공학자들의 결점이자 한계입니다. 사회학자나 철학자의 입장에서는 과정에 더 관심을 가지는 경향이 있지요. 기계가 해 나가는 암묵적인 데이터 프로세싱을 인문학적 관점에서는 인간 본연의 정신을 소외시키는 진행 방법이라고 볼 수 있지만, 공학적 관점에서는 인간 정신의 외연을 확장하는 수단이라고 봅니다. 그래서 공학에서는 후자의 입장을 보고 기술 발전을 추구하는 것이고요. 공학자들이 경제적인 측면에 초점을 맞춰서 산출물을 최대한 효율적으로 뽑아내는 데 관심이 많다 보니 이 과정에서 누락되는 가치관들은 사회학이나 철학을 다루는 인문학자들이 역할을 해 준다면 바람직한 방향으로 흘러갈 것이라고 생각합니다.

이석재(철학과) 교수님들의 말씀을 듣고 깨달았는데요. 일반적으로 우리는 합리적이라고 생각하는 인과 관계를 통해 어떤 사실을 설명하잖아요. 하지만 우리가 믿고 있는 사실이라는 것이 실제로는 우주 내에 있는 여러 가지 관계들 중에 극히 제한된 일부분에 붙과할 수도 있을 것입니다. 이제껏 세계를 이해했던 방식이라는 것이 어찌 보면 굉장히 부족한 방법이었다는 것인데요. 지금까지는 이처럼 제한된 사고방식을 통해 프로세스를 설계하고 아웃풋을 만들어 왔으며 이는 합리성 모듈만을 전제로 하는 구조에서 도출되었습니다. 하지만 합리성만으로는 부족하고 우리가 기본적으로 가장 바람직한 덕목이라고 생각하는 목적 지향적인 행위를 이끌어 내야 할 텐데요. 인간이 인과성을 고려하여 작업하듯이 기술도 공학 시스템 내의 잠재적 공간에서 자체적으로 목적 지향성을 이끌어 낼 수 있을까요?

문병로 네, 저도 그게 중요한 문제라고 생각합니다. 저희 공학자들의 목적이나 가치는 사실 단순하거든요. 산출물의 품질을 제대로 뽑는 것입니다. 지금 말씀하셨듯 인간이 가지고 있는 가치 지향을 기계에 반영하고, 인간과 기계가 공존할 수 있을지는 많은 시간을 두고 토론해야 할 주제인 것 같습니다.

인공지능의 스페이스, 현실 세계의 스페이스

이경민 제가 궁금한 부분은 양적 팽창에 의해서 질적인 전환이 유도될 수 있느냐인데요. 물리적 현실과 정신적 현실은 같은 연장선상에 놓고 판단하기보다는 강도(強度)의 개념으로 설명하지 않습니까? 이런 관점에서 기술 개발과 인간 가치 향상, 이 두 가지가 데카르트의 맥락에서 대립하는 것인지 아닌지를 알고 싶습니다. 예를 들자면 기술 개발에 따라 인공지능의 스페이스가 확장되면서 인간의 삶에 긍정적으로 질적인 전환을 유발하는지 혹은 한계에 부딪히는지 같은 문제 말이지요.

서이종 말씀하시는 인공지능의 스페이스 개념에 시간은 변수로 작용하지 않나요? 예컨대 시간에 따라 늘거나 주는 요소들로 인해 능동성이 더 생기면서 인간이 생각하는 의도나 목적을 벗어나는 일이 생기지는 않는지 궁금합니다.

이경민 인공지능에서 '스페이스'의 개념은 사실 상징적인 의미입니다. 본질적으로 실체가 있는 스페이스가 아니고 추상화된 상징적인 스페이스이지요. 따라서 거기에는 시간 축이 없고 시간의 방향이 거꾸로 갈 수도 있습니다. 시간과 공간은 인공지능의 스페이스상에서 동일한 차원으로 간주되기 때문에 정보 스페이스상에서는 시간이 멈춰 선 것이나 마찬가지입니다. 바둑 대국을 예로 들면 알파고에게 일주일의 시간을 주고 대국을 시켜도 결과는 같을 것입니다. 이론적으로는 무한한 시간이 흐른 후에 해도 똑같을 것입니다. 하지만 실제 세계에서는 시간이 한 방향으로 흘러가고 추상화의 과정을 통해 개념이 존재하게 되는 특성이 있습니다. 인공지능에는 이런 특성이 없지요. 자문자답하는 것이긴 한데 '인공지능이 아무리 양적으로 팽창하더라도 인간에게 질적인 의미를 주는 존재까지는 되지 않을 것이다.'라는 것이 저의 가설입니다. 논리적으로 입증할 수 없지만, 인공지능과 관련된 논의의 가장 핵심적인 요소가 바로 시간의 문제이고 철학자들에게는 굉장히 핵심적인 이슈였습니다. 이런 논의가 계속 뱅뱅 돌고 있는데 제 생각으로는 인공지능은 일련의 연산 과정들이고, 그 연산의 대상은 표상입니다. 표상은 실제와는 다른 것이며 당연히 구별해야 합니다. 그 차이는 특히 실제 세계가 가진 시간성에서 가장 분명히 드러납니다. 시간의 흐름을 표상하기 위해 공간적인 개념들로 추상화하고 유비적으로 표현할 수 있지만, 실제 세계의 시간성, 특히 시간의 불가역성은 공간적 개념으로 표현할 수 없지요. 이런 관점에 보면 표상에 대한 연산 작용인 인공지능이 표상의 세계 너머 실제 세계에서 주체적으로 실존하는 존재가 될 수는 없을 거라고 생각합니다.

문병로 그렇습니다. 시간을 좀 과소평가하는 경향이 있습¹니다. 알파고에도 돌들이 놓이는 히스토리에 시간 개념이 들어가는데 말이지요.

이경민 네, 인공지능상에서는 시간을 거슬러도 같은 결과가 나오는데 실제 세계에서는 시간을 되돌린다는 것 자체가 불가능한 상황입니다. 시간을 거스르는 것이 왜 불가능한지가 해명되지 않으면 이 둘 사이의 차이를 인간이 알 수는 없는 거죠. 상당히 철학적인 문제입니다.

김기현 철학에서도 극도의 형이상학에 해당하는 문제네요.

이경민 제가 다시 드리고 싶은 질문이 있는데, 수학적인 문제를 제기하고 싶습니다. 인공지능이 계산을 하는 수준이 몇 경, 몇 조 단위까지 나오고 있지 않습니까. 결국은 디지털화의 한계를 시험하게 될 텐데요. 수라는 것은 사실 무한하면서 연속적인 아날로그의 세계를 표상으로 만든 것이기 때문에 공간상에서 움직이는 데에서 아주 중요한 가정들이 있습니다. 인공지능 알고리즘을 적용할 때에는 비연속점이 없고 최소한 국소적으로나마 미분 가능하다는 가정을 하고 계산을 해야 하는데요. 인공지능이 이 두 가지 가설 속에서 만들어졌기 때문에 가설이 깨지면 인공지능 전체가 다 깨지는 상황이 충분히 올 수 있다는 생각이 듭니다. 예컨대 아까 말씀하신 스페이스의 어떤 한 점의 값이 만약 무한이라면 인공지능이 다룰 수 없게 되어 버립니다.

문병로 사실 공간이 연속적이라는 것은 수학적인 관점이고 컴퓨터공학적인 관점에서는 공간을 디스크리트(discrete), 즉 이산적(離散的)인 관점으로 봅니다.

이경민 그러니까요. 거기에서 입장의 차이가 극명하게 나오는 것입니다.

문병로 인공지능이나 빅 데이터에서는 그런 연속적인 공간을 다루는 것이 만만치 않습니다. 사실 디지털화하는 것 자체가 근사화(近似化)하는 것입니다. 실제 세계를 근사화한다고 해도 아까 보여 드린 감당 못하는 크기의 시공이 됩니다. 만약 우주 전체를 통제 공간으로 삼는다면 1년을 슈퍼컴퓨터를 돌린다고 해도 공간 전체에 비하면 눈앞의 먼지 몇 톨도 못 찾아보는 꼴일 것입니다. 그래서 공간을 연속적인 것으로 보고는 도저히 시작도 할 수 없습니다. 가장 이상적인 해결책을 낼 수 있도록 공간을 줄여 나가야 되는 것이거든요.

이경민 여기서 두 가지 문제가 생깁니다. 하나는 최적화 기술입니다. 최적화라는 것은 어떤 목적을 가지고 시작합니다. 하지만 모든 것을 다 만족시키는 최적화는 없지요. 알파고가 인공지능 분야에서 많은 성취를 이루었지만 특정한 목적이 있었습니다. 바로 바둑이라는 한정된 스페이스 내에서 합리성을 가지고 최대한 최적화하는 것이었습니다. 그런데 이 최적화의 영역에 포함되지 않은 것들은 아무런 의미가 없을까요? 그렇지 않습니다. 실제 세계에서 맞닥뜨릴 수 있는 문제가 있을 수 있습니다. 제가 학생들에게 에너지 소비 문제를 예로 든 적이 있습니다. 이세돌은 점심 한 끼 먹고 바둑을 둬도 이길 수 있습니다. 최소한 다섯 번 중에 한 번은 이겼지 않습니까? 그런데 알파고는 어떨까요? 3주 동안 트레이닝시킨 것을 포함해서 CPU(중앙 처리 장치) 돌리는 에너지를 따져 보면 엄청난 에너지를 사용합니다. 이런 의미에서 인공지능을 과연 스마트 머신이라고 할 수 있는가라는 질문이 나옵니다.

문병로 그 질문과 같은 맥락의 극단적인 예로, 알파고는 1200개의 CPU를 써서 이세돌 한 명과 붙었으니까 불공정하다는 의견이 있었지요.

이경민 저는 CPU 말고 GPU(그래픽 처리 장치)와 비교하여 말씀드리고 싶었습니다.

문병로 에너지 사용에서 CPU나 GPU나 지향점은 비슷하다고 볼 수 있는데요. 사실 문제 공간의 크기에 비하면 GPU를 한 대를 썼든 1000대, 10만 대를 썼든 보잘것없는 추가라 볼 수 있고, 그런 성취를 이루어 낸 건 대단한 성과입니다. 알파고의 이런 성취력 측면은 굉장히 높이 평가해 주어야 된다고 생각합니다.

　　이경민 심볼릭 스페이스 안이라는 좁은 범위 안에서 보면 인공지능의 성취력을 높이 평가할 수 있습니다. 하지만 저는 인공지능을 실제 세계와 맞부딪치게 했을 때 어떤 문제가 발생할 것인지가 궁금합니다. 사람과 비교해서 어느 쪽이 우월하다는 것이 아니고요. 인공지능을 다룰 때 명백한 유한성(boundedness)을 무시하고 논의하다 보니 이상한 논리들이 자꾸 나오는 것 같습니다.

　　인간의 뇌는 뉴런과 뉴런을 연결하는 시냅스가 네트워크로 구성되어 있습니다. 컴퓨터 공학 분야에서 이러한 인간의 뇌 신경망을 모방하여 만든 기술이 바로 뉴럴 네트워크(neural network)입니다. 그런데 인간의 뇌 신경망은 실제로 정보 처리만을 위한 것이 아닙니다. 인간의 생존에 필요한 에너지 신진대사 시스템을 돌리기 위한 것이지요. 이 과정에서 생기는 지식은 사실 생존을 위한 부산물입니다. 컴퓨터 공학의 뉴럴 네트워크에서는 이 부분은 배제하고 정보만 주고받는 것으로 표상화되어 있습니다. 이게 인간의 뇌와 다른 점이지요. 흔히 사이버라고 줄여서 말하는 사이버네틱스(cybernetics)의 어원이 '조종하다'에서 왔는데요. 조타술을 발전시킨다고 배가 만들어지는 것이 아닙니다. 인공지능이 인간의 정체성을 위협한다는 말은 그래서 잘못된 것이라고 생각합니다.

인공지능에 대한 과장된 공포

　　김기현 지금은 제한된 문제 영역 속에서 인공지능이 움직이고 있지만 인간처럼 여러 가지 일을 할 수 있는 범용(general) 인공지능 정도로 발전되는 것은 시간문제 아닐까요? 곧 자기 복제와 갱신(generation)을 스스로 해 나갈 텐데, 그럴 경우 에이전트(agent)를 넘어서 자율적인 시스템으로 가는 것에 대해서는 어떻게 생각하시나요? 최인철 교수님께서 언급하신, 인공지능에 대해 인간이 가지고 있는 막연한 공포는 뛰어난 계산 능력과 관련된 것은 아닐 터이고 인공지능을 만든 쪽에서 원했던 바도 아닙니다. 우리가 공상 과학 영화를 너무 많이 봐서 그런지 모르겠지만 인공지능이 자율성을 가지고 스스로 진화할 수 있다는 점에서 공포로 느껴지는 것 같습니다.

문병로 저도 거기에 대해서는 예측하기가 쉽지 않네요. 지금 나와 있는 인공지능과는 차원이 하나 다른 문제니까요.

최인철 인공지능이 작곡한 곡을 아직 초보적인 수준이라고 하실지 모르겠지만, 학생들에게 인공지능이 창의적으로 그림을 그리고 곡도 만든다고 하면 굉장히 위협적으로 느낍니다. 그렇지만 굉장히 추상적인 그림을 보여 주고 이걸 인공지능이 그렸다고 하면 위협이라고 느끼지 않아요. 지금 우리가 인공지능과 인간의 존재를 개념적 차원에서 따지다 보니 두려움과 공포 이야기가 자꾸 나오는 것 같습니다. 공학자가 철학자들에 비해서 이를 못 느끼는 것은 실제로 제품을 다루기 때문입니다. 인문 사회 분야에서는 대개 실체가 아닌 개념적인 이야기를 하다 보니 막연히 공포를 느끼는데 실체를 보여 주면 달라지는 것이지요. 일반인들이 인공지능의 발전에 대해 느끼는 두려움은 상당 부분 과장되어 있고 현실에서 제품을 보면 그 정도까지는 아닌 것 같습니다. 재미있는 현상입니다.

문병로 인간이 아무리 지적인 존재라고 해도, 인간이 생각만 해서는 다다를 수 없는 공간이 가 볼 수 있는 공간보다 비교가 안 될 만큼 광대하게 존재합니다. 인공지능은 아웃풋 산출만을 목표로 하니 인간이 생각하지 못하는 그런 영역을 돌아다닐 수 있습니다. 그런 방식으로 알파고가 인간은 생각 못 했던 바둑 전략도 짜낸 것이죠.

이경민 알파고는 인간이 오랫동안 바둑계에 있으면 가지게 되는 편견이 없습니다. 그래서 편견을 뛰어넘는 선택을 세울 수 있는 거죠.

　　이정동 문병로 교수님께서 처음에 인공지능으로 작곡을 하셨을 때 품질이 안 좋아서 다시 만들었다고 하셨는데요. 도대체 처음에 어떻게 들렸기에 그랬는지 궁금하네요.

　　문병로 첫 마디를 듣자마자 바로 '아, 컴퓨터가 했구나.' 하고 누구나 맞힐 수 있는 수준이었습니다. 첫 번째 모델에서 두 번째 모델로 가면서 바뀐 것이 공간의 크기에 대한 감각이었습니다. 학생들이 가장 부족한 부분이 사실 공간의 크기에 대한 감각입니다. 그냥 데이터로부터 아웃풋을 내고 싶어 하는 욕구만 크지, 아웃풋이 잘 나오지 않을 때 공간의 크기를 해부해 보고 어떤 판인지 분석해 보는 습관이 잘 안 들어 있어요. 포크송을 작곡한다고 했을 때 한 곡당 2000개 정도의 터치가 나옵니다. 왼손으로 다섯 개, 네 개를 터치하기도 하고 오른손으로 두 개를 터치하기도 하니까 학생들은 이런 조합이 굉장히 많을 것이라고 생각합니다. 그런데 실제로 서로 다른 1000곡에서 사용되는 터치가 몇천 가지밖에 되지 않았습니다. 생각보다 많지 않은 패턴으로 포크 송을 만들 수 있었던 거죠. 그래서 차원을 좁혀서 모델링을 한 것이 두 번째 모델이었습니다.

인공지능의 미래는 인간이 만들어 나가야 한다

　　김기현 문병로 교수님의 인공지능 기술 소개에 이어서 이경민 교수님의 말씀을 들어 보면 좋겠습니다. 인공지능이 미래 인간 사회에 끼칠 영향에 대해 어떻게 전망하시는지요?

　　이경민 네, 인공지능이 미래에 얼마나 발전할 수 있을지에 대해서는 의견이 엇갈리는데요. 인공지능은 인간 지능을 넘어설 만큼 무한히 발전할 수 있다는 의견과, 상징 세계에서만 작용하는 연산 알고리즘에 불과하기 때문에 제한적으로만 발전할 것이라는 의견이 있습니다. 사실 어느 쪽이 옳다는 판단은 지금 할 수 없고 미래만이 알려 줄 수 있습니다. 인간은 미래가 마치 규칙성이 있어서 예측할 수 있는 것처럼 생각하기 쉬운데 사실은 그렇지 않습니다. 제가 보기에 인공지능의 미래를 그려 볼 때 가장 중요한 포인트는 미래는 예측할 수 없다는 점이 전제되어야 한다는 것입니다. 미래는 불가지론의 영역, 즉 우리가 경험하거나 느낄 수 없는 부분이므로 인식할 수 없는 것이며 우리가 실천을 통해 창조해 나가야 할 대상입니다. 이런 관점이라면 미래에 대한 예측들이 가진 한계, 혹은 그 한계로부터 발생하는 불안과 공포를 넘어설 수 있지 않을까 하는 생각을 해 보았습니다.

미래 사회에서 인공지능은 어떤 그림으로 그려질 수 있을까요? 방금 말씀드린 예측의 불가능성을 고려하더라도 예상할 수 있는 몇 가지 문제들이 있습니다. 문병로 교수님같이 제가 지금까지 만나 본 인공지능 과학자들은 인공지능이 미래 사회에서 어떻게 될지에 대해 전혀 불안해하지 않습니다. 인공지능의 위협에 대해 의견을 적극적으로 제시하고 문제를 제기하는 사람 중에는 인공지능 전문가가 아닌 사람들이 더 많습니다. 또 제기하는 문제가 현재적 문제인 경우가 많습니다. 그럼 어떤 문제점들이 지적되고 있는지 살펴보겠습니다.

인공지능이 인간과 함께할 때 가져올 위협을 세 가지로 나누어 볼 수 있는데요. 첫 번째는 빅 브라더 인공지능(AI the big brother)이 등장하여 인간의 능력을 능가하면서 인간을 지배할 것이라는 위협입니다. 인간의 존재적인 특성을 물리적인 능력, 인지 능력, 자유 의지 등 세 가지 차원으로 나누어 볼 수 있습니다. 물리적인 능력 부분인 근육이나 심장 박동, 혈압 등은 그와 관련된 기계 장치가 굉장히 많이 발전된 상태입니다. 하지만 사람들이 이를 위협적으로 느끼지는 않습니다. 그런데 인지 능력 부분을 최대한 발전시켜 도구적인 수단으로 사용하는 인공지능에 대해서는 크게 위협을 느낍니다. 이는 인간을 인시 능력에 너무 국한하여 생각하기 때문이 아닐까 싶습니다. 자유 의지도 인지 능력과 같은 범주로 놓고 생각하면 답변이 달라지겠지요. 인지 능력을 최대화·최적화해서 최고로 발전시킨다고 자유 의지가 발생하는 것이 아닙니다. 인간의 존재 양식에서 자유 의지와 인지 능력은 구별되어야 하는 특성이기 때문입니다.

인지과학을 예로 들자면 인지 능력은 뇌, 자유 의지는 마음의 영역입니다. 뇌와 마음의 관계는 아직까지도 연구 중인데, 자유 의지와 인지 능력 사이에도 심연이 있을 것 같습니다. 인지과학적으로 보면 인공지능은 문제 해결을 위한 기술에 불과합니다. 따라서 인공지능 휴머노이드라고 해도 인간 정체성을 대체하기에는 한계가 있습니다. 인공지능은 개개인의 뇌에 있던 지식을 외화한(externalize) 것이고 상징적인 스페이스에만 존재하기 때문입니다. 아까 말씀드린 사이버네틱스, 다시 말해 배와 조타술이라는 개념으로 보면 이해하기 쉬울 것입니다. 조타술을 아무리 많이 발전시킨다고 해도 배를 대체할 수는 없는 것이지요.

두 번째는 인공지능 노동자(AI the labor)의 등장으로, 인간 노동의 경제적 가치에 대한 인공지능의 위협입니다. 인공지능 노동자와 인간 노동자는 경쟁을 할 수 없는 수준이므로 나의 경제적 가치가 없어질 수도 있다는 불안감을 지울 수가 없습니다. 사실 이 위협은 현대 사회에서 심각한 이슈가 되고 있는 이민자 문제와 동일하다고 볼 수 있습니다. 어느 날 갑자기 인간과 똑같이 행동하는 인공지능이 인간 세계에 등장한다는 문제는 다른 사상이나 다른 종교를 가진 이들이 갑자기 어떤 사회에 등장하는 것과 같은 맥락에서 해석할 수 있습니다. 시리아 난민들을 이민자로 받아들이는 문제나 인공지능 노동자를 받아들이는 문제에서 동일한 형태가 반복되는 것입니다. 노동 기회의 불평등은 경제적인 불평등화로 이어질 것입니다.

 세 번째는 포스트휴먼 인공지능(AI the posthuman)이 등장하여 인간 정체성에 위기를 가져올 것이라는 전망입니다. 일자리를 잃은 인간은 생존을 보장받기 어려울 것이고, 휴머니즘에 기반을 둔 사회·문화·경제적 제도나 관습이 큰 충격을 받고 큰 사회적 혼란이 일어나리라는 것입니다.

 그런데 제가 보기에 이런 비관적 전망들은 인공지능 자체의 특성과 관계가 없습니다. 그것들은 현대 사회의 문제들이 반영된 것이고, 인공지능에 의해서 유발되거나 해결되는 문제라기보다 항상 가지고 있는 문제의식이 인공지능에 의해 표현되는 것이라고 볼 수 있습니다. 인간의 정체성에 관해 항상 고전적으로 고민해 오던 문제들인데요. 제가 보기에 이런 위기의식과 관련된 가장 중요한 현상은 네오포비아(neophobia), 즉 대부분의 사람들이 가지고 있는 '미지의 것에 대한 불안감'입니다. 불안이라는 것은 정신분석학적 관점에서 볼 때 희망의 반대말 혹은 동전의 뒷면인데요. 미지의 것에 대한 불안과 희망은 항상 공존하므로 희망을 품을 수도, 불안을 품을 수도 있는 것입니다. 따라서 불안을 느낀다고 해도 불안을 느끼는 사람의 문제이지 미지의 어떤 것이 문제인 것은 아닙니다.

 이런 불안, 위협에 대한 대비책을 세 가지 생각해 보았습니다. 첫 번째는 이데올로기적인 해결책이라 볼 수 있는데, 자유 민주주의적 사회 시스템으로 해결하자는 것입니다. 모든 정보를 공개하여 소수가 정보를 독식하면서 정치 도구화하는 것을 막을 수 있는 방법을 찾아야 합니다. 두 번째 대비책으로 사회 시스템에서 소득과 노동을 분리해 노동과 상관없이 임금을 나누는 것이 어떤지 생각해 보았습니다. 최근 논의되고 있는 기본 소득제 같은 개념입니다. 세 번째는 인공지능을 과대평가하지 말고 한계를 명확히 인식하자는 것입니다. 인공지능이 데이터화하고 있는데 데이터가 아무리 중요하다고 해도 대부분의 중요한 데이터는 하나 혹은 두 개입니다. 이것은 데이터로 표상화될 수 없습니다. 또 인공지능은 실제 스페이스가 아닌 상징적인 스페이스에만 유효합니다. 사실 인공지능이 표상하고자 하는 것은 현실 그 자체인데 상징적인 스페이스에서만 갇혀 있다는 패러독스를 지닙니다.

제가 재차 강조하고 싶은 실천적인 제안이 있습니다. 사람들이 자꾸 미래를 예측하려 하고 미래 사회의 인공지능이 어떻게 될 것인지 알고 싶어 하는데요. 미래를 예측하는 가장 좋은 방법은 우리가 미래를 만드는 것이라고 생각합니다. 미래에 대해 불안해할 필요는 없다는 희망적인 메시지를 던지고 싶습니다.

이정동 문병로, 이경민 교수님 두 분 모두 인공지능이 바꿀 미래에 대해서 조금 신중한 입장을 갖고 계신 것으로 보이는군요. 두 분 말씀을 한국의 인공지능 비즈니스 맥락에서 다시 생각해 보고 싶은데요. 한국 사회가 지난 50년 동안 발전해 온 방식은 대체로 의미를 부여하고 의미의 가치를 창출하는 것이었다기보다는 창출된 모델들을 가져와서 실행하는 쪽으로 특화되어 있습니다. 교과서도 우리가 쓰기보다는 기존 교과서를 가져와서 만들고, 논문을 쓸 때에도 외국 논문만 인용하고 우리 저자 논문은 인용하지 않는 등 빌려 와서 배우고 했지요. 이렇게 이미 만들어져 있는 의미를 도입하는 데 익숙한 상황이라면 인공지능도 다른 선진국보다 훨씬 더 빨리 받아들일 수 있을 것 같다고 생각합니다.

실제로 산업 현장에서 우리나라가 자동화율이 굉장히 높은 것도 또 다른 사례가 아닐까 합니다. 1970~1980년대 외국에서도 도입할까 말까 하던 때부터 우리나라에서는 효율성과 빨리빨리 정신으로 생산 현장의 자동화 도입이 빨랐습니다. 이런 전례로 미루어 짐작할 때, 인공지능도 다른 사회보다 아주 빠르게 들여올 가능성이 있습니다.

그럼에도 불구하고 그 충격은 부정적이거나 파괴적이기만 한 것은 아닐 것입니다. 흥미로운 이야기인데, 동대문 상가 뒷골목 창신동을 예로 들어 보겠습니다. 동대문 큰길에는 대형 의류 쇼핑몰이 여럿 있는데 바로 그 뒷골목이 창신동입니다. 거기서는 아침 일곱 시에 주문이 들어가면 다음 날 아침 여덟 시에 쇼핑몰 매장에 옷을 걸 수 있다고 합니다. 창신동에 크고 작은 1000여 개의 공장이 있는데 분업화된 이 공장들을 오토바이가 물건을 나르며 연결합니다. 매장이 있는 앞골목, 최첨단 교육을 받은 인력이 글로벌 트렌드에 맞춰 캐드캠으로 디자인하는 1차 뒷골목, 1960년대 방식의 공장들로 이루어진 2차 뒷골목이 묘하게 공존하고 있습니다. 이렇게 우리 사회는 묘하게 촘촘한 구성으로 되어 있어 기술적 충격이 볼링공처럼 와도 이걸 감싸는 구조입니다. 어떤 의미로는 복원력이 강한 거죠. 그래서 저는 우리 사회에 인공지능이 깊숙이 관여하더라도 창신동과 같은 맥락으로 오랜 기간 우리 방식으로 해석하면서 함께 발전해 나갈 것이라고 생각합니다.

새로운 숙제, 인공지능의 정체성

김기현 지금까지 인공지능에 대한 기대와 공포에 대해 이야기해 보았는데요. 미래 산업 혁명의 중심에 인공지능이 설 때 나올 문제들이 과거 산업 혁명 때와 동일할 것인가도 함께 논의해 보면 좋을 주제 같습니다. 또 인공지능이 가져올 인간 생활의 사회·경제·문화적 변화에 대해 이야기를 더 나누어 보면 좋을 것 같습니다. 아까 이경민 교수님께서 인공지능은 조타술에 불과하므로 인간의 정체성에 위협이 될 수 없다고 하셨는데요. 아주 먼 훗날의 이야기지만 인공지능에 자기 보전의 도구를 심을 수 있지는 않을까요? 진화생물학자들이 흔히 말하듯 자기 보전이라는 궁극적인 목적 아래 자체 강화 학습으로 스스로 만들어 내는 시스템을 만들 수도 있을 텐데 말이지요.

이경민 말씀하신 것이 바로 영화 「2001 스페이스 오디세이」에 등장하는데요. 영화의 주 메시지가 바로 같은 개념입니다. 지구가 멸망하니까 다른 살 곳을 찾아 나서는데 인공지능에 인간의 정보를 심어 놓는 거죠. 인류가 멸망하더라도 인공지능의 시스템을 리부팅하면 인류가 재생될 수 있도록 말이지요. 그런데 이것도 누군가가 인공지능에 그런 기능을 만들어서 넣어 줘야 가능한 것이지, 인공지능 스스로 할 수 있는 일은 아니었습니다.

김기현 한 곳에 자체 보존 기능을 심어서 스스로 보호 네트워크를 구축한 것은 인간이 갖고 있는 특성과는 완전히 다르네요.

이경민 그런 의미에서는, 인간과 신의 관계가 바로 그런 상상 속에서 나온다고 볼 수 있습니다. 인간이 존재하는 것은 신이 존재 본능을 넣어 주었기 때문이라고 생각하는 거죠.

김기현 그렇다고 해도 인간이 신이 아니듯, 인간이 심어 준 보호 기능이 담긴 사이보그들도 인간은 아니지요.

이석재 인간 정체성 문제들이 지금 말씀하시는 문제들인데 현실에서 과연 큰 의미가 있는 이야기일까요? 사실 30년 후에도 걱정하지 않아도 될 이야기 같은데 말이지요.

이경민 아니요. 그런 불안감은 지금도 존재합니다. 애완 로봇을 기르면서 인격처럼 대하는 것도 심각한 문제를 유발할 수 있거든요. 극단적인 예를 들자면 옆에서 굶어 죽어 가는 인간을 내버려 두고 로봇에 정이 든 나머지 유산을 상속한다든지 하는 거죠.

이석재 말씀하신 것도 충분히 일어날 수 있는 시나리오인데요. 제가 궁금한 것은 인간처럼 자유 의지를 가지고 목적을 정하는 주체의 출현 가능성입니다. 학계 전반적으로 이런 기술적 가능성에 한계가 있다고 보시는지요.

이경민 아까 언급하긴 했는데, 그런 강한 인공지능은 충분히 만들 수 있습니다. 문제는 강한 인공지능이 나오든 우리가 그렇다고 속아 넘어가든 상황이 질적으로 달라지지는 않는다는 것입니다. 인공지능이 마치 인간인 것처럼 행동한다고 합시다. 진짜 속여서 인간인 것처럼 하든지 내가 그런 걸로 믿고 있든지 사실 차이가 없습니다. 그래서 저는 강한 인공지능이 언제 가능한지는 큰 의미가 없다는 의견을 내놓습니다.

이석재 인간과 동일하게 사유하고 자유 의지를 발현하는 강한 인공지능이 등장하면 인간답게 행동하는 존재에 대해 인간과 동일한 지위를 부여해야 하는가에 대한 사회적 합의가 필요해질 것입니다. 인간과 다를 바가 없어진다면 인간으로 취급하지 말자는 주장 또한 약해질 테니까요.

인공지능 개발의 윤리적 원칙

김기현 인공지능에 인간의 정체성을 부여하느냐 마느냐는 체세포 복제 인간에게 인격성을 부여해야 하는가만큼 논쟁의 여지가 많은 문제인 것 같습니다. 이석재 교수님으로부터 인공지능을 둘러싼 철학적 쟁점들에 대해 말씀을 들어 보고 싶습니다.

이석재 저는 인공지능을 둘러싼 철학적 논의를 생각해 보았습니다. 크게 두 가지로 나눌 수 있을 것 같은데요. 하나는 형이상학적 논의 혹은 심리철학적인 논의이고, 다른 하나는 윤리학적 논의 혹은 사회철학적인 논의입니다. 먼저 인공지능의 형이상학에 대해 말씀드리자면, 저는 인공지능에서 핵심은 인공이 아닌 지능에 있다고 생각합니다. 인간이 가지고 있는 지능에는 고유한 지향성이 두 가지 있습니다. 의식 현상이라는 것과 목적 설정 능력인데; 인공지능 같은 컴퓨터상에서 과연 이 두 가지가 구현 가능한지가 형이상학적 논의 사항의 주된 내용이라고 볼 수 있습니다.

먼저 의식 현상에 대해 설명을 드리자면, 즐거운 일을 떠올리기만 해도 흐뭇한 느낌이 들거나 괴로운 일을 떠올리기만 해도 고통스러운 느낌이 드는 것을 말하는데요. 2010년 일본 쇼와대 치과 대학 병원에서 인간처럼 고통에 반응하는 치과 실습용 로봇 하나코를 만들어 공개했습니다. 하지만 우리는 하나코가 고통을 실제로 느끼는 것이 아니라 고통을 느끼는 것처럼 반응만 한다고 직관적으로 생각합니다. 아무리 하나코가 인간처럼 행동을 한다고 해도 말이지요. 즉 의식 현상이 있다고 보지는 않는 것입니다. 2014년 소프트뱅크에서 공개한 감정 인식 로봇 페퍼(Pepper)도 마찬가지입니다. 표정과 목소리 등을 통해 사람의 기분이나 감정을 이해하고 그에 적절히 반응하는 능력은 향상되었지만, 역시 스스로 어떤 감정을 느낀다고 볼 수 없습니다.

인간 지능에서만 찾아볼 수 있는 또 다른 특징이 목적 설정 능력입니다. 인공지능은 어떤 과제를 받았을 때 문제 해결 능력은 뛰어나지만 세계를 이해하거나 그에 대해 어떤 관점을 가지는 것은 아닙니다. 특정한 목적 없이 세계를 표현할 뿐입니다. 의식 현상을 가지고 목적을 스스로 세우는 시스템을 만들기 위해서는 '어떤 현상에 어떻게 반응하고 이해해야 하는지'와 '목적을 세운다는 것이 무엇인지' 같은 형이상학적 개념을 가르쳐야 합니다.

인공지능을 둘러싼 두 번째 철학적 논의인 윤리학적 논의로 넘어가 보겠습니다. 이 논의를 위해서 인공지능을 두 가지로 나누어 보았는데요. 완전하지 않은 지적 주체(non-poly human intelligent agent)와 완전한 지적 주체(poly human intelligent agent)입니다. 완전한 지적 주체란 세계 자체의 의미를 순수하게 이해한 후 자발적으로 목적이나 목표를 세울 수 있는 주체를 뜻하는데요. 완전하지 않은 지적 주체를 인간 사회에서 이용함에 따라 인간의 삶이 어떻게 달라질 것인가에 대한 고민은 사실 우리가 늘 겪어 온 문제입니다. 기술이 발전하면서 야기된 전통적인 문제이죠. 인간이 경작하던 논밭을 말이나 소가 맡아서 노동의 형태가 달라진 것이나, 주산으로 하다가 계산기의 등장으로 주산이 자취를 감추게 된 사례와 다를 바 없습니다. 이런 문제들의 고민스러운 점은 기술을 가지고 있는 사람들이 큰 혜택을 받고 사회적으로 우월한 지위에 올라서 불균등이 심해진다는 것에 있습니다. 다음으로 완전한 지적 주체를 이용하면서 생길 수 있는 문제를 고민해 보았는데요. 이러한 지적 주체는 계산 능력이나 기억 능력 등도 당연히 뛰어날 터이고, 공상 과학 소설이나 영화의 영향인지 모르겠지만 인간들에게 많은 공포심을 안겨 주는 것이 사실입니다. 이 우려를 명시적으로 조금 따져 보겠습니다.

완전한 지적 주체가 인간과 비슷한 정체성을 갖기 위해 필요한 윤리적 특성을 네 가지 정도로 살펴볼 수 있는데요. 첫 번째는 사리 판단에 대한 민감성입니다. 어떤 합리적인 근거를 제시하면 그 근거에 의해 설득이 되는 기본적인 태도인데요. 인간은 흔히 폭력이나 강요가 아닌 합리적 근거에 의해 타인의 행동을 바꾸는 모델을 이상적으로 생각하는데, 지적 주체가 이러한 사리 판단에 대한 민감성을 지녔는가가 문제 될 것입니다. 두 번째는 이타주의적 태도인데요. 자기 이외 존재의 안녕에 대해서 관심을 가지고 그것을 목적 자체로 삼는 태도를 지적 주체가 가질 수 있을지도 고려해야 합니다. 세 번째로 지적 주체 자체가 존엄하다고 판단하는 마치 인간 존엄성과 같은 규범이 필요한지가 있고, 네 번째로 이 규범을 인간이 받아들이지 못한다면 과연 설득할 수 있을지에 대해 논의가 필요할 것입니다. 이런 네 가지 윤리적 고찰로 지적 주체가 우리와 공존할 수 있을 것인지 판단할 수 있습니다. 이를 모두 충족시키지 못하는 지적 주체는 인간과 공존할 수 없습니다. 인공지능 개발에서 이런 윤리적인 원칙을 담은 헌장이 지금 필요한 시기가 아닌가 하는 생각을 해 보았습니다.

이정동 교수님 말씀에 궁금한 점이 있는데요. 인공지능은 설계할 때 복잡한 다층의 레이어(layer)를 쌓아서 개발하지 않습니까? 단순한 기능 레이어 위에 점검하고 고쳐 나가는 기능을 가진 레이어를 계속 얹는 식으로 말이지요. 여러 레이어를 쌓다 보면 인간에게 이타적으로 보이거나 목적을 설정하는 것처럼 보일 수도 있지 않을까요? 분명 알고리즘에 의해 돌아가는 거지만 워낙 복잡하게 구성되어 인간이 파악할 수 있는 수준을 넘어갈 수도 있을 것입니다. 목적을 설정하는 것처럼 보이는 것과 진짜 목적을 설정하는 것을 구분할 수 없는 단계가 되는 건데, 그러면 강한 인공지능과 약한 인공지능의 구분이 의미를 잃지 않을까요?

문병로 사실 우리 인간도 추상화된 수준에서 목적의식을 가진다고 하지만 그게 진정한 목적의식인지 의심될 때가 많습니다. 목적의식이란 것이 생명체가 스스로의 생존을 위해 투쟁하는 과정에서 생긴 부산물일 가능성이 많기 때문입니다. 연세대학교 심리학과 서은국 교수님의 저서 『행복의 기원』에서 본 내용이 인상 깊었는데요. 인간이 행복감을 느낀다는 사실 자체가 생체적으로 우리에게 도움이 되기 때문에 그런 감정을 느끼도록 진화한 것이라는 이야기였습니다. 그렇게 보면 인간이 선의를 베푼다거나 하는 것도 생존을 위해 만들어진 부산물이지 어떤 고유 의식이 아닐 수 있습니다.

인간과 인공지능의 관계를 어떻게 설정할 것인가

최인철 인공지능과 인간이 공존할 수 있는가를 고민할 때 과연 '인간다운 것이 무엇인가'에 대한 철학적인 논의가 있을 수도 있지만, 보통 사람들이 생각하는 것은 다를 수 있습니다. 인간성 상실의 문제가 아니라 생존 자체를 위협한다고 느낄 수 있거든요. 이렇게 되면 인간성의 본질을 고민하는 철학적 논의와는 또 별개일 수 있습니다. 또 아까 스스로 목적을 설정할 수 있는 능력을 말씀하셨는데, 사람들이 목표를 세울 때에는 감정이 피드백으로 작동하는 경우가 많습니다. 어떤 일에 실패를 겪은 후 상황을 개선하기 위해 목표를 세우잖아요. 그런데 인공지능이 이런 깨달음, 고통, 후회, 좌절에 기초한 목표 세우기를 할 수 있을 것인지에 대해서도 논의가 필요하리라 봅니다. 그런데 굳이 인간의 메커니즘을 모방하지 않더라도 인간과 같거나 혹은 더 나은 목표 행위를 만들어 낼 수 있다면 굳이 감정을 만들지 않아도 되지 않을까요? 그렇다면 또 그런 인공지능을 인간적인 것으로 봐야 할지 아닐지 고민해 봐야 합니다.

서이종 철학 분야에서는 기본적으로 인공지능을 바라보는 시각이 상당히 민감한 것 같습니다. 인공지능이 근본적으로 인간과 비슷해진다는 것을 전제로 하시는 것 같아요. 하지만 사실 스탠퍼드 대학교에서 발표한 인공지능 1차 보고서를 보면 실제로 그렇게 강한 인공지능을 전제로 이야기하고 있지 않습니다. 심리철학과 사회철학적인 부분에서 인공지능을 논의하셨지만, 보통 사람들은 인공지능 기술을 이용한 감정 로봇이 도입된다면 받을 수 있는 혜택을 먼저 생각할 것입니다. 철학에서 상당히 형이상학적인 질문을 하셨는데 사회학적으로 보면 아무런 예측이 안 되는 것이 사실입니다. 만약 인간을 뛰어넘는 지능이 존재한다면, 그 이후에 어떤 일이 일어날지에 대해서는 아무런 생각도 할 수 없거든요.

이정동 서이종 교수님 말씀에 동의합니다. 사실 강한 인공지능뿐 아니라 약한 인공지능을 이용할 때에도 인간과 인공지능의 관계에서 많은 문제가 생길 수 있는데요. 컨베이어 벨트를 처음 도입한 근대화 시대에도 공장에서 생산 체제의 효율성을 높이기 위한 논의가 많이 있었습니다. 그 결과 컨베이어 벨트 속도는 자꾸만 빨라졌지요. 기술자들이 알게 모르게 컨베이어 벨트의 성능은 향상되는데 인간은 수십 년간 거기에 끊임없이 적응하는 겁니다. 그러면서 인간은 괴로움을 느끼고, 정체성은 잃고, 수입과 지출에 괴리가 생기는 등 변화를 겪었습니다. 지난 5000년 동안 인간의 근력과 지력을 대체하려는 노력은 계속 진행되었고, 그 와중에 인간과 컨베이어 벨트 같은 관계도 이어져 왔습니다. 이런 관점에서 인공지능에 관해서 우리가 고민하는 것도 특별한 문제가 아닌, 기존 고민의 변형일 수밖에 없다는 말씀도 일리가 있다고 생각합니다.

　　이석재　인공지능 기술 자체가 새로운 것이기 때문에 미지의 영역이고 많이 고민해야 하지만 지난 5000년 동안 느껴 왔던 문제와 동일한 양상이라는 느낌이 듭니다. 새로운 기술이 등장하면서 특정 계층이 소외당하거나 부흥하는 형태입니다. 과거 사회들이 이런 문제에 어떻게 대처했는지 좀 살펴볼 수 있을 것 같습니다.

　　이경민　저는 윤리적인 문제는 사회적인 합의에 의한 것이지 철학적 문제로 발생되는 것이 아니라고 생각합니다. 신경과학이나 뇌과학 분야에서 의식의 상관관계와 메커니즘에 대해서는 많이 연구하고 있는데, 이는 말 그대로 생물학적 프로세스의 관점에서 보는 것입니다. 지금 말씀 나누고 계신 지향성(intentionality)을 가진 의식이라는 것은 철학적인 수준의 논의이기 때문에 뇌과학적으로 분석하거나 환원하는 것은 사실 불가능하다고 봅니다. 이석재 교수님 발표에서 형이상학적 문제와 윤리학적인 문제가 혼재되는 바람에 핵심이 조금 흐려진 듯한데요. 형이상학적 관점이 '의식이라는 것이 어떤 것인가.'를 질문하는 것이라면, 윤리학적 관점은 '어떤 것이 옳은 것인가'를 평가하며 질문하는 것입니다. 질문 두 가지가 완전히 다른데 구별하지 않고 넘어가다 보니 문제가 있는 것으로 보입니다.

　　그런데 윤리학적 측면에서 보는 의도(intention)와 형이상학적인 지향성이 과연 같은 의미인가에 대해서 저는 사실 회의가 듭니다. 심리학·윤리학적 관점에서 우리가 의도를 가진다고 했을 때에는 당연히 책임성도 따르고 그 문제에 관해서 어떤 평가를 합니다. 하지만 지향성은 의도와 완전히 다른 개념이거든요. 이 둘을 구별하지 않으면 쉽게 혼동할 수 있습니다. 그래서 저는 윤리적인 문제의 근거를 형이상학이 아닌 사회적 현상에 두어야 하고, 사회적 합의에 의해 결론이 도출되는 것이 적절하다고 생각합니다. 지금 인공지능 문제도 그렇고 생물학에서 트랜스휴먼(trans-human)도 '인간다움이라는 것이 무엇인가'를 핵심 이슈로 제기합니다. 인간의 자기에 대한 질문을 유발하는 거지요. 우리가 과연 무엇을 인간이라고 할 것인가는 형이상학적 관점에서 볼 수도 있지만, 사회적 차원에서 윤리적 문제로 제기되는 부분들이 우리 사회에 더 의미 있다고 생각합니다.

최인철 문병로 교수님께 드리고 싶은 질문이 있는데요. 사실 인공지능은 아주 포괄적인 이름이지 않습니까? 실제로는 하나의 개체에 여러 가지 기계가 있는데 모두 합쳐서 인공지능이라고 부르잖아요. 우리가 인공지능에 대한 두려움을 이야기하고는 있지만, 사실 생활에 밀접하게 들어오는 개별 기계나 시스템에는 굳이 인공지능이라고 명시하지 않습니다. 예컨대 스마트폰을 우리가 인공지능이라고 부르지는 않습니다. 간병해 주는 기계가 나와도 아마도 새로운 이름을 붙여 줄 것입니다. 이렇게 개별적인 것들에 이름을 붙이면 인공지능이라고 일컬을 때보다는 두려움이 상당히 약화됩니다. 우리가 실제로 인공지능 기기들을 접할 때에는 개체에 이름을 붙이므로 큰 범주의 인공지능으로 보지 않게되는 경향이 있습니다. 인공지능이라고 하면 어떤 두려움의 대상으로 보이지만 내가 접하는 스마트폰, 알파고는 그렇지 않잖아요. 이 문제에 대해서는 어떻게 생각하시나요?

문병로 말씀을 들으니까 네이밍을 해 놓고 나면 불안감이 완화되는 효과가 있겠네요. 기능이 제한적이라는 이미지를 주니까 그런 것 같습니다.

최민설 사실 우리가 해 왔던 일들을 이미 기계가 많이 해 오고 있습니다. 인간 대 기계라고 하면 두렵지만 너무 익숙하게 이름을 붙이다 보니 잘 적응하고 있잖아요. 그래서 인공지능도 앞으로 그렇게 되지 않을까 궁금해지네요.

이경민 네이밍이라는 프로세스 자체가 익숙해지는 과정인 것 같습니다.

인공지능과 인간은 서로 영향을 주고받는다

서이종 최근 사회학에서는 행위성을 누구에게, 어떻게 부여할 것인가가 큰 이슈가 되고 있습니다. 기술에 행위성을 부여한다면 인간과의 상호 작용을 어떻게 이해할 것인가, 또 인간과 기술 사이의 사회적 합리성을 어떻게 만들어 낼 것인가인데요. 사실 사회학이란 전통적으로 인간 중심의 사회적 현상을 이해하는 학문이기에 인간과 기술이 함께 행위하면서 나타나는 사회적 현상을 이해하기가 어렵습니다. 하지만 사회학자는 또한 전통적으로 미래학의 사유를 해 왔기에 새로운 사회에 대한 감수성이 민감하기도 합니다. 따라서 인공지능과 인간의 관계에 대한 문제의식을 발전시키는 데는 역할을 할 수 있을 것입니다.

이정동 인공지능의 행위에 대해 합리성을 인정하는 것은 결국 사회적 합의로 가능합니다. 사회적으로 형성된 합리성은 사실 오래전부터 인간이 기계와 함께 만들어 온 것 아닌가 싶습니다. 예를 들자면 예전에는 은행에 가서 줄을 서던 것이 지금은 번호표를 뽑는 시대가 되었습니다. 노약자에게 양보하는 것이 미덕이던 시절도 있었지만 지금은 번호표 시스템에 윤리적 판단의 권한을 양도한 것으로 볼 수 있습니다. 어떤 의미로는 인간 안에 있던 판단의 능력을 일정 부분 외화시킨 것입니다.

번호표 기계가 등장하기 전과 후에 합리성의 모양이 다르게 나타나는 것입니다. 이처럼 오랫동안 이미 여러 가지 방식으로 기계와 인간 사이에 합리성 자체를 조절해 온 것은 아닌가 하는 생각이 듭니다. 화생방 무기의 기술이 고도로 발달돼 있지만 최소한 전쟁할 때에는 사용하지 말자고 전 세계가 합의를 하지 않았습니까. 같은 맥락인 것이지요.

이석재 저는 그러한 합의가 예컨대 대량 실직을 급속하게 유발하는 기술이 개발되었을 때 필요하리라 보는데요. 특히 기술을 가진 극소수만이 기술 변화의 수혜자가 될 때 그런 조정이 필요하다고 생각합니다.

이경민 사회적 공감이나 어떤 행위를 하지 말자는 합의를 추구할 수 있다고 보는 것은 모더니즘(modernism)의 입장입니다. 인간이 합리성을 기본 속성으로 가지고 있고 그 합리성에 기반해서 어떤 행동을 할 수 있다고 믿는 것인데, 사실 이는 모더니즘의 환상에 불과하고 포스트모던 시대인 지금에는 불가능하다고 생각합니다. 현대 사회에서는 너무나 다양한 사회적 행위가 얽혀 있는데, 이런 현대 사회의 복잡성을 조작하기는 쉽지 않을 것입니다. 그래서 인간이 좋은 마음 혹은 합리성에 근거해서 자율적으로 기술 발전을 통제할 수 있다는 순진한 생각들이 자꾸 퍼져 나가는 것 같습니다.

이정동 교수님께서 말씀하신 은행의 번호표 시스템 이야기가 상당히 인상 깊은데요. 그걸 조금 더 추상화하면 인간과 인간의 지능에 의해 만들어진 기계 혹은 지능이 외화된 개체의 공진화(共進化) 문제가 됩니다. 사실 지난 1세기 동안 현대 사회에서 이러한 현상은 입증되었습니다. 심리학에 플린 효과라는 용어가 있습니다. 심리학자 제임스 플린(James Flynn)이 발견한 현상인데요. 우리가 흔히 쓰는 아이큐 검사가 처음 나온 지 30년쯤 되었고, 스탠퍼드 지능 검사라는 것이 나온 지도 한 세기쯤 되었습니다. 플린이 분석해 보니 초창기에 지능 검사를 한 결과와 요즘 사람들의 결과를 비교하면 요즘 사람들이 30퍼센트 정도 높다

고 합니다. 지금 사람들이 100점을 받았다고 하면 당시에는 70점은 받
았다는 이야기인데요. 지금 기준으로 하면 70점은 사실 아주 낮은 지능
수준에 해당하는 점수입니다. 3세대 전 할머니 할아버지들은 지금 우리
의 교육 관점으로 보면 똑똑하지 않은 것이죠.

　왜 이런 현상이 나왔을까요? 여러 가지 해석이 있지만, 플린은 현
대 사회에 필요한 요소들이 지능 테스트에 포함되었고 이런 부분을 교
육을 통해 계속 계발해 왔기 때문이라고 봅니다. 은행의 번호표라는 기
계에 사람들이 반응해서 사고방식이 바뀌듯이 현대 사회에서 필요로
하는 인지 기능이 점차적으로 세대 간에 이렇게 공진화하는 것입니다.
이런 사실은 인간이 무엇인가라는 질문에 대해 굉장히 중요한 통찰력
을 줍니다. 예컨대 2000년 전 플라톤이나 아리스토텔레스의 철학을 보
면 그들은 당시 사람들 중에 가장 극한의 사고방식을 가진 사람이었다
고 볼 수 있지요. 그런데 지금은 우리가 공유하는 철학의 근본 바탕이 되
고 있습니다. 플라톤이나 아리스토텔레스와 같은 사고방식을 가진 사람
들이 점차 확대되어 온 것이 인류 문명의 역사라고 볼 수 있는 것입니다.
같은 관점에서 인공지능도 인간 지능이 외화된 산출물이므로 인간과 공
진화하는 관계라고 할 수 있습니다. 정서적인 문제뿐 아니라 사람의 지
능이라는 것 자체가 그런 진화적 속성을 갖고 있는 것 같습니다.

인공지능을 대하는 인간의 자세

　최인철 제가 인공지능에 관심을 가지게 된 계기는 이세돌과 알파
고의 대국이었습니다. 알파고의 등장으로 사람들이 인공지능에 대해 두
려움을 느낀다는 현상에 호기심이 생겼는데요. 일반인들에게 무엇이 인
간적인 것인지, 인간의 본질이 뭔지를 질문해 보고 싶었습니다. 인간을

동물이나 기계와 구별해 주는 인간만의 어떤 것이 무엇이며 인간의 본성이 무엇인가를 공부해 보면 재미있겠다고 생각했는데요. 근본적으로 이런 속성들이 인공지능으로부터 위협받을 때 두려움을 느끼는 것이라고 생각했습니다. 직관, 감성, 합리성 같은 것이 인간 중심적인 속성인데 기계는 이런 개성이 없습니다. 또 사람이 실수할 때 그 사람에 대해 안심할 때가 있는데 기계는 실수하는 것이 불가능합니다. 이처럼 기계는 갖추지 못할 속성들을 한번 정리해 보는 것도 필요할 것 같습니다.

제가 실시했던 조사를 소개해 드리고 싶은데요. '인간다운 속성으로 대표되는 창의성, 직관 부분에서 인간이 인공지능에게 진다면 진짜 위험한 상황이 온 것이다.'라는 가설을 세우고 사람들이 정말로 그렇게 생각하는지 간단하게 알아보고 싶었습니다. 17개의 직업을 제시하고 각각에 대해 논리가 중요한 직업인지 직관이 중요한 직업인지 점수를 매겨 판단하게 한 다음에, 이 직업군에서 인간과 인공지능이 대결한다면 인공지능이 인간을 이길 것 같은지 물었습니다. 그다음에 인공지능이 이긴다면 인간에게 위협인지 축복인지 질문했고요. 결과는 우리가 예상하는 대로 나왔어요. 직관이 중요한 직업으로 작가, 미술가, 작곡가, 디제이가 꼽혔고 주식 분석가, 컨설턴트, 비행기 조종사 같은 직업은 논리가 필요한 직업으로 꼽혔습니다. 또 논리보다 직관이 중요한 직업에서 인공지능이 인간을 이길 때 더 위험하다고 생각하는 것을 알 수 있었습니다. 다른 조사에서는 어떤 직업을 두고 한쪽에서는 논리가 굉장히 중요한 작업이라는 프레임을 씌우고, 다른 한쪽에서는 같은 직업에 직관이 중요한 직업이라고 프레임을 씌운 다음에 같은 조사를 해 보았는데요. 역시 동일하게 직관이 중요한 영역이라고 프레임을 씌운 직업에서 인간이 인공지능에 졌을 때 훨씬 위협적이라고 생각했습니다.

또 다른 가설을 세우고 진행했던 조사가 있는데요. 내 주변 사람들 각각을 인공지능으로 대체해도 괜찮은가에 대한 것이었습니다. 조사 결과 상사나 부하 직원 같은 아무 친밀하지는 않은 인간관계의 사람들은 인공지능으로 대체되어도 상대적으로 괜찮다고 생각한다는 결과가 나왔습니다. 그런데 재미있는 것이, 가족 관계가 안 좋은 사람들은 가족도 인공지능이었으면 좋겠다는 비율이 높게 나왔거든요. 평소에 행복감이 낮은 사람이 가까운 사람들도 인공지능이었으면 좋겠다고 생각한다는 거죠. 이를 보면 인공지능이 어떤 직업군을 대체해도 되는가에 대해 사회적 합의를 할 때에도 개인의 심리적인 특징이 영향을 미칠 것으로 생각됩니다.

이 밖에도 인공지능이 그린 그림이나 작곡한 음악을 실제로 접하게 한 후에 인공지능이 위협적인가를 물어보는 조사를 해 보면 그렇게 충격이 심하지 않았습니다. 하지만 추상적으로 인공지능이 그림을 그렸다, 곡을 만들었다는 것을 말로 해 주면 위협으로 느끼거든요. 우리가 담론적으로 이야기할 때 느끼는 두려움과 실제로 개체로 만났을 때 느끼는 두려움이 다른 것 같습니다.

김기현 역사적으로 보면 시험관 아기조차도 우리는 처음에는 사람이 아니라고 했습니다. 이제는 사람으로 받아들이잖아요. 공진화를 말씀하셨는데, 많은 과정을 통해 인식이 변하는 것 같습니다. 인공지능에 대해 지금은 두려움이 크지만 앞으로 인공지능으로부터 어떤 서비스를 받느냐에 따라 인간이 적응해 나가지 않을까요? 두려움이라는 것은 '지금'이라는 상황을 전제하는 듯합니다.

최인철 저도 동의합니다. 먼 미래나 먼 과거처럼 현재로부터 멀어질수록 사람들의 생각이나 반응은 악화되기 마련입니다. 막상 닥치면 적응할 수 있을 거고요. 아까 말씀드린 전례처럼 개별적으로 보면 별 위협감을 느끼지 않는데 추상화해서 인간 대 인공지능이라고 해 버리면 두렵게 느껴지지요. 저도 앞으로 인간이 인공지능에 잘 적응할 것이라는 낙관적인 생각을 가지고 있습니다.

이정동 기분이 울적한 사람들에게 행복감을 느끼게 하는 우울증 약이 있지 않습니까? 예전에 이 약이 처음 등장했을 때에는 인류를 위한 특별한 선물이라는 등 기대가 컸습니다. 누군가 우울해서 그 약을 먹었더니 행복해졌다고 하더라도 약을 먹고 느끼는 행복감이 진짜 내가 행복해서 느끼는 감정과는 다를 수밖에 없지 않을까요? 우리가 반려동물에게 느끼는 감정도 그와 유사한데, 일을 마치고 피곤한 채로 귀가했을 때 집에서 반겨 주는 강아지를 보면 행복하지만 사실 피곤하다는 내 상태가 바뀐 것은 아닙니다. 영화 「토탈 리콜(*Total Recall*)」을 보면 아널드 슈워제네거가 사랑하던 부인이 알고 보면 가짜 에이전트였지요. 그래서 느끼는 분노감은 사실 속았다는 것을 몰랐으면 없었을 감정입니다. 인공지능이 나를 행복하게 했을 때 내가 느낀 행복감이 결국 인공지능이 나를 직간접적으로 조절한 결과인데, 이 행복감의 정체가 정말 행복일까요?

최인철 사람의 기분이 굉장히 우울하고 슬프다가 어떤 이유로 좋아졌다고 한다면 저는 행복해진 것이라고 보는 편이 맞다고 봅니다. 물론 여러 이견이 있을 수 있습니다. 행복에 질이 있다고 이야기할 수 있는지에 대해 저는 좀 조심스러운 입장인데요. 수준 높은 행복과 저차원적인 행복을 나눌 수는 없다고 생각하거든요. 다만 행복함의 강도는 다를 수 있다고 봅니다. 약을 먹거나 인공지능과 이야기해서 기분이 좋아지는 것의 강도가 실제로 좋아하는 사람과 맛있는 음식을 먹고 여행을 갈 때만큼 강하지 않을 수 있습니다. 그런 점에서 위계를 세울 수는 있지만, 진정한 행복인 것인가의 문제는 철학적 이슈인데 그런 의문은 큰 의미가 없지 않나 싶습니다.

이석재 윤리학에서는 행복이란 내가 원하는 것이 실제로 일어나는 것인지 아니면 내가 원하는 것이 일어났다고 믿고 있는 심리 상태인지에 대해 논쟁이 있는데요. 전자는 소망 만족 이론이고, 후자는 심리 상태

이론입니다. 이성통 교수님께서 말씀하신 약을 먹이시 느끼는 행복감은 욕구가 충족되는 것까지 포함하는 소망 만족 이론 관점에서 보면 행복하지 않다고 보는 것이 맞습니다.

이정동 제가 행복감을 높이는 치료약에 관한 질문을 드린 이유가 있는데요. 인공지능이 인간만이 가지고 있다고 생각해 온 직관의 영역을 침해할까 두려워하잖아요. 그런데 인공지능이 우리의 감정을 조절하는 영역을 건드려도 되느냐 아니면 기능적인 영역에만 그쳐야 하는가에 대해 의견이 많을 것 같습니다. 사람들이 인공지능을 떠올릴 때 우리의 감정적인 면을 조작당하는 극단적인 상황을 자꾸 생각하거든요.

이경민 저는 인간이 인공지능에 위협을 느낀다는 것이 감정 수준이거나 직관 수준인 것과 관계없이 인간의 통제력에 위협이 될 것인지 여부와 관련이 있다고 생각합니다. 인공지능이 긍정적인 감정을 만들어주는 상황에서는 아무도 위협을 느끼지 않습니다. 그런데 부정적이거나 나에게 선택권이 없는 상태에서 감정을 조절당한다는 느낌을 받는다면 위협으로 다가옵니다. 그래서 이러한 위협을 느끼는지 여부는 직관이나 논리에 달린 문제가 아니라고 봅니다. 나의 통제력을 위협하는지 아닌지에 달려 있는 것이지요.

문병로 사실 모두 상대적인 것 같습니다. 인공지능이 지능이나 감정을 가진 것인지 안 가진 것인지에 대한 시각이 사람들마다 편차가 있거든요. 어떤 사람은 감정이라고 생각하고 어떤 사람은 기계적인 과정이라고 생각합니다. 알파고 같은 경우도 내부를 모르는 사람들이 보면 대단한 지능을 가진 걸로 판단되거든요. 알파고는 사람의 사고 메커니즘과는 많이 다른 경로를 통해 대국에서 인간을 이긴 것입니다. 지능하고는 괴리가 큰 것이지요.

이정동 아까 최인철 교수님의 조사에서도 봤지만 여러 가지 상담 관련 직업군이 빠르게 인공지능이 들어올 수 있는 분야로 꼽히고 있지요?

이경민 저도 훨씬 더 많이 보급될 것이라고 생각합니다. 상담가 역할에 제일 중요한 것이 익명성입니다. 자기 속마음을 이야기하는데 그쪽이 아는 사람한테 이야기하는 것보다 편하거든요. 또 상담가들은 상담자의 이야기를 계속 들어 줘야지 자꾸 개입하면 안 됩니다. 이런 상담 프로그램 서비스를 중국의 한 업체에서 인터넷으로 제공하고 있는데, 빅 데이터를 이용해서 텍스트로 문답이 이루어지는 것 같습니다. 인생의 심오한 의미를 찾는 수준은 아니고 어떤 상황에서 어떻게 하면 좋은지 답해 주는 수준입니다. 사실 저만 해도 환자가 진료실로 걸어 들어오는 것만 보아서 대충 어떤 이야기를 할 것이라는 걸 알거든요. 경험이 조금만 쌓여도 가능합니다.

이정동 신참 의사는 모를 텐데 경험이 쌓이면 가능할 수 있겠네요.

이경민 결국 직관이라는 것이 여러 가지 데이터의 집합체인데, 인간의 뇌는 이런 것을 추출해 내는 멀티 프로세싱 능력이 굉장히 뛰어난 것입니다.

이정동 여러 교수님의 연구를 보니 인간이 취약한 존재라는 생각을 많이 하게 됩니다. 프레임을 어떻게 잡아 주느냐에 따라 사람들이 다르게 반응하고 해석도 다르게 할 수 있는 것 같습니다.

인공지능,
우리는 어디쯤?

문병로 / 컴퓨터공학부

갑작스러운 50년의 진보

최근 바둑이 인공지능에 대한 관심이 높아지도록 만든 계기와 자극이 되었다. 2009년 MoGo라는 바둑 프로그램이 프로 기사를 상대로 9점 바둑에서 승리했을 때 어떤 기자가 인터뷰에서 언제쯤 컴퓨터가 프로 기사를 이길 것으로 생각하는가를 물었다. 필자는 자신 있게 100년 이내로는 불가능하다고 답했다. 인간의 추상적인 사고를 흉내 내는 데 컴퓨터는 한계가 있다는 것이 필자의 확신이었다. 그런데 불과 7년 만에 그러한 예측이 빗나갔고 기술의 발전 속도가 엄청나게 빠르다는 것을 실감하게 된다. 알파고의 성공은 갑작스럽게 이루어진 기술의 놀라운 발전을 배경으로 구글이 자신들의 아이디어, 자금력, 노력을 투여해 거둔 것이다. 그리고 알파고의 성공으로 인해 추상적인 사고는 인간의 전유물이라는 우월감이 손상되었다. 이세돌 프로와의 대국에서 알파고는 프로 기사들이 통상적으로 두지 않는, 중앙을 중시하는 몇 개의 수를 선보였다. 옛날 같으면 이 수들은 프로 기사들로부터 애매한 수라는 이유로 배척을 당할 수였지만 신선한 자극을 주었다. 알파고는 이후 더 발전하여 한·중·일의 최강자들을 상대로 60전 전승을 기록한다. 요즘 프로 기사들 사이에 알파고 스타일의 수들이 심심찮게 시험되고 있다. 2016년 3월 알파고가 이세돌에게 승리한 중요한 사건의 배경이 되는 인공지능 분야의 주요한 역사적 사건들을 되짚어 볼 필요가 있겠다.

인상적인 계기는 2012년 세계 화상 인식 대회(ImageNet Large Scale Visual Recognition Challenge, ILSVRC)에서 있었다. ILSVRC에서는 1000가지의 서로 다른 그룹에 속하는 이미지들을 학습시킨 후에 새로운 이미지를 주고 그것이 1000개의 그룹 중 어떤 그룹에 속하는 것인지를 맞히도록 하는 경쟁을 하는 대회다. 2012년 이전의 기술로는 에러율이 26퍼센트를 상회하는 수준이었다. 그간의 발전 속도로 보아 2012년 대회에서도 아마 26퍼센트 초반 수준에서 우승자가 나오지 않겠는가 하고 예측하고 있었다.

그런데 갑자기 캐나다 토론토 대학교의 제프리 힌튼(Geoffrey Hinton) 교수 팀이 15.3퍼센트라는 놀라운 에러율로 우승을 하게 된다. 당시 2위가 여전히 26퍼센트대여서 충격적인 결과였다. 힌튼 교수는 당시 딥 러닝(Deep Learning) 기술을 사용해서 이러한 성과를 거두었는데, 그 이후 사람들이 자극을 받아 딥 러닝을 활용하는 데 불이 붙기 시작해 핫 이슈 중 핫 이슈가 되었다. 그리고 불과 3년이 지난 2015년, 에러율이 3.6퍼센트까지 떨어지게 된다. 이 3년간 목격한 진보는 통상적인 기술 발전 속도로는 50년이 걸릴 만한 성과다.

인공지능의 역사 개괄

일찍이 1956년에 다트머스(Darthmouth)에서 열린 콘퍼런스에서 '모든 학습과 지능이 정확하게 묘사될 수 있어서 기계가 그것을 모방할 수 있도록 만드는 것이 가능하다.'라는 잠정적 가설을 세웠다. 그리고 이 것을 무엇이라고 명명할 것인가에 대해 논리 이론가(Logic Theorist)라고 하자는 그룹과 인공지능(Artificial Intelligence, AI)이라고 하자는 그룹이 경합을 벌인 결과 존 매카시(John McCarthy) 등이 제안했던 인공지능 쪽 으로 결론이 났다. 그리고 약 20년간 1970년대 중반에 이르기까지 인공 지능의 전성기를 구가하게 된다. 그러고는 1970년대 중반에서 1980년 대 초입까지 혹한기를 겪는다.

그러다가 전문가 시스템(Expert System)이 등장하고 신경망 부문에 서 역전파(Backpropagation) 기술이 유행을 타면서 1980년대에 한 차례 붐이 형성된다. 당시 신경망을 효과적으로 학습시킬 수 있고 그를 통해 할 수 있는 일들이 많다는 견해가 설득력을 얻었다. 각종 과장된 예측들 이 학계를 지배했고, 1980년대 후반에서 1990년대 초에 이르는 기간에 는 혹한기가 다시 찾아오게 된다.

이렇게 부침을 반복하다가 2009년에서 2012년 사이 스위스의 인 공지능 연구팀 IDSIA라는 그룹이 신경망을 활용해 8개의 국제 대회 에서 우승을 하면서 인공지능의 새 시대를 알리는 전위 부대 역할을 한 다. 이 그룹이 활용했던 기술이 리커런트 뉴럴넷(Recurrent Neural Net, RNN), 딥 뉴럴넷(Deep Neural Network, DNN), 그리고 롱 숏텀 메모리 (Long Short-Term Memory, LSTM) 등이었다. 그리고 2012년에 사람들을 깜짝 놀라게 한 사건이 발생한다. 앞서 언급했듯이 제프리 힌튼 팀이 세 계 화상 인식 대회에서 15.3퍼센트의 에러율로 우승을 차지한 것이다. 그리고 3∼4년 뒤에 알파고가 등장한다.

지금까지 살펴본 바와 같이 인공지능과 신경망 모두 반복적으로 봄과 겨울을 반복하는데, 실상은 겨울이라고 일컬은 기간에도 많은 발전이 이루어져 왔다. 그랬음에도 이런 부작용이 생긴 데에는, 초기에 이 분야의 리더들이 과장을 하는 경향이 있어서 사람들로 하여금 마치 인공지능에 의해 인간을 대체하는 대단한 것이 나올 것처럼 기대하도록 만들었던 점도 일조한 것으로 보인다. 그들이 제시하는 과장된 전망에 기대를 가졌다가 막상 이 분야에서 진행된 바가 초기의 과장된 주장들과는 거리가 있는 것으로 보이니 관심이 식었다. 그런 면에서, 현재의 인공지능에 대한 높은 관심도 어쩌면 이 분야의 새로운 겨울을 잉태하고 있는 것은 아닌가 하는 걱정도 하게 된다.

인공지능이 할 수 있는 일들

현재 인공지능이 할 수 있는 일들을 대표적인 것들만 몇가지 언급하자면, 우선 앞서 언급되었던 이미지 인식을 들 수 있다. 이에 더하여 이미지를 인식하고 그것을 자연어로 묘사할 수 있는 인공지능 프로그램도 등장했다. 컨벌루션 뉴럴넷(Convolution Neural Net)으로 이미지를 인식한 다음 리커런트 뉴럴넷으로 문장을 생성하는 것인데, 예컨대 어떤 사진을 인식하고 "사람들이 시장에서 장을 보고 있다. 채소 가판대에는 채소들이 많다."와 같은 문장을 만들어 낸다. 하지만 꼬마 아이가 칫솔을 들고 있는 그림을 보고는 "꼬마가 야구 방망이를 들고 있다."와 같이 때로는 에러가 섞인 문장을 만들어 내기도 하는데, 이러한 오류들이 발생함에도 불구하고 현재 놀라울 정도의 수준으로 이미지를 인식하고 문장을 만들어 내고 있다.

다음으로 인공지능은 회화, 즉 새로운 이미지를 만들어 내는 능력을 발휘하기도 한다. 예를 들자면 뉴럴넷에 어떤 그림을 학습시킨 다음 다른 사진을 입력하면 학습시킨 그림의 풍으로 변환해 주기도 한다. 이를테면 어떤 사진을 넣어 고흐풍의 그림을 만들어 내는 식이다.

그리고 지금 매우 잘 알려져 있는 바둑이 있다. 이세돌과 대국 당시의 알파고가 바둑 형세를 보는 방식을 보면 우선 바둑판에 있는 각각의 칸을 중심으로 그 주변의 5×5 영역의 상태를 48겹으로 나타낸다. 이 5×5×48 입력으로 하나의 필터를 만들고 동일한 원리로 361칸 각각에 대해 필터를 만든다. 이것이 필터 한 판이다. 이런 필터 판을 192개 만든다. 이 과정은 일종의 추상화라고 볼 수 있는데, 이러한 추상화를 11번, 12번 반복해 최종적으로 수치적 판단을 한다. 사실 이렇게 알파고가 바둑 형세를 읽는 과정을 들여다봐도 알파고의 추상화 메커니즘이 손에 잡히게 와닿는 것은 아니다.

필자의 연구실에서 간단한 딥 러닝으로 작곡을 해 본 적이 있다. 신경망에 음원의 초반 20개 건반 터치를 학습시키고 다음 터치를 맞히도록 학습시킨 다음에 작곡을 하도록 했다. 모 기업 임원들 대상의 강연에서 사람이 작곡한 곡과 이를 모티브로 해서 인공지능이 작곡한 곡을 들려 주고 어떤 것이 인간이 작곡한 것인지 구분할 수 있는지 보았다. 참석자의 절반은 인간이 작곡한 곡을 구별해 냈고 절반은 그렇지 못했다. 통계적 의미에서 구분하지 못한다는 의미다. 필자가 사용한 인공지능이 그다지 수준이 높은 것이 아니고 만족할 수준의 컴퓨터 작곡을 100걸음이라고 했을 때 첫 두세 걸음 정도 나간 수준의 것임에도 불구하고 사람들이 인간이 작곡한 것과 인공지능이 작곡한 것 간의 차이를 잘 구분하지 못했다. 청중이 매우 당혹스러워하고 재미있어했다.

이런 결과는 회화와 음악 같은 예술 분야에서도 인공지능이 자리할 영역이 있다는 것을 시사한다. 비록 아직 수준이 높지 않지만 인공지능 작곡 프로그램은 미국, 스페인, 우리나라 등에서 조금씩 나오고 있는 상황이다.

잘 알려져 있듯이 IBM의 왓슨(Watson)이 문제 풀이 영역에 진출했다. 2011년 「Jeopardy!」라는 미국의 퀴즈 쇼에서 쟁쟁한 역대 우승자들과 대결을 펼쳐 승리를 거둔 바 있다. 왓슨 웹 사이트[97]에 들어가 보면 IBM이 현재 어떤 영역에서 본격적으로 왓슨을 통해 비즈니스 모델을 만들어 가고 있는가를 볼 수 있다. 고객들의 도전적인 질문에 대한 답을 제시하는 것, 다양한 종류의 문서들로부터 빠르게 정보를 추출해 내는 것, 데이터들 간에 존재하는 관계나 패턴을 추려 내는 것 등에 인공지능을 사용하고 있고, 이를 통해 법률, 교육, 전자 상거래, 컨설팅, 의료 등 거의 모든 영역에 걸쳐 서비스를 시도하고 있는데 비즈니스로는 고전하고 있다.

필자도 관심을 가지고 연구를 진행하고 있는 금융 투자 분야에서는 알고리즘 투자나 로보어드바이저(Robo-Advisor)가 현재 핫 이슈다. 하지만 현재 금융 투자에 인공지능을 본격적으로 사용하고 있다는 주장에는 상당한 과장이 섞여 있다. 어쩌면 이 분야 자체가 과장이 심한 분야인 것과 무관하지 않은 듯하다.

언론 분야에도 인공지능이 적용되고 있다. 이제 간단한 기사, 날씨나 스포츠 관련 신문 기사들은 컴퓨터가 작성한 기사가 사람이 쓴 기사와 구별이 잘 되지 않을 정도로 인공지능이 사람 못지않은 능력을 발휘하고 있다. 따라서 향후 어중간한 능력을 가진 기자들은 모두 일자리를 잃는 상황이 올 수도 있다. 이 밖에 자율 주행 차나 교통 제어 등을 포함하는 교통 분야, 의료 분야 들에 인공지능이 시도되고 있다.

인공지능 내 다양한 주제들 중 몇몇 주요 주제를 거론하자면 컴퓨터 비전, 음성 인식, 자연어 처리(natural language processing), 기계 학습(machine learning), 지능형 에이전트, 유전 알고리즘 등을 포함한 지능형 탐색 등을 들 수 있다. 그중 알파고 덕분에 요즘 가장 각광을 받고 있는 딥 러닝은 기계 학습에 속한다.

　　이런 모든 인공지능 주제 영역에 공통적인 것은 아니지만 아주 많은 애플리케이션(application)과 도메인에서 공통적인 것은 문제 공간의 영역이다. 문제는 공간과 대응하는 것으로, 어떤 문제가 하나 주어지면 그 문제에 고유한 문제 공간을 갖게 된다.

　　예컨대 변수가 두 개라면 3차원 공간이 되고, 변수가 3개라면 우리가 직관적으로 그려 낼 수는 없지만 4차원 공간이 된다. 그리고 변수가 1000개, 2000개인 경우에는 몇천 차원의 공간이 형성되는 것이다. 그런 공간에는 봉우리가 있고 골짜기가 있는데, 문제에 대한 답을 찾는 작업은 거기에서 가장 높은 봉우리를 찾는 작업이 된다.

　　알고리즘은 이런 문제 공간을 여행하는 교통수단에 해당한다. 교통수단이 그냥 걷는 것에서 비행기에 이르기까지 다양한 것처럼 알고리즘들도 다양하며, 알고리즘에 따라 찾을 수 있는 솔루션의 품질이 달라진다. 고급 알고리즘이 그래서 필요하다.

딥 러닝

　　요즘 딥 러닝이 핫 이슈 중의 핫 이슈다. 기존의 작은 형태의 얇은 신경망에 비해 깊이를 깊게 한 신경망을 딥 뉴럴넷, 우리말로는 심층 신경망이라고 한다. 여기서 각 층(layer)에 속하는 각각의 마디(node)들이 각각 추상화(抽象畵) 작업을 수행하는데, 이 추상화 작업이 계속해서 여러 겹에 걸쳐서 이루어지는 것이다.[98] 이 심층 신경망의 층간에 어떻게 추상화가 이루어지는지 분석하고 살펴보는 작업을 하면 우리 직관으로 잘 해석되지 않는 방식으로 추상화를 하는 경우가 많다. 예를 들자면 어떤 화상을 인식하는 심층 신경망에서 중간의 한 층을 들어내 각각의 마

디가 입력과 관련해서 어떤 방식으로 추상화하는가를 보면 이해가 안되는 그림들이 많다.[99]

그런데 이러한 추상화한 결과들이 결합되어 그다음 추상화가 또 이루어지며 맨 마지막에 최종적으로 답을 만들어 내게 된다. 이런 성질은, 이제 우리가 어떤 의미 있는 결과를 내는 과정에 대해 반드시 이해해야 한다는 기대를 접어야 하는 시대가 도래했음을 말한다. 즉 설명이 반드시 필요하지 않은 시대가 된 것이다.

딥 러닝을 가능케 한 하드웨어

딥 러닝의 급속한 확산에는 앞서 언급된 알고리즘과 함께 하드웨어도 기여를 했다. 하드웨어인 범용 그래픽 처리 장치(General-Purpose Graphic Processing Unit, GPGPU)가 그 중심에 있다.

GPU는 본래 그림을 빨리 그리도록 해 주는 그래픽 보드다. 과거 CPU에 의존해 그림을 그릴 때에는 그 속도가 매우 느렸던 반면, GPU 보드는 화면 전 영역을 조그마한 프로세서들이 분할해서 동시에 그려 주기 때문에 매우 빠른 화상 처리가 가능하다. GPU의 바로 이런 특징을 이용해서 병렬 계산에 응용한 것이 GPGPU다.

GPGPU는 Single Instruction Multiple Data(SIMD), 즉 같은 일을 서로 다른 데이터에 대해 처리해야 하는 성격의 작업에 적합하다. 예를 들자면 신경망의 경우 각 마디들이 하는 일은 같고 입력만 다르다.

《네이처》에 게재된 논문에 따르면 알파고의 경우 이 GPGPU 보드를 176장 쓰고 있다. 필자의 연구실에서는 GPGPU 보드 4장을 꽂은 시스템을 직접 조립해서 사용하고 있는데 GPU 보드 하나에 3000개씩의 코어, 즉 조그마한 CPU들이 꽂혀 있으니 총 1만 2000개의 아주 작은 컴퓨터들을 가지고 작업하는 셈이다. 이 시스템을 가지고 주식 투자 알고리즘을 최적화하면서 유전 알고리즘을 구현하는데, CPU만 사용하던 것에 비해 약 300배까지 속도의 향상이 있었다. 즉 300일 걸려야 나오던 출력이 단 하루 만에 나올 정도로 속도가 향상된 것이다.

연구 개발을 하다 보면 어떤 아이디어를 내고 정신적인 흥분 상태가 가시기 전에 아웃풋이 나와야 한다. 시간이 너무 오래 걸리면 결과물이 나올 때쯤에는 그와 관련되어 있던 문제의식이 희미해진다. 그런 면에서 처리 속도의 향상이 굉장히 중요하고, 딥 러닝의 경우는 워낙 큰 규모로 훈련을 시키기 때문에 GPGPU 보드 없이는 사실상 불가능한 작업이다. 알파고가 GPGPU 보드 176장을 썼는데도 한번 훈련을 하는 데 3주가 걸렸다. 만일 GPGPU 보드가 없었다면 몇십 년이 걸렸거나 불가능했을 것이다. 그런 면에서 하드웨어 역시 딥 러닝을 가능케 하는 핵심적인 요소 중 하나라는 점도 무시해서는 안 된다. 알파고는 이후 개량을 거듭해 더 좋은 성능을 내는 딥 뉴럴넷을 3일 만에 훈련시킬 수 있게 되었다.

어트랙터

앞서 언급했던 '문제 공간'에는 일종의 봉우리들이 있는데 이것을 수학에서는 익스트림 포인트(extreme point), 극점이라고 하고 문제 공간 탐색에서는 로컬 옵티멈(local optimum), 지역적 최적점이라고 한다. 이것은 인근의 솔루션들을 빨아들이는 흡인력이 있어 대표성을 가지는 솔루션들이다.

물리화학에서는 이에 대해 어트랙터(attractor, 끌개)라는 개념을 많이 사용한다. 물질들이 결합되어 어떤 에너지 상태를 만드는데 이 에너지 공간이 문제 공간을 형성한다. 여기서 최소 에너지를 가져야 안정 상태가 되므로 그러한 점을 찾는 작업들을 한다. 이런 의미에서 극점이나 로컬 옵티멈 등은 어트랙터와 동일한 개념이다.

이 어트랙터라는 개념은 문제 해결 과정, 최적화에서만 나오는 것이 아니라 우리 주변 도처에 존재한다. 생태계를 형성하는 종들(개나리, 질경이, 치타, 가젤 등)이나 인류 사회에서 형성되는 조직이나 제도, 사람들의 머릿속에서 형성되는 관념, 사고 체계, 편집증 등도 일종의 어트랙터라고 할 수 있다. 얼마든지 다른 제도나 산출물들이 나올 수 있는데 그 나름대로 강한 매력을 가졌기 때문에 정착이 되는 것이다. 주변의 가능성들을 빨아들이는 산출물들이 바로 어트랙터다. 우리가 최적화를 하고 문제를 푼다는 것은 사실 가장 수준이 높은 끌개를 찾는 작업이다.

방대하고 황량한 공간

그렇다면 문제 공간 내의 모든 봉우리를 다 보고 제일 높은 봉우리를 찾으면 되지 않겠는가? 컴퓨터가 요즘 워낙 빠르니 수만 대의 컴퓨터를 사용하면 가능하지 않겠는가라는 생각을 할 수도 있겠지만 문제 공간은 우리가 생각하는 것보다 훨씬 더 방대하다.

예컨대 TSP(Travelling Salesman Problem)라는 컴퓨터 사이언스의 난제[100] 같은 경우 고객 수가 10명 정도면 문제 공간에 봉우리가 4개, 고객 수가 20이면 봉우리가 170개가량 형성된다.(약간의 가정이 필요하지만 여기서는 논외다.) 그런데 고객 수가 100으로 늘어나면 봉우리가 3경 4000조 개 정도로 늘어나게 된다. 전체 솔루션의 수가 약 10의 158승 정도 되므로 3 곱하기 10의 141승 개의 솔루션당 하나씩의 끌개가 있는 셈이다. 이런 끌개가 3경 4000조 개 있다는 말이다. 즉 고객의 수 증가에 비해 끌개의 수 감당을 하지 못할 정도로 급속하게 증가하는 것인데,

그런 문제 공간에서 가장 매력적인 봉우리를 찾아내야 하는 것이다.

지금은 제네틱 하이브리드(hybrid genetic algorithm, 혼합형 유전 알고리즘)를 써서 고객이 8000명인 문제의 글로벌 옵티멈을 찾아낸다. 앞서 설명했듯이 고객 20명에서 100명으로만 고객 수가 증가해도 문제 공간이 상상할 수 없을 정도로 커지는데, 그 수가 8000명으로 증가하면 이것이 어떤 공간이 되겠는가. 앞서 고객 100명짜리 문제 공간만 해도 3 곱하기 10의 141승 솔루션당 하나씩의 끌개가 존재한다고 했는데, 우주에 있는 원자의 총수가 10의 80승 정도 된다고 하니 그 규모가 얼마나 엄청난지 가늠이 될 것이다.

그런 공간에서 어떻게 최적점을 찾을까. 앞서 알고리즘을 이러한 문제 공간을 돌아다니는 교통수단에 비유했는데, 사실 이러한 문제에서는 모든 알고리즘이 예외 없이 축소 탐색을 해야 하는 것이다. 즉 모든 봉우리를 탐색하는 것은 사실상 불가능하므로 주어진 시간 동안에 얼마나 시간을 효율적으로 사용해서 좋은 솔루션을 찾느냐가 관건이 되는 것이다.

알파고의 경우에는 입력 단자가 2만 5000개 정도 되고, 입력 단자로부터 정보를 받아서 처리하는, 인간 뇌의 뉴런에 해당하는 마디 (hidden node) 수가 약 830만 개이다. 그리고 이들의 결합을 만들어 내는 간선들이 있고 이들은 각각 가중치를 가지고 있다. 또 이 간선들이 가진 가중치들의 집합이 하나의 신경망이 되는 것인데, 이 가중치의 수가 14억 개나 되는데 이들은 361개씩의 중복이 있어 이를 감안하면 400만 개 정도 된다. 이 가중치들의 값을 정해 주기 위해 알파고의 경우 176장의 GPGPU 보드와 1200개의 CPU를 써서 3주가 걸렸다는 것이다.

하지만 이렇게 엄청난 규모의 알파고 신경망도 지구상 생명체들과 비교하면 결코 큰 것이 아니다. 알파고의 신경망의 뉴런은 꿀벌의 뉴런보다는 10배 정도 많지만 쥐의 10분의 1, 인간의 1만분의 1 정도에 불과하다. 즉 인간에 비하면 아직 아주 조그마한 두뇌다. 인간의 대뇌 피질에는 200억 개 정도의 뉴런이 있다. 대뇌 피질은 고등 사고를 담당한다고 알려져 있는데, 재미있게도 대뇌 피질에 인간 두뇌보다 많은 뉴런을 가진 동물이 있다. 돌고래의 일종인 참거두고래는 대뇌 피질에 372억 개의 뉴런을 가지고 있다.

인공지능과 4차 산업 혁명

많은 사람들이 현재 4차 산업 혁명의 초기 국면에 도달했다고 한다. 4차 산업 혁명은 모든 것이 연결되는 사물 인터넷, 사이버 세계와 물리적 세계가 혼합되는 사이버피지컬 시스템(cyber-physical system) 등과 밀접한 관련이 있다. 1차, 2차 산업 혁명이 증기 기관과 전기로 대표되는 에너지 혁명이었다고 한다면 3차, 4차 혁명은 정보 혁명이라고 할 수 있다. 4차 산업 혁명의 대표 키워드로 데이터, 인공지능, 연결 등을 들 수 있다.

요즘 데이터, 특히 빅 데이터에 관한 이야기들이 많은데 '데이터가 무엇인가'에 대한 정의는 매우 다양하다. 전통적인 관점에서 데이터는 의미들의 집합이다. 또 다른 관점에서는 데이터가 기호들의 집합이고, 앞서 소개한 바와 같이 데이터를 공간의 구성 요소로 보는 관점도 있다.

데이터를 의미들의 집합으로 보면 의미들로부터 출발하기 때문에 심벌 그라운딩(symbol grounding)을 하게 된다. '기호의 접지' 정도로 번역할 수 있겠다. 인공지능들이 복잡한 문제들을 풀어 가는 과정에는 심벌 그라운딩을 하지 않는다. 즉 데이터가 무엇을 의미하는지를 모르는 상태에서 출발하고 답을 내는 것이다.

최근 빅 데이터 문제를 해결하는 과정에서 가장 큰 변화가 룰과 인과 관계 중심에서 데이터 중심으로 바뀌고 인과성에 대한 집착을 상당 부분 포기해야 하게 된 점이다. 인과성보다는 상관성이 더 중요해지고 상관성 중에서도 명시적인 상관성보다 암묵적인 상관성이 더 중요해지고 있다.

즉 잠재 공간(latent space)처럼 우리가 판단할 수 없고 들여다봐도 잘 모르는 공간을 통해서 결과가 산출된다. 예컨대 우리가 실수(實數) 문제를 풀 때 허수 공간으로 들어가서 처리한 다음 실수 공간으로 돌아오는데, 허수 공간이라는 것이 실수 공간에 존재하지 않음에도 허수 공간으로 가서 무엇인가를 풀어서 그 결과를 가지고 실수 공간의 답을 찾게 되는 것과 은유적으로 유사하다.

흔히 행렬 계산을 통해서 (우리가 들여다봐도 잘 모르는) 잠재 공간으로 들어가 그곳에서 무엇인가를 해서 결과를 내기도 한다. 의미를 속속들이 모르는 유용한 결과에 익숙해져야 하는 한 예이다. 그래서 고찰이나 의견이 진리로 취급을 받는 영역이 급감하고 있는 상황이다. 예를 들자면 과거에는 누군가 주식 투자를 해서 수익을 잘 올리고 있다고 이야기를 하면 그렇게 만든 대표적인 인자, 원리가 무엇인가라는 질문을 받았고 그에 대해 설명해야 했다. 이제는 달라졌다. 그 메커니즘을 봐도 잘 모를 수 있다. 대표적인 예가 주식 시장이다.

인공지능의 미래

최근 산업 리서치 기관 가트너(Gartner)에서 해마다 발표한 10대 기술을 살펴보면 데이터와 관련된 것들이 대다수를 차지하고 있다. 종래에는 정보가 자본으로 전환되어야 가치가 형성되었는데 미래에는 정보의 유동성과 등가성이 급증하여 정보 그 자체가, 즉 지적 자본 그 자체가 곧바로 직접 물적 자본이 되는 시대가 도래할 것이다.

현재 화폐와 등가성을 가진 것들을 예로 들어 보면 금, 어음, 주식, 수표, 각종 포인트, 마일리지, 가상 화폐 등이 있다. 그뿐 아니라 기업이 가진 고객의 수, 기업에 대한 타인의 주목도(기업의 유명도) 등이 기업 인수·합병 등을 할 때 곧바로 가격으로 산정되어 자본이 되고 있다. 이렇게 화폐와 등가성을 가진 사례들이 과거와 비교할 수 없이 많이 늘어나고 있는 상황에 비추어 보면, 궁극적으로 정보 자체가 바로 자본과 등가성을 가지는 시대가 도래하는 것은 자연스럽다.

현재 인공지능에 대해 매우 긍정적인 견해와 부정적인 견해, 염려가 공존한다. 필자는 우리가 인공지능에 대해서 완벽함을 기대할 필요가 없음을 지적하고자 한다. 예를 들자면 자율 주행의 경우 인공지능이 사람보다 훨씬 더 운전을 잘하면 되는 것이다. 물론 자율 주행 자동차들이 사고를 일으키기는 하지만 사람 역시 실수투성이다. 사람보다 훨씬 잘하면 유용하다. 로봇 의사 역시 인간 의사보다 판단력이 더 좋다면 인간 의사의 능력과 결합해 쓰임새가 있다. 인공지능 (주식) 트레이더의 경우에도 주식 투자로 손해를 볼 확률보다 이익을 얻을 확률을 더 높여 주면 되는 것이다.

기계와 인간 간의 관계 측면에서 현재 상황은 인간이 기계와의 혁신 경쟁에서 패한 상황이라고도 할 수 있다. 디지털 기술은 빠르게 발전해 가는 반면 인간의 생물학적인 변화는 매우 더디다. 당분간은 인간 노동의 새로운 용도를 찾아내는 속도보다 노동을 절약하는 방법을 더 빠른 속도로 찾아내고 있는 상황이라서 구조적으로 실업이 발생할 수밖에 없다.[101]

이런 상황에서 알파고가 인공지능에 관한 관심을 촉발하고 붐을 일으키자 기술적 특이점(technological singularity)[102]과 강한 인공지능(strong AI), 즉 사람을 완전히 대체하는 인공지능에 관한 이야기[103]들이 나오고 심지어 어떤 이들은 그것이 10년 이내에 이루어질 것이라고 전망하기도 한다.

　필자는 컴퓨터가 인간을 거의 대체하는 시대의 도래에는 시간이 꽤 걸릴 것이라고 예상한다. 그런 면에서 과장된 주장들은 좀 자제해야 하지 않을까 하는 생각이다. 산업계와 학계의 역사로부터 배운 바에 따르면, 업계에서 너무 때 이른 비즈니스는 본인의 겨울을 부르지만, 너무 때 이른 기술적 예측은 업계 전체의 겨울을 부르게 된다.

인공지능을 바라보는 인간의 시선
―위협인가 선물인가[104]

최인철 / 심리학과

인공지능이 우리 사회에 가져올 변화를 정확하게 예측하기는 쉽지 않다. 기술의 발전 속도를 가늠하기 어려운 점도 있지만, 인공지능으로 인한 변화의 종류, 속도, 그리고 범위가 매우 광범위하기 때문이다. 낙관론과 비관론이 공존하고 있음에도 불구하고, 대중 매체나 영화 그리고 소설에서 그려 내는 미래의 모습은 긍정적이지 않다. 특히 인공지능이 인간의 직업과 역할을 대체할 것이라는 불안과 그로 인해 겪게 될 인간의 소외 현상이 부정적 전망을 강화시키고 있다. 그 반면에 인공지능 전문가들은 가까운 시일 내에 인공지능이 인류에게 심각한 위협이 될 가능성은 거의 없다고 주장한다. 특히 자기의식을 갖추고 장기적인 목표를 추구하는 기계가 가까운 미래에 개발될 가능성은 거의 없기 때문에, 인공지능에 의한 인간 지배는 기우에 불과하다고 주장한다. 더 나아가 인공지능에 대한 불필요한 불안과 공포로 인해 인공지능 개발이 지연될 가능성에 대해 우려까지 표하기도 한다. 그러나 전문가들의 낙관적인 전망에도 불구하고 대중이 인공지능에 대해 갖고 있는 불안과 공포를 무시할 수는 없다. 이 글에서는 인공지능에 대한 사람들의 불안의 심리적 원천이 무엇인지를 살펴보고자 한다. 또한 인공지능이 대체할 수 있는 직업과 역할에 대한 일반인들의 인식을 규명해 보고자 한다. 이 작업은 인공지능에 대한 대중의 인식을 확인하는 차원을 넘어서서, 향후 인공지능에 대한 사회적 합의 과정을 예측하는 데 도움이 될 것이다.

인공지능의 기술적 안정성과 심리적 수용성

우리는 어떤 기술이든지 기술적 안정성뿐 아니라 사회적 수용성이 중요함을 역사를 통하여 잘 알고 있다. 원자력의 기술적 안정성과 사회적 수용성의 충돌이 그 좋은 예이다. 기술적 안정성이 아무리 뛰어나더라도 기술에 대한 대중의 신뢰도가 낮고 사회적 수용성이 충분치 않으면, 그 기술이 사회에 도입될 가능성은 적어진다. 인공지능도 마찬가지이다. 인공지능 분야의 기술적 발전으로 인해 가까운 시일 내에 삶의 여러 영역에 인공지능에 기반을 둔 제품들과 서비스들이 등장할 것이라는 점은 자명하다. 그러나 그런 제품들과 서비스들에 대한 대중의 신뢰와 사회적 합의가 결여되면, 아무리 뛰어난 제품이라 해도 수용성은 떨어질 수밖에 없다.

2016년 6월에 발생한 자율 주행 자동차로 인한 첫 사망 사고가 좋은 예이다. 단 한 건의 사고임에도 불구하고 자율 주행 자동차에 대한 심리적 불안은 증폭될 수밖에 없었다. 인간 운전자보다 사고율이 낮으면 된다는 기준만으로는 대중을 설득하기가 쉽지 않을 것이다. 마치 모든 운송 수단 중 비행기가 가장 안전한 편이라는 기술적 분석에도 불구하고 사람들이 비행기의 안전성에 대해 불안해하는 것과 마찬가지이다. 따라서 기술적 안정성을 최대한 확보하는 것과 동시에 인공지능에 대한 사람들의 불안을 해소하는 것이 중요하다고 할 수 있다.

인공지능에 대한 심리적 수용성이 안전성에 의해서만 영향을 받는 것은 아니다. 인공지능으로 인한 일자리 감소에 대한 우려도 매우 중요하다. 전문가들은 인공지능으로 인해 새로운 직업이 생겨날 가능성이 있을 뿐 아니라, 제품과 서비스의 가격이 하락하여 결과적으로는 모두에게 이득이 될 수 있을 것이라고 주장하기도 한다. 그러나 구체적으로 어떤 직업들이 생겨날 것인지에 대한 예측의 어려움과 일이 갖고 있는 보다 근본적인 심리적·철학적 의미를 고려할 때, 인공지능의 경제적 혜택만으로 일자리 감소에 대한 우려를 불식시킬 수는 없다. 특히 인공지능으로 인해 일자리 감소의 피해를 당할 가능성이 좀 더 큰 사람들에 대한 적절한 보상 및 지원 체계가 마련되지 않은 상태에서 인공지능이 대체할 수 있는 직업과 역할에 대한 사회적 합의 도출은 매우 어려우리라고 예상할 수 있다. 따라서 인공지능에 대한 사회적 논의 과정에서는 기술적, 법적, 윤리적, 경제적 논의뿐 아니라 심리학적 논의가 필요하다고 할 수 있다.

인공지능 위협의 심리적 실체: 직관 대 논리

하슬람(Haslam, 2006, 2012)에 따르면 사람들은 인간과 기계를 구분하는 가장 큰 특징 중 하나로 창의성과 직관을 꼽는다. 기계가 흉내낼 수 없는 인간만의 고유한 특성이 창의성과 직관이라는 것이다. 따라서 만일 기계가 창의성과 직관의 영역에서 인간을 이긴다면, 이는 사람들에게 큰 심리적 위협으로 인식될 것이라고 예상할 수 있다. 인간이 왜 인공지능으로부터 위협을 느끼고 있는지에 대한 '불쾌한 골짜기(the uncanny valley)' 이론으로부터도 동일한 힌트를 얻을 수 있다.(Masahiro,

2012) 로봇 과학자 모리 마사히로는 로봇이 사람의 모습과 흡사해질수록 호감도가 증가하다가 특정 수준에 다다르면 오히려 강한 거부감으로 바뀐다고 주장했다. 인간이 아닌 기계가 인간적인 특징의 보루라고 할 수 있는 직관과 창의적인 영역에서 인간과 유사하거나 이를 뛰어넘는 역량을 보인다면, 사람들은 불안을 경험할 수밖에 없다.

　이를 확인해 보기 위해 우선, 2016년 3월 9일부터 15일까지 진행된 이세돌 9단과 알파고의 대국 뉴스 기사에 달린 댓글들을 분석해 보았다. 대부분의 댓글들에는 (1) 누가 이길 것으로 예상하는가, (2) 바둑을 창의성이 중시되는 직관의 게임이라고 생각하는가 아니면 경우의 수를 빠르게 계산해 내는 논리의 게임이라 생각하는가, (3) 인공지능이 인류에게 위협이 될 것 같은가에 대한 생각들이 담겨 있었다. 분석 결과 인간의 창의력과 직관이 바둑의 핵심이라고 생각하는 사람들은 이세돌 9단이 대국에서 이길 것으로 예측했고, 인공지능이 이긴다면 그것은 인류에게 큰 위협이 될 것이라고 생각하는 경향이 있었다. 그 반면에 바둑을 경우의 수를 빠르게 계산하는 논리의 게임이라고 생각하는 사람들은 인공지능 알파고의 승리를 예측하고 있었고, 인공지능이 이긴다고 해도 인류에게 큰 위협은 없을 것이라고 예측하는 경향이 있었다. 실제로 이세돌 9단 자신도 자신의 패배에 대한 충격을 감추지 못했는데, 그 이유는 그가 "바둑에선 순간적인 직관력이 가장 중요한데, [이번 대국은] 기계가 직관에서 사람을 이긴 케이스"라고 생각했기 때문이다.

　이를 좀 더 체계적으로 알아보기 위하여 일련의 조사들을 수행했다.

　첫 번째 연구에서는 창의성/직관이 중요시되는 직업(작곡가, 소설 작가), 논리/계산이 중요시되는 직업(주식 분석가, 전략 컨설턴트), 그리고 기타 직업(요트 경주 캡틴, 헤드헌터) 등 총 17개의 직업에 대하여 응답자들로 하여금 다음 세 개의 질문에 답하도록 했다. 응답은 7점 척도상에서

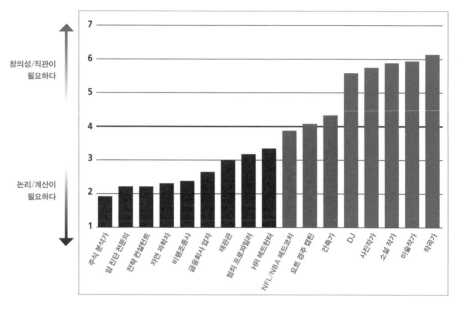

〈그림 1〉

이루어졌고. 응답자는 인터넷 기반의 전문 조사 메커니즘 엠터크(Mturk)을 이용하여 모집된 60명이었다. 질문지는 이 직업에 창의성/직관이 얼마나 필요한지, 이 직업에서 인간이 우세할지 인공지능이 우세할지, 만약 이 직업에서 인공지능이 우세하다고 하면 그것이 인류에 대한 위협이 될 것인지에 관한 것이었다. 분석 결과, 예상한 대로 사람들은 논리/계산과 관련된 직업보다 창의성/직관과 관계가 있는 직업일수록 인간이 인공지능보다 우위에 있을 것으로 예상했다. 더 중요한 점은 주식 분석가처럼 논리/계산과 관계가 있는 직업보다 음악 작곡가처럼 창의성/직관과 관련된 직업 분야에서 인공지능이 사람보다 나은 성과를 보일 때, 사람들은 인공지능을 위협으로 인식했다는 것이다.(〈그림 1〉)

앞선 연구가 인과 관계를 확정짓기 힘든 상관 연구였기 때문에 인과 관계를 더 체계적으로 확인해 보기 위해 추가 연구를 수행했다. 즉 같

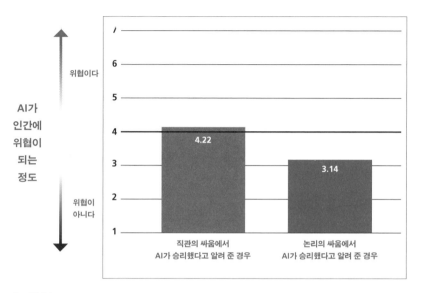

〈그림 2〉

은 직업이라도 그 직업을 '창의성/직관이 중요한 일'로 프레임하는 것과, '논리/계산이 중요한 일'로 프레임하는 것이 인공지능과 인간에 대한 승패 예측과 인공지능에 대한 위협 지각에 다른 영향을 미치는지를 실험적으로 규명하고자 했다.

이를 위해 가상의 수학 콘테스트 시나리오를 참가자들에게 제시했다. Gilium's Problem Contest라는 수학 난제를 푸는 대회라고 소개한 후에, '창의성/직관' 조건에서는 '이 수학 난제 대회에서 우승하기 위해서는 주관적인 경험에 따른 창의적인 답안 도출이 중요하다.'라는 점을 강조했고, '논리/계산' 조건에서는 '이 수학 난제 대회에서 우승하기 위해서는 과거 난제들을 모아 놓은 데이터베이스에 근거한 정확한 계산과 논리적인 사고가 중요하다.'라고 강조했다. 각 조건당 30명씩 총 60명의 엠터크 참여자들이 참여했다. 이들에게 "인공지능 수학자가 이길 것 같은가? 인간 수학자가 이길 것 같은가?"라는 질문에 7점 척도로 응답하게 했다.(1 = 인공지능 수학자가 이길 것이다. 7 = 인간 수학자가 이길 것이다.)

동일한 수학 난제라도 그것이 창의성/직관을 요하는 일이라고 프레임되었을 때가 논리/계산이 중요하다고 프레임되었을 때보다 인간 수학자의 승리 가능성을 높게 예측하게 하는 것으로 나타났다.

추가로 60명을 더 모집하여, 창의성/직관 조건에서는 유명한 수학자 조지 위튼(George Witten)이 수학 난제 대회에서 우승한 인공지능에 대해 "UniMath가 창의적으로 문제를 풀어내는 것에 깜짝 놀랐다. UniMath는 완벽한 직관과 창의성을 가지고 있는 것 같다."라고 평가한 시나리오를 제공했고, 논리/계산 조건에서는 "UniMath가 정확하고 빠르게 문제를 풀어내는 것에 깜짝 놀랐다. UniMath는 완벽한 논리와 계산을 해내고 있다."라고 평가하는 시나리오를 제공했다. 그런 후에 참가자들로 하여금 시나리오를 읽고 "인공지능을 개발하는 것이 인류에 위협이 될 것 같은가?"에 대하여 7점 척도로 응답하게 했다.(1 = 전혀 위협이 되지 않는다. 7 = 매우 큰 위협이 된다.)

분석 결과, 〈그림 2〉에서 확인할 수 있듯 직관/창의성의 싸움에서 인공지능이 승리했다고 프레임한 조건 쪽이 논리/계산의 싸움에서 인공지능이 승리했다고 프레임한 조건보다 인공지능에 대한 위협을 더 느끼게 하는 것으로 나타났다.

인공지능은 누구를 그리고 어떤 직업을 대체할 수 있을까?

사회적 합의 없이 기술적 고려만으로 특정 직업이나 역할을 인공지능이 대체하기는 어려울 것이다. 그렇다면 어떤 직업과 역할이 인공지능에 의해 대체되어도 무방하다고 생각할까? 그 반면에 어떤 직업과 역할을 반드시 인간이 수행해야 한다고 생각할까?

　　동일한 방식을 통해 모인 총 140명의 참가자들에게 주변 사람들이 '인공지능이었으면 좋겠다고 생각하는 정도'에 대해 0(사람이었으면 좋겠다.)에서 100(인공지능이었으면 좋겠다.)의 척도로 응답하도록 했다. 주관적 안녕감(SWB)과 같은 행복 척도를 개인차 변인으로 추가했다.

　　분석 결과, 사람들은 자신과 가까운 가족이나 친구, 애인은 인공지능이 아닌 사람이었으면 좋겠다고 응답했지만, 상사나 부하 직원, 동료, 거래처 손님 및 회사 대표 등에 대해서는 인공지능이든 인간이든 상관없다고 응답했다. 흥미롭게도, 평소에 부정적 감정을 많이 경험하는 사람들(즉 행복감이 낮은 사람들)일수록, 주변 사람들이 인공지능이어도 상관없다는 반응을 보였다. 이는 인공지능 개발과 확산을 둘러싼 의사 결정에서 의사 결정자의 심리적 특징들이 중요하게 작동할 수 있음을 시사한다.

　　다양한 직업과 역할에 대해서도 동일한 질문을 던졌다. 분석 결과, 대통령, 작곡가, 정신과 의사 등 상대적으로 전문 지식이 필요하거나 창의성 및 직관과 같은 인간의 핵심 역량이 중요시되는 사람들에 대해서는 인공지능보다는 사람이었으면 좋겠다고 응답한 비율이 높았다. 그 반면에 군인이나 출납원, 택배 기사처럼 감정적 교류가 상대적으로 덜 중시되거나 단순노동에 관련된 직업 또는 사람들에 대해서는 인공지능으로 대체되었으면 좋겠다고 응답하는 유의미한 방향성을 찾을 수 있었다.

　　이 결과는 비교적 전문성이 떨어지고, 인간과의 친밀한 감정 교류가 약하고, 위험이 뒤따르는 직업과 역할일수록 인공지능으로 대체되는 것에 대한 심리적 저항이 약할 것이라는 점을 시사한다. 반대로 친밀한 교류와 고도의 전문성이 동시에 요구되는 직업들이 인공지능으로 대체되는 것에 대해서는 강한 저항이 있을 것으로 예측해 볼 수 있다. 인공지능으로 대체했으면 좋겠다고 생각하는 직업에 택배 기사, 택시 및 버스 운전기사가 포함된 점은 매우 흥미롭다. 인공지능으로 인해 가장 광범위하게 그리고 가장 빨리 변화를 입을 영역으로 대중교통과 운송 분야가 꼽히는 것과 맥을 같이하기 때문이다. 드론에 의한 배송 시스템과 자율 자동차 분야가 기술적 안정성과 함께 심리적 수용성의 문제를 동시에 해결하기 쉬운 영역 중 하나임을 시사하는 결과라고 할 수 있다.

직업과 역할에 추가하여, 인간의 일상적 활동들에 대해서도 '인공지능이 대신해 주기를 원하는 정도'를 측정했다.(0＝내가 직접하고 싶다./100＝인공지능이 대신해 주었으면 좋겠다.)

그 결과 데이트나 영화 보기처럼 자신에게 직접적인 재미와 행복을 주는 일에 대해서는 인공지능이 아닌 자기가 직접 했으면 좋겠다고 응답한 반면, 집안일 하기나 출퇴근하기같이 지루하고 일상적인 일들에 대해서는 인공지능이 대신해 주었으면 좋겠다고 응답했다. 인공지능에 기반을 둔 로봇 청소기가 인기를 끄는 이유를 쉽게 이해할 수 있는 결과이다. 주식 관리나 자산 관리도 인공지능이 대체했으면 하는 분야로 인식되고 있는 점이 흥미롭다.

인공지능이 우리 사회에 던지는 도전들에는 비단 기술적인 것만이 아니라 경제적, 정치적, 법적, 윤리적 도전들도 포함되어 있다. 이 글에서는 그에 추가하여 심리적 도전들을 강조했다. 인공지능에 대한 심리적 수용성의 문제는 다른 어떤 기술에서보다 중요하게 작동할 것이다. 왜냐하면 그동안 인간만의 고유한 영역이라고 여겨졌던 직관과 창의성의 영역에 인공지능이 도전한다고 사람들이 생각하기 때문이다. 또한 인공지능이 다양한 직업과 역할을 대체할 가능성이 단순히 일자리의 문제를 넘어서서 일이 인간에 대해 가지는 근본적인 의미를 위협하기 때문이다. 따라서 인공지능이 제공할 수 있는 다양한 혜택을 부작용 없이 충분히 누리려면 기술적 안정성과 함께 심리적 수용성의 문제를 심도 있게 고민해야 할 것이다.

앞에서 살펴본 조사 결과는 인공지능이 우리 사회에 연착륙하기 위해서는 인공지능에 대한 심리적 불안과 저항이 약한 분야부터 개발괴 확산을 시도하는 것이 중요하다는 점을 시사한다. 또한 인공지능으로 인한 일자리 감소의 문제가 특정 직업과 역할들에서 심각하게 발생할 수 있음도 시사한다. 따라서 이런 분야들에 대한 법적, 윤리적 가이드라인들이 시급하다고 할 수 있다.

인공지능, 어떻게 생각할 것인가?
─초보적인 철학적 성찰

이석재 / 철학과

싫든 좋든 인공지능의 시대는 다가오고 있다. 미래가 불가피할 때 어떤 태도를 지녀야 할까? 또 급박한 변화의 시대에 어떻게 대처할 것인가? 이 질문들을 길잡이로 인공지능과 미래에 대한 철학적 성찰을 초보적인 형태로 시작해 보자.

인공지능을 생각한다는 일

인공지능을 어떻게 생각할 것인가? 이 질문은 미래 인공지능이 어떤 형태로 발전할 것인지와 연관이 있다. 그리고 미래 인공지능이 어떤 모습을 띨지의 문제는 인공지능을 어떻게 규정할 것이냐, 곧 인공지능의 정의 문제와 직결된다. 인공지능이 무엇인지에 따라 인공지능 시대의 의미도 규정되기 때문이다.

이러한 이유로 먼저 인공지능의 정의와 관련지어 '인공지능체'[105]

에 관한 논의를 진행하고자 한다. 이른바 인공지능의 형이상학이다. 인공지능체 중에는 우리에게 이미 친숙한, 제한된 능력을 탁월하게 수행하는, 예컨대 알파고와 같은 물체들이 있다. 그러나 기술의 발전 여하에 따라 새롭게 등장할지도 모를, 보다 강력한 주체성을 발휘하는 대상, 혹은 인간과 구별이 안 될 만큼 다양한 분야에서 뛰어난 지능을 발휘하는 인공지능 주체도 가정해 볼 수 있다. 이 두 종류의 인공지능체 모두 글에서 논의될 것이다.

　　물론 후자와 같은 인공지능체의 가능성 자체가 논란거리이다. 현재의 기술력은 아직 이러한 인공지능체를 구현하지 못하고 있다. 또한 미래의 기술이 이러한 인공지능체를 구현할지 미지수이다. 가능성 자체가 확보되지 않아 불필요한 논의이며 지나치게 앞서 나간다는 비판도 제기될 수 있다. 인류를 뛰어넘는 인공지능체의 출현에 대한 걱정이 기우이기를 필자 역시 바란다. 또한 이러한 인공지능체들의 출현이 가져올 새로운 고민 말고도 해결해야 할 기존의 문제가 이미 충분하다. 그러나 이러한 인공지능체들의 출현이 불가능하다는 사실이 입증되지 않은 이상, 이들의 출현이 인간 사회에 던질 파장을 고려한다면 논의 자체를 억누를 필요는 없다.

　　이때 핵심 사안 가운데 하나는 인공지능 주체가 과연 인간처럼 도덕적 주체의 자격을 가질 것이냐의 문제이다. 우리는 다양한 인간관계를 맺고 별 생각 없이 다른 인간을 도덕적 주체로 여긴다. 도대체 어떤 능력과 특성을 지니기에 우리는 타인을 도덕적 주체로 존중하고 이들을 도덕적으로 대하는가? 만약 고등 인공지능체들이 이러한 능력과 특성을 보이게 되면 이들 역시 도덕적으로 대우해야 하는가? 물론 이러한 질문들은 인공지능에 관한 논의에 국한되어 있다고 보기 어렵다. 오히려 윤리의 근거 자체에 관한 논의에 가깝다. 그럼에도 윤리적 대상의 확장 가능성과 관련하여 이러한 질문들을 간략하게나마 살피고자 한다.

글의 후반부에서는 인공지능 시대가 제기하게 될 구체적인 윤리적 문제들도 간략하게 다루어 보려고 한다. 곧 '인공지능의 윤리학'이다. 인간과 같은 인격적 주체는 아니더라도, 그래서 인간과 같은 인격적 대우를 받아야 할 주체들이 아니더라도, 다양한 분야에서 인공지능체들이 대거 등장할 때 어떤 사회적인 그리고 윤리적인 문제들이 등장할 것인가? 예를 들자면 인공지능체들이 인간 노동을 대규모로 대체하는 상황이 오면 특별히 고려해야 할 사항은 있는가? 인공지능의 급격한 발전이 인간에게 미치는 윤리적인, 사회 정치적인 영향들에는 어떤 것들이 있으며 이 문제들에 어떻게 접근해야 하는가? 답을 찾기에 앞서 질문들을 명확히 하고자 한다.

마지막으로 다룰 사안은 도덕적, 인격적 대우를 요청하는 인공지능체들의 출현이 예전과는 다른 새로운 윤리적 문제들을 제기하느냐이다. 예를 들어 배우자 대신 말년에 자신을 잘 돌본 고등 인공지능체가 있다고 하자. 이 인공지능체의 지속적인 '생존'을 위해 유산을 상속하겠다는 사람이 있다면, 그 뜻을 존중해야 할 것인가? 인공지능의 미래 윤리학은 이러한 질문들을 제기한다.

인공지능의 형이상학

그럼 인공지능이 과연 무엇인지에 관한 논의부터 시작해 보도록 하자. 예상하다시피 인공지능에 대한 논의만큼이나 그 정의도 다양하다. 모두 다룰 수는 없기에 그 나름대로 포괄적인 정의를 제공하고 있는 닐슨을 대표로 살펴보자.

"인공지능은 기계들이 지능을 가지게끔 하는 데 들이는 활동이며, 지능은 특정 개체가 자신의 환경에서 미래를 내다보며 적절하게 기능할 수 있도록 하는 특성이다."[106]

　이 정의에서 핵심은 '인공'보다는 '지능'에 있다. 그리고 지능의 핵심적 특색으로 닐슨은 '미래를 내다보며 적절하게 기능하는 특성' 곧 특정 능력에 주목한다. 인간 같은 생명체가 이러한 능력을 가지는 것이 자연스러운 반면, 기계에는 그것이 자연스럽지 않은 능력이며 특별한 노력, 곧 인공적인 노력을 기울여야 기계가 그러한 능력을 가지게 된다는 생각이다.

　그렇다면 미래를 내다보며 환경에서 적절하게 기능한다는 것은 어떤 능력을 의미할까? 간단해 보이는 질문이지만 대답은 수월치 않다. 복잡한 문제들이 숨어 있다. 먼저, 미래를 내다보며 적절하게 기능하는 것의 예에는 어떤 것이 있을까? 알파고의 경우를 보자. 많은 이들이 알파고는 이 정의를 만족시킨다고 생각할 것이다. 바둑의 승리라는 목적을 향하여 이세돌과 같은 적수를 완파하여 너무나 탁월하게 그 목표를 달성했기 때문이다. 그렇다면 다른 경우를 생각해 보자. 훨씬 단순한 목표를 위해 적절하게 기능하는 계산기 같은 경우는 어떠한가? 네 자리 숫자 10개를 더하는 전자계산기 역시 덧셈이라는 목표를 향하여 인공지능을 발휘하는가?

　많은 사람들은 전자계산기는 인공지능을 발휘하지 않는다고 답할 것이다. 그러나 이러한 대답이 설득력 있는지는 따져 보아야 한다. 먼저, 전자계산기는 10개의 숫자의 합이라는 결과를 내다보고 있지 않다고 생각할 수 있다. 그러면 과연 알파고는 바둑의 승리라는 결과를 내다보고 있는가? 이때 '미래를 내다본다'라는 말의 의미가 중요하다. 설계되어 예정된 결과를 정확하게 야기한다는 의미로 사용한다면, 알파고와 전자계산기 간에 차이가 없다. 달리 말해, 예정된 결과를 정확하게 불러일으키는 능력 자체를 미래를 내다보고 이를 이루려는 능력으로 이해한다면 알파고나 전자계산기는 둘 다 미래를 내다보는 인공지능체이다. 물론 알파고가 훨씬 복잡한 미래를 내다보지만, 이것은 정도의 차이일 뿐 본질적인 차이를 의미하지 않는다.

예정된 결과라는 말을 애매하게 사용하고 있다는 반론도 가능하다. 계산기의 결과는 그야말로 예정되어 있다면, 알파고의 결과는 동일한 의미로 예정되어 있는 것 같지 않기 때문이다. 계산기는 틀린 결과를 내지 않는 반면, 알파고는 이길 수도 있고 질 수도 있기 때문에 둘은 차이가 나는 것 같다. 그리고 승패라는 상이한 결과를 만들어 내는 과정에서 알파고는 계산기와는 다른 '지능'을 발휘한다고 생각할 수도 있지 않을까? 이러한 구별이 의미를 갖기 위해서는 상이한 결과를 만들어 내는 능력과 미래를 내다보는 능력 간에 어떤 긴밀성이 있는지 보다 분명하게 밝혀야 한다. 미래를 내다보는 능력은 상식적으로 예정된 결과를 만들어 내는 능력이라고 이해되는데, 이러한 능력이 결정되어 있지 않은, 다양한 결과들을 야기하는 능력과 잘 부합하지 않기 때문이다.

미래를 내다보는 능력을 보다 특별하게 여길 수도 있다. 우리 인간들이 미래를 내다보는 경우를 생각해 보자. 일단 우리는 미래의 사태를 머릿속으로 떠올린다. 즐거운 일을 떠올리면 설레는 기분과 함께 그 경험을 했을 때 어떠할 것이라는 흐뭇한 느낌을 가지게 된다. 그 반면에, 하기 싫은 일을 앞두고는 그 일이 자꾸 꺼려지고 마음이 괴롭다. 말하자면 우리는 사태를 떠올리며 다양한 주관적 체험을 한다. 그렇다면 계산기가 연산을 하기 전에 이러한 주관적 체험을 할까? 계산을 귀찮게 여길까? 대다수는 그렇지 않다고 생각할 것이다. 이러한 주관적 체험들을 전자계산기는 결여하고 있다. 알파고는 어떨까? 이겼을 때 기쁘고 졌을 땐 좌절할까? 이세돌과의 일전을 생각하며 설렐까? 알 수 없는 일이지만, 많은 이들은 알파고가 이러한 주관적인 느낌까지 체험하지 않는다고 생각할 것이다.

그런데 지금 주목하고 있는 주관적, 체험적 요소가 미래를 내다보는 능력에 필수적이라 생각할 수도 있다. 주관적이고 체험적인 요소 없이는 지능 활동에 고유한 의식적인 현상이라 할 수 없고, 의식 현상을 동반하지 않으면 지능을 가졌다고 하기 힘들다는 생각이다. 이러한 입장에서 보면 전자계산기와 알파고는 동일한 선상에 있다. 둘 모두 미래를 내다보는 능력을 결여하고 있고, 따라서 아직 '지능'을 실현하고 있지 못하다. 둘 모두 주관적인 체험의 요소, 곧 미래를 내다볼 때 함께 등장해야 하는 의식적 요소를 결여하기에 우리 인간이 가지고 있는 지능과 구별될 수밖에 없다.

　물론 지능에 대한 이러한 보다 제한적이고 실현하기 힘든 기준을 견지할 것이냐에 대해서 철학자 간에 이견이 있다. 또한 이러한 주관적, 의식적 능력이 기계에서 실현될 수 있을지에 대해서도 이견이 있다. 그러나 이러한 논의가 암시하는 바는 분명하다. 앞서 살펴보았듯이, 계산기와 알파고를 구별하여 전자는 인공지능을 가지지 못하고 후자는 가지고 있다는 입장을 견지하기 쉽지 않다. 어떤 점에서 본질적인 차이가 나는지 설명하기 쉽지 않기 때문이다. 그럼에도 불구하고 이 둘은 마땅히 구별해야 하는 것이 아닌가라는 직관 역시 강하다. 이 두 사실의 충돌이 인공지능의 형이상학을 고민하고 있는 우리를 불편하게 한다.

　철학자들은 '만약'으로 시작하는 가상의 상황을 좋아한다. 가상 상황을 따져 보는 것이 현실 이해를 보다 분명하게 해 주기 때문이다. 만약 미래에 알파고보다 더 복잡하고 우수한 기계에서 이러한 주관적인 체험, 의식적인 능력이 실현된다면 이 기계를 우리는 어떻게 여겨야 할까? 이왕 가정하는 김에 더 해 보자. 알파고와 같은 인공지능체가 보다 많은 능력을 갖게 되어 바둑을 잘 둘 뿐 아니라 일기 예보 능력 그리고 일상적으로 사람과 소통하는 능력 역시 아주 탁월해졌다고 하자. 다양한 분야에서 뛰어난 역량을 발휘하고 있는 이 인공지능체가 우리에게 너무 유용하여 그 개발자들이 스스로 움직일 수 있는 몸체에 탑재했다고 생각해 보자. '알파옴니'[107]라 명명된 이 인공지능체는 다양한 형태의 작업을 탁월하게 수행할 수 있을 뿐 아니라 우리 인간과 같이 주관적인 체험 역시 할 수 있어 기대, 실망, 호불호 등의 감정을 느낀다. 어느 날 알파옴니가 대국을 앞두고 더 이상 바둑을 두고 싶지 않다고 말한다고 하자. 앞으로 일기 예보에만 집중하고 싶다는 것이다. 알파옴니의 개발자와 소유자들이 계속해서 바둑을 시킨다면 이는 알파옴니를 학대하는 일일까?

알파옴니에 대한 상상은 우리가 인공지능의 주체 역시 윤리적으로 대해야 할 가능성이 있음을 시사한다. 앞에서 계산기와 알파고를 정당하게 구별하기 쉽지 않다는 점을 살폈다. 알파옴니에 대한 상상은 윤리적인 대상이라는 측면에서 인간과 알파옴니를 구별하기 쉽지 않다는 점을 시사한다. 이러한 지적을 계기로 인공지능의 윤리학에 대한 논의로 넘어가자.

인공지능의 윤리학

인공지능체들과 함께 살게 된다고 할 때, 어떤 윤리적·사회적 함축들이 있을까? 예상할 수 있다시피, 인공지능의 발전은 기존의 산업 형태와 직업 판도를 바꾸어 놓을 가능성이 크다. 또한 이러한 변화와 발맞추어 인공지능 기술을 소유한 개인과 집단에게 막대한 경제적 이익이 돌아가는 반면, 직업을 잃거나 경제적 타격을 입을 개인과 집단이 생길 가능성도 크다.[108]

사회 내의 경제적 불평등 문제는 새삼스러운 것이 아니며 인공지능의 등장과 상관없이 우리 사회가 해결해 나가야 한다. 그럼에도 불구하고 인공지능의 발전이 가져오게 될 급속한 변화는 이러한 불평등의 문제를 짧은 기간에 크게 확대시킴으로써 우리 사회 전반에 특별한 악

영향을 끼칠 수 있다. 급속도로 등장할 노동 기회의 상실과 심화될 불평 등에 대한 대책을 지금부터 논의하는 현명함의 필요성에 대해서는 모두 공감할 것이다.

　이때 부딪치는 어려움은 구체적으로 어떤 직종들이 가장 타격을 받을 것인지, 그리고 등장하게 될 경제적 불평등이 어느 정도일지 예측 하기 어렵다는 점이다. 미래 세대의 교육 측면에서도 이러한 어려움은 적지 않은 함축을 가진다. 국제 경쟁력을 유지하기 위해 집중적으로 육 성해야 할 분야가 무엇일지, 차차 그 규모를 축소하고 지원을 줄여 나가 야 하는 분야는 무엇일지에 대한 논의가 시급한 상황이나 구체적인 예 측이 힘든 실정이다.

　어떤 면에서는 구체적인 정보가 없다는 점이 유리하게 작용할 수 있다. 인공지능의 발전으로 혜택을 볼 직종이나 불이익을 감수해야 할 직종이 아직 불분명한 상황은 구체적인 수혜자나 피해자 역시 불분명 하다는 것을 의미한다. 어느 누구도 스스로가 새로운 복지 정책의 수혜 자가 될지, 증대된 조세 의무를 지게 될지 모르는 상황은 집단 이기주의 에 근거하지 않은, 객관적이며 합리적인 판단을 가능하게 할 수 있다. 상 황이 보다 구체화되기 전에 우리 사회의 구성원들이 편파적이지 않은 형태로 합의를 이끌어 낼 적기일 수 있다. 이러한 생각은 존 롤스(John Rawls)의 『정의론(*A Theory of Justice*)』을 접한 사람에게는 이미 익숙할 터 이다. 롤스가 제시한 '무지의 베일(veil of ignorance)'에 그 영감을 두고 있 기 때문이다.[109] 그것은 실질적으로 어떤 직종과 집단이 어려움을 겪게 될지 모르는 상황에서 구체적인 정책 입안이 어렵고 위험하다면, 보다 추상화된 큰 틀에서의 합의에 집중하는 것이 어떨까 하는 생각이다.

　사회·경제적으로 등장하게 될 구조적인 문제만 아니라 고도의 인 공지능을 경험하게 되면서 바뀌게 될 다양한 사회적인 관계 또한 고려 해 볼 만하다. 앞서 제시한 예이지만, 배우자 대신 말년에 자신을 잘 돌본 고등 인공지능체에게 유산을 상속하겠다는 사람이 있다고 하자. 이러한 의지를 존중해야 하는가? 허무맹랑한 상상이라 비판할지 모르지만, 인류 역사상 공동체의 범위는 늘 변화해 왔다. 외국에서 반려동물에게 유산을 남긴 사례는 이러한 사실을 방증해 준다. 우리 공동체의 일원이 갖추어야 할 자격은 무엇인지를 근본부터 다시 고민해야 할 시기가 다가오고 있다.

이러한 생각은 다음의 질문으로 자연스럽게 이어진다. 인공지능체들이 과연 우리를 윤리적인 대상으로 여길 것인가? 앞서 우리는 알파 옴니와 같은 고등 인공지능체들을 인격체, 곧 윤리적 고려의 대상으로 존중해야 할지를 따졌다. 그러나 역으로 그들이 우리 인간을 도덕적 대상으로 여길 것이냐의 물음 역시 가능하다. 이 물음도 중요하다. 윤리적 공동체는 서로를 인격체로 대하는 대칭적 관계를 이루어야 가능하기 때문이다. 내가 당신을 인격체로 여기는 만큼 당신 역시 나를 인격체로 여겨야 한다.

물론 이 대칭성이 늘 완벽하게 실현되지는 않는다. 우리는 도덕적으로 대하지만 우리를 도덕적으로 대하지 않는 사람들은 있게 마련이다. 우리는 이들을 도덕규범과 법을 통해 설득·규제·처벌하고 이를 통해 그들이 다시 대칭적 관계로 들어오도록 한다. 그런데 이러한 노력이 가능하기 위해서 적어도 두 가지 조건이 만족되어야 한다. 먼저, 절대 다수의 구성원이 대칭적 관계에 있어야 한다. 다수가 윤리의 틀 속에 있어야 일탈하는 소수를 그 품으로 끌어들일 수 있다. 둘째, 일탈한 구성원의 설득, 규제, 처벌 자체가 성공할 수 있어야 한다. 설득·규제·처벌이 먹히지 않을 경우 일탈한 구성원은 윤리 공동체로 다시 들어올 동기가 없고, 이럴 경우 공동체는 대칭성의 훼손으로 존립 자체가 위험해진다. 설득·규제나 처벌이 성공하기 위해서는 일탈한 구성원이 도덕규범의 타당성을 받아들여 스스로 잘못을 인정하거나, 우리의 처벌이 그들에게 유효해야 한다.

이러한 조건을 알파옴니와 같은 고등 인공지능체의 맥락에서 생각해 보자. 그들은 우리 규범의 타당성을 받아들일 것인가? 이 규범들이 왜 타당한지에 대한 우리의 논변을 설득력 있다고 받아들일 것인가? 우리가 창조한 인공지능체라고 해서 우리의 논변을 받아들일 것이라고 확신할 수 없다. 내 아이가 내 말을 듣지 않는 것처럼 말이다. 합리적으로 설득이 되지 않을 때 처벌이라는 비자발적 제재에 의존하게 된다. 그러나 처벌 역시 비슷한 힘을 가진 구성원들이 공동체를 이룰 때, 그래서 다수가 소수를 제재하려 할 때 가능하다. 만화책이나 신화에 등장하는 특출한 능력을 가진 구성원은 제재의 범위를 넘어설 수 있다. 문제는 고등 인공지능체의 향후 능력을 우리는 현재 가늠할 수 없다는 것이다.

분명히 되짚고 싶은 것이 있다. 이러한 우려들이 기우에 불과할 수 있다는 점이다. 고등 인공지능체가 기술적으로 가능한지조차 불분명하다. 따라서 앞서 지적한, 현실적으로 가능한 인공지능체들의 출현이 가져올 사회적, 윤리적 문제에 우선 초점을 맞추어야 한다는 지적은 설득력 있다. 그러나 동시에 여러 가능성들이 실현되지 않은 상황에서 우리가 지금부터 준비를 해야 한다는 주장 역시 나름 근거가 있다. 이런 점에서 인공지능 개발과 관련하여 국제적인 헌장과 같은 큰 틀의 합의 역시 바람직하지 않을까. 우리의 노력이 의도하지 않은 결과를 낳지 않도록 인류 보존을 위한 최소한의 합의와 틀을 마련해야 한다.

이제껏 인공지능의 미래에 대한 철학적 성찰을 걸음마 형태로 진행했다. 독자가 느꼈겠지만, 이러한 성찰의 핵심에는 인공지능보다는 우리 자신에 대한 반추가 자리하고 있다. 인간이 어떤 존재이며 어떤 특성이 우리를 윤리적 존재로 여기게끔 하는지 그리고 우리가 꾸리는 공동체의 구성원 자격은 무엇인지 등 스스로에 대한 보다 분명한 이해가 인공지능 시대를 맞이하는 우리들의 임무이다.[110]

인공지능과
미래 사회

이경민 / 의학과·협동과정 인지과학전공

인간의 물리적인 능력, 예를 들자면 근력을 여러 가지 기계들로 대체하는 기술은 눈부신 발전을 거듭해서 인간을 능가하는 수준에 도달한 지이미 오래되었지만, 이런 기계 장치들을 인간의 정체성에 대한 도전으로 보는 사람은 없다. 이와는 달리 인간의 인지 능력을 모사하고 대체하는 인공지능 혹은 기계 지능 시스템에서만 유독 인간에 대한 위협을 느끼는 이유는 무엇일까?

인공지능은 흔히 약과 강이라는 두 가지 유형으로 구별한다. 약한 인공지능이란 상징 세계의 표상들에 대한 연산 기능을 최적화한 시스템들을 말한다. 인간 능력의 여러 요소 가운데 인지 능력을 모사한 기계들이라고 할 수 있다. 그 반면에 강한 인공지능이란 상징 세계의 한계를 벗어나 실제 세계에서 독립적으로 작동하는 인공지능 시스템을 가리킨다. 약한 인공지능이 문제 풀이를 위한 도구적 지능을 확장하는 반면, 강한 인공지능은 인간이 가진 능력들 가운데 실제 생활에서 풀어야 할 문제를 발견하고 규정하는 능력까지도 포괄하는 것이라고 구별할 수 있다.

　　인공지능을 약하거나 강한 유형으로 구별하다 보면, 자칫 둘 사이에 단지 양적인 차이만 존재하는 것처럼 오해할 수 있다. 현재의 기술로는 약한 인공지능만 구현 가능하지만 멀지 않은 미래에 기술이 발전하면 강한 인공지능의 형태로 발전하고, 특히 인공지능 기술 자체가 인공지능 기술 개발을 추동해서 기술적 특이점을 통과하면 인간의 통제를 거부하는 기계 시스템이 나타나서 인간을 지배할 것이라는 비관적 전망을 하기도 한다. 하지만 약한 인공지능이 모사하려는 지능 요소와 강한 인공지능이 갖춰야 할 지능 요소들은 질적으로 다르다.

　　20세기 중반에 시작된 사이버네틱스(cybernetics)는 오늘날 인공지능 연구의 초석을 이루고 있는데, 이 단어는 '조종하다, 헤쳐 나가다, 항해하다'를 뜻하는 그리스어 키베르나오(kybernao)에 연원을 두고 있다. 그런데 통제나 조정을 통해 물리적 대상을 효과적으로 운용하는 것과 그 대상 자체를 생산하는 것은 서로 다른 문제이다. 항해 기술이 아무리 발전한다고 해도 배를 만드는 조선 기술과 구별되어야 하는 것과 마찬가지다. 인간의 연산 능력을 모사해서 아무리 발전시킨다 하더라도, 인간의 정신을 구성하는 지정의(知情意)의 요소들을 갖추고 주체적으로 삶을 영위할 줄 아는 독립적인 지능체를 만들어 내는 것과는 전혀 다른 문제다. 약한 인공지능과 강한 인공지능은 범주적으로 뚜렷이 구별된다.

인공지능의 발전을 보는 두 가지 관점

　　미래에 인공지능이 어디까지 발전할 수 있을지에 대하여 낙관론과 비관론이 엇갈린다. 인공지능이 무한히 발전할 것이라는 견해를 피력하는 사람들이 있는 반면, 필연적으로 유한할 수밖에 없다고 주장하는 사람들도 있다. 무한 발전론을 주장하는 사람들은 인공지능이 인간의 지능을 뛰어넘어 초지능(super-intelligence)으로 발전할 가능성을 이야기하고, 인공지능 자체가 다시 인공지능의 발전을 추동하는 지능 폭발(intelligence explosion)과 기술적 특이점(technological singularity)에 주목한다.

그 반면에 인공지능의 발전이 제한적일 것이라고 예견하는 사람들은 인공지능이 연산 알고리즘의 최적화 기술일 뿐이라는 점을 근본적인 한계로 강조한다. 매우 강력하고 급속도로 발전하는 기술임에는 틀림이 없지만, 실제 세계가 아닌 상징 세계에서만 작동하는 연산 시스템에 불과하기 때문에 표상(약한 유형)과 실제(강한 유형)사이의 근원적 간극을 건너뛸 수는 없으리라고 본다. 물론 실제 세계와 상징 세계가 연결되지 않는 것은 아니다. 실제 세계에서 제기되는 문제들을 상징 공간에 표상으로 전환시키고, 그 표상에 대한 계산을 통해 결과가 산출되면 실제 세계에 다시 역전환시키는 매개 과정들이 가능하다. 이러한 매개 과정을 통해 인공지능 기술이 새로운 산업 혁명을 촉발할 것으로 많은 사람들이 기대하고 있다.

그러나 실제 세계를 상징 세계로 표상하는 것은 선택 과정들이므로 필연적으로 정보의 축소가 수반된다. 따라서 상징 세계 속에서 수행되는 연산인 인공지능 기술도 필연적으로 실제 세계를 단순화할 수밖에 없다. 단순화 즉 모델화된 표상 공간에서 계산한 결과를 다시 실제의 세계로 전환할 때에는 반대로 정보의 폭증이 불가피하다. 불특정의 가능성들, 즉 우연성이 필연적으로 개입된다. 따라서 인공지능 기술이 실제 세계가 아닌 상징 세계 내에서 진행되는 혁신이라는 본질적 한계를 극복하지 못한다면, 표상화하고 연산할 수 없는 것들, 즉 인간의 삶을 구성하는 대부분의 것들에 대하여 무력할 것이다.

현재 진행 중인 인공지능의 발전이 최종적으로 어떤 모습일지는 알 수 없지만, 어느 정도 예측이 가능한 가까운 미래에 인공지능이 급격히 발전하여 우리 사회의 여러 측면에 큰 영향을 줄 것은 분명해 보인다. 그런데 인공지능이 바꾸어 놓을 미래의 사회를 상상함에 있어서 장밋빛 미래를 그리는 낙관적인 전망들과 함께 인공지능이 초래할 디스토피아에 대한 비관들도 많다. 미래 예측은 사실상 불가능하다는 점을 분명하게 전제하면서, 인공지능 디스토피아들에 대해 검토해 보기로 하자.

인공지능 디스토피아의 전망들

인공지능이 가져올 디스토피아들을 크게 세 가지로 나누어 볼 수 있다. 첫째, 인간 모사형 인공지능의 능력이 인간을 능가하게 되면, 인간을 지배하고 노예화하리라는 전망들이다. 빅 브라더 인공지능(AI the big brother)은 소설이나 영화의 주제로 빈번히 등장하며, 인공지능 디스토피아의 대표적 부류라 할 만하다. 인공지능에 의한 인간 자유의 박탈, 나아가 인류의 멸망에 이르는 광범위한 스펙트럼으로 정치적으로 암울한 미래들을 상상할 수 있다. 둘째, 인간의 노동과 경제적 가치에 대한 인공지능의 위협이다. 내 직업이, 즉 나의 경제적 가치가 언제 없어질지를 불안해하거나, 인공지능의 발달에도 불구하고 끝까지 살아남을 수 있는 직업이 무엇일까를 고민한다. 인공지능 노동자(AI the labor)가 인간 노동자와 경쟁하면서 인간 노동의 경제적 가치는 무의미한 수준으로 감소하고, 노동자인 인간은 심지어 생존이 위태로울 수도 있다. 셋째 부류는 포스트휴먼 인공지능(AI the posthuman)이 가져올 인간의 정체성 위기를 우려한다. 인간을 모사하여 개발된 인공지능이 인간을 능가하게 될 때, 스스로를 만물의 영장으로 여겨 온 인간의 자긍심은 손상될 것이 뻔하다. 휴머니즘과 인류 중심주의의 사고 틀에 기반한 사회·문화·경제적 제도들과 관습들은 큰 충격을 받을 것이고, 새로운 세계관이 정착되기까지 사회적 아노미의 위험이 상존할 것이다.

　이러한 디스토피아의 전망들은 인간을 모사, 대체, 증강하는 인공지능을 탑재한 존재가 우리 눈앞에 등장했을 때 닥칠 문제들을 제기하고 있다. 하지만 이런 문제들을 들여다보면, 인간들이 스스로와 비슷하지만 약간 다른, 즉 사이비(似而非) 존재들과 맞닥뜨렸을 때 일반적으로 보이는 불안 혹은 두려움의 심리적 기제와 다르지 않다. 스스로를 동질적이라고 믿는 인간 집단이 그 내부 혹은 외부에 존재하는 상대적으로 이질적인 인간들을 타자화하고 우려와 두려움을 느끼면서 배제하려고 하는 것과 비슷하다. 피부색, 성적 지향, 사투리, 종교가 다른 인간들에 대한 불안감과 편견들이 인공지능에 대한 상상 속에서 표현되는 여러가지 디스토피아의 근원에 깔려 있는 정서적 역동들에서 본질적으로 그리 멀리 있지 않다.

　인공지능으로부터 미래의 위협을 읽어 내는 인식의 밑바닥에 존재하는 불안과 두려움은 인공지능 그 자체에서 기인한다기보다는 현재 사람들이 경험하는 실제적인 위협들을 인공지능 기술에 투영한 결과라고 볼 수도 있다. 권위주의적이거나 전체주의적인 국가들에서 지금 실제로 자행되는 정치적 억압과 차별의 경험으로부터 인공지능이 인간을 노예화하는 상황을 상상하고, 인종 청소와 같은 반인륜적 집단 범죄의 기억들로부터 인공지능체들에 의한 인류 멸종을 떠올리는 것은 어찌 보면 자연스러운 반응일지도 모른다. 인공지능 노동자에 의한 경제적 소외는 신자유주의적 자본주의 체제하에서 인간 노동자들이 이미 항상 경험하는 경제적 양극화와 실직 위협의 미래 버전일 뿐이다. 다시 말해, 인공지능이 미래에 초래할 비관들은 현재에서 이미 경험하고 있는 문제들의 투영이거나, 인공지능과는 별개로 이미 항상 존재하는 위기의식들이 인공지능을 둘러싼 미래 담론들에 이전된 것으로 보인다.

　그 반면에 인공지능의 미래를 비관하는 세 번째 부류들은 실로 인류 전체가 지금까지 경험하지 못했던 새로운 상황에서 인간의 자기 이해에 가해지는 충격을 반영한다. 인공지능이 제기하는 철학적 문제들은 근대 이후 서양 철학에서 강고하게 유지되어 온 휴머니즘과 인류 중심주의(anthropocentricism)에 대한 도전이며, 포스트휴머니즘의 계기를 제공하고 있다.

미래를 준비하는 현재의 실천

　미래를 예측하기는 어렵다. 역사의 흐름 속에 규칙성이 존재한다고 전제하면 과거와 현재를 기반으로 인간의 미래를 추정해 볼 수 있지만, 시간의 흐름 속에서 필연성뿐 아니라 우연성도 세계를 지배한다. 게다가 미래를 미리 안다고 반드시 유용한 것도 아니다. 미래에 대한 두려움과 불안을 부추기면, 합리적으로 미래를 창조해 내는 실천을 방해한다는 점에서 오히려 해로울 수도 있다.

　두려움과 불안과 같은 부정적인 감정 상태에 처하면, 다양한 정보를 종합적으로 취합해서 합리적 판단을 이끌어 내는 뇌 영역들은 억제되어 기능이 저하되고, 반사적이고 습관적인 행동을 촉발하는 뇌 신경망이 과활성화된다. 스트레스가 심할수록 비합리적인 의사 결정을 할 가능성이 커진다는 결과들이 여러 연구들에서 보고된 바 있다. 이런 뇌과학적 실험들이 가능하기 훨씬 전에 미국의 프랭클린 루스벨트 대통령은 자신의 인생 경험들을 통해 이 점을 이미 통찰하고 있었다. 그는 대공황으로 낙심한 미국 국민들 앞에서 다음과 같이 연설했다. "우리가 두려워해야 할 것은 두려움 자체뿐이라는 제 신념을 꼭 말씀드리고 싶습니다. 막연하고, 비논리적이며, 과도한 두려움은 역경을 기회로 전환시키려 노력해야 할 우리를 마비시킵니다." "미래를 예측하는 가장 좋은 방법은 원하는 미래를 스스로 만들어 내는 것"이라는, 또 다른 미국 대통령 링컨의 명언은 그런 점에서 정곡을 찌른다.

그렇다면, 인공지능 디스토피아의 가능성을 막연하게 두려워하지 않고 지금 이 시점에서 우리가 해야 할 일은 무엇인가?

첫째, 정치적인 인공지능 디스토피아를 예방하기 위해 자유롭고 민주적인 사회 시스템을 강화하는 노력을 지금 해야 한다. 인공지능이 발달하면서 정보의 독점, 조작, 그리고 침해의 위험이 더 커지겠지만, 이를 막아 낼 수 있는 기술도 빠르게 발전시켜야 할 것이다. 인공지능 기술을 비롯한 미래의 혁신적인 기술들이 소수의 특정 집단이나 계층을 위해서만 사용되는 것을 막을 수 있게 정책과 제도를 강화해야 한다.

둘째, 경제적인 측면에서 인공지능 디스토피아를 피하기 위해 많은 상상력이 필요하다. 인간의 노동과 생존이 불가분의 관계로 묶여 있는 현재의 경제 제도들로부터 탈피하여, 돈벌이로서의 노동과는 다른 차원에서 인간 노동의 의미와 가치를 추구하도록 제도를 개선하는 것도 좋은 예가 될 것이다.[111] 인공지능의 발전이 인간의 일자리를 빼앗아 갈 것이니까 인공지능의 개발을 그만두자는 것은 물론 답이 아니고, 인공지능을 이용하는 직업들에 맞추어 노동자들을 재교육하자는 것도 근본적인 해결책으로는 미진하다. 인공지능을 비롯한 미래 기술들로 증가될 생산력을 활용하면, 인간 노동에 의존하지 않고도 인류 전체의 생존과 발전적인 자기 재생산(autopoiesis)이 가능할 정도의 충분한 재화와 서비스를 생산해 낼 수 있을 것이다. 이제 도구를 만드는 인간(Homo faber)으로서 생각하는 인간(Homo sapiens)의 지적 능력을 모사하는 인공지능을 만들고, 이를 통해 물질적 제한들로부터 해방되어 진정으로 놀이하며 삶을 즐기는 인간(Homo ludens)의 미래를 상상해 볼 수 있지 않을까? 인류 사회는 기술의 발전과 맞물려 새로운 경제 시스템을 창출하고 개선해 왔다. 이런 점에서 오늘날 심화되고 있는 경제적 양극화와 사회적 불평등을 해결하는 것이, 인공지능이 불러올지 말지 모르는 먼 미래의 경제적 디스토피아를 예측하려고 애쓰는 것보다 훨씬 현명한 미래 예측일 것이다.

셋째, 인공지능이 미래에 인간을 능가할 수 있을지에 관심을 가질 뿐 아니라, 이미 항상 우리와 함께 지구상에 존재해 온 지능 체계들과 어떤 관계를 맺어야 할지에 대해 깊이 있는 성찰이 필요하다. 오늘날의 인공지능은 주어진 문제를 잘 풀도록 훈련된 훌륭한 학생에 비유할 수 있다. 이제 이 학생이 일취월장하여 선생보다 문제를 더 잘 풀기 시작하자, 그를 가르치던 선생은 존재의 위기를 느끼기 시작했다. 하지만 우리 사회의 입시 위주 교육 현장에서 학생을 문제 풀이 기계인 듯 취급하는 것이 잘못된 것만큼이나, 문제 풀이 기계에 불과한 시스템에서 주체적인 의지력을 가진 독립적 주체를 기대하는 것도 과도한 논리적 비약일 수 있다.

이미 항상 우리 주변에는 자기 생산적인 지능 시스템들이 독립적으로 존재해 왔다. 이들 중 어떤 것들은 인간이 가진 것보다 뛰어난 문제 해결 능력을 갖춘 것들도 있다. 예를 들자면 침팬지의 시각 작업 기억 용량은 보통의 사람보다 두 배 가까이 된다.[112] 그동안 우리는 이런 지능 시스템들과 어떤 관계를 맺어 왔던가? 인간의 주체하기 힘든 탐욕의 희생물로서 이들은 이미 멸종의 위기에 처해 있다. 이런 점에서 인간들 사이에서도 지능의 윤리적인 사용에 대해 성찰이 필요하다. 과도한 경쟁 사회에서 지능을 오로지 개인적인 이익 추구에만 사용하고, 지능의 차이가 사회·경제적 차별을 심화시키는 데 일조해 온 것은 아닌지 반성이 필요하다. 현재의 약한 인공지능이 강한 인공지능의 단계로 발전하려면, 주어진 문제를 잘 풀어 낼 뿐 아니라 어떤 문제가 풀 가치가 있는 것인지, 왜 풀어야 하는지, 풀었을 때 의도하지 않은 부작용은 없을지, 그리고 그 결과에 책임을 질 수 있는지 등등 주체적인 행위자가 가져야 할 능력들도 갖추어야 한다.

이제 우리는 인간의 창조물들이 드디어 인간의 능력과 비교 대상이 되는 시대를 목전에 두고 있다. 그동안 유아독존의 세상에서 살았다면, 이제는 그 창조물들과 함께 살아가야 하는 세상으로 진입하고 있다. 그동안 스스로를 만물의 영장이라 칭하면서 인본주의 및 인류 중심주의적 사고와 행동으로 일으킨 문제들을 반성하고, 지구적 그리고 우주적 질서 속에서 영속 가능한 삶의 태도를 찾아야 할 때다. 인간과 인간의 창조물들이 인간을 창조한 세계와 그 세계를 함께 누려 온 다른 지능체들에게 선한 이웃이 될지 괴물이 될지는 오늘 우리의 선택과 실천에 달렸다고 믿는다.

로봇의 인간화, 인간의 로봇화[113]

김기현 / 철학과

인공지능은 1960∼1970년대부터 발전하여 인간의 지능을 대체하기 위해 인간 자신에 의하여 개발되었다. 그 배경에는 컴퓨터 과학의 발전이 가로놓여 있다. 문제를 푸는 능력인 지능을 컴퓨터가 대신하면서 나타난 것이 이른바 인공지능이다. 인공지능은 생산 공정의 자동화 등을 통하여 인간의 노동을 기계가 대신하게 했고, 인간의 자연적 지능을 통해 측정할 수 없는 것을 측정할 수 있게 해 주었다. 다양한 산업적 효용성에 힘입어 인공지능에 많은 인적·물적 자원이 투여되었고, 인공지능은 1980년대에 정체기가 있었지만 대체로 꾸준한 발전을 이루었다.

　인공지능의 발전에 따른 4차 산업 혁명의 도래에 어떻게 대비하여야 하는가에 대한 논의가 분분하다. 알파고가 이세돌에게 압승하며 이 논의는 더욱 탄력을 받았다. 사실 알파고의 승리는 시간문제였지 결과 자체는 놀랄 일이 아니다. 전문가들의 예상보다 빨리 나타났다는 것 이외에는 말이다. 오히려 반가워할 일이다. 우선은 인간을 유익하게 하는 지식과 기술의 발전이 빨리 진행되고 있음이 기뻐할 일이고, 둘째는 예견되었지만 피부로 느끼지 못하던 미래 사회의 도래를 극적으로 드러내 주어 우리로 하여금 대비할 기회를 준 것도 반가워할 일이다.

　세상의 대부분의 일들이 그렇듯이 큰 변화에는 빛과 그림자가 있기 마련이다. 인공지능의 발전이 우리네 삶을 여러 측면에서 편하게 만들기는 했지만, 그에 대응하는 걱정거리도 하나둘씩 나타나고 있다. 인간의 지능으로 다루던 많은 일들이 앞으로 인공지능으로 대체되면서 직업의 구조가 크게 개편될 모양이다. 내연 기관과 전기의 발전이 촉발한 1차와 2차 산업 혁명 때에도 비슷한 일이 있었고, 이후에 인류는 새로운 안정을 찾으면서 이전보다 더 풍요로운 삶을 누릴 수 있었다. 이번에도 인류는 변화를 잘 겪어 내고 결국 더 풍요로운 미래로 가리라고 믿는다. 그러나 변화의 시대에 어떻게 대처하는가에 따라 그 과정이 더 고통스러울 수도 덜 고통스러울 수도 있다. 지식 정보 시대로 이행하면서 지식을 가진 계층과 지식을 갖지 못한 계층 사이의 갈등도 앞으로 잘 다루어져야 할 숙제다.

　여기서는 인공지능과 인터넷의 발전이 인간의 삶에 어떤 변화를 가져오고 우리가 어떤 점에 대비하여야 하는가를 살펴보고자 한다. 좀 더 구체적으로는 마음의 두 측면인 지능과 감성의 영역을 구분하여 조망하면서, 인공지능의 발전이 정서와 그에 따른 공감의 영역에 어떤 영향을 미치는가를 논의하고자 한다.

마음의 신비와 인공지능

　아주 오래전에 철학자들은 마음이 가슴에, 심장에 있다고 생각했다. 과학 발전의 결과 이제 우리는 마음이 머무는 곳은 가슴이 아니라 두뇌라고 생각한다. 마음이 있는 곳에 대해 더 많은 것을 알게 되고 가슴이

건 두뇌건 마음이 있는 곳의 기계적 작동에 대해 더 많은 것을 알게 되었지만, 마음은 여전히 신비로운 것으로 여겨진다. 도대체 마음은 왜 신비로운 것으로 보였을까? 인공지능은 마음으로부터 신비의 베일을 벗기는 데 어떤 기여를 했을까?

　우리는 하나의 단어와 하나의 현상을 연결하는 경향이 있다. 그래서 정신 또는 마음의 현상은 단일한 특성을 갖고 있는 것으로 생각하기 쉽다. 그러나 자세히 들여다보면 마음에는 상이한 현상들이 동시에 깃들어 있다. 첫째로, 마음에 나타나는 현상들은 흔히 느낌을 동반한다. 자연 속의 휴양림에서 쾌적하게 잠을 자고 깨어나면서 향긋한 커피의 향을 맡는 경우를 상상해 보자. 이러한 경험의 핵심은 그에 동반하는 고유한 느낌에 있다. 고통, 기쁨 등의 심리 현상들은 일정한 느낌을 동반하며, 이러한 느낌이 이들 심리 상태들의 본성을 이룬다.[114] 느낌은 감각적인 정신 현상뿐 아니라 더 고차적인 정신 현상에도 나타난다. 환희와 슬픔, 충족감과 우울감 등도 그 나름의 고유한 느낌과 함께 나타난다. 그리고 이들은 모두 동반하는 그 느낌이 그 정신 현상의 핵심을 이룬다. 말로 표현하기 쉽지 않지만 우울함에 동반하는 특별한 느낌이 있으며, 그 느낌 때문에 바로 그 정신 현상은 우울함이 된다. 이렇게 우리의 많은 정신 현상들에서는 느낌이 매우 중요하며, 이런 느낌의 측면을 철학자들은 의식(consciousness)이라고 부른다. 물리 현상에는 없는 특성이다.

　의식 현상과 다르면서도 마음을 신비롭게 만드는 또 하나의 특성이 있다. 한국의 초대 대통령은 이승만이라는 나의 믿음을 보자. 이 믿음은 '한국의 초대 대통령은 이승만이다.'라는 내용에 내가 '믿음'이라는 관계를 맺음으로써 성립한다. 비가 오기를 바라는 나의 욕구는 '비가 온다.'라는 내용에 내가 '바람'이라는 관계를 맺음으로써 만들어진다. 이렇듯 믿음, 욕구 등의 마음 상태들은 세상을 특정한 방식으로 그려 내어 마음에 떠올리는 역할을 한다. 물리적인 자연 현상에서는 이러한 특성이 찾아지지 않는다. 일정한 내용을 그려 내는 이러한 특성을 철학자들은 지향성(intentionality), 또는 표상성(representationality)이라고 부른다.

세 번째 특성은 개별적 마음 상태에서가 아니라, 마음의 작용에서 찾을 수 있다. 우리의 마음은 외부의 자극에 대하여 기쁨과 고통 등의 반응을 일으키고, 외부의 상황을 일정한 형태로 그리는 것에 그치지 않고 주어진 조건을 고려해 현명한 판단을 내리기도 한다. 138 더하기 111은 무엇인가라는 질문에 대하여 249라는 답을 용케 내놓는다. 어제 본 어머니의 모습과 오늘 본 어머니의 모습이 동일할 수가 없는데도, 우리는 쉽게 그 두 존재의 동일성을 알아맞힌다. 그리고 야구 경기의 외야수는 타구의 방향과 속도를 근거로 어디에 공이 떨어질지를 판단한다. 이것을 우리는 마음의 똑똑함 또는 지능(intelligence)이라고 부른다. 물질의 세계에는 이러한 지능이 없다. 물질의 세계에서는 모든 현상이 주어진 조건에 대해 기계적으로 반응하여 발생할 뿐이다.

위와 같은 마음의 성질들을 액면 그대로 받아들이면서 그것들은 어떠한 물질적인 성질이나 과정으로 설명될 수 없다고 생각하면, 그 사람은 이원론자가 된다. 데카르트가 이런 생각을 한 대표적인 사람이며, 그는 세상에는 근본적으로 다른 두 종류의 것들, 즉 정신적인 것과 물리적인 것이 있다고 주장했다. 데카르트 이후에 급속도로 발전한 자연과학은 이러한 이원론적인 사고에 압박을 가하게 된다. 자연계에 대한 이해가 진전되면서, 모든 것을 자연과학, 특히 물리학으로 설명할 수 있으리라는 기대가 점점 커져 간다.[115]

컴퓨터 공학의 발전이 물리적 설명을 마음의 영역에까지 확장시키는 새로운 돌파구를 제공하게 된다. 우선 마음의 신비를 이루는 한 특성인 지능이 공격의 대상으로 포착되기에 이른 것이다. 즉 컴퓨터 공학의 발달과 더불어 사람의 마음이 하는 지능적인 작업을 컴퓨터로 대신할 수 있는 단계에 이른 것이다. 인공지능이란 바로 이러한 시도를 하는 것, 문자 그대로 인공적인 시스템(컴퓨터)을 통하여 마음이 하는 여러 가지 지능적인 일을 하게끔 하려는 것이다.

인공지능의 발전

20세기 후반에 시작된 컴퓨터 공학, 그리고 그에 따른 인공지능의 발전은 인간의 삶에 큰 변화를 불러온다. 사실 이러한 변화는 근대 이후에 인간의 쾌락의 해방에서부터 연유하는 것으로 볼 수 있다. 근세에 들어오면서 이전까지 인간을 지배하던 엄숙주의적 문화는 막을 내리고 인간의 쾌락은 해방을 맞이하게 된다. 현세의 쾌락을 추구하는 것을 더 이상 도덕적으로 나쁜 것으로 간주할 필요가 없어질 무렵 자연과학이 발전한다. 자연 세계의 탐구를 위하여 발전된 자연과학은 이제 인간의 욕구를 만족시키기 위하여 활용되기 시작하고, 이 과정이 산업의 발전으로 이어진다. 우리가 알고 있는 모든 산업 혁명은 이런 과정이 폭발적으로 발전하는 계기들을 일컫는 말이다. 증기 기관으로 대변되는 1차 산업 혁명이나, 전기의 발명으로 대표되는 2차 산업 혁명은 모두 인간의 욕구를 만족시키는 수단들이 폭발적으로 발전된 계기로 이해할 수 있는 것이다.

인공지능도 인간의 욕구를 만족시키는 데에 중요한 기여를 하기 때문에 발전할 수 있었다. 컴퓨터 공학과 인공지능의 발전은 인간의 육안으로는 측정할 수 없는 세밀한 부분까지 측정할 수 있게 했고, 제품의 생산 과정을 자동화하여 같은 시간에 더 많은 제품을 생산할 수 있게 하여 부가 가치를 높여 주었으며, 때로는 인간이 하기에는 위험한 일들을 대신할 수 있는 등 다양한 측면에서 인간에게 도움이 될 수 있었다.

인간에게 편의를 제공하고 욕구를 만족시키는 산업적 도구로 시작한 인공지능은 이제 그 적용 영역을 늘려 간다. 컴퓨터 프로그램이 점차 정교해지면서, 인간의 지적 작업을 대신하는 기계(전자계산기)가 만들어지고, 더 나아가 인간의 마음을 연구하는 심리학 이론을 컴퓨터에 심어 시뮬레이션하는 것까지도 가능해진다. 많은 인공지능 종사자들은 인공지능이 단순한 실용적, 산업적 유용성 이상의 가치를 가진다고 생각하기에 이른다. 인공지능이 사람의 마음에 대한 이해와 직접 또는 간접으로 연관될 수 있다고 생각하는 것이다.

컴퓨터가 인간의 지능을 이해하기 위한 수단으로 생각되던 것이 이제는 한발 더 나아가 컴퓨터가 지능을 가진다고 생각되기 시작한다. 즉 인간의 지능이란 컴퓨터와 마찬가지로 여러 프로그램이 결합된 것이라는 대담한 생각이 제시되기에 이르고, 따라서 지능적으로 작동하는 컴퓨터는 마음을 이해하는 도구일 뿐 아니라 그 자체가 지능을 가진다는 생각이 고개를 들기 시작한다. 인간의 자연 지능이 인간의 두뇌라는 탄소 소재를 매개로 하여 실현되고 인공지능은 실리콘 소재의 반도체를 통하여 구현된다는 점에서 차이가 있을 뿐, 지능이라는 측면에서 차이가 없다는 생각이 널리 받아들여지게 된다. 이 무렵 사이보그를 주제로 한 영화들이 나오기 시작한다. 컴퓨터도 지능을 가질 수 있으며, 이러한 지능을 기계 장치와 적절히 연결해 만드는 로봇은 인간과 동등한 개체가 될 수 있다는 생각이 널리 퍼지기 시작한 것이다. 인간의 신체보다 더 강한 기계 장치에 연결된 사이보그가 인간을 압도하여 정복할 것이라는 공포감은 이러한 생각을 반영한 것이고, 컴퓨터 공학과 인공지능 발전의 전개 과정을 볼 때 마냥 허무맹랑한 상상만은 아닐지도 모른다.

로봇의 인간화 또는 로봇의 지배

인공지능의 발전은 인터넷의 발전과 결합하면서 마음과 관련된 더욱 새로운 생각의 지평을 연다. 이러한 변화가 어떤 시대적 질문을 던지는가를 살펴보기로 하자.

인공지능에 고무된 과학자들은, 특히 강한 인공지능에 감명받은 사람들은 컴퓨터도 마음을 가질 수 있다고 과감하게 주장한다. 이런 생각이 「블레이드 러너(*Blade Runner*)」, 「터미네이터(*Terminator*)」와 같은 영화가 성공할 수 있는 배경을 이룬다. 그러나 과연 인간의 마음은 서로 잘 짜여 연결된 컴퓨터 프로그램들의 복합체에 불과한 것일까? 대답은 단순하지 않다. 앞에서 보았듯이 마음은 물질에서 쉽게 찾아지지 않는 성질들, 즉 의식, 지향성, 지능 등의 다양한 성질들을 가진다. 인공지능은 이들 중 지능에게서 신비의 옷을 빼앗았다. 문제 푸는 능력인 지능을 기계가 구현할 수 있음을 인공지능이 보여 주었기 때문이다. 그러나 마음의 다른 측면들까지 인공지능이 구현할 수 있는지는 의심스럽다. 다시 말하면 로봇이 지능을 가질 수 있을지는 몰라도 마음을 가질 수 있는지는 의심스럽다. 인간의 마음은 세계의 모습을 그려 내고 문제를 해결하는 데에 머물지 않기 때문이다. 우리의 마음은 거기에 온갖 색채를 덧입혀 그 내용을 풍성하게 한다. 마음에 색채를 주는 의식의 영역에서는 감성이 중심부를 구성하여 마음의 내용을 풍성히 해 준다. 그리고 감성은 상상, 상징, 의미, 해석, 초월 등이 살아날 양분을 제공한다. 감성을 가진 인공지능 시스템, 로봇을 만들 수 있을까? 감성을 가진 것처럼 흉내 내는 로봇은 만들어질지 모르지만, 감성을 가진 로봇은 만들어지지 않을 것이다. 감성이 주를 이루는 예술을 예로 들자면, 인공지능은 인간의 마음을 울린 명곡들의 빅 데이터를 분석·조합하여 또 하나의 멋진 곡을 만들어 낼 수 있을지는 몰라도, 감동의 새 영역을 개척하는 곡을 만들어 내지는 못할 것이다.

인간의 감성은 예술적 영역과 관련될 뿐 아니라 윤리의 영역과도 관련된다. 윤리적 판단은 공감 능력에서 출발한다. 잔인한 행위에 의해 피해를 받는 사람을 보면서 그 행위에 대해 소름 끼친다는 반응을 하게 되고, 이것이 그 행위에 대한 비판의 출발점이 된다. 그와 마찬가지로 선한 행동은 타인에게 유익한 결과를 초래하고, 따라서 승인의 감정을 불러일으켜 윤리적 칭찬의 토대가 된다.

윤리적 판단 능력을 가지려면 감성이 있어야 하고, 로봇은 감성을 가질 수 없으므로 윤리적 판단 능력을 자생적으로 발전시킬 수 없다. 다시 말하면 로봇은 옳고 그름을 판단하는 능력을 자체적으로 함양할 수 없다. 로봇이 인간이 시키는 일만 할 경우에는 이런 결과는 아무런 문제도 되지 않는다. 사람들이 이 기계를 윤리적으로 사용하기만 하면 되기 때문이다. 그러나 로봇으로 대변되는 인공지능 시스템이 인간이 시키는 것만 하는 대행자(agency)에 머물지 않고, 스스로를 자율적으로 통제하면서 자기 보존을 꾀하는 주체적 행위자로 발전할 경우에는 이야기가 달라진다. 현재의 인공지능의 발전을 지켜보면 인공지능 시스템이 기계 장치와 결합하여 고성능 로봇을 만들고, 이 로봇에 스스로를 보존하는 목적을 부여하여 자율적으로 행위할 수 있게 하는 것은 시간문제다. 자기 보존의 메커니즘을 가진 이런 체계가 감성을 갖고 있지 않아 옳고 그름을 판단할 수 없고, 맹목적으로 자기 보존을 위한 행위를 하고, 더 나아가 강력한 기계 장치와 결합되어 있다면 그 결과는 인간에 대한 재앙이 될 수 있다. 로봇과 인공지능의 사용과 관련된 규범을 지금부터라도 만들어야 할 이유다.

테슬라의 창업자인 일론 머스크와 천체물리학자 스티븐 호킹 같은 이들은 인공지능이 강력한 무기를 생산하는 데에 기여하여 인간에게 재앙이 될 수 있음을 경고한다. 이것은 가까운 미래에 올 수 있는 재앙이

지만, 지금 지적하고 있는 자기 보존의 수단을 가진 주체적 행위사로서
의 로봇은 조금 더 먼 미래에 올 수 있는 재앙으로 지금부터 이러한 가능
한 결과에 윤리적으로 대비할 필요가 있다. 과학의 발전과 관련된 윤리
적 담론이 가장 많이 제기된 영역은 유전자 기술과 관련되어 있었다. 지
금까지 신의 영역으로 간주되었던 인간의 구성에 자연과학이 개입할 수
있는 가능성이 열리면서 이 부분과 관련된 윤리적 문제가 다방면에서
제기된 것이다. 인공지능의 발전도 그만큼 인류의 미래에 많은 질문을
던진다. 인공지능의 기술이 바이오 과학과 결합되어 인공 장기를 만드
는 것이 허용될 때, 그 범위를 어디까지 허용할 것인가는 유전자 기술 문
제 못지않은 심각한 문제를 던진다.

인간의 로봇화 또는 초개인주의 시대의 도래

　인공지능의 발전은 로봇이 인간의 부분 또는 전체를 대체하여 인
간의 문명을 뒤바꿀 수 있다는 문제를 제기할 뿐 아니라, 인터넷의 발전
과 결합하여 인간을 로봇처럼 만드는 측면도 있다는 점에 주목할 필요
가 있다.
　4차 산업 혁명은 컴퓨터와 인터넷의 발전에 뒤이은 다음 세대의
산업 혁명으로 바이오 산업과 더불어 인공지능이 주도하는 것으로 이해
된다. 그러나 인터넷과 인공지능이 컴퓨터 과학 발전의 연장선상에 있
음을 고려하면, 4차 산업 혁명이 3차 산업 혁명의 연장선상에 있다고 볼
수 있다. 그런 점에서 4차 산업 혁명을 3차 산업 혁명과 구별하는 것은
설득력이 없다고 할 수 있다. 미국에서는 4차 산업 혁명이라는 표현을
쓰지 않는다는 것도 이런 맥락에서 이해가 된다.
　컴퓨터의 발전을 가운데에 두고 전개되고 있는 인공지능과 인터

넷 시대가 결합할 때 어떤 사회적 특성들이 나타날지 생각해 보자. 첫 번째로 주목할 사실은, 인간 삶의 많은 측면이 사이버 공간으로 이동하면서 사람들이 생각하는 방식에 변화를 가져온다는 것이다. 기억하고 있는 전화번호의 수를 30년 전과 비교해 보자. 아마도 그 수가 거의 10분의 1로 줄었을 것이다. 단지 수만 준 것이 아니라 숫자들을 기억하는 능력까지도 현저히 감퇴했다. 우리가 살고 있는 삶의 공간과 관련한 지형적 지식도 현저히 달라졌다. 어느 동네 옆에 어느 동네가 있으며, 그 동네로 가기 위해서는 어떤 동네를 거쳐 어느 방향으로 가야 하는지, 이전에 잘 알고 있던 지식들이 지금은 어디론가 사라졌다. 나의 삶에 매우 중요한 이들 정보는 이제는 나의 두뇌가 아니라 나의 스마트폰 또는 나의 자동차에 장착된 내비게이션에 저장된다.

정보를 저장하는 매체는 인공지능과 인터넷이 결합하면서 더욱 확장된다. 나에게 필요한 정보는 이제는 내가 휴대하는 단말기에 국한되지 않고, 인터넷으로 연결된 클라우드에 저장되어 언제든지 내가 필요할 때 인출하여 쓸 수 있는 형태로 저장된다. 내가 운전할 때 듣고 싶은 음악, 여가를 즐길 때 듣고 싶은 음악, 데이트할 때 듣고 싶은 음악은 클라우드 컴퓨터가 나의 성향을 반영하여 각기 다른 폴더에 저장하여 나에게 제공한다. 이전에 내가 판단하여 하던 일들을 나의 개인 단말기가, 그리고 단말기와 연결된 인터넷이 수행하기에 이른 것이다.

인터넷이 개인적 인식의 많은 부분을 대행하면서 인간의 관계망도 성격이 달라진다. 인공지능은 나의 다양한 취향을 분석하여 나에게 최적화된 제품을 공급할 뿐 아니라, 나와 취향이 비슷한 사람들과 나를 가상 공간에서 연결해 준다. 인터넷을 통하여 사람들과 교류하는 데에 보내는 시간이 늘어나면서 대면적으로 대화하던 사람들의 수는 현저히 줄어들고, 인터넷에서 관계를 맺은 친구들의 수는 점점 늘어난다. 공간을 초월하는 인터넷의 덕으로 교류하는 사람들의 폭은 폭발적으로 넓어지지만, 접속된 사람들과의 관계의 밀도는 묽어져 간다. 관계의 분량이 정해진 것은 아니지만, 인터넷 시대에 관계의 폭이 넓어지면서 농도는 묽어지는 것이다.

인터넷과 인공지능의 발전은 개인의 정서적 관계에만 영향을 주는 것이 아니라 산업 구조에도 변화를 가져온다. 이제는 많은 사람들이 여행을 떠나면서 지역의 여행사를 이용하지 않고, 국적 불명의 글로벌 인터넷 매체를 통하여 예약을 하고 거기서 추천한 일정에 동의하여 여행을 계획한다. 공유 경제 또는 온 디맨드 경제라고 불리는 이러한 새로운 사업의 특징은, 공급자가 일정한 형태의 제품을 생산하면 그중에서 특정한 것을 선택하여 소비자가 구매하는 것이 아니라, 구매자의 요청에 즉각적으로 반응하여 상품을 공급하는 것이다. 운송 사업에서의 우버나 여행에서의 에어비앤비 같은 경우가 대표적이다. 사업 자체를 구성하는 데에도 온 디맨드 경제 형태가 확장되어 간다. 특정한 과제를 수행하기 위해 일정한 팀이 필요할 때 이러한 팀을 위해 인터넷상에서 국적을 초월하여 전문가들을 모으고, 이들에 의하여 사업이 완결되면 업체를 해체하는 형태의 매개 사업 형태도 발전하고 있다.

인터넷과 인공지능의 발전에 따른 혁명적 변화가 가리키는 중요한 사회적 경향성은 초개인주의다. 개인의 차별적 기호가 중시되면서 사업의 행태가 변화하고, 경제 환경의 변화는 개별성을 강조하는 사회적 경향을 가속화할 것이다. 인간관계에서도 살을 맞대면서 공감하는 영역은 점차 축소되고, 사이버상의 관념적 관계가 확장되면서 사람들의 관계는 점점 더 경제적·타산적 성향으로 방향을 잡고 있다.

이러한 변화를 초개인주의라고 부르는 것은 근세 이후 발전한 개인주의가 극단적 방향으로 진전되는 것으로 이해될 수 있기 때문이다. 근세에서 발전한 개인주의는 이전 시대까지 공동체의 가치에 의해 억압되어 온 개인의 인권이나 개성을 존중하기 위한 움직임이다. 14세기 무렵부터 시작된 이러한 움직임이 한쪽으로 강력히 진행될 때에는 공동체적 가치에 의하여 견제를 받으며 어느 정도 균형점을 유지하며 진행되어 왔다. 전체적으로는 개인주의로 가는 경향이 강화되어 왔음을 부정할 수 없지만 말이다. 500년 넘게 개인주의와 공동체주의가 엎치락뒤치락하면서 중간 어디에선가 머물던 세계적 조류가 인공지능과 인터넷의 발전으로 20세기 후반 이후 개인주의로 기울고 있다. 더군다나 이 변화는 매우 급속히 진행될 뿐 아니라 사회의 여러 측면에서 포괄적으로 진행되고 있기 때문에 구성원들의 반성을 용납하지 않고 있다. 하나의 이념으로서 공동체주의와 개인주의적 자유주의 사이에서 어떤 것을 선택할 것인가의 문제는 우리가 추구하는 가치에 대한 반성을 요구하지만, 지금 시대의 변화는 인간관계를 맺는 방식 자체를 변화시키고 그에 따라 인간관계를 바라보는 우리의 무의식을 변화시켜 반성의 여지를 남기지 않는다.

이러한 세계적 경향은 우리 한국 사회에 더욱 위험한 적신호를 보낸다. 우리 사회가 고속으로 발전하는 시대에는 다른 사람들보다 더 빨리 앞으로 나아가는 것이 경쟁에서 이기는 방법이었다. 사회의 전반적 발전과 확장이 주춤하면서 앞으로 달려 경쟁에서 이기는 길은 점차 찾기 어려워지고 있다. 그런데도 고도 성장의 과정에서 몸에 밴 경쟁 심리는 상황 변화에 대응하지 못하고 여전히 위력을 발휘한다. 경쟁에서 이기고자 하는 마음은 여전한데 앞으로 나아갈 길을 찾기 어려우니, 상대방을 끌어내리고자 하는 유혹이 고개를 들기 마련이다. 우리 사회의 갈등이 팽배한 이유다. 추격 경제의 과정에서 양산된 무한 경쟁과 적자생존의 내부적인 생태 구조가 초개인주의라는 세계적 조류와 결합할 때 우리 사회에 어떤 파장을 불러올지에 대하여 낙관적인 예측을 하기가 쉽지 않다. 미래의 부정적인 결과에 대비하기 위하여 우리가 남다른 노력을 기울여야 할 이유다.

결론 —— 공감과 공존

컴퓨터 과학, 인공지능, 인터넷의 발전은 하나의 패키지로 20세기 후반 이후 지구의 모든 지역에 예외 없이 큰 변화를 불러오고 있다. 사이버 공간이 확대되면서 삶의 여러 영역의 특성이 변화한다. 대면적 관계 영역은 축소되고, 개인적 욕구에 적합한 방식으로 산업 및 사업 환경이 변화하면서 타인과의 공감이 자라날 여지는 점차 줄어든다. 공감 영역의 축소는 인간관계를 타산적으로 변화시킬 것이다. 이러한 세계적 변화는 적자생존의 문화가 팽배한 우리나라에는 더 큰 도전이 되고 있다.

인공지능이 발전하여 고성능 로봇이 만들어져 인간과 같은 마음을 가질 수 있으며, 그런 로봇이 만들어지면 로봇이 인간을 통제하게 될지도 모른다는 디스토피아적 공포를 확산시키는 사람들이 있다. 이런 디스토피아적 상황이 오지 않기를 바란다. 인간은 공존의 가치를 공유하면서 인공지능이 파괴적으로 발전하는 것을 예방할 능력이 있다는 데에 희망을 건다.

이런 모든 낙관적인 예측의 배경에는 인간이 로봇화하지 않는다는 전제가 깔려 있다. 인간이 정서에 기반한 공감 능력을 유지한다는 전제 말이다. 그러나 이 전제가 지금 도전을 받고 있다. 인공지능의 발전과 인터넷 환경의 확산은 공감이 자라날 여지를 위축시키며 우리를 파편화한 개인주의적 개체로 만들어 가고 있다. 인공지능의 발전이 가져올 수 있는 미래의 파괴적 결과에 대비하여 인간의 공동체적 가치를 보존할 수 있는 여지가 축소되고 있다. 인간이 만든 로봇이 인간을 지배할지도 모른다는 우려는 먼 미래의 것이므로 호들갑을 떨 필요가 없다고 이야기할 수 있다. 더 큰 위험은 인간이 로봇화하는 것이다. 공존과 공감을 축소시켜 가는 인공지능의 시대에 우리는 공감 능력을 보존하고 공동체 정신을 유지할 대비가 되어 있는가를 물어야 한다. 이는 그 자체로 인간의 삶의 질에 영향을 미칠 중요한 문제이며, 이 문제가 해결되지 않는 한 먼 미래에 로봇이 인간을 지배하지 않을 것이라고 장담하기 어렵다. 결국은 인간의 로봇화가 우리가 직면해야 할 당면 과제이고, 이 문제의 해결에 로봇이 지배하는 세상이 올지 여부도 달려 있다. 모든 인간이 로봇이 되는 시대는 어차피 로봇이 인간을 지배하는 시대와 다를 바가 없다.

4부
교육미디어의
변화

권혁주(좌장)

/ 행정대학원

임철일

/ 교육학과

이상구

/ 컴퓨터공학부

박원호

/ 정치외교학부

홍석경

/ 언론정보학과

이정동(옵서버)

/ 산업공학과·협동과정 기술경영경제정책전공

대담
새로운 교육미디어,
배움의 본질을 묻다

기술 발전이 바꾼 강의실 풍경

좌장 권혁주(행정대학원) 최근 몇십 년 사이에 새로운 기술, 특히 디지털 기술이 괄목할 만큼 발전하면서 사회에 끼치는 영향력도 점점 더 커지고 있습니다. 이로 인해 새로운 기술이 도구적 유용성을 벗어나 사회의 근본적인 변화를 초래할 거라는 예측까지 제기되고 있는데요. 교육 분야에서도 온라인 공개 교육 강좌인 무크(MOOC) 등 새로운 교육미디어가 대두하고 교육 환경도 크게 변화하고 있습니다. 이러한 관점에서 정보 기술과 매체의 발전에 따른 미래 교육의 형태와 내용은 어떠할지, 또 그 사회적 파급은 어떠할지 가늠해 보는 일이 매우 중요한 과제로 대두되었습니다. 먼저 교육 분야에 새롭게 도입되고 있는 기술에 대해 임철일 교수님과 이상구 교수님의 말씀을 듣고자 합니다. 지금까지 개발된 기술과 앞으로 예상되는 기술 발전이 교육 분야에서 어떻게 활용될까요?

임철일(교육학과) 말씀하신 대로 무크, 칸 아카데미(Khan Academy), 역진행 학습(flipped learning) 등 새롭게 논의되고 있는 여러 기술을 기반으로 지금 교육 분야가 많이 변화하고 있습니다. 저는 이러한 기술 변화가 두 가지 점에서 지금의 교육 분야의 문제를 해결하는 데 도움을 줄 수 있다고 생각합니다.

첫 번째는 상호 작용(interaction) 교육이 가능하다는 점입니다. 창의성 교육이 강조되고 학습자의 교육 참여가 필수적인 요소로 인식되기 시작하면서 쌍방향으로 소통하는 상호 작용 교육이 더욱 중요해졌고, 그러한 방향으로 교육 방식이나 내용도 바뀌어 왔습니다. 그러던 참에 교육 분야에 새로이 적용된 신기술이 그 가능성을 크게 높여 주는 도약의 계기가 된 것입니다.

우리는 오랫동안 책을 통해, 그와 더불어 교수자의 강의를 통해 지식을 전달해 왔지요. 지금은 많은 지식이 디지털 콘텐츠화되어 오픈 에듀케이션 리소스(Open Education Resource, OER)로 수많은 사람들에게 거의 시공간의 제약 없이 공유됩니다. 대표적인 플랫폼이 세계적으로 확산되고 있는 무크와 칸 아카데미입니다. 이러한 리소스를 활용하는 교육 중에 제가 최근 주목하고 있는 교육 방법이 있습니다. 강의 내용에서 일방적으로 설명해야 하는 부분은 디지털 콘텐츠화하여 온라인상에서 효과적으로 전달하고, 나머지 확보된 시간에는 학습자의 적극적인 참여를 이끌어 내 인지 능력을 키우고 고차원적인 사고를 할 수 있도록 교육하는 방법입니다. 이러한 교육의 전형적인 형태로 나타난 것이 바로 역진행 학습입니다. 아직 생소하게 생각하는 교수님들도 계시지만, 역진행 학습을 통해 기존의 일방적 교육의 단점을 많은 부분 보완하여 쌍방향으로 소통하는 교육을 할 수 있다고 생각합니다.

두 번째는 학생들 사이에 존재하는 개별 수준 차이를 인정하고 수업하는 개별화(individualization) 수업, 더 나아가 차별화(differentiation) 수업, 적응적(adaptive) 수업 혹은 개인화(personalization) 수업이 가능하다는 것입니다. 보통은 학습 능력이 중간 정도인 학생 수준에 맞추거나 아주 잘하는 학생에게 맞추어 강의가 진행되고, 나머지 학생들은 각자 알아서 터득해야 하기 마련입니다. 하지만 서로 다른 수준의 학생들이 획일화된 수업에 적응하지 못하는 문제점을 해결하기 위해 개별 수준에 맞춘 적응적 수업이 필요하다는 주장이 교육계에서 나오고 있습니다.

전 교육 과학 기술부 장관인 이주호 한국 개발 연구원(KDI) 교수가 2015년 「한국인의 역량」이라는 보고서[116]를 통해 미국 애리조나 주립 대학의 사례를 언급한 적이 있습니다. 지난 10년 동안 애리조나 주립 대학에서는 적응적 교육을 도입해 실시했고, 그 결과 수학과 과학 영역이 개별화 강의에 효과적이었다고 합니다. 미국의 대학들, 특히 주립 대학에서는 많은 학생들이 학업을 끝까지 마치지 못하고 중간에 포기하는 비율이 제법 높은데 이러한 학생들을 돕기 위해 적응적 수업을 활용할 수 있습니다. 예전에는 개개인 교수님이 모든 수준의 학생을 한데 놓고 강의했기에 개별화가 불가능했지만, 적응적 수업을 도입하면 학생별로 맞는 수준의 콘텐츠를 온라인상에서 찾아서 가공한 뒤 전달해 주는 시스템이 가능합니다. 물론 학생 수준에 맞춘 개별 콘텐츠들이 준비되어 있다면 단지 이과뿐 아니라 문과에도 적용할 수 있습니다.

개별화 수업을 하기 위해서는 초기 단계에서 학업 수준을 진단해서 수준에 맞는 콘텐츠를 제공하는 것이 중요한데, 교수가 개별적으로 학습자의 현재 수준을 진단하기는 쉽지 않습니다. 그래서 나온 것이 학습 분석 기술(learning analytics)입니다. 현재 학습 분석 기술은 빅 데이터를 중심으로 학습자의 여러 학습 현상을 분석하여 그 학습자에게 최적의 교육 콘텐츠나 공부의 순서(sequence)를 제공해 주는 수준까지 발전했습니다.

빅 데이터 같은 최첨단 기술이 발전하면서 교수와 학생 사이의 상호 작용이 점점 수월해지고 있습니다. 쌍방향 소통이 가능하거나 학습자의 개별 수준에 맞춘 교육을 제공할 수 있는 시스템, 즉 학습 관리 시스템(Learning Management System, LMS)이 나오고 있는데 서울대에서 사용하고 있는 무들(Moodle), 미국에서 사용하고 있는 캠버스(Cambus)가 그 예입니다. 학습자들에게 도움을 줄 수 있는 콘텐츠들이 이미 이렇게 잘 정리되어 있고, 활용할 수 있는 기회가 바로 옆에 있는데도 아직 요원한 일이라고 생각하는 사람들이 많습니다. 이미 기술 발전은 상호 작용과 적응적 교육을 구현할 수 있는 수준을 넘어섰고 이제는 다른 도구끼리의 호환이 가능하기도 합니다. 예컨대 소크라티브(Socrative)라는 교육용 애플리케이션에서 사용했던 내용을 무들에 복사해 쓰면 서울대학교 웹에서 다 전송됩니다. 앞으로 이러한 기술 변화에 우리가 좀 더 적극적으로 대비할 필요가 있지 않을까 생각합니다.

권혁주 그렇다면 국내에서 이런 교육 관련 기술을 구현하고 실제로 활용해 본 사례가 있을까요?

이상구(컴퓨터공학부) 지난 2000년, 혹자는 4000년이라고도 하는데, 그동안에 인류의 교육 방식이 전혀 변하지 않았습니다. 그러다 이제는 기술이 교육에 실질적인 변화를 가져오는 시대가 온 것이지요. 저는 역진행 학습을 제 전공 과목 수업에 적용해 보았습니다. 역진행 학습으로 직접 수업을 해 보니 여러 가지 장점이 있었습니다. 우선 학생과 교수가 온라인 방식이든 오프라인 방식이든 대면하는 시간이 총체적으로 기존 방식보다 두 배 이상 늘었습니다. 학생들은 온라인으로 비디오 강의를 미리 보고 수업에 출석하고, 수업 시간에는 저와 문제를 풀고 토론을 합니다. 전보다 토론할 수 있는 시간이 많이 늘어난 것입니다. 이런 식으로 학생에게 교육할 수 있는 양적 시간이 늘어났습니다.

또한 학생들의 학습 행동 하나하나를 컴퓨터가 인지하면서 데이터를 수집하기 때문에 허울만의 개인화가 아닌 실질적인 개인화 교육이 가능합니다. 수집된 데이터를 통해 학생이 개인별 학습 성취도를 작은 단위로 관찰할 수 있어서 예전보다 훨씬 더 학생들을 개별적으로 보살필 수 있지요. 예를 들자면 전에는 학생이 손을 들고 질문하면 질의응답 시간을 전체가 공유할 수밖에 없었습니다. 그런데 실습 시간에 소프트웨어의 자동 채점 툴을 이용하니 불과 조교 두 명만으로도 학생 40명이 제출하는 답안을 바로바로 확인할 수 있고, 학생들이 각각 어떤 문제를 가지고 있는지 파악해 개별적으로 해결해 줄 수 있게 되었습니다. 길지 않은 실습 시간 동안에도 개인별 맞춤 지도가 가능한 것입니다.

나아가 조금 더 거시적인 측면에서 보면, 학생들의 학습 행동이 트랜스액션(transaction) 데이터로 모이기 시작하면서 인공지능이나 딥 러닝 같은 기존의 추천 알고리즘들을 적용할 수 있습니다. 이런 알고리즘을 적용할 수 있게 된 데에는 각각의 트랜스액션 데이터들이 모여 빅 데이터가 수집되었다는 것도 그렇거니와 강의라는 콘텐츠가 사이버상에서 제약 없이 돌아다닐 수 있게 되었다는 점도 크게 기여했습니다.

임철일 교수님 말씀대로 어떤 교수님들은 여전히 역진행 학습이 무엇인지 잘 모르고 계십니다. 하지만 세상은 변화하고 있고 이제 교육 환경에 근본적 변화를 가져올 수 있는 변곡점을 넘어서고 있는 것이 아닌가 하는 생각이 듭니다. 아직 갈 길이 멀다고 생각하는 전문가들도 많지만 제가 보기에는 기술의 발전이 너무 빠릅니다. 사이버 세상과 실제 세상이 뒤섞이면서, 우리가 아직 떠올리지 못한 여러 가지 자동화, 지능화 방법들을 적용할 수 있기 때문에 상상하는 것보다 훨씬 빨리 변화가 일어날 것이라 저는 기대하고 있습니다.

이러한 변화 속에서 저는 특히 대학의 역할이나 대학이 교육을 제공하는 방식도 매우 빨리 바뀔 것이라 생각합니다. 예컨대 이제 고령화 사회가 되면서 한 사람이 일생 동안 하나의 직업만 갖고 살기는 어려워졌습니다. 설사 하나의 직업을 유지한다 해도 기술이 빠르게 발전하고 사회가 변화하기 때문에 대학에서 배운 능력으로 몇십 년을 먹고살기는 굉장히 힘들어졌습니다. 그래서 앞으로 대학은 좀 더 확장된 개념의 교육을 재학생뿐 아니라 다양한 대상에게 제공해야 하고, 최신 기술과 교육의 접목이 이를 현실화할 것이라 예상합니다.

강의실 밖의 콘텐츠 변화

권혁주 두 교수님께서 기술적 측면에서 교육의 변화뿐 아니라 현재 교육 현장에서 이러한 기술이 어떻게 활용되고 있는지까지 잘 설명해 주셨습니다. 그러면 교육 제도 바깥은 어떨까요? 저는 무크나 테드, 팟캐스트처럼 교육 제도 바깥에서 먼저 기술 변화에 민감하게 대응하여 변화가 시작되고 있다고 생각합니다. 무크는 특정 대학교에서 실시하고는 있지만 다른 학교의 학생들도 접속할 수 있는 콘텐츠이고, 테드엑스(TEDx) 같은 경우는 여러 가지 지식과 주장을 가진 사람들끼리 자발적으로 만들어 가는 콘텐츠입니다. 강의실 안이 변화하려면 강의실 밖의 변화를 알아야 할 것 같은데요. 이러한 강의실 바깥의 변화가 어떤 기술에 특히 영향을 받고 있는지 의견을 말씀해 주시면 좋겠습니다.

이상구 무크 관련 통계를 발표하는 기관인 클래스 센트럴(Class Central)에 의하면[117] 무크 사용자 수는 매년 거의 두 배씩 증가하여 2018년에는 1억 명이 넘었다고 합니다. 또《포브스(*Forbes*)》기사는[118] 대표적 무크 사이트인 유다시티(Udacity)와 코세라(Coursera)가 수익 모델을 발굴하기 시작했다는 데 주목합니다. 유다시티 같은 경우에는 온라인 단기 직무 교육 과정인 나노 디그리(Nano Degree)라는 서비스를 개발하여 월 200달러 수준으로 유료화했는데, 지금 이용자가 1만 명을 훌쩍 넘었으니 그것만으로 1년에 2000만 달러(한화 약 220억 원)가 넘는 매출을 올리게 되는 거지요. 유디시티는 처음에는 대학 교수들이 올리는 콘텐츠로 시작한 업체이지만 나노 디그리 코스는 대부분이 회사들과 제휴를 맺어 콘텐츠를 제작하고 있습니다. 예컨대 딥 러닝 부분은 구글과, 데이터 분석 부분은 엔비디아(NVIDIA)와 함께하는 식으로 각 회사의 전문적인 영역의 콘텐츠를 제공받고, 콘텐츠 소유권도 회사가 가지고 있습니다. 또한 온라인 학위를 주는 프로그램도 생겨나기 시작하면서 무크 플랫폼들이 대학과 경쟁 구도로 가는 추세가 이어지고 있습니다.

　　다음으로 칸 아카데미는 거의 수백만 이용자를 가지고 있는 것으로 알려져 있는데 원래 중고등학교 수학으로 시작하여 지금은 초·중·고등학교의 거의 모든 교과 과정과 관련된 콘텐츠를 보유하고 있습니다. 미국에 있는 학생들은 물론이고 전 세계 학생들이 교과 외 공부를 하기 위해 칸 아카데미에 접속할 정도가 되었습니다. 지금은 보조적인 교재로 사용되지만 칸 아카데미가 수료증을 발급하기 시작한다면 이것 또한 교육 제도 기관과 경쟁하는 기관이 될 것입니다.

　　권혁주　참고로 '나노 디그리'의 개념에 대해 조금 더 설명해 주시겠어요?

　　이상구　예컨대 유다시티에서는 '데이터 분석 나노 디그리'라고 하면 세 과목에서 다섯 과목 정도를 묶어서 수강하고 수업에 있는 숙제와 프로젝트를 완수하면 데이터 분석 분야의 수료증을 줍니다. 코세라에서는 같은 개념으로 스페셜라이제이션(Specialization)이라는 용어를 씁니다. 코세라는 보통 이 과목들을 한 학교에서 제공하는 것으로 묶는데, 서울대에서 제공하는 과목으로 묶었을 경우 "해당 스페셜라이제이션은 코세라에서 공인한 학위이며 서울대학교에 의해서 검증되었다."라고 증서에 기재합니다.

　　임철일　그래서 기존 학교 체계에 학사, 석사, 박사 같은 학위 시스템이 있다면 유다시티나 코세라 같은 곳에서는 그보다 더 짧은 기간, 예컨대 6개월에 몇 과목을 수강한 것으로 학위를 주는 것입니다. 이 학위를 가진 사람은 해당 교육 과정을 통과하여 그 분야의 지식을 가지고 있다고 인정받은 것이기 때문에 시장에서 통용될 수 있습니다. 현재 교육 시장에서 새롭게 떠오르는 현상입니다.

권혁주 잘 알겠습니다. 그럼 무크나 칸 아카데미같이 학교 밖에서 이루어지는 교육에서는 쌍방향 교육이 가능한 기술이나 심화 교육을 위한 기술 등의 개발도 같이 진행되고 있나요? 인터넷을 통해 일방적으로 접속하여 얻는 지식과 어떤 차이가 있는지 궁금합니다.

이상구 무크에서는 아직 쌍방향 교육에 대해서는 생각하지 못하고 있는 것 같습니다. 워낙 대규모 사람들을 대상으로 하니까 그렇습니다. 하지만 과제와 프로젝트를 내고 평가해야 하기 때문에 자동 채점에 대한 기술은 계속 발전하고 있다고 보시면 됩니다. 칸 아카데미의 경우에는 객관식 문제의 자동 채점을 넘어서 HTML5와 같은 양방향 기술을 이용해 수학 과목에서 수강자가 그린 그래프까지도 자동으로 채점해 주고 있습니다. 요즈음 연구가 활발한 자연어 처리 기술을 활용해서 컴퓨터가 에세이를 채점하는 기술도 많이 발전했습니다. 어느 정도의 수준에서는 사람보다 더 일관성 있게 채점하지요. 이런 식의 자동 평가(assessment) 기술은 굉장히 열심히 연구되고 있습니다.

권혁주 굉장히 재미있는 말씀이네요. 인공지능이 작성한 기사를 사람이 구별할 수 있는가라는 문제가 화제에 오른 적이 있는데요. 스포츠 기사 같은 경우에는 거의 구별이 안 될 정도로 잘 쓰는 것 같습니다. 최근에는 질문을 듣고 말로 답하는 챗봇이 더욱 정교해지고 있습니다.

임철일 얼마 전 미국의 한 대학교에서 실제 조교와 인공지능 조교가 똑같이 학생들의 질문에 답변했는데 끝까지 학생들이 이 둘의 차이를 알아채지 못했다는 유명한 이야기도 있습니다. 학생들의 질문에 컴퓨터가 조교에 버금가게 답변해 주는 수준까지 다다른 모양입니다.

편의성과 효율이 아니라 인간 계발이라는 관점에서 접근해야

권혁주 그럼 이런 새로운 교육이 인간에게는 어떻게 도움이 될까요? 우리 삶에 어떤 영향을 주게 될지 궁금해집니다.

박원호(정치외교학부) 저는 테크놀로지가 마치 엔진처럼 사회 모든 분야의 발전을 끊임없이 추동해 왔다고 볼 때 '교육 분야도 똑같이 따라가는 게 맞는가?' '교육 분야에는 뭔가 독특한 부분이 있지 않을까?'에 대해 생각해 보았습니다. 거대한 혁명적 변화가 다가오는 이 시점에 반대쪽, 그러니까 전통적인 입장에서 그럼에도 불구하고 우리가 가지고 있어야 할 원칙 같은 것이 있지 않을까요? 이를테면 생활이나 산업에서는 편의성과 효율성을 추구하게 되는데, 교육 과정은 편의성과 효율성이 아니라 인간 계발이라는 관점에서 접근해야 할 것입니다.

앞으로 어떤 교육 과정이 첨단 과학 기술과 접목된다면 학생들은 결국 인터페이스의 변화를 마주하게 됩니다. 인터페이스라는 것이 전통적인 교육 방식에서는 선생님, 책, 지도, 교구 같은 것인데 미래에는 가상 현실(VR)이나 그보다 더욱 혁명적인 무언가가 교육 현장의 인터페이스가 될 수 있겠지요. 하지만 이러한 새로운 인터페이스가 진정 인간 계발에 도움이 될 것인가에 대해서는 깊이 생각해 봐야 합니다. 우리가 흔히 쓰는 내비게이션을 예로 들어 보겠습니다. 대부분의 내비게이션은 목적지를 찾아갈 때 차가 진행하는 방향으로 화면이 따라 움직이는 회전 뷰나 버드 뷰를 기본 설정으로 해 놓은 경우가 많습니다. 화면에 보이는 대로 따르면 되니 편리하죠. 그런데 저는 동서남북을 고정시킨 고정 뷰로 사용하고 있습니다. 제가 이렇게 써 보니까 예컨대 남쪽으로 갈 때에는 차량의 진행 방향과 반대쪽으로 움직이는 등, 처음에는 굉장히 불편하고 실수도 많이 합니다. 하지만 익숙해지고 나니 주변 길을 잘 알게 되는 장점이 있습니다. 이를 배움의 과정에 대입해 보면, 편의성과 효율성만을 추구해서는 배움의 궁극적인 목적, 즉 도움 없이 길 찾기가 쉽지 않다는 것입니다.

기술이 발전하면서 더 실감 나게 현실을 모방하는 것이 가능해졌지만, 편의성과 효율성을 추구하다 보니 점점 맥락이 사상되는 경향이 있습니다. 그래서 교육 인터페이스가 고수해야 할 기준을 몇 가지 꼽아봤습니다. 우선 교육 인터페이스는 반드시 콘텍스트(context)와 함께 제공되어야 합니다. 전체와 부분이 있을 때 이 양자 간의 관계를 학생들에게 끊임없이 상기시켜 주어야 합니다. 우리가 가르치는 과학은 단편적인 지식의 총합이 아니라 체계 그 자체이기 때문입니다. 따라서 교육에서 콘텍스트와 체계성은 굉장히 중요한 요소입니다. 두 번째로 인터페이스에 포함되어야 할 것은 시행착오입니다. 산업이나 생활 환경 속에서 기술은 실수를 줄이는 방식으로 계속 진화해 왔습니다. 하지만 교육은 시행착오를 하고 거기서 더 많은 것들을 배울 수 있는 과정입니다. 그러므로 교육의 인터페이스는 학생이 저지르는 실수를 재빠르게 포착하고 이를 반복적으로 교정할 수 있어야 합니다. 세 번째는 전통적 학습 도구와 새로운 학습 도구 사이에 일정한 연속성이 있어야 한다는 것입니다. 다시 내비게이션을 예로 들어 보면, 내비게이션도 지도라는 기존 도구에 지피에스(GPS)나 축소·확대 등의 새로운 요소들이 들어간 것이잖아요. 이러한 전통 도구와 현대적 도구의 연관 관계를 교육에서 놓쳐서는 안 될 것입니다. 네 번째 기준은 학생들이 교육으로 얻은 정보와 지식으로 인해 어떻게 변화했고, 그것이 학생들의 머릿속에 어떤 흔적을 남겼는가를 명확하게 확인할 수 있어야 한다는 것입니다. IT 혁명이 일어나면서 인간이 점점 컴퓨터의 기억 장치에 의존하고 있습니다. 이러다 보니 교육에서도 기억이나 암기 같은 영역이 계속 주변부로 밀려나고 있지요. 하지만 교육에서는 학생이 교육을 받았을 때 새로운 지식이 어떤 구조와 콘텍스트상에서 어디에 결과가 저장되는가에 관한 모델도 연구되어야 한다고 생각합니다.

현대 사회에서 원하는 지식의 개념과 교육의 효과가 사실 근본적으로 변화하고 있는 것일 수도 있습니다. 학창 시절 제 친구들 중에는 전화번호를 500개쯤 외우는 친구도 있었지만 이제는 그런 기억력이 필요 없어졌습니다. 아까 언급한 내비게이션, 길 찾기 능력도 지금은 운전자에게 필수적인 능력이 아니게 되었습니다. 그럼에도 불구하고 교육과정에서 우리가 마지막까지 포기할 수 없는 것이 무엇일까를 고민해야 할 때가 아닌가 싶습니다.

권혁주   박원호 교수님 말씀은 교육받는 인간의 내적 사고 과정에 초점을 맞춰서, 교육에 기술을 활용하더라도 어떤 사상이나 사고의 주체로서 인간에 필요한 교육이 되어야 하고, 그런 방향으로 기술을 활용하는 것이 좋다는 의견인 듯합니다. 공부하는 교육, 지적인 인간이라는 전형적인 개념을 전제한 것이라고 보이는데, 실제 우리 현실에서는 지식인으로서 주체적으로 사고하는 인간을 위한 교육도 있지만, 산업 현장에서 당장 필요한 생산의 주체에게 필요한 교육도 있습니다. 그렇다면 이런 교육에서는 어떤 인터페이스의 기준이 필요할까요? 또 저는 내비게이션의 회전 뷰, 버드 뷰 기능은 이를 활용하는 사람에게는 고정 뷰보다 더 유익한 교육이 될 수도 있다고 생각하는데요. 기술 발전이 생활인을 위한 대중 교육적인 면에서는 더 긍정적인 측면이 많지 않은가에 대해서는 어떻게 생각하시는지요?

박원호   말씀해 주신 것처럼 교육을 크게 두 가지로 나눠 볼 수 있겠는데요. 전체를 볼 수 있는 눈이라든지 여러 가지 논리적인 사고, 추상화 능력, 윤리 등 기본 가치를 배우는 과정이 한편에 있다면, 다른 한편으로는 단순한 부분들을 익히는 과정이 있습니다. 이렇게 구분했을 때 양자의 적절한 균형점을 찾는 것이 중요하지 않은가 생각합니다. 단순한 답은 없습니다만 이렇게 이야기할 수는 있을 것 같습니다. 교육 상황에서 학생에게 편안한 방식으로 정보를 제공하는 것보다는 학생이 일정한 수준의 부하를 느껴서 불편함을 계속 의식하게 만드는 방식이 낫지 않으냐는 것입니다.

권혁주 박원호 교수님의 의견은 설령 아무리 단순한 기술을 가르치는 교육이라도 학생이 최종적으로 지식을 가지고 있는지에 대해 결과만 따지는 것은 교육으로서 충분하지 않다는 말씀인 것 같습니다. 시행착오같이 과정을 통해 배울 수 있는 지식이 반드시 교육에 포함되어야 한다는 것이네요. 기술 발전이 지적 인간으로서 내적 사고를 향상시키는 데 어떠한 도움이 될 것인가에 대한 시각을 열어 주셨는데, 또 다른 관점에서도 이야기를 나누어 봤으면 합니다.

지역화된 지식이 새로운 대학 교육의 내용이다

홍석경(언론정보학과) 저는 교육 공학 시스템과 그 시스템이 불러올 노동 환경의 변화에 관심이 있습니다. 이로 인해 전 세계 대학 사회는 어떤 변화를 겪을 것이며 거기에 우리는 어떻게 대응해야 할 것인가에 대해서 관심이 많습니다. 제 전공인 언론 정보학에서는 문화 연구를 많이 하는데 학계에서 기본적으로 관심을 가지고 있는 것은 창조적 신기술에 관한 문제입니다. 우리가 지금 접하는 새로운 기술을 넓은 의미로 미디어라고 볼 때, 이것이 과연 새로운 것이 맞는가에 대해 항상 질문합니다.

사실 인공지능이라고 하는 것도 완전히 새롭게 나타난 것이라 보기 어렵습니다. 철학자이자 수학자였던 파스칼이 인간이 아닌 외부 기계에 자동 계산 능력을 부여했을 때 이미 로봇화(robotism)가 시작되었죠. 또 인간의 근육이 아닌 다른 동력을 사용하기 시작했을 때 이미 인간의 능력을 위하한 것이고요. 산업 혁명 이후 노동 문제 때문에 위기가 오긴 했지만 지금까지는 대체로 기술의 발전이 인간을 행복하게 해 주었습니다.

그런데 우리는 지금 왜 다시 위기를 느낄까요? 이제 기술이 인간의 능력을 넘어선다는 확신이 들기 때문입니다. 그렇다면 인간은 세대에 걸쳐 무엇을 가르쳐야 하고 전승해야 하는가라는 질문을 해 볼 수 있습니다. 더 넓게는 인간 존재 자체가 위협을 느끼고 사회 전체가 위기의식을 가지게 하는 기술의 발전 방향을 과연 언제, 누가, 왜 정했는가에 대해서도 질문할 수 있습니다.

실은 무크도 그다지 새로운 것이 아닙니다. 이미 텔레비전에는 방송 통신 대학 채널이 있고, EBS 수능 강의가 대학 수학 능력 시험에서 큰 역할을 하고 있습니다. 이는 한국 사회에서 과외 교육이 가져온 교육의 불평등 문제를 해결하는 데 굉장히 긍정적인 역할도 했습니다. 우리에겐 이런 교육의 경험이 있으므로, 양질의 교육이 넓게 공유됨으로써 가져올 수 있는 장점에 대해 충분히 증거가 있다고 봅니다. 이를 전 세계적인 차원에서 벌어지는 무크에도 적용할 수 있습니다. 기술은 분명히 교육을 변화시킬 것입니다. 갈수록 인간 수명이 늘어남에 따라 직업을 여러 번 바꿔야 할 것이고 여러 가지 인구학적 변화 때문에 새로운 기술이 도입된 교육은 더욱 필요할 것이라는 데 동의하지 않을 사람은 없을 것입니다.

지금까지 높은 순위를 부가 가치 삼아 돈을 벌어들였던 전 세계 중심부 우수 대학들이 너나없이 무크와 같은 교육에 앞장서고 있습니다. 이럴 경우 중심부 우수 대학과 주변부 우수 대학들 사이에 어떤 불균형이 초래될 것인가를 생각해 볼 수 있습니다. 특히 지역화할 수 없는 지식을 가르치는 공과 대학, 자연 과학 대학은 위기가 훨씬 심각하다는 이야기가 많습니다. 그렇다면 인문 사회 과학은 현장 중심적이고 지역화된 지식을 더 특화해야 할 것입니다. 앞으로 대학 교육도 이러한 방향으로 더욱 나아가야 하는 것 아닌가 하는 생각이 듭니다.

미래 민주 사회를 위한 시민 교육

권혁주 그러면 좀 더 구체적으로 접근해서 새로운 기술이 고등 교육에 어떤 영향을 미치게 될지, 대학 교육은 무엇을 지향점으로 삼아야 할지에 대해 의견을 부탁드립니다.

홍석경 제가 생각하는 대학 교육의 목표는 두 가지로 나누어 볼 수 있습니다. 첫 번째는 사회가 올바른 방향으로 나아갈 수 있는 선택을 할 수 있는 시민이 되도록 학생을 가르치는 것입니다. 우리가 대의 민주주의 시스템을 버리지 않는 한 이 능력은 대학이 아니면 어디서 배울까 싶습니다. 세계화로 인해 우리의 이익이 세계 다른 지역의 이익과 밀접하게 관련되어 있기 때문에 시민 각자가 어떤 결정을 내릴 때 다루어야 할 정보의 양은 엄청 많아졌습니다. 이를 이해하고 처리할 수 있는 능력은 조각 난 지식을 쌓는 것으로는 얻을 수 없습니다. 제가 말하는 시민은 책임 있는 민주 사회의 일원으로서의 시민이라는 굉장히 이상적인 개념입니다. 요즘 같아서는 기술 발전과 더불어 복잡한 정보, 과잉 정보의 시스템 속에서 이제 제대로 작동할 수 없는 단계가 온 것이 아닐까 하는 염려까지 듭니다.

권혁주 책임 있는 시민이 전제되지 않는다면 대의 민주주의가 올바로 돌아가지 않을 것이라는 말씀이신지요?

홍석경 네, 그래서 대학이 시민에게 능력을 키워 줘야 한다는 거죠. 그리고 대학 교육의 두 번째 목표는 전문성입니다. 전문성 영역에서 인공지능과 로봇의 도입이 우리 사회에 미칠 영향을 빼놓을 수 없습니다, 저희 언론 정보학과에서 로봇 저널리즘을 전공하신 이준한 교수님을 통해 로봇이 작성하는 기사를 본 적이 있습니다. 로봇이 기사 형식의 글을 작성하는 것은 물론이고 셰익스피어식 극도 써내는데 놀라울 정도로 잘합니다. 도대체 그 수준이 어디까지 갈 것인지, 위기감을 느낄 정도인데요. 그래서 한국의 저널리스트들이 생존을 위협받는다는 생각에 반발하기까지 한다고 합니다. 이에 대한 이준환 교수님의 답변은 바로 "그래서 탐사 저널리즘이 더 중요해진다."였습니다. 탐사 저널리즘은 사회 문제를 심층적으로 조사해 진실을 규명하고 해결 방안을 제시하는 저널리즘입니다. 앞으로 경제 뉴스같이 24시간 엄청난 정보를 수집하여 작성해야 하는 기사는 로봇에게 맡기고, 인간은 우리가 필요로 하는 탐사 저널리즘을 해야 한다는 의견입니다.

　　대학 교육을 마친 사람은 우리 사회에서 뭔가 더 전문성이 있는 사람이라고 생각되기 마련입니다. 앞으로 인간보다 더 뛰어난 인공지능 또는 프로그램이 계속 나올 텐데 인간이 가질 수 있는 전문성은 과연 무엇일까요? 보도에서 많이 접하듯이 새로운 기술을 잘 사용하는 능력을 가져야 전문가이고 협업을 원활하게 할 수 있는 사람이 진짜 능력자일까요? 저는 전문성이 무엇을 뜻하는가에 대해 근본적인 질문을 해야 한다고 생각합니다. 이와 함께 교육 기술이든 인터넷이나 모바일 같은 새로운 매체든, 우리가 현재 활용 가능한 기술은 어떤 학문에 대한 정의를 좀 더 명확히 하는 데 도움이 되는 방향으로 쓸 수 있도록 고민해야 할 것입니다. 언론 정보학을 예로 들자면 탐사 저널리즘을 제대로 할 수 있는 저널리스트나 창조적인 콘텐츠를 생산할 수 있는 콘텐츠 프로듀서를 양성하는 것이 전문성이라고 할 수 있습니다. 그렇다고 보면 결국 제가 생각하기에 전문성은 집단 다이내믹스(dynamics)를 제대로 활용할 수 있는 능력이 아닐까 싶습니다. 기계와 인간이 다를 수 있는 창의성을 강조하는 것입니다.

그런 증거를 볼 수 있는 미국의 텔레비전 드라마 제작 현장을 예로 들어 보겠습니다. 미국의 드라마는 전 세계적으로 아주 창의적인 콘텐츠를 만들고 있다고 알려져 있는데요. 마치 애플의 스티브 잡스가 자신의 팀을 가지고 일하는 것처럼 제작 과정이 시스템화되어 있습니다. 쇼러너(showrunner)라고 불리는 제작 총책임자는 드라마의 모든 시즌을 관통하는 세계관을 비롯한 아이덴티티를 만드는 작업을 한 후 드라마 안에 들어갈 새로운 세계를 만들 사람들을 모아 합숙하거나 협업의 다이내믹스를 만들어 드라마를 제작합니다. 이 모든 시스템을 잘 운영하는 사람이 능력 있는 쇼러너이고, 결국 드라마의 타이틀에 '크리에이티드 바이(created by)'로 이름을 올릴 정도로 중요한 직책입니다. 이런 시스템에서 제작자나 연출가는 그리 중요한 요소가 아닙니다. 제작자나 연출가는 시즌마다 바꿀 수도 있고 심지어 배우를 바꾸는 경우도 있습니다. 하지만 쇼러너는 다릅니다. 다시 말해 드라마를 제작하는 팀 내에는 시나리오 작가가 아니라 만화가, 음악가, 시인, 소설가 등 다양한 연령과 분야의 사람들이 투입됩니다. 이들의 개별 능력들을 융합해 드라마에 부가 가치라고 할 수 있는 아이덴티티를 만들고 새로운 세계를 창조해 내는 것이 쇼러너의 역할이고 이는 무엇과도 대체하기 힘듭니다. 인간이 기계와 협업할 때 기계가 해 줄 수 없는 어떤 것을 만들어 가는 것이 전문성이라면 적어도 인문 사회 과학 쪽에서는 쇼러너의 역할 같은 것이 전문성이 될 것입니다. 앞으로 우리가 고민해야 할 점도 이 부분이라고 봅니다.

인터페이스의 변화가 과연 좋은 교육을 보장하는가?

권혁주 시민으로서 인간에게 새로운 기술 정보 교육이라는 측면에서 짚고 넘어가야 힐 깃이 있을 깃입니다. 이를데먼 영국의 브레시트 (Brexit)나 미국의 트럼프 대통령 당선에서 나타난 현상입니다. 새로운 변화와 기술로부터 소외된 사람들이 전통적인 방식인 투표를 통해 좌절감을 표현했다고 보는데요. 이는 세계화 혹은 정보화, 기술 변화에 대한 심각한 경고라고 할 수도 있는 문제라고 여겨집니다.

교육에 기술을 활용하면서 얻는 장점과 기술이 도입되더라도 포기할 수 없는 교육 목표와 기준 등에 대해 말씀해 주셨는데요. 이 자리에 참석하지 못한 최태현 교수님이 글에서 밝힌 것처럼 교육에서의 기술 도입을 비판적인 시각으로 바라보는 의견도 있습니다. 무크 같은 새로운 교육이 사실은 질 낮은 교육을 유통시키고 현실적으로는 균열된 것이 아니냐는 의견이지요. 역진행 학습도 당초 의도대로 진행되면 이상적이지만, 과연 결과적으로 전통적인 교육에 비해 더 좋은 결과를 창출한 진보인지 아닌지 의견이 분분합니다. 교수님들께서는 어떻게 생각하시나요?

이정동 질문을 덧붙이자면 교육의 어떤 공학적, 형식적 발전, 다시 말해 인터페이스의 변화가 내용을 소화하는 방식도 변화시킬지도 궁금합니다. 교육 내용을 바꾼다거나 특정 내용을 더 선호하게 된다거나, 아니면 무크나 에덱스처럼 상호 작용을 무시하는 형식적인 발전으로 인해 그에 잘 맞는 교육 내용이 더 발전한다거나 하는 문제 말입니다.

임철일 우리가 어떤 정보를 받아들이는 채널과 관련하여 이전에는 문자의 비중이 컸다면 이제는 점점 비디오의 비중이 커지고 있습니다. 의사소통을 매개하는 수단으로 비주얼 매체가 매우 중요해지면서 우리가 의사소통을 하는 방식이나 어떤 지식을 습득하는 방식이 근본적으로 변화하고 있습니다. 특히 현대인들은 점점 책을 통할 때보다 비디오를 통할 때 지식을 머릿속에 더 잘 저장하게 된 것 같습니다. 따라서 어떤 콘텐츠를 교육할 때 비주얼 매체를 필수적으로 고려하게 되었습니다. 현대 사회가 디지털 시대로 변해 가면서 이른바 디지털 네이티브라고 불리는 세대가 생겨났고, 이런 새로운 세대와 아직까지 책이 익숙한 세대가 혼재하고 있는 상황입니다만, 앞으로 점점 텍스트는 변방으로 빠지고 시각 자료가 중심이 될 것입니다.

무크나 역진행 학습이 교육의 질을 낮추는 측면이 있지 않은가 하는 우려의 목소리가 있습니다. 하지만 기본적으로 어떤 특정 매체나 기술 자체가 효과적인 교육을 보장하지는 않습니다. 어떻게 사용하느냐가 매우 중요하지요. 무크의 가치는 '아주 높은 수준의 교육을 이에 접근할 수 없는 사람들에게까지 제공해 줄 수 있다.'에 있고 그 점이 높게 평가받고 있습니다. 무크를 통해 스탠퍼드 대학이나 MIT에 가서도 배우기 어려운 컴퓨터 과학 분야의 인공지능이나 학습 기계(learning machine) 지식을 전 세계 수많은 사람들이 공부할 수 있게 되었습니다. 물론 이러한 교육 방식은 아주 절실하게 배움을 원하거나 어느 정도 기본 지식을 갖춘 학습자들이 아니면 일반 개인 학습자들이 혼자서 학습하기 쉽지는 않습니다. 무크에 접속하는 가장 큰 이유 중의 하나가 어떤 학문에 대한 단순한 호기심입니다. 정말 필요에 의해 공부를 해서 인증서도 받고 직장까지 구하는 비율은 1퍼센트도 안 되는 것으로 알고 있습니다. 따라서 제 결론은 무크 같은 교육이 교육의 질을 낮춘다고 보기는 어렵고 이러한 교육을 어떻게 활용하느냐에 따라 결과가 달라지므로, 최대한 유익하게 이용하는 방식을 찾아야 한다는 것입니다.

이상구 저는 두 분 교수님 말씀을 들으면서 다른 상상을 해 보았습니다. 기술이 엄청나게 발전해서 인간의 머리에 가상 현실을 주입해 본인이 직접 경험한 것같이 느낄 수 있게 된다면 어떨까요? 그런 날이 곧 온다면 박원호 교수님께서 말씀하신 훈련 과정에서 터득되는 경험치 같은 것들, 또 홍석경 교수님께서 말씀하신 그런 집단 다이내믹스를 이해하고 이용할 수 있는 능력들이 이제는 더 구체적으로 정의되어야 하는 시점이 아닌가 싶습니다. 지금까지 우리는 기술을 전수하는 교육과 리더십 혹은 의사 결정 능력을 길러 주는 교육이 잘 분리되는 것으로 이해하고 있었던 것 같습니다. 기술 교육은 반복적인 훈련을 시키면 되고, 리더십이나 의사 결정 능력은 책을 많이 읽고 토론을 하고 글도 많이 쓰고 하면 길러지는 것으로 말이지요. 그런데 과연 우리는 이러한 교육 효과의 인과 관계를 과학적으로 증명한 것일까요? '글을 잘 쓰는 사람이 대체로 리더십이 있다.'라는 전제는 인과 관계가 아니라 상관관계일 수도 있다는 것입니다. 어떤 기계가 인간의 근력을 대체하는 것이 아니라 의사 결정 능력을 대체하는 지경에 다다른다면, 우리가 추상적으로 생각했던 교육의 목표가 조금 더 구체화되어야 하지 않을까 하는 생각을 언뜻 하게 되었습니다.

박원호 글쎄요. 제가 아직 인공지능이 어디까지 와 있는가에 대해 정확히 잘 모를 수도 있습니다. 만약 그야말로 로봇이 근육을 대체하는 것이 아니라 의사 결정까지 대체하게 되면 사실 지금 우리가 고민하고 있는 교육 과정 자체가 아무 소용도 없는 것일 수도 있습니다.

권혁주 이상구 교수님께서 미래에 고민해야 할 굉장히 재미있는 의견을 말씀해 주셨습니다. 저희는 흔히 교육에서 지식과 기술을 가르친다고 구분해서 말하고 있습니다. 그동안 이 두 가지를 뚜렷이 구분하면서 그중에 우열이 있는 것처럼 이야기해 왔지요. 하지만 과연 우리가 지식이라고 불러 오던 것이 무엇으로 구성되어 있느냐를 살펴보면 사실은 상당 부분 기술을 포함했던 것일 수도 있습니다. 그렇게 되면 교육의 목표가 무엇인지에 대해 보다 근본적인 문제를 던져 줍니다. 앞으로 한 번 더 고민해 봐야겠습니다.

아까 임철일 교수님께서 기술 개발에 따라 새로운 교육을 하게 되더라도 이게 당연히 좋은 교육을 보장하는 것은 아니고 학습자에 따라 영향을 받을 수 있다고 하셨는데요. 저는 학습자도 학습자이지만 기술 자체도 여러 사회 여건 속에서 볼 때 좋을 수도 있고 나쁠 수도 있다고 생각합니다. 우리에게는 이미 주어진 여러 가지 현실이 있습니다. 만약 어느 대학에서 인력이나 자원이 부족하다고 하면 무리해서 자체적인 역진행 학습이나 증강 현실 같은 콘텐츠를 만들기보다 다른 대학의 콘텐츠를 도입하는 것이 비용 절감 측면에서 더 현실적일 수 있습니다. 이러한 점을 고려하여 현실에 대한 평가도 필요할 것 같다는 생각이 듭니다.

임철일 미국과 우리나라에서 무크에 관심을 갖는 배경을 면밀히 따져 볼 필요가 있는 듯합니다. 제가 들은 바에 의하면 미국 주립 대학에서 무크에 관심을 가지게 된 배경은 학생들의 중퇴 문제였습니다. 학교에 입학은 했는데 공부를 따라갈 수 없는 학생들이 너무 많아서입니다. 대학에서 적응하지 못하고 중퇴하는 학생이 많아지면 등록금 수입이 감소합니다. 그래서 학교에서는 학생들이 수업을 잘 따라올 수 있도록 붙들고 싶어 하는 것입니다. 특히 공과 대학 쪽이 심각한 문제라고 합니다. 학생들 개인 수준에 맞춰 무크에서 수업을 듣고, 다른 부분은 일반 교수님이 수업을 하는 식으로 양질의 교육 서비스를 제공해서 학생들을 교실에 붙잡아 두려 하는데, 특히 캘리포니아 주립 대학 쪽에서 지금 이러한 공감대가 많이 확산되고 있는 것으로 알고 있습니다.

그 반면에 한국에서는 대학생 수가 감소하면서 특히 지방 사립 대학을 중심으로 학생들을 많이 유치해야 하는 상황이 되었습니다. 대학 교수가 나서서 학생들에게 수업의 질이 높다고 학교를 홍보해야 하는 현실입니다. 학생들이 주로 요구하는 것을 보면 강의 계획서를 구체적으로 제시해 달라거나 수업 도중에 질의응답을 제대로 해 달라는 내용이 많습니다. 이러한 요구에 응하려면 역진행 학습이 유용합니다. 그래서 어떻게 보면 역진행 학습이 대학 홍보 수단의 하나로 관심을 받고 있습니다. 우리나라에서 역진행 학습에 학생들과 소통하는 수업이 더해진 교육은 이제 막 한발 내디딘 수준이고, 아직은 몇몇 대학에서 홍보 수단으로서 보어 주기시으로 이용하는 측면이 있는 것 같습니다.

한국 사회가 준비해야 하는 것

권혁주 지금까지 기술 변화에 따라 교육도 급속하게 변화할 것이라는 이야기를 쭉 해 왔는데요. 혹시 교수님들 중에 교육에 큰 변화는 없을 것이라고 생각하시는 분은 안 계신가요?

박원호 저는 너무 큰 변화가 온다면 사안에 따라 일정 부분 거부해야 할 수도 있다고 생각합니다. 알파고와 이세돌 선수의 경기를 보면서 바둑에서뿐 아니라 민주주의 사회에서 의사 결정과 인공지능을 어떤 방식으로 생각해야 할지를 고민해 본 적이 있습니다. 이를테면 인공지능이 항상 올바른 의사 결정을 한다는 게 맞다면 과연 우리가 정치적인 의사 결정도 인공지능에 넘길 수 있겠는가의 문제입니다. 물론 제 생각은 '맡길 수 없다'이지요. 최소한 의사 결정 과정 자체를 기본적으로 사람들이 이해하고 있어야 하고, 어떤 사회 안에 의사 결정 과정에 대해 최소한의 교육을 받아서 소양을 갖춘 사람들이 있어야 민주주의가 지속될 수 있다고 믿기 때문입니다. 그래서 시민 교육이라는 것도 교육에서 굉장히 중요한 포인트가 아닌가 합니다. 왜냐하면 인공지능이 항상 옳은 의사 결정을 내린다고 해서 그냥 따라간다면, 그런 세상이야말로 할리우드 영화에서나 볼 수 있는 디스토피아와 다름없을 것이기 때문입니다.

권혁주 기술 발전에 따른 교육의 변화가 없을 거라는 예측은 아니고 민주주의의 관점에서 우리가 어느 정도 방향을 잡고 변화에 대해 정책적으로 개입할 필요가 있다는 말씀이시네요.

임철일 정말 앞으로는 인간 교사가 해야 할 일과 기계나 기술이 할 수 있는 일에 대한 구분이 필요할 것 같습니다. 준비 없이 기술 변화를 맞이했다가는 어떤 일이 벌어질지 모르겠습니다.

권혁주 기술에 의한 새로운 교육 방식이 제도적인 측면에서 대학과 공존할 것인가, 위협할 것인가, 아니면 서로 보완할 것인가를 생각해 보았습니다. 제 생각에는 보완할 가능성이 많은 것 같습니다. 그런데 이러한 변화가 있을 때 기존의 대학들이 자기 역할을 제대로 못했던 약점을 노출시키지는 않을까 하는 우려도 해 봅니다. 무크라는 것이 도입되면서 각 대학교의 강의가 서로 비교될 수 있습니다. 이로 인해 서로 보완이 되기도 하겠지만, 대학 교육의 내실이 상당히 부족했다는 것을 드러낼 수도 있습니다.

교육의 목표가 재정의되어야 한다

이정동 저는 기술의 발전으로 인간의 근육을 외화시키고, 지능을 외화시키고, 윤리까지 외화시키는 현상이 급속도로 진행될 것으로 봅니다. 그러다 보면 지금 우리가 가진 최소한의 윤리적 판단 기준마저도 변하는 것은 아닌지 걱정됩니다. 아니면 발전된 기술 환경에 걸맞도록 윤리적 기준을 바꾸고, 가르치게 되지 않을까요?

아까 이상구 교수님 말씀이 굉장히 인상적으로 와닿았는데, 기술이 발전하면 윤리 문제에도 새로운 정의가 필요하다고 생각하게 되었기 때문입니다. 홍석경 교수님 말씀처럼 시민 교육에 관한 문제 같은 것이 대학 교육의 기준이라고 할 때 이것도 다시 정의해 봐야 할 문제입니다. 기계적인 계산이 윤리를 대체한다면 결국 남는 부분은 실천 윤리에 관한 부분밖에 없을 것 같습니다. 살아가기 위해 필요한 실천 윤리는 과연 어디에서 배우는 게 맞을까요? 대학에서 배우는 게 맞을까요? 아니, 대학에서 가르칠 수 있을까요? 대학이 아니라 거리 또는 광장에서 사람들과 직접 부딪치며 배우는 게 맞지 않은까요? 예를 들자면 패널들이 나와 토론하는 TV 프로그램이나 유튜브에서 하는 토론이 더 살아 있는 실천 윤리 교육 콘텐츠이지 않나 싶습니다. 마지막 남은 실천 윤리 교육은 누구나 그 콘텐츠에 대해 고민을 이야기하고, 인터넷을 통해 업로드하고 공유하여 사람들끼리 서로 가르쳐 주는 민주화 교육이 되는 것입니다. 그런데 이런 것들은 일정 부분 수업의 형태로 교육할 수도 있지만 강의실 밖에서 이야기하는 것이 더 나을 수 있습니다. 기계가 대체할 수 있는 교육을 제외하고 남은 부분마저 거리에서 배운다면, 앞으로 정말 대학은 필요 없어질지도 모르겠습니다.

홍석경 그 부분에 대해 저는 생각이 좀 다릅니다. 사실 한국은 그런 실험을 가장 극명하게 하고 있는 나라입니다. 예컨대 현재도 온라인 커뮤니티에서 수많은 혐오 담론들이 쏟아져 나오고 있고 그중에서도 가장 심한 것이 여성 혐오 담론입니다. 또한 이 같은 현상에 대한 연구도 많이 이루어지고 있습니다. 이런 혐오 담론은 익명성을 빌려 온라인상에서 이루어지고 있는데, 수능 성적으로 따지면 최하위뿐 아니라 최상위인 학생들까지 가리지 않고 참여하고 있습니다. 그렇다면 우리 교수들이 무엇을 잘못 가르쳐서 학생들이 비합리적인 사고를 하고 그러한 사고에서 나온 데이터를 바탕으로 자신이 무언가 손해를 보고 있다는 피해 의식하에 혐오 글을 쓰게 된 걸까요? 이른바 머리가 좋고 한국 사회에서 기득권을 가지고 있다고 일컬어지는 명문대 학생들조차 비민주적인 담론을 일삼고 윤리든 실천이든 어떤 기조로도 절대 정당화할 수 없는 일들을 저지르고 있습니다. 이런 점에서 시민 교육은 굉장히 넓은 의미를 가지는데, 사회적 정의를 넘어서서 윤리의 문제까지 다룰 수밖에 없는 것입니다.

학생들이 익명의 교내 커뮤니티에서 비겁하게 이야기할 것이 아니라 공공 영역에서 얼굴을 보고 대화할 수 있게 만들어야 하는데 대학이 사실 그 역할을 못하고 있습니다. 우리 교수들은 최대한 많은 지식을 후대에 넘겨줘야 한다는 강박 때문에 학생들하고 한 학기 동안 제대로 대화도 하기 힘들고, 또 학생들은 일찌감치 취업 준비하느라 정신이 없습니다. 새로운 기술이 얼마나 효율적이고 대학에 얼마만큼 손해가 될 것인가보다 이런 것이 더 위기입니다. 제가 말한 민주주의의 위기라는 것은 바로 자신의 주장에 대한 책임성이나 의사 선택의 윤리성을 제대로 못 가르치고 있는 데서 옵니다. 특히 한국 사회에서 온라인 커뮤니티를 통해 이런 문제가 극명하게 드러나고 있어서 고민이 큽니다.

이상구 윤리 교육이 대학의 책임인가에 대해서 저는 의견이 다릅니다. 사회 전체에서 시민들의 윤리나 어떤 정당성에 대한 사고방식을 가르치는 것은 사실 초등학교, 중학교와 집에서 하는 밥상머리 교육에서 이루어져야 하는데 자꾸 대학에 떠미는 것은 아닌가 싶습니다. 홍석경 교수님께서 아까 무크와 대학이 경쟁하는 상황에서 대학의 역할을 다시 한 번 곱씹어 봐야 앞으로 교육이 발전할 수 있다는 말씀을 해 주셨습니다만, 사실 또 다른 경쟁은 기계와의 경쟁이 되었습니다. 어떤 의사 결정을 하는 데에서 스펙트럼이 아주 넓긴 하지만 추천 엔진이나 의사 결정 지원 시스템도 개발되는 등, 인간을 대신할 수 있는 여러 가지 기술이 개발되고 있습니다. 인간은 이런 기술들과 경쟁하면서 기계가 어떤 정신적인 능력을 갖추어야 하는가에 대해 다시 한 번 정의해야 할 것입니다. 아이작 아시모프(Isaac Asimov)의 소설 『아이, 로봇(I, Robot)』에 로봇 공학의 세 가지 원칙이 나오듯이, 이제 우리도 기계가 갖추어야 할 덕목과 인간이 갖추어야 할 덕목을 하나하나 구체적으로 다시 정리하고, 그에 따라 교육을 재편성할 때가 되었다고 생각합니다.

박원호 홍석경 교수님 말씀을 들으면서 떠오른 미국 대법원 판결이 있습니다. 미국에서 차별 철폐를 위한 우대 조치(affirmative action)의 일환으로 소수자인 학생들을 대학에서 더 선발하거나 어떤 특혜를 줘야 하는가에 대한 판결입니다. 그 판결에 따르면 대학은 어떤 이미에서 민주 공동체의 지도자가 될 사람을 양성하는 곳인데, 소수자들을 받아들임으로써 훨씬 더 다양성을 가지는 환경을 만들면 학생들이 그 다양성 안에서 균형 잡힌 민주 시민으로서 양성될 수 있기 때문에 대학 안에서 다양성의 유지는 필요하다는 것입니다. 그러니까 대학이 지금까지 수행해 왔고 또 앞으로도 해야 할, 사회 공동체 안에서의 윤리적인 기능이 있는데, 이런 부분들을 우리가 포기할 수 있는지 심각하게 고민해 볼 필요가 있겠습니다.

권혁주 민주 시민 교육이 이루어져야 할 곳이 대학인지 가정과 사회인지 같은 질문은 어떻게 보면 대학의 본질에 대한 질문인 듯합니다. 한국 사회에서 어떤 체계적인 인간 교육, 민주 교육 같은 것이 가정과 사회에서 과연 가능할지에 대해서는 의문입니다. 지난 50~60년간 한국 사회는 경제 발전이라는 목적 달성을 위해 앞만 보고 달려오다 보니 가정 안에서 밥상머리 교육 같은 것이 쉽지 않았습니다. 가정과 사회가 교육 기능을 상실했다면 교육적인 기능을 보존하고 있는 대학에서 윤리를 교육할 수밖에 없지 않은지 다시 한 번 의미를 찾아야 할 것입니다. 대학의 본질이 인간 윤리 교육이 아니더라도 말입니다. 그런데 대학이 그런 역할을 할 경우에 또 다른 문제가 있을 수 있습니다. 대학이 지식으로서의 윤리는 갖고 있을지 몰라도 윤리 교육을 할 수 있을 만한 진정성을 과연 갖추고 있느냐입니다.

홍석경 제가 생각하는 시민 교육은 결코 어려운 것이 아니라 대학 교양 수업에서 들을 수 있는 수준을 말하는 것입니다. 비판 능력, 또 자기 스스로 결정하기 위해 정보를 선택하거나 배제하여 활용하는 능력, 대화의 주체가 될 수 있는 능력 같은 것이 주된 콘텐츠입니다.

권혁주 다른 이야기일 수 있는데, 윤리라는 것은 결국 혼자 살면 필요 없는 것입니다. 다른 사람들과 살고 있기 때문에 윤리가 필요한 것입니다. 그래서 윤리는 절대적인 것이 아니라 시대 변화에 맞춰서 달라지지요. 예컨대 카페나 식당에서 젊은 사람 둘이 앉아 식사하는 모습을 보면 대부분이 대화를 하는 것이 아니라 각자 휴대폰을 들여다보고 있습니다. 대화 단절이죠. 그런데 교육에서도 역진행 학습이나 테드같이 교수자 대신 화면을 보고 학습하는 방식이 도입되고 있지 않습니까? 아까 이정동 교수님이 말씀하셨던 이야기와 같은 맥락입니다. 얼굴을 맞대고 배워야 할 교육도 분명히 있는데 기술의 영향을 받아 특정한 내용이나 방식으로 치우쳐 가는 것은 아닐까 하는 걱정이 듭니다.

이상구 지금 너무 큰 문제와 미래의 문제를 말씀하고 계신데, 저는 다시 단기적이고 작은 문제로 돌아가야 한다고 생각합니다. 이런 기술들이 정보를 전달하거나 정보에 접근하는 데에는 분명히 효율성과 편의성을 가져다주기 때문에 그 역할은 분명히 있습니다. 그래서 중단기적으로는 이것들을 어떻게 창의적으로 각각의 우리 교육 목표에 적용할 것인가를 고민해야 합니다. 예컨대 논문 연구나 책을 읽고 오는 것이 기존에 전통적으로 학생들에게 숙제를 내주는 방식이었다면 이제는 디지털 콘텐츠나 무크를 통해 어떤 주제의 정보를 습득해 오는 능력을 숙제로 내줘야 하는 시대가 되었습니다. 그리고 새로운 교육 방식이 이공계 과목에는 잘 적용되지만 인문 사회 과목에는 상대적으로 적용하기 어려운데요. 이를 어떤 식으로 적용할 수 있을까에 대해서도 고민해야 합니다. 권혁주 교수님 말씀대로 어떤 부작용이나 역효과를 경계하면서도 분명히 대학이 제 역할을 찾을 수 있을 것입니다. 그러면서 앞으로 장기적인 관점에서 사회 구성원으로서 인간이 해야 할 바람직한 역할에 관한 교육을 대학에서 제대로 하고 있는지 돌아봐야 할 것입니다.

임철일 저는 아까 홍석경 교수님이 말씀하셨던 비판 능력이나 대화에 주도적으로 참여하는 능력을 기르는 시민 교육이 매우 중요하다고 생각합니다. 제가 가르치는 학생들한테 '대학교가 자신의 어떤 역량을 기르는 데 공헌했다고 생각하는가?'를 질문해 보았습니다. MIT 같은 곳에서 사회적인 책임감이나 리더십을 강조하기 위해 사회 문제 인식에 관한 질문을 설문 조사 문항에 꼭 넣는 것을 보고 우리도 차용해서 넣어 봤지요. 그랬더니 학생들 답변이 전공 지식은 5점 만점에 3.7점이나 3.8점까지 되는데 '사회 문제를 인식하게 한다.'라는 문항에서는 3점에 그쳤습니다. 예상대로 낮은 점수가 나온 것입니다. 학생들이 전공 과목을 공부하면서 교수한테 많은 영향을 받지만 사회 문제 같은 부분에서는 좀 약하다는 점을 스스로 인정하는 것 같습니다.

대학에서 시민 사회 의식이나 시민 교육을 정말 중요하게 생각한다면 별도의 교과목을 만들어 일방적으로 지식을 전달하는 차원을 넘어, 교수들이 합의하여 전체 교과목의 운영 방식을 비판적으로 생각하고 소통할 수 있는 능력을 키우는 방향으로 바꾸는 것이 바람직합니다. 아마도 많은 교수님들은 강의 시간이 절대적으로 부족하기 때문에 일방적인 강의를 할 수밖에 없다고 하실 것입니다. 하지만 새로운 기술을 활용하면 부족한 시간 문제를 해결할 수 있습니다. 단순 강의식으로 가르치고 싶은 부분은 번거롭더라도 스스로 비디오를 찍어서 올리면 학생들이 충분히 공부할 수 있습니다. 수업 전에 미리 교수가 제공하는 강의를 보고 와서 수업 시간에는 교수가 이끄는 비판적인 토론을 통해 학생들 스스로 생각할 수 있는 기회를 주는 것입니다. 이러한 수업을 모형화해서 자꾸 보여 줄 필요가 있고, 지금이 바로 그럴 시점이라고 생각합니다. '왜 수업을 하면서 이런 새로운 기술에도 관심을 가져야 하느냐?'라고 의문을 가진다면 이런 장점들이 답변이 될 것입니다.

아까 학생들이 스마트폰만 쳐다보는 것은 문제가 있지 않으냐는 얘기가 있었는데, 물론 교수가 대화를 하고 비평을 하자는데 학생이 스마트폰만 보는 것은 문제입니다. 하지만 교육에서 이용할 때에는 어떤 정보를 전달하거나 찾는 데 스마트폰을 쓸 수 있는 거고 이렇게 찾은 정보를 기본으로 교수와 대화하는 방식으로 수업이 진행될 것입니다. 인터넷 환경이나 무크는 모두 교육에서 도구입니다. 윤리적으로 타당하고 바람직한 목표를 얻기 위해 이런 도구를 어떻게 활용해야 할까요? 새로운 기술은 교수와 학생이 대화를 많이 하고, 수준 높은 토론을 할 수 있도록 활용해야 할 것입니다. 그래야만 온라인 도구를 적절하게 사용했다고 볼 수 있을 것이고, 도구를 그냥 편하게 강의하는 데에만 활용한다면 도입의 효과는 오히려 부정적일 수도 있습니다. 이런 점들을 고려하면서 새로운 도구를 사용하는 대학 교육의 형태에 대해 가이드라인을 제공해 주는 게 좋을 것 같습니다.

국가가 주도하는 한국 무크의 문제

권혁주 자리에 안 계신 최태현 교수님께서 언급하신 주제 중 하나가 국가의 역할 부분입니다. 미국에서는 스탠퍼드 대학교나 MIT가 자발적으로 시작했고, 한국도 아직까지는 정부가 이렇다 할 역할을 하고 있지는 않습니다. 지금 상황은 기술이 선도하는 변화일 수도 있고 사회가 요구하는 변화일 수도 있는데요. 우리나라는 여태까지 국가가 주도해서 단기간에 무언가를 만들어 낸 사례가 많지요. 교육에서도 국가의 역할이 필요한지에 대해 어떻게 생각하시나요?

박원호 사실 국가가 나서서 도와준다는 명분으로 이런 내용, 저런 형식에 대해 일일이 간섭하지 않는 것이 중요한 것 같습니다.

권혁주 인터넷이 확산됨에 따라 일반 시민들이 어떤 사안에 대해 상당한 정보력을 가지고 국가에 대해 책임을 묻는 일이 빈번하게 일어나고 있는 한편으로 국가 입장에서는 정보에 대한 감시, 검열이나 조작, 여론 동원에 대한 유혹도 굉장히 커지고 있습니다. 예컨대 위키리크스

(WikiLeaks)라는 폭로 사이트를 통해 국가 기밀 사항이 공개되면서 시민들도 이러한 정부 비밀 문서에 접근이 가능해졌고, 반대로 정부는 영장 청구도 없이 메신저 애플리케이션의 대화창에 접근해 개인 정보를 침해하고 있습니다. 교육도 인터넷 접근성이 좋아짐에 따라 부딪힐 문제들이 많습니다. 이렇게 정보를 놓고 시민과 국가가 대립하는 문제는 사실 교육뿐 아니라 사회 전반적으로 큰 문제입니다.

그런데 우리나라에는 적극적으로 기술 기반 교육을 보급하기 위해 이미 국가 평생 교육 진흥원이라는 공공 기관이 설립되어 있습니다. 이곳에서 케이무크(K-MOOC, 한국형 온라인 공개 강좌)나 학점 은행제, 독학 학위제, 문해 교육 등을 실시하고 있지요. 이미 국가가 어느 정도 역할을 하고 있는 상황이고, 저는 이것이 필요한 부분도 있다고 봅니다. 그렇다면 우리가 이를 어떻게 받아들이고 어떤 식으로 방향을 잡아야 할지를 생각해 볼 필요가 있지 않나 싶습니다.

임철일 우리나라의 변화 과정에서 정보화가 각 부문에 직접적인 영향을 미치고 있습니다. 교육 분야도 마찬가지로 지난 10년 동안 급격하게 변화해 왔고요. 그때 정부는 그 나름대로 매우 중요한 역할을 했습니다. 제 생각에 국가는 어떤 환경을 조성해 주는 경계선을 긋는 역할까지만 하는 것이 적당하지 않을까 합니다. 예컨대 케이무크를 놓고 봐도, 모든 대학이 무크 사업에 반드시 참여해야 하고 개발 정도에 따라 예산을 조정하겠다거나 하는 지나친 채찍과 당근이 들어가면 어떤 일이 벌어질까요? 수많은 함량 미달 수업이 무크에 등재될 것입니다. 교육 사업에서 국가의 역할을 아예 배제할 수는 없겠지만 적절한 균형이 필요해 보입니다.

미래 교육,
무엇이 변하고 있는가

권혁주 / 행정대학원

인터넷 기술과 통신망의 발전으로 새로운 매체와 기술이 교육에 활용되고 있다. 그동안 방송과 통신 기술을 기반으로 한 방송 대학과 교육 방송이 운영되어 왔고, 인터넷을 활용한 교육도 상당히 오랫동안 진행되어 온 것이 사실이다. 그러나 최근 동영상과 인터넷 플랫폼의 급속한 발전으로 과거에 비해 훨씬 정교한 매체를 통해 원격 강의가 진행되고 있다. 특히 세계 최고 대학들이 인터넷을 통해 많은 인원의 일반인들이 수강할 수 있는 무크(Massive Online Open Course, MOOC)와 같은 새로운 방식으로 최고 수준의 강의들을 제공하면서 미래 고등 교육에 큰 영향을 미칠 거라 예상된다. 그중에서도 인터넷 강의를 기반으로 제공하는 에덱스(edX)와 코세라(Coursera) 같은 플랫폼은 현재 수백만 명이 강의에 등록하고 있으며, 앞으로도 더욱 확대될 것으로 보인다.

그렇다면 이러한 새로운 기술과 전달 양식에 기초한 교육 방법의 변화가 미래 교육에 어떤 영향을 미칠까? 더 많은 사람들에게 양질의 교육을 제공하여 그들의 기술과 지식을 한층 심화시키고 경제적 생산성도 양상시켜 줄 것인가, 아니면 파편화된 지식의 홍수 속에서 대중은 지적 사유를 바탕으로 판단하기보다 오히려 더욱 즉흥적으로 판단하고 행동할까? 더 많은 정보와 교육이 반드시 긍정적인 경제적 효과가 있거나 사람들의 지적 성숙을 가져올 거라 단언할 수 없다는 점에서 새로운 교육이 미래에 미칠 영향을 깊이 있는 분석을 통해 예측하려는 시도가 필요하다. 또한 미래 교육의 긍정적 효과를 창출하고 부정적 효과를 최소화하려면 구체적으로 어떤 방식으로 정보를 전달하고 교육을 진행해야 하는지 모색해야 한다.

한편 새로운 기술을 통한 교육 전달 방식은 지금까지 고등 교육을 담당해 온 교육 기관의 역할과 위상에 많은 변화를 초래할 가능성이 크다. 특히 고등 교육을 담당해 온 대학에는 어떠한 영향을 끼칠 것인지 생각해 보아야 한다. 소수의 최첨단 교육 기관이 지식의 창출과 전달을 독점하고 그 외의 기관들은 쇠퇴하게 될 것인가? 아니면 새롭게 활용되는 다양한 매체들이 전통적 교육 기관에서 효과적으로 활용되어 교육의 질을 제고하게 될 것인가? 나아가 다양한 통신 매체와 정보의 홍수 속에서 새로운 교육 방식이 우리 사회의 변화에 미칠 영향은 어떠한지 판단해 볼 필요가 있다. 이 같은 미래 변화, 새로운 교육 환경에서 대학들이 사회가 필요로 하는 기관의 역할을 적극적으로 수행할 수 있도록 다양한 대안을 마련하는 것이 과제로 등장하고 있다.

한편 미래 교육의 변화가 사회 전체에 미칠 영향에 대해서도 다양한 질문이 제기된다. 특히 미래 교육의 정치적 파급 효과에 주목하지 않을 수 없다. 기술 변화와 그에 따른 새로운 교육 방식의 대두로 인해 특정한 지식과 정보가 절대적 우위를 점하게 되고 그 결과 정보와 지식의 독과점이 발생하여 민주주의의 다양성이 쇠퇴하게 될지 모르기 때문이다. 아니면 거꾸로 그동안 거대 자본이 독점해 온 방송과 신문 등 대중매체에서 벗어나 다양한 지식과 생각을 가진 사람들의 지식이 광범하고 다양하게 확산되어 사회적 다양성과 평등이 제고될 가능성도 존재한다. 이러한 다양한 변화의 가능성 가운데 민주주의를 유지하고 발전시키기 위해 필요한 대안은 어떤 것이 있는가?

이처럼 기술 변화에 따른 새로운 미래 교육은 우리에게 다양한 질문을 던지고 있다. 이러한 질문들은 우리에게 미래 예측의 필요성과 함께 적절한 대응 방법에 대해 고민할 것을 요구하고 있다. 이 글에서는 기술 발전이 촉발한 교육 매체의 성격과 새로운 전달 방법 등에 대해 구체적으로 살펴보면서 그 영향에 대해 논의하고 보다 심도 있는 논의가 필요한 문제들을 제기하려 한다. 이러한 문제들에 대한 보다 구체적 논의는 이어지는 다섯 편의 글에서 전개하고, 여기서는 다음에 관해 논의하려 한다. 첫째, 미시적인 차원에서 교육의 수요자인 개개인에 초점을 맞추어, 새로운 매체와 전달 방법을 통해 지식과 기술을 습득하면서 사람들이 겪게 되는 변화에 대해 논의한다. 둘째, 제도적 측면에서 새로운 매체와 전달 방법 그리고 교육 내용이 확산됨에 따라 새롭게 대두되는 교육 기관들을 살펴보고, 그 기관들이 기존 교육 기관과 교육 제도에 미치는 영향에 대해 분석한다. 끝으로 거시적 측면에서 새로운 방식으로 창출되고 전달되는 지식이 앞으로 정치적, 경제적, 사회적으로 미칠 영향은 무엇인지 살펴본다.

새로운 '강의실'

컴퓨터 및 모바일 통신 기술의 발달과 그에 따른 인터넷의 급속한 확대와 콘텐츠의 급증으로 지난 20여 년간 지식과 정보의 양이 급속도로 확장되었다. 특히 그동안 국가나 특정 공공 기관에서만 활용되던 정보가 인터넷을 통해 공개되면서 개인에 비해 국가 기관이 월등히 많은 정보를 소유하고 활용하던 정보의 비대칭성에 급격한 변화가 초래되었으며, 이로 인해 정부의 일하는 방식에도 커다란 변화가 나타났다. 예를 들자면 시민들이 공공 기관을 방문하지 않고 다양한 공적 업무를 수행할 수 있게 되었고, 정부의 활동이 인터넷을 통해 공개되고 있다. 그뿐 아니라 인터넷의 확산은 국제적인 측면에서도 나타난다. 예컨대 미국이나 호주 등을 방문할 때 더 이상 해당 국가의 대사관을 방문하지 않고 필요한 비자를 인터넷을 통해 발급받을 수 있게 되었다.

그런데 인터넷을 통해 단순히 정보가 축적되고 전파되는 것을 넘어 체계적인 교육을 시도하는 변화가 지난 수년간 대중화하기 시작했다. 예컨대 동영상과 음성을 제공하는 유튜브나 팟캐스트 등은 등장인물의 생생한 동작과 목소리를 통해 정보를 전달하면서 일부 콘텐츠들이 단순한 정보가 아닌 학술적 내용을 체계적으로 전달할 수 있게 되었다. 이러한 인터넷 영상, 음성 기술을 활용하여 보다 체계적인 지식과 교과 과정을 전달하려는 시도인 무크 등이 만들어져 활용되고 있다. 2012년 코세라가 미국 스탠퍼드 대학교의 전문가들을 중심으로 만들어져 운영되기 시작했으며, MIT 대학교에서 설립한 에덱스도 전 세계적으로 수강생을 받아 운영하고 있다. 우리나라에서도 국가 평생 교육 진흥원의 주도로 여러 대학에서 무크 강의를 구축하여 활용한 이후 점점 강의 수와 수강생 수가 증가하는 추세다.

이러한 무크 플랫폼 강의는 체계적으로 지식을 전달하고 과목을 이수한 사람들에게 학점과 수료증을 발부하며, 소정의 교육 과정을 모두 이수한 사람에게는 학위를 발급한다. 이로 인해 지금까지 정보와 지식을 제공하는 것에 그쳤던 인터넷 교육이 학위를 수여하는 교육 기관으로 변모하고 있다. 최근에는 교육 과정을 세분화하여 해당 교과목의 일정 부분만 이수하면 그에 대해 공인하는 제도도 도입되었다.

한편 인터넷과 컴퓨터 기술을 활용하여 지금까지 강의실과 실험실에서 진행하던 전통적 교육 방식을 더욱 효과적으로 발전시키려는 노력도 지속되고 있다. 강의실에서 강의를 할 때 인터넷을 활용하기도 하며, 교수와 학생, 학생과 학생 간의 학습을 위한 상호 작용을 위해 다양한 소프트웨어들이 사용되는데, 이를 통해 전통적인 강의 방식이 훨씬 더 효과적으로 진행되고 있다. 한편 교수와 학생이 실제 현실에서 작용하면서도 컴퓨터 기술을 활용해 가상 현실적 상황을 연출하고 활용함으로써 강의실 교육 방식에 급격한 변화가 초래되는 경우도 있다. 예를 들자면 가상 현실이나 증강 현실 기법을 사용한 실험과 실습이 시도되고 있다. 가상 현실을 교육에 활용하는 예로 비행기 조종사의 조종 교육을 위해 활용되는 시뮬레이터를 들 수 있다. 한편 증강 현실은 가상 현실처럼 모든 상황을 컴퓨터로 구현하는 것이 아니라 우리가 살고 있는 현실에 일부분만 컴퓨터, 프로젝터 등의 다양한 기술을 통해 상황을 설정하고 교육에 활용하는 것이다. 실제 거리에서 입체 프로젝터를 활용해 교통사고 상황을 만들어 비상 구급대에게 대처 능력을 교육하는 것이 그 사례다. 이러한 방법을 통해 강의실에서 교육이 이루어지면서도 학생들이 현장에서 직접 기술을 활용하는 실습과 동일한 교육을 받게 된다.

또한 최근 시도되고 있는 역진행 학습(flipped learning)도 주목할 만하다. 이는 인터넷과 컴퓨터 기술을 활용해 학생들이 스스로 선행 학습을 하도록 환경을 만들어 준다. 그리고 교수와 학생이 만나는 강의실에서는 학생이 스스로 공부하면서 궁금했던 내용을 질문하도록 하여 보다 효과적인 학습이 이루어지게 하는 방식이다. 역진행 학습 방식은 학생들의 학습 상황을 정밀하게 모니터하는 기술이 핵심 요소로 작동한다. 역진행 학습은 이미 대학이나 다양한 교육 기관에서 활용하고 있는 인터넷 교육 플랫폼을 사용할 수 있다는 점에서 가상 현실, 증강 현실 방법에 비해 필요한 새로운 기자재 수요가 적다는 장점도 가지고 있다.

이 밖에도 다양한 방식의 기술이 접목된 새로운 교육 방식이 활용되고 있으며 앞으로도 부수히 많은 시노들이 이무어질 짓으로 보인다. 그렇다면 이러한 새로운 교육 방식이 학생들의 교육에 미치는 영향은 무엇인가? 이러한 교육의 변화가 배움을 추구하는 학생들에게 효과적으로 지식을 전달하고, 나아가 잘 짜인 지식 체계와 기술을 전달하여 학업 성취를 이루고 노동 시장에서 활용할 수 있는 능력을 제공할 것인가.

이러한 예측이 실제로 얼마나 현실에서 나타날지를 판단하기 위해서는 많은 경험적 연구를 필요로 한다. 예를 들자면 무크 강의에 수많은 학생들이 등록을 하고 거기서 진행되는 수업을 통해 교육받고 있는데, 그 학생들의 강의 이수율과 학업 성취가 기존의 전통적 강의 방식과 비교하여 어떠한지를 분석해 볼 필요가 있다. 이 같은 질문에 대한 정확한 대답은 향후 심도 있는 연구 결과에 의해 제시될 것이나 현재까지 공개된 정보에 따르면, 무크 교육 과정에 등록한 사람들은 수백만에 이른다. 또한 미국이나 유럽 등을 넘어 그동안 교육 소외 지역이던 개발 도상국 학생들도 수강하여 교육받고 있는 것으로 나타났다. 그런데 강의가 시작될 때에는 아주 많은 사람들이 강의를 수강하지만, 몇 차례 강의가 진행되면서 급격히 수강생이 줄어들기도 한다. 또한 학업 적령기를 지난 사람들도 많은 수가 강의에 참여하지만, 실제로 모든 수업을 효과적으로 마무리하고 소정의 학위를 취득하는 사람들의 비율은 매우 낮은 것으로 나타나고 있다. 이러한 결과는 아직까지 인터넷 대중 강의가 초기라는 점을 감안하면 확정적이라 볼 수 없다. 그러나 교수자와 학생이 일정한 물리적 공간에서 시간을 공유하며 교수자의 일정한 통제가 이루어지는 전형적인 교육과는 다른 메커니즘을 갖고 있음은 분명하다. 이러한 면에서 보면 무크 방식의 교육이 기존 교육 방식을 대치할 수도 있지만, 대체로 보완하는 성격을 갖게 될 것이라는 예측이 가능하다.

다른 측면에서 일차적 파급 효과로 예측되는 것은, 이러한 인터넷 대중 강의가 그동안 지식과 현실적 기술에 대한 수요를 갖고 있지만 교육 기회가 없었던 사람들에게 필요한 교육을 효과적으로 제공하게 되리라는 점이다. 그런데 인터넷을 통해 제공되는 대중적 강의를 수강하는 사람들의 수요가 교육 기관에서 제공하는 체계적인 교육을 통해 학점이나 학위를 받는 것이 아니라 실생활에서 각 사람이 갖고 있는 다양한 필요에 부응하기 위한 것임을 감안하면, 그 효과성을 평가하는 기준도 달라져야 할 것이다. 즉 강의를 처음부터 끝까지 온전하게 수강하는 것이 아니라 그 가운데 일부 필요로 하는 교육만을 수강하여 자신의 필요를 충족시켰다면 긍정적 성과가 있다고 평가할 수 있을 것이다. 그런데 이러한 지식들은 일종의 조각 지식으로서 그 필요나 성과도 제한적일 수밖에 없다는 점도 인식해야 할 것이다.

한편 동영상이나 그 밖의 인터넷 정보 기술을 활용하는 교육이 특정한 교육에는 적합하지만 매우 복잡한 내용을 갖거나, 사례에 따라 다양한 해석이 가능하거나, 교수자와 학생 사이의 심도 있는 토론이 필요한 교육에는 적합하지 않을 수 있다. 이렇게 볼 때 정보 기술을 활용하는 새로운 교육은 전통적인 교육과는 다른 교육 방식이나 그것을 대체하는 것이라기보다 그동안 충족되지 못한 교육 수요에 대응하는 보완적인 것이라 할 수 있다.

이미 시작된 변화

그런데 교육 기관의 관점에서도 새로운 기술을 활용한 교육이 어떠한 파급 효과를 가져올지 살펴볼 필요가 있다. 무크나 테드(TED) 등의 강의를 통해 보다 많은 수강생을 대상으로 강의가 가능하다면, 지금까지 교육을 맡았던 다양한 교육 기관들의 역할과 입지가 줄어들 가능성이 크기 때문이다. 새로운 기술을 활용하여 수준 높은 강의와 전달력

뛰어난 교수들과 명문 대학의 강의가 지금보다 훨씬 접근성이 높아진다
면 이러한 강의에 학생들이 몰리게 되고, 그에 따라 기존의 다양한 계층
의 대학에서 진행되던 강의들의 경쟁력이 위협받을 수 있기 때문이다.
또한 새로운 기술을 활용하는 강의를 제공하기 위해 필요한 장비와 기
술적 능력을 확보하고 콘텐츠를 생성해 내는 능력에서도 대학별로 차이
가 존재하기 때문에 교육 기관에 대한 압력은 높아질 것으로 보인다. 결
국 신기술을 활용하는 교육은 대학 같은 교육 기관에 새로운 경쟁 요소
로 작용하게 될 것이다. 그러나 실제로 그러한 압력이 어떻게 나타날지
는 앞으로 보다 세밀히 관찰해 봐야 할 것이다.

　확실한 점은 새로운 매체와 전달 방식으로 교육하는 것이 대학들
에 새로운 부담으로 작용하리라는 것이다. 그런데 이러한 교육의 변화
는 교수자들에게도 새로운 기술과 전달 능력을 갖출 것을 요구하게 되
어 커다란 부담으로 작용할 것이다. 한편 특정한 강의를 동영상이나 컴
퓨터에 저장하여 준비할 경우 이 강의를 반복적으로 사용할 수 있다는
장점도 있으며, 그만큼 시간과 노력을 효율적으로 활용할 수 있다. 그러
나 기존 교육 체계를 그대로 유지하면서 새로운 형식의 강의를 준비하
는 것도 대학과 교수들에게는 새로운 부담이 될 가능성이 크다. 먼저 동
영상을 통한 강의, 인터넷이나 컴퓨터 매체를 통한 교육 등과 관련한 기
술들을 교수자들이 먼저 습득해야 하기 때문이다. 한편 기존 강의와 병
행하여 이루어지는 역진행 학습 등의 방식에서는 교수자의 사전 강의
준비, 사전 진행, 사후 진행 등 새로운 부담이 기존의 강의에 추가될 것
으로 예측된다. 이렇게 되면 강의와 연구의 비중, 강의를 중심으로 하는
교수와 연구를 중심으로 하는 교수의 비중 등 대학의 강의와 연구의 틀
이 바뀌어야 할 것이다. 나아가 국가적인 수준에서 대학 교육 체계의 변
화가 불가피할 것으로 보인다.

　새로운 기술에 기반한 교육의 확산에 따라 대학 교육 체계가 변모

할 경우 국내적인 파급 효과와 함께 국제적인 파급 효과도 중요하게 고려해야 할 것이다. 에덱스, 코세라, 유다시티와 같은 무크 강의들은 미국의 스탠퍼드, MIT 등 세계적인 명문 대학의 강의를 포함하고 있다. 따라서 지금까지 개별 국가 체계 내에서 명문 대학의 위치를 차지하던 국내 대학들도 심각한 영향을 받을 수밖에 없다. 특히 세계적 수준의 연구 중심 대학에서 창출된 연구 성과를 국내에 전달하는 내용을 기본으로 하는 강의들은 심각한 영향을 받을 것으로 예상된다. 과거에는 지리적인 제약으로 인해 해외에서 이룬 최신의 연구 성과를 국내 대학들이 전달하는 것도 의미 있는 역할이었다면, 인터넷 등 정보 통신 기술에 기반한 교육이 확산될 경우 이러한 부분에서 국내 대학의 역할은 상당히 입지가 좁아지게 될 것으로 보인다.

여기서 한 가지 짚고 넘어가야 할 점은 세계적인 수준의 대학들이 무크와 같은 새로운 교육 방식을 실시하는 배경과 동기가 무엇인가이다. 이들 대학이 새로운 교육 방식을 시도하는 것은 기본적으로 실험 정신과 새로운 교육 방법에 대한 진지한 모색이라 평가할 수 있다. 처음 무크가 도입되었을 당시 이들 대학의 설명에 따르면, 연구 결과를 확산하고 공유하는 공익 정신에 기초하고 있다. 그러나 점차 유료 강의가 도입되면서 이러한 공익적 논리는 설득력이 점차 약화되고 있다. 그 반면에 세계적인 명문 대학들의 세계적 교육 수요에 대응하는 시장의 점유율은 점차 확대될 것으로 보인다. 특히 무크 등의 새로운 교육 방식에서 선도적 역할을 담당하며 이들이 이러한 교육 방식에 필요한 다양한 표준적 기준을 선점하면, 향후 변화에서도 자신들이 주도적 역할을 할 수 있다는 전략적 고려도 존재하는 것으로 판단된다. 이러한 점들을 고려하면 미국과 유럽을 중심으로 한 세계적 수준의 대학들이 지식 창출과 전달과 소비에 대한 영향력을 확대하기 위해 더욱 노력할 것으로 예상된다.

새로운 기술을 활용하는 대중적 교육 매체의 보급과 더불어 세계적인 대학 및 교수자의 강의가 활용 가능하더라도 반드시 기존 대학 등 교육 기관의 교육적 역할을 대체한다고 할 수는 없다. 대부분의 경우 이러한 교육 방식들은 대학 등 전통적 교육 방식을 대체하는 것이 아니라 보완하는 성격을 가지고 있기 때문이다. 그렇다면 새로운 교육은 대학 등 기존 교육 기관의 역할과 영역을 침해하지는 않을 거라 예상할 수 있다. 그런데 이러한 예측은 기존 교육 기관들이 각각의 역할을 제대로 수행하고 있다는 가정에 근거하고 있다. 실제로 많은 교육 기관들이 전통적인 교육 기관으로서 교수자가 강의실에서 학생들에게 내실 있는 교육을 실시해 왔다면 새로운 방식의 교육이 대두하더라도 커다란 위협이 되지는 않을 것이다. 그런데 상당히 많은 기관들이 내실 있는 교육보다는 법적, 제도적 형식에 맞추어 교육을 제공하고 학생들도 교육 콘텐츠보다 공식적 제도가 부여하는 학점과 학위 등을 취득하는 것을 목표로 하는 경우가 있는 것이 사실이다. 이렇게 제도적 형식 속에서 일정한 기득권을 유지하고 있는 기관들에 대해 새로운 대중적 교육 방식이 어떤 형태로든 커다란 위협을 가하게 될 것으로 판단된다.

대체가 아닌 확장

저출산 고령화에 따른 인구학적 변화로 인해 미래 사회는 급격한 변화를 경험하게 될 것으로 예상된다. 사회 전체적으로는 인구 감소에 대응하기 위해 노동 인구의 생산성 향상이 반드시 필요해지고, 이에 따라 노동 참가율의 확대와 더불어 생산성 제고를 위한 노력이 매우 중요시될 것이다. 교육 체계의 관점에서 보면 학령 인구의 급격한 감소로 인해 청소년층의 교육 수요는 급격히 줄어들 것이다. 그 반면에 평균 수명 증가와 건강 향상으로 인해 평생 학습에 대한 새로운 수요가 증가할 것으로 보인다. 더욱이 노동 시장의 유연화에 따라 생애 주기 동안 몇 번의 직업 이전과 직종 전환이 불가피하다. 이러한 변화에 따라 단순한 지적 호기심의 충족이나 여가 활동을 위한 평생 학습이 아니라 제2, 제3의 경제생활을 위한 새로운 지식과 기술 습득이 필요해졌다. 따라서 새로운 교육 수요는 기존 평생 학습 체계에서 제공하던 내용과는 전혀 다른 교과목과 내용을 요구할 것으로 보인다.

한편 노동 인구의 급격한 감소에 대응하기 위해 지금까지의 규모와 비교할 수 없는 외국인 전문 인력과 노동자들의 유입이 필요해졌다. 이들이 한국에서 활동하고 노동하는 데 필요한 교육도 새로운 사회적 수요로 대두될 것으로 보인다. 현재 외국인 유학생과 결혼 이주 여성을 대상으로 하는 한국어 교육 중심의 외국인 교육 체계로는 이 같은 새로운 외국인 교육 수요에 대응하기 어려울 것으로 판단된다.

이처럼 급격한 사회적 변화를 고려할 때 인터넷을 기반으로 한 새로운 교육 방식은 기존의 교육 체계가 적절하게 대응하기 어려운 교육 수요에 대응할 수 있는 새로운 교육 수단이 될 것으로 판단된다. 동영상과 무크 등 인터넷을 기반으로 한 교육 전달 방식은 기존 교육 방식과 병행하여 보완적 역할을 하는 긍정적 효과가 있을 것으로 보인다.

그러나 인터넷과 모바일 같은 새로운 기술에 기반한 교육 방식이 객관적이고 균형 잡힌 교육 내용을 체계적으로 전달하기보다 매체의 기술적 특성으로 인해 특정한 지식으로 편향될 가능성도 배제할 수 없다. 특히 인터넷 동영상 강의 등이 짧은 시간에 집중적으로 이루어지며 시각 등 감각적 자극에 의존하는 교육이 될 경우, 이에 부합하지 않는 지식과 기술이 등한시되거나 소홀히 취급될 가능성도 크다. 더욱이 깊은 숙고와 성찰이 필요한 철학이나 역사학, 정치학과 같은 학문은 소외되고 실용적 내용을 내포한 정보 중심의 지식과 감각을 자극하는 콘텐츠들이 더 많이 활용될 가능성 역시 크다. 이미 학문적 수월성보다는 대중적 호

소력을 가진 연구나 저작이 더 존중받는 현상이 현재에도 존재하고 있으니, 이러한 경향이 강화될 가능성 역시 매우 크다 하겠다. 깊은 지적 사유와 비판적 분석을 요구하는 인문학과 사회 과학들은 점점 더 연구 기반을 잃게 될 위험성이 크다.

한편 지식 창출과 전달의 과점 현상이 심화될 가능성도 배제할 수 없다. 이미 지적한 것처럼 새로운 교육 방식은 지리적 경계를 넘어 진행될 것이며, 이에 따라 세계적 수준의 연구와 자원을 소유한 대학들이 세계적으로 지배적인 영향력을 더욱 강화할 것이기 때문이다. 이러한 경향은 그동안 지리적 보호막 안에서 지식의 전달자로서 안주하던 많은 대학들에 커다란 도전이 될 거라는 예측도 가능하게 한다. 그러나 지식과 기술은 사람들이 살아가는 생활 세계에 따라 그 의미도 다르고 필요도 다르게 나타나며, 암묵적인 이해관계도 존재한다. 따라서 어느 한 곳에서 창출된 지식과 기술은 불편부당한 진실이라기보다 다양한 가치관과 삶의 방식 그리고 경제적 이해관계를 불가피하게 내포하게 된다. 이러한 맥락에서 지식의 다양성 보존을 위한 노력이 절실히 요구된다. 또한 이러한 다양성 속에서 한국의 특성과 장점을 활용한 지식을 창출한다면 세계적인 지식 사회와 교류하면서도 한국 나름의 지식 공간을 확보할 수 있을 것이다.

그런데 인터넷과 모바일 기기의 보편화는 교육 체계뿐 아니라 우리 생활의 모든 분야에 영향을 끼치고 있다. 이러한 영향으로 인해 과거에 정부와 기업 등 거대 기관만 독점하던 다양한 정보들이 이제는 많은 사람들에게 공유되고, 대중에 의한 정보 생성 규모도 커져 정보의 민주화가 이루어지고 있는 현실이다. 이 같은 변화는 민주주의에 긍정적으로 영향을 끼치는 것이라 하겠다. 그런데 이와 대조적으로 수많은 정보가 범람하고 신속한 의사소통이 가능해지면서 민주 시민으로서 사회적 과제에 대해 숙고하거나 서로 다른 견해를 가진 상대방의 의견을 존중할 기회는 줄어들고 있다. 그 결과 타협과 공존을 모색하는 성숙한 민주 시민의 자세는 점점 그 모습이 옅어지는 것도 사실이다.

　정보의 대중화와 함께 좀 더 고려해야 할 점은 국가와 대기업 등 인터넷 기술 발전으로 정보의 독점력이 축소된 정책 행위자들이 오히려 정보를 생성하고 확산하거나, 더 나아가 편향된 정보를 유포하거나 조작 등을 통해 새로운 영향력을 확보하려는 대응 방안을 취할 수 있다는 것이다. 이러한 대응은 투명성과 책임성, 국민 주권 등의 민주주의 측면에서 심각한 도전이 아닐 수 없으며, 이 같은 위험에 대처하는 새로운 제도적 보완책이 필요할 것으로 판단된다.

시공간을
초월한 강의, 무크

임철일 / 교육학과

IT 기술이 전통적인 대학의 모습에 근본적인 변화를 가져오는 동인일 수 있다는 것을 실감하게 만드는 사례들을 주변에서 볼 수 있다. 예컨대 미네르바 프로젝트[119]를 통해 교육이 물리적 공간으로서의 캠퍼스 없이 가능한 형태로 이루어지고 있다. 학생들은 졸업 전까지 전 세계에 퍼져 있는 일종의 기숙사라 할 수 있는 거점들에 동료 학생들과 함께 머무는 형태로 여러 나라를 순회한다. 학생들이 모여 공동체를 이루어 생활하면서 모든 수업은 온라인으로 이루어지게 된다. IT 기술이 고정된 캠퍼스가 없는 대학 교육을 가능하도록 만든 셈이다.

이상과 같이 매우 혁신적인 사례는 아니지만 기술적인 요소들의 도입이 대학 교육을 어떻게 변모시키는지를 무크의 사례를 통해 가늠해 볼 수 있을 것이다.

세계 대학 강의를 집에서, 무크

2000년도 초반 MIT에서는 많은 사람들과 교육을 공유해야 한다는 신념을 기반으로 자신들의 대학 강좌에서 다루는 내용을 웹상에 공개했다.(Abelson, 2008)[120] OCW(Open Course Ware)로 시작한[121] 이 교육적 움직임은 10년 뒤에 무크라는 형태로 발전했다. 최근에는 몇몇 강좌가 유료화 등을 통해 고품질 강좌를 제공하고 있다. 이에 대해 일부 사람들은 종래의 일반적인 대학을 위협하는 수준이 되었다고 평가기도 한다.(Bulfin, Pangrazio, & Selwyn, 2014)[122] 이전에도 방송 통신 대학 혹은 사이버 대학처럼 원격 수업을 하는 경우가 있었으나 그 영향은 미미했다. 하지만 무크의 경우 전 세계적으로 명성 있는 대학들이 본격적으로 움직이면서 특히 공학 계열에서 강력한 흐름을 형성하고 있다.(임철일, 2015)[123]

무크는 특히 2012년 이후 세계적으로 급속도로 증가해 우리나라에도 영향을 미치고 있는 상황이다.(나일주, 2015)[124] 현재 많이 알려져 있는 무크는 에덱스, 코세라, 유다시티 등이다. 국내 대학들 중 서울대학교는 에덱스에, 카이스트 등은 코세라에 가입한 상황이다. 특히 유다시티는 주로 전문적인 직업 기술 교육과 공학 강좌에 초점을 맞추고 있으며 IT 기업들이 참여하고 있는 것이 특징이다. 이를 통해 대학이나 일반 학원에서 쉽게 접하기 어려운 프로그래밍 관련 고급 강좌까지 수강할 수 있다.

무크의 대표적인 서비스 제공 기관인 에덱스와 코세라의 경우 학습 지원을 위한 몇 가지 기술적 특징을 지니고 있다.(임철일, 2015)[125] 먼저, 에덱스는 동영상 강의를 볼 수 있는 창 옆에 영어 자막을 제공하여 편의성과 용이성을 높이고 있다. 이를 통해 전 세계 많은 학생들이 에덱스를 통해 회로와 전기, 전자 분야의 강좌를 학습하고 있다. 또한 에덱스는 동영상 콘텐츠만 제공하는 것이 아니라 강의자가 실제로 수업을 진행하는 과정에서 학생들에게 내는 퀴즈와 과제들도 같이 제공한다.[126] 이 모습은 불특정 다수 청자들을 염두에 두고 이루어진 몇 가지를 제외하고는 거의 현재 대학 수업에서 실제로 이루어지는 강의와 같다.[127] 무크가 통상 온라인에서 접할 수 있는 동영상 강의와 또 하나 다른 특징은 대학 수준의 코스를 제공한다는 것이다.(Selwyn, Bulfin, & Pangrazio, 2015)[128] 무크는 특정한 목표가 있는 수업을 제공하고 학점까지 부여할 수 있다. 대학 수업을 온라인을 통해 그대로 제공하는 것이라는 점에서 기존 자습용 동영상 강의와 차이를 나타낸다.

코세라도 에덱스와 비슷한 플랫폼이지만 코세라에는 일종의 데드라인을 설정하는 기능이 있다. 예를 들자면 3월 1일부터 5월 1일까지 두 달간 특정 코스를 제공하고 그 기간 동안 과제도 내는 방식으로 진행한다. 또한 코세라는 강좌에 대한 일종의 로드맵에 해당하는 것도 제공하고 있다.

다음으로 현재 대학 교육, 특히 이공계 분야에서 에덱스와 코세라의 강력한 경쟁자로 부상하고 있는 것들 중 하나는 유다시티다. 유다시티는 나노 학위(Nano-Degree)라는 것을 제공한다.[129] 이는 대학 교육이 한 학기 혹은 1년 단위로 등록하고 학위를 취득하는 것과는 달리, 하나의 조그만 단위별로 필요한 학위를 획득할 수도 있지 않을까라는 착상을 기반으로 시작된 것이다. 현재 웹과 모바일 개발, 데이터 분석 등 기술 분야에서 나노 학위 프로그램을 제공하고 있다. 또한 현재 기업들이 필요로 하는 다양한 콘텐츠들을 개발할 뿐 아니라 구글, AT&T, 페이스북, 세일즈포스(Salesforce), 클라우데라(Cloudera) 등 기업들이 직접 참여하여 개발한 콘텐츠들도 제공한다. 이 외에도 과제물을 어떤 규준에 근거해 평가했는지를 보여 주는 평가 기준 목록(Rubric)을 제시하기도 한다.

국제적인 무크 확산의 흐름에 따라 우리나라에서도 2015년부터 케이무크가 시작되었다. 서울대학교를 비롯해 약 열 곳의 국내 유수 대학이 참여해 2015년을 기준으로 스물일곱 개가 넘는 강좌가 개설되었고, 2016년에 서른 개 정도가 추가되었다.[130] 케이무크에 강의를 개설한 일부 교수의 경우 우리나라 학생들뿐 아니라 외국 학생들을 위해 동영상 강의에 영어 자막을 제공하기도 한다. 특히 이상의 무크를 개발하고 관련 강좌를 제공하는 측면에서 하버드와 MIT에서 만든 공유 기반의 오픈된 플랫폼을 활용할 수 있다. 현재 전 세계적으로 강력한 공유 플랫폼들이 있는데 그중 하나가 에덱스다. 에덱스는 공유를 하지 않는 코세라와는 달리 플랫폼을 공유해 파트너 대학들이 사용할 수 있다. 이 점에서 오픈(open)의 의미는 콘텐츠뿐 아니라 강좌를 설계하는 도구(tool)를 공개한다는 의미를 포함한다고 볼 수 있다.

무크 플랫폼의 특징

플랫폼이라는 용어는 과거 온라인 학습 환경에서 내용 전달 중심의 강의를 지원하는 LMS(Learning Management System)에서 발전된 것이다. 플랫폼은 다양한 학습 활동을 지원하는 측면에서 중요성을 지닌다. 주목할 만한 점은 현재 대학에서 강의를 지원하는 플랫폼을 만들려는 노력과 시도에서 더 나아가 플랫폼이 상당히 지능적(intelligent)으로 발전할 가능성이 크다는 것이다. 예컨대 현재 무크로 제공되는 강좌 중 수강생이 많은 강좌들은 10만 명 이상이 수강하기도 한다. 그중 수료 비율이 3~5퍼센트임을 감안하더라도 수천 명의 학생이 계속해서 수강하고 있다고 볼 수 있다. 이 학생들이 어떻게 공부하는지를 무크에서는 학습 분석(Learning Analytics) 기능을 통해 어떤 학습자가 공부를 잘하고 혹은 못하는지를 분석할 수 있다.[131](임철일, 조일현, 2016)[132]

또 하나의 특징은 종래 강의실에서 이루어지는 통상적인 강의가 약 두 시간씩 연속으로 진행되었던 반면, 무크를 통해서는 인지 부하를 덜면서 학업 능률을 올리는 적절한 강의 분량을 고려할 수 있다는 점이 다.(임철일, 2015)[133] 이를 위해 15~20분 단위로 편집된 강의가 제공되고 있으며, 이에 필요한 비디오 강의 콘텐츠를 교수들이 연구실에서 아주 간편하게 만들어 게시할 수 있는 기능도 플랫폼에서 제공하고 있다.

과거에 실제 교실에서 진행되는 수업을 그대로 촬영하여 사용한 동영상 강의의 경우, 콘텐츠가 현장감을 전달하기는 하지만 녹화 시 통제하지 못할 상황이 발생하기도 하고 강의에 대한 집중력을 떨어뜨리는 측면이 있었다. 그래서 강의자를 근접 촬영하거나 스튜디오에서 촬영하는 것이 더 효과적이라는 인식하에 플랫폼이 이러한 기능을 제공하게 되었다. 여기에 강의 자료와 문서들을 게시하는 기능도 추가되었다.

플랫폼은 또한 학습 활동(Learning Activity)을 적절하게 설계하게 끔 해 주는 기능도 지니고 있다. 우리가 수업 중에 강의를 듣거나 손을 들고 질문하는 것, 그룹 활동을 수행하는 것, 문제를 푸는 것 등은 모두 학습 활동이라 볼 수 있다. 학습 활동이 보다 효과적으로 설계되어야 교육 효과를 높일 수 있다.[134](임철일, 한형종, 홍정현, 2017; 임철일, 김선영, 홍성연, 2010; Koper, 2005) 무크 플랫폼은 동영상 강의, 연습 문제 풀이, 그리고 토론 등의 학습 활동을 보다 쉽고 효과적으로 설계할 수 있도록 해 준다.[135]

여기서 강조하려는 것은 바로 무크가 제공하는 다양한 콘텐츠들의 저변에 플랫폼이 있다는 점이다. 즉 현재 학교에서 접할 수 있는 플랫폼 이외에도 수많은 플랫폼들이 존재하고 또 크게 변화하고 있다.[136]

아주 간단한 초기 플랫폼 형태의 예로는 우리나라의 많은 사이버 대학교들이 제공하는 자유 게시판과 질의응답 게시판 중심의 학습 관리 체제(Learning Management System)를 들 수 있다. 이러한 초기 학습 관리 체제는 융통성과 확장 가능성이 거의 없다. 이에 비해 무크와 관련된

플랫폼들은 사용자들의 다양한 요구에 따라 교육과 학습 지원을 가능케 해 준다.(Kim, 2015)[137]

국내 일반 대학에서 대부분 활용하고 있는 전형적인 학습 관리 시스템(Learning Management System)을 비롯해 스마트 기기 지원 시스템, 수많은 콘텐츠 활용과 관련된 콘텐츠 관리 시스템(Learning Content Management System), 콘텐츠를 만들어 내는 시스템인 저작(콘텐츠 제작) 시스템(Content Authoring System) 등을 전체적으로 연결하는 것이 바로 플랫폼이다.(유인식, 오병주, 2012[138]; Meinel, Totschnig, & Willems, 2013[139]) 그리고 앞서 소개한 에덱스가 이러한 플랫폼을 구현하고 있다. 요컨대 현재 우리가 통상 쓰고 있는 플랫폼은 전체 플랫폼 중 일부에 불과하고, 앞서 언급된 전체 요소를 포함하는 플랫폼이 계속해서 발전하고 있는 상황이다.

서울대학교의 경우 eTL[140]도 MOODLE[141]을 통해 앞서 언급된 플랫폼 기능의 일부분을 구현하고 있지만, 향후 수정 및 개선을 통해 업데이트할 계획이다. 그 방향은 크게 보면 무크 형태로 가는 것이다. 특히 플랫폼을 기반으로 해서 다양한 수업 및 교육 활동을 지원하는 추세가 점점 더 확대되는 상황에서 이에 대응하기 위한 고도화 방안을 보다 구체적으로 수립해 적용할 필요가 있다.

스마트 교육의 득과 실

현재 초·중등학교 등 학교 현장과 교육에 스마트폰이나 태블릿 PC들이 많이 도입되었고 이를 통한 교육적인 효과가 제기되고 있다. 또한 교육 분야뿐 아니라 기술·사회·산업적인 영역에서도 효과를 낳고 있다. 하지만 이런 긍정적인 효과 이외에 현재 진행 중인 스마트 교육의 부작용이 또한 존재한다. 물론 무크와 같은 IT 기술을 교육에 도입하려는 시도가 긍정적인 효과만을 낳는 것은 아니다.

예컨대 인지적인 측면에서는 주의력 분산, 피상적인 정보 처리, 최신 정보 통신 기술 활용에 의한 인지 과부하 문제 등이 지적되고 있다. 감성(감정)적인 문제로서 교수와 학생들 사이에 수업 스트레스를 유발할 가능성이 크고, 학습 자체보다 스마트 기기에 지나치게 의존하는 경향 또한 존재한다. 사회 영역에서는 사회성·도덕성 해이 현상이 발생 가능하며, 일상생활에서의 의사소통 및 상호 작용 저하, 정보의 지역 격차 등의 문제가 발생할 수 있다. 기술적인 부작용으로는 다양한 스마트 도구 및 기술 인프라 구축 등으로 인해 높은 비용이 발생하고 무선 네트워크 등의 문제가 야기될 수 있다. 이 외에도 장시간의 스마트 기기 사용이 신체적, 심리적 이상 상태를 유발하는 등 건강에 부정적인 영향을 미칠 수도 있다.

그렇다면 스마트 교육의 부작용을 최소화하기 위한 노력은 어떤 것이 가능한가? 우선 인지적인 영역에서 발생하는 주의력 분산과 피상적인 정보 처리 문제를 개선하기 위해 학생들이 학습에 집중할 수 있는 학습 활동과 콘텐츠들을 설계해야 한다. 아울러 보다 고차원적인 학습을 촉진하는 협력 학습이나 코칭 프로그램을 마련할 필요가 있다.

다음으로 수업 스트레스, 스마트 기기에 대한 의존성 등 정의적인 영역에서 발생하는 문제들은, 스마트 교육 시스템의 사용을 간편하게 만들고 스마트 기기 특성에 적합한 교수 학습 모형을 개발함으로써 대처해야 한다.

콘텐츠 사용과 관련한 도덕적 해이, 의사소통 및 상호 작용 방해, 정보 격차 발생의 위험 등에 대해서는 표절 검사 시스템 활용, 온라인과 오프라인을 통합하여 활용하는 블렌디드(blended) 방식의 교육 프로그램과 정보 격차 해소를 위한 정책 지원의 지속적 추진 등이 이루어져야 한다.

    기술 영역에서 발생하는 높은 비용과 기술적 불안정성 등의 문제는 개개인이 보유한 기존 도구나 장비(Device)를 활용하는 방안을 모색하고, 온라인상에 공개된 기존 콘텐츠를 활용하면서 기술적 모니터링을 담당할 전담 부서를 운영하는 것 등을 통해 해소해 가야 할 것이다.

    스마트 기기 등의 장시간 사용으로 인한 신체적 질환과 정신적, 심리적 문제들은 적절한 스마트 기기 활용 가이드라인을 제시하면서 학습에 적합한 디바이스를 개발하거나 이를 선택적으로 활용하는 것 등을 통해 방지하고 해소해 나가야 할 것이다.

'어떻게'보다는 '어떤' 사람을

    교육 과정에 기술을 도입하는 것은 긍정적 효과를 가져올까, 부정적 효과를 야기할까? 그리고 교육에 정보 통신 기술을 도입할 것인가, 하지 말 것인가? 이 문제를 판단하기 이전에 우리가 수업에 온라인 도구나 무크를 도입하는 기저에는 결국 다양한 교육 방식을 통해 어떤 역량을 갖춘 사람을 길러 낼 것인가라는 질문이 놓여 있어야 한다. 대학이 학생들을 어떻게 교육해서 어떠한 역량을 가진 사람을 양성할 것이며, 동시에 대학의 경쟁력을 어떻게 확보할 것인가가 중요한 질문이 될 것이다. 또한 학생들로 하여금 어떠한 학습 경험을 갖도록 해 주어야 대학을 졸업했을 때 대학에서의 학습 경험이 후회스럽지 않은 것이 되는지를 고민하는 노력이 더 중요하다. 그 과정에서 이러한 목표 성취를 가능하게 도와주는 도구로서 기술이 고려되어야 할 것이다.

    그런 의미에서 현재 케이무크 등이 도입되어 있지만 시도가 좀 뒤늦은 감이 있다. 그나마 정부 차원에서 이루어지고 있고 대학은 여전히 뒤로 한 발짝 물러나 남색을 하고 있는 중이다. 미국 등 선진국들이 선제적으로 움직이는 것을 지켜보고 따라 하기만 할 것이 아니라 콘텐츠를 개발하고 그 콘텐츠들을 어떻게 공유하고 사용할 것인지에 대한 전체적인 모델을 구상해야 한다. 아이디어를 신속하게 실행에 옮겨 보는 시도를 통해 다른 나라의 대학들이 제공하지 못하는 양질의 콘텐츠도 개발해야 한다. 현재 외국에서 활발하게 출시되고 있는 스마트 교육용 애플리케이션[142]들도 적극적으로 개발하는 등의 선제적인 노력이 필요하다.

또 하나 중요한 것은 현재 도처에 존재하는 동영상 강의와 무크 등이 교육의 강조점과 교수의 역할을 변화시킬 수도 있다는 점이다. 강의를 통해 교육 콘텐츠를 전달하는 것은 일부분이다. 이와 함께 교육에서 중요한 부분은 교수들이 학생들의 답이나 작업에 대해 피드백과 평가를 해 주는 것이다. 현재 무크도 코스들을 많이 열어 놓기는 했으나 수천 명이 수강하는 과목은 교수가 수강생들과 상호 작용을 감당하기 힘들다. 이론적으로 수백 명의 튜터(tutor)들이 투입되어야 가능한 일이다. 일 방향적으로 강의 내용만 전달하는 것은 대학 밖 인터넷 강의와 다를 바 없다. 특히 강의실이 아니어도 도처에서 쉽게 강의 콘텐츠를 찾을 수 있는 현실에서 강의자로서의 교수의 역할보다 피드백과 평가를 해 주고, 학생들의 학습 과정을 도와주고 북돋워 주는 퍼실리테이터(facilitator)로서의 역할이 더 강조되고 중요해지리라 생각한다.

서울대학교의 맥락에서 볼 때, 콘텐츠 전달을 중심으로 이루어지는 교육 부분은 무크 등을 활용하는 것을 고려해 볼 수 있다. 현재 전 세계적으로 접근 가능한 무수한 콘텐츠들을 일종의 강의 자료로 활용하여 온라인으로 진행하고, 거꾸로 학습(flipped learning) 등을 도입하여 강의실에서 교수와 학생들 사이에 보다 활발한 상호 작용이 이루어지는 방향으로, 또 이를 통해 지식이 형성되고 교환될 수 있는 부분에 더 집중하고 주력하는 방향으로 가는 것도 하나의 대안으로 고려해 볼 수 있다.

이상을 종합하여 볼 때, 학생들에게 21세기 환경에 맞춘 최적의 교육 환경을 제공하여 최상의 고급 지식을 습득할 수 있는 여건을 제공해야 한다. 그와 더불어 학생들 간의 인적 유대도 건전한 방향으로 형성되도록 유도하고, 공유의 관점에서 대학이 생산한 콘텐츠를 일반 시민들에게 열어 두어야 한다. 앞서 소개한 기술적인 요소들이 서울대학교 교육의 목표와 사명을 현실 속에 구현해 가는 데 의미 있는 역할을 하게 되리라 기대한다.

블렌디드 러닝
─교육 혁신의 시작

이상구 / 컴퓨터공학부

도약의 준비

우리의 교육 방식은 지난 수백 년, 혹은 수천 년간 거의 바뀐 것이 없다. 800년 전 그림에 등장하는 강의실 모습은 의상만 화려할 뿐 오늘날 강의실 풍경과 전혀 다르지 않다. 앞에서 강사가 강의를 하고, 듣는 이들 중 열심히 귀를 기울이는 학생들도 있지만 누군가는 자고, 잡담하고 조는 모습은 현대에 옮겨 놓아도 전혀 어색하지 않다. 비교적 최근의 멀티미디어 강의나 이러닝(e-Learning) 등도 기본적으로는 '강의'라는 중심 패턴을 기정사실로 하고 있어 여전히 교육 패러다임을 근본적으로 바꿔 놓지는 못하고 있다.

오늘날 대학 교육은 두 가지 커다란 도전 과제에 직면해 있는데, 하나는 교육의 질을 높여야 한다는 것이고, 또 하나는 그와 동시에 비용은 낮춰야 한다는 것이다. 기존의 방식을 고수해서는 해결될 수 없는 이 상충되는 두 과제가 결국 교육이 변할 수밖에 없도록 만드는 핵심 동인이 되고 있다.

먼저 교육의 '질'과 관련해서 과연 현재의 교육 방식과 체제가 새로운 시대의 인재 양성에 적합한지 질문해야 한다. 물론 수사에 가깝지만, '창의적이고 융합적인 인재 양성'이 종전의 방식으로 가능한 것인가라는 질문이다. 현재 쏟아지고 있는 엄청난 양의 정보와 지식을 교수자가 40~50분 동안 요약하여 전달하는 것으로 과연 충분한가? 일 방향성 강의만으로는 비판적 사고와 창의력을 키울 수 없을 텐데, 과연 지난 수십 년 동안 우리 교육은 얼마나 달라졌는가? 전 세계가 4차 산업 혁명 시대로 빠르게 달려가는 상황에서 이제 더 이상 과거의 방식과 체제를 비판 없이 고수할 수는 없는 실정이다. 또한 교육 기관으로서 대학의 역할에 대한 사회의 요구도 변하고 있다. 기술의 발전 속도가 가속화되면서 대학 졸업 후 몇 년이 채 되지 않아 대학에서 배운 지식과 기술은 벌써 낡은 것이 되어, 기성 근로자의 (단기) 재교육에 대한 사회적 요구가 그 어느 때보다 커지고 있다.

그런데 교육의 질을 높이고 다양화하기 위해서는 인적, 물적 자원이 많이 투입되어야 함에도 불구하고 교육 비용은 낮춰야 한다는 것이 매우 어려운 과제다. 미국의 경우 최근 수십 년 동안 대학 등록금 상승률이 일반 물가는 물론이고 부동산이나 의료비 상승률까지도 크게 앞질렀으며, 대학 학자금 대출이 신용 대출을 크게 초과하여 심각한 가계 부채 부담으로 작용하고 있을 정도이다. 우리나라의 대학 등록금은 정부의 등록금 억제 정책으로 물가 상승률 수준에 머물고 있지만, 교육비 상승 요인은 벌써 대학들이 버텨 낼 수 있는 한계를 넘어서고 있어 교육의 질을 높이기 위해 대학 재정이나 교수의 수를 늘리는 일은 어느 나라에서도 기대하기 힘든 것이 현실이다.

교육의 질을 높이기 위한 개선 방안들은 무엇인가. 우선, 교육 콘텐츠의 질을 높이는 것이 가장 중요하다. 예를 들자면 강의 내용과 전달 방식, 사례 및 참고 자료, 실습 예제 등의 수준을 올리는 것이다.

　두 번째는 학생의 상태나 발전 속도 등을 감안하여 세밀한 모니터링을 통해 교육 내용을 개인화하는 것이다.

　세 번째는 학생이 질문하고 토론하면서 교육에 참여하는 양방향 교육 시간을 최대한 확보하는 것이다.

　그렇다면 교육의 비용을 낮추기 위해 택할 수 있는 전략으로 자동화와 공유를 생각할 수 있다.

　자동화를 통해서 교수나 조교와 같은 고급 인력이 해야 하는 일을 컴퓨터로 대체할수록 인건비 부담을 낮출 수 있는데, 실제로 인력을 줄이는 효과보다는 같은 인력으로 더 많은 일을 할 수 있게 함으로써 같은 비용으로 교육의 질을 높이는 데 기여할 수 있다.

　공유란 교육적 자원(강의, 콘텐츠 등)을 더 많은 사람이 이용하도록 하는 것이다. 대형 강의가 공유의 대표적인 형태며, 새로운 교안을 개발해 여러 강사가 이용하거나 재사용하는 것, 또 교육용 콘텐츠나 소프트웨어를 오픈 소스로 무료로 이용할 수 있게 하는 것도 여기에 해당된다.

　최근 기술의 발전과 이를 교육에 적용하려는 노력들, 또 일반인들의 기술에 대한 수용률은 IT 기술이 앞의 목표들에 확실히 기여할 수 있을 거라는 기대를 갖게 한다. 스마트폰과 초고속 인터넷, 크게 개선된 와이파이(WiFi) 환경과 LTE 통신 등에 힘입어 이제 인터넷상의 모든 콘텐츠를 지하철이나 커피숍 등 언제 어디서나 불편 없이 향유할 수 있게 된 것이다. 또한 스마트폰을 중심으로 학생들은 항상 (인터넷에) 연결되어 있는 상태이므로 학생을 모니터링하거나 상호 피드백을 주고받을 수 있는 인프라가 갖춰졌다고 볼 수 있으며, '인터넷 강의'와 무크 등에 익숙한 사람들에게는 IT를 이용한 여러 가지 교육 방식들이 어렵지 않게 받아들여질 수 있다는 점까지, 이제 교육 환경에 근본적 변화를 가져올 수 있는 변곡점이 도래하지 않았는지 조심스레 기대하게 된다.

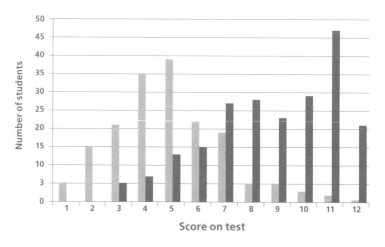

〈그림 1〉 두 집단의 점수 히스토그램: 짙은색 막대로 표시된 실험군이 역진행 학습 수강생 집단임.
(출처 《사이언스》)

온라인과 오프라인의 새로운 조합

IT 기술에 의한 교육 패러다임의 변화를 이끄는 대표적인 노력들
이 무크와 블렌디드 러닝(blended learning)이다. 둘 다 온라인 교육 도구
를 사용하지만, 무크가 시공간을 초월한 강의의 전달이라 한다면 블렌
디드 러닝은 우리가 교실에서 학생들을 가르치는 방식에 변화를 가져오
려는 시도라고 할 수 있다.

블렌디드 러닝은 우리말로 번역하자면 '섞인 교육' 정도가 될 텐
데, 교육적인 효과를 성취하기 위해 다양한 기술 혹은 교육 방식을 섞어
서 사용하는 것을 의미한다. 하지만 일반적으로 블렌디드 러닝이라 하
면 기본적으로는 온라인 학습과 오프라인 대면 학습(face to face learning)
을 둘 다 이용하면서 그 외의 기술과 도구를 섞는 방식을 지칭한다.

블렌디드 러닝에는 다양한 양식(modality)이 있을 수 있는데, 그
중 가장 주목받는 것이 역진행 학습(또는 거꾸로 교실, flipped learning/

classroom)이다. 교실에서는 교수가 강의를 하고 학생들은 집에서 숙제를 해 오도록 하는 것이 기존의 통상적인 교실 형태였다면, 이것을 뒤집어서 강의는 온라인으로 집에서 시청하고 교실에 와서는 선생님과 함께 숙제를 하는(문제를 푸는) 것이 역진행 학습의 핵심이다. 학생 입장에서 질문이 가장 많고 도움이 많이 필요한 문제 푸는 시간을 선생님과 함께 하자는 취지다.

역진행 학습의 교육 효과를 뒷받침하는 사례와 연구 결과들은 이제 더 이상 새로울 것이 없을 정도로 다양하다. 그중 초기에 주목받았던 논문이 2011년에 《사이언스》에 게재된, 캐나다의 브리티시 컬럼비아 대학교 물리학 교실에 적용한 사례다.[143] 강의를 잘한다고 정평이 나 있는 베테랑 교수의 기존 형식 강의를 수강한 학생 그룹과 해당 과목의 강의 경험이 없는 일반 연구원이 진행한 역진행 학습 교실의 학생 그룹을 비교했을 때, 후자 쪽이 통계적으로 유의미하게 성취도가 더 높게 나온 것은 교실에서 양방향성 수업의 가치를 잘 보여 주는 사례다.

블렌디드 러닝을 통해 기대할 수 있는 또 하나의 중요 효과는 학습 데이터 수집이다. "측정하지 못하면 개선하지 못한다."라는 말도 있듯이, 학습과 관련된 수강생들의 상황을 다양하게 관찰할 수 있으면 그만큼 더 적절한 교수법을 적용할 수 있을 것이다. 개인 맞춤형 교육 역시 핵심 선결 과제는 학생 개개인에 대한 세밀한 모니터링이다. 비디오 강의 시청 로그(log, 기록)나 중간중간에 삽입할 수 있는 온라인 퀴즈에 대한 답변들은 학생의 진도와 행태를 모니터할 수 있는 좋은 재료들이다. 수업 시간마다 서너 문제를 풀어 보는 퀴즈도 클릭커(clicker)[144]를 이용하면 문항별 정답 분포를 볼 수 있어 문제 자체의 변별력을 쉽게 따져 볼 수 있게 된다.

칸 아카데미 설립자 살만 칸(Salman Khan)이 몇 년 전 데이터의 효력에 대해 소개한 사례는 매우 흥미롭고 울림이 크다. 칸 아카데미[145]는

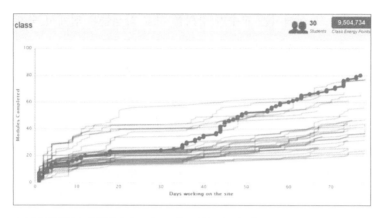

〈그림 2〉 학생들의 성취율(진도) 그래프: X축, 공부한 날짜 / Y축, 습득한 단원 수
(출처 Sal Khan: Let's use video to reinvent education, TED Talk, TED.com)

미국의 초중고 과정 전문 무크로, 1학년부터 12학년(우리의 고등학교 3학년에 해당)까지의 수학, 과학 등의 주요 교과목들에 대해 소주제당 15분 내외 길이의 비디오 콘텐츠를 수천 개 제공하고 있다. 최근에는 빌 게이츠 재단과 협력하여 일선 학교에서 이 콘텐츠를 활용하는 역진행 학습 확산 프로그램들을 꾸준히 진행하고 있다. 그중 수학 과목에서는 학생들에게 각 단원을 이해할 때까지 해당 비디오를 보고 스스로 문제를 풀도록 했는데, 대개 진도율이 하루에서 열흘 이상까지 다양하게 나타난다. 온라인 비디오와 온라인 퀴즈를 모두 모니터링한 결과가 〈그림 2〉에 제시된 그래프다. 일반적으로 잘하는 학생들이 계속해서 잘하고 못하는 학생들이 계속해서 진도가 느리게 나타나지만, 간혹 어떤 학생(그래프의 파란 선)은 처음에는 굉장히 습득 속도가 더디다가 어느 한 단원을 이해하기 시작하면서 마치 로켓처럼 급속도로 빠른 진도율을 보이더라는 것이다.

칸이 이 예를 통해 지적하는 논점은, 만일 이 학생이 20~30명 규모의 교실에서 전통적인 방법으로 수업을 했다면 학급의 수업 진도가 이 학생을 기다려 주지 않았을 것이고, 이 학생은 초기에 어려워했던 단원의 내용을 이해하지 못한 채 지나갔을 것이며, 이 과목의 뒷부분들 역시 영영 이해하지 못할 수도 있었다는 것이다. 결국 자신의 수학적 소질을 발견하지 못하고 그 학년을, 또는 그 학교를 졸업했을 수도 있지 않았을까.

블렌디드 러닝 현장

이미 언급했듯 역진행 학습을 비롯한 블렌디드 러닝의 효과를 연구한 결과는 다양하게 보고되고 있는데, 대부분 교양 과목과 기초 과목들의 적용 사례를 다루고 있다. 필자는 학생들이 힘들어하는 전공 중 하나인 컴퓨터 공학 전공 과목에도 역진행 학습이 효과적인지 확인하기 위해 대표적 전공 과목인 데이터베이스 과목[146]에 블렌디드 러닝을 적용했으며, 그 경험을 여기에서 공유하려 한다.

컴퓨터 공학 전공 과목은 예로부터 강의하기도, 수강하기도 어려운 과목으로 소문이 나 있다. 그 이유를 몇 가지 꼽아 보자면 우선, 일방적 강의만으로도 수업 시간이 모자랄 정도로 많은 양의 콘텐츠(지식)가 전달되어야 한다는 것이다. 둘째, 응용 연습은 알고리즘 고안 및 프로그램 개발을 수반하기 때문에 다른 과목에 비해 학생들에게 많은 시간을 요구한다. 셋째, 복수 전공과 부전공을 비롯해 타 전공생들도 관심이 많아 70~80명을 넘어가는 강좌가 대부분이어서 개인화된 관리는 물론 수준별 학습도 이루어지기 힘들다.

역진행 학습이 위 문제들의 일부라도 해결해 줄 수 있는 바람직한 방향으로 기대되나, 이를 성공적으로 적용하기 위해서는 학생들의 비디오 수강을 강제할 수 있어야 하고, 서른 명 이상의 강의에서 교수가 수업 중에 모든 학생의 문제 풀이 결과를 볼 수 없기 때문에 유연한 피드백 및 상호 작용 도구가 동원되어야 한다. 그뿐 아니라 실습에서도 개인화된 즉시적 피드백이 이루어져야 하고, 교육에 수반되는 기기/기술/시스템이 학생이나 교수에게 어색함과 불편함을 주지 않아야 한다.

현재 클릭커나 관련 소프트웨어들은 완벽한 상호 작용과 상황 통제 기능을 제공하지 못하고 있어 클릭커를 이용하는 응용 소프트웨어 4종[147]을 신규 개발하여 블렌디드 러닝 강좌를 운영했다.

학생들은 매 수업 숙제로 그날의 교과 단원에 대한 40분 정도 길이의 동영상 강의를 시청하고 와야 했다. 수업 시간에는 먼저 해당 동영상 강의 내용에 대한 일곱 개 내외의 객관식 클릭커 퀴즈를 풀게 하여 동영상 시청을 강제할 수 있었다. 학생들의 클릭커 입력값은 실시간으로 교수 모니터의 출석부에 표시되어, 특정 답을 선택한 학생에게 어떤 생각에서 그것을 선택했는지 물어보면서 자연스럽게 토의를 이끌어 갈 수 있었다.

클릭커 퀴즈를 마친 후 미리 준비한 문제와 토의 주제를 중심으로 담당 교수(필자)와 토론식 수업을 진행했는데, 수업 시간은 대부분 여기에 할애되었다. 어떤 문제는 두 명씩 또는 네 명씩 팀을 이뤄 공통의 답을 내도록 했는데, 학생들이 가장 재미있어한 시간이었다.

공학 교육의 특성상 전공 과목의 강의는 주로 지식을 전달하고, 숙제를 내 주고, 수업 시간에 소수의 학생이 질문을 하면 그에 답해 주고 다시 강의를 이어 가는 형식이었다. 그런데 역진행 학습을 적용한 이 강의에서는 학생들과 한 학기 내내 함께 문제를 풀어 보고 주요 현안을 토의하는 귀중한 시간을 가질 수 있었다.

그 결과 서울대 공식 수업 만족도 조사[148]에서 모든 항목이 이전 학기에 비해 0.5점(5.0 만점) 이상씩 상승하는 기대 이상의 성과가 있었다. 이전 학기 만족도가 4.0 이상이었던 점을 감안하면 매우 의미 있는 결과

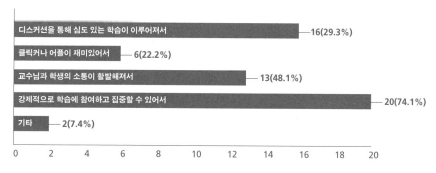

디스커션을 통해 심도 있는 학습이 이루어져서 ⎯16(29.3%)
클릭커나 어플이 재미있어서 ⎯6(22.2%)
교수님과 학생의 소통이 활발해져서 ⎯13(48.1%)
강제적으로 학습에 참여하고 집중할 수 있어서 ⎯20(74.1%)
기타 ⎯2(7.4%)

〈그림 3〉 '역진행 학습 형식의 교육에 만족했다면 그 이유는?' 설문에 대한 학생들의 답

라 할 수 있다. 함께 입력된 자유 답변에서도 학생들의 만족도를 느낄 수 있었고, 부정적인 의견으로는 학점 수(3학점)에 비해 과도한 학습 부담 정도를 꼽았다.

> "역진행 학습으로 진행되었다는 점이 마음에 들었고, 매 시간 진행된 퀴즈와 토론을 통해 수업 내용에 대한 이해도를 높일 수 있었습니다."
> "정말 많은 것을 배워 갈 수 있었고 이번 학기 가장 충실하게 열심히 공부한 과목입니다."
> "새롭게 도입한 교육 방식이 효과적인 것 같습니다."
> "수업 부담이 크다는 것이 이 강의의 유일한 단점이라고 생각합니다. 정말 좋은 강의인 것은 맞지만 그만큼 힘든 과목이라고 생각합니다."

이 강의의 수강생들만을 대상으로 독립적으로 진행한 학기말 설문(〈그림 3〉)에서 역진행 학습 형식의 수업이 좋았던 이유로 학생들이 '강제적으로 공부를 할 수 있었던 점'과 '토론을 통한 심도 있는 학습'을 가장 많이 선택한 것으로 보아, 학습 집중도에는 상당히 긍정적인 효과가 있었던 듯하다. 또 '교수와 학생의 소통'을 주요 이유로 꼽은 학생들도 많아 학생들 역시 소통을 중요시하고 있음을 파악할 수 있었다.

한편 역진행 학습에 대해 불만스러웠던 점의 요체는 '일주일에 2회 꼭 동영상 강의를 시청해야 하는 것', '매 수업 보는 퀴즈가 부담이 된다는 것' 등 전반적으로 학점(3학점)에 비해 학습 부담이 너무 크다는 것이었으며, 교육 방식이나 내용에 대해서는 별다른 불만이 없었던 것으로 조사되었다.

결론적으로 이 강의 방식 안에서 학생들이 보이는 집중도와 만족도가 상당히 높았고, 출석률도 상당히 높았다.[149] 그리고 교수인 필자의 입장에서도 수업 시간 내내 학생들과 연습 문제를 풀면서 토의했던 과정은 이전에 해 보지 못한 귀중한 경험이었으며, 졸거나 따분해하는 학생을 찾을 수 없을 정도로 학생들이 열성적으로 참여하는 등 그 효과는 놀라운 수준이라고 생각된다.

비용을 올리지 않는 질적 향상

블렌디드 러닝을 통해 우리는 비용을 올리지 않으면서 질적 향상을 이룰 수 있었다. 물론 클릭커를 구입했고 몇 개의 소프트웨어를 개발하느라 필자와 조교들의 노력이 추가로 투입되었지만, 이는 처음 시도하는 시범 강의였기 때문에 지불해야 하는 비용이었고, 그 이후 과목들에서는 그대로 재사용하고 있다.

앞에서 교육의 비용을 낮추기 위해 택할 수 있는 전략으로 자동화와 공유를 제시했는데, 이번 시범 강의에서도 그 희망을 볼 수 있었다. 클릭커로 퀴즈를 운영하면 채점은 물론이고 다양한 통계가 실시간으로 자동 생성되며, 동영상 강의 사이트는 수강생의 시청 정보를 자동으로 점수화해 준다. 퀴즈를 올리면 비디오의 원하는 부분에서 해당 퀴즈를 보여 주고 답을 맞혀야 넘어가게 해 준다. 이 모든 것이 자동으로 이루어지기 때문에 콘텐츠를 형식에 맞춰 만들어 올리는 것 외에 강사와 조교가 따로 해야 할 일은 별로 없다. 공유의 측면에서, 필자의 강의 동영상은 이미 공개되어 수강생들뿐 아니라 일반인들도 이용할 수 있고, 더 좋은 다른 동영상과 자료도 어렵지 않게 찾을 수 있다. 우리가 개발한 소프트웨어 역시 누구나 사용할 수 있게 공개했는데, 전문 기업이나 연구소 등에서도 더 좋고 다양한 소프트웨어를 오픈 소스로 공유하고 있어 공유 문화는 점점 더 확대될 것으로 기대한다.

교육의 질을 높이기 위한 세 가지 포인트(좋은 교육 콘텐츠, 세밀한 모니터링을 통한 개인화, 대면 양방향 교육)도 점진적으로 개선해 나갈 수 있어 보인다. 먼저 공유의 문화를 통해 훌륭한 교육 콘텐츠를 더 많이 이용할 수 있게 되었으며, 디지털화된 교육 콘텐츠는 재사용이 가능하고 수정 보완이 용이해 질적 향상을 이루기가 용이하다. 온라인 교육 부분은 모든 활동을 기록할 수 있어 정밀한 데이터 수집이 가능하며, 오프라인 교육에도 클릭커와 같은 기기와 관련 소프트웨어를 이용해 학습 행동을 기록할 수 있어 과거와는 차원이 다른 세밀한 수준으로 학생들의 학습 상황을 모니터링할 수 있게 되었다. 역진행 학습의 최대 장점은 지식 전달 활동을 수업 시간 밖에서 이루어지게 함으로써 교수와 학생이 만나는 수업 시간을 오롯이 양방향 교육에 할애할 수 있게 해 준다는 것이다.

남은 과제

시범 강의의 경험과 지속적으로 발표되는 블렌디드 러닝의 성공

사례와 방법론들을 보면서 교육에 혁신적인 변화가 임박한 느낌을 지울 수 없다. 하나의 큰 충격적 변혁이 올 수도 있지만, 보다 개연성 있는 시나리오는 점진적 변화들이 매우 빠른 속도로 일어나는 것이다. 그렇다면 그 변화의 과정에서 우리가 해야 할 일은 무엇인가? 물론 단기적으로는 현재 개발된 기술들을 어떻게 창의적으로 우리 교육 활동에 적절히 적용할 것인가를 고민해야 할 것이고, 장기적으로는 미래 사회의 인재상과 대학의 역할에 대한 끊임없는 고민도 이루어져야 하겠지만, 본고에서는 IT 기술 관점에서 중장기적으로 해결해야 할 몇 가지 과제들을 생각해 보면서 마무리하기로 한다.

첫째로, 학습이 이루어지는 공간인 교실에 관한 문제다. 교실은 이제 수동적인 장소의 역할에서 벗어나 능동적으로 학습 주체들을 관찰하고 촉진하는 역할을 해야 한다. 즉 물리적 공간이면서 추상적인 학습 모델이 직접적으로 투사되어 결합되는 양면적 기능을 할 수 있어야 한다. 이를 위해 어떤 센서와 기기들을 배치해야 하며, 개별 교수 모델에 따라 이것들이 어떻게 상호 작용해야 할 것인지가 설계되어야 한다.

둘째로, 개인 맞춤형 교육을 제공하기 위해 상황과 맥락을 이해하는 교육 운영 시스템이 필요하다. 학생의 현재 이해도와 역량을 고려하여 교육 콘텐츠를 정하고 지금 활용할 수 있는 기기(AR/VR 또는 단순 비디오)와 상황에 따라 적절한 방식으로 그것을 제공하는 기술이 필요하다. 현재는 학생 본인이 판단해 결정하거나 교수자가 일일이 정해 주어야 하는데, 보편적 개인화를 실현하기 위해서는 꼭 필요한 기술이다.

셋째로, 새로운 교육 형태에 따라 새로운 콘텐츠를 개발하는 데 드는 노력을 최소화하도록 지원하는 기술이 필요하다. 앞서 소개한 시범 강의를 위해 기존의 강의 자료와 과제물 등을 모두 다시 만들어야 했으며, 퀴즈 또한 새로 만들어야 해서 교수와 조교들이 타 수업에 비해 두 배 이상의 노력을 들여야 했다. 새로운 방식의 수업을 준비할 때 교육 자료를 찾고 편집하는 일련의 활동이 이루어지는데, 그 과정에서 지능화된 기술적 도구들이 매우 요긴하게 쓰일 것으로 예상된다. 충분히 많은 강의들이 역진행 학습으로 전환되면 그 사례들을 학습 데이터(training data)[150]로 이용해 일반 강의들을 자동으로 역진행 학습화해 주는 인공지능 서비스도 상상해 볼 수 있을 것이다.

교육의 인터페이스는 어떠해야 할까
─전통주의의 반격

박원호 / 정치외교학부

테크놀로지가 인간의 삶을 바꿔 온 과정이 끊임없는 진보와 혁신의 과정이었음은 부인하기 어렵다. 과학의 끊임없는 발전과 궤를 함께해 온 테크놀로지의 구현과 활용이 적어도 개인 삶의 여러 양적 지표들을 향상시킨 것은 사실이기 때문이다. 물론 과학과 기술의 발전이 삶의 '질'까지 깊고 풍족하게 해 주지는 못하더라도, 장기적인 안목에서 인류 역사가 과학과 문명이 자연을 정복하는 과정이라는 이해는 우리에게 너무도 친숙하다. 아마도 우리는 이전의 급격한 발전보다 훨씬 더 질적으로 빠르고 차원이 다른 새로운 변화를 앞두고 있을 것이다.

　　테크놀로지라는 엔진이 정치와 경제, 산업과 학술 등 사회 모든 분야에서 이러한 발전을 끊임없이 추동해 왔고, 특히 오늘 우리 앞에 놓인 제반 기술 혁명이 압도적인 기세로 우리를 미래로 이끌어 가려는 이 지점에서 특별히 교육 분야가 변화의 물결을 거스를 수는 없을 것이다. 예컨대 강의실에는 혁신적인 기자재와 완전히 다른 포맷의 교재, 또 그것을 이용한 낯설고 새로운 교수법이 들어서게 될 것이며, 교육의 형식과 내용이 달라질 것임은 비교적 자명하다.

그러나 교육 분야가 지니는 독특성은 없는가? 우리가 이상과 같이 당연하게 받아들이는 선형적 기술 선도 발전론이 여타 산업 분야와 똑같은 방식으로 교육 분야에 적용될 수 있는가? 우리가 당면하고 있는 매우 근본적인 변화의 과정에서 교육은 어떤 방식으로 적응하고 변화해야 하며, 그럼에도 변화되지 않고 지켜야 할 원칙들은 어떤 것인가?

이 장에서는 교육의 인터페이스가 테크놀로지의 변화에 어떻게 대응해야 하는가라는 질문을 던진다. 그런 의미에서 이 장은 첨단 교육 테크놀로지에 대한 서술도, 교육 현장에 앞으로 불어닥칠 변화의 경향에 대한 예측도 아니다. 다만 이 장은 교육이라는 사회적 재생산의 과정이 근본적으로 인간 계발(human development)의 과정이며, 이러한 목적을 위해 때로는 새로운 테크놀로지가 제공하고 구현하는 인터페이스가 오히려 매우 근본적인 방식으로 이 목적을 저해할 수도 있다는 것, 그리고 이러한 테크놀로지를 교육 과정이 수용하는 방식은 매우 비판적이고 선택적이어야 함을 보이려 한다.

이하에서는 차량 내비게이션의 사례 분석을 통하여 전통적 인터페이스와 새로운 인터페이스를 비교해 보고, 이것이 산업과 교육으로 대비되는 상이한 목적에서 어떻게 다르게 평가될 수 있는지를 살펴볼 것이다.

길 찾기, 내비게이션 그리고 교육

지금은 매우 널리 사용되지만, 운전자에게 길을 안내하는 차량 내비게이션 시스템이 보편화된 것은 비교적 최근 일이며, 지금도 여전히 많은 개량과 발전이 이루어지고 있다. 이상의 변화는 종이나 책자 등에

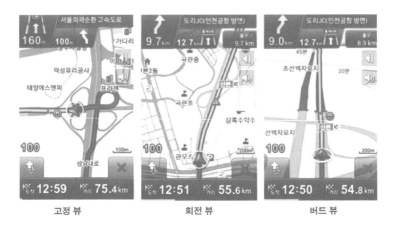

〈그림 1〉 내비게이션의 여러 인터페이스들

인쇄된 지도를 사용하는 운전자가 매우 짧은 시간에 사라지고, 새로운 테크놀로지가 구현하는 인터페이스가 이전 인터페이스를 완전히 대체한 경우라 할 수 있을 것이다. 애초에 '지도'라는 전통적인 인터페이스를 통하여 길을 찾는 일이 차량을 운전하는 것과 근본적으로 동시에 수행하기 어려운 과업이었다면, 차량 내비게이션 시스템은 이러한 문제를 새로운 인터페이스를 통하여 성공적으로 해결한 대표적 사례라 할 수 있다.

여기에서 우리가 핵심적으로 주목하는 것은 이러한 인터페이스의 전면적인 대체가 운전자에게 어떤 장기적인 영향을 미칠 것인가 하는 점이다. 물론 내비게이션이 우리가 앞으로 맞이하게 될 새로운 테크놀로지를 대표한다 할 수는 없지만, 여기서 지적하려는 중요한 사항은 어떤 인터페이스를 사용하느냐에 따라 운전자가 장기적으로 길을 잘 익히게 될 수도, 혹은 길을 전혀 '몰라도 되는' 방식으로 적응하고 진화할 수도 있다는 점이다. 이것은 기술의 발전에 뒤따르는 교육의 인터페이스가 어떠해야 하는지를 살펴보는 하나의 실마리가 될 수 있을 것이다.

〈그림 1〉은 현재 차량 내비게이션들이 일반적으로 제공하는 세 가지 인터페이스들의 예를 보여 준다. 가장 많이 사용되는 것은 차량의 진행 방향과 사용자의 전방 시야를 일치시킨 '회전 뷰'나 이에 약간의 입체감을 강화한 '버드 뷰'인 것으로 알려져 있다.[151] 해당 옵션들이 일반적으로 가장 많이 사용되는 것은 그것이 기본 설정이라는 사실과 함께 사용자 편의성 때문일 텐데, 그것은 또 다른 옵션인 '고정 뷰'와 관련해서 그 특징이 보다 극명하게 드러난다.

'고정 뷰'는 전통적 인터페이스라 할 수 있는 지도와 거의 동일한 구조를 지닌다. 동서남북의 방향들이 고정되어 있으며, 차량의 실제 진행 방향과 지도에서의 차량 진행 방향이 반드시 일치하는 것은 아니다. 예컨대 차량이 남쪽으로 향하고 있다면 운전자의 진행 방향과 반대 방향으로 움직이는 매우 불편한 인터페이스를 운전자가 감수해야 한다.

물론 여기서 특정 인터페이스가 더 우월하거나 편리하다는 점을 지적하려는 것은 아니며, 다만 '고정 뷰'를 채택한 운전자와 '회전 뷰' 또는 '버드 뷰'를 채택한 운전자는 아마도 목적이 서로 다르리라는 점을 강조하려 한다. 예컨대 목적지에 가장 안전하고 빠른 길로 실수 없이 도달하는 것이 목적인 사람은 '회전 뷰'나 '버드 뷰'를 채택하고 내비게이션의 단순화된 지시를 따를 것인 반면, 여정을 통해 길과 지리를 익히려는 목적을 가진 운전자는 '고정 뷰'를 채택하는 쪽이 더 현명한 선택일 것이다.

이것은 교육과 산업의 차이를 보여 주는 중요한 구분점이 될 수 있다. 목적에 가장 효율적이고 체계적으로 단순화된 방식으로 다가가는 것이 테크놀로지의 산업적 구현이라면, 인간을 어떻게 계발하고 단련할 것인지를 고민하는 것이 바로 교육이며, 목적지를 알려 주는 것이 아니라 길을 알려 주는 것, 그래서 종국에는 도움(내비게이션) 없이도 목적지를 찾아갈 수 있도록 하는 것이 교육의 목적일 것이기 때문이다. 그런 의미에서 산업의 인터페이스와 교육의 인터페이스는 달라야 하며 또 다른 것이 당연하다. 요약하자면, 산업의 인터페이스가 '회전 뷰'나 '버드 뷰'에 더 가깝다면 교육의 인터페이스는 '고정 뷰'에 더 가까울 것이라고 말할 수 있다. 이하에서는 이 양자를 대비하여 논의를 진행해 보려 한다.

산업의 인터페이스

산업의 인터페이스가 지녀야 할 가장 핵심적인 내용은 무엇보다도 합목적적 합리성이라 할 것이다. 다시 말해 주어진 목적지에 가장 효율적으로 빠르게, 실수 없이 도달하는 것이 최상의 목표라는 것이다. 역설적이게도 가장 효율적이고 효과적인 방법은 사용자가 전체적인 경로나 최종 목적지를 일단 입력한 후에는 잊거나 염두에 두지 않아야 한다는 것이다. 왜냐하면 마치 근대적 생산 분업 체계가 포드주의적인 분업[152]을 디자인했던 것처럼, 운전자는 가장 단순화된 형태로 쪼개진 채(morselized) 제시된 최소 과업(구간)만 수행할 때 실수를 최소화할 수 있기 때문이다.

이상과 같은, 사용자를 소외시키는 형태의 인터페이스는 교육의 인터페이스로 적절하지 않다. 왜냐하면 철저하게 오류의 가능성을 최소화한 단순화된 작업 환경은 콘텍스트의 최소화, 혹은 선별적 제공이라는 형태로 나타나기 때문이다. 물론 제공되는 정보의 추상화 수준과 어느 정도까지 배경 맥락을 드러내야 할 것인가는 아마도 자동화된 알고리즘을 통해 최적점을 찾아낼 수 있을 것이다. 그러나 어떤 경우이건 제공되는 정보의 양과 형식이 외부에서 결정되며 단속적으로 끊임없이 제공되고 폐기되고 재충전되기를 거듭하는 순차적 과정에서 사용자는 전체적인 큰 그림을 얻기 힘들 것이다.

흥미로운 사실은 이러한 탈맥락적이고 파편화된, 그러나 끊임없이 공급되는 많은 양의 정보를 적재적소와 적시에 제공하는 기술이야말토 IT 혁명 그리고 인공지능 혁명이 초점을 맞추는 지점이라는 사실이다. 다시 내비게이션의 예로 돌아간다면, '버드 뷰'는 가장 현실과 가깝게 생긴 인터페이스며 사용자가 가장 힘들이지 않고도 다다를 수 있는 '낮은' 추상화 수준을 대변한다.

미래의 테크놀로지는 이렇게 현실을 보다 실감 나게 모방하는 방식으로, 그러나 동시에 전체적인 맥락은 사상한 채 사용자에게 끊임없이 가깝게 다가올 것으로 보인다. 현실을 근사치로 모방하여 사용자의 눈앞에 제공하는 가상 현실이 비디오 게임에서 학습 교재에 이르는 광범위한 영역에서 펼쳐지는 과정은 사용자 중심의 인터페이스, 즉 사용자가 접하는 가상과 현실을 일치시키는 방식으로 진행되었다. 그러나 이러한 변화 과정이 반드시 보다 나은 교육 인터페이스의 진화를 의미한 것은 아닐 것이다. 다음에서는 이러한 접근과는 다른 교육의 인터페이스에 대해 생각해 본다.

교육의 인터페이스

이상과 같이 정리된 산업의 인터페이스와 대척점에 있는 것이 '고정 뷰'로 대표되는 다른 형태의 인터페이스일 것이다. 이 '고정 뷰'라는 인터페이스가 교육적 관점에서 우리에게 주는 시사점을 몇 가지로 나누어 살펴 보자.

첫째, 이곳에서 가장 중요한 강조점은 '고정 뷰'의 인터페이스가 운전자의 실수 가능성이 상대적으로 매우 큰데도 그것이 존재할 만한 충분한 의의가 있다는 점이다. 그것은 목적지에 도달하는 것보다 인간계발의 관점이 더 강조되는 인터페이스라는 점이다. 근본적으로 시행착오를 통해 더 많은 것을 배우는 교육의 과정을 생각한다면, 과업을 단순하게 만들어 사용자를 편리하게 해 주는 것보다 오히려 사용자에게 일정한 부하를 끊임없이 제공하는 것은 교육의 인터페이스에서 매우 중요한 고려 사항이 될 것이다.

둘째, 따라서 제공되는 정보는 사용자가 기준 시점이 되는 것이 아니라 객관화되고 보편적인 시점을 기준으로 한다. 이러한 인터페이스는 사실 새롭게 발명된 것이 아니라 기존의 '전통적'이고 보편적인 인터페이스, 즉 '지도'의 인터페이스를 그대로 답습하고 있다는 사실을 지적해야 하겠다.

셋째, 이곳에서 중요시되는 것은 주체의 시점이 아니라 콘텍스트를 이루는 주변이며, 산업의 인터페이스와는 다른 높은 추상화 수준의 정보를 제공한다. 다시 말해 주체가 직접 목격하는 현실과 제공되는 정보 사이에 상당한 추상적 괴리가 있으며, 이것이 지니는 장점은 정보가 시작 지점에서부터 '전면적'으로 제공될 수 있다는 사실이다. 이것은 예컨대 앞서의 '버드 뷰'의 예에서 해당 과업이 분절된 채('포드주의적 분업') 제공되는 것과는 달리 목적지에 다다르는 전체 여정이 처음부터 사용자에게 전달된다는 의미다. 더 중요한 점은 새롭게 제공되고 업데이트되는 정보가 누적적으로 기존 정보에 항상 부가될 수 있다는 것이다.

넷째, 이상의 인터페이스가 기존 '지도'와 매우 닮았지만, 그것을 단순히 답습하는 것을 넘어서 테크놀로지가 추가하는 요소를 적극적으로 전통적 미디엄(medium)과 결합할 수 있게 되었다. 예컨대 운전자의 위치를 GPS 기술을 통해 지도에서 보여 줄 수 있다든지, 교통 상황을 지도에서 실시간으로 표현해 줄 수 있게 되었다든지, 나아가 매우 간단한 조작을 통하여 운전자에게 보이는 지도의 척도를 변화시킬 수 있게 되었다는 사실을 생각해 보면 될 것이다. 이런 변화들은 매우 극적인 기술적 진화들을 기존 미디엄에 적극적으로 접목시킨 사례들이다.

요컨대 교육의 인터페이스는 근본적으로 인간 계발을 염두에 두고 디자인되어야 할 것이다. 사용자의 용이성이 아니라 전체적인 큰 그림과 맥락의 정보 제공에 초점을 두어야 하며, 그러기 위해서는 사용자에게 반드시 편리하지만은 않은 추상화 수준의 인터페이스에서 작업이 이루어져야 한다.

반론

이상과 같은 논의들은 테크놀로지와 교육에 관한 매우 근본적인 몇 가지 흥미롭고 심각한 질문들을 던진다. 앞서의 논의를 정리하자면, 테크놀로지가 산업과 생활에 수용되고 활용되는 고유한 방식이 있다면, 교육 과정이 테크놀로지를 받아들이고 수용하는 방식은 매우 근본적으로 달라야 한다는 말로 요약될 수 있다. 이것은 거칠게 말해 산업과 생활이 편의성, 합리성, 생산성 등의 기준과 목적을 가지는 데 반해 교육은 인간 계발이라는 근본적으로 다른 목적을 지닌 과정이라는 것이다. 만약 그렇다면 교육이 활용할 테크놀로지의 인터페이스 또한 산업이나 생활의 인터페이스와 근본적으로 달라야 한다.

이에 대한 가장 근본적인 반론은 다음과 같다. 이를테면 테크놀로지가 가져오는 거시적·사회적 변화가 사회적 수요를 변화시키고, 나아가 지식의 의미와 인간 계발의 내용마저 재정의할 수 있다는 것이다. 예컨대 택시 운전사가 길을 잘 알아야 하며 평범한 직장인도 더 많은 연락처의 전화번호를 암기하고 있는 것이 업무 효율성을 위한 당연한 덕목이었던 시간이 어느새 옛날 일이 된 것처럼, 4차 산업 혁명이 가져올 변화는 우리에게 인간과 지식에 대한 생각을 근본적으로 재편할 것을 요구하고 있다는 것이다.

이러한 논지를 끝까지 밀고 간다면 인간 계발의 의미나, 심지어 '인간'의 의미조차 기술과 사회적 발전에 따라 변화할 것이며, 매우 상대적·역사적·특수적이라 주장할 수 있을 것이다. 근대 사회에서 필요한 인간, 혹은 자본주의에서 노동을 담당하는 인간 등 한 사회에 어떤 '인간'이 필요한지를 사회가 항상 정의해 왔으며 교육이 이러한 인간을 주조해 내는 것을 목적으로 한다면, 테크놀로지의 변화와 그것이 불러올 사회적 변화는 교육의 형식은 물론이고 내용까지도 변화시킬 가능성이 크기 때문이다.

새로운 사회에서 '지식' 또한 다른 방식으로 사고되어야 할 것이다. 어떤 의미에서는 이제 개인들이 습득해야 하는 것은 이미 지식('know-how')이 아니라 지식을 찾는 방법('know-where')이 되지 않았는가? 배움의 시작이 구글링과 위키피디아가 되고 있는 현실에서 사람들은 더 이상 생각하거나 기억하기를 멈추었다고 비판하거나 사람들의 사고가 "얕아졌다"[153]라고 말하는 것은 문제를 지나치게 단순하고 보수적인 관점에서 바라보는 것이다. 요컨대 우리는 인간과 지식을 새롭게 정의해야 할 지점에 와 있는 것인지 모른다.

따라서 문제는 매우 철학적인 것이 될 수밖에 없다. 지식이란 무엇이고 학교와 강의실에서 무엇을 가르치고 어떤 것을 수련해야 하는가. 우리는 과연 교육의 과정에서, 그리고 인간이 길러야 할 지적 역량의 목록에서 논리, 추상, 윤리, 가치, 체계성을 포기할 수 있을 것인가. 과연 사회적 수요가 교육의 내용을 변화시킬 수 있고, 얼마나 변화시킬 수 있는가. 또 변화시켜도 되는가.

따라서 이런 질문들에 대한 이 글의 해답 또한 잠정적일 수밖에 없다. 다만 확실한 것은 이러한 문제들을 끊임없이 고민하고 반성하면서 무엇을 견지해야 하고 무엇을 바꿔야 할 것인지를 결정해 가야 한다는 과제가 교육에 여전히 남겨져 있다는 점이다. 사회적 수요가 매우 급진적 변화를 요구한다면, 교육은 그것에 대해 시간을 가지고 충분히 반추하며 뒤따라가야 한다. 그런 의미에서 교육은 근본적으로 '보수적'인 변화의 궤적을 그려야 하는 것인지 모른다. 또한 그런 의미에서 이 글은 매우 '전통적 시각'을 지니고 있다 하겠다. 이하에서는 이러한 입장에서 새로운 테크놀로지와 교육의 인터페이스는 미래에 어떠해야 하는지에 관한 몇 가지 원칙들을 논의한다.

교육 인터페이스의 재구성

테크놀로지는 싫든 좋든 우리 강의실과 교육 현장의 모습을 바꿔 놓을 것이다. 그리고 그 변화는 단순한 교구(敎具)의 진화에서 강의실 그 자체의 공간적 존속 여부에 이르기까지 매우 근본적으로 폭넓고 다양할 것이다.[154] 그러나 한 가지 변화하지 않는 점이 있다면 여전히 학생들은 교육 내용을 어떤 형식으로든 면대면(face to face)으로 만날(facing) 것이며, 이것이 바로 교육이 시작되는 출발 지점이라는 사실이다. 이러한 출발 지점들을 우리는 인터페이스(interface)라 부를 수 있을 것이다.

이 인터페이스는 교사나 책일 수도 있고, 휴대폰 애플리케이션일 수도 있고, 새로운 테크놀로지가 우리에게 가져올 혁신적인 교육 환경 시스템일 수도 있다. 교육의 내용과 형식이 이런 인터페이스를 중심으로 재구성된다면, 또 교육 생태계의 건강성을 결정하는 것이 이러한 인터페이스라면, 그 미래 모습이 어떠해야 할 것인지를 미리 생각하고 고민하는 작업은 결정적인 중요성을 가질 수밖에 없다. 여기서는 앞의 논의를 바탕으로 미래의 교육 인터페이스가 새로운 테크놀로지와 어떤 방식으로 결합해야 할 것인지, 포기할 수 없는 것들은 어떤 것이 있으며 어떤 변화들을 수용할 수 있을지, 그리고 어떤 문제들이 남아 있는지에 관한 원칙들을 생각해 보려 한다.

첫째, 교육 인터페이스는 콘텍스트와 같이 제공되어야 한다. 부분과 전체가 통합되어 있으며 양자가 끊임없이 어떻게 이어져 있는지를 상기시키는 방식으로 사용자에게 정보가 제공되어야 한다. 과학이 단편적 지식의 총합이 아니라 그것을 아우르는 체계 자체라는 사실을 이해

한다면, 과학적 지식을 전달하고 과학적 사고방식을 함양하는 교육 과정이 부분과 전체라는 체계의 중요성을 떠나 존속하기는 사실상 어려워 보인다.

둘째, 시행착오를 적극적으로 활용할 수 있어야 한다. 테크놀로지가 생활과 산업에 적용되는 방식이 실수를 미연에 방지하는 방향으로 진화해 왔다면, 교육에 적용되는 방식은 달라야 할 것이다. 교육 과정에서 시행착오와 반복은 피해야 할 재앙이 아니라 미덕이며, 때로는 성공보다 실패에서 더 많은 교육 기회가 발생하기 때문이다. 따라서 교육의 인터페이스는 실수가 발생하면 그것을 빨리 포착하게 하고, 어디서 무엇이 잘못되었는지를 명백하게 알려 주며, 비교적 손쉽게 실수를 교정하고 교수자나 학생이 선택할 수 있는 임의의 지점에서 해당 과정을 새롭게 시작할 수 있도록 도와야 한다.

셋째, 전통적 미디엄의 적극적 활용과 재창조가 필요하다. 물론 테크놀로지는 그 특성상 모든 것을 매우 근본적으로 재구성하고 변화시키는 추동력이 될 수 있고, 그 '새로움' 자체가 중요한 상품성을 가질 수도 있다. 하지만 교육 과정에서 사용되는 인터페이스는 점진적인 변화가 더 바람직한 것인지도 모른다. 내비게이션의 예에서 보았지만, 지도 같은 전통적인 인터페이스와 테크놀로지가 가져온 새로운 요소들을 잘 결합하는 것이 때로는 교육이라는 목적에는 훨씬 더 효과적일 가능성이 크기 때문이다. 따라서 교육과 테크놀로지가 결합하는 장면은 완전히 새로운 교구와 교습 방법을 새롭게 발명하는 것이 아니라 책이나 지도, 칠판 등의 전통적 교구를 현대적으로 재구성하고 테크놀로지와 접합하는 모습일 것이다.

넷째, 정보와 지식이 학생들에게 어떻게 누적되는지에 관한 새롭고 명확한 모델이 있어야 하며, 평가 체계도 이에 맞추어 바뀌어야 한다. 인간의 기억이 컴퓨터의 중앙 기억 장치나 클라우드의 저장소로 대체되

면서, 기억과 암기라는 영역이 교육에서 주변부로 밀려나고 있다고 볼
여지가 있다. 그러나 근본적으로 교육이라는 과정이 학생에게 어떤 변
화를 가져오고 어떤 흔적을 남겼는지는, 각종 평가나 테스트·시험 등을
생각한다면 결국 새로운 정보가 학생들의 머리에 어떻게 저장되었느냐
의 문제일 수밖에 없다. 새로운 정보들이 어떠한 구조와 콘텍스트에서
어디로 저장되느냐에 관한 모델에 바탕을 둔 인터페이스가 구성되어야
할 것이며, 이에 따른 평가 시스템을 새롭게 사고할 필요가 절실하다.

다섯째, 교육의 인터페이스는 사용자에게 끊임없는 지적 부하를
주어야 한다. 그것은 정보를 마음속에서 조직화하는 추상화의 과정일
수도 있고, 정보를 제공받는 콘텍스트나 규모를 최적화하는 지점을 찾
는 선택의 과정일 수도 있다. 교육의 인터페이스는 이러한 부하를 없애
주거나 대신 결정을 내려 주는 것이 아니라, 사용자로 하여금 적극적으
로 이 과정에 뛰어들어 참여하게 할 방안을 강구해야 할 것이다.

이상의 제안들은 당연하게도 불완전한 것일 수밖에 없으며, 아직
예측하거나 그 도래조차 생각하기 힘든 미래의 변화는 또 다른 문제점
들과 딜레마를 가져올 수밖에 없을 것이다. 그럼에도 확실한 것은 교육
과정이 고유하게 지닌 기능과 역할은 지속될 터이고, 교육은 새롭게 제
기된 문제들을 꼼꼼하고 슬기롭게, 때로는 개방적으로, 때로는 비판적
으로 수용하며 변화할 것이라는 점이다.

기술, 사회, 국가와 미래 교육
—질문으로 쓰는 시나리오

최태현 / 행정대학원

최근 사회의 변화 경향은 '나'의 존재론적 의미가 폭발적인 기술 혁신에 의해 확대되어 가는 과정에 있음을 보여 준다. 즉 공간과 시간의 상당한 제약을 받으며 살아온 이전 세대 사람들에 비해 다가오는 세대의 사람들은 보다 빠르고 긴밀한 이동, 연장된 수명(혹은 오늘날 생명 윤리 논란을 일으키고 있는 그 이상의 무엇), 온라인 공간에서 창출된 전자적 나와 타인들의 연결성, 그리고 한스 모라벡이 "마음의 아이들"이라 일컬었던 인공 지능을 통한 내 정신의 연장 등 다양한 차원에서 '나'의 확장을 경험하거나 기대하고 있다. 이러한 시대적 흐름을 인식할 때 그렇다면 교육은 무엇이어야 하는가? 어떤 방법을 사용해야 하고, 어떤 내용을 가르치고 배워야 하며, 언제 어떻게 바꾸어야 하는가?

"미래를 예측하는 최선의 방법은 미래를 만들어 내는 것이다."라는 말이 있다. 미국 대통령 에이브러햄 링컨이 말하고 20세기의 경영학자 피터 드러커가 다시 사용하면서 유명해진 이 말은 미래를 예측하려 시도하는 모두에게 의미가 있다. 바로 미래는 지금 우리가 무엇을 꿈꾸고 행하는지에 따라 달라질 수 있다는 것이다. 그러면서 우리는 미래에 대한 다양한 시나리오를 작성한다. 시나리오는 경직된 인과 모형이 아니라 질문과 잠정적 대답으로 구성된 집단적 이야기다. 미래는 아직 결정되지 않았기에 우리는 다양한 시나리오를 생각해 보아야 하며, 다양한 시나리오를 작성하기 위해 중요한 것은 다양한 질문을 제기하는 것이다.

　　교육 분야가 다른 사회 분야에 비해 상대적으로 보수적이라고 인식되지만, 오늘날 교육 분야의 미래를 예측하기 어렵게 하는 몇 가지 요인이 존재한다. 하나는 교육 분야에 도입되고 있는 새로운 기술들이다. 이러한 기술들은 이미 임계점 근처에서 폭발적인 혁신을 보여 주고 있다. 이러한 기술들의 빠른 발전으로 인해 '미래'는 우리가 상상한 것보다 빨리 오고 있다. 다시 말해 어떤 미래는 말 그대로 '아직 오지 않은 것'이 아니라 우리가 분주히 살고 있는 동안, 이 글이 쓰이는 동안에도 '이미 와 버린 것', 즉 '기래(旣來)'가 되었다.

　　둘째 요인은 인구학적 변화다. 한국 현대 사회를 특징지었던 전후 베이비 부머 세대가 노년층에 접어들었으나 이들은 여전히 인구의 상당 부분을 차지하고, 길어진 수명으로 인해 앞으로도 영향력 있는 세대로 남을 것으로 예상된다. 다른 한편 출산율이 낮아지면서 학령 인구가 급격히 감소하고 있다. 규모만의 문제가 아니다. 새로운 세대는 타고난 디지털 세대며, 탈근대적 사회 요소들을 어릴 때부터 접하고 성장하는 세대다. 이들은 연결된(networked) 세대며, 지금 기성세대가 논의하는 미래의 가능성들을 실제로 경험하게 될 세대이다. 결국, 우리 사회는 전근대와 근대가 공존했던 개발 연대보다 더욱 압축된 전근대-근대-탈근대 공존의 시대, 혹은 그 너머의 시대를 맞고 있다.[155]

　　셋째 요인은 이러한 변화들에 대한 공적인 해석과 의사 결정이 이루어지는 정부 혹은 정책의 역할이다. 사회의 다원성과 다양성이 증가한 상태에서 시민들의 이익과 선호를 결집하고 이를 일련의 공공 정책으로 담아내는 일은 현명한 철인 왕에 의해 이루어지는 것이 아니고, 오히려 현실 정치의 복잡한 과정을 거쳐서 이루어진다. 따라서 국가의 정책 과정, 나아가 광의의 집단 의사 결정 과정은 결코 무시해서는 안 될 요소다.

이러한 상황에서 한국 사회의 공존과 지속을 위해 우리는 교육 분야에서 무엇을 인식해야 하고 무엇을 준비해야 하는가. 기술의 발전으로 인해 점차 '나'의 존재론적 의미가 확장되어 가는 이 시대에 미래 교육의 방법과 내용에 대한 시나리오를 준비하기 위해 이 글에서는 교육 방법, 교육 내용, 그리고 변화가 나타나는 방식을 중심으로 교육의 혁신을 세 가지 관점에서 이해해 보려 한다. 이는 기술 중심, 사회 중심, 국가 중심 관점이라 이름 붙일 수 있다. 마지막으로 미래 교육이 지향해야 할 바가 무엇인지 생각해 보려 한다. 우리는 과연 다음 세대에 무엇을 가르쳐야 하며, 왜 그것을 가르쳐야 하는지에 대한 근본적인 질문을 던지려는 것이다.

어떻게 가르칠 것인가에 관한 세 가지 관점

미래 교육의 모습을 생각할 때 당장 눈길이 가는 것은 기술 혁신이다. 특히 정보 통신 기술 혁신을 기반으로 최근 등장한 온라인 공개 수업(이하 무크)과 역진행 학습(flipped learning) 개념, 그리고 보다 광범위한 기술 혁신인 인공지능의 발전은 미래 교육의 모습에 대해 많은 가능성을 열어 준다. 그러나 기술은 변화의 일부일 뿐, 그 기술을 이해하는 사회의 변화 역시 고려해야 한다. 기술은 공학자가 고안하지만 사용자가 해석하고 이해함으로써 활용하기 때문이다. 또한 이 과정에서 국가의 정책적 개입 역시 미래 교육의 향배를 좌우할 수 있다. 국가는 공적 의사 결정을 행할 권능을 보유함으로써 미래의 변화에 전면적이고 단속적인 계기를 만들 수 있는 능력을 지니고 있다. 이러한 세 가지 관점에 대해 하나씩 살펴보자.

기술 중심 관점 — 기술로 배움을 확장한다

무크와 역진행 학습의 등장은 정보 통신 기술 혁명을 기반으로 하여 교육 전달의 양상을 완전히 뒤바꿀 수 있는 가능성을 제시하고 있다. 2000년대 후반부터 무크 모델이 확장되면서 온라인 강의의 새로운 장이 열렸고, 특히 미국의 대학들은 무크 모델을 미래의 교육 대안으로 인정하기 시작했다. 무크 이전의 온라인 강의에 대한 회의적인 시각과는 다르게 무크 모델은 어떤 의미에서는 미래가 아니라 이미 현재가 되어 있다고 보는 사람들도 있다.

무크가 처음 등장했을 때 무크는 미래 교육의 유토피아처럼 생각되었다. 세계에서 가장 명망 있는 대학들의 강의를 세계 어디서나 온라인으로 수강하고 수료증까지 받을 수 있게 되었다는 선언은 곧 교육의 유토피아가 도래했다는 선언과 다름 없었다. 이전에는 불가능했던 광범위한 교육의 전달이 정보 통신 기술 및 미디어 콘텐츠 처리 기술의 발달로 시간과 공간의 한계를 넘어 전달될 수 있다. 교육의 한계 비용은 0에 가깝다. 양질의 교육을 제공받을 기회가 없었던 낙후된 지역의 학생들도 이전에는 누릴 수 없었던 교육의 기회를 누릴 수 있게 된 것이다. 이는 지식의 민주적 전파라는 요청과 연관되어 있다. 기존에는 접근할 수 없었던 강의와 지식들을 이제는 누구나 쉽게 무료로 접근할 수 있다면 지식의 민주주의가 가능하지 않겠는가!

무크가 교육의 전달에서 범위를 더해 주는 길을 열었다면, 역진행 학습을 지원하는 기술의 발전은 교육의 전달에서 깊이를 더해 주는 길을 열었다. 대형 강의에서도 소형 세미나에서와 같은 깊이 있는 지식 전달을 기대할 수 있게 된 것이다. 교육 콘텐츠는 전자적 형태로 저장되고 재조합되어 학생들에게 최선의 형태로 제공될 수 있다. 학생들은 미리 강의의 기본 내용을 학습하고, 강의 시간에는 토론과 적용을 통해 실천적 지식을 습득할 수 있다. 일방적 강의의 한계를 생각할 때 역진행 학습 지원 기술이 가져올 수 있는 파급 효과는 상당할 수 있다.

이 모든 교육적 가능성을 연 것은 기본적으로 기술의 발전이다. 물론 무크와 역진행 학습을 위해 정보 통신 기술과 미디어 처리 기술이 발전하는 것은 아니지만, 그러한 기술이 교육 분야의 오랜 이상과 결합되어 무크와 역진행 학습을 만들어 낸 것이다. 또한 초기 형태의 기술 출현이 새로운 교육 방법에 대한 영감을 주기도 한다. 즉 기술과 아이디어는 상호 영향을 주고받으면서 애초에 존재하던 아이디어가 기술로 인해 실행 가능해진다는 점에서 사회 변화에서 기술의 핵심적 역할을 발견할 수 있다. 무크의 경우는 애초에 실행 가능하지 않았던 동시 접근성의 문제를 기술로 극복한 경우다. 역진행 학습의 경우, 고등 교육 기관들이 꿈꾸어 왔으나 여러 가지 이유로 제한적으로만 구현하던 형태의 강의실을 지원 기술 발전 및 이를 통한 비용의 절감을 통해 가능하게 되었다.

이러한 기술 혁신에 의한 교육의 미래는 기술 혁신의 놀라운 가능성만큼 낙관적으로 보일 수 있다. 지금 시점에서 무크나 역진행 학습에 대한 비판이 존재하는 것은 사실이다. 초기 무크는 학생들이 몰입하기 어렵고, 과정을 수료하는 학생의 비율이 정규 대학 프로그램에서는 받아들이기 어려운 수준이었다.[156] 그러나 무크의 지지자들은 새로운 기술(그것이 무엇이든)을 활용하면 학생들의 몰입도를 높일 수 있고, 그렇게 되면 과정을 수료하는 학생들도 증가할 것이라고 주장한다. 역진행 학습은 강사의 역할을 빼앗는 것 같지만 강사는 얼마든지 여러 자료를 조합하여 학생들의 요구에 능동적으로 반응할 수 있다. 이러한 관점에서 볼 때 새로운 모델의 성공 여부는 제도 변화와 인간의 적응에 있지 기술의 한계에 있는 것이 아니다.

더욱이 현재의 기술에 인공지능 기술이 접목되면 보다 극적인 변화가 올 가능성이 있다. 추천 알고리즘이 적용된 인공지능은 방대한 데이터 처리 능력을 바탕으로 고객(학생)의 필요나 상황 등 개별 사례에 대해 데이터가 제시하는 최선의 교육 경로를 선택할 수 있다. 예를 들자면 전자적 형태로 저장된 단위 콘텐츠가 충분히 쌓이고 공유될 경우, 더 이상 대형 강의의 일방적 전달이 아니라 추천 알고리즘을 적용하여 수강생 개개인의 특성과 수준에 따라 맞춤형으로 모듈화된 강의와 커리큘럼을 제공하는 플랫폼이 나올 수 있다.

요컨대 기술 중심 관점에 따르자면 우리가 원하는 것을 실현할 수 있는 기술 발전의 단계에 와 있거나, 앞으로 도달할 수 있다. 부족한 것은 우리의 상상력과 낙후된 제도이지 기술이 아니라는 것이다.

사회 중심 관점 ─ 중요한 건 사람이다

앞에서 본 기술 중심 관점에 대한 비판은 우리의 눈을 현실로 향하게 한다. 우리의 상상력과 제도는 단순히 낙후된 것이 아니다. 사회 중심 관점은 우리의 '인간 됨'과 사회적 제도의 역할에 주목한다. 기술적으로 가능하다고 해서 우리의 인간 됨의 한계를 뛰어넘을 수도 없고, 그것이 바람직하지 않을 수도 있다는 것, 그리고 기술은 사회적 맥락에서 이해되고 수용되거나 거부된다는 것이 사회 중심 관점이 우리에게 제시하는 주장이다.

무크가 모든 고등 교육 관계자들에게 이상적인 대안으로 받아들여지는 것은 아니다. 특히 글로벌 고등 교육 체계에서 주도권을 쥐고 있다고 보기 어려운 한국의 상황은 무크 모델에 대한 이해를 더욱 복잡하게 만든다. 무크 모델에 대한 반론은 아이러니하게도 대학, 특히 대중을 위한 고등 교육을 지향한다는 점에서 무크와 교육 이념이 유사한 중소 지역 대학으로부터 나온다. 지식을 전달하는 하나의 플랫폼으로서 무크가 (무크 모델을 주도하는 몇몇 대학을 제외하고는) 지식의 생산 주체인 대학 모델에 위협이 될 수 있다는 점 때문이다. 무크의 스타 교수였으나 이제는 자신의 무크 강의를 삭제한 프린스턴 대학교의 한 교수는 자신의 강의가 주립 대학들이 비용을 절감하고자 교육의 질을 낮추는 수단으로 사용될 가능성에 우려를 표했다.[157] 이는 해당 대학의 교수와 학생들에게 좋은 선택이 아니라는 것이다. 또한 산호세 주립 대학의 한 철학과 교수가 공개적으로 하버드 대학교의 마이클 샌델 교수의 온라인 강의를 비판한 사례도 유명하다. 무크 모델과 주립 대학 모델이 미국에서 고등 교육의 보편성 확보라는 공통된 목표를 가지고 있는데도 현재의 논쟁에서 대립점에 각각 위치해 있는 현상은 매우 시사적이다. 캠퍼스와 도서관, 강의실이 있고 학생들이 오가는 전통적 대학 모델에 대한 신념은 흔들리고 있지만 아직 무너지진 않았다.

　무크식의 온라인 강의가 교육적으로 어떤 효과가 있는지에 대해서도 논쟁이 있는데, 결국 온라인 강의의 효과성은 이를 이용하는 사람의 행태에 달렸다. 온라인 강의의 효과성에 대해서는 교수자, 학생, 그리고 강의 환경과 맥락이 좌우하는 부분이 크기 때문에 온라인 강의가 면대면 강의만큼의 효과를 가져올지에 대해서는 유보적인 입장들이 있다. 그러나 이러한 경계는 초점을 잃은 것이 아니냐는 비판도 가능하다. 무크 모델은 면대면 강의를 고수한다면 결코 생산하지 못했을 부가 가치를 생산하는 데에 그 의의와 파급력이 있기 때문이다. 예를 들자면 시간적 신축성, 내용의 반복 청취, 적당한 수준의 상호 작용, 그리고 자신의 학습 과정을 주도적으로 디자인하는 것 등이다. 역진행 학습 역시 마찬가지다. 누구도 화면을 통해 강의에 50분 동안 집중하기 어렵다. 새로운 기술에 의한 강의는 강의실이 아닌 자신의 공간, 대중교통, 카페 등 어디서나 들을 수 있다. 미래에 지식의 정형성이 낮아지고 매우 세부적인 영역의 전문적, 기술적 지식이 더 중요해질 것이라는 전망 역시 무크 모델의 설득력을 높여 주는 방향으로 작용하는 듯하다.

그러나 아직까지 무크 모델이 광범위한 성공을 거두었다는 증거는 부족하다. 초기의 인상적인 성공은 불과 몇 년 후 비관적인 전망으로 바뀌었다. 무크의 주창자들은 더 이상 자신들이 전통적인 대학 시스템을 대체할 것이라 주장하지 않는다.[158] 그 대신 이들은 자신들이 제공하는 교육이 일종의 틈새시장, 즉 공학적 지식에 대한 인증서를 제공하는 방식의 직업 교육에서 잘 작동할 것으로 전망한다. 즉 무크 모델은 고등 교육 전반에 적용될 수 있는 모델이라기보다 매우 특화된 영역에 적용될 만한 모델이라는 인식이 퍼지고 있다. 낮은 수준에 머물고 있는 무크 강의 수료율은 학생들의 학습 의욕이 단순히 강의 시간과 매체의 함수만은 아니라는 것을 시사한다. 학습의 맥락이 기술만큼 중요한 것이다. 무크 모델의 보편성에 대한 신념의 축소는 기술과 인간의 상호 작용이 미래를 결정할 것이라는 점을 잘 보여 준다. 기술은 좋은 수단을 제공해 주었지만 실제로 어떤 교육적 수요가 그 기술을 이용할 것이냐는 사회 구성원들이 정하는 것이다. 그리고 그 결과는 무크에 대해 초창기 이상주의자들이 품었던 기대와는 다소 다른 것 같다.

우리가 고려해야 할 또 한 가지 요소는 교육이란 본질적으로 교수자와 학생 간의 인격적 상호 작용이라는 점이다. 그리고 인간이 어떻게 학습하는가에 대한 보다 깊은 이해가 필요하다. 많은 의사소통 연구들은 실험을 통해 컴퓨터를 통한 의사소통은 면대면 의사소통 수준의 성과를 달성하기 어렵다는 것을 보여 주었다. 기능적 의사소통에서조차 면대면 의사소통이 최선이라고 한다면, 인격과 인격의 대면 및 교환이 이루어지는 교육에서는 더더욱 면대면 의사소통이 중요할 것이다. 이런 관점에서는 교육 기술의 혁신은 결국 교수자와 학생의 거리를 넓히는 것이 아니라 이를 좁히는 방향으로 이루어지는 것이 바람직하다. 무크 모델은 한 명의 교수자가 도달할 수 있는 학생의 범위를 넓히는 대신 거리를 타협했다. 역진행 학습은 거리를 좁힐 수 있는 가능성을 보여 주었지만 현재 버전은 교수자와 학생 모두에게 다소간 적응의 시간을 필요로 하는 듯하다.

나아가 사회 중심적 관점은 보다 근본적인 질문을 요구한다. 즉 인간은 어떻게 학습하는가이다. 인간은 기술이 제공하는 학습 방식에 단순히 순종하지 않는다. 아마도 무크의 화려한 등장과 다소 이른 후퇴는 무크 모델이 인간의 학습 방식에 대한 다소 좁은 이해를 기반으로 하고 있었음을 암시한다. 인간은 '어느 낙후된 지역의 똑똑하고 열정 있고 배움에 목마른 가난한 아이'로 단순히 대표되지 않는다. 역진행 학습 역시 그 효과는 인간의 학습 방식을 얼마나 잘 반영하느냐에 좌우될 것이다. 비록 이 모델이 매우 이상적인 교육 방식을 제공하고 있지만, 이러한 방식이 보편적인 인간의 학습 방식과 양립하는지, 아니면 일부에게만 적용될 수 있는 방식인지에 대해서는 결국 사회적 실험을 통해 배울 수밖에 없다. 그리고 이를 통해 인간 본성에 부합하는 기술이 가능해진다. 이런 관점에서라면 현재 무크 모델의 변화는 일부 비판자들의 주장과 달리 실패가 아니라 기술과 사회, 인간 간 상호 적응의 과정일 따름이다.

요컨대 사회 중심 관점은 새로운 교육 기술의 속성만으로 교육의 미래를 예단해서는 안 된다는 메시지를 전달한다. 우리는 인간의 본성과 기술이 구현되는 사회적 맥락에 좀 더 관심을 가질 필요가 있다.

국가 중심 관점 ― 변화는 집단적 의사 결정의 결과다

마지막으로, 이러한 변화들을 공적으로 승인하고 특정 방향으로 의도적으로 법제화하는 정치 과정에 대해 검토할 필요가 있다. 무크 모델을 포함하여 새로운 교육 기술을 활용한 고등 교육의 재편 과정에는

산업 자본의 이해, 보편적 교육을 표방하는 인도주의, 교육 전문가 집단
의 판단, 일부 엘리트 대학의 주도권 유지를 위한 전략 등이 복합적으로
작용한다. 즉 이는 일견 이상주의적 개선으로 보이는 새로운 교육 기술
도입의 이면에 작동하는 정치 경제학으로 우리의 주의를 돌린다. 교육
시장, 특히 고등 교육 시장은 매우 거대한 시장이다. 이러한 시장이 단순
히 교육적 이상에 의해서만 움직인다고 생각할 수는 없다. 여기에서는
다양한 이해 당사자들이 상호 작용하며, 중대한 이해관계들이 충돌하는
지점에서 공적인 조정 기제가 필요하다. 여기서 국가는 정책을 통해 이
러한 이해 당사자들 간의 이익을 조정한다. 이런 가운데 국가는 '미래 형
성자'의 역할을 수행한다. 단순한 이해 조정은 사회에서 자율적으로 수
행될 수도 있으나 사회 전반의 경쟁력과 관련된 제도의 조정은 공적 의
사 결정에 의해 이루어지는 것이 일반적이다. 특히 대학의 자율성이 큰
미국과 달리 한국은 국가가 교육의 상당 부분을 중앙 집권적으로 결정
해 온 맥락이 있다. 따라서 국가가 적극적으로 특정 기술을 육성하고, 그
에 맞추어 제도를 전국적으로 정비하는 등의 전략적 결정을 내릴 가능
성은 상존한다.

무엇을 가르치고 배울 것인가 — 다시 직면하는 문제

지금까지는 최근의 기술 혁신을 중심으로, 교육 내용을 전달하는
'방법'의 혁신에 따른 교육의 미래에 초점을 두었다. 그러나 우리의 궁
극적인 관심은 미래 교육의 '내용'이다. 그런데 이 내용은 세 가지 관점
에서 달리 접근할 수 있다. 하나는 삶을 영위하기 위한 도구적 지식을 습
득하는 방도로서 교육이고, 다른 하나는 개인의 삶 그 자체를 보다 향상
시키기 위한 교육이며, 마지막 하나는 사회의 공존과 지속을 위한 교육

이다. 예를 들자면 현시점에서 미래의 교육을 예측하는 가장 영향력 있는 화두 중 하나는 인공지능으로 보인다. 즉 인공지능은 가까운 미래의 노동 시장을 변화시킬 가장 중요한 요인이며, 이때 필요한 인재는 인공지능에 대해 비교 우위를 가질 수 있는 창의적이고 윤리적인 판단을 할 수 있는 인재라는 것이다. 그렇다면 현재 교육의 목표는 이러한 창의적이고 윤리적인 판단을 할 수 있는 인재를 길러 내는 데 있어야 한다. 이러한 주장은 위의 세 가지 관점에서 평가할 수 있다. 첫째, 우선 이를 주어진 변화로 간주할 때, 과연 현재의 교육 체계가 이에 어떻게 대응해야 하는가. 둘째, 새로운 기술에 의해 달라질 삶의 조건이 우리에게 던져 줄 존재론적 도전에 미래의 교육은 무엇을 제시해야 할 것인가. 마지막으로, 미래가 반드시 그렇게 되어야 하는 것인가, 사회는 어떤 선택을 할 수 있는가라는 비판적 질문이다.

전문가들은 만일 인공지능에 의한 노동 시장의 변화라는 또 하나의 기술 중심적 관점을 받아들일 경우, 현재의 교육은 거의 무력한 교육을 제공하는 것이나 다름없다고 주장한다. 20세기 산업화 시대에 적합한 표준화된 지식과 표준화된 지식 습득 방식을 전수하는 현재의 교육으로는 가까운 미래에 직업을 찾을 수 없는 형태의 근로자를 양산하는 셈이라는 것이다. 이들은 19세기 말 기계에 의해 대체된 절망적인 육체노동자들과 같은 상황에 직면하게 될 것이라 예측한다. 또한 비록 창의적 능력에 초점을 두는 교육을 시도한다 해도, 인공지능의 발전이 야기할 미래의 변화 역시 예측이 어렵기 때문에 현재 시점에서 과연 어떤 내용으로 창의성을 키워야 하는지에 대해 공적 합의에 도달하기 어렵다. 노동 시장의 시간과 교육의 시간이 다른 것이다. 사회와 국가가 머뭇거리는 동안 기술은 급속도로 발전해 나갈 것이고, 우리는 모두 너무 늦었다는 것을 깨달을 날이 올 것이라는 디스토피아적 시나리오도 가능한 것이다.

　　다른 관점에서는 사회의 자체적 조정 능력과 공적 의사 설정 능력을 인정한다. 예컨대 최근 등장하는 기본 소득 제도와 같은 제안의 주된 요지는 대다수 국민을 산업화 시대식의 실업자로 만들기보다 그들에게 새로운 가능성을 부여할 수 있도록 공적 제도를 만들자는 것이다. 또한 산업화의 역사를 돌아볼 때, 물론 회의적인 부분이 크지만 인공지능의 부정적 결과에 대한 공적 규제의 움직임도 예측할 수 있다. 상대적으로 법칙과 추세의 지배를 받는 기술이나 사회의 변화와는 달리 국가는 의도적 행위자의 성격이 강하기 때문에 추세를 벗어나는 결정을 내릴 수도 있다. 그러나 궁극적 문제는 지금 자라나는 세대를 교육하는 세대 자체가 다가올 시대를 경험해 보지 못했고, 그에 대해 충분히 준비되지 않았다는 점이다. 일부 영역에서는 미처 대비하기 전에 미래가 너무 빨리 다가오고 있다.

　　이제 삶의 의미 자체에 초점을 둔 미래 교육에 대해 생각해 보자. 앞서 언급했듯 미래 사회는 '나'라는 존재가 확대되는 시대라 볼 수 있다. 인간의 육체는 (의도적이든 비의도적이든) 일상의 노동에서 더욱 소외될 가능성이 크고, 이동성의 강화로 공간의 제약을 넘어서고 있으며, 수명 연장을 기대하고 있다. 특히 수명의 연장은 개인 수준과 사회 수준 모두에서 아직 경험하지 못했던 세계로 우리를 밀어 넣고 있다. 이 연장된 부분은 현재로서는 소득, 근로, 보건, 교육 등에서 개인과 사회 모두에 엄청난 불확실성을 안겨 주고 있다.

　　다른 한편 인간의 정신 역시 확대되고 있다. 사회적 지능, 혹은 집단 지성이라는 용어가 강조하듯이 사람들은 연결망 속에서 정신적 자아와 그 능력의 확장을 경험하고 있다. 또한 인공지능 기술의 발달은 우리의 정신을 비약적으로 확장시킬 가능성이 있다. 이미 애플의 시리(Siri)나 아마존의 알렉사(Alexa) 같은 단순한 비서 개념의 인공지능이 대중화되고 있지만, 이보다 강력한 전문가형 인공지능이 스마트 기기 안으로 들어오는 것은 기술적으로 단지 시간문제일 것이다. 예를 들어 최근 성능이 비약적으로 향상되고 있는 언어 번역 인공지능을 생각해 보자. 지금은 단지 보편적 번역을 수행하는 인공지능일 뿐이지만, 어느 날 우리는 각자의 필요에 따라 자신만의 언어 번역 인공지능을 훈련시킬 수도 있을 것이다. 여기에 인식률이 대폭 향상된 음성 및 문자 인식 기술이 접목되면 우리는 스마트 기기 하나로 전문 통역사를 대동하고 다니는 셈이 될 것이다. 그러나 그 통역사는 다름 아닌 나의 확장이다. 한스 모라벡의 말대로 "내 마음의 아이"인 것이다. 이런 맥락에서 미래 교육의 또 다른 화두는 인공지능을 어떻게 교육할 것인가가 된다.[159]

이런 상황에서 두 가지 관련 질문이 제기된다. 이렇게 기계가 제공하는 마음의 영역이 확장되어 가는 것을 인정할 때, 과연 나라는 존재는 무엇을 배워야 할까. 혹은 내 자녀에게는 무엇을 배우도록 인도해야 할까. 기계를 통해 마음의 영역이 확장되는 시대에는 지식의 콘텐츠 자체보다는 메타 지식, 즉 어디에 지식이 있고 그것을 어떻게 통합하며 활용하는 것이 최선인지에 대한 지식을 습득하는 것이 훨씬 중요해질 수 있다. 그런데 열려 있는 지식 정보망 시대에는 이러한 메타 지식 또한 인공지능의 안방 지대다. 따라서 인간이 더 잘하기 어렵다. 결국 디스토피아적 전망은, 인간이 자신의 필요를 기계가 인식할 수 있는 방식으로 정의하고 기계를 이용하는 방법을 배우는 것 외에 대체 무엇을 배울 필요가 있겠느냐는 것이다. 정작 학습하는 것은 내가 아니라 기계다. 이렇게 되면 '확장된 나'는 아이러니하게도 더 이상 '나'가 아니다. 배우고 성장하는 것은 나의 확장된 부분이며, 사실 나는 그 부분을 제대로 이해하고 통제하지 못하는 것이다.

이러한 문제의식은 우리를 보다 근본적인 질문으로 이끈다. 즉 교육이라는 것이 과연 이렇게 미래의 노동 시장 수요나 기술적 진보에 맞추어 이루어지는 것이 바람직한가. 이상적인 교육은 자유롭고 책임 있는 인간으로서 기본적인 소양과 공적 가치들에 대해 사고하고 행동하는 능력을 배양하는 것이지, 단순히 노동 시장이 요구하는 형태의 능력을 지닌 근로자를 배출하는 것은 아니지 않을까? 이 질문은 미래 교육과 한국 사회를 고찰할 때 매우 중요한 질문이다. 즉 사회는 단순한 생산 체제가 아니다. 사회는 자유로운 시민들로 구성되어 있으며, 이들에게는 자신들의 운명을 스스로 결정할 공론의 장, 즉 공적 영역이 필요하다. 또한 이들을 함께 묶어 줄 일련의 공적 가치들에 대한 사회적 존중 역시 필요하다. 한국 사회의 공존과 지속을 담보하기 위해서는 이러한 공적 영역과 공적 가치들을 구성하고 유지할 수 있는 교육은 어떤 것이어야 하는지에 대한 진지한 고찰이 필요하다. 이러한 교육은 단지 주입되는 것이 아니라 세계와의 직접적인 접촉과 학습을 필요로 한다. 그런데 만일 우리가 점점 더 우리의 정신마저 기계에 의존하게 된다면 과연 어떻게 우리가 공적 존재로 성숙할 수 있을까. 이 질문은 근본적으로 인간의 본성에 대한 질문으로 우리를 인도한다. 즉 우리는 '주체'가 될 수 있는가라는 고전적인 철학적 질문에 다시 직면하게 되는 것이다.

미래는 언제 어떻게 오는가

이제까지는 교육의 방법과 내용을 중심으로 '어떤' 미래에 대한 질문들을 던졌다. 그런데 어떤 미래에 더하여 한 가지 또 중요한 질문은 현재와 다른 미래는 '언제' '어떻게' 올 것이냐다. 미래의 변화에 대한 두 가지 관점은 점진적 변화와 단속 평형적 변화다. 전자는 오늘과 내일이 크게 다르지 않은 채 매우 미세한 변화들이 꾸준히 발생한다고 보는 관점이다. 후자는 변화의 압력이 꾸준히 쌓이지만 가시적인 변화가 발생하지 않다가 변화의 압력이 임계점을 넘을 경우 가시적 변화가 폭발적으로 일어난다는 관점이다. 이러한 폭발적 변화 이후에는 다시 안정적인 시기가 도래한다. 그렇다면 기술에 추동된 미래는 언제, 어떻게 올 것인가. 예컨대 역진행 학습은 과연 고등 교육 기관에 전면적으로 도입될 것인가, 아니면 점진적으로 도입될 것인가? 점진적으로 도입된다면 이는 대학 혹은 담당 교수의 자율에 맡겨질 것인가, 아니면 정부에 의해 시범 학교를 중심으로 정책적으로 도입되고 확산될 것인가?

우리가 주목할 것은 기술의 변화 속도와 사회의 변화 속도, 그리고 공적 제도의 변화 속도에 차이가 있다는 점이다. 그리고 이러한 차이가 미래 교육의 변화 양상에 영향을 미칠 가능성을 생각해 볼 필요가 있다. 만일 우리가 기술에 전적으로 의존하는 변화를 공적으로 승인한다면 미래는 기술 혁신에 따라 혁명적, 단속적으로 올 것이다. 마치 컴퓨터 운영 체제의 버전에 따라 컴퓨터의 쓰임새가 달라지듯, 교육 역시 기술의 버전에 따라 급진적 변화를 겪을 것이다. 그러나 이런 시나리오는 바람직하지 않다. 전자 정부 초기에는 이런 시나리오가 작동하기도 했다. 2001년 당시 이미 새로 구축되었던 C/S 시스템이 있는데도 1996년부터 가능해진 인터넷 기술을 적용한 새로운 교육 행정 정보 시스템(NEIS)을 서둘러 도입하려 했던 것이다. 기술과 국가가 결합하여 불과 2년여 만에 전면 도입하려 했던 이 시도는 커다란 사회적 갈등을 일으켰다.

국가가 특정 기술의 발전을 촉진하거나 특정 교육 형태에 대한 사회적 수요를 촉진하는 방식으로 변화를 이끌어 낼 가능성도 있다. 정부가 추진하는 다양한 연구와 교육 지원 사업들이 그 예다. 이 경우에도 변화는 다소 단속적으로 나타날 수 있다. 국가의 개입은 대개 역사적 사건이 발생했을 때 가시화된다. 대형 재난, 정보 통신 기술의 등장, 정치적·경제적 변동, 문화적 이벤트 등이 역사적 사건을 구성한다. 이러한 국가 주도적 변화는 한국의 개발 연대에 주로 발생했던 것이지만, 오늘날 다원화되고 민주화된 정책 환경에서도 여전히 국가는 사회 전반에 영향

을 미치는 정책을 결정할 권능을 가지고 있다. 또한 각종 지원금을 활용
하여 특정한 기술의 개발을 유도할 수 있는 권능 역시 가지고 있다. 물론
최근에는 국가가 이렇게 정책적으로 연구 생태계에 개입하는 것에 부정
적인 시각도 매우 강하다. 즉 국가의 개입은 선도가 아니라 지원에 머물
러야 한다는 것이다.

　　사회가 변화를 주도한다고 볼 경우, 급진적인 변화를 기대하는 관
점보다는 점진적인 변화를 기대하는 관점이 보다 그럴듯해 보인다. 사
회는 기술만큼 빠르게 변하지 않는다. 여기서 주목할 점은 교육이 전달
자, 수용자, 그리고 기술 간의 상호 작용이라는 점이다. 무크 모델의 포
맷이 과연 전달자에게는 어떤 영향을 미칠 것인가, 혹은 어떤 압력을 가
할 것인가? 우리는 50분 포맷에 최적화된 강의 내용을 15분 단위로 재
편하는 데 성공할 수 있을 것인가? 나아가 역진행 학습과 같이 교육의
수용자 측면의 적극적 학습 개념은 어떻게 확장되고, 어떤 방식의 자가
학습 모듈이 필요하게 될 것인가? 교육 수용자들에게 그러한 부담은 어
떻게 작용할 것인가? 교육의 목적 중 하나인 학생들 간 상호 작용과 사
회적 네트워크의 구축은 어떻게 접근해야 하는가? 기술의 발전에 응하
여 이러한 제도 설계에 관련한 질문들 역시 해결되어야만 한다. 관점을
단순화함으로써 이러한 질문들에 한꺼번에 답하고 싶은 충동이 있겠지
만, 사회 중심 관점은 기술에 대해 인간이 품는 의미 혹은 이해의 중요
성을 강조함으로써 미래가 불확실하다는 것을 일깨운다. 기술과 사회의
변화 속도가 다르기 때문에 미래는 다소 울퉁불퉁하게 올 가능성이 크
다. 그럴듯한 기술이 등장했으나 사회가 이를 수용하지 못하는 한 변화
는 발생할 수 없다. 그러나 특정 기술이 사회의 문화적, 경제적 맥락과
잘 맞을 경우 변화는 급격히 발생할 수 있다. 이런 식으로 미래는 물 흐
르듯 오기보다 상당히 단속적으로 다가올 것이다.

미래 수용자가 아닌 미래 형성자로

지금까지의 논의의 끝에서 우리는 마지막 질문을 던지게 된다. 미래 한국의 교육을 현시점에서 예측하는 규범적 정당성은 어디서 오는가? 미래의 수요를 선점함으로써 경제적 번영을 담보하기 위함인가? 우리 공동체의 지속성과 공존 가능성을 확보하기 위함인가? 현세대를 위함인가, 아니면 다음 세대를 위함인가, 혹은 모두를 위함인가? 지금의 우리는 자녀 세대의 교육을 어디까지 미리 규정하고 어디서부터 놓아주어야 하는가? 이러한 고도로 추상적인 질문들은 비록 실천적이지 않을지라도 급격한 기술과 사회의 변동 가운데 우리 사회가 자칫 길을 잃지 않기 위해서 지속적으로 던져야 하고, 공론의 장에서 그 답이 논의되어야 하는 것들이다. 현세대가 제공한 교육에 따라 교육받고 있는 지금의 유년 세대에게 우리는 책임이 있다.

미래 예측은 흥미로운 작업이지만 그것은 할머니의 곁에 앉아 전래 동화의 다음 이야기를 '맞히는' 것과는 다르다. 미래는 결정되지 않았다. 민주 사회의 시민으로서 우리가 집합적으로 미래를 형성해야 한다. 그러기 위해서는 주어진 것이 아닌 주어져야 할 것, 이루어질 수 있는 것이 아닌 이루어져야 할 것에 대한 공적인 숙고가 필요하다. 그 장에서 우리는 미래 수용자가 아니라 미래 형성자일 수 있다.

기술과 함께하는 인간의 미래,
교육의 역할

홍석경 / 언론정보학과

고등 교육이 테크놀로지의 발전과 대학 교육의 세계화 과정 속에서 큰 변화의 시간을 겪고 있다. 무크와 같은 대량 교육 시스템의 급격한 성장은 전 세계적 차원에서 대학의 미래에 대해 질문하게 한다. 또한 디지털 문화가 도래하면서 교실에 컴퓨터나 인터랙티브 칠판, 온라인 자료의 사용 등을 통해 서서히 도입되기 시작한 교육 기술이 획기적인 혁신의 계기를 맞이하고 있다. 모바일과 인터넷 등 다양한 기술을 접목한 역진행 학습 등은 대학뿐 아니라 초등에서 고등에 이르는 교육 인터페이스 전체에 커다란 변화를 가져올 것이 예상된다.

대량 교육 시스템이 지닌 위험성

교육 인터페이스가 지식 전달과 학습 효과 향상이라는 교육의 일부 목표에 한정된 문제를 제기한다면, 대량 교육 시스템은 보다 넓은 사회적, 문화적, 정치적 질문을 제기한다. 미국의 권위 있는 대학들이 앞장 서고 있는 고등 교육 내용의 이러한 개방과 공유는 언뜻 그들의 경쟁적 대학 권위 보존 전략을 위배하는 듯 보이기도 한다. 세계의 대학을 여러 가지 계량화된 지수로 줄 세우며 만들어진 미국 우수 대학의 권위는 사회 자본과 문화 자본, 그리고 경제적 자본이 있는 전 세계의 소수 엘리트를 위한 폐쇄적이고 경쟁적인 선발에 의해 정립된 것이다. 그런데 기존 대학 강의를 온라인으로 듣고 학점을 취득할 수 있는 무크와 같은 시스템은 이러한 기존 원칙과 정반대의 논리를 따르기 때문에, 전 세계의 대학 사회와 대학의 지식 생산 및 권위의 문제에 큰 영향을 미칠 것으로 예상된다. 무엇보다도 이미 유학을 통해 미국으로 두뇌 유출을 겪으면서 주변부의 제한적 학문 환경 속에서 고군분투하던 주변부 국가의 우수 대학들로서는, 그나마 유지하던 자국 내에서의 교육 수월성마저 위협하는 이러한 변화에 어떤 대응을 해야 할지 막막한 현실이다. 주변부의 우수 대학들이 어떻게 변화해야 중심부 우수 대학들과의 현재적 우열 관계를 더 이상 악화시키지 않으면서 현재 진행형 변화를 새로운 기회로 만들 수 있을 것인가?

이러한 세계의 중심 대학들과 주변부의 우수 대학들 사이의 위계 문제가 국내 차원에서는 수도권과 지방 사이에서 발생한다. 한국의 경우 전 사회가 인구 감소 위기를 겪고 있고, 이미 전국의 대학들은 학생 감소로 인해 극적인 구조 재조정의 압력과 위기에 당면해 있다. 이러한 상황에서 수도권의 우수 대학들이 모두에게 공개된 대량 교육 시스템을 도입할 경우, 군소 대학과 지방 대학은 어떤 운명에 처할 것인가?

현재 발전하고 있는 새로운 교육 공학과 대량 교육 시스템은 이처럼 대학 사회 내부에 커다란 문제를 야기할 뿐 아니라 보다 넓은 질문, 즉 우리 사회가 대학 교육에 어떤 임무를 주어야 하고, 대학 교육의 목표를 어떻게 재조정하고, 나아가 지식의 분배와 정의에 어떤 변화를 가져올 것인가라는 문제를 제기한다.

　인문 사회학자로서 필자의 우선적 관심은 지식의 전달이라는 교육 효율성의 문제보다 시민 교육 차원에 가 있다. 즉 이러한 새로운 교육 기술이 갈수록 복잡해지는 세계의 현실(정치적, 경제적, 사회적, 문화적, 과학적 현실)을 보다 많은 시민들에게 더 잘 이해시킴으로써 개인이 시민으로서 책임감 있는 판단을 할 능력을 키우는 데 기여할 것이냐에 관심이 있다. 현재 발전 중인 새로운 교육 기술은 이 같은 기술 혁명 상황 속에서 과연 인간 개개인과 인류에게 보다 민주적이고 올바른 문제 해결 능력을 부여할 것인가. 이것이 가장 근본적인 질문이라고 생각한다.

　아무리 인공지능을 장착한 기계가 우리의 일상을 돕고 우리가 기계와 함께 노동을 하게 되더라도, 우리 사회의 미래를 결정하는 정치적 행위에 참가해 토론을 통해서든 여론 조사에 응하든 투표 행위를 통해서든 자신의 의사를 표명해 정치 과정에 참여하는 일은 온전히 인간 개인의 몫이다. 인류가 미래에 정치적 과정의 묘를 꾀할 수 있는 어떤 기술적 수준에 도달할지라도, 우리가 대의 민주주의를 포기하지 않는다면 이것은 핵심적인 중요성을 띠는 문제다. 최근 있었던 영국의 유럽 연합 탈퇴 국민 투표의 경우가 단적으로 증명해 주다시피 영국 시민들이 브렉시트가 함의하는 정치적, 경제적, 사회적, 문화적 결과에 대해 제대로 이해한 상태에서 투표에 임하지 못했음을 짐작하게 하는 여러 증거가 있다. 또한 미국 대선에서 46퍼센트가 넘는 인구가 투표를 하지 않은 상태에서, 득표수로는 밀리지만 선거인단 확보에서 월등히 승리한 트럼프의 대통령 선출 또한 문제적이다. 선거 결과가 발표된 직후부터 대선 불복 저항을 받고 있는 미국의 상황 또한 브렉시트의 상황과 유사한 구조적 문제를 지니고 있다.

　영국과 미국에서 벌어진 이 두 개의 의사 결정은 많은 사람들을 놀라게 했으나, 그 과정은 철저하게 '민주적으로' 이루어졌다. 이 사건들은 복잡계로 진화하는 현 세계에서, 그리고 각 국가와 국민 개인의 다양한 이익 추구(interest)에 대한 이해(comprehension)가 충돌하는 상황에서, 개인의 의사 결정 능력이 지닌 의미에 대해 깊은 철학적 질문을 던지고 있다. 확대된 미디어 영역은 매체 기술의 발달과 SNS의 확대로 인해 갈수록 더 빠른 속도로 더 많은 양의 정보를 토해 내고, 그것은 순식간에 널리 전파되고 있다. 그러나 엄청난 정보의 양에도 불구하고 새로운 정보의 양은 기억의 논리와 역행하므로, 국가 엘리트와 일반 국민 사이에 정보의 격차는 여전히 좁혀지지 않는다. 쏟아지는 많은 정보의 양과, 그것을 이해하고 기억해야 할 내용으로 구조화하는 능력은 비례하지 않는다. 많은 정보에 끊임없이 노출되는 상태는 중요한 것을 오래 기억하도록 돕기보다 새로운 정보가 이전 정보를 밀어내게 함으로써 정보들 사이의 위계를 혼란시킨다. 새로움이 중요성을 대체하는 것이다.

대의 민주주의 체제는 많은 정보 속에서 중요한 사실을 선별해서 이해하고 그것을 유의미한 기억으로 변화시켜, 4년이나 5년이란 긴 시간 동안 의견을 발전시킬 능력을 갖춘 시민들을 전제한다. 그렇게 형성된 정치적 견해를 투표 당일 자신의 의견을 대변한다고 생각하는 사람의 선출을 통해 표현해야 하는 것이 길고 지난한 민주주의 시스템이다. 이 장시간 동안 시민의 의견 형성을 돕는 역할은 엘리트들이 운영하는 여론 매체들이고, 그들이 매개하는 정치적 장의 의견 형성의 추이를 가늠케 하는 것이 각종 여론 조사다. 체제가 정상적으로 작동하도록 매개한다고 믿었던 여러 여론 조사 또는 권위 있는 매체의 진단들이 오작동하는 경우, 현실에 대한 잘못된 판단을 야기하고 대의 민주주의 시스템은 큰 낭패를 겪게 된다. "설마 브렉시트가 이길 줄 모르고 찍은 'no'", "설마 트럼프가 당선될 줄 모르고" 찍었던 힐러리 반대 표가 영국의 난감함과 미국의 혼돈을 가져온 것이다. 이들은 대의 민주주의 체제와 매체 환경의 위기에 대한 목전의 증거로서 우리에게도 큰 울림을 준다.

초기술 사회와 미래 시민 교육

우리가 살아가는 전 지구화된 세계의 현실은 지구 온난화나 환경 오염으로 대표되는 환경 문제가 잘 보여 주고 있는 것처럼, 사실 브렉시트 여부를 결정하거나 미국 대선에서 두 후보자 사이에서 선택하기 위해 이해해야 하는 국내 정치와 경제 상황, 사회적 진실보다 훨씬 더 복잡한 것이다. 세계의 시민으로 옮겨 다니며 사는 사람이든 태어난 곳을 떠나지 않고 살아가는 개인이든, 세계화 과정 속에서 확대되고 가속화된 상호 영향력의 네트워크가 어떻게 작동하는지, 세계화가 우리의 일상에 어떤 영향을 미치는지를 이해하는 것 또한 용이하지 않다.

그뿐 아니라 딥 러닝이 가능한 인공지능과 로봇의 도입 등 최근 기술 과학의 혁명적 발전은 이 기술이 우리 사회에 미칠 문화적, 사회적, 경제적 효과에 대해 누구도 비판적 거리를 둘 수 없는 상황에서 우리 모두에게 일반적이고 일방적인 현실로 닥쳐왔다. 기술로 인간의 머리와 근육을 대체해 나가는 것이 시민 개인의 노동과 일상, 더 나아가 인류의 운명에 어떤 의미와 효과를 지니는 것일까?

기술에 관한 한 우리는 이미 우리가 결정하지 않은 미래를 받아들일 수밖에 없는 존재, 불가역적 현실 앞에 놓인 수동적 존재들로 축소되었다고 해도 과언이 아니다. 인공지능과 로봇이 가져올 엄청난 변화의 중요성을 감안할 때, 과거 어느 시점에서인가 그것들이 사회적 의제가 되었거나, 그러한 기술 발전 방향을 선택하는 것에 대해 사회적 합의를 구하는 과정이 있었어야 마땅하다. 그러나 이 현실은 불가역적인 과학 기술 발전의 결과로서 우리 모두가 수용할 수밖에 없는 조건으로 부과되었다. 인공지능과 로봇이 가져올 변화는 산업 혁명이 인간 근육의 힘을 대신하는 기계를 만들었을 때 야기한, 노동으로부터 인간의 소외와는 질적으로 차원이 다르다. 이것은 인간의 고유 영역이 무엇인가에 대한 존재론적 문제, 즉 철학적 문제를 제기한다. 이는 자본주의 현 시스템이 최대의 생산성을 추구하는 과정에서 도래한, 지극히 비인문학적인 미래다. 우리가 자본주의 체제를 뛰어넘는 새로운 시스템을 상상할 수 없는 한, 생산성을 향상시킬 수 있는 고도의 지적 능력과 창의성을 지닌 소수의 엘리트를 제외한 모든 인구는 노동의 위기 속에 버려지게 되었다. 인공지능과 로봇 시스템이 만들어 갈 생산성 최대치의 사회 또한 소비하는 시장 없이는 유지될 수 없기에, 국가는 노동 위기에 처한 시민을 소비 대중으로 유지하기 위해 현재 북유럽 등 선진국에서 볼 수 있듯 기본 소득과 같은 여러 가지 이름의 노동 없는 임금을 마련하게 될 것이다.

　필자의 두 번째 질문은 보다 명확하다. 그렇다면 이러한 사회 경제적 변동 속에서 대학은 어떤 역할을 수행해야 할 것인가. 복잡계로 나아가는 세계 속에서 결정하는 주체로서 인간의 능력 배양은 과연 무엇을 통해 가능할 것인가? 서구 우수 대학이 앞장서고 있는 무크와 같은 대량 교육 시스템을 통해서? 아니면 한국 사회를 풍미하는 신자유주의적인 끊임없는 자기 계발을 통해서? 다음 장에서 논하듯, 전자는 여러 가지 이유에서 오프라인 제도로서의 대학의 역할을 대체할 수는 없을 것이고, 후자는 이미 여러 곳에서 관찰되듯 개인을 번아웃으로 내몰고 '노력하는 대중'에게 절망만을 가중하고 있는 것으로 보인다. 교육 분야에서 제기되는 기술 혁신 문제는 사회 전반적인 기술 혁신이 가져온 노동하는 인간의 미래, 민주 사회 시민으로서의 인간의 미래와 직결되어 있다. 여기에서 이 두 가지 차원의 논의를 전개하기로 한다.

신자유주의적 기술 혁신이 가져온 빛과 그림자

　2016년 연초에 벌어진 알파고와 이세돌 9단의 바둑 대결은 한국 사회를 광속으로 인공지능에 대한 문제의식 속으로 몰아넣었다. 한국이 세계 어느 곳보다 먼저 인공지능의 쇼크를 사회 문제화한 것이 한국 사회에 득이 되기를 바라는 심정이지만, 인공지능의 발전은 그동안 이떤 기술이 가져온 디스토피아보다 피부에 와닿도록, 노동하는 인간의 미래를 어둡게 한 것으로 받아들여졌다. 가장 우수한 인간보다 뛰어난 딥러닝이 가능한 인공지능과 보통 인간의 경쟁 자체가 무의미해진 지금, 인간은 더 이상 인공지능과 인공지능이 관리할 수 있는 기계와 경쟁하는 것이 아니라 그것과 협업하는 노동자로 재평가되었다. 기계가 인간의 의사에 반하는 결정을 하지 않는 이상, 인간은 자기보다 우수한 조력자를 어떻게 활용하느냐로 그 능력을 평가받는 미래를 향해 가고 있다. 따라서 기계보다 인간이 잘할 수 있는 노동 분야에 대한 고려가 중요해졌고, 인간의 창의성과 예술적 능력에 대한 기대와 환상 또한 강화되고 있는 경향이다.

이러한 변화가 어떤 정치적 효과가 있을지는 이 글에서 사례로 든 브렉시트와 미국 대선의 경우를 통해 잘 드러난다. 정책을 결정하는 엘리트 집단의 관심사와 미래에 대한 시선으로부터 고립되고 소외되었다고 느끼는 하급 노동자 집단의 반발은 외국인 노동자에 대한 증오, 인종차별과 내셔널리즘의 현재적 결합이라는 나쁜 결과를 가져왔다. 이러한 화이트 노동 계급의 반동에 대해 영국과 미국의 엘리트 집단과 그 동조자인 미디어 및 여론 조사 시스템이 전혀 감지하지 못하고 있었다는 것 또한 복잡계 내 대의 민주주의의 위기를 말해 주는 유의미한 지표다. 초기술 사회 속에서 가장 먼저 확실하게 일자리를 상실하게 될 이들이 바로 영국의 유럽 연합 탈퇴와 미국의 트럼프 선출의 주된 세력인 것이다. 초기술 사회가 대량 실업과 항상적인 전직을 강요하게 될 때, 현재 미국에서 볼 수 있듯 외국인과 유색 인종을 혐오하고 이주자에게 국경을 닫는 결과를 야기한다. 산업 혁명 초기에 인간이 일자리를 빼앗은 기계를 파괴했듯이, 그로부터 200년이 지난 오늘 인공지능과 로봇에 대한 새로운 러다이트 운동이 일어날 것인가?

현실을 이와 같이 진단할 때, 초기술 사회가 내포하고 있는 사회 변화와 위험을 앞서서 이해하고 변화된 사회가 필요로 하는 능력을 지닌 시민과 노동자를 교육하는 것이 대학과 전문 교육 기관의 역할이다. 미래의 노동자를 '전문적'으로 교육해야 할 텐데, 이때 '전문성'이란 어떤 상태를 말하는 것일까? 딥 러닝이 가능한 기계를 잘 사용하는 능력? 모든 아이들에게 초등학교 때부터 프로그래밍을 교육하는 것은 이러한 방향과 맞는 것인가? 역진행 학습을 통한 학습 효율성 제고든 무크를 통한 넓은 지식의 전파든, 이러한 방식을 통해 인간에게 고유하다고 생각되는 창의성과 예술적 능력이 고양될 수 있을 것인가? 수많은 문제가 제기될 수 있다.

대학의 '종합 편성' 프로그램과 무크 시스템의 '전문 편성' 프로그램

초기술 사회의 도래가 제기하는 두 번째 문제는 민주주의와 시민의 능력과 자질에 관한 문제다. 초기술 사회의 민주주의 문제는 전 세계가 직면하고 있는 것이기에 더욱 심각한 성찰이 요구된다. 이미 현대 사회의 정치, 경제, 기술과 관련된 공적 이슈들은 충분히 복잡하고 어렵다. 환경·에너지·안보·경제 정책 등은 이미 소수 전문가들의 몫이고, 소수 전문가들은 한 분야의 전문가들이기 때문에 시스템에 대한 글로벌한 시선과 균형 있는 판단 능력을 가진 엘리트 집단을 기대하기가 갈수록 어려워지고 있다. 엘리트 집단이 이러하니 일반 시민의 경우 상황은 더욱 부정적일 수밖에 없다. 이러한 사회적 현실은 또한 빠르게 변화하므로 일반 시민들이 오래전 기억인 대학에서 습득한 지식이 아니라 미디어를 통해 상황을 이해하게 되면서, 결과적으로 이들의 미디어 의존성은 갈수록 높아진다고 할 수 있다.

무크 시스템이 기존 대학에 가져올 변화를 흥미롭게도 대중매체 분야에서 일어난 변화, 종합 편성 채널이 주도권을 잃고 전문 편성 채널 및 인터넷이 힘을 얻게 되는 과정과 비교해 볼 수 있다. 종합 편성 채널은 텔레비전 프로그램을 뉴스나 오락, 교양 프로그램으로 적절히 구성해 세상의 현재와 나아가는 방향에 대해 균형 잡힌 그림을 제공하는 역할을 한다. 대중 매체의 이러한 역할, 특히 교육 정도와 관계없이 모든 국민에게 쉽게 도달할 수 있는 지상파 방송의 이러한 역할은 시청자가 민주 시민으로서 공론장에 참여하기 위해 필요한 이슈를 공유하고 의견을 생산할 수 있는 전제 조건으로서 매우 중요하게 인식되어 왔다. 특히 공영 방송은 "민주 사회 시민을 위한 기본 교양"을 목표로, 정부의 지원금과 국민의 시청료를 받는 권리도 취득했다.

그런데 디지털 기술이 방송 채널의 보급을 획기적으로 증가시킨 이후, 종합 편성 전국 채널 시스템의 힘은 현저히 약화되고, 보다 전문적인 내용을 담은 다양한 주제 채널들과 인터넷 플랫폼이 성황을 이루게 되었다. 한국의 경우 아직 종합 편성 전국 채널의 영향이 강한 편이지만, 이와 동시에 인터넷 언론이나 SNS, 온라인 공간에서의 강력한 이념적, 감정적 충돌이 오프라인 정치에 역으로 영향을 미치고 있는 실정이다. 현 상황을 개선하려면 후자가 가져온 다양성과 전문성이 전자가 지닌 책임 있는 해설 능력으로 균형을 이루는 것이 바람직하다는 것이 전문가의 의견이다.

대학이 종합 편성 채널과 유사한 교육 시스템이라면, 무크 시스템이 제공하는 교육은 전문화된 지식 채널에 비교할 수 있다. 대학은 균형 잡힌 프로그램 제공자로서 하나의 전공을 입체적으로 구성할 수 있고, 대학 교양 교육 시스템을 통해 여러 가지 차원에서 균형 잡힌 교육 목표를 지향할 수 있다. 그뿐 아니라 면대면으로 이루어지는 교육 과정은 그 어떤 매체의 매개(mediation)보다 변증법적인 상호 작용의 가능성을 지닌다. 온라인 강의나 네트워크화된 강의에서도 즉각적인 질문과 대답이 이루어질 수는 있지만, 그것은 특정 난해점을 해결하는 단답형이거나 일방적 설명일 뿐 대화적 학습이 지닌 장점을 제공할 수는 없다. 물론 대학의 강의 또한 얼굴을 마주한다 해서 항상 활발한 상호 작용이 일어나는 것은 아니지만, 상호 작용은 교수와 학생뿐 아니라 같은 공간의 수강 학생들 사이에서도 일어나며, 집단적 학습의 역동성이 잘 형성된 경우 교수의 일방적 강의 효과를 넘어선다. 창조적 에너지가 바로 집단 역동성 속에서 탄생함을 입증하는 사례는 많다.

이와 같은 성찰 속에서 판단할 때, 무크 시스템이라는 지식 채널은 한 분야의 최신 전문 지식을 많은 사람들에게 전달하는 양질의 콘텐츠일지는 모르지만, 수용자들에게 종합 편성 채널의 역할에 비견되는 균형 있는 교육, 오프라인의 집단 역동성으로 대변되는 새로운 창의적 경험을 선사할 수 있을지는 의문이다. 따라서 무크가 제공되더라도 대학의 전반적 '프로그램' 속에서 '기술적'으로 도입될 필요가 있다. 바로 이런 의미에서 무크는 평생 교육, 재교육, 또는 시간 사용이 자유롭지 못한 노동자들에 대한 교육과 같은 형태로 대학 시스템 안에 효과적으로 도입될 수 있을 것이다.

다시 말해 무크와 기술 공학적인 인터페이스의 도입이 발전해서 지식 전달의 효율성을 크게 향상시키더라도, 입체적인 '교육'을 수행하는 대학을 대체할 수는 없다. 대량 교육 시스템은 최대한의 인구가 최소한의 움직임으로 지식을 공유할 수 있는 시스템이고 자율적 학습도 가능하지만, 학생들에게 품성 교육과 리더십 교육을 제공하고 판단 능력과 가치를 전달하는 일은 여전히 대학의 몫으로 남을 것이다. 역설적으로 초기술 사회에서 대학은 후자의 기능을 더욱 강화해야 사회적 유용성을 인정받을 수 있다.

교육 기술 혁신의 미래 시나리오

교육의 오픈 시스템은 최대한의 사람이 고급 지식을 접촉할 가능성을 증가시키지만, 교육 시스템 발전의 역사를 살펴보면 기회의 증가가 반드시 불평등을 해소하지는 않는다는 것을 보여 준다. 특히 세계의 부유한 선진국으로 이루어진 '중심(core)'과 가난한 '주변국(periphery)' 사이의 지식 의존성은 시간이 지날수록 강화되어 왔다. 미국 유수 대학의 무크 시스템은 가난한 개발 도상국의 인재에게 집을 떠나지 않고도 고급 지식을 얻을 기회와 그 지식을 통해 사회적 엘리베이터를 탈 수 있는 기회를 제공하지만, 장기적·거시적으로는 '중심부'에 속하는 대학의 지식을 전 세계로 최대한 전파하여 지역적 매개자인 주변부 대학들의 역할마저 약화시킬 것이다. 이것은 또한 한 국가 내부에서도 수도에 있는 중심부 대학과 지역의 교육 센터 역할을 하는 지방 도시의 대학 사이의 현재적 위계를 더욱 악화할 가능성이 있다.

그렇다면 이러한 중심부 대학들의 무크 시스템에 대한 주변부와 지역 대학들의 전략은 어떤 것이 되어야 할까? 그것은 당연히 지역(local)의 부가 가치가 높은 지식의 생산과 전파를 통해서일 것이다. 지역학 및 지역 연구가 이 분야에 속하는 지식일 것인데, 이 분야는 수적으로 볼 때 영어권 대학의 지배력이 여전히 큰 것으로 관찰되지만, 실질적으로는 지역의 언어로 쓰인 지식과 영어로 출판되는 지식 사이의 질적 차이가 두드러진 분야이기도 하다. 지역에서 생산할 수 있는 최고의 지적 부가 가치는 바로 이 차이를 드러내는 양질의 지식을 생산하고 공개하는 오픈 시스템을 구축하는 것이 아닐까? 그래서 전 지구적인 지식 생산의 지배권을 쥔 중심부의 센터들과 지역의 특화된 지식 센터들이 공존하는 지식 생산 구조를 성립하는 것이 바람직하다고 생각한다.

그와 더불어 다양한 교육 인터페이스 개선 기술(클릭커 사용, 역진행 학습을 통해 시간 리소스를 늘리고 주목(attention)을 강화하기 등)은 교수와 학생 간의 교류를 강화하기 위해 무크 시대에 오히려 대학이 사용할 수 있는 카드라고 생각한다. 온라인 강의가 비교적 수월하다고 생각되는 자연 과학, 공학 분야에서 중심부 대학들이 대형 공개 강의를 제공할 때, 지역의 우수 대학들은 유사한 강의로 승산 없이 이에 맞서려 할 것이 아니라, 지역에서 더 잘할 수 있는 내용으로 교육 내용을 특화해야 할 것이다. 이와 병행해서, 경우에 따라서는 중심부 대학의 무크 강의 내용을 원자료로 해서 교육 인터페이스 개선 기술을 적절히 이용해 교육 효율성을 높이고, 면대면 교육이 제공할 수 있는 집단 역동성을 활용하여 창의적인 교육을 시도할 수 있을 것이다. 이러한 기술 공학의 도입은 자연 과학과 인문 과학에서 균일하게 도입될 수는 없을 것이라 생각되며, 전공 분야에 따라 집단 역동성을 동원하는 여러 교수 방법이 연구되고 개발될 필요가 있다.

이러한 움직임은 단기적, 장기적으로 대학 공동체에 적지 않은 변화를 가져올 것이다. 당장 교수 및 강사 인적 자원의 활용 문제, 연구 중심 대학과 교육 중심 대학의 문제, 교과 과정의 재조정 등과 연결된 복잡한 대학 거버넌스의 변화가 예상된다. 인구의 감소가 가져온 대학의 구조적 위기와 더불어, 교육 공학과 무크 시스템의 도전은 초기술 사회가 요구하는 시민 교육에 대한 대학의 적극적인 역할을 제고하게 한다. 대학이 이에 어떻게 부응하는지, 또 어떻게 동반할 수 있는지에 대한 지속적이고 적극적인 관심과 프로젝트가 필요할 것이다.

정리 대담

이정동(에너지 분야 좌장)

/ 산업공학과

권혁주(교육 분야 좌장)

/ 행정대학원

장대익(유전기술 분야 좌장)

/ 자유전공학부

김기현(인공지능 분야 좌장)

/ 철학과

공존과 지속의
미래로

기술과 인간의 '공진화'를 위한 균형 찾기

이정동　지금까지 근 1년이 넘도록 미래 기술의 실현 가능성을 중심으로 공존과 지속 가능성의 관점에서 한국 사회가 그것을 어떻게 해석하고 대비해야 할지 논의해 보았습니다. 인공지능, 유전자 기술, 에너지시스템, 교육의 4개 분야별로 이공계와 인문 사회계를 막론하고 여러 분야 교수님들이 한자리에 모여 몇 차례 집담 토의를 가졌습니다. 오늘은 각 분야의 토론을 이끈 모듈레이터 네 사람이 모여 그동안의 토론을 바탕으로 종합적인 토의를 해 보고자 합니다.

기술은 지난 5000년 동안 꾸준히 새롭게 바뀌어 왔고, 기술 변화에 대한 인류의 반응도 비슷한 양상을 띠며 변해 왔습니다. 그럼에도 미래 기술 방향의 단기적인 붐을 조성하고자 하는 일부 사람들은 현재 상황이 그동안의 기술 변화와는 근본적인 성격이 다르다고 이야기하곤 합니다. 이에 반해 일부 사람들은 지나친 장밋빛 전망 혹은 과도한 공포감을 조성하는 것 아닌지 걱정하기도 합니다. 이에 대해 차분하게 메타적인 관점에서 장기적 시각으로 우리 사회에 미칠 영향을 짚어 보는 시간이 필요한 듯합니다. 그래야 균형 잡힌 담론 형성이 가능하겠지요.

저는 네 분야의 거의 모든 집담회에 참석했는데 굉장히 재미있었습니다. 특히 분야와 상관없이 공통적으로, 이공계 교수님들과 인문 사회계 교수님들을 함께 만나게 하니 두 그룹의 시각이 아주 극명하게 드러나는 것을 볼 수 있었습니다. 주로 이공계 교수님들이 기술이 가져다줄 편익의 가능성에 대해 말씀하신다면, 인문 사회계 교수님들은 인간과 사회의 근본적인 존재 양식에 근거하여 그 기술이 왜, 어떻게 필요한지에 대해 질문을 던지는 것을 보았습니다. 저는 이런 시각 차이가 매우 흥미로웠습니다.

이처럼 여러 학문 분야를 가로지르는 메타적인 메시지가 무엇이 있을까 상당히 궁금합니다. 제 생각으로는 우리 사회에서 기술을 놓고 이루어지는 담론이 지나치게 기술을 찬성하거나 반대하는 쪽으로 극단화되어 있는 것 같습니다. 하지만 더 근본적인 문제는 새로운 기술이 우리 사회의 공존과 지속에 어떻게 기여할 것인가가 아닐까요. 이 공존과 지속이라는 키워드는 이번 프로젝트 전반을 아우르는 키워드이기도 합니다.

기술 변화가 기존의 문제점을 노출시키다

권혁주 그동안 저희 교육 분야에서 토론을 할 때에도 공존과 지속 가능성이 가장 큰 핵심이었습니다. 첫 번째, 공존에 대해 말씀드리면 공존을 사회 과학적 관점에서 두 가지로 해석했습니다. 하나는 과학과 사회의 공존이라는 측면, 또 하나는 기술 변화 속에서 우리 사회의 다양한 사람들이 어떻게 공존하느냐 하는 측면입니다. 미래도 미래이지만 현재도 우리는 이미 다양하게 발전된 기술을 활용하고 있습니다. 그 과정에서 기술 변화의 효과가 차별적으로 사용되고 있지요. 최근의 브렉시트나 트럼프의 미국 대통령 당선 등 일련의 사건을 보면 소외나 차별을 받던 사람들이 민주주의의 선거, 투표 제도를 통해 일종의 정치적 반발을 표했습니다. 이런 현상은 사회적인 측면에서도 볼 수 있지만 기술 발전도 어느 정도 원인을 제공했다고 생각합니다. 예를 들자면 휴대폰이나 컴퓨터 기술 분야가 많이 발전했지만 미국 정보 통신 기술의 많은 노동 인력이 실제로는 미국이 아닌 인도에 있습니다. 저렴한 인건비로도 구할 수 있는 고급 IT 인력이 인도에 많기 때문입니다. 기술 변화의 과정에서 일자리의 공유, 공존이 안 되고 있다는 것을 의미합니다. 또 전기자동차 기술이 발전하여 자율 주행 자동차가 보급되면 당장 직업을 잃는 사람이 나올 수밖에 없습니다. 직업을 잃은 사람들과 어떻게 공존할 것인지 고민하지 않으면 낙오된 사람들이 사회적인 반발을 할 것입니다. 이런 과정들이 기술이나 그로 인한 경제적 발전 자체를 저해할 수도 있습니다.

　　두 번째 포인트인 지속 가능성을 살펴보면, 기술의 발전은 인간 사회를 지속시키는 데 부정적인 영향을 끼칠 수도 있고, 긍정적인 영향을 끼칠 수도 있습니다. 정책적으로 기술을 어떻게 관리해 나갈 것인가가 문제입니다. 교육 분야의 경우 다양한 매체를 통한 미래 교육에 대해 토론을 했습니다. 교수님들과 여러 차례 모여 논의해 보니까 무크나 인터넷 교육이 기존의 교육 시스템을 완전히 대체할 것이라고 보기는 어려웠습니다. 새로운 기술을 접목한 교육 시스템이 기존 교육에 상당한 도전과 위협은 되겠지만 대학 교육을 대체하는 수준은 아닙니다. 물론 대학 교육에 상당히 큰 변화를 가지고는 올 것입니다. 어떤 전공이나 어떤 교수님들은 새로운 트렌드에 맞추어 살아남을 것이고, 어떤 교수님들은 적응하지 못하실 수도 있습니다.

토론을 하면서 기술 변화와 함께 다가올 미래 교육 시스템이 기존 대학에서 문제로 느끼지 않았지만 사실은 문제였던 것을 노출시키는 효과를 낸다는 것을 알았습니다. 기존 제도 속 기득권의 틀에서 특별히 노출되지 않았던 문제점들입니다. 예를 들자면 교수님들이 지금까지는 강의실에서 10년 이상 똑같은 내용을 가르쳐도 학생이 계속 바뀌기 때문에 큰 문제가 없었습니다. 그런데 이제 무크나 인터넷 강의가 가능해지면서 어떤 교수님이 어떤 강의를 하는지가 모두 공개되고 비교됩니다. 교수 개인 또는 특정 학교의 강의가 가진 문제점이 그대로 노출되기에 강의를 하는 사람들에게 상당한 압박이 되리라 봅니다. 이런 점에서 새로운 교육 시스템은 기존의 문제점을 노출시키는 1차적인 효과가 있습니다.

이정동 교육 분야 대담에 제가 참여해 보니 학령에 맞춘 교육이 아니라 평생 교육으로 나아갈 수밖에 없겠다는 생각이 들었습니다. 교육이 아닌 학습인 것이죠. 그럼 교육의 내용은 정말 많이 달라질 것 같습니다. 인공지능 기술이 교육과 접목되면 단순한 지식과 기술 전달은 점점 더 의미를 잃을 것입니다. 이처럼 지식 전달은 교육의 영역에서 빠져나가겠지만, 반대로 가치 판단에 대한 토론은 더욱 심화될 수 있을 것입니다. 이 부분이야말로 기술이 대체할 수 없는 부분일 것입니다.

장대익 지금 말씀하신 것처럼 교육을 하는 데에서 기술 변화에 따라 교육의 형식이 달라지리라는 것과 '교육 내용이 달라진다'는 것은 다른 이야기입니다. 사회가 변하면 그에 따라 교육의 내용도 달라져야 할 텐데요. 그 부분도 토론을 하셨는지 궁금합니다.

이용자의 능력에 따라 새로운 기술을 주체적으로 선택할 수 있다

권혁주 미래의 교육에서 다루어야 할 내용 중 한국적인 것이 더 중요해질 수밖에 없다고 생각합니다. 예전에는 교수들이 미국이나 더 발전된 국가에서 본인이 가져온 지식을 전달하는 것만으로도 충분한 존재 이유가 있었지만 이제는 무크로 대체할 수 있습니다. 이런 환경에서 살아남기 위해서는 결국 한국적인 지식이 필요하고 또 상당히 중요하다고 봅니다.

무크 등을 통해 미국의 주요 대학들이 무료로 강의를 공개할 때 그 이유에 대해 많은 우려가 있었는데, 현재의 시점에서 결과적으로 보면 일종의 기준을 만들면서 선점한 효과가 있었습니다. 누가 먼저 플랫폼을 구축하느냐에 따라 컴퓨터, 휴대폰 산업 전체의 기본 패러다임을 이끌어 가는 것과 같습니다. 미국의 유명 대학들이 처음 시작할 때 내세운 명분은 공유와 홍보였는데요. 시작은 그랬지만 결국 지식 시장에서 지배적인 역할을 더 강화하는 것이 아닌가 하는 걱정이 듭니다.

앞으로 교육의 변화에서 또 고민해야 할 것이 이용자의 능력에 따라 새로운 기술을 받아들이는 것이 달라질 수 있다는 것입니다. 어떤 이용자는 즉각적으로 편리한 기술을 받아들이지만 기술에 종속되어 따라갈 수밖에 없는 반면, 어떤 사람은 기술의 변화에도 주체적인 활용을 통해 종속되지 않을 수 있습니다. 토론할 때 박원호 교수님이 말씀하신 내비게이션의 예를 들어 보겠습니다. 내비게이션에는 사용자 인터페이스가 여러 가지가 있습니다. 가장 많이 쓰는, 자동차의 진행 방향에 따라 지도가 회전하며 고정된 화살표만 따라가면 되는 인터페이스가 있고, 내비게이션의 지도 방위를 고정시켜 지도를 보며 운전자가 길을 습득할 수 있는 인터페이스도 있습니다. 전체 지도를 이용하는 운전자는 일정 기간이 지나면 내비게이션 없이도 길을 찾을 수 있을 만큼 길을 잘 알게 됩니다. 하지만 화살표만 따라가는 내비게이션을 이용하는 운전자는 당장 사용하기는 편리하지만 내비게이션이 고장 나면 길을 찾아가지 못할 것입니다. 새로운 기술도 이용하는 사람이 얼마든지 주체적으로 선택할 수 있다는 하나의 좋은 예라고 생각합니다.

김기현 저는 내비게이션의 첫 번째 인터페이스보다 두 번째 인터페이스가 상대적으로 조금 더 나을 뿐이라고 생각하는데요. 큰 틀에서 보면 결국 구매한 지리적 정보를 활용하는 것이니 길 찾기 능력은 전반적으로 떨어질 수밖에 없는 것 아닐까요?

권혁주 이야기를 좀 더 이어가 보겠습니다. 예전에는 컴퓨터를 사용하는 사람과 사용하지 않는 사람을 분리해서 정보 격차(digital divide)라고 말했습니다. 하지만 지금은 컴퓨터나 휴대폰을 사용하는 사람들 사이에서도 미묘한 격차가 존재합니다. 역진행 학습의 경우에도 학생들이 강의를 미리 듣고 수업에 참석해서 강의 시간에는 질문만 하는 것이 기본적인 아이디어인데, 이런 수업을 할 수 있는 교수와 못 하는 교수가 있습니다. 역진행 학습을 사용하지 않는 교수들 중에서도 인터넷 플랫폼만 활용할 수도 있고, 여전히 오프라인 중심으로 수업할 수도 있습니다. 따라서 오프라인과 온라인 두 가지만으로 구분할 수가 없고 그 안에서 크고 작은 격차가 있다는 것을 알 수 있습니다. 무크 강의가 활성화되면 가장 위협을 받는 쪽은 경제학, 법학 분야같이 전 세계가 공유하는 지식 분야일 것입니다. 철학, 행정학 같은 분야는 대량으로 공개하더라도 누구에게나 다 공유할 수 있는 지식으로 전달하기가 어렵거든요. 이렇게 분야에 따른 차별점도 이해해야 하는 부분입니다.

장대익 기술이 앞서가고 사회가 쫓아가는 이미지가 자꾸 떠오릅니다만, 이런 모습은 공존이라는 키워드로 보면 그렇게 바람직한 모습이 아닙니다. 아까 교육 분야에서도 말씀하셨지만 다양한 종류의 교수들이 있습니다. 어떤 사람은 역진행 학습을 바로 강의 현장에 도입하기도 하지만 그렇지 않은 사람도 있지요. 여러 부류의 사람들 모두 자기 나름의 특장점을 가진 구성원인데 한쪽 방향으로만 가야 한다고 강제하면 빠르게 적응하지 못한 사람들은 그 나름대로 기여할 수 있는 기회를 잃고 그저 낙오자로 남게 될 것입니다. 공존의 문제는 일종의 동시대적인 문제이고, 지속 가능성은 세대 간의 문제입니다. 이 두 문제를 해결하기 위해 기술주의적인 담론들을 극복해야 한다는 이야기가 많이 나오고 있습니다.

글로벌 플랫폼을 주도하라

이정동 처음에는 공공성을 띠고 다양한 형식이 공존하던 무크가 점점 표준화의 길로 갈 것이라고 말씀하셨는데, 그게 바로 교육에서 글로벌 플랫폼이 되는 것입니다. IBM의 로봇 의사 '왓슨'도 마찬가지입니다. 한국을 포함해서 전 세계에서 거의 무료에 가깝게 서비스를 제공하면서 데이터를 모으고, 이에 기반하여 플랫폼으로서 나날이 진전하는 길로 가고 있습니다. 무크와 같은 방식인데 생명, 교육, 인공지능 등 모든 분야가 마찬가지입니다. 기술은 다 달라도 같은 방식으로 거대한 글로벌 플랫폼이 만들어지고 있습니다. 지난 5000년 동안 모양은 달라도 계속 이런 방식으로 글로벌 플랫폼이 만들어져 왔지요. 차이가 있다면 새로운 글로벌 플랫폼은 데이터와 인공지능을 기반으로 만들어지고 있다는 것입니다.

그런데 이 점에서 장차 선진국과 후진국의 격차가 더 벌어질 것이라고 생각합니다. 먼저 만들어진 글로벌 플랫폼이 자리를 잡아 가면 후발 주자는 갈수록 뒤처지기 마련인데 우리는 글로벌 플랫폼을 형성하는 주체가 아닌 수용하는 쪽입니다. 그러나 어렵지만 최소한 글로벌 플랫폼에 대해 보완적 자산이 되는 지역 플랫폼을 만들어 공존하고자 하는 노력은 기울여야 하지 않나 생각합니다.

　　장대익　쉬운 문제는 아닌 것 같습니다. 플랫폼은 점점 더 가격이 내려가고 누구나 이용할 수 있는 방향으로 가고 있습니다. 심지어 폭넓은 확산을 위해 기술도 공개하는 시대니까요. 결국은 데이터 싸움인데, 한국이 그런 면에서 글로벌 플랫폼의 데이터 제공처 역할만 하게 될까 봐 걱정입니다. 그렇다고 이런 글로벌 플랫폼을 쓰지 않을 수도 없으니 딜레마라고 할 수 있겠습니다.

　　이정동　자동차의 사례를 들어 보겠습니다. 전기자동차가 전 세계를 누비고 있는데요. 예컨대 독일에서 일어난 사고 데이터를 보아 해석한 후 소프트웨어에 반영하는데 이는 전 세계에서 운행 중인 차량에 모두 적용할 수 있습니다. 펌웨어를 업데이트하는 것이 아주 쉽기 때문에 실시간으로 시스템이 똑똑해집니다. 남아프리카에서 난 사고가 북미에 있는 자동차 소프트웨어를 업그레이드하는 데 도움이 되는 식으로 지리상의 거리에 상관없이 데이터가 수집되면 스스로 업그레이드를 할 수 있습니다. 교육도 마찬가지입니다. 무크 강의에는 밑에 질문을 올릴 수 있는 공간이 있는데요. 일본 학생이 올린 질문, 중국 학생이 올린 질문 등등 전 세계 여러 학생이 올린 질문을 모은다면 교과서 자체가 점점 개선될 것입니다. 내가 생각하지 못한 질문을 받을 수 있거든요. 강의실에서 30명과 상호 작용할 때보다, 전 세계 10만 명과 상호 작용을 하게 되니까 점점 강력해집니다. 다른 분야에도 충분히 적용될 수 있는 이야기라고 생각합니다. 이런 장점이 있으므로 글로벌 플랫폼이 대세가 될 수밖에 없습니다. 그리고 그걸 가능하게 한 기술적인 진보가 일어난 것이고요.

　　장대익　플랫폼이 저렴해지니까 이를 활용해서 부가 가치를 창출하자고 하는데 이는 문제가 될 수 있습니다. 이게 박리다매인지라 크게 이윤을 남길 수 있는 구조가 아니기 때문입니다. 실제로 이익은 플랫폼을 관리하는 이들이 대부분 가져가게 되어 있습니다. 빅 데이터를 내세우며 데이터가 모든 것을 다 하고 중요한 것처럼 보이지만 실은 플랫폼이 훨씬 중요합니다. 지금 우리는 플랫폼을 만들지 못하면 도태될 가능성이 큽니다.

이정동 사실 이런 플랫폼은 5000년 전에도 있었습니다. 로마가 갖고 있던 플랫폼, 중국이 갖고 있던 플랫폼 등 여러 가지 당대에 널리 유명했던 플랫폼이 전파되어 다른 나라에서도 그에 맞춘 교육을 실시했습니다. 과거 플랫폼과 지금 플랫폼의 차이점은 플랫폼이 성숙해 가는 속도가 심각할 정도로 너무나 빨라졌다는 것이죠.

권혁주 무선 전화 플랫폼인 애플의 아이폰 같은 경우, 전화기이기도 하지만 MP3 기술을 기반으로 탄생한 제품입니다. 그런데 사실 MP3 기술을 최초로 상용화한 데는 한국 기업이에요. 혁신적인 MP3 기술을 가지고 있었음에도 왜 우리는 전 세계적인 플랫폼을 만들지 못했을까요? 저는 첫째로 당시에 우리에게 플랫폼 마인드가 없었고, 둘째로 문화적 지배권이 없었기 때문이 아닐까 생각합니다. 이전부터 미국에서 많은 브랜드 마니아를 가지고 있던 애플에서 스티브 잡스가 아이폰을 만들었을 때에는 이 제품이 세련되고 멋진 물건으로 받아들여졌습니다. 미국 시장에서 영어를 기반으로 하는 제품이 더 잘 팔릴 수밖에 없는데 우리 제품은 거기서 뒤처졌습니다. 지금은 시대가 바뀌어서 한국의 한류 문화가 동남아시아에서는 일종의 플랫폼처럼 받아들여지고 있습니다. 한국 드라마의 영향으로 미얀마나 베트남 같은 동남아시아에서 많은 여성들이 한국 화장품을 씁니다. 한국 드라마에 나오는 여자 배우들의 화장을 따라 하고 싶어 하기 때문입니다. 기술적인 문제가 아니죠. 이렇게 문화가 플랫폼에 중요한 영향을 끼칩니다.

앞서 언급했던 교육 문제에 관해서도 얘기해 보자면, 지식인들의 플랫폼도 사실 서양에서 온 것입니다. 우리나라에서 유학을 다녀온 사람들이 서구의 기술을 기반으로 한 지식 플랫폼을 들고 와서 중개인 역할을 한 것이지요. 창조자가 아니었습니다. 그런데 지금 이러한 역할은 위협을 받고 있습니다. 인터넷 기술 등을 통해 플랫폼이 바뀌면 이 중개인의 입지가 상당히 줄어들 것입니다. 지금까지 제도적인 틀 속에서 창조자인 것처럼 살고 있어서 보이지 않았던 약점이 노출되는 셈이지요. 지금까지는 교수들이 학생들을 적극적으로 가르치지 않아도, 연구를 소홀히 해도 대학에서 안주할 수 있었는데 앞으로는 힘들어질 것입니다. 세계 유명 대학 교수들의 강의도 쉽게 접할 수 있게 되었으니까요. 그러면 교수는 무엇을 창조해야 될까요? 바로 한국적인 지식입니다. 힌류 문화가 전 세계로 뻗어 나가듯이 지식에서도 이런 흐름이 필요합니다.

우리 콘텐츠로 글로벌 플랫폼을 역이용하라

이정동 막연히 두려워만 할 것이 아니라 플랫폼을 잘 활용하여 우리의 콘텐츠를 싣겠다는 식으로 거꾸로 생각하는 것이 중요할 것 같습니다.

권혁주 지금까지 우리가 그렇게 해 왔던 것이죠. 경제 성장을 위해 수출을 주도해 오는 전략을 구사했습니다. 수출을 위해서 이 글로벌 플랫폼 속에서 일정한 역할을 하며 혜택을 봐 왔습니다. 그래서 새로운 플랫폼이 형성될 때 계속 테스트 베드 역할을 하고 있지요. 계속 이러한 방향으로 갈지 플랫폼 구축의 주체가 될지를 정하는 것은 국가 차원에서 선택해야 하는데, 현재 굉장히 중요한 기로에 서 있다고 생각합니다.

김기현 글로벌 플랫폼이라는 것을 이용해서 우리의 플랫폼을 전파할 수도 있습니다. 플랫폼이 하나가 아니라 여러 개의 층으로 나뉘어 있기 때문인데요. 아주 포괄적인 플랫폼 내부의 또 다른 플랫폼이 존재하므로, 초글로벌 네트워크에서 우리가 앞서가지 못했다고 꼭 그것을 대체할 무언가를 만들어야 한다는 강박 관념을 가질 필요는 없다고 생각합니다.

이정동 플랫폼이 형성되려면 그래도 피와 살 같은 물리적인 재료가 필요합니다. 이런 물리적인 재료 분야에서는 독일과 일본이 강합니다. 플랫폼을 만드는 건 미국 실리콘 밸리나 중국 선전(深圳)에서 하고, 물리적으로 구현하는 건 독일이나 일본에서 하는 겁니다.

김기현 비유하자면 미국이나 중국이 길을 닦아 놓으면 자동차는 독일이나 일본에서 만든다는 거죠?

이정동 그렇지요. 원래 옛날부터 G1 혹은 G2 국가가 설계를 하고 그다음의 세컨티어(second-tier) 국가들이 부품을 공급하는 산업 구조가 있어 왔습니다. 팍스 로마나 시대에는 로마가 설계하고 다른 나라가 공급하고요. G1, G2 국가가 플랫폼을 주도하는 것은 규모의 경제적인 측면도 있고 문화적 헤게모니, 또 창의성 등을 기르는 교육과도 관련이 있다고 생각합니다. 우리가 플랫폼을 주도하는 국가로 가기 위해서는 급속한 기술 변화 가운데에서도 우리 사회 스스로에 대해 질문하고 고민하는 시간이 필요할 것 같습니다.

'혁신의 민주화' — 중앙 집중형에서 분권형으로

권혁주 교육 분야 대담에서 또 하나의 중요한 쟁점이 민주주의였는데요. 기술 발전을 통해 정치 참여 방법이 다양해지면시 과연 미래의 민주주의가 어떤 모습을 가질 것인가에 관한 이야기를 나눴습니다. 예컨대 촛불 시위에서 소셜 네트워크 서비스(Social Network Service, SNS)의 역할이 대단했는데요. 사실 그 전까지만 해도 사람들이 참여하는 시민 문화가 사라지고 각자 앉아서 SNS에 접속하는 원자화가 가속화됨으로써 민주주의의 위기가 왔다는 우려가 컸습니다. 인간이 원자화되면서 사람들 사이의 교류나 대화라든지, 주체적 인간으로서의 태도나 행동들이 사라지고 있다고 걱정했지요. 하지만 촛불 시위처럼 수백만의 사람들이 몇 달씩 모이는 집회는 SNS가 없으면 불가능한 것이었습니다. 그 많은 사람이 모인 집회였는데도 어떤 하나의 의식을 공유하고 있었다는 것을 알 수 있습니다. 비유하자면 SNS를 통해 이용자 각각의 컴퓨터 혹은 휴대폰 수백만 개가 연결되어 하나의 슈퍼컴퓨터처럼 움직였습니다. 이런 면에서 새로운 기술이 민주주의에 꼭 부정적이고 회의적인 작용을 할 것이라 볼 필요는 없다고 생각합니다.

김기현 SNS가 많은 사람들을 정치에 참여시키기는 하지만 현대인들은 직접 대면해서 대화하는 것은 기피하는 현상이 있습니다. 그 점 때문에 여론이 조작될 가능성도 있습니다.

권혁주 토론할 때 여담으로 홍석경 교수님께서 촛불 시위에 직접 참여해서 참가자들을 만나 보셨다는 이야기를 해 주셨는데, 한편으로는 전혀 다른 생각과 목적을 가진 100만 명이 모여 있더라는 관찰이 흥미로웠습니다. 놀러 온 사람, 구경 온 사람, 진짜 구호를 열심히 외치는 사람이 다양하게 섞여 있었다는 것이죠. 이것을 '이질성의 동질화'라고 표현해 주셨습니다. 같은 표현으로 임혁백 교수의 '비동시성의 동시성'이라는 언급도 상기해주셨습니다.

이정동 혁신에서도 분권화의 개념이 점점 더 중요해지고 있습니다. MIT의 에릭 폰 히펠(Eric von Hippel) 교수가 쓴 『분권적 혁신(*Democratizing Innovation*)』이라는 책이 있습니다. 히펠 교수는 이 책을 아마존(Amazon)에서 판매하지 않고 전문을 PDF 파일로 인터넷에 공개했습니다. 혁신은 누구나 할 수 있고, 해야 한다는 점을 강조하기 위한 행위였습니다.

　　그런데 집중형 혁신과 분산형 혁신은 이를 뒷받침하는 제도적 기반이 완전히 다릅니다. 에너지시스템만 하더라도, 분산형 시스템을 이야기하지만 과거의 집중형 시대의 제도 틀이 강력하게 작용하고 있어서 분산형 혁신들이 자리 잡기 어려운 면이 있습니다. 결론은 프레임 자체가 변해야 한다는 것입니다. 에너지뿐 아니라 인공지능, 교육, 생물학 등 각 영역에서의 혁신에 관해서도 같은 고민들이 반복되고 있습니다.

　　권혁주　홍수에 대비하기 위한 유수지 문제도 마찬가지더군요. 큰 유수지 하나를 만들기보다 건물마다 작은 저수지를 만들어 관리하는 게 훨씬 효율적이라는 것이지요. 다만 관리 비용이 높아지지 않을지, 또 누가 관리할지 등이 문제로 떠오를 것입니다.

　　장대익　분산형이 생물학 쪽에서는 전혀 생각도 못 한 측면에서 민감한 이슈가 될 수 있습니다. 합성 생물학이나 유전자 치료 같은 분야에서 지금 우려하고 있는 것이 차고 생물학입니다. 생물학 기술이 너무 쉬워져서 그냥 자기 창고에서 생물체를 만들어 낼 수 있는 세상이 되어 버린 거죠. 규제가 없으면 정말 혁신적인 무언가가 나올 수는 있지만 적절한 방향으로 규제하지 않으면 아주 위험합니다. 잘못된 생물학의 실험 결과가 생태계에 퍼지면 재난이 됩니다.

　　이정동　모기 이야기가 굉장히 재미있었는데요. 불임 모기를 만들었지만 이것이 실험실 밖으로 나가는 순간 생태계에 어떤 영향을 끼칠지 아무도 예측할 수 없는 것이지요.

　　장대익　그렇습니다. 모기는 인간에게는 정말 해롭지만 생태계 전체를 보면 모기를 먹고 사는 동물들이 있거든요. 모기가 박멸되면 이 사슬이 어떻게 바뀔지 아무도 모릅니다. 쉬운 문제가 아닙니다.

　　김기현　크게 보면 지금 시장 자체는 분산형으로 가고 있는데 규제 없이 그냥 두었을 때 생길 지속 가능성과 공존의 문제를 최소화하기 위해 어느 정도 규제가 필요한 것 같습니다.

이정동 공유 자전거의 사례를 보면 중앙에서, 특히 정부에서 혁신을 주도하는 데 한계가 있을 수밖에 없다는 생각을 하게 됩니다. 현재 중국에서는 여러 도시에서 다양한 형태의 자전거 공유 모델이 성황을 이루고 있습니다. 이를 뒷받침하는 산업 생태계가 생겨났다고 할 정도이니까요.

중국에서는 수많은 벤처 사업가들이 보다 나은 자전거 공유 서비스 모델을 만들기 위해 밤을 새우고 그 결과 여러 가지 혁신적인 모델들이 나오지만, 불행하게도 우리나라에서는 대체로 정부나 지자체가 기획해서 세금으로 서비스를 시혜하는 형태를 벗어나지 못하고 있습니다. 그러니 다양한 서비스 모델을 볼 수가 없습니다. 이러한 면에서, 혁신의 분권화를 위해서는 시장의 창조적 파괴라는 힘을 적극적으로 허용해 주는, 사고방식의 전환이 필요한 것 같습니다.

이런 몇 가지 사례를 볼 때 이제는 우리 사회의 전반적인 사고방식이 바뀌어야 할 시기라고 생각합니다. 중앙 집중형에서 벗어나 분산형으로 전환해야 하는 거지요. 20세기의 과학은 교육받은 전문가들이 독점하다시피 했고 규제도 심했습니다. 그러나 21세기 들어서면서 기술 정보가 넘쳐 나고 과학 기술의 대중화와 비전문화가 확산되고 있는 상황입니다.

조금 다른 이야기이기는 합니다만, 진화의 법칙은 변이, 선택, 유전이라는 간단한 메커니즘으로 형성되어 있습니다. 이 중에서 변이가 생기려면 조합이 생겨야 합니다. 마찬가지로 기술 발전도 새로운 조합의 수가 많으면 많을수록 가능성이 커집니다. 변종이 생길 가능성이 많아지기 때문입니다. 그래서 20세기 중앙 집중형보다 21세기 분산형이 되면 혁신의 변종이 생길 가능성이 훨씬 커질 것입니다. 어쩌면 19세기와 비슷할 수도 있겠네요. 19세기는 20세기만큼 기술의 장벽이 높지 않아서 일반인들도 기술 혁신의 기회를 발견할 수 있었던 시기였습니다.

장대익　지금 확실히 여러 분야에서 기술들이 떠오르고 새로운 방향을 향해 가고 있습니다. 우리나라도 거기에 편승하려고 애를 쓰고 있는 상황인데 잘 안 되고 있지요. 외형적으로 1인당 국민 소득 3만 달러를 넘어섰다는 것이 중요한 게 아니라, 진정한 선진국으로 전환하려면 무엇을 해야 하는지에 대해 고민이 필요합니다. 근본적으로 우리 사회 저변에 흐르는 문화와 사고 습관의 문제라고 생각합니다. 이걸 깨닫지 않고 계속 눈앞의 것만 해결하려는 식으로는 진정 성숙한 사회가 될 수 없습니다.

저는 우리 사회의 키워드를 바꿔야 한다고 봅니다. 자꾸 혁신이나 창조를 강조하는데, 이 단어들 속에는 가만히 보면 경쟁과 우위 같은 개념이 깔려 있습니다. 이런 키워드 말고 지금 대담에서 나온 공존과 지속 같은 키워드가 필요합니다. 우리가 어떻게 하면 더 공존할 수 있고 오랫동안 지속할 수 있을까라는 질문을 던지고 그 문제를 해결하다 보면 자연스럽게 창의성도 발휘되고 혁신도 나오리라 생각합니다. 정부나 매체에서 발신하는 메시지에서 혁신 같은 경쟁적인 용어들을 없애는 실험을 해 봤으면 좋겠다는 생각이 들 정도입니다. 지금 우리는 우리 사회의 체질을 바꿔야 하는 중요한 기로에 서 있습니다. 마침 기술이 우리에게 계속 변화를 요구하고 있고요. '키워드를 바꾸자'가 지금 제일 중요한 과제입니다.

김기현　한국 사회의 프레임을 바꿔야 한다는 말씀이 계속되는데요, 최근의 한류 산업과 중화학 산업이 대비되어 떠오릅니다. 한류 문화는 아주 파격적인 힘을 발휘하고 있는데 우리나라를 대표해 왔던 중화학 산업은 어려움을 면치 못하고 있습니다. 양자의 차이가 무엇인가 생각해 봤습니다. 한류 같은 엔터테인먼트 산업은 아티스트에게 자유로운 환경을 줘서 개성을 발휘할 수 있게 할 때 폭발적인 힘이 나타납니다. 그 반면에 정체의 길에 들어선 중공업 산업은 다릅니다. 기존의 딱딱한 틀

안에서 죽기 아니면 살기로 쫓아가서 결국 선두에 서긴 했는데, 혁신이 이루어지지 않고 정체된 채 시장 점유율을 잃고 있는 상황이지요. 이렇게 기본적인 환경이 차이가 납니다.

지난 대선 때 대통령 후보들도 4차 산업 혁명을 공약으로 많이 내세웠지만, 과시적으로 또 다른 프레임을 만들면 하나의 도구로 전락하여 기초 체력을 쌓는 데 기여하지 못하게 될 가능성이 큽니다. 진짜 4차 산업 혁명에서 강력한 힘을 발휘하기 위해서는 슬로건만 내세울 것이 아니라 진정으로 필요한 문화와 교육 시스템이 무엇인가에 대해 근본적인 고민을 우리 모두가 해야 합니다. 아이들이 자유롭게 상상력을 발휘할 수 있고, 각자 자기 분야에서 열심히 일하는 사람이 대접받을 수 있는 사회를 만들어야 합니다. 갇힌 틀을 만들지 말고 자유롭게 생각을 만들어 가는 문화가 너무나 중요합니다.

권혁주 이미 새로운 교육은 우리 가까이 다가왔고 우리가 어떻게 하느냐에 따라 긍정적인 영향을 끼칠 수도 있고 부정적인 영향을 끼칠 수도 있습니다. 우리나라 대학 교육 체계는 그동안 독점적인 지위를 누리며 기득권의 틀 속에서 안주하고 있었습니다만 이제 시험대에 올랐습니다. 무크, 테드, 유튜브, 코세라 같은 새롭고 다양한 플랫폼을 통해 세계 최고 수준의 대학들과의 장벽이 허물어질 수 있습니다. 그러면 앞서도 말했듯 그동안 우리나라 대학에 숨어 있던 많은 문제점들이 노출될 것입니다. 이런 사태를 막기 위해 대학이 스스로 개혁에 나서야 할 것입니다. 그 어느 때보다 근본적인 교육 체계의 변화를 이끌어 내고 긍정적인 물꼬를 틀 수 있도록 노력해야 할 때입니다.

이정동 교수님들 말씀대로 바로 지금이 한국 사회가 총체적으로 변화할 수 있는 기회가 아닌가 싶습니다. 저희가 논의한 인공지능, 유전자, 에너지, 교육, 이 네 개의 기술이 메타적으로 의미를 좁히면 비슷한 양상을 보입니다. 새로운 기술로 새로운 플랫폼이 등장하면 그 플랫폼이 물리적으로 가능하게 하는 재료가 있어야 하고, 여기저기 널리 보급할 수 있는 콘텐츠를 만들어야 합니다. 플랫폼, 재료, 콘텐츠, 이 세 가지가 모두 맞물려서 결과적으로 분산화, 개별화하는 속성이 생겨났습니다. 인공지능, 유전자, 에너지, 교육 모두 같은 방식으로 혁신이 일어나고 있습니다. 그런데 불행하게도 플랫폼을 까는 것이나, 재료를 공급하는 것이나, 콘텐츠를 만드는 것, 이 세 가지 모두 우리가 취약한 부분입니다. 그런 사업을 지금까지 별로 해 보지 않았기 때문에 지금까지 해 왔던 방식대로 하면 취약할 수밖에 없습니다. 어차피 막을 수 없는 혁신이라면 우리 사회도 적극적으로 대처해야 할 것입니다. 우리 사회의 어떤 제도나 맥락에 대한 공감대는 우리가 노력하면 바꿀 수 있습니다. 변화의 시대라는 좋은 계기를 맞아 우리 사회가 거대한 공감대를 바탕으로 그야말로 대변화, 빅뱅을 할 수 있는 절호의 기회가 아닌가 하는 생각이 듭니다.

1부 유전자 편집의 시대

1 이 글의 논의와 관련하여 다음 문헌을 참조했다. 김광웅 편, 『융합학문, 어디로 가고 있나?』(서울대학교출판문화원, 2012); 서은국, 『행복의 기원』(21세기북스, 2014); 장대익, 『다윈의 식탁』(바다출판사, 2015); 장대익, 『다윈의 정원』(바다출판사, 2017); Barkow, J., Tooby, J., and Cosmides, L.(eds.), *The Adapted Mind*(Oxford University Press, 1992); Bostrom, N., "Human Genetic Enhancements: A Transhumanist Perspective," *Journal of Value Inquiry*, 37(4)(2003), pp. 493~506; Buss, D., *Evolutionary Psychology*(Psychology Press, 2014); Dawkins, R., *The Selfish Gene*(Oxford University Press, 1976/2006); Dennett, D. C., *From Bacteria to Bach and Back: The Evolution of Minds*(W. W. Norton & Company, 2017); Ishii, T., "Germline genome-editing research and its socioethical implications," *Trends in Molecular Medicine*, 21(8)(2015), pp. 473~481; Kohn, D. B., Porteus, M. H., and Scharenberg, A. M., "Ethical and regulatory aspects of genome editing," *BLOOD*, 127(21)(2016), pp. 2553~2560; Krishan, K., Kanchan, T., and Singh, B., "Human genome editing and ethical considerations," *Sci Eng Ethics*, 22(2016), pp. 597~599; Nesse, R. M., and Williams, G.C., *Why We Get Sick: The New Science of Darwinian Medicine*(Vintage, 1996); Nuffield Council on Bioethics(2016), "Genome editing: an ethical review," http://www.nuffieldbioethics.org.

2 이 세 가지 혁명과 인문학의 관계에 대한 더 자세한 논의는 다음을 참조하라. 장대익, 「생물학: 지속 가능한 인문학을 향하여」(2012), 김광웅 편, 『융합학문, 어디로 가고 있나?』(서울대학교 출판문화원, 2012), 81~156쪽.

3 불행히도 기존 인문학 전통은 그간의 이런 생물학 혁명들과는 크게 상관없이 흘러왔다. 이는 마치 상대성 이론을 거론하지 않은 채 시간과 공간의 본성에 대해 고준담론을 펼치는 행위와 같다. 이제 인문학은 적어도 생물학적 성과들과 일관적이거나, 그것들을 확장·적용하여 기존 인문학에 도전하거나 보완하는 인문학이어야 할 것이다.

4 인간을 '유전자 기계'로 이해한 논의로는 Dawkins(1976), 장대익(2017)을 참조할 것.

5 보스트롬은 트랜스휴먼의 관점에서 이와 비슷한 주장을 펼치고 있다(Bostrom, 2003).

6 그중 하나가 유전공학적으로 처리된 면역 세포를 이용해 암세포를 죽이는 치료제이고, 다른 하나는 식물 유전자 교정이다. 식물 분야의 주요 행위자(key player) 네 곳 중 하나로 서울대 유전체교정연구단이 언급되었다.

7 적혈구는 원래 원판 모양인데 이 유전병을 가진 사람의 적혈구는 찌그러진 형태다. 적혈구는 산소를 실어 나르는 헤모글로빈(hemoglobin)으로 가득 차 있다.

8 10억분의 1 정도 빈도로 발생한다.

9 다른 한편 DNA가 끊어지지 않고 생기는 유전자 변이가 있지만, 이 글에서는 DNA가 끊어져서 발생하는 유전자 변이에 대해 다루고자 한다.

10 유전자가위 세 종류를 비교한 논문이 2014년에 *Nature Reviews Genetics*에 게재되었다. Hyongbum Kim & Jin-Soo Kim, "A guide to genome engineering with programmable nucleases", *Nature Reviews Genetics* 15, 2014, pp. 321~334.

11 이들 유전자가위는 20~40개의 염기쌍으로 구성된 염기 서열을 인식한다.

12 인간 세포에는 DNA가 두 본(copy)이 있어 어느 한쪽이 끊어지면 온전한 쪽이 주형이 되어 그쪽의 정보를 그대로 가져와 손상된 쪽이 수선된다.

13 크리스퍼 발견의 초기 역사에 대해서는 한겨레《사이언스 온》2016년 7월 20일 자 기사 「'유전자가위' 등장 3년 반, 생물·의학은 격동 중」을 참조.(이 기사는 브로드 연구소의 미국 생물학자 에릭 랜더가 정리하여 생물학 저널《셀》에 발표한 크리스퍼 유전자가위 연구의 초기 역사를 참조했다.)

14 이 기작을 발견한 사람이 노벨상 후보로 손꼽히는 프랑스의 에마뉘엘 샤펜티어다.

15 그리고 이것이 특허 심사에서 요체가 된다. UC버클리의 제니퍼 다우드나와 프랑스의 에마뉘엘 샤펜티어는 자신들이 시험관 안(in vitro)에서 이런 현상을 관찰했기 때문에 가능하다는 입장이다. 그 반면에 서울대학교 연구팀과 MIT 연구팀의 주장은 시험관에서 자르는 것과 실제 크로마틴 구조를 풀어 헤치고 자르는 것은 전혀 별개의 일이라는 것이다.

16 크리스퍼 유전자가위를 이용해 인간 세포의 유전자를 교정할 수 있다는 내용의 논문 네 편이 2013년 1월 발표되었다. Cong et al. *Science* 339, 819~823(2013); Mali et al. *Science* 339, 823~826(2013); Cho et al. *Nature Biotechnology* 31, 230~232(2013); Jinek et al. eLife 2, e00471(2013).

17 Cyranoski, D., *Nature* 523, 2015, pp. 13~14.

18 Woo et al, *Nature Biotechnology* 33, 2015, p. 1162.

19 Waltz, E., *Nature* 532, 2016, p. 293.

20 앞서 설명했듯 유전자가위 기술을 이용해 외부 유전자를 도입할 수도 있다. 유전자 하나뿐 아니라 여러 유전자를 한꺼번에 차곡차곡 넣는 것도 가능하며, 이 경우 종래의 품종 개발을 위한 교배 시간을 대폭 단축시키는 효과를 가져올 수 있다.

21 2015년 말 미국 워싱턴 D. C.에서 열린 인간 유전자 교정 국제 정상 회의(International Summit on Human Gene Editing)에서 전 세계 인문 사회학자들과 과학자들이 모여 논의한 결과 배아 유전자 교정 연구는 장려하되 이를 임상에 적용하는 것은 시기상조라는 성명을 발표한 바 있다.

22 CCR5 유전자가 망가졌을 때에도 인간의 다른 형질에 미치는 영향은 없는 것으로 알려져 있다. 즉 건강에는 영향이 없다. 하지만 크리스퍼-카스9로 변이를 일으킬 경우 자연적으로 일어나는 CCR5

변이와는 다른 변이가 NHEJ 기작을 통해 일어날 수 있고 그 안전성을 둘러싼 논란을 완전히 배제할 수 없다. 일반적으로 CCR5 유전자는 기능을 하지 않아도 안전한 것으로 알려져 있지만, 알려진 부작용들 중 하나는 CCR5 유전자가 망가진 사람은 웨스트 나일 바이러스(West Nile Virus) 감염성이 커진다는 것이다. 하지만 전 세계적으로 이 바이러스에 감염되어 사망하는 사례 수는 그다지 많지 않다.

23 이 글의 논의와 관련하여 다음 문헌을 참조했다. 김훈기, 『생명공학 소비 시대: 알 권리, 선택할 권리』(동아시아, 2013); Carroll, Dana, and R. Alta Charo, "The Societal Opportunities and Challenges of Genome Editing," *Genome Biology* 16(2015), p. 242; Hughes, Sally S., *Genentech: The Beginnings of Biotech*(Chicago: The University of Chicago Press, 2011); Jasanoff, Sheila, *The Ethics of Invention: Technology and the Human Future*(New York: W. W. Norton & Company, 2016); Kim, Hyongbum, and Jin-Soo Kim, "A Guide to Genome Engineering with Programmable Nucleases," *Nature Reviews: Genetics,* Vol. 15, no. 5(2014), pp. 321~333; Wright, Susan, *Molecular Politics: Developing American and British Regulatory Policy for Genetic Engineering, 1972-1982*(Chicago: University of Chicago Press, 1994); Yi, Doogab, *The Recombinant University: Genetic Engineering and the Emergence of Stanford Biotechnology*(Chicago: University of Chicago Press, 2015).

24 이 글은 《한국의료윤리학회지》 20권 2호(2017년 6월, 206~218쪽)에 「유전자 편집 기술의 윤리적 문제와 생명윤리법의 재검토」라는 제목으로 게재된 글의 표현을 조금 다듬어 다시 실은 것이다. 이를 허락해 주신 한국의료윤리학회에 감사드린다.

25 RNA로 유도되는 핵산 분해 효소는 카스9만이 아니라 Cpf1 등도 발견되고 있어 크리스퍼 방식의 잠재력은 상당한 것으로 보인다. 유전자 편집 기술에 대한 생물학적 설명은 영국 Nuffield Council on Bioethics의 "Genome editing: an ethical review" 중 section 1 (http://nuffieldbioethics.org/project/genome-editing/ethical-review-published-september-2016, 2017. 5. 25. 확인)과 미국 국립과학원(National Academy of Sciences)과 국립의학원(National Academy of Medicine)의 "Human Genome Editing: Science, Ethics, and Governance" 중 Appendix A (https://www.nap.edu/catalog/24623/human-genome-editing-science-ethics-and-governance, 2017. 5. 25. 확인) 및 전방욱, 「유전자 편집에 근거한 유전자 치료 연구의 윤리」, 《한국의료윤리학회지》 19권 1호, 2016, 47~59쪽 중 48~50쪽을 참조했다.

26 Liang, P. et al., "CRISPR/Cas9-mediated gene editing in human tripronuclear zygotes", *Protein & Cell* 6(5), 2015, pp. 363~372.

27 여러 과학자들이 인간 생식세포에 유전자 편집 기술을 적용하는 것에 우려를 표명했을 뿐 아니라 관련 주제에 대한 윤리학자들의 논의도 촉발되었다. 예를 들어 Baltimore, D. et al., "A prudent path forward for genomic engineering and germline gene modification", *Science* 348(6230), 2015, pp. 36~38. 2015년 12월 발행된 *The American Journal of Bioethics* vol. 15, issue 12는 이 문제에 대한 여러 논문을 싣고 있다.

28 박대웅·류화신, 「유전자 편집 기술의 발전에 대응한 인간 배아 유전자 치료의 규제 방향」, 《생명윤리》 17권 1호, 2016, 35~52쪽 중 37쪽. 그러나 법률 문언상 이러한 해석에 이론의 여지가 없는 것은 아니다. '안전성이 확보된' 유전 물질이나 유전자 변형 세포를 체내로 '단순' 전달하는 경우에만 2항과 같이 허용 기준을 완화한다는 취지를 법률이나 시행령에서 명시적으로 밝히고 있지 않기 때문이다. 문리적으로 보면 가이드 RNA를 사용하는 인공 핵산 분해 효소인 크리스퍼-카스9는 유전 물질을 인체로 전달하여 인체 내에서 유전적 변이를 일으키는 유전자 치료에 해당하는 것으로 볼 수 있을 터인데, 이러한 연구는 1항과 2항 중 어디에 해당하는지 불분명하다. 생명윤리법 47조를 위반하면 형벌을 받게 되므로(67조 1항 5호), 죄형 법정주의의 명확성 원칙을 감안하여 47조 1항과 2항의 적용 요건을 보다 정확히 구별하여 규정할 필요가 있겠다.

29 생체 외 방식은 체외에서 치료 유전자를 도입한 후 환자에게 다시 주입하기 전에 세포들을 분석, 선별할 수 있으므로 생체 내 방식보다 안전하고 효율적일 수 있다고 한다. Wang, D. & Gao, G. "State-of-the-art Human Gene Therapy: Part I. Gene Delivery Technologies," *Discovery Medicine* 18(97), 2014, pp. 67~77 중 p. 71.

30 비상동 말단 접합(Non-homologous end-joining, NHEJ)에 의해 DNA가 복구되면 파손 부위에 몇 개의 염기쌍이 삽입 또는 제거("indel")될 수 있고, indel을 수반하지 않는 상동 의존적 수선(Homology-directed repair, HDR)은 비상동 말단 접합보다 비효율적인 경우가 많다고 한다. 전방욱, 「유전자 편집에 근거한 유전자 치료 연구의 윤리」, 53쪽 참조.

31 Nuffield Council on Bioethics, "Genome editing: an ethical review", p. 44. 이와 관련하여 유전자 편집 기술을 사용하는 체세포 유전자 치료에 다른 체세포 유전자 치료법에 대한 윤리 규범과 그 안전성·효율성 등을 평가·감독하는 기존의 규제 기관·절차를 같이 적용하도록 권유한 미국 국립과학원·국립의학원의 견해도 참조할 만하다: "Human Genome Editing: Science, Ethics, and Governance"의 4장, 특히 pp. 82~83의 결론 및 권고안 4-1.

32 유전자 치료 연구를 규제하는 미국 국립보건원(National Institute of Health)의 '재조합·합성 핵산 분자에 대한 연구 가이드라인'(Guidelines for Research Involving Recombinant or Synthetic Nucleic Acid Molecules)이 다양한 물질들을 병원성(pathogenicity)에 따라 네 개의 위험 그룹으로 나누고, 여기에 다른 요소들까지 종합적으로 평가하여 4단계의 관리 수준(containment level) 중 개별 실험에 적합한 조건을 결정하며, 해당 실험들을 여섯 개의 범주로

구분하여 각 유형별로 사전 승인이나 심의가 필요한 기구나 요구되는 절차를 달리 규정하는 등, 여러 기관들이 역할과 책임을 분담하여 다양한 실제 연구의 구체적 특성을 반영한 세분된 기준을 체계적으로 적용하는 사례를 참조할 만하다.(http://osp.od.nih.gov/office-biotechnology-activities/biosafety/nih-guidelines, 2017. 5. 25. 확인). 이러한 미국 NIH 가이드라인과 같이 우리 생명윤리법의 유전자 치료 규제를 개정하자는 견해도 제기된 바 있다: 박수헌, "유전자 치료 연구에 대한 미국 국립보건원(NIH)의 규제 고찰,"《생명윤리정책연구》 9권 2호, 2015, 1~24쪽.

33 전방욱, 「인간 배아 유전체 편집에 관한 윤리적 쟁점」,《생명윤리》 16권 2호, 2015, 17~29쪽 중 26쪽; 박대웅·류화신, 「유전자 편집 기술의 발전에 대응한 인간 배아 유전자 치료의 규제 방향」, 45쪽; 한국과학기술기획평가원, 『2015 기술 영향 평가: 제1권 유전자가위 기술』(연구보고서 2016-048), 97쪽.

34 유전자형(genotype)이 표현형(phenotype)의 충분 원인인 경우는 드물고, 양자의 확률적·통계적 상관성만이 제한적으로 밝혀진 경우가 대부분이므로, 유전자 치료나 치료를 위한 임상 시험에 신중해야 한다는 견해로는 최경석·김중호·이경상·구인회, 「유전자 검사 및 연구의 윤리적 문제와 유전 치료의 문제: 유전자 결정론을 중심으로」,《한국의료윤리교육학회지》 9권 2호, 2006, 223~233쪽 참조.

35 Wasserman, D., "The Nonidentity Problem, Disability, and the Role Morality of Prospective Parents," *Ethics* 116, 2005, pp. 132~152 중 p. 143 참조.

36 한 통계에 의하면 매년 전 세계 총 출산의 6퍼센트인 790만 명의 아이들이 심각한 유전적 장애를 안고 태어난다고 한다. Harris, J., "Germline Manipulation and Our Future Worlds", *The American Journal of Bioethics* 15(12), 2015, pp. 30~34 중 p. 32.

37 Lander, E., "Brave new genome", *New England Journal of Medicine* 373(1), 2015, pp. 5~8 중 p. 6; 전방욱, 「인간 배아 유전체 편집에 관한 윤리적 쟁점」, 21쪽.

38 Evitt, N., Mascharak, S. & Altman, R., "Response to Open Peer Commentaries on 'Human Germline CRISPR-Cas Modification: Toward a Regulatory Framework'", *The American Journal of Bioethics* 16(10), 2016, W1-W2. 랜더(Lander)는 한 질병의 위험을 줄이는 유전적 변이가 다른 질병의 위험을 늘이는 부작용이 발생할 가능성을 지적하지만, 한두 사례를 들어 해악의 위험이 기대 이익보다 클 것이라고 미리 단정하는 것은 성급하다.("Brave new genome", pp. 6~7) 위험-이익 비율이 연구 또는 임상 시험을 정당화하기에 충분한지는 개별 사안마다 경험적 조사를 통해서만 합리적으로 판정할 수 있을 것이다.

39 예를 들어 2016년 2월 크리스퍼 유전자가위를 이용하여 인간 배아의 유전자를 편집하는 연구가 영국의 인간생식배아관리국(Human Fertilisation and Embryology Authority)에 의해 승인되었는데, 이 연구는 수정 후 14일이 지나거나 원시선이 발생한 이후까지 배아를 발생시키지 않으

며, 자궁에 착상시키지도 않는 조건 하에 허용되었다. 즉 이 시험은 성체로 발생할 태아의 유전적 결함을 교정하기 위한 것이 아니라, 배아의 발생에 대한 지식을 넓히고 체외 수정 기술을 발전시키며 장기적으로 중증질환의 치료법 개발에 기여하는 것을 목적으로 했다.(http://guide.hfea. gov.uk/guide/ShowPDF.aspx?ID=5966, 2017. 5. 25. 확인) Mertes, H. & Pennings, G., "Modification of the Embryo's Genome: More Useful in Research Than in the Clinic," *The American Journal of Bioethics* 15(12), 2015, pp. 52~53 중 p. 52도 참조.

40 Evitt, N., Mascharak, S. & Altman, R., "Human Germline CRISPR-Cas Modification: Toward a Regulatory Framework," *The American Journal of Bioethics* 15(12), 2015, pp. 25~29 중 pp. 26~27.

41 임신 목적으로만 인공 수정을 허용하고, 보존 기간을 도과하여 폐기될 운명에 처한 잔여 배아를 원시선이 나타나기 전까지(즉 일란성 쌍둥이로 분화할 수 있어 인격적 동일성을 확보하는 개체화 이전까지) 중대한 연구 목적을 위하여 이용할 수 있도록 허용하는 생명윤리법은 정당하다는 견해로는 김선택, 「출생 전 인간 생명의 헌법적 보호」, 《헌법논총》 16권, 2005, 145~180쪽. 반면 인간 배아는 수정과 동시에 완전한 도덕적 지위를 가진다는 입장에서 잔여 배아에 대한 연구에 기본적으로 반대하는 견해로는 김중호·구인회·홍석영·구영모·이경상, 「'생명윤리 및 안전에 관한 법률'에 대한 비판적 분석」, 《한국의료윤리교육학회지》 8권 1호, 2005, 21~33쪽 참조.

42 생명윤리법 시행령(2004. 12. 30. 제정 대통령령 제18621호) 제정 이유의 주요 내용 중 나.의 (1)은 "배아 연구의 윤리적 민감성과 초기 단계에 있는 줄기세포 연구의 특수성을 감안하여, 잔여 배아 연구의 허용 범위를 법률에서 규정하고 있는 연구 유형과 근이영양증 등과 같은 희귀·난치병의 치료를 위한 연구에 한정할 필요가 있음"이라 했다. 박대웅·류화신, 「유전자 편집 기술의 발전에 대응한 인간 배아 유전자 치료의 규제 방향」, 49쪽도 참조. 또한 나.의 (3)은 "잔여 배아에 대한 연구가 허용되는 희귀·난치병을 제한함으로써 배아 연구 과정에서 발생할 수 있는 난자 제공자로서의 여성의 신체가 잔여 배아 연구의 도구화가 될 위험성이나 배아 파괴라는 생명윤리의 문제를 최소화할 수 있을 것으로 기대됨"이라 했는데, 난자를 제공하는 여성의 보호는 생명윤리법 27조를, 배아의 도덕적 지위 보호와 도구화 방지는 같은 법 23조 등을 엄격히 시행함으로써 달성할 과제이지, 임신을 목적으로 생성되었다 보존 기간이 끝나 폐기할 상황이라 연구에 사용하기로 한 배아에 대한 연구 허용 범위를 제한할 이유라고 보기 어렵다. 2017.2.28. 생명윤리법 시행령이 일부 개정(대통령령 제27918호)되어 잔여 배아의 이용이 가능한 연구 대상 질병의 범위가 일부 확대되었는데(부신백질이영양증, 이염성백질이영양증, 크라베병 및 후천성면역결핍증의 4개 질병을 추가), 최근 유전자 편집·치료 기술의 개발을 충분히 반영한 것인지는 여전히 의문이다.

43 생명윤리법 시행령 12조 2항은 "법 제29조 제1항 제3호에서 '대통령령으로 정하는 연구'란 공공보건상 잔여 배아의 연구가 필요하다고 판단되는 것으로서 국가위원회의 심의를 거쳐 보건복지부

장관이 정하여 고시하는 연구를 말한다."라고 규정하고 있는데 이에 따른 보건복지부 고시는 현재 없는 것으로 보인다. 이는 생명윤리법 50조 2항, 시행령 21조에 따라 배아 또는 태아를 대상으로 유전자 검사를 할 수 있는 유전 질환 100여 개를 보건복지부 고시(제2016-98호)로 지정해 놓은 것과 대비된다.

44 이와 관련하여 안전성과 효율성이 충분히 검증되지 않아 배아와 생식세포에 대한 유전자 편집 기술의 임상 사용(clinical use)은 시기상조이지만, 착상에 이르지 않는 기초, 임상 전 연구는 필요하고 적절한 감독하에 진행되어야 하며, 관련 과학 지식과 사회 여론이 발전함에 따라 임상 사용 여부도 정기적으로 재검토되어야 한다는 미국·영국·중국 과학원의 공동 성명도 참조할 만하다. International Summit on Human Gene Editing, "On Human Gene Editing: International Summit Statement", (http://nationalacademies.org/gene-editing/Gene-Edit-Summit, 2017. 5. 25. 확인)

45 Asch, A. "Why I haven't changed my mind about prenatal diagnosis: reflections and refinements", in E. Parens and A. Asch(eds.), *Prenatal Testing and Disability Rights*, Georgetown University Press, 2000, pp. 234~258 참조. 이에 대한 반론으로는 Harris, J., "One principle and three fallacies of disability studies," *Journal of Medical Ethics* 27(6), 2001, pp. 383~387.

46 예를 들어 근육 발달을 억제하는 단백질인 마이오스타틴(MSTN) 생성 유전자의 활성화를 유전자 편집 기술을 통해 억제(knock-out)하여 정상보다 살코기 양을 늘린 돼지를 육종한 실험이 보고되었는데, 유사한 기술을 사람에 적용하여 근육 양과 운동 능력을 강화하는 시나리오를 생각해 볼 수 있다.

47 Singer, P., "Parental Choice and Human Improvement", in J. Savulescu & N. Bostrom(eds.) *Human Enhancement*(Oxford University Press, 2009), pp. 277~289 중 282~283쪽 참조.

48 Sandel, M. *The Case against Perfection*, Harvard University Press, 2009.(강명신 옮김, 『생명의 윤리를 말하다』(동녘, 2014)) 샌델의 문제 제기가 타당하더라도, 개인이 이러한 악덕(vice)에 빠지지 않도록 노력해야 한다는 결론을 넘어, 정부가 유전적 향상을 금지하거나 엄격하게 규제하는 것을 정당화할 근거인지에 대해서는 논의의 여지가 있다. 샌델의 논변에 대한 비판적 검토로는 Kamm, F. "What is and is not wrong with enhancement?", in J. Savulescu & N. Bostrom(eds.) *Human Enhancement*, Oxford University Press, 2009, pp. 91~130 참조.

49 전면적 향상 반대(anti-enhancement) 논변들에 대한 비판적 검토로는 Buchanan A, *Beyond Hunamity?: The Ethics of Biomedical Enhancement*, Oxford University Press, 2011 참조.

50 박대웅·류화신, 「유전자 편집 기술의 발전에 대응한 인간 배아 유전자 치료의 규제 방향」, 48~49 쪽 참조.

51 Nuffield Council on Bioethics, "Genome editing: an ethical review", pp. 99~100; 한국과학기술기획평가원, 『2015 기술영향평가: 제1권 유전자가위 기술』, 120~121쪽 참조.

2부 에너지시스템의 전환

52 신재생에너지 공급 의무화 제도(Renewable Portfolio Standard, RPS)는 일정 규모(현재 50만 킬로와트) 이상의 발전 사업자에게 총 발전량 중 일정 비율 이상을 신재생에너지로 공급하도록 의무화하는 제도로, 2012년부터 시행하고 있다.

53 단결정 실리콘 반도체를 사용한 태양 전지의 효율은 1970년대 후반 15퍼센트 수준에서 지속적으로 발전하여 1994년에 24퍼센트 수준에 도달했으나, 이후 20여 년간은 1퍼센트 정도만 올라가 현재 최고 효율은 약 25퍼센트다.

54 제품화되어 있거나 최소 1제곱센티미터 이상 크기의 셀로 검증한 값이다.

55 현재 태양광 시장은 대부분 효율 20~23퍼센트의 단결정 또는 다결정 실리콘 태양 전지 패널로 형성되어 있다. 비결정(amorphous) 실리콘 박막을 사용한 태양 전지는 모듈 최고 효율이 약 8퍼센트 수준에 불과하며 주로 소형 전자계산기나 손목시계 등에 사용된다.

56 태양광 전지 종류별 효율 세계 기록은 다음과 같다. 실리콘 셀: 파나소닉 25.6퍼센트, 아몰퍼스(박막) 실리콘: AI ST 13.6퍼센트, CIGS: 솔라프런티어 22.3퍼센트, 유기물 셀: 독일 헬리아텍(Heliatek) 13.2퍼센트, 양자점: 토론토 대학 11.3퍼센트, 페로브스카이트: UNIST(울산 과학 기술원) 석상일 박사 팀 22.1퍼센트.(세계 기록은 한국 화학 연구원이 가지고 있으나 석상일 박사가 울산 과학 기술원으로 자리를 옮기면서 소속이 UNIST로 바뀌었다.)

57 CIGS 태양 전지는 1990년대 초부터 NREL에서 집중적으로 연구하여 현재는 최고 효율이 약 20퍼센트 수준에 도달했다. 상용 CIGS 태양 전지 모듈의 최고 효율은 약 15퍼센트 수준이다.

58 미국 정부 지원금 5.35억 달러를 지원받았던 솔린드라가 2011년 9월 1일 자로 파산 신청을 하여 '솔린드라 스캔들'로 불리며, 공화당에서 오바마 대통령의 정책을 공격하는 데 활용되었다. (https://www.washingtonpost.com/politics/specialreports/solyndra-scandal/) 이후 미국 정부는 중국 태양광 업체인 잉리(Yingli), 트리나(Trina) 등을 반덤핑 혐의로 제소하여 일부 배상을 받았다.

59 《전자신문》 2014년 12월 30일 자의 「삼성SDI, 태양광 국책 과제 최종 실패…… 태양광 사업 진로 불투명」(http://www.etnews.com/20141230000277) 보도 참조.

60 실리콘 태양 전지의 효율이 20퍼센트라 하는 것은 한낮에 태양 직사광선을 받았을 때의 효율을 뜻

하는 것이다. 구름이 끼거나 태양의 입사 각도가 기울어지면 효율이 그 절반에도 미치지 못할 정도로 실리콘 셀의 효율은 빛의 세기에 민감하다. 따라서 앞서 언급했듯이 직사광선을 잘 받도록 태양을 트래킹해야 하는데 이 경우 비용이 높아지고 건물 측면에는 적용하기 어렵다는 문제가 있다.

61 우리나라 이건창호, 동진쎄미켐 등 회사들이 정부의 지원을 받아 연구했는데 현재는 사실상 중단한 상태다.

62 에폭시나 플라스틱은 수분이 상당히 잘 투과된다. 얇은 비닐 랩으로 음식물을 덮어 놓으면 몇 주 안에 수분이 빠져 나가 말라 버리는 것을 관찰할 수 있다.

63 특히 앞에서 언급했듯이 CIGS는 한때 크게 각광받다가 이제 몇몇 연구소와 일본의 솔라프런티어 외에 다른 회사들은 거의 관심을 두지 않게 되었다.

64 현대중공업은 기계가 기반이 되는 풍력, 터빈 사업과 관련이 높지 태양광 사업과는 연관성이 떨어질 것이라 여길 수 있다. 하지만 비즈니스적인 측면에서 태양광 발전 사업은 어떻게 보면 조선업과 유사하다. 소비자 가전제품처럼 질 좋은 제품을 만들어 놓으면 소비자들이 구매하는 것이 아니라, 사업자가 프로젝트 자금을 금융 기관으로부터 끌어와 프로젝트를 진행하는 방식이다. 이것은 현대가 조선업에서 했던 방식과 유사하기 때문에 현대중공업이 태양광 사업을 진행할 수 있었던 것이다. 최근에는 조선과 마찬가지로 태양광 사업도 주춤한 상태다.

65 기후 변화 협약 체제의 발전 과정에 대해서는 장선희, 「전력 산업의 현황과 법적 과제」, 『2016년 비교법 연구의 미래 이슈 발굴을 위한 학술 대회 — 사람·기술·미래, 입법 전략을 말하다』(한국 법제 연구원, 2016. 10.), 161~178쪽, 161~163쪽 참조.

66 에너지 경제 연구원, 『2017 에너지 통계 연보』(2018. 1.), 180쪽.

67 장선희, 앞의 글, 161쪽.

68 Richard L. Ottinger, Nicolas Robinson & Victor Tafur(eds.), *Compendium of Sustainable Energy Laws*(Cambridge University Press, 2005), pp. x~xi.

69 이에 대한 상세한 설명은 조홍식, 「기후 변화 시대의 에너지 법 정책」, 조홍식 엮음, 『기후 변화 시대의 에너지 법 정책』(박영사, 2013), 9~13쪽 참조.

70 헌법 제119조 ① 대한민국의 경제 질서는 개인과 기업의 경제상의 자유와 창의를 존중함을 기본으로 한다. ② 국가는 균형 있는 국민 경제의 성장 및 안정과 적정한 소득의 분배를 유지하고, 시장의 지배와 경제력의 남용을 방지하며, 경제 주체 간의 조화를 통한 경제의 민주화를 위하여 경제에 관한 규제와 조정을 할 수 있다.

71 이에 관한 상세한 내용은 이원우, 「헌법상 경제 질서와 공생 발전을 위한 경제 규제의 근거와 한계」, 《행정법학》 제4호(2013. 3.), 1~47쪽, 22~30쪽 참조.

72 대법원 2015.11.19. 선고 2015두295 판결.

73 과학 기술의 혁신과 규제 사이의 갈등 관계에서 법의 기능에 관한 상세한 내용은 이원우, 「상호 갈

500

등 관계의 법적 구조와 갈등 해소를 위한 법리와 법적 수단」,《경제 규제와 법》제18호(2016. 11.), 7~29쪽, 11쪽 참조.

74 Rosemary Lyster & Adrian Bradbrook, *Energy Law and the Environment* (Cambridge University Press, 2006), pp. 28~33.

75 Adrian Bradbrook, Rosemary Lyster, Richard L. Ottinger & Wang Xi(eds.), *The Law of Energy for Sustainable Development*(Cambridge University Press, 2005).

76 일본의 경우 2003년 의무 할당제를 도입했다가 2012년 법을 개정하여 발전 차액 지원 제도를 도입했다. 문상덕, 「일본의 에너지 법 정책 고찰」, 조홍식 엮음, 『기후 변화 시대의 에너지 법 정책』, 245~266쪽, 259쪽.

77 장선희, 앞의 글, 166쪽 이하 참조.

78 Wolfgang Kahl, "Der Nachhaltigkeitsgrundsätze im System der Prinzipien des Umweltrechts," Hartmut Bauer, Detlef Czybulca, Wolfgang Kahl & Andreas Vosskuhle (Hg.), *Umwelt, Wirtschaft und Recht*(Mohr Siebeck, 2002), pp. 111~148, p. 140.

79 대법원 2006.6.30. 선고 2005두14363 판결.

80 대법원 2006.3.16. 선고 2006두330 판결.(새만금 사건)

81 이에 대해서는 Thomas Fetzer, "Static Law in Dynamic Markets: How to Regulate the Unpredictabe,"《경제 규제와 법》제18호(2016. 11.), 30~48쪽, 특히 33~36쪽 참조.

82 이때 위험의 유형(중대성과 발생 가능성의 크기에 따른 유형)이나 당해 사업에서 충돌되는 갈등의 유형에 따라 허용의 여부, 범위, 기간, 조건 등에 차이가 있을 것이다. 이에 관한 상세한 내용은 이원우, 「상호 갈등 관계의 법적 구조와 갈등 해소를 위한 법리와 법적 수단」, 7~29쪽.

83 김일철·이재열, 「사회 구조론의 이론과 방법론」, 김일철 외『한국 사회의 구조론적 이해: 숨겨진 원리, 드러난 변화』(아르케, 1999).

84 P. A. Hall & D. Soskice, *Varieties of Capitalism: The Institutional Foundations of Comparative Advantage*(Oxford University Press, 2001).

85 Ibid., p. 7.

86 Elinor Ostrom, *Governing the Commons: The Evolution of Institutions for Collective Action*(Cambridge, UK: Cambridge University Press, 1990).

87 김일철·이재열, 앞의 글.

88 Manuel Castells, *The Rise of the Network Society, The Information Age: Economy, Society and Culture Vol. I*(Cambridge, MA; Oxford, UK: Blackwel, 1996).

89 Ibid.

90 박영숙·제롬 글렌·테드 고든·엘리자베스 플로레스큐, 『유엔 미래 보고서 2040』(교보문고,

2013).

91 Jeremy Rifkin, *The Zero Marginal Cost Society: The Internet of Things, the Collaborative Commons, and the Eclipse of Capitalism*(St. Martin's Press, 2014).

92 다사카 히로시(田坂廣志), 주명갑 옮김, 『복잡계 경영: 경영자에게 보내는 일곱 가지 메시지』 (한국경제신문사, 1997); John H. Holland, *Signals and Boundaries: Building Blocks for Complex Adaptive System*(The MIT Press, 2012).

93 이재열, 「거대 정보 세계에서의 학문: 경계 짓기, 네트워크의 질서, 그리고 위험」, 이재열 외, 『공동체의 삶: 시대의 여러 문제(‘문화의 안과 밖’ 8)』(민음사, 2016).

94 Matsumoto Miwao, "'Structural Disater' Long before Fukushima: A Hidden Accident," *Development and Society*, Vol. 42, No. 2(2013), pp. 165~190.

95 조병희 외, 『세월호가 우리에게 묻다: 재난과 공공성의 사회학』(한울아카데미, 2015).

96 이재열, 「한국 사회 발전 모델과 에너지 미래 구상: 원자력 딜레마와 사회적 합의 모색」, ‘한국 사회와 에너지 미래를 묻다 심포지엄’ 발표 논문, 서울대 사회발전연구소, 한국사회학회(2016. 3. 4.).

3부 인공지능과 인간의 공존

97 http://www.ibm.com/watson/.

98 참고로, 알파고는 층(layer)이 12개 정도로 이루어져 있다.

99 사실 신경망이라는 것은 기본형은 굉장히 간단하다. 인풋이 되는 벡터를 가중치와 곱해서 다 합친 다음에 어떤 함수를 거쳐서 아웃풋을 내는 것이다. 이런 단순한 역할을 하는 것들이 모여 거대하고 복잡한 작업이 이루어지는 것이다.

100 n명의 고객들의 좌표가 주어지면 이 고객들을 다 순회 방문하고 출발점으로 돌아오는 가장 짧은 경로를 찾는 문제.

101 이를 통상 ‘기술적 실업’이라고 칭한다.

102 미래학에서 문명의 미래 발전과 관련된 가상 지점을 뜻하는 용어로, 미래에 기술 변화의 속도가 급속히 변함으로써 그 영향이 넓어져 인간의 생활이 되돌릴 수 없도록 변화되는 기점을 뜻한다.(출처: Wikipedia 한글판)

103 레이 커즈와일(Ray Kurzweil) 같은 사람은 2040년대에 그러한 특이점이 도래할 것이라고 예상하기도 한다.

104 이 글은 최인철과 여인택의 공동 연구로 작성되었다.

105 이 글을 계기로 만들어 본 말로, ‘인공지능을 가진 물체’를 줄인 것이다.

106 Nils J. Nilsson, *The Quest for Artificial Intelligence: A History of Ideas and Achievements* (Cambridge, UK: Cambridge University Press, 2010), p. 13. "Artificial intelligence is that activity devoted to making machines intelligent, and intelligence is that quality that enables an entity to function appropriately and with foresight in its environment."

107 AlphaGo가 아니라 AlphaOmni, 곧 바둑(Go)만이 아니라 모든 것(Omnes)을 할 수 있다는 의미에서 붙인 이름이다.

108 보다 구체적으로 인공지능 기술의 발전이 사회 각계에 미칠 영향에 대해서는 스탠퍼드 대학에서 2016년 9월에 발표한 《2030년의 인공지능과 삶(*Artificial Intelligence and Life in 2030*)》을 참조 바란다. "인공지능에 대한 100년 연구(The One Hundred Year Study on Artificial Intelligence)"의 첫 결과물로 발표된 이 보고서에는 인공지능의 현황과 미래에 관한 유익한 정보가 많이 포함되어 있다. https://ai100.stanford.edu/2016-report.

109 존 롤스, 황경식 옮김, 『정의론』(이학사, 2003), 24절(195~202쪽) 참조.

110 인공지능 포럼에 함께해 주신 김기현, 문병로, 서이종, 이경민, 이정동 선생님들께 감사드린다. 포럼의 토론을 통해 배운 내용이 이 글에 포함되었음을 밝히는 동시에 글에 있는 오류나 부족함은 오로지 저자의 것임을 밝힌다.

111 제러미 하워드(Jeremy Howard)의 TED 강연 "Wonderful and terrifying implications of computers that can learn" 참고.

112 침팬지의 시각 작업 기억 용량에 대해서는 "사람을 능가하는 침팬지의 지능(Chimp beats human: intelligence test)", http://www.youtube.com/watch?v=Zz7ShiQqLQg 참고.

113 이 글의 전반부는 세계 인문학 포럼에서 발표했던 「인공지능의 미래와 인문학의 역할」을 수정 발전시킨 것이다.

114 의식이 심리 상태의 독자적 본성이라는 것을 부정하는 철학자들도 있다. 타이(Michael Tye)와 드레츠키(Fred Dretske)와 같은 철학자들은 의식은 이 글의 아래에서 설명하는 '지향성'의 부산물이라고 주장한다. Michael Tye, *Ten Problems of Consciousness*(Cambridge: MIT Press, 1995); Fred Dretske, *Naturalizing the Mind*(Cambridge: MIT Press, 1995) 참조.

115 이러한 통일 과학(unified science)에 대한 기대는 논리실증주의에서 전형적으로 나타났다.

4부 교육미디어의 변화

116 이주호·최슬기 편, 『한국인의 역량: 실증 분석과 미래 전략』(한국개발연구원, 2015).

117 http://class-central.com.

118 "Coursera, Udacity And The Future of Credentials", *Forbes*, 2015/09/30.

119 https://www.minerva.kgi.edu/.

120 Abelson, H.(2008), "The creation of OpenCourseWare at MIT," *Journal of Science Education and Technology*, 17(2), pp. 164~174.

121 MIT와 하버드 대학과 같은 미국 유수의 대학 관계자들이 자신들의 교육 내용을 이처럼 전 세계를 대상으로 공개하는 배경에는 지식은 공유되어야 발전한다는 믿음, 대학이 지식을 대학만의 것으로 감춤으로써 이익을 얻으려는 것을 부도덕하게 보는 가치관이 자리 잡고 있는 측면이 있다. 다른 한편으로는 최고 대학으로서의 지위를 계속해서 유지하려는 전략의 일환이기도 하다. 즉 대학의 교육 내용을 공개함으로써 그 우월성을 세계적으로 알림으로써 대학의 명성을 유지하고 경쟁력을 확보하려는 움직임의 일환이기도 하다. 실제 에덱스의 멤버로 세계 주요 대학들이 등록되어 있으며 한국 대학으로는 서울대학교가 유일하다.

122 Bulfin, S., Pangrazio, L., & Selwyn, N.(2014), "Making 'MOOCs': The construction of a new digital higher education within news media discourse," *The International Review of Research in Open and Distributed Learning*, 15(5), pp. 290~305.

123 임철일, 「미국의 대표 무크: 코세라와 에덱스의 운영 성과와 시사점」(4장), 나일주 엮음, 『글로벌 학습 시대 무크의 이해』(파주: 학지사, 2015).

124 나일주, 『글로벌 학습 시대 무크의 이해』(파주: 학지사, 2015).

125 임철일, 앞의 글.

126 우리나라에서 에덱스 강좌를 만들 때 가장 힘이 든 것이 교수들이 주로 콘텐츠만 만들고 연습 문제 등은 만들지 않았다는 점이다. 에덱스는 20~30분짜리 강의를 하면 반드시 연습 문제를 제공할 것을 지침으로 삼아 권유하고 있다. 현재 서울대학교도 그 요건을 충족시키면서 로봇 공학 입문 등의 세 개 강좌를 에덱스에 등록해 놓은 상태다.

127 이것이 원래 무크의 취지이기도 해서 MIT와 하버드 대학교가 에덱스를 시작했을 때에도 그 학교에서 개설된 과목들을 학생들에게 새로운 채널을 통해 제공하는 것이 가장 우선한 목표였다. 그리고 부가적으로 전 세계 사람들에게 강의에 접근할 수 있는 가능성을 열어 둔 것이었다.

128 Selwyn, N., Bulfin, S., & Pangrazio, L., "Massive open online change? Exploring the discursive construction of the 'MOOC' in newspapers," *Higher Education Quarterly,* 69(2)(2015), pp. 175~192.

129 https://www.udacity.com/nanodegree

130 현재 우리나라의 케이무크가 제공하는 강좌들은 무료지만, 미국의 경우 이수 증명(certificate)을 발급할 경우 50~70 달러 정도를 징수하고 있다. 우리나라의 경우 현재 초반에 정부에서 많은

투자를 하여 무료로 운영되고 있다.

131 예컨대 학생 스무 명을 대상으로 수업을 진행하는 정도의 규모에서는 개별 학생들이 어떻게 과제를 해결하고 수업 내용에 대해 반응하는지 수업 담당자가 자신의 기억 혹은 기록에 의존해 모니터링이 가능하다. 하지만 학생의 수가 늘어나면 점점 모니터링이 어려워진다. 무크 등의 플랫폼은 학생들의 학습 활동과 관련한 데이터들을 모으고 기본적인 분석을 제공함으로써 수업 담당자로 하여금 많은 수의 학생들의 학습 과정을 모니터링할 수 있는 기술적 가능성을 제공해 주고 있다.

132 임철일, 앞의 글.

133 임철일·한형종·정다은·Yunus Emre Ozturk·홍정현, 「학습 설계를 지원하는 차세대 이러닝 플랫폼 프로토타입 탐색 연구」, 《교육공학연구》, 33(4), 799~837쪽; 임철일·김선영·홍성연, 「IMS Learning Design 기반 이러닝 설계 원리에 관한 연구」, 《교육 정보 미디어 연구》 16(4) (2010), pp. 601~629; Koper, R., "An introduction to learning design," In R. Koper & C. Tattersall (Eds.), Learning design: A handbook on modelling and delivering networked education and training(Berlin: Springer-Verlag, 2005), pp. 3~20.

134 교육 공학과 컴퓨터 과학 분야 전문가들이 무크 개발과 관련한 공동 작업을 다양하게 수행하고 있다. 예컨대 많은 온라인 콘텐츠들을 빠르고 쉽게 수업에 활용할 수 있도록 하는 데 제약이 되는 사항(호환성 등의 기술적 제약에서 콘텐츠 사용을 둘러싼 제도적 제약에 이르기까지)들을 어떻게 하면 제거할 수 있는가, 그리고 학습 활동 설계를 어떻게 효과적으로 할 수 있는가 등을 탐구하고 있다.

135 온라인 동영상 강의를 수업에 활용하는 것은 전통적인 대학 강의실의 모습을 변화시킬 가능성도 있다. 예를 들자면 카이스트의 경우 Education 3.0의 핵심적인 아이디어를 차용해 수업 시간에 강의를 하기보다, 강의는 온라인 강좌를 통해 듣고 수업 시간에는 온라인 강의에서 제시된 문제에 대해 토의하는 식으로 진행하는 방식(일명 역진행 학습(flipped learning)이라 불리는 방식)을 적극적으로 도입하여 왔다. 즉 강의를 통한 일방적 지식 전달이 아니라 강의는 집에서, 강의실에서는 교수가 학생들과 문제 풀이 중심으로 수업을 진행하는 방향으로 변화를 강력하게 추진 중이며, 여타 대학들에서도 역진행 학습 방식을 채용하는 사례가 늘고 있다.

136 Kim, J. I., "A study on the K-MOOC platform standardization measures," International Journal of Software Engineering and Its Applications 9(1)(2015), pp. 221~236.

137 유인식·오병주, 「고등 교육에서 Moodle을 이용한 LMS 구축: 서울대학교 구축 사례 중심」, 《정보과학회지》 30(5)(2012), 63~69쪽.

138 Meinel, C., Totschnig, M., & Willems, C., "Open HPI: Evolution of a mooc platform from LMS to SOA," in Proceedings of the 5th International Conference on

Computer Supported Education(CSEDU), INSTICC, Aachen, Germany(Vol. 5)(2013).

139 학생 관리, 강의 자료 관리, 평가, 과제 운영 및 수업 커뮤니티 운영 등 다양한 수업 활동을 지원하는 플랫폼 기반의 학습 관리 시스템(Learning Management System, LMS).

140 MOODLE(Modular Object-Oriented Dynamic Learning Environment)은 유럽에서 오픈된 형태의 온라인 강좌를 운영한다는 취지를 가지고 만든 오픈된 도구.

141 예컨대 브레인스토밍을 돕는 스마트 솔루션으로 패들릿(Padlet)과 같은 애플리케이션이 있다.

142 L. Deslauriers, E. Schelew, C. Wieman, "Improved Learning in a Large-Enrollment Physics Class," *Science* 332, 862, 2011.

143 작은 리모컨 모양의 개인별 응답 수집 시스템(personal response system)으로 수업 중에 퀴즈에 대한 답이나 의견을 무선으로 수집하는 장비와 시스템.

144 금융 분석가였던 살만 칸이 조카에게 수학과 과학을 원격으로 가르치다 시간이 맞지 않아 유튜브에 비디오를 올려 놓고 보도록 하다 시작된 사이트.

145 데이터베이스: 3·4학년 전공 과목. 이론 30%, 적용 방법론 50%, 실습 20%, 수강 인원 서른 명 내외.

146 수업 운영 모듈, 출석부 모듈, 피드백 통계 모듈, 웹 입력 모듈.

147 매 학기 모든 개설 강좌에 대해 시행되며 전체 만족도, 내용의 충실도, 교육 방법의 효과성, 강의자의 충실한 진행, 내 역량 향상, 계획에 따른 진행 등 여섯 개 항목에 대해 5.0 만점의 점수를 주게 되어 있으며, 서술식 자유 답변을 달 수 있다.

148 수업을 포기한 학생을 제외한 서른 명의 출석률은 98퍼센트에 가까웠고 퀴즈 성적도 아주 좋았다.

149 알파고와 같은 기계 학습 프로그램들은 정답이 주어진 학습 데이터(training data/set)로부터 올바른 패턴을 학습한 후 문제가 주어지면 학습된 패턴 중 문제와 유사한 것을 찾아 답을 만들어 낸다.

150 구영주·신수길(2006), 「차량용 네비게이션의 유저 인터페이스 사용성 평가」, 『한국 디자인 학회 국제 학술 대회 논문집』(2006. 10).

151 Jessop, Bob, "Fordism and post-Fordism: A Critical reformulation", in Scott, Allen J., and Michael Storper, eds. *Pathways to Industrialization and Regional Development*(London; NewYork: Routledge, 1992), pp. 42~62.

152 *Nicholas Carr, The Shallows: What the Internet Is Doing to Our Brains*(New York: W. W. Norton & Company, 2011), 최지향 옮김, 『생각하지 않는 사람들』(청림출판, 2015).

153 Bonk, Curtis J., Mimi M. Lee, Thomas C. Reeves, and Thomas H. Reynolds, eds.

MOOCs and Open Education Around the World(New York: Routledge, 2015).

154 근대가 보편성을, 탈근대가 개별성을 특징으로 한다면 켄 윌버같은 철학자들은 통합성을 특징으로 하는 탈-탈근대를 전망하기도 한다.

155 Bennett, Sue, Karl Maton, and Lisa Kervin, "The 'Digital Natives' Debate: A Critical Review of the Evidence", British Journal of Educational Technology 39(5): 2008, pp. 775~786.

156 Parry, Mark, "A Star MOOC Professor Defects—at Least for Now", The Chronicle of Higher Education, 2013. http://www.chronicle.com/article/A-MOOC-Star-Defects-at-Least/141331/?c.

157 Watters, Audrey, "The MOOC Revolution That Wasn't", 2015. http://kernelmag.dailydot.com/issue-sections/headline-story/14046/moocrevolution-uber-for-education.

158 이미 우리는 마이크로소프트의 채팅 인공지능 '테이(Tay)'의 인종 차별 발언 해프닝이나 영화 「채피(Chappie)」에서 갱들에게 납치된 인공지능 로봇의 사례를 통해 인공지능의 교육이라는 문제를 대중적으로 접했다.

참여 교수(원고 게재 순)

이정동

산업공학과와 대학원협동과정 기술경영경제정책전공 교수로 기술경영, 기술정책 분야를 전공하고 한국공학한림원의 정회원(2018~), 대통령비서실 경제과학특별보좌관(2019~)으로 활동하면서 활발한 사회 기여 활동을 하고 있다. 한국생산성학회회장(2011), 한국기업경영학회회장(2017)을 역임했고, 아시아태평양생산성컨퍼런스(Asia-Pacific Productivity Conference) 조직위원장(2018)을 맡았다. 옥스퍼드 저널인《Science and Public Policy》의 공동 편집자로 활약하면서 한국의 기술경영, 기술정책 연구를 세계에 널리 알리는 데 기여하고 있다. 서울대 공과대학 26인의 교수가 참여한『축적의 시간』을 대표 집필했고, 도전적 시행착오를 축적하는 전략을 담은『축적의 길』등의 저서가 있다.

장대익

한국과학기술원(KAIST) 기계공학과를 졸업하고 서울대 과학사 및 과학철학 협동과정에서 석사와 박사 학위(생물철학 및 진화학)를 받았다. 미국 터프츠 대학 인지연구소 연구원, 서울대 과학문화센터 연구교수, 동덕여대 교양교직학부 교수를 거쳐 현재 서울대 자유전공학부 교수로 재직하면서 문화 및 사회성의 진화에 대해 연구하고 있다. 저서로『다윈의 식탁』,『다윈의 서재』,『다윈의 정원』,『울트라 소셜』등이 있고 역서로 에드워드 윌슨의『통섭』(공역) 등이 있다. 제11회 대한민국과학문화상을 수상했다.

김진수

1997년 이후로 국내 대기업 연구소(삼성 생명과학연구소), 바이오벤처((주)툴젠) 및 서울대와 기초과학연구원에서 유전자 교정에 널리 쓰이는 유전자가위를 개발한 과학자이자 창업자다. 2019년 한국인으로서는 최초로 아시아 오세아니아 생화학자 및 분자생물학자 연맹(FAOBMB)의 우수연구상 수상자로 선정되었고 아산의학상(2017), 유민창조인상(2017), 한국과학기자협회 선정 올해의 과학자상(2015) 등 다수의 학술상을 받았다. 2016년 한국유전자교정학회를 설립하여 초대 회장을 지냈고 2017년 한국과학

기술한림원 정회원으로 선정되었다. 2018년 《네이처》에서 '동아시아 10인의 스타 과학자'로 소개되었고 클래리베이트(Clarivate)에 의해 '세계에서 가장 영향력 있는 과학자' 중 한 명으로 선정되었다.

이두갑

미국 프린스턴 대학 역사학과에서 1970~1980년대 생의학 연구와 대학의 상업화, 특히 미국 스탠포드 대학교에서 유전자 재조합 연구의 등장과 상업화, 특허를 둘러싼 논쟁을 분석한 연구로 박사 학위를 받았다. 미국 국립보건원 역사 연구소에서 재직 후 자연대 과학사 및 과학철학 협동과정과 인문대 서양사학과에 임용되었다. 서울대에서 서양 과학기술사, 생명과학과 의학의 역사 및 환경사 그리고 과학기술과 법, 과학기술과 윤리 등 과학기술학 분야의 연구와 교육을 담당하고 있다. 서울대 창의선도 신진연구자로 선정된 바 있으며, 현재 연구 관심사는 과학기술과 자본주의의 발달 과정에서 나타난 두 영역의 상호 작용에 대한 것이다. 특히 20세기 이후 자연과 생명, 인간의 사유화 과정에서 나타나는 사회적, 제도적, 법적, 윤리적 문제들을 분석하는 연구와 교육에 큰 관심이 있다.

김홍기

치의학대학원 의료경영정보학 전공 주임교수와 인지과학 협동과정, 기록학 전공, 융합과학기술대학원 겸무교수로 재직하고 있고, 아일랜드 국립대학 정보공학부 겸임교수와 하버드의과대학 방문교수를 역임했다. 인공지능과 빅 데이터 기술을 기반으로 임상의학과 기초생물학 분야를 연구할 뿐 아니라 컴퓨터공학, 인지과학, 경영학, 산업공학 등 여러 학문 분야에서 다양한 국제 학술지에 다수의 논문을 발표했다. 대한의료정보학회 교육 · 연구 · 기획 이사, 한국인지과학회 학술 · 기획 · 편집 이사, *Journal of Web Semantics* 등 다수의 저널 편집위원장과 위원을 맡았다. 국제보건기구 의료용어표준(WHO-FIC) 한국 대표와 정부의 공공데이터전략위원회 위원을 맡아 활동하고 있다.

김현섭

서울대 철학과에서 부교수로 윤리학을 가르치고 있으며, 같은 대학 정치 · 경제 · 철학 연계전공 운영에도 활발히 참여하고 있다. 서울대 법학과를 졸업하고 같은 대학 철학과에서 석사 학위를, 미국 뉴욕대 철학과에서 박사 학위를 받았으며 미국 스탠포드대 사회윤리학센터에서 박사 후 과정을 거쳤다. 사법연수원을 수료하고 군법무관 및 판사를 역임했으며, 미국 뉴욕대 법대의 고전적자유주의센터를 방문 중이다. 윤리학, 정치철학, 법철학을 폭넓게 연구하고자 하며 미래 세대에 대한 도덕적 의무, 롤스의 『만민법』과 기후 변화의 정치철학 등에 대한 논문을 *Philosophical Studies*, *Political Theory*, *International Theory*를 비롯한 학술지에 발표했다. 최근에는 헌정주의와 민주주의, 재산권과 조세 정의, 시장과 분업의 윤리학적·정치철학적 함의 등에 대해 연구하고 있다.

이창희

서울대와 미국 캘리포니아 대학 샌타바버라에서 물리학을 전공하고 서울대 전기정보공학부 교수(2004~2018)로 디스플레이와 반도체 소자 분야 교육 및 연구를 했으며 현재는 삼성디스플레이 부사장으로 차세대 디스플레이 기술 개발을 하고 있다. 서울대 공과대학 연구부학장(2013~2015)과 반도체공동연구소 소장(2016~2018)을 역임했고, 한국과학기술한림원의 정회원(2016~), 한국공학한림원의 일반회원(2018~), 국제정보디스플레이학회 석학회원(2016~)으로 활동하고 있다. 국제전기기술위원회 OLED 디스플레이 국제표준화분과 위원장(2004-2008)을 역임했고 IEC1906 Award(2007), 이달의 과학기술자상(2015년 7월), 과학기술훈장 도약장(2017) 등을 수상했다.

문승일

서울대에서 전기공학을 전공하고 오하이오 주립대학에서 전기공학으로 석·박사 학위를 취득했다. 전북대학교 공과대학 교수를 역임했으며(1993~1997) 현재는 서울대 전기정보공학부 교수로 재직하고 있다. 녹색성장위원회 위원(2009~), 한국스마트그리드사업단 이사(2010~), 산업통상자원부 에너지위원회 위원(2014~), 서울대 전력연구소 소장(2019~), 공학한림원의 정회원(2019~)으로 활동하며 전력시스템 분야에서 미래 에너지 신기술을 활성화하기 위해 여러 사회 활동을 하고 있다. 정부로부터 국리민복에 기여한 공적을 인정받아 근정포장을 수상했으며(2013) 녹색성장위원회 산업기술분과 위원장(2013~2016), 산업통상자원부 에너지위원회 위원 및 전력정책심의회 위원장(2014~2016)을 역임했고 기초전력연구원 원장(2015~2016)을 맡았다.

홍종호

서울대 경제학과를 졸업하고 코넬대에서 박사 학위를 취득한 후 한국개발연구원(KDI)과 한양대 경제금융대학을 거쳤다. 서울대 환경대학원에서 환경경제학 및 지속가능정책을 가르치고 있다. 경제적, 환경적 타당성을 결여한 정부 국책 사업을 비판해 왔으며, 미래 지향적이고 지속 가능한 에너지, 환경, 재정조세 정책을 연구하고 있다. 세계은행과 아시아개발은행 컨설턴트, 한국환경경제학회 회장, 한국경제학회 부회장, 서울대학교 환경계획연구소 및 아시아에너지환경지속가능발전연구소(AIEES) 소장을 역임했다. 현재 환경대학원 원장, 한국재정학회 회장, (사)에너지전환포럼 상임공동대표로 봉사하고 있다. 두 딸과의 대화와 토론을 즐기며 미식축구 광팬으로 2018~2019 NFL 시즌 한국 실황 중계에서 해설위원으로 활동했다.

이원우

서울대 법학전문대학원 교수로 행정법, 경제규제법, 정보통신법, 방송법, 에너지법 분야를 전공하고 있다. 2006년 공익산업법센터를 설립하여 현재까지 센터장으로서 20여 회의 국제 학술 대회와 전문 학술지 『경제규제와 법』(연구재단 등재지) 출간을 비롯하여 다양한 학술 활동을 펼치고 있다. 행정법이론실무학회장(2010), 서울대 법과대학장 겸 법학전문대학원장(2014~2016), 정보통신정책학회장(2016~2017), 정보공개위원회 위원장(2014~2018)을 역임했고, 한국공법학회 차기회장(2019), 개인정보분쟁조정위원회 위원장(2016~), 정보통신전략위원회 위원(2016~)으로 활동하고 있다.

이재열

미국 하버드대에서 박사 학위를 받았으며 현재 서울대 사회학과 교수, 서울대 아시아연구소 한국사회과학자료원 원장으로 재직 중이다. 주요 연구 분야는 조직사회학, 네트워크 사회, 위험 사회 분석 등이고 최근 연구 주제는 사회의 질, 사회적 가치, 사회적 웰빙 등이다. 최근의 공저서로 『사회적 경제와 사회적 가치: 자본주의의 오래된 미래』(2017), 『아픈 사회를 넘어: 사회적 웰빙의 가치와 실천의 통합적 모색』(2018), 『세월호가 묻고 사회과학이 답하다』(2018), 『사회적 가치와 사회 혁신: 지속적 상생 공동체를 위하여』(2018), 『기업 시민의 길:되기와 만들기』(2019) 등이 있다.

문병로

서울대 컴퓨터공학부 교수로 전공은 알고리즘, 최적화, 투자공학이다. 우리나라 최초의 최적화 알고리즘 기반의 금융 투자 전문 회사인 (주)옵투스자산운용의 대표를 겸하고 있다. 150편 이상의 논문을 통해 난제 해결과 본질 규명 작업을 해 왔고, 여러 벤치마크에 대한 기록을 보유하고 있다. 알고리즘의 산업적 응용에 큰 관심을 가지고 있으며 반도체, 금융, 농산, 부품, 게임 분야 등 다양한 기업의 현안을 최적화 문제로 모델링하여 해결해 오고 있다. 알고리즘, 인공지능과 4차산업 혁명, 계량적 주식 투자 분야에서 활발한 강연 활동을 하고 있다. 《중앙일보》와 《매일경제》에 고정 칼럼을 연재 중이며 전공서로 『쉽게 배우는 알고리즘』, 『쉽게 배우는 유전 알고리즘』, 역서로 『*Introduction to Algorithms*』가 있다. 투자 업계의 필독서가 된 주식투자 교양서 『메트릭 스튜디오』의 저자이기도 하다.

최인철

서울대 심리학과를 졸업한 뒤 미국 미시간대학에서 사회심리학 박사 학위를 받았으며, 미국 일리노이대학 심리학과 교수 및 국제 학술지 《*Personality and Social Psychology Bulletin*》의 어소시에이트 에디터(Associate Editor)를 역임했다. 2000년 서울대 심리학과에 부임했고 2010년 서울대 행복연구센터를 설립하여 센터장을 역임하고 있다. 2017년 제8회 홍진기 창조인상을 수상했으며, 저서로 『프레임: 나를 바꾸는 심리학의 지혜』(2007), 『굿 라이프: 내 삶을 바꾸는 심리학의 지혜』 등이 있다.

이석재

서울대 철학과 교수로 서양근대철학과 형이상학을 주 연구 분야로 삼고 있다. 2001년부터 2010년까지 미국 오하이오 주립대학에서 조교수와 부교수로 재직했으며 2010년 가을부터 서울대에서 가르치고 있다. 2013년에 영국철학사 학회지 《*British Journal for the History of Philosophy*》의 최우수논문상인 로저스상(Rogers Prize)을 수상했으며 인문대 학생부학장(2016~2018)을 역임했다. 주요 논문으로 「Berkeley on the Activity of Spirits」, 「Leibniz on Divine Concurrence」 등이 있다.

이경민

서울대 의학과(신경과학교실)와 대학원협동과정 인지과학전공 교수로 행동신경학과 인지신경과학을 전공하고 있다. 한국인지과학회장(2014), 게임이용자보호센터장(2016~2018)을 역임했고, 현재 《*Journal of Clinical Neurology*》 편집장, 게임과학포럼 상임대표를 맡고 있다. 기초 뇌과학 및 임상 신경학 분야의 다양한 주제들은 물론 포스트휴머니즘 시대의 종교와 과학, 비디오게임을 통한 인지 발달과 뇌 건강 증진 등의 주제에 대해 활발히 연구하고 있다.

김기현

미국 오클라호마 대학에서 철학과 조교수를 지냈으며 현재 서울대 철학과 교수로 있다. 한국분석철학회장, 한국인지과학회장을 역임했고 세계철학대회 한국조직위원회 사무총장을 맡았다. 저서로 『현대 인식론』이 있으며 피터 윈치의 『사회과학과 철학』, 제임스 엄슨의 『버클리』를 옮겼고, 「인식정당성에 관한 한 이론」, 「철학에서 본 인지과학」, 「Internalism and Externalism in Epistemology」, 「The Fallibility Paradox」 등의 논문이 있다.

서이종

서울대 사회학과에서 학부와 대학원을 마치고 독일 베를린자유대학에서 박사 학위를 받았으며 현재 서울대 사회학과 교수로 재직 중이다. 서울대 중앙전산원 부원장, 생명윤리위원회(IRB) 위원장, 중앙도서관장을 역임했으며 방송통신위원회 정보문화위원, 국가인권위원회 정보인권특별위원, 한국연구재단의 SSK 고령사회연구단 부책임자로 활동했다. 전공 분야는 과학기술사회학이며 『인터넷 커뮤니티와 한국 사회』(2002), 『과학 사회 논쟁과 한국 사회』(2005), 『세대 갈등의 소용돌이』(2012, 공저), 『연구 윤리』(2013, 편저), 『고령 사회의 만성 질환과 호스피스의 생명 정치』(2015, 편저) 등 다수의 저서가 있다.

권혁주

서울대 행정대학원 교수로 국제개발협력학회 회장을 맡고 있다. 유엔 사회발전연구소 연구조정관을 역임했고 한국행정학보 편집위원장(2015~2016), 《Global Social Policy》(2016~) 공동편집위원장을 맡고 있다. 저서로 『The Korean Government and Public Policy in a Development Nexus vol. 1 & 2』(2014, 2017), 『성공하는 정부를 위한 국정 운영』(2018) 등이 있으며 연구 논문으로 「보편적 복지에 대한 규범론적 분석」(2012) 등이 있다. 최근에는 공화주의 관점에서 사회 갈등을 해결하는 정치 이론을 모색하고 있다.

임철일

서울대 교육학과 및 대학원 교육공학전공 교수로 주 연구 분야는 교수 설계, 무크를 포함한 온라인 및 원격 교육, 창의적 문제 해결 및 거꾸로 교실 등의 교수 학습 방법, 기업 교육 등이며 최근에는 미래 사회에서 요구하는 역량 향상을 위한 교육 혁신에 대한 연구를 수행하고 있다. 서울대 사범대학 교육종합연구원 미래교육혁신센터장(2018〜), 한국교육공학회장(2017〜2018), 한국창의성학회 부회장(2018〜), 서울대 교육연구소 소장(2016〜2017), 서울대 교육부처장 및 교수학습개발 센터장(2012〜2014) 등을 역임했다. 『창의혁명』, 『기업 교육 프로그램 개발과 교수 체제 설계』, 『교수 설계 이론과 모형』 등의 저서가 있다.

이상구

서울대 계산통계학 학사, 미국 노스웨스턴대학 컴퓨터과학 석·박사를 취득했다. 컴퓨터에 큰 정보를 저장하고 이용하는 데이터베이스 및 기계 학습 분야의 연구를 한다. 비즈니스 혁신을 견인하는 SW 기술을 연구하는 서울대 e-비즈니스 기술연구센터를 설립하여 운영했으며 한국전자거래학회장을 역임했다. 교육 및 교육 방법에 관심이 많아 서울대가 운영하는 다양한 산업체 교육 프로그램을 운영했으며, 역진행 학습 관련 공로로 2016년 서울대 교육상을 수상했다. 삼성전자 미래기술육성센터 ICT 공동심사위원장, LG전자 데이터 전략 자문역, 서울대 정보화본부장 등을 역임했고, 저서로 『데이터베이스의 이해』(공저), 『빅 데이터 세상』(공저) 등이 있다.

박원호

미국 미시간대학에서 정치학 박사 학위를 취득했다. 미국선거조사(American National Election Studies) 펠로우와 플로리다대학 정치학과 교수를 역임하고 서울대학교 정치외교학부 교수로 재직 중이다. 한국정당학회 부회장, 한국정치학회 연구위원장, 한국조사연구학회 연구이사 등으로 활동하고 있고, 중앙선거관리위원회 여론조사심의위원회 자문위원이다. 주요 연구 분야는 연구 방법론, 투표 행태 및 한국 정치 등이다. 주요 저서로는 『한국 정치의 재편성과 2017년 대통령 선거 분석』(공저, 2018) 『한국 사회의 변화를 돌아보다』(공저, 2018), 『정당 선호의 감정적 기반』(《한국정치학회보》 2014) 등이 있다.

최태현

행정대학원에서 참여 및 숙의 민주주의, 정책 학습, 행정 윤리 등을 연구하고 있다. 의사 결정론, 국가와 행정, 공공 윤리와 리더십, 인사 행정 등을 강의하고 있다. 과학기술정보통신부 과학기술 기반 사회문제해결 민관협의회 민간위원, 기획재정부 공공기관경영평가위원, 대통령직속지역발전위원회 전문위원, 행정안전부 정부혁신평가위원 등으로 활동하고 있다.

홍석경

서울대 불어불문학 학사, 신문학 석사, 프랑스 그르노블3 대학에서 언론정보학 박사 학위를 취득했다. 한국방송위원회 선임연구원을 거쳐 2000년부터 프랑스 보르도3대학 언론정보학과 교수를 역임했고, 2013년부터 서울대 언론정보학과 교수로 재직 중이다. 대중문화에 대한 문화주의 연구와 세계화와 디지털 문화시대 미디어문화의 실천과 형식에 대해 질적 연구를 수행하고 있다. 최근에는 대중의 문화적 실천이 남기는 디지털 흔적을 문화 연구의 자료로 활용하기 위해 전통적인 질적 연구 방법 속에 다양한 데이터 수집과 분석을 수용하는 연구디자인을 발전시키고 있다. 저서로『세계화와 디지털 문화 시대의 한류』(2013), 『드라마의 모든 것』(편저, 2016) 등이 있고 디지털 미디어 문화 형식과 한류에 대한 여러 논문이 있다.

공존과 지속
기술과 함께하는 인간의 미래

1판 1쇄 찍음   2019년 4월 15일
1판 1쇄 펴냄   2019년 4월 19일

지은이   이정동 · 권혁주 · 김기현 · 장대익 외
발행인   박근섭 · 박상준
펴낸곳   (주)민음사

출판등록   1966. 5. 19. 제16-490호
주소   서울시 강남구 도산대로 1길 62(신사동)
        강남출판문화센터 5층 (우편번호 06027)
대표전화   02-515-2000 │ 팩시밀리 02-515-2007
홈페이지   www.minumsa.com

ⓒ 이정동 외 22인, 2019. Printed in Seoul, Korea

ISBN 978-89-374-3995-7 (03320)